동북아의 문화 코드

하늘·천天·상제上帝, 그 빅 히스토리

2

증산도상생문화연구총서 22

동북아의 문화 코드
하늘·천天·상제上帝, 그 빅 히스토리 2

발행일 2024년 11월 1일 초판 발행
지은이 강영한
펴낸곳 상생출판
펴낸이 안경전
주 소 대전광역시 중구 선화서로 29번길 36(선화동)
전 화 070-8644-3156
팩 스 0303-0799-1735
홈페이지 www.sangsaengbooks.co.kr
출판등록 2005년 3월 11일(제175호)
Copyright ⓒ 2024 상생출판

ISBN 979-11-91329-56-8 (04150)
ISBN 978-89-94295-05-3 (세트)

동북아의 문화 코드

하늘·천天·상제上帝, 그 빅 히스토리

2

강영한 지음

상생출판

하늘·천天·상제上帝, 오래 된 그러나 지금 이야기

세상 모든 것은 변한다. 변화하지 않는 것은 아무것도 없다. 변화는 물질 문명에서는 물론 정신 문화에서도 마찬가지이다. 흔히 우리는 역사를 인간이 걸어온 발자취라고 말한다. 그 흔적은 인간이 살면서 생각하고 행하고 만들고 일구어 온 정신적 물질적인 모든 것을 포함한다.

그렇다면 그러한 발자취 중 인류의 가장 위대한 정신 문화는 무엇일까? 인간 정신 문화의 지배적인 키워드는 무엇일까? 그 답변은 각자에 따라 다를 수 있겠지만 필자가 보기에 동북아 역사에서 그것의 하나는 '신神'이다. 우리는 흔히 신을 인간을 포함한 세상 모든 존재물을 존재하게 하는 궁극적 존재라고 여기는 경향이 있다. 거의 대부분의 종교에는 서로 다르게 말하는 궁극적 존재로서 신이 있다. 동양에서 말하는 도道·리理·법法·다르마·진여眞如나, 서양에서 말하는 무한자·이데아·일자·로고스·실체도 사실 궁극적 존재와 크게 다르지 않다. 기독교의 하나님, 유대교에서 말하는 야훼, 유교의 천天, 도교의 옥황상제, 이슬람의 알라, 그리고 『환단고기桓檀古記』의 삼신三神·상제·삼신일체상제三神一體上帝(삼신과 한 몸인 상제)는 모두 궁극적 존재에 대한 서로 다른 호칭이다. 이러한 신을 동북아 역사에서는 흔히 '하늘', '천天', '상제上帝', '삼신'이라 불렀는데, 이것을 통칭하는 보통 명사가 바로

'신'이다.

그런데 이 신은 단지 종교의 영역에만 머물지 않는다. 신은 종교를 구성하는 중요 요소의 하나이지만, 인간 삶의 총체인 문화는 물론, 정치·경제·사회 등 비문화적 영역에서도 큰 영향을 미친다. 이러한 신이나 종교의 상대적 반대편에 있는 것이 과학이라고 할 때, 현대 사회에서 과학 영역 밖의 세계에 대한 해석은 종교적인 경우가 많다. 이러한 경향은 문명 발전 초기에는 더욱 지배적이었다. 지금이야 자연의 변화등을 과학이라는 이름으로 다양하게 설명하지만, 인류 역사 초기, 원시시대의 사람들은 자연은 물론 인간사조차 다양한 신적 존재와 관련시켰다. 그리하여 인간을 포함한 만물을 낳고 주재하는 것은 신이라고 여기고, 그런 신을 경외하고 받드는 정신 문화를 형성하였을 뿐만 아니라, 이를 뒷받침하는 다양한 물질 문화도 발전시켰다.

이렇게 보면 신이나 종교는 인류의 문화와 문명을 구성하는 기본 요소의 하나이다. 많은 사람들은 종교를 문명의 초석, 문명 발전과 쇠퇴의 근본 요소라고 여긴다. 그러면서 종교와 같은 문화를 중시하며 정신 문화의 역사적 변화를 추적하기도 하였다.[1] 그러므로 특정 문화나 문명을 이해하기 위해서는 종교나 신에 대한 이해, 정신 문화의 이해가 불가피하다.

---

[1] 예를 들면 이븐 할둔Ibn Khaldun(1332~1406), 비코Giambattista Vico(1668~1744), 슈펭글러Oswald Spengler(1880~1936), 소로킨Pitirim A. Sorokin(1889~1968), 토인비Arnold J. Toynbee(1889~1975) 등은 역사·문화·문명의 변화를 순환론적 관점에서 접근하며, 그 발전과 쇠퇴의 중요한 요소로 종교와 같은 정신 문화에 관심을 두었다. 이들의 사상을 종합적으로 잘 소개한 자료로는 그레이스 E. 케언스 지음, 이성기 옮김, 1994를 참조하라.

우리는 흔히 기독교를 서양 문명의 창이라고 말한다. 이는 서양 사람들의 삶과 생각과 행동, 그리고 그들의 문명·문화가 기독교 사상과 가르침에 뿌리를 두고 있기 때문일 것이다. 그러므로 서구 사회를 온전하게 이해하기 위해서는 기독교를 먼저 이해할 필요가 있다. 이는 중동 사람들이나 중동 문화의 경우에도 마찬가지다. 중동 문화는 이슬람교를 토대로 하므로 중동의 문화, 중동의 사회를 이해하기 위해서는 먼저 이슬람교를 아는 것이 절대 필요하다. 동북아 문명, 동북아 사람들의 사상이나 문화도 예외가 아니다. 이런 맥락에서 보면 동서양의 인류 문화나 문명을 이야기할 때 신을 빼놓고 말하는 것은 그야말로 오아시스 없는 사막과도 같다. 동서양 문명과 정신 문화를 이해하는 핵심 코드의 하나가 바로 신神인 것이다.

그렇다면 동북아 문명에서 이런 정신 문화 저변에 깔려있는 공통의 주제는 무엇일까? 동북아 문명을 온전하고 총체적으로 이해하고 그들의 정신 문화를 이해할 수 있는 핵심 코드는 무엇일까? 필자가 보기에 그것은 '하늘, 천, 상제'이다. 동북아 문명 초기부터 사람들은 하늘을 다양하게 부르며 하늘 지향적인 삶을 이어나갔다. 특히 하늘·천·상제를 받들어 모셨을 뿐만 아니라, 나아가서는 그것을 정치와 도덕의 근원으로 여기기도 하였다. 하늘을 받들어 모시는 전통과 하늘에 근거한 정신 문화는 지금까지도 이어지고 있고 많은 사람들의 가슴에 살아있다. 하늘·천·상제 이야기는 오래된, 그러나 단순한 과거의 이야기가 아니라 여전히 생생한 현재 그리고 미래 이야기이다.

대한제국 환구단圜丘壇과 황궁우皇穹宇 전경. 1897년, 고종은 환구단에서 상제上帝에게 고유제를 올리고 황제로 즉위하여 '대한大韓'을 선포하였다. (출처: https://historiccityseoul.modoo.at)

강화도 마리산 참성단. 단군왕검 때(서기전 2283년) 축조했으며 여기서 하늘에 제사를 올렸다. (출처: 상생문화연구소)

북경 천단 공원의 기년전祈年殿과 기년전 내부의 '황천상제皇天上帝' 위패. 명·청대 황제들이 풍년을 기원하며 기년전에서 하늘에 제사를 올렸다. (출처: 상생문화연구소)

현재 서울 소공동에 있는 대한제국 때의 '황궁우皇穹宇'와 황궁우 내 '황천상제皇天上帝' 위패. 상제를 모시고 천제를 올렸음을 알 수 있다. (출처: 상생문화연구소)

서기전 2630년경에 만든 이집트 제3 왕조의 두 번째 파라오인 조세르Djoser 왕의 계단식 피라미드. 남동쪽에서 바라본 모습으로 여러 단계의 변경을 거쳐 현재의 여섯 단이 되었고 높이가 60여 미터에 이르게 되었다. (출처: 케이 로빈스 저, 강승일 옮김, 2008, 42)

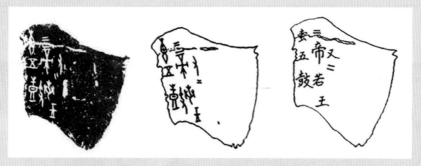

'상제上帝'라는 용어가 나오는 『합집合集』 30388과 그 모사摹寫 및 해서楷書. (출처: 양동숙, 2019, 936)

우르Ur 지구라트. 위는 서기전 21세기, 우르남무Ur-Nammu 왕이 이라크 서남부 나시리야Nassiriya 근교에 축조하기 시작하였던 우르Ur 지구라트. 아래는 사담 후세인이 1980년대에 개축한 모습. (출처: https://namu.wiki)

태산 옥황정에 모신 옥황대제 위패. (출처: https://blog.
naver.com)

흥산 문화 우하량 2지점(N2) 전경. 중간에 원형 및 방형
제단이 있다. (출처: 요령성문물고고연구소, 2012(하),
도판圖板 40)

태산 정상의 옥황정玉皇亭. (출처: https://gs.ctrip.com)

좌) 『상서고훈尙書古訓』「요전堯典 상上」.

우) 이지조李之藻가 1628년에 출판한 『천학초함天學初函』에 실린 『천주실의天主實義』 중각重刻본(1607). (출처: 한국학문헌연구소 편, 1976, 120; 한국학자료원, 1984(1) 415; 마테오 리치利瑪竇 지음, 송영배 외 옮김, 1999, 510; 북경대학 도서관 소장본)

좌) 『동경대전東經大全』「포덕문布德文」(인제 경진 초판본(1880). (출처: 김용옥, 2021(1), 546)

우) 『최선생문집崔先生文集 도원기서道源記書』. "나는 상제이다. 너는 상제를 알지 못하느냐. 너는 곧 백지를 펴고 나의 부도符圖를 받아라." (출처: 한국학문헌연구소 편, 1978(2), 166)

증산甑山 강일순姜一淳(1871~1909, 강증산 상제)의 가르침을
담은 『증산도 도전道典』. (출처: https://gdlsg.tistory.com)

唯聖人 爲能饗帝 孝子爲能饗親
故 孝子 臨尸而不怍 夫人薦豆
齊乎其敬也 愉愉乎其忠也
齊乎其欲其饗之也

君牽牲 夫人奠盎 君獻尸 夫人薦豆 卿大夫相君 命婦相夫人 齊

饗者 鄉也 鄉之然後 能饗焉
勿勿諸其欲其饗之也 是

白湖全書 卷之四十四 雜著

一三三三

『백호전서白湖全書』「내
칙외기內則外記 중中」.

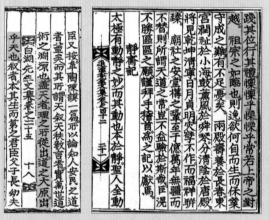

좌)『백호선생문집白湖先生文集』「공고직장도설公孤職掌圖說 상上」.
우)『퇴계선생문집』「경복궁중신기景福宮重新記」.

　　이것은 지난날 동북아 문명권에서 살았던 사람들의 하늘·천·상제
를 향한 생각과 삶, 그리고 관련 의례 흔적이다. 이러한 각종 역사 기록,
사상적 단서, 그리고 유물과 유적은 옛사람들이 생각하는 바, 그들이
중시한 가치, 그들의 정신 문화를 엿볼 수 있는 단서이다.

필자가 하늘·천·상제에 관심을 가진 것은 상생문화연구소와 인연이 닿으면서부터이다. 물론 이전에 동학東學, 증산도甑山道 연구를 통해 상제에 대해 조금은 접하였지만 온전한 글쓰기로 이어지지는 않았다. 글쓰기의 첫 호기심은 다산茶山 정약용丁若鏞(1762~1836)이 말하는 '상제上帝'를 알고부터였다. 필자는 십 수 년 전 어느 날 『여유당전서與猶堂全書』를 통해 다산을 처음 만났다. 주자학이 절대적으로 지배하던 사상적 환경이었음에도 불구하고, 하늘·천을 이치나 법칙인 리理로 간주하지 않고 상제라 여기며, 인격적인 새로운 신을 요구하는 다산이 던지는 궁극적 메시지를 필자는 '상제로 돌아가라'는 것으로 이해하였다. 이러한 메시지는 이전에 접하였던 동학의 '너는 상제를 모르느냐',[2] 강증산姜甑山의 '나는 옥황상제니라'[3]는 말과 사상적 역사적으로 결코 무관하지 않은 듯했다. 시대로 이어지며 전하는 메시지로 볼 수 있을 듯했고, 상제 문화사적으로나 상제 사상적으로 매력을 끌기에 충분했다.

하늘, 천, 상제에 대한 관심은 다산만으로 끝낼 수 없었다. 거슬러 올라가다 보니 한국은 물론 중국 역사에서도 하늘·상제를 향한 다양한 사상과 의례가 이어졌음을 알게 되었다. 우리나라에서 상제·하늘은

---

2 "나는 상제이다. 너는 상제를 알지 못하느냐. 予是上帝, 汝不知上帝耶."(『崔先生文集 道源記書』; 「水雲行錄」) "두려워하지 말고 겁내지 말라. 세상 사람들이 나를 상제라 하거늘 너는 상제를 알지 못하느냐. 勿懼勿恐. 世人謂我上帝, 汝不知上帝耶."(『東經大全』「布德文」)『최선생문집 도원기서』, 「수운행록」, 『동경대전』의 원문 및 번역은 각각 한국학문헌연구소 편, 1978; 윤석산 역주, 1991; 윤석산 역주, 2000; 김상기, 1975; 이세권 편, 2002; 김용옥, 2021; 윤석산 주해, 2004를 참조하여 인용 또는 수정·보완하였다.

3 "내 천지로다! 나는 옥황상제玉皇上帝니라."(증산도 도전 편찬위원회, 2003, 2편 11장 12절) 이하에서는 『도전』 2:11:12 형식으로 약기略記한다.

다산 이후로는 동학東學과도 연결되지만, 특히 다산 이전의 백호白湖 윤휴尹鑴(1617~1680)나 미수眉叟 허목許穆(1595~1682), 더 거슬러 올라가서는 퇴계退溪 이황李滉(1501~1570)과도 연결되어 있었다. 『백호전서白湖全書』·『미수기언眉叟記言』·『퇴계선생문집退溪先生文集』 등에는 당시 주자학 지식인들과는 달리 하늘·천·상제를 형이상학의 리가 아니라 인격적인 존재로 보는 단서들이 실려 있었다. 미수와 백호는 주희의 리학理學을 새로운 시각에서 보거나 심지어 사서보다는 오경, 고경에 대한 관심을 표명하며 탈성리학의 몸부림을 치고 있었다. 그들은 주자학이라는 사상의 주문화로부터 벗어나 인격적 존재로서의 상제를 재발견하였다.

하늘·천·상제에 대한 필자의 호기심은 조선 시대 초기 및 고려 시대로 이어졌다. 『조선왕조실록』과 『고려사』는 이와 관련하여 천제天祭를 둘러싼 많은 논쟁과 그 실제와 관련한 자료를 생생하게 제공한다. 조선 조정은 건국 후 제후국을 자처한 결과 상제를 받들고 모시는 천자국 의례를 행할 수 없었다. 그러나 고려는 달랐다. 고려 시대에는 오히려 원구단을 만들고 상제에게 제사를 올리는 의례가 행해졌다. 그러다가 고려 후기에 주자학이 전래되면서 상황이 달라졌다. 그리고 주자학으로 사회화된 신진 사대부들이 조선의 지배 집단이 됨으로써 조선 시대에는 천자국 의례로서의 하늘을 향한 의례가 거의 불가능해졌다. 그 배경의 하나는 하늘을 리理로 여기는 주희朱熹(1130~1200)에 의해 체계화된 주자학에서 찾을 수 있다. 조선의 사상 지형계에서 다산, 백호, 미수의 인격신으로서의 하늘·천·상제에 대한 관심은 사상의 주류가 아니었다. 주변부였다. 주류의 입장, 그것은 하늘을 형이상학의 리理, 리를 이치·법칙으로 간주하는 경향이었다. 조선 시대에 인격신 천이 사라진 것은 이런 주자학이 지배 이데올로기가 된 것에 기인한다. 사실 『주자어류』에서 하늘을 인격적 주재적인 지고신으로 여기는 모습을 찾기란 쉽지 않다. 주희에게 천天은 주로 리理였고 인격적인 상제에 대한 언급은 소수에 지나지 않기 때문이다.[4] 주희의 사상을 절대시하는 조선 사회에서 이런 주희의 사상으로부터 벗어난 목소리를 내기란 어려웠다. 그리하여 조선 후기 이전까지 천을 인격신으로 여기는 모습은 주변적인 것에 지나지 않는다.

그러나 주자학이 성립되기 이전에 중국에서도 하늘·천·상제를 향한 의례인 천제는 꾸준히 이루어져 상제 문화라고 할 만한 것이 형성되었다. 당대唐代나 한대漢代, 진 시황은 물론, 공자·묵자의 시대, 즉 춘추전국 시대, 그리고 그에 앞서는 하·은·서주 시대에도 사람들의 하늘·천·상제를 향한 마음은 그치지 않았다. 하늘을 향한 삶은 일종의 생활 문화였다. 『사기史記』「봉선서封禪書」에 의하면 춘추 시대까지 일흔두 명의 제후(家)가 태산에서 봉선제를 행한 듯하다. 한 무제, 당 고종, 후한 광무제 등은 태산에서 천제를 올렸다.

한대에는 유교가 국교화 되어 상제를 받들었으며, 동중서董仲舒는 〈현량대책賢良對策〉과 『춘추번로春秋繁露』를 통해 인격신적 요소를 갖추고 천지 만물을 주재하는 주체로서 하늘·천·상제의 존재를 부각시켰다. 진 시황은 황제를 칭하며 여러 차례 태산에서 천제를 올렸다. 『묵자』나 『논어』 등은 춘추 전국 시대의 묵자와 공자의 하늘에 대한 인식

---

4 주희가 인격신으로서의 상제에 대해 전혀 언급하지 않은 것은 아니다. 이 책 9장에서는 그가 인격신 상제를 염두에 두고 언급한 자료를 제시하고 있다.

을 밝혀주며, 『사기』「봉선서」나 『시詩』·『서書』를 비롯한 유가 경전들, 더욱 거슬러 올라가면 은나라의 〈갑골문〉도 하늘을 받든 역사, 인격성을 띤 하늘·상제의 모습을 담고 있다.

이런 책들을 볼 즈음에 『환단고기桓檀古記』를 접하였다. 거기에는 고대 동북아 문명의 뿌리인 환국桓國으로부터 배달, 조선으로 이어지는 역사 저변에 공통적으로 흐르는 정신 문화가 담겨 있었다. 『환단고기』에는 삼국 또는 사국 시대, 고려 시대에 이 땅에서 사람들이 하늘·천·상제를 어떻게 인식하였고, 어떻게 받들었는지를 알려주는 다양한 단서가 실려 있었다. 이는 곧 『환단고기』가 잃어버린 한민족의 역사는 물론 그들의 정신 문화까지 드러내기에 충분함을 말한다. 만물의 존재 근거인 삼신三神, 그리고 이런 삼신과 하나 되어 천지 만물을 다스리고 주재하는 상제를 모시는 고대 동북아 사람들의 원형 문화인 신교神敎의 자취가 가득하기 때문이다. 신교는 하늘·천·상제를 받들고 모시는 생활 문화였다.

지금까지 언급된 주요 용어, 관련 개념을 떠올려 보자.

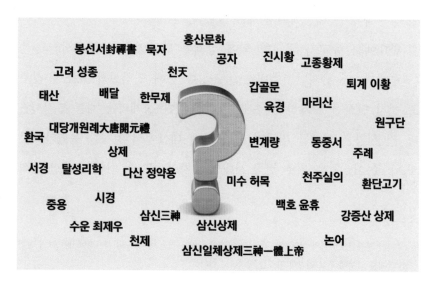

하늘·천·상제 관련 이러한 다양한 개념과 자료를 접하면서 문득 이런 생각이 들었다. '동북아 문명을 일군 사람들의 정신 문화를 읽을 수 있는 키워드가 하늘·천·상제이구나. 그렇다면 그들이 생각하고 받든 하늘·천·상제는 어떤 존재였고, 그 하늘에 대한 사상과 의례는 어떤 것이었을까? 이를 잘 탐구하면 하늘을 향한 농북아 문명 사람들의 정신 문화의 키워드인 하늘·천·상제를 향한 사상과 문화와 역사를 총체적 개괄적으로 그려볼 수 있지 않을까?' 이것은 곧 동북아 문명에서 하늘·천·상제 문화 빅 히스토리를 그려볼 수 있다는 판단이었다. 빅뱅, 문명의 출현 이후 인간의 신을 향한 의례의 실천, 하늘·천·상제에 대한 사상을 중심으로 상제 사상, 상제 문화의 거대사를 스케치해볼 수 있겠다는 것이다.

▶ 동북아 상제 문화 빅 히스토리

이 책은 동북아 사람들의 정신 문화를 이해하는 핵심 코드를 '하늘'·'천'·'상제'로 간주하고, 사상과 역사에 나타난 하늘·천·상제가 어떤 성격 어떤 모습의 신이었는지, 그것이 인격신이었다면 그런 존재를 향한 의례를 포함한 문화와 사상이 어떻게 형성되어 흘러왔고 이어졌는지를 총체적으로 그려보는 데 목적이 있다. 그러나 모든 사상을 대상으로 할 수는 없기 때문에, 오랜 역사를 거치며 동북아 사람들에게 큰 영향을 미친 유교[5] 사상을 중심으로 한다. 중국에서도 오랜 기간 그러했지만, 특히 유교, 성리학, 주자학은 고려 말인 14세기부터 조선 말인 19세기까지 500년 이상 우리 역사에서 지배 이념, 관학, 주문화의 지위를 차지하며 사실상 한국 정신 문화의 주류였다. 많은 현대인들은 지금도 이를 반영한 세계관을 내면화하고 있다.

이러한 기획에 이런 의문을 제기할 수 있다. '과학 기술 시대에 무슨 상제·하늘이냐', '상제·하늘이 무슨 의미가 있냐', '종교가 세속화 된지가 한참 전인데 아직 신·상제를 이야기 하냐', '인격적 존재로서의 신을 더 이상 말하지 않는 현대 사회에서 천·상제라니…'. 그러나 현대의 많은 사람들은 아직 종교적 삶을 살고 있다.[6] 이런저런 신을 말하고 신의 가르침을 따르고 신을 받드는 삶을 산다. 세속화 경향이 있다고는 하지

---

5 공자가 집대성하고 그 후학(孔門)이 체계화한 가르침은 '유교', '유학', '유도' 등 다양한 개념으로 지칭할 수 있다. 이 책에서는 이들 여러 용어를 주로 '유교儒敎'로 통일한다. '교敎'라고 해서 유교를 근대 이후에 나온 '종교宗敎'라는 서구적 개념과 동일시해서는 안 된다. '교'는 종교 그 이상의 의미를 갖기 때문이다.

6 이를 잘 보여주는 지표는 종교 인구이다. *International Bulletin of Missionary Research* 2023년 1월 호에 의하면 2023년 1월 현재 세계 인구는 약 80억 4천 5백만 명인데, 그중 종교 인구가 약 71억 4천 8백만 명이다. 이에 대해서는 https://krim.org를 참조하라. 약 89퍼센트가 이런저런 종교 생활을 한다. 2015년 한국 인구총조사에 의하면, 총인구가 약 4,900만 명인데, 그중 종교가 있는 사람이 2,150만 명, 없는 사람이 2,750만 명으로, 종교 인구 비율이 약 44퍼센트였다. 이에 대해서는 https://kosis.kr를 참조하라.

만 종교는 현대 사회에서도 여전히 영향력을 행사하고 있다. 그러나 필자는 여기서 이러한 문제를 두고 갑론을박하고자 하는 것이 아니다. 지난날 동북아 역사에서 사람들은 하늘·천·상제를 향하여 어떤 생각을 하며 살았고, 그 하늘·천·상제는 어떤 존재였는지, 그 사상사·문화사를 개괄적으로 밝혀보고자 하는 것이다.

이 연구는 전체 열세 장을 두 권으로 나누어 구성하였다. 1권은 여섯 장으로 이루어졌는데, 먼저 인류 문명의 출현에 대해 논의한다. 이를 통해 필자는 흔히 문명 출현의 물질적 요소만 강조하는 경향을 넘어 정신 문화의 중요성을 강조하고, 나아가 인류 4대 문명 발상지, 동북아의 홍산 문화에서 찾을 수 있는 정신 문화의 흔적을 추적한다.(1장) 이어 환국, 배달, 조선으로 이어지는 한국의 삼성조三聖祖 역사와 오제五帝 이후 하, 은, 주로 이어지는 중국의 역사를 동북아 정신 문화, 동북아 상제 사상을 들여다 볼 수 있는 하나의 역사 틀로 구성하여, 사람들의 하늘·천·상제·삼신三神을 향한 다양한 생각과 믿음, 그리고 이를 바탕으로 한 실천 의례, 그들의 정신 문화를 밝힌다.(2장~4장) 나아가 공자와 묵자를 중심으로 춘추 전국 시대의 하늘 사상(5장), 진·한대의 하늘을 향한 제천 의례의 흔적을 추적한다.(6장)

2권은 일곱 장으로 이루어졌는데, 먼저 한漢대 동중서의 하늘에 대한 인식을 시작으로 당唐대의 제천 역사(7장~8장)를 밝힌다. 이어 주희의 천天에 대한 새로운 사상(9장), 그리고 조선 사회로 넘어와 조선 성리학의 본령이라고 할 수 있는 퇴계의 천·상제에 대한 인식(10장)을 살펴본다. 나아가 탈성리학적 입장을 취하는 미수 허목과 백호 윤휴의 천·상제에 대한 사상(11장~12장), 그리고 병든 사회를 바로 잡기 위해 '상제로 돌아가라'는 유신론적 처방을 내린 다산 정약용의 사상(13장)을 밝힌다.

그 방법으로 필자는 상제 사상을 담은 각종 원문 소개에 초점을 둔다. 2차적 해석보다는 원전 내용이 어떤 것인지를 밝혀 필자의 목적을 뒷받침하고자 한다.

사실 이러한 목적을 온전하게 이루려면 동양 철학이나 유교를 전공하거나, 나아가 한문 원전을 스스로 번역할 수 있는 전문적 지식을 갖추어야만 한다. 상제 사상과 관련한 중요한 자료 원문은 대부분 한문이기 때문이다. 그러나 유감스럽게도 필자는 관련 전공자도 아니고 한문 원전을 스스로 온전하게 책임지고 번역할 정도로 공부하지는 못했다. 그리하여 차선으로 각종 원전 번역이나 해석의 경우 선행 번역문을 최소한 두세 가지 이상 비교·참조하여 인용하거나 필요에 따라 수정하였다.

참고문헌은 1권, 2권 각각에서 직접 인용하거나 언급한 자료만을 참고문헌 (1), 참고문헌 (2)로 구분하여 정리하였다. 2권에는 비록 인용하지는 않았지만 필자가 수집하여 직접 읽었고 참고한 상제 관련 선행 연구 자료를 [읽어볼 자료]로 첨부하였다. 향후 상제 사상 연구자들에게 도움이 될 것이라 판단하여 정리하였다.

참고문헌에 정리한 원전류의 원문과 원문 이미지, 그리고 번역은 한국고전번역원의 한국고전종합DB(https://db.itkc.or.kr), 중국의 중국철학서전자화계획中國哲學書電子化計劃(Chinese Text Project. https://ctext.org), 그리고 국사편찬위원회 한국사데이터베이스(https://db.history.go.kr)에 절대 의존하였음을 밝힌다.[7] 이들이 없었다면 이 책은 감히 기획조차도 될 수 없었을 것이다.

수많은 자료를 읽으면서 필자는 많은 연구자들이 필자와 비슷한 생각을 하고 있음도 알았다. 공부하는 사람들이 느끼는 즐거움의 하나는 새로운 것을 아는 것에서도 찾을 수 있겠지만, 글이라는 끈을 통해 다른 연구자들의 생각을 읽는 것에서도 찾을 수 있다. 그들은 필자보다 먼저 자신들의 생각을 발전시켜 논문이나 책으로 발표하였다. 필자의 생각을 정리하는데 선행 연구는 그만큼 도움이 되었다. 그리하여 필자는 가능한 한 그들의 많은 선행 연구를 참고하고, 그 내용을 인용 및 수정·보충하여 글을 구성하였음을 밝힌다. 그리고 이렇게 정리한 빅 히스토리가 상제 문화를 총체적으로 이해하고 정리하는데 작으나마 도움이 되기를 바란다.

---

7 참고문헌 원전류의 원문과 원문 이미지는 대부분 한국고전종합DB(https://db.itkc.or.kr), 중국철학서전자화계획中國哲學書電子化計劃(Chinese Text Project. https://ctext.org)을 출처로 한다. 예를 들면 『국역 백호전서白湖全書』, 『다산시문집』, 『(미수眉叟)기언記言』, 『백호전서白湖全書』, 『백호선생문집白湖先生文集』, 『여유당전서與猶堂全書』, 『퇴계선생문집退溪先生文集』, 『송자대전宋子大全』 등의 한국에서 나온 원전의 원문과 원문 이미지 및 번역문의 출처는 한국고전종합DB(https://db.itkc.or.kr)이다. 『논어論語』, 『논어집주論語集註』, 『묵자墨子』, 『사기史記』, 『서경書經』, 『성리대전性理大全』, 『시경詩經』, 『시경집전詩經集傳』, 『이정전서二程全書』, 『주자어류朱子語類』, 『중용中庸』, 『춘추번로春秋繁露』, 『한서漢書』 등 중국 원전의 원문과 원문 이미지 출처는 중국철학서전자화계획中國哲學書電子化計劃(Chinese Text Project. https://ctext.org)이다. 중국 원전의 번역문은 국내에서 출간된 번역 도서들을 참조 및 비교하여 그대로 인용하거나 일부 수정·보완하였다. 이하에서 국내외 원전류의 원문과 원문 이미지의 개별 출처는 이로 대신하고 가능한 한 생략한다.

2권 차례

8장. 당대唐代의 하늘 받듦

9장. 주희, 하늘·천天의 코페르니쿠스적 인식 전환

12장. 주희 상대주의자 백호 윤휴가 찾아 낸 상제

13장. 다산의 깨달음, 상제로 돌아가라

1권 차례

2장. 환국桓國 문명 삼성조三聖祖 시대의 천신

3장. 은대殷代의 제帝, 상제

6장. 진秦·한漢의 하늘을 향한 삶의 흔적

7장

동중서의 하늘 사상

祕書監上護軍琅邪縣開國子顏師古注

董仲舒廣川人也少治春秋孝景時為博士下帷

講誦弟子傳以久次相授業或莫見其面

蓋三年不窺園其精如此進退容止非禮不行學士皆師尊之武帝即

位舉賢良文學之士前後百數而仲舒以

賢良對策焉制曰朕獲承至尊休德

傳之亡窮而施之罔極

重是以夙夜不皇康寧　永惟萬事之統

猶懼有闕故廣延四方之豪儁郡國諸

侯公選賢良脩絜博習之士欲聞大道之要至論之極

今子大夫褎然為舉首朕甚嘉之子大夫其精心致

思朕垂聽而問焉蓋聞五帝三王之道改制禮作樂

而天下洽和百王同之當虞氏之樂莫盛於韶

而樂於周莫盛於勺

王已没鍾鼓管絃之聲未衰

陵夷至虖殷紂之行　王道大壞

1

동중서, '하늘·천'에
새로운 생명력을 불어넣다

천하 질서의 통일 논리, 대일통大一統

"『춘추』가 무엇에 근본을 두었는가를 깊이 따져보니, 제 자신의 고귀한 가치로 되돌아가는 것으로 시작했습니다. 따라서 군주가 된 사람은 마음을 바로잡음으로써 조정을 바로잡고, 조정을 바로잡음으로써 만조백관을 바로잡고, 만조백관을 바로잡음으로써 만백성을 바로잡고, 만백성을 바로잡음으로써 천지 사방을 바로잡아야 합니다. 천지 사방을 바로잡으면 멀고 가까운 모든 것이 바른 것으로 돌아가지 않을 수 없고, 그 사이를 침범하는 사악한 기운이 나타나지 않을 것입니다. 그렇게 되면 음양이 조화를 이루고, 때를 맞춰 바람이 불고 비가 내리며, 많은 생물이 화합하여 만백성이 번성하고, 오곡이 잘 익어 초목이 무성하게 자라며, 천지 사이의 만물이 덕택을 입어 크게 풍성하고 아름다울 것이며, 사해의 모든 나라가 융성한 덕망을 듣고서 찾아와 복종할 것입니다. 많은 복된 물건들과 상서로운 물

『한서漢書』「동중서전董仲舒傳」(무영전 이십사사본武英殿二十四史本). 〈현량대책〉은 「동중서전」에 실려 있다.

동중서董仲舒. (출처: 『삼재도회』)

건이 이르지 않을 리가 없고, 그리하여 왕도는 완성될 것입니다."[1]

"『춘추』의 대일통大一統[2]은 천지의 변함없는 법이자 고금을 관통하는 상경常經(올바른 도리, 진리)입니다."[3]

이는 동중서董仲舒가 한 무제에게 대일통의 필요성을 역설하는 장면의 하나이다. 대일통, 그것은 만물에 대한 지배가 모두 하나에 귀속됨을 의미한다. 하나에 통일됨, 하나로의 통일을 말한다. 나아가 '통統'은 '통通'과 통하므로 하나로 이어짐

---

1 "春秋深探其本, 而反自貴者始. 故爲人君者, 正心以正朝廷, 正朝廷以正百官, 正百官以正萬民, 正萬民以正四方. 四方正, 遠近莫敢不壹於正, 而亡有邪氣奸其間者. 是以陰陽調而風雨時, 群生和而萬民殖, 五穀孰而草木茂, 天地之間被潤澤而大豐美, 四海之內聞盛德而皆徠臣, 諸福之物, 可致之祥, 莫不畢至, 而王道終矣."(『漢書』「董仲舒傳」)

2 흔히 동중서에 대하여 무엇 하나 분명하게 밝혀진 사실이 없다고 한다. 그의 하늘 사상을 엿볼 수 있는 『춘추번로』나 〈현량대책〉도 동중서의 사상으로 볼 수 없다고도 한다. 심지어 『한서』「동중서전」도 반고가 만들어낸 동중서 허상이라고 하기도 한다. 그리하여 혹자는 「동중서전」과 『춘추번로』에 대한 사료적 고찰 없이 그 안의 내용을 액면 그대로 동중서의 사상이라고 이해하는 것은 합리적이지 못할 뿐 아니라 연구의 첫걸음부터 잘못된 것이라고 할 수 있다고 말한다. 이연승, 2007, 450~451 참조. 그러나 이러한 비판이 『춘추번로』나 「동중서전」이 동중서 사상 연구 자료로서 더 이상 가치가 없음을 명백하게 입증하는 것은 아니다. 이것이 온전하게 입증되기 이전까지는 그의 하늘 사상을 『한서』「동중서전」과 『춘추번로』에서 찾는 것이 유효하다.

3 "春秋大一統者, 天地之常經, 古今之通誼也."(『漢書』「董仲舒傳」)

으로도 볼 수 있다. 그렇다면 무슨 하나일까? 동중서에게 그 핵심은 절대 권력을 가진 군주, 하늘의 아들인 한나라 천자를 중심으로 하는 천하 질서의 통일, 그리고 한漢 황제를 삼황은 물론 삼대와 공자를 관통한 역사 전통, 즉 중원에 문명을 열고 발전시킨 전통을 잇는 유일한 존재로 만드는 것이었다. 그것은 바로 거룩한 중화 질서의 수호사, 위대한 문화 세계로서 대일통이다.[4]

　　동중서가 대일통을 건의한 역사적 정치적 사회적 배경은 무엇인가? 때는 서기전 140년이었다. 한 무제가 제위에 올랐다. 그러나 당시 국내·외적 상황은 그리 안정되지 못했다. 진 시황이 춘추 전국의 봉건적 혼란을 마감하고 강력한 제국, 황제의 나라인 진秦을 세웠다. 그러나 쉽게 무너지지 않을 것 같았던 진나라도 그의 갑작스러운 죽음 후 그리 오래 유지되지 못했다. 진이 무너진 뒤 수많은 영웅호걸들이 패권 쟁탈전을 벌이더니, 마침내 8년에 걸친 초楚·한漢 전쟁에서 승리한 유방劉邦이 패권을 잡고 왕 위에 올랐다. 한 고조 유방은 새로운 왕조 한漢 왕조를 건설하여 진나라를 계승하였다.

　　한나라는 여러 면에서 진나라의 제도를 이어갔다. 황제가 권력을 유지함은 물론 중앙 집권적 정치 시스템이나 관료 제도를 그대로 유지한 것이 그 보기이다. 그러나 이러한 정치 행정 시스템이 얼마나 효율적이었느냐는 다른 문제이다. 왜냐하면 그럼에도 불구하고 한나라에서는

4　신정근은 대일통을 통상 군주의 절대권을 확립하는 차원의 것으로 보지 않는다. 중화의 다원일체 多元一體 구조를 실현하려는 맥락으로 본다. 그리하여 이를 한족이 지역적 난립과 대결을 물리적으로 극복한 뒤 천하의 모든 사람을 한의 신민, 중화족의 일원으로 만들려는, 이른바 중화주의의 개막이라고 말한다. 신정근, 2004, 31~33, 76~79, 135, 265를 참조하라.

중앙과 제후들 간은 물론 제후국들 간에도 수많은 갈등이 이어졌기 때문이다. 각종 반란에서 알 수 있듯이, 특히 수많은 제후들의 강대한 세력과 위협은 황제조차도 마음대로 할 수 없는 형편이었다. 이러한 정치적 불안에 더하여 사회 경제적 모순 역시 심각하였다. 이는 곧 백성들의 삶의 어려움으로 나타났다.

한편 사상사적으로 보면 한나라가 진나라를 모두 답습한 것이 아니다. 한나라는 법가法家 사상을 적극 수용하여 법과 힘으로 나라를 이끌었던 진 시황의 정책이 무언가 문제가 있다고 보았다. 그리하여 그 초기에는 황로黃老 사상을 중시하였다. 그리하여 문제文帝와 경제景帝에 이르는 수 십 년 동안에는 중국 문명의 시조 황제黃帝는 물론 무위이치無爲而治를 강조한 노자의 사상을 적극 수용하고 정책에 반영하였다. 그 일환으로 행해진 조치의 하나가 세금이나 노동을 줄이는 것이었다.[5] 이역시 겉으로 보면 긍정적인 면도 있었으나 실제로는 달랐다. 말이 무위였지 실제로는 그렇지 않았다. 그러자 이러한 황로 사상을 비판하는 경향도 나타났다.

동중서가 살았던 시기 한나라의 상황은 어떠하였을까? 이는 동중서의 〈현량대책〉에 잘 그려져 있다. 그의 답변과 『춘추번로』의 내용으로 보자.

"자고이래로 이처럼 혼란에 혼란을 거듭하여 백성들에게 큰 손해를 끼친 나라로 진나라보다 더한 나라는 일찍이 없었습니다. 진나

---

5 저우스펀 지음, 김영수 옮김, 2006, 136~137.

라가 남긴 여독의 여파는 아직까지 사라지지 않은 상태입니다. 습속은 각박하고 백성들은 방자하게 날뛰며 범죄를 저지르고 교화에 불복하니 이렇게까지 심하게 곪은 나라도 없습니다. … 이제 한나라는 진나라의 뒤를 이었지만 마치 썩은 나무와 똥 덩어리로 덮인 담장과 같아서 나라를 잘 다스려 보려고 해도 아무 방도가 없습니다. 법은 만들어지지만 간사한 짓이 생기고 명령은 내리지만 거짓이 성행하고 있습니다. 이는 마치 뜨거운 물로 끓는 물을 식히려는 것과 같고, 섶을 안고 불을 끄려는 것과 같아 더 나빠지고 도움이 되지 않습니다."6

"지금의 관리들이 백성들을 교훈하지 않거나 폐하의 법을 따르지 않고 백성에게 포악하게 굴며 간악한 사람들과 이권을 거래한다면 가난하고 약한 백성들은 원망과 고통으로 직업을 잃고 폐하의 큰 뜻을 따르지 않습니다."7

"지금을 예전과 비교해보면 어쩌면 그렇게도 차이가 심한지요. … 옛날에는 녹봉을 받는 자는 힘으로 먹고 살지 않았고, 또 상업과 같은 말단의 일에 종사하지 않았습니다. 큰 것을 받는 자는 작은 것을 가질 수 없다는 취지로 하늘이 행하는 일과 이치가 똑같습니다. 큰 것을 이미 받고도 작은 것까지 가진다면 하늘도 좋아하지

---

6 "自古以來, 未嘗有以亂濟亂, 大敗天下之民如秦者也. 其遺毒餘烈, 至今未滅. 使習俗薄惡, 人民囂頑, 抵冒殊扞, 孰爛如此之甚者也. … 今漢繼秦之後, 如朽木糞牆矣, 雖欲善治之, 亡可奈何法出而姦生, 令下而詐起, 如以湯止沸, 抱薪救, 愈甚亡益也."(『漢書』「董仲舒傳」)

7 "今吏旣亡敎訓於下, 或不承用主上之法, 暴虐百姓, 與姦爲市, 貧窮孤弱, 冤苦失職, 甚不稱陛下之意."(『漢書』「董仲舒傳」)

않는데, 하물며 사람이야 말해 무엇 하겠습니까. 이것이 백성들이 시끌시끌 불만을 터뜨리며 풍족하지 못하다고 힘겨워하는 이유입니다. 총애를 받는 신분으로 높은 지위를 차지하여 따뜻한 집에서 후한 녹봉을 받아먹는 처지인데도, 한술 더 떠서 부귀의 재력을 바탕으로 백성을 상대로 이익을 다투면 백성들은 어디로 가겠습니까? 이리하여 많은 노비와 소와 양을 갖고 토지를 넓히고 산업을 확장하며 남는 것을 축적하기에 힘쓰며 그런 일을 그만두지 않고 백성들을 몰아낸다면, 백성들은 날이 갈수록 깎이고 달이 갈수록 줄어들어 점차 몹시 궁핍한 처지로 떨어집니다. 부자들은 사치스럽게 지내도 여유가 있으나 가난한 자들은 곤궁하게 지내다보니 근심 걱정뿐입니다. 궁핍한 고통에 처했는데 위에서 구원하지 않으면 백성들은 삶을 즐기지 못하고, 삶을 즐기지 못하므로 죽음조차도 피하지 않거늘 죄를 짓는 것쯤이야 왜 피하겠습니까. 이것이 형벌이 늘어나도 간사한 행위가 끊이지 않는 이유입니다. 따라서 녹봉을 받는 자는 녹봉으로 살면서 백성들과 생업을 다투지 않아야 이익이 균등하게 배분되고 백성들도 풍족해질 것입니다. 이는 하늘(上天)의 이치이자 태고의 도道였습니다."[8]

---

8 "以古準今, 壹何不相逮之遠也. … 古之所予祿者, 不食於力, 不動於末, 是亦受大者不得取小, 與天同意者也. 夫已受大, 又取小, 天不能足, 而況人乎. 此民之所以囂囂苦不足也. 身寵而載高位, 家溫而食厚祿, 因乘富貴之資力, 以與民爭利於下, 民安能如之哉. 是故衆其奴婢, 多其牛羊, 廣其田宅, 博其産業, 畜其積委, 務此而亡已, 以迫蹴民, 民日削月朘, 寖以大窮. 富者奢侈羨溢, 貧者窮急愁苦. 窮急愁苦而上不救, 則民不樂生. 民不樂生, 尙不避死, 安能避罪. 此刑罰之所以蕃而姦邪不可勝者也. 故受祿之家, 食祿而已, 不與民爭業, 然後利可均布, 而民可家足. 此上天之理, 而亦太古之道."(『漢書』「董仲舒傳」)

"현재는 선왕께서 만들어놓은 덕과 교화를 맡는 관직을 폐지하여 쓰지 않고 법을 담당하는 관리만을 임용하여 백성을 다스립니다. 이것은 형벌의 힘을 빌려 나라를 다스리는 상황이 아니고 무엇이겠습니까. 공자는 '교화하지 않고 죽이는 것은 잔학'이라고 했습니다. 아래에 있는 백성들에게 학성을 행하면서 덕과 교화가 사해에 널리 펼쳐지기를 바라는 것은 가당치도 않습니다."[9]

"옛날에는 교화를 담당한 관리를 세워서 덕행과 선망을 베풀어 백성을 교화시키는 일에 힘썼습니다. 백성들이 크게 바뀌고 난 뒤에는 천하에 한 사람의 죄인도 발생하지 않았습니다. 지금 세상은 그 제도를 폐지하고 다시 설치하지 않으므로 백성을 교화시킬 길이 없고, 그 때문에 백성들은 착한 행실과 의로운 일을 버리고 목숨을 걸고 재화와 이익만을 추구합니다. 그래서 법을 범하는 죄인이 많이 생겨나 한 해에 발생하는 옥사만도 만이나 천의 수로 헤아릴 지경입니다."[10]

"지금의 세상 사람들은 법도와 제도를 저버리고 각기 제 욕망을 앞세우고 끊임없이 추구하면서 만족을 모르니 세태가 더욱 오만 방자한 쪽으로 흘러갔다."[11]

---

9 "今廢先王德敎之官, 而獨任執法之吏治民, 毋乃任刑之意與. 孔子曰, '不敎而誅謂之虐.' 虐政用於下, 而欲德敎之被四海, 故難成也."(『漢書』「董仲舒傳」)

10 "古者修敎訓之官, 務以德善化民, 民已大化之後, 天下常亡一人之獄矣. 今世廢而不脩, 亡以化民, 民以故棄行誼而死財利, 是以犯法而罪多, 一歲之獄以萬千數."(『漢書』「董仲舒傳」)

11 "今世棄其度制, 而各從其欲. 欲無所窮, 而欲得自恣, 其勢無極."(『春秋繁露』「度制」) 『춘추번로』 원문 및 번역은 남기현 해역解譯, 2005; 소여蘇輿 지음, 허호구 · 윤재환 · 정동화 옮김, 2016; 신정근 옮김, 2006; 中國哲學書電子化計劃(Chinese Text Project. https://ctext.org)을 참조하였다.

이는 동중서의 시대 진단을 한눈으로 보여준다. 곧 당시가 아직 진나라의 폐단을 가지고 있다는 것이다. 진나라가 어떻게 멸망하였는가? 백성들의 삶은 온갖 학정과 억압의 연속이었다. 동중서는 진나라가 단명한 원인을 되돌아보며 한나라가 발전하지 못한 것에 대해서도 되짚어 보았다. 진을 이은 한나라가 들어섰지만 나아진 것이라곤 별반 없었다. 문경지치文景之治로 인하여 사정이 다소 좋아진 것도 있었지만 사회적 모순과 혼란은 여전하였던 것이다. 이에 더하여 동중서는 관료들은 물론 백성들까지 병들었고, 이로 인해 세상이 잘 다스려질 수 없으며, 이는 곧 왕조를 위기로 몰아간다고 보았다.

한나라는 대외적으로도 항상 불안에 노출되어 있었다. 가장 큰 문제는 흉노족과의 갈등이었다. 한나라 초기 무렵 흉노는 24개 부락 연맹체를 이루며 동북에서 청해青海에 이르는 약 1,000제곱킬로미터의 광활한 초원에서 활약하고 있었다. 서기전 200년에 그들은 자칭 30만 기병을 이끌고 백등白登(지금의 산시성 대동大同)에서 한 고조 유방을 포위하여 절체절명의 위기로 몰아넣은 적이 있었다. 흉노는 중원 제국의 가장 위협적인 존재였다. 흉노는 그 뒤에도 계속해서 변경 지역을 공략하였고, 한은 이를 달래기 위해 조약을 맺는 형태가 반복되었다. 흉노와의 갈등이 얼마나 심각하였는지는 한 무제가 재위(서기전 141년~서기전 87년) 기간 54년 중 흉노와 전쟁을 하지 않았던 때가 고작 10년 정도밖에 되지 않는다는 것에서 알 수 있다. 유목 민족이 가하는 위협에 한 무제는 문제와 경제의 뒤를 이어 더욱 권력을 중앙으로 집중시키는 데 힘을 기울였다.[12] 무제는 대내적으로는 중앙으로 권력을 집중시키고, 대외적으로는 쉼 없이 정벌을 하는 것으로 권력을 유지했다. 결과적으로 한나라 초기의 상황은 왕권이 약하고, 사상적으로 다양한 학파가 공존하는 가운데 사상적 아노미 현상이 나타나는 상황이었다. 그런 가운데 백성들의 삶은 말이 아니었다. 그러므로 무언가 대변화가 필요하였다.

그런데 한 무제와 동중서가 만나는 일이 벌어졌다. 왕위에 오른 한 무제는 혼란한 시대 상황을 극복하고 천하 지배의 일환으로 인재를 불러들여 젊은 사람들과 대화를 시작하였다. 무제는 그들에게 책문策問을 내리고 대책을 피력하게 하였다. 동중서 역시 추천되어 제왕의 법제 등 무제의 정치적 물음에 답하였다.[13] 바로 이 대책對策을 통해 동중서는 대일통 논리를 내세우며, 천자天子에 의한 천하의 통일을 주장하였다. 그리고 그것이 천지의 변함없는 법이자 고금에 통하는 올바른 법이라고 정당화하였다. 한 무제는 정권의 통치 명분을 얻을 새로운 이념이 필요하였는데, 동중서가 그 단서를 제공한 셈이다.

---

12 중국 역사에서 진·한대에 중앙 집권적 통일 사상이 나온 것은 이런 이민족들과의 갈등이 중요한 한 요인이었지만 황하 치수 문제, 가뭄과 수재와 같은 기후적 요인, 나아가 전쟁과 같은 국가가 개입할 일이 많아졌다는 점 등의 요인도 크게 작용한 것으로 볼 수 있다. 이러한 주장의 대표적인 예는 레이 황(황인우)을 들 수 있다. 레이 황 지음, 권중달 옮김, 2001을 참조하라.

13 한 무제는 선비들을 천거 받아 그들에게 책문을 내려 답하게 하였다. 그 때가 원광원년元光元年인 서기전 134년인데, 무제가 내린 책문과 동중서의 답변인 대책은 『한서』「동중서전」에 실려 있다.

유교 독존(獨尊儒術)의 사상적 대일통

대일통은 동중서가 무제에게 제시한『춘추』에 바탕을 둔 새로운 정치 질서의 근본 원칙, 통치 이념으로, 정치 질서의 통일을 위한 근본 원칙이지만 사상의 통일도 포함한다. 종교 사상사적 측면에서 볼 때 한나라 때의 가장 주목할 만한 역사적 사건은 동중서가 이에 근거하여 유교만 두고 나머지 사상을 배제하도록 건의함으로써 유교 독존 시대를 연 점이다.

동중서는 진나라나 한나라 초기에 정치적 지배 이념으로 중요한 역할을 하였던 황로학이 더 이상 기능적이지 못한 상황에서, 백가百家를 단절시키고 유가를 중심으로 사상 통일을 이루려는 의도가 있었다. 동중서는 다른 사상을 모두 배제하고 유가 사상을 중심으로 하는 독점적 정치 질서 확립을 주장하였다. 그리하여 한 무제가 국가 치정의 근본에 대한 의견을 물었을 때 그는 아래처럼, 유가 이외의 학술 척결을 주장하였다.

"지금 스승마다 추구하는 도가 다르고 사람마다 입에 올리는 주장이 다르며, 온갖 학술은 다른 방향으로 나아가서 가리키는 것이 다르고 같지 않습니다. 이렇게 해서는 위(황제)에서 하나로 통일을 유지할 수 없어서 법률과 제도가 수시로 바뀌고, 아래(백성)에서는 무엇을 따라야 할지를 알지 못하게 됩니다. 소신이 보기에 육예와 공자의 사상 이외의 것은 모두 그 도를 끊어 더 이상 세상에서 통용되지 못하게 해야 합니다. 그러면 사악하고 치우친 학술들이 사라질 것이고, 그런 다음에야 통일된 기강이 하나가 되고 법과 제도가 분명해져, 백성들도 무엇을 따라야 할지 알게 될 것입니다."[14]

동중서는 통일 제국에 필요한 사상으로 한 가지 학술만이 필요함을 주장한 것이다. 사상적으로 보면 그것은 한마디로 다양한 학설이 난무하는 상황은 대일통 시대를 여는데 결코 바람직하지 않으므로, 백가를 축출하고 오직 유가 하나만을 남기자는 주장이다. 동중서의 대일통에 대한 주장, 그것은 무제로 하여금 자신이 꿈꾼 정치에 박차를 가하게 할 수 있었던 큰 힘이었다.

독존유술獨尊儒術. 동중서가 답한 〈현량대책〉의 핵심 내용의 하나가 바로 유교에 의한 사상적 통일이다. 이런 대책은 곧 한 무제에게 수용되었다. 그렇다고 이 때문에 유가 사상이 완전히 독점적인 것은 아니다. 왜냐하면 통치자들은 법가 사상의 맛을 못 버렸고 백성들은 도교나 불교 사상을 많이 수용하고 있었기 때문이다. 그리고 동중서의 유교 국교화도 처음에는 황제를 중심으로 하는 한나라의 정통성과 한나라 중심주의를 지향한 하나의 수단으로 이용되었을 뿐이었다. 말이 국교였지 유교 경전을 중시하는 과거 제도가 시행되고, 유교적 소양을 내면화한 관료들이 정치나 행정 등 각종 사회 제도에 충원된 것은 그 이후이다.

그러나 어떻든 한 무제 때 마침내 유가 중심의 사상 및 삶의 통일이 시작되었다. 춘추 전국 시대부터 시작된 수백 년에 걸친 사상 투쟁, 그

---

14 "今師異道, 人異論, 百家殊方, 指意不同, 是以上亡以持一統. 法制數變, 下不知所守. 臣愚以爲諸 不在六藝之科孔子之術者, 皆絶其道, 勿使並進. 邪辟之說滅息, 然後統紀可一而法度可明, 民知所 從矣."(『漢書』「董仲舒傳」)

최후의 승자는 유가였다. 유가의 승리, 그것은 사상적 승리이자 정치적 승리였다. 온통 싸움으로 점철된 약육강식의 전국 시대를 진 시황이 통일을 이룸으로써 하나의 큰 제국이 건설되었었다. 그러나 그것은 정치적 또는 제도적으로 하나였을 뿐, 사상적으로는 아직 완전한 통일을 이루지는 못했다. 한 무제에 이르러 형식상 하나가 되었는데, 여기에 큰 힘을 보탠 사람이 동중서이다. 그는 군주권을 뒷받침할 수 있는 중앙집권적 관료제와 같은 사회 제도의 정비는 물론, 특히 천자의 교사郊祀 실천을 통해 국가 제례의 정비를 강조하였다.

국교화 이후 한나라 유교가 관료가 되는 수단으로 중시되는 등 일종의 도구적 이데올로기로 적극 활용되면서 유교는 민중들의 것이라기보다는 국가의 것이 되었다. 민중들에게는 오히려 도교나 불교가 더 친근하게 받아들여졌다. 한마디로 위진남북조 시대까지 유교는 실질적 힘이 약했고 관료가 되기 위한 수단에 지나지 않았다.

이렇게 시작된 유교의 국교화는 이후 송대를 거치며 신유교로 거듭나더니 2천 여 년 동안 중국은 물론, 이후 한국에서 주문화로 발전하는 출발점이었고, 이로 인해 동양 사회에서 거대한 문관 집단이 정치와 행정을 지배하는 문화가 형성되었다. 그것은 무인, 군사, 물질 문화를 강조하는 서양 문화와는 다른 문인, 인문, 정신 문화를 우선시하는 동양 문화의 단층을 쌓아가는 밑바탕이었다.

동중서 하늘 사상의 원천, 〈현량대책賢良對策〉과 『춘추번로春秋繁露』

동중서의 하늘 사상을 파악할 수 있는 기본 자료는 〈현량대책賢良對策〉이다. 무제가 내린 첫 책문策問의 일부는 이런 것이다.

"(하은주) 세 왕조의 제왕이 천명을 받았다고 하는데 그것을 입증할 증거가 어디에 있는가. 천재지변(재이)은 무슨 이유로 발생하는가. … 백성들이 화합하여 행복해하며 정사가 널리 선양되었으면 좋겠다. 도대체 어떻게 닦고 가다듬어야 감로가 내리고 온갖 곡식이 풍년이 들고 은혜가 온 세상을 기름지게 하여 덕택이 초목까지 미치게 할 수 있는가. 여기에 그치지 않고 또 해, 달, 별이 정상으로 운행하고 추위와 더위가 일정하며 하늘이 내리는 복을 받고 신령의 가호를 받아 덕택이 넘쳐흘러 세상 끝까지 뻗어나가고 만물에게도 미칠 수 있겠는가."[15]

무제의 책문은 궁극적으로 나라를 다스리는데 필요한 큰 도리와 그것을 뒷받침할 수 있는 고도로 정밀한 이론 체계를 요구하는 것이다. 무제가 요구한 큰 도리란 단지 현실 정치에서 구체적으로 시행되는 세부 정책과 같은 내용이 아니라, 하늘과 인간 사이의 이치를 이해할 수

---

15 "三代受命, 其符安在. 災異之變, 何緣而起. … 百姓和樂, 政事宣昭, 何脩何飭而膏露降, 百穀登, 德潤四海, 澤臻屮木, 三光全, 寒暑平, 受天之祜, 享鬼神之靈, 德澤洋溢, 施虖方外, 延及群生."(『漢書』「董仲舒傳」)

있는 체계적인 이론 체계였다.[16] 큰 틀은 하늘, 인간, 하늘과 인간의 관계를 이해할 수 있는 원리가 무엇인지를 묻는 것이다. 특히 '삼대의 제왕이 천명을 받았다는 증거가 무엇'이고, '천재지변(재이)은 왜 발생'하는지, '어떻게 하면 정사를 바르게 하고 사람들이 잘 살 수 있게 할 수 있는지', 그리고 '하늘이 내리는 복을 받을 수 있는 길이 무엇인지'를 물었다. 무제는 그것을 뒷받침할만한 증거가 있다면 무엇인지 알고자 했다. 그 증거만 확보되면 하늘과 인간이 어떤 관계인지, 그 이치를 알 수 있을 것이다. 무제는 천과 인간이 교감하고 감응하는 이치뿐만 아니라, 이어지는 책문을 통해 국가의 화합과 통일을 바탕으로 모든 조직이 균형과 안정을 이루어 지속적인 통치가 가능하도록 하는 법칙, 태평성대를 어떻게 하면 이룰 수 있는지 그 방안을 묻기도 하였다.[17]

동중서의 대책對策은 나라가 혼란할 때 이를 다스릴 수 있는 대책, 그 이치와 방법에 대하여 말하고 있는데, 무제의 요구에 따른 정치적 맞춤형 답변이다. 그것은 결과적으로 무제가 황제의 권력을 강화하고 정당화하는 사상적 이론적 명분을 제공하는 것이었다.[18] 바로 이러한 답변에서 우리는 동중서의 하늘에 대한 인식도 읽을 수 있다. 그는 대

---

16 김동민, 2004, 318~319.

17 김동민, 2014, 141.

18 흔히 동중서의 이러한 견해와 사상을 무제의 전제 왕권을 정당화시켜준 체제 이데올로기로, 그리고 동중서를 그런 체제 이데올로그로 낙인찍고 비판하는 경향이 있다. 그런데 신정근은 만약 동중서가 무제에게 기생하면서 개인의 안일을 꿈꾸고 인민의 고통과 희생에 둔감했다면 당연히 비판의 대상이 될 수 있지만, 그가 중앙집권화된 절대 유일의 권력자를 신으로 만들고자 한 작업에는 권력자로 하여금 현실의 이해에서 초월하고 사치·향락에서 절제하도록 하는 목적이 들어있다며, 이 점을 독해하지 않고 단순히 왕의 신학화를 학문과 양심마저 거악巨惡을 돕는데 이용한 것으로 매도해서는 안 된다고 한다. 신정근, 2004, 135 참조.

책에서 제왕들이 하늘을 따르고 하늘의 뜻에 부응하는 모습, 하늘을 본받아 도를 세운 성인, 하늘의 감응, 천명에 대한 순종, 하늘의 이치 등 하늘과 관련한 다양한 견해를 피력하였다.

그러나 동중서가 하늘을 어떤 존재로 보고 어떻게 인식하고 있는지는 『춘추번로春秋繁露』를 통해 가장 잘 알 수 있다. 『춘추』가 무엇인가? 흔히 『춘추』는 춘추 시대 노나라 250여 년간의 역사를 기록한 책이라 하지만, 관점이나 관심 내용에 따라 다소 다르게 규정되기도 한다. 다산 정약용은 『춘추』에 대해 이렇게 말하였다.

"2백 40년 동안에 그 길례와 흉례의 모든 예가 책에 나타난 것은 오히려 주나라 예의 나머지로서, 마치 숨은 듯 보이는 듯한 정이鼎彝 등의 고기古器의 무늬와 같으니, 진실로 귀중하게 여김직하다."[19]

"『춘추』는 주나라의 예를 징험할 수 있는 것이니, 주나라의 예를 알고 싶은 자는 『춘추』에서 그것을 고찰하지 않을 수 있겠는가."[20]

다산은 『춘추』를 "주나라 역사[周史]의 옛 명칭"[21]이라 하고, 예서·예학 관점에서 『춘추』에 관심을 두었다. 다산이 보기에 『춘추』는 천자국인 주나라에서 실제로 행한 예禮를 있는 그대로 사실적으로 기록한 것이다. 실제 다산의 『춘추고징』은 『춘추』에 기록된 수많은 예제에 주

---

19 "二百四十年之間, 其吉凶諸禮之著于策書者, 猶是周禮之餘. 如鼎彝古器, 蕤文隱見, 洵可貴也."(『春秋考徵』「春秋考徵 序」)

20 "則春秋者, 周禮之所徵也, 欲知周禮者, 其不考之於春秋乎."(『春秋考徵』「春秋考徵 序」)

21 "春秋之爲周史舊名."(『春秋考徵』「春秋考徵 序」)

목하면서 예의 원형을 밝히고, 그에 따라 이후 그 이상과 괴리되어 왔던 역사적 현실을 비판적으로 검토하기 위해 저술되었다.[22] 즉 『춘추고징』은 『춘추』에 실린 역사적 사실에 대한 기록을 구체적으로 적시하고 그 사례들이 지니고 있는 의미를 상세하게 해석한 주석 작업이 아니라, 주나라 예제의 대강을 오례五禮 체제에 맞게 구성하여 예제의 올바른 방향을 정립하고자 의도한 것이다.[23] 다산은 지난날 왕조례와 사대부의 가례를 두고 정치권이 벌였던 상복을 둘러싼 갈등 문제를 근본적으로 바로잡기 위해 주자학적 틀이 아닌 『춘추』라는 고경의 고증을 통해 자신의 생각을 정리하였다.

『춘추』는 단순한 노나라 역사의 연대기적 기록이 아니라 정치사의 기록으로도 볼 수 있다. 왜냐하면 『춘추』가 당시의 역사를 비판적으로 본 모습을 담고 있으며, 이를 통해 사회적 혼란을 바로잡고 앞으로 지향해야 할 정치적 방향을 제시하기 때문이다. 이런 경향은 동중서의 『춘추』에 대한 인식에서 잘 드러난다.

"공자께서 『춘추』를 지을 때, 위로는 하늘의 도를 헤아리고 아래로는 인간의 여러 가지 실상에 바탕을 두고 옛날의 일에 비추어 지금의 일을 살폈습니다."[24]

---

22 박종천, 2013, 5~6.

23 전성건, 2017, 453.

24 "孔子作春秋, 上揆之天道, 下質諸人情, 參之於古, 考之於今."(『漢書』「董仲舒傳」)

무제에게 올린 대책對策에서 동중서는 공자가 『춘추』를 그냥 정치적 사건만 연대기적으로 담은 것이 아니라, 그 교훈을 제시하였음을 암시하였다. 동중서는 『춘추번로』를 통해 『춘추』에 기록된 수많은 재이 현상을 하늘과 관련시키며, 군주가 어떠한 정치를 펼쳐야 하는지 그 길을 인내한다. 그는 『춘추』에서 일식과 성운, 메뚜기 떼의 출현, 산사태, 지진, 여름의 홍수, 겨울의 우박, 겨울에 서리가 내렸지만 초목이 시들지 않은 것, 정월부터 가을 칠월까지 비가 오지 않은 것 등을 기록하고 이러한 것들을 이상히 여긴 것은 그러한 일을 통해 패란悖亂의 조짐을 볼 수 있기 때문이라고 여겼다.

동중서를 중심으로 하는 한漢대 공양학公羊學은 유교 경전 『춘추』 해석을 통하여 한 제국의 이념적 지배 이론을 구축함으로써 경학이 현실 정치를 추동하는 주요한 힘으로 작용하는 계기를 만들었다.[25] 『춘추번로』가 바로 그런 맥락에서 쓰였다. 『춘추번로』는 한마디로 말해 동중서의 정치 사상서라고 할 수 있다. 『춘추번로』는 춘추 공양학자인 동중서가 공양학에 바탕을 두고 『춘추』를 재해석하여 하늘과 군주와의 관계를 바탕으로 완성한 정치 사상서인 것이다.

『춘추번로』에는 이런 의식을 바탕으로 공자의 하늘·천

『춘추번로春秋繁露』(흠정사고전서본).

---

25 김동민, 2006, 215.

을 재해석한 동중서의 원시 유교적 사상이 담겨있다. 여기서 주목할 만한 점은 『춘추번로』에서 동중서가 공자와는 다른 맥락에서 하늘을 본다는 것이다. 동중서가 『춘추번로』를 편찬한 배경을 고려하면 공자와 차별화될 수밖에 없다. 동중서는 『춘추』의 미진하고 불확실한 점을 온전히 밝히려는 의도에서 『춘추』를 새롭게 보기도 하며 『춘추번로』를 지었기 때문이다. 동중서는 '『춘추』의 도道란 하늘을 받들어 옛 성왕들을 본받는 것'[26]이라 하였다. 『춘추번로』는 치자가 하늘을 중심으로 정치를 하고 늘 하늘을 경계하라는 정치 사상을 담고 있다. 『춘추번로』에서 동중서는 또한 재이를 자연 현상이 아니라 하늘의 뜻, 하늘의 의지를 상징하는 것으로 간주하고, 이를 군주의 현실 정치와 관련시킨다. 이런 하늘은 공자 이전의 상제천, 은대의 상제 모습을 연상시키기에 충분하다. 그렇다면 동중서가 말하는 하늘은 어떤 존재일까?

---

26 "춘추의 도는 하늘의 도를 받들고 옛 것을 법으로 삼는다. … 따라서 성인은 하늘을 본받으려 했고 현인은 성인을 본받으려 했다. 이것이야말로 기본 원칙이다. 기본적인 원칙을 준수하면 세상이 질서 있게 되고 그것을 놓쳐버리면 세상이 혼란스러워진다. 이것이 바로 질서와 혼란의 분수령이다. 春秋之道, 奉天而法古. … 故聖者法天, 賢者法聖, 此其大數也. 得大數而治, 失大數而亂. 此治亂之分也."(『春秋繁露』「楚莊王」)

2

동중서가 보는
'하늘·천天'

『춘추번로』에 나타난 하늘·천의 모습

"이를 비유하자면 거문고 소리가 아주 심하게 뒤틀렸을 때에는 반드시 줄을 풀어서 새롭게 매어야 연주가 제대로 됩니다. 이처럼 정치를 잘 했음에도 불구하고 나라가 잘 다스려지지 않을 때에는 반드시 개혁을 하고 교화를 해야만 통치가 가능합니다. 새롭게 줄을 매어야(更張) 할 때 새로 매지 않는다면 아무리 훌륭한 악사가 있다고 해도 연주를 잘 할 수 없듯이, 경장해야할 때 경장하지 않는다면 아무리 위대한 현인이 나타난들 나라를 잘 통치할 수 없습니다. 그러므로 한나라가 천하를 차지한 이후부터 나라를 잘 다스리려고 늘 노력했음에도 불구하고 지금껏 잘 다스려지지 못한 것은 개혁해야할 때 개혁하지 못한 데 그 원인이 있습니다. … 이제 정사를 맡아 나라를 잘 다스리기를 열망한지(한나라 초엽부터 동중서가 이 글을 올린 때 까지) 70여년이나 되었으니 한 발짝 물러나서 개혁하여야만 합니다. 개혁한다면 나라를 잘 다스릴 수 있고 잘 다스릴 수 있다면 재해가 날마다 사라지고 복록이 날마다 이를 것입니다. … 정사를 바르게 하고 백성을 잘 보살핀다면 반드시 하늘로부터 복록을 받게 되어 있습니다."[27]

이는 한 무제의 책문策問에 동중서가 답한 내용의 일부이다. 그 핵심은 사회 변혁(更化, 更張)이다. 동중서는 당시가 개혁이 절대 필요한 상황이라고 진단하였다.

그는 대책에서 도道라는 것은 잘 다스려진 상태로 인도하는 길로서, 인의예악은 모두 그 길로 가는 도구라고 말한다. 이어 성왕이 이미 죽었음에도 불구하고 자손들이 수백 년 동안 장구하게 안녕을 누리고 있는 것은 예악으로 백성을 교화시킨 업적 때문이라며, 형벌이 아닌 예악을 통한 교화의 중요성을 말한다. 그 예의 중심, 치도治道에서 가장 중요한 것은 무엇일까? 바로 하늘이다.

"신이 삼가 『춘추』에 실린 글을 뒤적여 왕도 정치의 시초가 무엇인지를 찾아보았더니 다름 아닌 '정正'에 있었습니다. 정은 왕 다음의 자리에 있었고 왕은 봄[春] 다음의 자리에 있었습니다. 춘이란 하늘이 행하는 행위이고 정은 제왕이 행하는 행위입니다. 그 뜻은

---

27 "竊譬之琴瑟不調, 甚者必解而更張之, 乃可鼓也. 爲政而不行, 甚者必變而更化之, 乃可理也. 當更張而不更張, 雖有良工不能善調也, 當更化而不更化, 雖有大賢不能善治也. 故漢得天下以來, 常欲善治而至今不可善治者, 失之於當更化而不更化也. … 今臨政而願治七十餘歲矣, 不如退而更化. 更化則可善治, 善治則災害日去, 福祿日來. … 爲政而宜於民者, 固當受祿於天."(『漢書』「董仲舒傳」)

위로는 하늘이 하는 바를 본
받아 아래로 자신의 행위를 바
로잡음으로써 왕도의 시초를
바르게 하는 것이라 할 수 있
습니다. 그러하기에 제왕이 무
엇을 하고자 할 때는 마땅히
하늘에서 그 실마리를 구해야
합니다. … 제왕은 하늘의 뜻

『한서』「동중서전」(무영전이십사사본武英殿二十四史本).

[天意]을 받들고 이어 정사를 펴야 합니다. 따라서 덕과 교화의 힘
을 빌려 다스릴 뿐 형벌의 힘을 빌려 다스리지 않습니다. 형벌의 힘
을 빌려서는 세상을 다스리지 못하거니와, 마치 음의 힘을 빌려서는
한 해의 일을 완수하지 못하는 것과 같습니다. 정치를 행하면서 형
벌의 힘에 의지하는 것은 하늘에 순종하지 않는 것이므로 선왕은
그렇게 하려고 하지 않았습니다."[28]

위 내용은 대도大道의 대요大要와 정론正論을 묻는 한 무제의 물음에
동중서가 답한 말의 일부이다. 동중서는 '도道가 하늘에 근거하여 나왔
으며, 이런 도의 근원인 하늘이 변하지 않으면 도 역시 변하지 않는다.
또한 군주는 정치를 함에 있어서 반드시 하늘이 하는 바를 본받고, 하

---

28 "臣謹案春秋之文, 求王道之端, 得之於正. 正次王, 王次春. 春者, 天之所爲也. 正者, 王之所爲也.
　其意曰. 上承天之所爲, 而下以正其所爲, 正王道之端云爾. 然則王者欲有所爲, 宜求其端於天. …
　王者承天意以從事, 故任德敎而不任刑. 刑者不可任以治世, 猶陰之不可任以成歲也. 爲政而任刑,
　不順於天, 故先王莫之肯爲也."(『漢書』「董仲舒傳」)

늘의 뜻에 따라야 한다'고 하였다. 이로써 천은 사람이 사람답게 살기 위해서 해야 할 도道의 근원으로 부활하였다. 그리고 인간에게는 하늘의 뜻을 받드는 교외에서의 하늘 제사가 무엇보다 중요하게 되었다.

동중서는 〈현량대책〉에서 한 무제에게 고대의 천하天下나 당시의 천하는 모두 같건만, 왜 고대에 비해 당시 사회가 예전과 크게 다른지를 천·하늘로 돌아가 돌이켜볼 것을 주장한다.

"옛날의 천하도 오늘의 천하와 같고 오늘의 천하 또한 옛날의 천하로 다 같은 천하인데도, 옛적에는 잘 다스려졌고 상하가 화목했으며 습속도 아름다웠고 법령이 없어도 좋은 일이 행해지고 금지하지 않아도 나쁜 일이 일어나지 않았으며, 관리들은 거짓되거나 정당하지 않은 짓을 하지 않았고 백성은 도적이 되지 않았으니 감옥은 비었고, 하늘의 은덕이 초목을 적시며 그 덕택이 나라 안에 두루 미쳤으며 봉황이 모여들고 기린이 찾아와 노닐었습니다. 지금을 예전과 비교한다면 하나같이 어찌 이리 서로 다를 수 있겠습니까. 얼마나 잘못된 것이 많기에 이리 무너질 수 있단 말입니까. 옛적의 도를 잃어버렸기 때문인지 아니면 하늘의 이치를 어겼기 때문인지, 옛적 성군의 자취를 살피고 하늘의 이치로 돌아가서 생각해 본다면 혹시 그 까닭을 알 수 있을지도 모르겠습니다."[29]

---

29 "夫古之天下亦今之天下, 今之天下亦古之天下, 共是天下, 古亦大治, 上下和睦, 習俗美盛, 不令而行, 不禁而止, 吏亡姦邪, 民亡盜賊, 囹圄空虛, 德潤草木, 澤被四海, 鳳皇來集, 麒麟來游. 以古準今, 壹何不相逮之遠也. 安所繆盭而陵夷若是. 意者有所失於古之道與, 有所詭於天之理與, 試跡之古, 返之於天, 黨可得見乎."(『漢書』「董仲舒傳」)

그렇다면 동중서가 말하는 도의 근원이자 정치적 행위의 준거인 하늘은 무엇일까? 하늘은 어떤 존재일까? 우리는 『춘추번로』에서 그 실마리를 찾을 수 있을 듯하다.

『춘추번로』 82편에는 '천天'자가 쓰이지 않는 편篇이 그리 많지 않다. 『춘추번로』에 '천'사는 950여회나 나오지만 천의 쓰임이 모두 같은 것은 아니다. 동중서가 『춘추번로』를 통해 보여준 하늘의 가장 특징적인 성격은 인격성이다.[30] 그는 하늘을 단순한 푸른 하늘이나 형이상학적인 하늘의 모습을 넘어, 기氣를 통해 만물, 특히 인간과 감응하는 인격신적 존재라고 본다.

인격신이란 무엇인가? 그것은 인간처럼 자신의 의지나 감정을 가지고 다른 존재와 의사소통할 수 있는 존재를 말한다. 하늘이 사람들처럼 좋아하고 싫어하는 등의 감정은 물론, 어떤 의지나 목적을 가지고 자신의 뜻을 실현하는 존재라는 것이다. 특히 동중서가 하늘과 인간 사이의 감응을 언급할 때 천은 대부분 인격천이다. 천의 인격적 쓰임의 예를 보자.

"문왕이 하늘의 명을 받아 왕이 되었을 때 하늘의 뜻에 따라 은 왕조를 바꾸어 주周라는 국호를 내세웠다. … 문文에 근거하는 예를 만들어 하늘을 받들었다. … 무왕이 천명을 받아서 읍에 궁을 짓고 … 문왕을 이어서 하늘을 받들었다. 주공이 성왕을 보좌하고 하늘

---

30   이세원은 『춘추번로』 본문에 '천'자가 총 960회 나온다며, 그 중 천의 가장 많은 쓰임은 인격천으로, 약 63.2%를 차지한다고 분석하였다. 이세원, 2016, 75 참조.

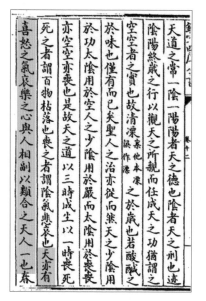

『춘추번로』「음양의陰陽義」(흠정사고전서본).

의 명을 받아서 낙양에 궁궐과 도읍을 짓고 문왕과 무왕의 제도를 완성하였으며 … 하늘을 받들었다.”[31]

"하늘은 말을 하지 않지만 사람으로 하여금 자기의 뜻을 드러내도록 하고, 하늘은 아무런 행위도 않지만 사람으로 하여금 자신의 기준에 맞추어 행하도록 한다. … 천명을 받은 군주는 하늘의 뜻을 부여받은 존재이다. 그러므로 천자라 불리는 사람은 당연히 하늘을 아버지로 여기고 효도로써 하늘을 섬겨야 한다.”[32]

"하늘에는 기뻐하고 성내는 기운이 있고 슬퍼하고 즐거워하는 마음이 있다. 이는 사람과 서로 딱 들어맞고 동류同類이니 하늘과 사람은 하나이다.”[33]

"봄은 사랑의 표지이고 여름은 즐거움의 표지이고 가을은 엄격함의 표지이고 겨울은 슬픔의 표지이다. 사랑이 중요하지만 엄함도 있어야 하고, 즐거움도 중요하지만 슬픔이 있어야 하는 것은 네 계절의 법칙이다. 기뻐하고 성내는 정情(禍)과 슬퍼하고 즐거워하는 의

---

31 "文王受命而王, 應天變殷作周號. … 文禮以奉天. … 武王受命, 作宮邑於, … 繼文以奉天. 周公輔成王受命, 作宮邑於洛陽, 成文武之制, …以奉天."(『春秋繁露』「三代改制質文」)

32 "天不言, 使人發其意. 弗爲, 使人行其中. … 受命之君, 天意之所予也. 故號爲天子者, 宜視天如父, 事天以孝道也."(『春秋繁露』「深察名號」)

33 "天亦有喜怒之氣, 哀樂之心, 與人相副. 以類合之, 天人一也."(『春秋繁露』「陰陽義」)

義는 단지 사람에게만 있는 것이 아니라 하늘에게도 있다. … 하늘에 기뻐하는 기운이 없다면 어떻게 날씨가 따뜻하여 봄에 만물이 태어나 자랄 수 있겠는가. 하늘에 성내는 기운이 없다면 어떻게 날씨가 서늘하여 가을에 만물이 시들어 죽어가게 할 수 있겠는가. 하늘에 즐거움의 기운이 없다면 어떻게 양기를 소통시키며 여름이 자라서 커나가게 할 수 있겠는가. 하늘에 슬퍼하는 기운이 없다면 어떻게 음기를 자극시켜 겨울에 만물이 움츠려들어 활동을 줄이도록 할 수 있겠는가."[34]

"하늘은 항상 만물을 사랑하고 이롭게 하는 것을 뜻으로 삼고 만물을 기르고 보살피는 것으로 자신의 일로 삼는다. 춘하추동 네 계절은 모두 그렇게 하는 쓰임(작용)이다."[35]

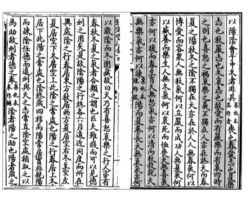

『춘추번로』「천변재인天辯在人」(흠정사고전서본).

이처럼 하늘은 희로애락의 감정과 의지를 가진 존재이다. 하늘은 자신의 뜻과 의지에 따라 만물을 낳고 변화를 이끌며 온 세상을 주재하는 주재자와 다를 바 없다. 인간

---

34 "春愛志也, 夏樂志也, 秋嚴志也, 冬哀志也. 故愛而有嚴, 樂而有哀, 四時之則也. 喜怒之禍, 哀樂之義, 不獨在人, 亦在於天. … 天無喜氣, 亦何以暖而春生育. 天無怒氣, 亦何以清而秋殺就. 天無樂氣, 亦何以疏陽而夏養長. 天無哀氣, 亦何以激陰而冬閉臧."(『春秋繁露』「天辯在人」) 소여蘇輿의 『春秋繁露義證』에 의하면, '喜怒之禍'의 '화禍'는 '정情'의 오자誤字이다. 허호구·윤재환·정동화 옮김, 2016, 463 참조.

35 "天常以愛利爲意, 以養長爲事. 春秋冬夏皆其用也."(『春秋繁露』「王道通三」)

세계를 포함하여 천지 만물을 주재하면서 자신의 의지를 표출하고 자신의 뜻에 따라 세상을 이끌어간다. 하늘은 인격적 존재로 천지 만물과 세상을 주재하는 주재자인 것이다. 인간의 신체 구조는 하늘의 수와 짝을 한다.

이러한 인격적 존재로서의 하늘, 희로애락의 기를 가진 하늘은 인간과 통한다. 인간은 여러 면에서 하늘을 본받은 존재이다. 그가 보기에 이러한 인격신으로서의 하늘은 모든 신의 우두머리이다. 이른바 하늘은 지고신, 최고신이다. "하늘은 모든 신들의 군주이고 제왕이 가장 존경하는 신이다"[36]라고 한 것이 이를 말해준다. 동중서는 인격신적 요소를 갖추고 세계를 주재하는 주체로서 천·하늘의 존재를 부각시키고 있다.

그렇다면 동중서가 말한 하늘은 이를테면 은대나 주대의 천이나 그 이후 유가들이 말하는 천과 어떤 차이가 있을까? 사실 동중서가 밝힌 인격적 주재적 성격의 지고신·최고신 모습은 은대에 오히려 지배적이었다. 물론 그것이 천·하늘이라는 표현보다는 상제·제라는 용어로 표현되었지만, 동중서의 하늘은 그런 상제와 거의 같은 모습의 존재이다. 인격적이고 초월적이고 지고적인 존재로 천지 만물을 감시하고 주재하는 신의 모습은 은대의 〈갑골문〉이나 『시경』과 『서경』 등에서 흔히 찾을 수 있다. 공자의 천을 비판한 묵자의 천 관념에서도 잘 나타났다. 동중서의 천은 공자류의 유가 사상으로부터 오히려 시원의 종교적 사고로

---

36 "天者, 百神之君也, 王者之所最尊也."(『春秋繁露』「郊義」)

회귀한 천天이다.[37]

하늘과 인간, 상호 감응하다

　동중서에 의하면, 하늘은 인간과 같이 희로애락의 감정이나 마음을 지닌 인격적 존재이자 만사 만물을 주재하고 통치하는 지고의 존재이다. 그렇다면 인간과는 어떤 관계일까?

　흔히 하늘·상제는 인간과의 관계에서 지배자, 갑과 같은 존재로 여겨졌다. 하늘이 만물을 주재하고 통치한다고 여기는 많은 담론은 그 관계에서 하늘·상제에 대해 상대적으로 집중하여 논의하는 경향이 있다. 〈현량대책〉에서 무제가 하늘과 인간의 호응互應에 대하여 물었을 때, 동중서는 인간과 하늘은 상호 응하는 관계라 하였다.

　"신이 삼가 『춘추』에서 과거에 이미 실행된 사태를 자세히 살펴서 하늘과 인간의 상관성을 파악하고서 매우 두려워할만 했습니다. 나라가 장차 정도를 잃어 길을 잃고 위기에 빠지려고 하면 하늘은 먼저 작은 재해를 일으켜 잘못을 꾸짖고 허물을 알려줍니다. 이를 알아 스스로 돌이켜 살필 줄 모르면 다시 큰 재해를 보내 놀라고 두렵게 만듭니다. 사정이 이러함에도 불구하고 고칠 줄 모르면 몸이 다치고 나라가 망하는 일이 닥칩니다. 이로써 보건대 우리는 하늘의

37　정해왕, 2013, 216.

의지가 사람의 군주를 사랑하여 혼란을 그치게 하고 싶어 함을 확인할 수 있습니다. 완전히 길을 잃은 시대가 아니라면, 즉 절망이 아니라 희망이 조금이라도 남아있는 시대라면 하늘은 그들을 지켜주고 온전하게 하려고 전력을 다할 터이니 우리 인간의 일은 힘써 노력할 뿐입니다."[38]

하늘과 인간의 관계에 대한 동중서의 답변은 『춘추』를 읽어본 결과 하늘이 인간에게 절대적 영향을 미친다는 것이다. 하늘은 인간에게 재이災異를 내리기도 하고 급기야 나라를 패망시키기까지 한다. 이로 보면 하늘은 인간에게 갑일 수 있다. 그러나 동중서는 이런 일이 벌어지기 전에 인간의 행위에 따라 혼란을 그치게 하여 나라를 보전시킬 수도 있다고 보았다. 인간이 바른 도를 행하려고 노력을 많이 하면, 덕행이 크게 쌓여 나라가 안정되고 오히려 하늘이 감로를 내리고 곡식이 풍년이 들며, 해와 달과 별이 정상으로 운행하는 등 하늘의 복을 받을 수 있다. 이렇게 보면 하늘은 인간에게 갑이 아니라 인간의 행위에 대한 반응으로 특정의 대응을 한다. 동중서에 의하면, 인간의 활동은 하늘로부터 반응을 얻게 되는데, 특히 하늘을 대신해서 사람들을 다스리는 왕의 행위에 대해서는 하늘이 직접적으로 반응한다. 이를테면 임금이 실정을 하거나 죄를 지으면 하늘은 천재지변과 같은 벌, 재앙을 내려 경고를 하고 바로잡게 한다. 이것이 천인 감응天人感應이며, 그러므로

---

38 "臣謹案春秋之中, 視前世已行之事, 以觀天人相與之際, 甚可畏也. 國家將有失道之敗, 而天乃先出災害以譴告之, 不知自省, 又出怪異以警懼之, 尚不知變, 而傷敗乃至. 以此見天心之仁愛人君, 而欲止其亂也. 自非大亡道之世者, 天盡欲扶持而全安之, 事在彊勉而已矣."(『漢書』「董仲舒傳」)

하늘과 인간은 상호 감응하는 관계이다. 상호 감응, 그것은 하늘은 인간의 모든 행위와 일에 영향을 미치고 인간의 행위는 하늘에 전달되는 것으로, 두 존재는 서로 느끼고[感] 그 감정을 서로 대응하는 관계에 있음을 말한다.[39]

그렇다면 이런 감응 관계가 형성될 수 있는 배경은 무엇일까? 어떻게 하늘과 인간의 감응이 가능할까? 동중서는 인간과 하늘이 동류同類이기 때문이라고 본다. 그는 아름다운 일은 아름다운 종류를 부르고 악한 일은 악한 종류를 불러서 동류끼리 응하여 일어나고, 하늘과 땅에서 음기가 일어나면 사람의 음기도 응하여 일어나고 사람의 음기가 일어나면 하늘과 땅의 음기도 또한 응하여 일어난다[40]며, 동류가 상동相動함을 비유를 통해 말한다.

"만약 평지에 물을 끌어낸다면 그것은 마른 땅으로 가지 않고 젖은 곳으로 흘러간다. 땔감을 가지런히 해놓고 거기에 불을 붙이면 불은 젖어있는 나무에 옮겨 붙지 않고 마른 나무에 잘 붙는다. 모든 사물은 자기와 다른 성질의 것은 피하고 같은 성질의 것끼리 어울린다. 그러므로 기氣가 같으면 서로 모이게 되고 소리의 진동수가 같으면 공명 현상이 일어나니 이와 같은 효험은 너무나도 명백하다."[41]

---

39 김상래, 2017, 280.

40 이것은 곧 하늘과 인간의 도道가 다르지 않고 하나임을 말하는 것이다.

41 "今平地注水, 去燥就濕, 均薪施火, 去濕就燥. 百物去其所與異, 而從其所與同, 故氣同則會, 聲比則應, 其驗然也."(『春秋繁露』「同類相動」)

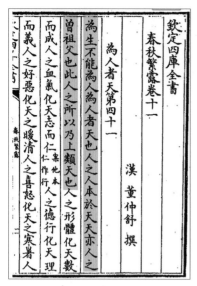

『춘추번로』「위인자천爲人者天」(흠정사고전서본).

이러한 인식을 바탕으로 동중서는 하늘과 사람이 여러모로 닮았음을 이렇게 말한다.

"(부모가) 자식을 낳기는 할 수 있으나 사람을 빚을 수는 없다. 사람을 만든 것은 하늘이다. 사람이 사람다운 것은 하늘로부터 받은 것에 뿌리를 두고 있다. 하늘은 사람의 증조부이다. 이 때문에 사람과 하늘은 서로 닮은꼴이 된다."[42]

그렇다면 사람과 하늘은 구체적으로 무엇이 닮았을까? 동중서는 인간과 하늘의 닮은 점을 여러 가지 들고 있다. 하늘에 있는 것이 사람에게도 있고 사람에게 있는 것이 하늘에도 있다는 것을 아래와 같이 수數나 구조나 기능면에서 여러 가지를 들며 둘 간의 동류성을 주장한다.

"사람의 형체는 하늘의 수에 부합하여 이루어졌고 사람의 혈기는 하늘의 뜻과 부합하여 따뜻하고 사람의 덕행은 하늘의 구조에 따라 반듯하여 의롭다. 사람의 좋아하고 싫어함은 기후의 따뜻하고 서늘함에 호응하고, 사람의 기뻐하고 노함은 기온의 추위와 더위에 호응하

---

42 "爲生不能爲人, 爲人者天也. 人之人本於天, 天亦人之曾祖父也. 此人之所以乃上類天也."(『春秋繁露』「爲人者天」) 동중서는 하늘을 '만물의 조상'이라고도 하였다. "天者, 萬物之祖."(『春秋繁露』 順命). "天者, 群物之祖也."(『漢書』「董仲舒傳」)

고, 사람의 환경 적응은 하늘의
네 계절의 변화에 호응하고, 사
람이 살아가며 희로애락의 반
응을 보이는 것은 춘하추동의
변화가 있는 것에 대응한다. 기
쁨은 봄에 대응하고 성냄은 가
을에 대응하고 즐거움은 여름
에 대응하고 슬픔은 겨울에 대
응한다. 이처럼 하늘의 복사본
이 사람에게도 있다."[43]

『춘추번로』「위인자천爲人者天」(흠정사고전서본).

　"사람이 지닌 360개의 뼈마디는 하늘의 수(한 해의 수)에 상응하
고 몸의 근육과 뼈대는 땅의 두께에 상응한다. 신체의 윗부분에 듣
고 보는 귀와 눈이 있는 것은 해와 달을 본뜬 것이고 몸에 구멍과
혈맥이 있는 것은 내와 계곡을 본뜬 것이다. 마음에 희로애락의 감
정이 있는 것은 여러 가지로 변화하는 기(神氣)와 동류이다. 이렇게
들여다본 결과 사람의 몸은 어떠한 자연적 존재보다 훨씬 고귀하여
하늘에 대응한다."[44]

　"그렇기 때문에 사람의 몸에서 머리가 동근 것은 하늘의 모습을

43　"人之形體, 化天數而成, 人之血氣, 化天誌而仁, 人之德行, 化天理而義. 人之好惡, 化天之暖清,
　　人之喜怒, 化天之寒暑, 人之受命, 化天之四時, 人生有喜怒哀樂之答, 春秋冬夏之類也. 喜春之答
　　也, 怒秋之答也, 樂夏之答也, 哀冬之答也. 天之副在乎人."(『春秋繁露』「爲人者天」)

44　"人有三百六十節, 偶天之數也, 形體骨肉, 偶地之厚也. 上有耳目聰明, 日月之象也, 體有空穹進脈,
　　川谷之象也. 心有哀樂喜怒, 神氣之類也. 觀人之禮一, 何高物之甚, 而類於天也."(『春秋繁露』「人副
　　天數」)

상징한다. 머리카락은 별을 본뜬 것이다. 귀와 눈이 쌍쌍이 짝을 이루어 등지고 있는 것은 해와 달을 본뜬 것이다. 코와 입으로 숨을 내쉬고 들이쉬는 것은 바람의 기운을 본뜬 것이다. 가슴속이 탁 트여서 지각을 갖는 것은 천지신명을 본뜬 것이다. 뱃속이 가득차고 비는 것은 온갖 사물을 본뜬 것이다. … 사람의 몸은 하늘과 같다. 몸의 수는 천지의 수와 합한다. 그러므로 사람의 명 또한 천지의 명과 서로 연계되는 것이다. 하늘은 한 해의 숫자로 사람의 몸을 이루었다. 그러므로 작은 뼈마디가 366개로 나누어진 것은 한 해의 일수에 부합한다. 큰 뼈마디 12개는 달수에 부합한다. 몸속에 오장五臟이 있는 것은 오행의 수에 부합하고, 몸 밖에 사지四肢가 있는 것은 네 계절의 수에 부합한다. 눈을 뜨고 감는 것은 주야에 부합한다. 성질이 강하고 약한 것은 겨울과 여름의 기후에 부합한다. 슬프고 기쁜 것은 음양에 부합한다. 마음에 사려 분별이 있는 것은 천지의 도수에 부합하고, 행동에 윤리가 있는 것은 천지天地에 부합한다. … 곧 하늘과 사람은 하나이다."45

"하늘에도 기뻐하고 성내는 기가 있고, 슬퍼하고 즐거워하는 마음이 있어서 사람과 부합되어 같은 종류로써 서로 합하는 것이니, 하늘과 사람은 한가지이다. 봄은 기뻐하는 기운이기 때문에 만물을

---

45 "是故人之身, 首而員, 象天容也. 髮象星辰也. 耳目戾戾, 象日月也. 鼻口呼吸, 象風氣也. 胸中達知, 象神明也. 腹胞實虛, 象百物也. … 身猶天也. 數與之相參. 故命與之相連也. 天以終歲之數, 成人之身. 故小節三百六十六, 副日數也. 大節十二分, 副月數也. 內有五藏, 副五行數也. 外有四肢, 副四時數也. 乍視乍瞑, 副晝夜也. 乍剛乍柔, 副多夏也. 乍哀乍樂, 副陰陽也. 心有計慮, 副度數也. 行有倫理, 副天地也."(『春秋繁露』「人副天數」)

68

『춘추번로』「음양의陰陽義」(흠정사고전서본).

낳고, 가을은 성내는 기운이기 때문에 죽이고, 여름은 즐거워하는 기운이기 때문에 기르고, 겨울은 슬퍼하는 기운이기 때문에 거두어들이는 것이다. 이 네 가지는 하늘과 사람이 함께 가지고 있고, 이치가 다 같아서 동일하게 사용하는 것이다."46

"하늘에 사람이 기뻐하고 성내고 슬퍼하고 즐거워하는 행동이 있고 사람에게도 또한 하늘에 있는 봄과 가을, 여름과 겨울의 기가 있다는 것은 류類가 합한다는 것을 이른다."47

"(희로애락) 네 가지 기는 하늘과 사람이 다 같이 가지고 있는

---

46 "天亦有喜怒之氣, 哀樂之心, 與人相副. 以類合之, 天人一也. 春喜氣也, 故生, 秋怒氣也, 故殺, 夏樂氣也, 故養, 冬哀氣也, 故藏. 四者天人同有之, 有其理而一用之."(『春秋繁露』「陰陽義」)

47 "天乃有喜怒哀樂之行, 人亦有春秋冬夏之氣者, 合類之謂也."(『春秋繁露』「天辨在人」)

것이지 사람이 쌓아 기를 수 있는 것이 아니다. … 사람은 하늘로부터 생명을 받았고 하늘로부터 교화를 받는다. 기뻐하는 기운은 봄으로부터 얻었고, 즐거움의 기는 여름에서 취하고, 성내는 기운은 가을에서 얻었고, 슬퍼하는 기운은 겨울에서 얻었으니, 네 가지 기운은 사람의 마음을 표현하는 것이다."[48]

"하늘에 음과 양이 있듯이 사람에게도 음과 양이 있다. 천지의 음기가 일어나면 사람의 음기도 그에 응하여 일어나고 사람의 음기가 일어나면 하늘의 음기도 또한 그에 응하여 일어나니, 하늘과 사람의 도는 하나이다."[49]

"음양의 기는 하늘에 있고 또 사람에게도 있다. 사람의 몸에서는 좋아하고 미워하고 기뻐하고 성냄의 감정으로 표현되고, 하늘에서는 따뜻함과 차가움, 추위와 더위로 나타난다. … 대저 기뻐하고 화를 내고 슬퍼하고 즐거워하는 행동거지는 하늘이 사람에게 성性으로 부여한 명이다."[50]

『춘추번로』 「여천지위如天之爲」(흠정사고전서본).

---

48 "四氣者, 天與人所同有也, 非人所能蓄也. … 人生於天, 而取化於天, 喜氣取諸春, 樂氣取諸夏, 怒氣取諸秋, 哀氣取諸冬, 四氣之心也."(『春秋繁露』「王道通三」)

49 "天有陰陽, 人亦有陰陽. 天地之陰氣起, 而人之陰氣, 應之而起, 人之陰氣起, 而天地之陰, 氣亦宜應之而起, 其道一也."(『春秋繁露』「同類相動」)

50 "陰陽之氣, 在上天, 亦在人. 在人者爲好惡喜怒, 在天者爲暖淸寒暑. … 夫喜怒哀樂之止動也, 此

"하늘의 도는 봄에는 따뜻한 기운으로 만물을 낳고, 여름에는 더운 기운으로 만물을 길러주며, 가을에는 서늘한 기운으로 만물을 죽이고, 겨울에는 추운 기운으로 만물을 갈무리한다. … 성인은 하늘이 하는 방식에 의거하여 정치를 한다. … 하늘에는 네 계절이 있고 제왕에게는 네 가지 정사政事[四政](정치적 행위)가 있다. 사시와 사정은 상통하는 유類이므로 하늘과 사람사이에는 공유하는 것이 있다."51

사람의 신체는 천체 운행의 주기에 부합해서 이루어졌다. 사람의 혈기는 하늘의 의지와 부합해서 따뜻하다. 사람의 덕행은 하늘의 구조에 따라 반듯하다. 사람의 좋아하고 싫어함은 기후의 따뜻하고 서늘함에 호응한다. 사람의 기뻐하고 성냄은 날씨의 추위와 더위에 호응한다. 사람의 환경 적응은 자연의 네 계절 변화에 호응한다. 사람이 살아가며 희·로·애·락의 반응을 보이는 것은 봄·여름·가을·겨울의 변화가 있는 것에 상응한다. 이런 말들은 궁극적으로 하늘과 인간이 같은 유로서 같은 기氣를 가졌기 때문에 감응할 수 있음을 뒷받침하려는 것이다.

하늘은 자신을 닮게 인간을 낳았다. 그리하여 인간은 하늘처럼 희로애락의 감정을 지닌 존재이고, 그 형체나 인의仁義와 같은 도덕 역시 하늘과 다르지 않다. 하늘의 부본副本이 사람에게 있는 것이다. 하늘은 인간과 같은 종류의 사물로 근본이 같으며, 분리될 수 없는 하나의 존

天之所爲人性命者."(『春秋繁露』「如天之爲」)

51 "天之道, 春暖以生, 夏暑以養, 秋淸以殺, 冬寒以藏. … 聖人副天之所行以爲政. … 天有四時, 王有四政, 四政若四時, 通類也, 天人所同有也."(『春秋繁露』「四時之副」)

재로 볼 수 있음을 말한다. 인간의 감정도 하늘에 근원을 둔다. 이런 맥락에서 보면 하늘과 사람은 하나이다. 하나이므로 서로는 통한다. 천에 의하여 창조되고 양육되는 인간·인간 세계는 천과 동일한 근원에서 비롯되었고 동일한 감정과 의지는 물론 윤리와 도덕성까지 공유하고 있기 때문에 천인감응이 가능하다. 결국 하늘과 인간은 동질임을 알 수 있다. 사람과 하늘은 분리할 수 없는 동형同形·동수同數이며 동기同氣의 상징이다. 그러므로 하늘과 인간은 서로 응할 수밖에 없는 것이다.

이렇게 서로 닮아 하늘은 인간이 태어나서 자라고 생활하고 죽는 삶의 모든 국면에 관여한다. 그러므로 사람은 어느 곳 어느 때에도 하늘과 연계되지 않고 살 수 없다. 이런 맥락에서 보면 하늘은 인류 공동의 혈연적 조상이고 인간은 전체적으로 공동 조상인 하늘의 후손이다. 아울러 사람은 신체, 혈기, 덕행, 감정 등의 측면에서도 하늘이 전개하는 운행 과정에 빠짐없이 상응한다. 사람은 생명만이 아니라 삶의 원칙마저 하늘로부터 나누어 가진 셈이다.[52]

하늘은 자신이 낳았고 자신을 나누어 가진 인간 세계에 무관심하지 않다. 상응 관계에 있기 때문에 인간 사회에 자신의 뜻과 다른 일이 벌어지면 개입할 수 있다. 부모가 자식의 일에 간섭하고 개입할 수 있듯이, 천지부모인 하늘 역시 인간사에 개입할 수 있는 것이다. 그리하여 이를테면 사람이, 군주가 하늘 자신의 의지와 다른 방향으로 살아가거나 그런 정사를 펴면 다양한 개입을 할 수 있다. 벌을 내릴 수도 있다. 그러나 역으로 하늘의 의지에 상응하는 모습을 보이면 벌이 아닌 상을

---

52 신정근, 2004b, 244~245.

내릴 수도 있다. 하늘은 인간에게 갑질만 하는 그런 존재는 아니다.

그렇다면 하늘은 구체적으로 어떻게 개입하는가? 개입의 흔적은 무엇으로 알 수 있는가? 하늘은 인간이 하늘의 뜻을 위반하여 음양의 불균형을 초래하고 음양 조화를 깰 경우 다양한 징조를 보여준다. 이를테면 낮에 해야 할 일을 낮에 하지 않고 밤에 한다고 하자. 봄에 해야할 일을 봄에 하지 않고 겨울에 한다고 해보자. 임금이 정사를 바르게 펴야하는데 그렇지 않다고 해보자. 이러한 행위는 음양의 조화를 깨거나 정상적 교류를 방해한다. 만일 이러한 흐름이 천지에 가득차면 어떻게 될까? 동중서는 바로 이러한 시점에서 하늘의 개입을 당연시한다. 즉 음양의 정상적 변화가 자연스럽게 전개되면 문제가 없겠지만 그 반대일 경우 하늘이 개입한다. 하늘은 자신을 닮은 인간, 인간 사회를 낳고 그냥 제3자로 팔짱을 끼고 방관하는 것이 아니라 인간으로 하여금 스스로 문제를 해결하도록 조치를 취한다는 것이다. 즉 동중서는 하늘, 신의 개입 필요성을 말하였다.

동중서는 이 경우 하늘이 보내는 메시지로 다양한 자연 현상의 이변을 든다. 이변은 음양의 균형이 깨져서 발생한다. 각종 재이 현상은 바로 하늘이 보내는 경고로 인간, 군주로 하여금 음양의 조화·균형을 촉구하는 신호이다. 이를테면 위정자에게는 정사가 잘못되어 자연의 운행에 문제가 발생했으므로 정치를 바로 하고 반성하라는 것이다. 문제는 이러한 경고와 신호를 무시할 때다. 그러면 하늘은 더 큰 재이를 야기한다. 그것조차 무시하고 개선하지 못하면 왕조 자체마저 무너뜨릴 수 있다.

하늘과 인간의 감응 매개체, 기氣

하늘과 인간이 감응하는 관계라면 무엇을 통해 감응이 가능한가? 즉 하늘과 인간은 어떻게 상호 감응할 수 있는가? 동중서는 그 매개체가 기氣라고 본다. 하늘은 음양지기를 통해 인간과도 감응하는 등, 만사를 주재한다. 즉 하늘은 천도天道, 음양·오행을 통해 인간을 포함한 만물을 변화시키고 그 변화를 주관한다.

하늘이 주재하는 천지 자연, 우주는 기氣로 가득하다. 동중서는 하늘은 기를 거느리며, 이 기를 통해 만물을 낳고 변화시킨다고 보았다. 인간은 단지 그 기를 볼 수 없을 뿐이다. 이를 동중서는 이렇게 말한다.

"하늘과 땅 사이에는 음과 양의 기가 가득 차 있다. 이 기가 항상 사람을 적시고 있는 것은 물이 항상 물고기를 적시고 있는 것과 같다. 기가 물과 다른 점은 볼 수 있느냐 없느냐에 있을 뿐인데, 기는 고요하기도 하고 어른거리기도 한다."[53]

동중서는 천지간에 가득한 음양의 기氣 속에서 인간은 물론 만물이 살아가는데, 이 기가 하늘의 도道에서 가장 중요하다고 본다. 한 짝을 이루는 음양은 천지의 기가 변화함으로써 가장 먼저 나타난다. 하늘의 도는 한 번은 음이었다가 한 번은 양이 되는 이치이다. 자연계의 모든

---

53 "天地之間, 有陰陽之氣, 常漸人者, 若水常漸魚也. 所以異於水者, 可見與不可見耳, 其澹澹也."(『春秋繁露』「天地陰陽」)

변화는 이런 상이한 성격의 음양의 변화에서 비롯된다. 음양의 변화가 만물의 생성·변화의 출발인 것이다. 그리하여 그는 "하늘의 도에서 가장 중요한 것은 음양이다"[54]라 하였다.

음과 양은 그 성격이 반대이지만 둘 사이에는 항상 질서가 유지된다. 그리하여 한 번 음하련 한 번 양하게 되어 음양은 조화를 이루고 만물 간에는 균형이 가능하다. 그런데 동중서에 의하면 자연만이 아니라 인간에게도 음양의 두 기氣가 있다. 위에서 언급하였듯이 하늘과 인간은 이 음양의 기를 통해 상호 감응한다. 동중서는 이런 음양의 이치를 자연을 넘어 인간 사회 질서에도 적용하였다. 즉 하늘은 사람을 다스릴 때도 역시 음양으로 한다는 것이다.

"하늘은 만물의 시조인 까닭에 만물을 차별하지 않고 골고루 덮어 함께 감싸 안으며, 해와 달과 바람과 비를 베풀어 만물이 조화를 이루게 하고, 음양과 추위·더위를 통해 만물이 성장하게 합니다. 그래서 성인은 그런 하늘을 본받아 도를 세운 뒤 하늘과 마찬가지로 두루두루 사랑할 뿐 사적으로 편애하지 않으며, 덕을 베풀고 인을 펼쳐서 백성에게 후덕하게 대하고, 의를 시행하고 예를 세워서 백성을 교화합니다. 봄은 하늘이 만물을 낳는 방식이고 인은 군주가 백성에게 사랑을 펼치는 방식입니다. 여름은 하늘이 만물을 성장시키는 방식이고 덕은 군주가 백성을 기르는 방식입니다. 서리는 하늘이 만물을 죽이는 방식이고 형벌은 군주가 죄를 징벌하는 방법입니다.

---

54 "天道之大者在陰陽."(『漢書』「董仲舒傳」)

이를 근거로 말씀드리면, 하늘의 뜻이 사람 세상에 나타나는 것은 고금의 변치 않는 도리입니다."[55]

이러한 음양의 기는 인간을 포함한 우주 만물에 있다. 하늘에도 있고 사람에게도 있다. 그런데 동중서에 의하면, 사람에게 있는 것은 좋아하고 미워하고 기뻐하고 화내는 것이 되었고, 하늘에 있는 것은 따뜻하고 서늘하고 춥고 더운 것이 되었다. 기뻐하고 화를 내고 슬퍼하고 즐거워하는 행동거지는 하늘이 사람의 성性에 명하여 만들어진 것들이다. 이는 결국 하늘과 인간이 동류라는 것이다. 그러므로 하늘과 인간은 상응하며 기를 통해 상호 감응한다.

이처럼 인간 사회 질서에도 음양이 적용될 수 있는데, 군신·부자·부부 간의 관계를 맺는 방식도 하나의 보기이다.

"음기는 양기의 짝이고 아내는 남편의 짝이고 자식은 아버지의 짝이고 신하는 임금의 짝이다. 사물에는 합하는 짝이 없는 것이 없고 짝에는 각각 그 음양이 있다. 양기는 음기에 합하고 음기는 양기에 합하며, 남편은 아내에 합하고 아내는 남편에 합하며, 아버지는 자식에 합하고 자식은 아버지에게 합하며, 임금은 신하에게 합하고 신하는 임금에 합하니, 임금과 신하, 아버지와 자식, 부부의 의는 모

---

55 "臣聞天者群物之祖也, 故遍覆包函而無所殊, 建日月風雨以和之, 經陰陽寒暑以成之. 故聖人法天而立道, 亦溥愛而亡私, 布德施仁以厚之, 設誼立禮以導之. 春者天之所以生也, 仁者君之所以愛也. 夏者天之所以長也, 德者君之所以養也. 霜者天之所以殺也, 刑者君之所以罰也. 繇此言之, 天人之徵, 古今之道也."(『漢書』「董仲舒傳」)

두 음양의 도에서 취한 것이다. 임금은 양이 되고 신하는 음이 되며 아버지는 양이 되고 아들은 음이 되며 남편은 양이 되고 아내는 음이 된다."[56]

사물과 사태에는 짝이 없는 경우가 없다. 짝은 그 자체로 음양으로 분류된다. 양은 음을 아우르고 음은 양을 아우른다. 천지 만물에는 이처럼 그 내부에 질서 있는 운동 체계가 있고, 그 운동 법칙은 음과 양 두 기의 작용에 의하여 영향을 받는다. 음과 양의 운동 및 역할은 상반성을 지니고 있어 음과 양 두 기는 한꺼번에 같이 뒤섞여 혼란하지도 않으며 항상 서로 구별된다. 그리하여 동중서는 우주 자연의 운행은 음의 주기가 한 번 끝나면 다시 양의 주기가 시작되는데, 음과 양의 출입하는 영역이 항상 서로 반대이고, 음기와 양기는 어느 한쪽의 양이 많다거나 적더라도 총량은 변하지 않기 때문에 흘러넘치지 않고 항상 조화를 이루며, 같은 종류의 기들끼리 서로 화합하여 변화하며 우주 자연의 질서를 유지한다고 본다.[57]

천지는 기로 가득하다. 그런데 이 기는 어떤 원인에 의해 변화가 있을 수 있다. 이를테면 음양이나 오행 간에 어떤 문제가 발생하면 음양의 불균형이 있을 수 있다. 이러한 기의 불균형이 심각할 경우, 즉 자연이나 사회가 그러한 기의 불균형을 더 이상 유지할 수 없을 때, 사기邪

---

56 "陰者陽之合, 妻者夫之合, 子者父之合, 臣者君之合. 物莫無合, 而合各有陰陽. 陽兼於陰, 陰兼於陽, 夫兼於妻, 妻兼於夫, 父兼於子, 子兼於父, 君兼於臣, 臣兼於君. 君臣父子夫婦之義, 皆取諸陰陽之道. 君爲陽, 臣爲陰, 父爲陽, 子爲陰, 夫爲陽, 妻爲陰."(『春秋繁露』「基義」)

57 정일동, 2008, 15.

氣가 지배적일 때는 자연이나 인간 사회에 큰 영향을 미칠 수 있다. 즉 자연 재해나 재이 및 인간 사회에 전쟁과 같은 현상도 야기될 수 있다. 물론 그러한 현상은 기의 불균형에 대한 하늘의 반응이자 의지의 결과 이다.

동중서는 인간 사회에서 음양오행에 문제가 발생하면 하늘에도 영 향을 미친다고 본다. 천지에서 음기가 일어나면 사람의 음기가 그에 응 하여 일어나듯, 사람의 음기가 일어나면 천지의 음기 역시 그에 응하여 일어난다. 바로 천인이 상감하는 것이다. 그리하여 하늘은 인간이 보내 는 행위, 기에 반응하여 자신의 의지를 다양하게 표출한다.

3

하늘이 인간사에
개입하는 징표, 재이災異

재이災異의 음양오행적 이치

예로부터 성인은 하늘을 살펴보고 행동한다고 했다. 이것은 인간이 하늘의 도를 따르려는 의지의 표현이다. 그렇다면 하늘의 도란 어떤 것일까? 그것은 하늘이 인간을 포함한 천지 만물을 생장염장 하는 길을 말한다. 하늘은 기氣를 통해 인간을 포함한 천지 만물을 주재한다.

그런데 천지를 가득 메우고 있는 기는 합하면 하나이지만 나누면 음양 둘로 된다. 우주에서 삼라만상이 무궁한 변화를 일으키는 것은 음과 양이라는 이질적인 두 기운의 작용으로 인하여 모순과 대립이 나타남으로써 일어나는 현상이다. '일음일양지위도一陰一陽之謂道'라고 한 것은 바로 이것을 말한다. 음양이란 무無, 중中, 또는 원래 하나였던 기氣가 처음으로 상이한 성격의 두 기로 나누어지면서 분화되는 양상을 나타내는 개념이다. 다시 말하면 무극無極이 운동 상태를 나타내기 시작할 때 거기에 '+'와 '-'라는 상반된 기운이 나타나게 되는데, 그 성性과 질質에서 상象을 취하여 음양이라는 개념을 붙인 것이다.[58] 그런데 이런 음양이 부조화를 이룰 수 있다. 이를테면 그 들어가고 나가는 차례, 그 방향 등이 비정상적일 수 있다. 이런 비정상의 결과가 바로 재이災異이다.

동중서에게 음양은 우주 만물의 성쇠, 집산 그리고 생멸을 주관하는 기의 활동과 그 상호 관계를 설명하는 개념이다. 그는 우주 자연을 음·양으로 분류하고, 이를 다시 오행에 배당하여 그 속성에 맞추어 해석함과 동시에, 분류된 각 사물 간의 관계를 음·양 또는 오행의 상호 관계를 원용해서 해석하였다.[59]

이런 음양이 더욱 분화하여 오행五行이 나온다. 즉 음양이라는 두 기운이 다시 분화함으로써 새로운 성질의 다섯 가지 기운이 나오게 된다. 하나의 천지를 가득채운 원기元氣에서 음양이 나오고, 여기서 춘하추동 사계절이 생기며 오행으로 펼쳐진다.

"천지의 기는 합하여 하나[一]를 이루었다가 나뉘어져서는 음과 양이 되며, 다시 갈라져서는 네 계절로 쪼개어지고, 줄지어 놓으면 오행으로 펼쳐진다."[60]

음양의 구체적 운동인 오행은 우주 만물을 생성·변화하게 하는 근원으로 여겨지는 목木, 화火, 토土, 금金, 수水 다섯 가지 기운氣運이다. 또

---

58 한동석, 2001, 40, 58.

59 정일동, 2008, 27~28.

60 "天地之氣, 合而爲一, 分爲陰陽, 判爲四時, 列爲五行."(『春秋繁露』「五行相生」)

'나무'나 '불'과 같은 자연 형질을 말하는 것이 아니라 그것이 가지고 있는 형形과 질質 모두를 상징하는 기운이다. 이러한 기운은 응고하면 형체를 이루어 만물이 되고 이것이 다시 분해되면 또다시 오행기로 변한다. 이와 같이 반복하는 과정에서 생성되기도 소멸하기도 하는 것이 물질이다.

오행의 목기木氣는 위로 쭉 뻗는 기운을 상징하는 생生의 기이다. 천지의 모든 변화는 이 목木의 기운이 발생하면서 시작되는데, 계절로 말하면 이때가 바로 봄이다. 이러한 목에서 화火가 나오며, 화기火氣는 성장·분화를 위주로 하는 기이다. 여름에 만물이 무성하게 자라는 모습이 화의 기를 잘 대변한다. 이 목화木火의 기운이 지배하는 때는 만물이 생장하는 과정이며, 음양으로 말하면 이때가 양에 해당한다.

그러나 만물이 생장하는 과정만 거치는 것은 아니다. 과일로 말하면 적절한 때에 이르면 과일은 먹기 좋고 맛있게 익어야 한다. 화기火氣와 금기金氣는 서로 화합할 수 없는 기운이다. 즉 금화金火는 상쟁相爭한다. 그러므로 다른 기운이 이들 두 기운을 중재해야만 하는데, 그것이 바로 토기土氣이다. 토의 기란 생장 과정을 마치고 금과 수 기운, 성숙을 원만하게 맞이하게 하는 기운이다.

이 토에서 통일을 위주로 하는 금金 기운이 나온다. 가을이면 과일이 겉은 딱딱하게 하면서 속이 익어가는 것은 이러한 금기의 모습을 잘 보여준다. 금은 마지막으로 수水를 낳는다. 수는 통일을 완수하는 기이다. 천도天道라는 것은 이 수기水氣의 작용을 거친 후 비로소 그 내부까지 응고하게 된다. 이러한 금수의 기운이 지배하는 때는 만물이 수장·통일을 이루는 때로, 음양으로 말하면 이때가 음에 해당한다.

이처럼 오행은 그 시작이 목이고 중앙은 토이며 수가 끝이다. 이들 간의 관계를 보면 목은 화를 낳고 화는 토를 낳고 토는 금을 낳고 금은 수를 낳고 수는 목을 낳는다. 동중서는 이러한 오행의 운행에는 끊임없이 생성하고 변화하면서 성장하고 발전하는 과정에 반복하는 생명의 순환성의 의미가 담겨져 있다고 보았다. 그리고 이러한 순환 과정을 천·하늘의 도道라 여겼다.[61] 하늘의 도는 만물이 생장염장 하는 길인 것이다.

그런데 동중서는 이런 오행을 인간 사회와 관련시키기도 하는데,[62] 특히 재이의 발생과 관련시킨다. 즉 오행의 운행이 정상적이지 못하면 각종 재이가 발생하는 상황을 다양하게 말하는데 그 대표적인 내용을 보자.

"(봄에) 화기火氣가 목기木氣를 침범하면 동면하던 벌레들이 일찍 땅위에 나오고 번개와 우레가 일찍 횡행한다. 토기가 목기를 침범하면 태 속의 새끼가 일찍 죽고 알이 부화되지 않아서 새들이 많은 피해를 입게 된다. 금기가 목기를 침범하면 전쟁이 나며, 수기가 목기를 침범하면 봄에도 서리가 내린다. (여름에) 토기가 화기를 간여하게 되면 천둥이 자주 치고, 금기가 화기를 간여하게 되면 초목이 다 죽게 되고, 수기가 화기를 간여하게 되면 여름에 우박이 떨어지고, 목기가 화기를 간여하게 되면 지진이 발생한다. (한여름에) 금이 토

---

61 조원일, 2020, 215.

62 이에 관해서는 『춘추번로』의 「오행대五行對」, 「오행지의五行之義」, 「오행상생五行相生」, 「오행상승五行相勝」 등을 참조하라.

를 간여하게 되면 오곡들이 손상되어 재앙이 있게 된다. 수가 토를 간여하게 되면 여름 날씨가 쌀쌀해져 비와 서리가 내린다. 목이 토를 간여하게 되면 갑각류 벌레가 번성하지 못하고, 화가 토를 간여하게 되면 가뭄이 크게 든다. (가을에) 수가 금을 간여하게 되면 물고기가 자라지 못하고, 목이 금을 간여하게 되면 초목이 다시 살아난다. 화가 금을 간여하게 되면 가을에 초목이 무성해지며, 토가 금을 간여하게 되면 오곡이 여물지 못한다. (겨울에) 목이 수를 간여하게 되면 겨울잠을 자는 동물들이 동면에 들어가지 못하고, 토가 수를 간여하게 되면 동면하던 벌레들이 겨울에도 땅위로 나온다. 화가 수를 간여하게 되면 별똥이 떨어지고, 금이 수를 간여하게 되면 겨울에 큰 한파가 닥친다."[63]

"나무[木]로 인해 변고가 생기면 봄에 초목이 시들고 가을(겨울)에 꽃이 피며, 가을에 나무에 얼음이나 서리가 맺히고, 봄에는 비가 많이 온다. 이는 민중에게 부역이 많고 세금을 무겁게 징수하여 백성들이 가난과 배고픔을 못 견뎌 (고향을) 등지고 길에 굶주린 사람이 많기 때문이다. … 불[火]로 인해 변고가 생기면 겨울이 따뜻하고 여름은 춥게 된다. 이것은 임금이 현명하지 못하여 선한 사람에게 상을 주지 않고 못하는 사람을 내쫓지 않으며, 무능한 사

---

63 "火干木, 蟄蟲蚤出, 蚑雷蚤行. 土干木, 胎夭卵㲉, 鳥蟲多傷. 金干木, 有兵. 水干木, 春下霜. 土干火, 則多雷. 金干火, 草木夷. 水干火, 夏雹. 木干火, 則地動. 金干土, 則五穀傷有殃. 水干土, 夏寒雨霜. 木干土, 倮蟲不爲. 火干土, 則大旱. 水干金, 則魚不爲, 木干金, 則草木再生. 火干金, 則草木秋榮, 土干金, 則五穀不成. 木干水, 冬蟄不藏. 土干水, 則蟄蟲冬出. 火干水, 則星墮. 金干水, 則多大寒."(『春秋繁露』「治亂五行」)

람을 관직에 앉혀두고 능력자가 숨기고 세상에 나서지 않기 때문이다. 따라서 추위와 더위가 제 순서를 잃어버리고 백성들은 전염병이나 질환으로 고생하게 된다. … 흙[土]에 변고가 생기면 태풍이 불고 오곡이 해를 입는다. 이것은 군주가 어질고 현명한 사람은 믿지 않고 아버지나 형뻘의 친족을 공경하지 않고 향락을 일삼으며 전혀 절제하지 못하고 궁실을 화려하게 장식했기 때문이다. … 쇠[金]에 변고가 생기면 필성畢星과 묘성昴星의 별이 세 차례 회전하고 전쟁이 생기고 병력이 증강되고 각종 범죄가 증대하게 된다. … 물[水]에 변고가 생기면 겨울에 습기가 많아서 안개가 많이 끼고 봄과 여름에는 비와 우박이 내린다."⁶⁴

동중서는 이렇게 오행을 통한 자연의 변화를 설명하였다. 그에 의하면, 음양의 불균형은 결국 하늘로 하여금 재이를 일으키게 한다. 이런 음양이 조화를 이룰 때 인간사를 포함한 만사도 바로잡혀 바로 돌아가고 사악한 기운이 나오지 않는다. 음양이 조화를 이루면 때를 맞춰 바람이 불고 비가 내리며, 오곡이 잘 익어 초목이 무성하게 자라며, 만물이 크게 풍성하고 아름다울 것이며, 사해의 모든 나라가 융성한 덕망을 듣고서 찾아와 복종한다. 동중서는 음양오행의 순환과 일치하는 정

---

64 "木有變, 春凋秋榮, 秋木冰, 春多雨. 此繇役衆, 賦斂重, 百姓貧窮叛去, 道多饑人. … 火有變, 冬溫夏寒. 此王者不明, 善者不賞, 惡者不絀, 不肖在位, 賢者伏匿, 則寒暑失序, 而民疾疫. … 土有變, 大風至, 五穀傷. 此不信仁賢, 不敬父兄, 淫泆無度, 宮室榮. … 金有變, 畢昴爲回三覆, 有武, 多兵, 多盜寇. … 水有變, 多濕多霧, 春夏雨雹."(『春秋繁露』「五行變救」) 소여蘇輿의 『春秋繁露義證』에 의하면, '春凋秋榮'의 '추秋'는 '동冬'의 오자誤字이다. 소여蘇輿 지음, 허호구·윤재환·정동화 옮김, 2016, 546 참조.

치를 할 때 왕도王道가 완성된다고 본다. 그것은 곧 하늘의 뜻[天意]을 거스르지 않는 정치이다.

모든 재이 현상은 음양오행 기의 부조화에 의해 발생한다. 재이의 원인은 이치적으로 보면 음양오행 기의 불균형적 변화, 현실 정치로 보면 음양오행의 순환과 배치되는 정치이다. 기의 불균형은 결국 인간 행위의 결과이다.

그러면 인간은 무엇을 해야 할까? 인간은 하늘, 대우주에 가득한 기의 흐름을 따르는 삶을 살아야 한다. 동류인 하늘에 응하는 삶을 지향하여야 한다. 만약 그렇지 않으면 하늘은 그것을 싫어하여 인간에게 다양한 현상을 보여준다. 동중서는 기상 이변과 같은 경고 현상이나 자연 재해와 같은 것을 하늘이 보여주는 경계 메시지라고 한다. 그런데 인간이 이를 알아차리지 못하고 경고조차 무시하면 하늘을 또 다른 의지를 보이게 된다. 이렇게 보면 하늘은 자신의 의지로 재이를 발생시키고 인간의 반응에 따라 후속 조치를 내릴 수 있는 인격적 존재이다.

재이는 하늘의 의지

공자는 『춘추』에 해마다 일어난 자연 재해를 기록하였다. 그런데 동중서는 이런 기록을 바탕으로 재이 현상에 새로운 의미를 부여하였다. 동중서는 『춘추』에 대해 이렇게 말하였다.

"『춘추』에서 다루는 242년 동안의 역사는 넓은 세상이나 다양하며 폭넓은 사태를 남김없이 다룬다. 그러나 대략적인 것의 요체들은 열 가지로 귀결된다. … 천재지변을 거론하여 중대한 피해가 있었음을 보여주는 것이 하나의 뜻이고, 천재지변이 끼치는 영향을 보여주는 것이 하나의 뜻이며, 천재지변이 일어나는 원인에 근거하여 미리 다스리게 하는 것이 하나의 뜻이다. … 사변(怪異)을 거론하여 중대한 피해가 있다는 것을 보여주면 백성들이 편안해진다. 사변이 끼치는 영향을 보여주면 잘잘못이 자세히 나타난다. 사변이 일어나는 원인에 근거하여 다스리면 일의 근본이 바로잡힌다. … 괴이한 일이 일어난 사정을 고찰하면 하늘이 원하는 것을 행하게 된다. 이러한 것들을 모두 합하여 거행해서 인仁은 밖으로 미치고 의義는 안으로 들어오면 덕택이 광대하여 천하에 넘쳐나며, 음양이 조화를 이루어 만물이 모두 각각의 이치를 얻게 된다. 춘추를 논하는 자는 모두 이러한 도를 쓰는 것이니, 이것이 춘추의 법이다."[65]

자연계에서는 홍수, 한발, 지진, 혹은 추위와 더위의 변화 등 다양한 이상 현상이 일어난다. 동중서는 천지의 무상하게 변화하는 이러한 자연 현상을 재이災異라고 하였다.

---

65 "春秋二百四十二年之文, 天下之大, 事變之博, 無不有也. 雖然, 大略之要, 有十指. … 舉事變, 見有重焉, 一指也, 見事變之所至者, 一指也, 因其所以至者而治之, 一指也. … 舉事變, 見有重焉, 則百姓安矣. 見事變之所至者, 則得失審矣. 因其所以至而治之, 則事之本正矣. … 考變異之所加, 則天所欲爲行矣. 統此而舉之, 仁往而義來, 德澤廣大, 衍溢於四海, 陰陽和調, 萬物靡不得其理矣. 說春秋者, 凡用是矣, 此其法也."(『春秋繁露』「十指」)

"천지의 모든 개별자에게 보통 있었을 수 없
는 사건이 나타나게 되면 그것을 '이異'라고 하고
규모가 작은 경우 '재災'라고 한다. 둘 중 재災가
늘 먼저 일어나고 이異는 뒤따라 출현한다. 재災는
하늘이 사람에게 내리는 질책이고 경고이며, 이異
는 하늘의 징벌이자 위력이다. 하늘이 경고를 했
는데도 사람이 알아차리지 못하면 위력을 행사
하여 사람을 두렵게 만든다. 『시경』에 "하늘의 위
력에 겁을 낸다"라고 하였는데, 대개 이를 말한
것이다."[66]

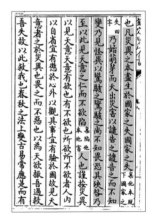

『춘추번로』「필인차지必仁且知」(흠
정사고전서본).

그렇다면 이러한 재이는 왜 발생하는가? 동중서
는 그 배경을 다음과 같이 왕의 실정, 국가의 실책에
서 찾는다.

"대개 재이가 일어나는 근본적인 이유는 모
두 국가의 실책에서 발생한다. 국가의 실책이 싹
트기 시작했을 때 하늘은 재해를 내보내 꾸짖고
경고한다. 꾸짖고 경고했는데도 고칠 줄 모르면
괴이를 보여 놀라게 한다. 놀라게 했는데도 여전

『춘추번로』「필인차지必仁且知」(흠
정사고전서본).

---

66 "天地之物, 有不常之變者, 謂之異, 小者謂之災. 災常先至, 而異乃隨之. 災者, 天之譴也, 異者, 天
之威也. 譴之而不知, 乃畏之以威. 詩云, '畏天之威', 殆此謂也."(『春秋繁露』「必仁且知」)

히 두려워할 줄 모르면 그때는 재앙이 오게 된다. 이것으로 하늘의 뜻이 어질어 사람을 재앙에 빠뜨리려고 하지 않는다는 것을 볼 수 있다."[67]

재이는 곧 하늘이 보여주는 자신의 의지이다. 재이는 하늘이 인간을 향해 자신의 의지를 알리는 것이다.[68] 이를테면 가뭄, 홍수, 지진, 나아가 별똥별의 떨어짐 등의 현상은 단순한 자연의 문제가 아니라는 것이다. 동중서는 이러한 재이론을 통해 군주로 하여금 도덕적 행위, 도덕적 정치를 지향하게 하였다. 춘추의 법, 그것은 하늘이 바라는 정치, 음양이 조화를 이루는 정치, 그것 다름 아니다. 그러므로 사람은 늘 하늘이 보여주는 메시지를 경계하며 하늘의 의지를 파악하고자 해야 한다.

이런 맥락에서 동중서는 무제에게 『춘추』에 기록된 재이를 성찰하여 하늘이 무엇을 원하고 바라는지, 바른 정치의 모범으로 삼기를 바랐다.

---

67 "凡災異之本, 盡生於國家之失. 國家之失, 乃始萌芽, 而天出災害以譴告之, 譴告之而不知變, 乃見怪異以驚駭之, 驚駭之, 尚不知畏恐, 其殃咎乃至. 以此見天意之仁, 而不欲陷人也."(『春秋繁露』「必仁且知」)

68 전형일, 2014, 167.

군주의 길,
하늘에서 찾다

군주의 잘못된 정치, 재이를 부른다

천재지변은 개인이나 사회 또는 나라의 어떤 일들과 관련되어 있다. 동중서는 재이를 군주와 관련시켜 이렇게 말한다.

"임금이 신하를 대할 때에 예의를 차리지 않고 태도도 공경하지 않는다면, 나무를 굽게도 곧게도 하지 못해 (그릇 등을 만들지 못하고) 여름에는 폭풍이 많이 분다. 바람은 목 기운이다. 그 소리가 각성角聲이므로 폭풍이 그것에 호응한다. 왕의 언론이 백성들의 복종을 끌어내지 않으면 금속은 사람의 뜻대로 모양이 바뀌지 않고 가을에 천둥과 벼락이 많이 치게 된다. 천둥과 벼락은 쇠의 기운이다. 쇠가 내는 소리는 상성商聲이므로 천둥과 벼락이 그것에 호응한다. 왕의 안목이 밝지 않으면 불이 위로 훨훨 타지 않고 가을에 번개가 많이 친다. 번개는 불 기운이다. 화가 내는 소리는 치성徵聲이므로 번개가 그것에 호응한다. 임금이 총명하게 듣지 못하면 물이 아래로 윤택하게 흘러내리지 못하고 봄과 여름에 폭우가 많이 내린다. 비는 물 기운이다. 물이 내는 소리는 우성羽聲이므로 폭우가 그것에 호응한다.

임금이 마음이 포용력을 발휘하지 못하면 농작물이 제대로 무르익지 않고 가을에 우레가 많다. 우레는 흙 기운이다. 흙이 내는 소리가 궁성宮聲이므로 우레가 그것에 호응한다."[69]

왕의 보고 듣고 행동하는 모든 것이 바르지 않으면 그에 따라 음양·오행의 기가 바르지 않아 온갖 재이 현상이 발생한다는 것이다.

동중서는 재이의 발생을 단순한 자연의 변화에서 찾는 것이 아니라 음양·오행 기의 변화에 기인한다고 보고, 그런 기의 변화를 치자治者·군주의 정치와 관련시킨다.

"신이 알기로는 하늘이 천하를 주어 왕이 되게 하는 것은 인력으로 그렇게 할 수도 또 스스로 그렇게 만들 수 있는 것이 아니기에 여기에는 천명을 받았다는 징조가 있습니다. 온 천하 사람들이 한마음으로 따라오는 것이 마치 부모를 찾아가는 것과 같기에 하늘의

---

69 "王者與臣無禮, 貌不肅敬, 則木不曲直, 而夏多暴風. 風者木之氣也, 其音角也, 故應之以暴風. 王者言不從, 則金不從革, 而秋多霹靂. 霹靂者金氣也, 其音商也, 故應之以霹靂. 王者視不明, 則火不炎上, 而秋多電. 電者火氣也, 其陰徵也, 故應之以電. 王者聽不聰, 則水不潤下, 而春夏多暴雨. 雨者水氣也, 其音羽也, 故應之以暴雨. 王者心不能容, 則稼穡不成, 而秋多雷. 雷者土氣也, 其音宮也, 故應之以雷."(『春秋繁露』「五行五事」)

상서祥瑞가 정성에 따라 오는 것입니다. … 공자께서 '덕을 가진 사람은 혼자가 아니니 틀림없이 돕는 사람이 있다' 하였으니, 모두가 적선하며 덕을 쌓은 결과입니다. 후세에 이르러 음란하고 쇠미하여 중생을 통치할 수 없게 되었고 제후들은 배반하고 양민을 잔혹하게 죽이며 영토를 다투었으며, 덕치와 교화를 버리고 형벌에 의지하게 되었습니다. 형벌이 정도를 넘자 사기邪氣가 살아났습니다. 사악한 기운이 아래에 쌓이자 위에는 원망과 증오가 쌓였습니다. 상하가 불화하면 음양이 어긋나고 괴이하며 불길한 징조가 일어납니다. 이것이 바로 재이가 일어나는 까닭입니다."[70]

군주가 정치를 잘못하면 사회가 혼란해진다. 군주가 덕을 베풀지 못하고 형벌을 수단으로 악정을 행하면 백성들은 어떻게 될까? 군주가 정치를 함에 있어 형벌에만 의존하면 어떻게 될까? 아마도 사람들은 원한을 쌓을 것인데, 이는 음양의 어긋남이므로 결국 사기를 촉발할 것이다. 그러한 혼란, 사기, 원한은 음양 기의 균형적 순환을 방해하여 음양의 불균형을 초래한다. 이러한 기의 불균형은 인간 사회에도 영향을 미친다. 이를테면 임금과 신하가 서로 적이 되고, 어른과 아이가 서로를 죽이며, 아버지와 아들이 서로 원한을 품어 해치는 지경에 이르게 되는 것이다. 그렇게 되면 하늘이 가만히 있지 않는다. 하늘은 덕치를 지

---

70 "臣聞天之所大奉使之王者, 必有非人力所能致而自至者, 此受命之符也. 天下之人同心歸之, 若歸父母, 故天瑞應誠而至. … 孔子曰, 德不孤, 必有鄰, 皆積善絫德之效也. 及至後世, 淫佚衰微, 不能統理群生, 諸侯背畔, 殘賊良民以爭壤土, 廢德教而任刑罰. 刑罰不中, 則生邪氣. 邪氣積於下, 怨惡畜於上. 上下不和, 則陰陽繆盭而妖孽生矣. 此災異所緣而起也."(『漢書』「董仲舒傳」)

향한다. 음양 균형을 본질로 한다. 그러므로 천도에 역하는 행위, 음양 불균형에 대해 하늘은 자신의 뜻을 보인다. 바로 재이를 야기한다. 자연의 이변 현상은 잘못된 정치에 대해 하늘이 보내는 일종의 꾸짖음이자 경고이다. 하늘은 재이를 통하여 자신의 의지를 인간에게 알리는 것이다. 그것은 하나의 계시이다. 이러한 계시는 인간으로 하여금 자신의 의지를 알고 깨닫게 하며 인간의 잘못을 구원하는데 있다.[71]

만일 군주가 정치를 바르게 하지 못하면 하늘은 먼저 작은 재해를 발생시킨다. 이에 대해 군주가 자신을 돌이켜보고 반성하며 바른 정치, 덕치를 한다면 그것은 최선의 길이다. 하늘이 군주의 행위를 바로잡는 것이다. 그러나 재해와 같은 하늘이 보내는 꾸짖음이나 경고에 대해 군주가 아무 반성도 않고 잘못된 정치를 계속하면 하늘이 가만히 있지 않는다. 하늘은 더 큰 경고 메시지로 이변을 야기한다. 그리고 이마저도 무슨 뜻인지 모르고 잘못된 정치를 하면 하늘은 마침내 큰 재앙을 보내게 된다. 정치적으로 말하면 왕조마자 무너뜨린다.

그렇다면 하늘이 이렇게 재이를 발생시키는 궁극 목적은 무엇인가? 하늘의 본래 의도가 군주를 벌하려는 것이거나 군주를 해치려는 것도 아니다. 하늘은 단지 군주에게 바른 길로 나아가게 채찍질을 할 뿐이다. 하늘은 군주가 자신의 뜻에 따르는 바른 정치를 펴게 하여 궁극적으로는 군주의 잘못을 바로잡아 구제하고자 한다. 그 경계와 꾸짖음으로 재이를 야기한다. 이런 의미는 그의 다음 말을 통해 알 수 있다.

71　정한균, 1999, 402.

"하늘의 의지에는 어떻게 하기를 바라는 것이 있고 바라지 않는 것이 있다. 바라는 것과 바라지 않는 것은 사람이 내적으로 자기반성을 하면 마땅히 마음에서 징계하는 소리가 나고 외적으로 사물을 관찰해보면 마땅히 나라 안에 증거를 찾을 수 있다. 재나 이를 통해 하늘의 의지를 보면 사람을 두려워하게 하지만 미워하는 데에 있지 않다. 즉 하늘은 나의 과오를 떨쳐버리고 나의 실책을 해결하도록 하기 위해 이를 통해 나에게 알려주는 것이다."[72]

『춘추번로』「필인차지必仁且知」(흠정사고전서본).

천의 의지는 군주에게 잘못을 알려줌으로써 그를 구제하는 것이 궁극적 목적이다. 따라서 군주는 재이를 두려워하여 위축될 것이 아니라 자신을 깊이 반성하고 주체적으로 대책을 마련해야 한다. 천의 역할이 견제로부터 보좌로 전환되면서 초점의 중심이 군주의 윤리성 문제로 옮겨간다.

동중서는 『춘추』에 기재된 과거 경험을 통해 하늘의 의지를 살피고 하늘의 의지를 군주의 정치를 통해 실현하려 하였다. 이렇게 보면 재이란 결국 하늘의 의지, 하늘의 뜻이 표출된 현상이다. 하늘이 인간, 특히 군주의 정치적 행위와 관련하여 드러내는 자신의 의지이다.

---

72 "天意有欲也, 有不欲也. 所欲所不欲者, 人內以自省, 宜有懲於心, 外以觀其事, 宜有驗於國. 故見天意者之於災異也, 畏之而不惡也, 以爲天欲振吾過, 救吾失, 故以此報我也."(『春秋繁露』「必仁且知」)

재이 사상의 키 워드, 하늘

동중서의 재이 사상은 자연 재해 혹은 신비주의적 사건의 발생 원인을 현실 정치의 성패成敗로부터 구하고자 하는 사상으로, 위정자爲政者의 정치적 행위에 하늘[天]이 반응하여 그 통치의 정당성 여부를 증명하는 내용을 근간으로 한다. 재이설은 흔히 군주의 정치적 행위를 하늘이 감독·심판한다는 내용으로 인해 유가儒家들이 군주권을 억제하기 위해 입안한 방법으로 이해되기도 하지만, 하늘이 재이를 내려 애호愛護하는 군주를 도덕적인 행위로 견인한다는 점은 이를 왕권신수설王權神授說에 근거한 군주권 강화 이론으로 이해하는 근거가 되기도 한다.[73] 이러한 맥락에서 보면 재이 사상은 곧 정치 사상이다.

그러나 재이 사상은 종교 사상이기도 하다. 왜냐하면 재이 사상은 천지 만물을 낳고 기르는 지고신, 우주 주재자인 인격신 하늘이 인간, 정치 지도자의 선과 악에 해당하는 행위에 대해 상이나 벌을 내린다는 것을 전제로 하기 때문이다. 이른바 신의 개입이 없이는 재이 사상이 성립될 수 없기 때문이다. 따라서 재이 사상은 도덕적 행위를 실현하는 군주와 더불어 인간의 행위에 대해 상벌을 내리는 의지를 가진 최고신으로서의 하늘[天]이라는 존재가 있어야만 작동할 수 있다.

동중서의 재이 사상은 천지 자연의 주재자인 하늘의 카리스마에 의탁하여 군주를 경계하고 선정善政으로 유도하는 기능을 한 면이 있다. 인간 질서의 최종 결정자는 하늘이므로 통치자가 음양, 천지 자연의 변

---

73 홍승현, 2021, 151~154.

화에 따르는 삶, 자연의 변화를 살피며 늘 하늘의 뜻을 따르는 정치를 할 수 있게 한다. 동중서의 궁극 메시지는 곧 군주가 하늘을 모범으로 하여 정치를 해야 한다는 것이다.

그래서였을까? 〈현량대책〉에는 이런 맥락의 내용이 담겨있다.

"하늘의 명을 천명이라 하고 천명은 성인이 아니면 따를 수 없습니다. 질박質樸을 본성이라 하는데 본성은 교화가 아니면 완성되지 않습니다. 인욕은 감정이라 하는데 감정은 법도法度로 제한하지 않으면 조절할 수 없습니다. 이런 까닭에 왕자王者는 위로는 부지런히 천의天意를 이어받아 명에 따르면서 아래로는 백성들을 힘써 교화하여 본성을 지킬 수 있습니다. 법도의 정의를 바로 세우고 상하의 질서를 구별하여 욕정을 예방해야 합니다. 이 세 가지를 실천하면 나라의 근본이 세워집니다."[74]

나라의 근본을 바로 세우는 길의 첫째는 제왕이 위로 하늘의 뜻을 삼가 받들어 그 명에 순종하는 것이다. 동중서가 보기에, 나라를 다스리는 근본은 음양지기를 균형되게 하는데 있다. 나라가 잘 다스려지면 정기가 생기고 나라가 어지러우면 사기邪氣가 생긴다. 그러므로 정치를 잘못하면 음양의 균형이 깨지고 자연 재해도 발생한다. 인간 사회의 정치 질서와 자연 질서를 바로잡는 것, 그 또한 대일통의 하나이다.

---

74 "天令之謂命, 命非聖人不行. 質樸之謂性, 性非教化不成. 人欲之謂情, 情非度制不節. 是故王者
上謹於承天意, 以順命也. 下務明教化民, 以成性也. 正法度之宜, 別上下之序, 以防欲也. 修此三者,
而大本舉矣."(『漢書』「董仲舒傳」)

바로 이런 점에서 동중서의 천은 앞에서 말한 묵자의 천과 차이가 있다. 즉 묵자는 천을 주재적 인격적 존재로 보고 천의 의지가 추구하는 겸애를 강조하였다. 즉 하늘과 인간 간을 원인과 결과라는 직접적 관계로 보았다. 이에 비해 동중서는 천을 같은 성격의 존재로 보았으나, 천의 의지의 표상인 천재지변을 매개 변수로 보았다. 즉 인간인 군주가 매개 변수에 더 주목하면서 적극 반응할 것을 강조함으로써, 관심의 초점이 하늘이 아닌 인간·군주에게 향하고 있다. 그렇다고 하늘을 과소평가하는 것은 아니다. 오히려 천재지변 이면에는 군주보다 더 높고 강한 힘을 가진 하늘이 있음을 되새기고 이를 염두에 둘 것을 강조하기 때문이다. 한마디로 군주는 하늘의 의지를 늘 파악하고 그런 의지의 주체인 하늘을 경계하며 바른 정치를 해야 한다. 동중서의 하늘은 한편으로는 군주의 권력을 경계하게 하는 기능을 하지만 다른 한편으로는 군주의 바른 정치 행위를 도출하게 하는 역할도 한다.

동중서는 전국 시대 이래의 음양 이론을 바탕으로 천인 합일 및 재이설을 더하여 궁극적으로는 군주·위정자로 하여금 하늘의 도를 이 땅에서 구현시키려는 사상을 마련하였다. 그가 보는 하늘의 위상도 다르다. 이전의 인격적인 주재자로서의 하늘이 인간이나 만물에 일방적으로 작용하는 갑의 존재였다. 그러나 동중서에게 하늘은 갑의 존재가 아니다. 동중서는 하늘을 이를테면 비록 인간에게 영향을 미치지만 하늘보다 인간의 선택, 인간의 주체성을 더 강조한다. 즉 동중서가 보기에 하늘은 그냥 갑이 아니라 하늘의 의지인 재이 현상 등을 보고 인간으로 하여금 무언가 잘못된 것이 있음을 주체적으로 자각하고 바로잡으라는 경고를 보여줄 뿐이다.

이런 동중서의 재이 사상은 당시 및 이후 역사에 큰 영향을 미쳤다. 유교는 전한前漢 중엽까지만 해도 독점적 지위를 차지하지는 못했다. 특히 법가 사상이 중시되었다. 동중서의 재이 사상이 유교를 확산시키는 데 매우 기능적이었지만, 현실 정치와 학문이 온전히 유교로 물들고 일상의 삶이 유교적 생활 양식으로 전환된 것은 한 무제 이후 약 50년이 지나서부터였다. 이는 유교 관료의 충원, 유교의 예교적 언사로 가득한 조칙, 심지어는 하늘에 제사를 올릴 때 행한 음주의 예 등을 통해 알 수 있다. 문제는 음양재이설이 지나치게 만연함으로써 많은 부작용도 초래하였다는 점이다. 음양재이설이 점차 예언적 색채를 띠며 확산되었기 때문인데, 재이가 역易과 결합하여 주술적 예언에 수단으로 동원된 것이다. 재이설의 예언 수단으로의 전락은 재이설의 왜곡이자 그 본래 기능의 상실이다. 왜냐하면 동중서가 재이설을 강조하고 도입한 배경은 하늘을 통해 군주의 바른 정치를 유도하고, 나아가 하늘을 바르게 알도록 하기 위함이었기 때문이다.

군주가 바른 정치를 하는 길

군주는 단순한 백성들의 지배자가 아니다. 동중서에게 군주란 하늘의 뜻을 인간에게 실현하는 존재, 천자이다. 그리하여 그는 군주에 대해 '천의天意를 부여받은 자', '하늘이 부여한 자'라고 하며, 군주에 대해 다양하게 말하였다.

"왕은 하늘의 아들이다. 하늘이 천하를 요와 순에게 주었고 요 임금과 순 임금이 하늘의 명을 받아서 왕 노릇을 하게 되었다. … 왕이라는 것은 하늘이 부여하는 자리다. 정벌된 나라 또는 인물은 (왕권을) 하늘이 빼앗은 대상이다."[75]

"그러므로 사람의 주인이 된 자는 하늘의 행위를 법으로 삼는 것이다."[76]

그러면서 그는 군주가 올바른 정치를 하기 위한 조건의 하나로,『춘추』의 중요성을 강조하였다.

"『춘추』의 도는 크게 터득하면 천하의 왕자가 되고 작게 터득하면 천하의 패자가 된다."[77]

그런데 이『춘추』가 가르치는 핵심적 도가 무엇인가? 동중서는 그것은 바로 군주가 하늘을 바로 알아 하늘의 뜻을 실현하고 하늘을 본받아 하늘의 도와 일치하는 정치를 하라는 것으로 보았다. 즉 하늘의 도를 따르는 정치를 하라는 것이다. 그리하여 그는 하늘과 군주 간의 관계를 이렇게 말하였다.

---

75 "則王者亦天之子也. 天以天下予堯舜, 堯舜受命於天而王天下, … 王者天之所予也, 其所伐, 皆天之所奪也."(『春秋繁露』「堯舜不擅移湯武不專殺」) 소여蘇輿의 『春秋繁露義證』에 의하면, '其所伐'에서 '伐'은 '代'의 오자이다. 소여蘇輿 지음, 허호구·윤재환·정동화 옮김, 2016, 305 참조.

76 "故爲人主者, 法天之行."(『春秋繁露』「離合根」)

77 "春秋之道, 大得之則以王, 小得之則以霸."(『春秋繁露』「兪序」)

"사람의 군주가 된 이는 하늘을 본받는다. … 이렇기 때문에 하늘은 상도常道를 장악하므로 만물의 주인이 되고, 군주는 상도를 행사하므로 한 나라의 주인이 될 수 있다."[78]

문제는 하늘이 군주를 어떻게 판단하느냐이다. 즉 하늘은 군주가 하늘의 도를 따르는지, 하늘의 뜻을 실현하고 있는지를 무엇을 통해 아느냐 이다. 그런데 동중서는 그 판단 준거를 민民, 즉 백성에 둔다. 하늘은 백성의 마음을 자신의 마음으로 삼는다. 즉 하늘은 백성의 마음에 근거하여 군주의 행위를 판단한다. 따라서 군주는 백성의 마음을 얻어야만 하늘의 마음을 얻을 수 있고, 백성의 마음을 얻으려면 올바른 정치를 해야 한다.[79]

하늘과 인간을 감응 관계로 본 동중서는 군주의 정치적 행위가 어떤 결과를 초래하는지 말하였다.

"세상이 안정되어 백성들이 화목하게 지내고자 하는 바가 만족스러워 기가 정상적이라면 천지의 조화가 정밀해지고 만물의 아름다움이 나타난다. 반면 세상이 어지러워져서 백성들의 마음이 괴리되고 뜻이 사악해져서 기운이 어그러지면 천지의 조화가 손상되어 이異가 생기고 사악한 기운과 재해가 일어난다."[80]

---

78 "爲人君者, 其法取象於天. … 是故天執其道爲萬物主, 君執其常爲一國主."(『春秋繁露』「天地之行」)

79 안승석, 2015, 75.

80 "世治而民和, 志平而氣正, 則天地之化精, 而萬物之美起. 世亂而民乖, 志僻而氣逆, 則天地之化,

"도는 왕이 가야할 길이다. 왕은 사람이 가야 할 길의 시작이다. 왕이 모범을 보이면 원기元氣가 조화롭고 순조로워 바람과 비가 때에 맞고, 상서로운 별이 나타나며 황룡이 지상으로 내려온다. 반대로 왕이 제 일을 하지 못하면 위로는 하늘이 변괴를 일으키고 재앙의 조짐이 동시다발적으로 일어난다."[81]

인간과 하늘은 원기를 매개로 상호 작용하는데, 예를 들면 인간의 행위가 그에 상응하는 다양한 형태의 자연 현상을 일으킨다는 것이다. 무릇 제왕이 큰일을 하고자 할 때는 마땅히 하늘에서 그 단서를 구해야 한다. 제왕은 하늘의 뜻을 받들어 정치를 해야 한다. 정치는 곧 덕의 힘으로 해야 한다. 그것이 하늘의 뜻이다. 그렇지 않고 형벌의 힘에 의지하여 하는 것은 곧 하늘의 뜻을 거스르는 것이다.

결국 군주는 정치와 도덕의 근원이며 그 일거일동에 천의가 감응한다. 때문에 군주의 덕행이 훌륭할 때는 음양이 조화하여 상서祥瑞가 나타난다. 역으로 정치에 잘못이 있다면 음양은 조화를 잃어 풍우와 가뭄, 추위와 더위의 이변이 일어나게 된다.[82] 그러므로 천자가 할 일은 자명하다. 하늘을 늘 살펴야 한다. 천자가 된 자는 하늘과 땅을 본받아 마땅히 하늘을 살피기를 아버지와 같이 여기고 하늘을 섬기는 것을 효도로써 해야 한다.

氣生災害起."(『春秋繁露』「天地陰陽」)

81 "道, 王道也. 王者, 人之始也. 王正, 則元氣和順, 風雨時, 景星見, 黃龍下. 王不正, 則上變天, 賊氣並見."(『春秋繁露』「王道」)

82 금곡치金谷治 외 지음, 조성을 옮김, 1988, 132.

하늘과 땅, 그리고 인간은 서로 분리된 것이 아니다. 인간 세계와 자연 세계는 상호 불가분의 관계를 이룬다. 춘하추동의 시간적 계기에 응하여 인간의 역사도 생장염장의 순환 질서를 이룬다. 그런데 여기서 가장 중요한 것은 하늘이다. 하늘은 시간의 변화로써 자신의 뜻을 인간에게 드러내기 때문에 인간은 사언의 시간 변화에 순응하는 삶을 펼쳐야한다. 즉 하늘은 춘하추동의 사계절로 자신의 의지를 드러내는데, 인간도 하늘의 뜻인 계절 변화에 맞추어 그에 어울리는 삶을 살아야 한다. 만일 그 인간이 나라를 다스리는 위정자라면 그 역시 하늘의 자연 변화를 단서로 삼아 바른 정치를 펴야 한다. 동중서는 바로 이런 천인 관계를 바탕으로 군주가 나아가야할 정치적 도道를 제시하였다. 동중서는 무릇 왕자王者는 하고자 하는 바를 마땅히 하늘에서 그 단서를 구해야 한다고 주장하였다.

"성인은 하늘이 행하는 바를 적합하게 하여 정치를 하는 것이다."[83]
"『춘추』의 도는 근원의 기가 이끄는 대로 하늘 운행의 개시(즉 봄)를 바르게 한다. 하늘 운행의 개시에 의거해서 왕의 정치를 반듯하게 만든다. 왕의 정치에 의거해서 제후가 지위에 나아가는 것을 반듯하게 한다. 제후가 제자리에 나아감으로써 나라의 질서를 반듯하게 한다. 이 다섯 가지가 모두 올바르면 교화가 크게 행해진다."[84]

---

83 "聖人副天之所行以爲政."(『春秋繁露』「四時之副」)

84 "春秋之道, 以元之深, 正天之端, 以天之端, 正王之政, 以王之政, 正諸侯之即位, 以諸侯之即位, 正竟內之治, 五者俱正, 而化大行."(『春秋繁露』「二端」)

『한서』「동중서전」(무영전이십사사
본武英殿二十四史本).

즉 도의 근원은 하늘이므로 제왕은 하늘의 단서를 실마리로 삼아 하늘을 모범으로 하여 올바른 정치 교화를 펼쳐야 한다.

동중서는 하늘에 근거한 도의 중요성을 이렇게 주장하였다.

"도道의 큰 근원은 하늘에서 나왔습니다. 하늘이 변하지 않으므로 도道 역시 변하지 않습니다."[85]

그렇다면 하늘의 단서란 것은 무엇일까? 하늘의 뜻은 무엇일까? 우주 변화, 천지 만물의 변화란 이런 음양의 운동이다. 하늘의 도는 음양이 들고 남이다. 그리하여 동중서는 하늘의 도, 하늘의 뜻에 대하여 이렇게 말한다.

"하늘 운행의 중대한 규칙은 상반성을 띠는 것이다. 예컨대 한꺼번에 출현하지 않는데 음과 양의 경우가 그러하다. 봄에는 양기가 나오고 음기가 들어가며, 가을에는 음기가 나오고 양기가 들어간다. 여름에는 양기가 오른쪽으로 운행하고 음기가 왼쪽으로 운행하며, 겨울에는 음기가 오른쪽으로 운행하고 양기가 왼쪽으로 운행한다. 음기가 나오면 양기가 들어가고 양기가 나오면 음기가 들어가며, 음기가 오른쪽으로 움직이면 양기는 왼쪽으로 움직이고, 음기가 왼쪽

---

85 "道之大原出於天. 天不變, 道亦不變."(『漢書』「董仲舒傳」)

으로 움직이면 양기가 오른쪽으로 움직인다. 이런 까닭으로 봄에는 음기와 양기가 함께 남쪽으로 가고, 가을에는 함께 북쪽으로 가지만 동선을 달리한다. 여름에는 음기와 양기가 남쪽에서 만나고, 겨울에는 북쪽에서 만나지만 같이 다스리지 않는다. 이처럼 음과 양이 함께 운행하더라도 서로 뒤섞여 헷살리지 않고 만나서 잉기더라도 제각각 구별되는 본분을 지니고 있다. 이것이 곧 하늘의 뜻[天意]이다."[86]

하늘의 도는 봄에는 따뜻하여서 만물을 태어나게 하고, 여름에는 덥게 하여 길러주고, 가을에는 시원하게 하여 시들게 하고, 겨울에는 차갑게 하여 감추어지게 한다. 왕자는 경사로운 것은 따뜻한 것으로 적합하게 하여 봄에 합당하게 하고, 상賞은 더위와 알맞게 하여 여름에 합당하게 하고, 벌罰은 시원한 것과 알맞게 하여 가을과 합당하게 하고, 형刑은 추운 것과 알맞게 하여 겨울과 합당하게 하여야 한다. 봄에는 인仁을 닦아서 선을 구하고, 가을에는 의義를 닦아서 악을 구하고, 겨울에는 형벌을 닦아서 싸늘한 것을 이르게 하고, 여름에는 덕을 닦아서 너그러움으로 이르게 하는 것 역시 하늘의 뜻이다. 이는 곧 하늘의 뜻은 우주 자연의 운행, 음양오행의 기의 순환을 잘 살펴 그에 따르라는 것이다. 하늘이 천지 만물을 이렇게 주재하듯, 군주 역시 이에 부

---

86 "天道大數, 相反之物也, 不得俱出, 陰陽是也. 春出陽而入陰, 秋出陰而入陽, 夏右陽而左陰, 冬右陰而左陽. 陰出則陽入, 陽出則陰入, 陰右則陽左, 陰左則陽右. 是故春俱南, 秋俱北, 而不同道. 夏交於前, 冬交於後, 而不同理. 並行而不相亂, 澆滑而各持分, 此之謂天之意."(『春秋繁露』「陰陽出入上下」)

응한 정치를 하라는 것이다. 이것이 곧 하늘의 뜻이자 단서이다.

동중서는 『춘추』에 다양한 재이 현상을 기록한 이유는 바로 군주가 하늘의 뜻과는 다른 정치를 편 것을 거울로 삼기 위한 것으로 본다. 이는 곧 군주로 하여금 이를 되새겨 바른 정치를 하도록 하기 위함이다. 하늘은 인간과 특수 관계가 있으며, 하늘의 의지의 표상인 재이와 같은 천재지변은 특별한 메시지이므로, 임금이 이를 적극 반영하여 스스로 바른 정치를 펴게 하기 위함이었다. 그러므로 임금은 늘 자연의 변화 현상을 살펴 하늘의 뜻이 무엇인지를 알려고 해야 한다.

재이는 군주의 잘못된 정치가 근본 원인이다. 역으로 정치를 잘하면 재이가 발생하지 않는다. 천하가 평화로우면 재이가 발생하지 않는다. 그러므로 재이의 발생은 곧 천하가 화평하지 못함을 보여주는 증거이다. 무릇 재이의 근본 원인은 모두 국가의 실정에서 발생한다. 결국 정치를 잘해야 음양이 균형을 이루고 자연 재해도 일어나지 않게 된다. 군주의 바른 정치가 요구되는 것은 바로 이 때문이며, 그러므로 군주는 늘 하늘의 의지 표현인 재이를 잘 관찰해야만 한다. 그리고 덕의 정치를 펴야 한다. 그래서 동중서는 "(군주가 오행의 순서에 제대로 대응하지 못하면) 오행에 의한 변고가 발생한다. 마땅히 덕으로써 문제를 풀어야 하는데 그것을 세상에 펴면 재해가 없어진다. 만약 덕으로써 문제를 해결하지 않으면 삼 년이 지나지 않아 큰 천둥이 치며 돌이 쏟아질 것이다"[87]라 하였다. 동중서는 하늘이 보여주는 다양한 재이를 단서

---

87 "五行變至, 當救之以德, 施之天下, 則咎除. 不救以德, 不出三年, 天當雨石."(『春秋繁露』「五行變救」) 소여蘇與의 『春秋繁露義證』에 의하면, '天當雨石'에서 '天'은 '大'의 오자이다. 소여蘇與 지음, 허호구·윤재환·정동화 옮김, 2016, 545 참조.

로, 군주 스스로 덕성을 쌓는 것은 물론, 올바른 도를 실천하고 하늘의 뜻에 맞는 정치를 실현하여 왕도를 실현할 것을 주장하였다.

천자의 지고한 예禮, 교사郊祀의 실천

『예기』에 의하면, 치도治道에서 가장 중요한 것은 제사이다. 다섯 가지 예(五禮) 중에서도 길례吉禮라 하여 제사를 중시하며, 그 중 하늘의 아들인 천자가 직접 하늘에 제사지내는 교사郊祀는 천자가 행해야 할 가장 중요한 의례이다.

동중서는 『춘추번로』에서 왕자王者는 1년에 한 번 교외에서 하늘에 대한 제사인 교郊, 교사郊祀, 교례郊禮를 행해야 한다고 본다. 그는 천자는 하늘의 아들이며, 천자라는 호칭을 받았다면 천자의 예를 행함이 마땅하다고 하였다.

왜 하늘에 대한 제사일까? 그에 의하면, 하늘은 모든 신들의 군주이고 왕이 가장 높이는 존재이기 때문이다. 최고로 높은 이가 하늘의 일을 높이는 것은 당연하다. 하늘의 아들이기에 천자라는 호칭을 받았는데, 이런 천자가 천자로서의 예를 갖추는 것은 당연하다. 천자는 하늘에 대한 예로서 하늘에 제사해야만 한다.[88] 그것은 하늘을 존경하는 도

---

88 『춘추』의 규정에 따르면 칭왕稱王하는 이는 해마다 도성의 교외에서 한 차례 하늘에 제사를 지내고 … 천(하늘)은 모든 신들의 군주이고 제왕이 가장 존경하는 신이다. 가장 존경하는 하늘이기 때문에 해가 바뀔 때마다 한 해가 시작될 무렵에 교사를 거행한다. 王者歲一祭天於郊. … 天者百神之君也, 王者之所最尊也. 以最尊天之故, 故易始歲更紀, 即以其初郊."(『春秋繁露』 「郊義」); "천

리이다.

　동중서는 자식이 자식의 예를 행하지 않는, 하늘의 아들이 되어서 궐연蹶然히 하늘에 제사도 지내지 않는 현실에 대해서도 지적한다. 그러면서 천자는 매양 한 해의 처음에 이르러 반드시 교제를 지내서 하늘이 흠향하게 하여 자식의 예를 행할 것을 말하였다.[89]

　또한 하늘의 제사는 나라에 대상大喪이 있어도 중지해서는 안 되며,[90] 교를 반드시 정월 상순의 신일辛日로써 하는 것은 하늘이 가장 높고 존귀하기 때문에 한 해의 일의 첫머리에 한다고 보았다.[91] 그리고 이런 교사는 천자가 직접 행해야한다고 하였다.[92] 특징적인 것은 이런 교

자는 위대한 하늘의 아들이니, 어떻게 하늘의 아들이라는 호칭을 받고서 하늘의 아들로서 해야 할 예의가 없을 수 있겠는가. 천자가 하늘에 제사를 지내지 않을 수 없는 것은 사람이 그 아버지를 봉양하지 않을 수 없는 것과 다름없다. 天子號天之子也. 奈何受爲天子之號, 而無天子之禮, 天子不可不祭天也, 無異人之不可以不食父."(『春秋繁露』「郊祭」) 소여蘇與의 『春秋繁露義證』에 의하면, 위 '天子號天之子也'에서 '號'는 '昊'의 오자이다. 소여蘇與 지음, 허호구·윤재환·정동화 옮김, 2016, 567 참조.

89　"그러므로 천자가 한 해의 첫 달이 올 때마다 반드시 하늘에 제사를 지내는 교제를 가장 먼저 지내서 하늘이 흠향하게 한다. … 자식의 예를 행하는 것이다. 是故天子每至歲首, 必先郊祭以享天. … 行子禮也."(『春秋繁露』「郊祭」)

90　"춘추의 의義는 국가에 대상大喪이 있을 때에는 종묘의 제사는 중지하지만 교제郊祭는 중지하지 않는다. 春秋之義, 國有大喪者, 止宗廟之祭, 而不止郊祭."(『春秋繁露』「郊祭」)

91　"교郊 제사는 반드시 정월 상신일에 행한다. 이것은 가장 존경할 만한 하늘에 제사지내는 이 예식을 한해에 하는 일 중 가장 앞에 놓는다는 것을 나타낸다. 한 해가 바뀔 때마다 제일 먼저 교 제사를 지낸다. 이것은 존중해야 할 일을 앞에 둔다는 뜻으로 하늘을 우러러 받드는 길이다. 郊必以正月上辛者. 言以所最尊, 首一歲之事. 每更紀者以郊, 郊祭首之, 先貴之義, 尊天之道也."(『春秋繁露』「郊義」)

92　"교郊 제사는 한 해가 처음 시작되는 것에 의거해서 지낸다. 성인이 근거를 두고 일으켜 놓은 제도이므로 그 제사는 천자가 몸소 참여하지 않을 수 없다. 郊因於新歲之初, 聖人有以起之, 其以祭不可不親也."(『春秋繁露』「郊義」)

제는 먼저 점을 쳐서 불길하면 지내지 않아야 한다는 것이다. 동중서
는 왜 유독 교제만 점을 치는지 그 배경을 교제가 가장 큰 제사이기
때문이라고 말한다.[93] 이렇게 동중서는 하늘에 대한 교사郊祀를 천자의
예禮로 확립하였다.

　동중서의 이러한 교사에 대한 사상은 이런저런 방식으로 한 무제의
천자로서의 지위, 황제로서의 위상, 그의 정치적 지배에 대한 정당성을
강화하는 논리로 작용하였다. 한나라 때 태산 봉선제가 황제 의례, 천
자 의례로서의 위상을 갖게 된 것도 한 무제, 동중서와 결코 무관하지
않다.

---

93 "교제는 먼저 점을 쳐서 불길하면 감히 지내지 않는다. 온갖 신에게 지내는 제사는 점치지 않으
　　면서 교제만 점을 치는 것은 교제가 가장 큰 제사이기 때문이다. 郊因先卜, 不吉不敢郊. 百神之祭
　　不卜, 而郊獨卜, 郊祭最大也."(『春秋繁露』「郊祀」)

8장

당대唐代의 하늘 받듦

서안西安에 남아있는 수·당 때 천단天壇 유적. (출처: https://image.baidu.com)

당대 호천상제를 향한
교사郊祀 의례

호천상제를 향한 교사郊祀의 제도화

고대 사회에서 통치자들에게 가장 중요한 치도治道의 하나는 제사였다. 정치 지도자가 하늘에 제사를 드리는 형식은 여러 가지인데, 그 중 중요한 하나는 도성 밖 교외에서 지내는 교사郊祀였다. 전한前漢 후반기에 부각된 교사는 하늘로부터 통치를 위임받은 존재, 덕을 가진 자가 하늘을 받들고 모심을 보여주는 배타적 의례로 여겨졌다. 이른바 교사는 천자만이 행할 수 있는 독점적 제천 의례였다. 우리의 관심은 이런 것이다. "당대唐代 제천 교사의 주신主神은 무엇일까? 황제들은 누구를 제사하였을까?"

교사郊祀는 황제가 상서로운 교외 지역에서 천지에 올리는 제사로 한나라 무제 때 사람인 동중서의 천인감응설에 의해 그 사상적 기반이 마련되었다. 그런데 후한 이후 교사를 둘러싼 논쟁이 벌어졌다. 이를테면 교사에서 주신을 무엇으로 해야 할 지를 두고 견해 차이가 있었다.

이를테면 후한의 정현鄭玄(127~200)은 육천설六天說[94]에 근거하여 호천 상제 뿐만 아니라 청제靑帝, 적제赤帝, 황제黃帝, 백제白帝, 흑제黑帝 등 오방 제五方帝 역시 천天으로 간주하고 이들도 호천상제처럼 제사할 수 있다 고 보았다.[95] 나아가 그는 각 왕조를 낳아준 감제感帝를 제사지낼 것도 주장하였다. 이에 비해 왕숙王肅(195~256)은 일천설一天說을 주장하며 오제를 천天으로 보지 않았다. 그리하여 천이라고 할 수 있는 것은 호 천상제뿐이며, 호천상제만을 주신으로 해야 한다고 하였다. 즉 원구나 남교를 같은 제단으로 보면서 호천상제를 유일한 최고신으로 여겼다.[96] 이 두 상이한 견해는 당대 초기 제사 의례 규정에도 그대로 반영되었다.

94 육천은 하늘의 총칭으로, 후한 때 정현의 주장으로, 상제, 청제, 적제, 황제, 백제, 흑제를 말한다. 상제의 지시에 따라 오제가 목·화·토·금·수의 오행과 춘春·하夏·토용土用·추秋·동冬과 동· 서·중·남·북을 다스리는데, 청제는 봄과 동방을 다스리는 목신木神이고, 적제는 여름과 남방을 다스리는 화신火神이고, 황제는 토용土用과 중앙을 다스리는 토신土神이고, 백제는 가을과 서방 을 다스리는 금신金神이고, 흑제는 겨울과 북방을 다스리는 수신水神이다. 정호·정이 저, 최석기· 강도현 역, 2021, 147~148 참조.

95 정이程頤는 육천六天의 설에 대한 물음에 이렇게 말한다. "이는 참서讖書에서 나온 것이다. 정현 의 무리가 그 설을 추종하여 확대하였으니 심히 가소롭다. 제帝는 기氣의 주인이다. 동쪽은 청제라 고 하고 남쪽은 적제라고 하고 서쪽은 백제라고 하고 북쪽은 흑제라고 하고 중앙은 황제黃帝라고 하니, 어찌 상제가 있는데 별도로 오제가 있는 이치가 있겠는가. 此起於讖書. 鄭玄之徒, 從而廣之, 甚可笑也. 帝者, 氣之主也. 東則謂之靑帝, 南則謂之赤帝, 西則謂之白帝, 北則謂之黑帝, 中則謂之黃 帝, 豈有上帝而別有五帝之理."(『二程全書』「遺書」伊川先生語 八 上) 정호·정이 저, 최석기·강도현 역, 2021, 147~148 참조.

96 "호천상제가 원원한 하늘에 대한 신격이라면 감제는 현 왕권의 근거를 제공해주는 하늘의 상제 이다. 환언하면 하늘의 상징이 이원화된 것으로 호천상제가 제천의 바탕이 되는 체體라면 감생제 는 각 왕조에 직접적으로 작용을 하는 용用으로서의 하늘로 이해할 수 있다. 당의 교사 제도에서 고조 무덕령이나 태종 정관례, 고종 건봉의는 모두 호천상제와 태미감제太微感帝를 각기 별립하 였다. 그러다가 현종 때 개원례에 와서야 교사 주신의 명칭을 모두 호천상제로 통일하였다."(김일권, 2007, 324)

당대의 사전祀典 체계는 여러 번의 과정을 거치며 변화하였는데, 그 전형이 태종 때의 정관례貞觀禮(633년), 고종 때의 현경례顯慶禮(658년), 그리고 현종 때의 개원례開元禮(732년)이다. 이들 예전禮典은 기본적으로 오제五帝를 위주로 하는 정현설과 호천상제를 위주로 하는 왕숙설을 바탕으로 한다. 그렇다면 과연 이들 사전 체계로 볼 때 하늘에 대한 제사는 어떻게 규정되어 있을까?

당나라가 618년에 개국한 이래 고조 때인 무덕 9년 동안 실시된 교사는 이전 왕조인 수나라의 교사 제도를 따르는 경향이 있었다. 그런데 당 고조 때 제정된 무덕령武德令(624년)에 의하면, 하늘에 대한 제사로는 네 번 지내며, 그 시기와 주신을 보면 이렇다. 매년 동짓날 원구에서 호천상제를 주신으로 모시고, 맹춘孟春 신일辛日에는 남교에서 기곡祈穀하는데 감제를 제사하고, 맹하孟夏에는 호천상제를 주신으로 원구에서 우사雩祀를 행하며, 계추季秋에는 명당 대향大享을 통해 오방상제를 모신다.[97] 특징적인 것은 제천으로 호천상제는 물론 감제와 오방상제도 주신으로 삼아 제사하였다는 점이다. 각 왕조를 감응하여 낳아준 감제를 제사지내는 것, 원구나 남교 등을 각각 다른 제단으로 보는 것은 정현의 사상, 즉 육천설의 반영이다.

태종 때에 이런 교사郊祀 체계는 정비된다. 그 결과 나온 것이 연호를 딴 정관례이다. 정관례의 하늘에 대한 제사 체계를 보면 무덕령과 마찬가지로 하늘에 대한 교사는 네 번 올린다. 특징적인 차이는 둘 다

---

97 "武德初, 定令: 每歲冬至, 祀昊天上帝於圓丘, … 孟春辛日, 祈穀, 祀感帝於南郊, … 孟夏之月, 雩祀昊天上帝於圓丘, … 季秋, 祀五方上帝於明堂, …"(『舊唐書』「志 第一」禮儀 一)

동짓날 원구에서 호천상제를 주신으로 모시고, 정월 상신일에 남교에서 기곡 때 감생제感生帝를 제사하는 점은 같으나, 맹하의 원구 우사에서는 호천상제가 아닌 오제를, 계추季秋의 명당 대향大享에서도 오방상제가 아닌 오천제를 주신으로 모셔, 주신에 있어 변화가 있다는 것이다. 즉 무덕령에서 맹하의 원구 우사雩祀 주신이었던 호천상제가 정관례에서는 오천제五天帝로, 계추季秋의 명당 대향大享은 오방상제에서 오천제로 주신이 바뀌었다. 정관례 역시 정현의 육천설을 받아들여 남교 기곡에서 감생제를, 남교 우사에서 오천제를 제사한다.[98]

그런데 고종대에 이르러 이런 정관례를 증보한 현경례(658년)가 반포되었다. 현경례는 그렇다면 하늘에 대한 제사를 어떻게 규정할까? 현경례의 특징은 이전에 네 가지로 분류되던 하늘에 대한 제사를 세 가지로 범주화하였다는 것이다. 즉 왕숙설을 바탕으로 원구를 남교에 통합하였다. 나아가 감제를 폐지하고 기곡을 중시하였다. 이는 곧 동지 원구사가 남교 기곡사로 통합되었음을 말한다. 이로써 현경례의 하늘에 대한 제사 의례는 남교 기곡, 맹하 우사, 계추 명당이라는 세 가지로 정리되었다.

그렇다면 이들 교사에 있어 주신은 무엇일까? 모두 호천상제이다. 맹하 원구 우사와 계추 명당 대향에서 호천상제를 모시는 것은 같지만, 동지 원구에서 모시던 호천상제와 맹춘 남교에서 감제를 제사하던 것이 남교 기곡제로 통합되어[99] 호천상제를 주신으로 함에 따라 모든 교

---

98 "唐初貞觀禮: 冬至祀昊天上帝於圓丘, 正月辛日祀感生帝靈威仰於南郊以祈穀, 而孟夏雩於南郊, 季秋大享於明堂, 皆祀五天帝."(『新唐書』「志 第三」 樂 三)

99 그 배경에는 남교와 원구가 같은 제사라고 보는 왕숙의 견해, 맹춘 남교는 기곡제의 성격이 강하

사 제천에서 호천상제가 유일한 주신이 되었다. 이는 남교나 원구를 같은 제단으로 보거나 호천상제를 유일한 최고신으로 보던 왕숙의 일천설의 반영이다.

그러나 이것이 완전한 것이 아니었던 모양이다. 고종은 현경례를 반포한 약 10년 후인 666년에 정현의 육천설을 받아들여 폐지하였던 감제 제사를 되살린 것은 물론, 호천상제를 제사하게 한 우사와 명당의 주신도 다시 오천제를 제사하도록 지시하였다. 그 1년 뒤에는 명당에서 호천상제와 오제五帝를 겸사하도록 하였다. 이는 현경례가 일천설에서 다시 육천설로 되돌아갔음을 말한다. 호천상제의 위상이 상대적으로 약화된 것이나 다름없다.

그러나 이것이 끝이 아니었다. 또 수정 및 변화되는 과정을 거친다. 그 내막을 『구당서』는 이렇게 기록하고 있다.

"상원上元 3년(676)에 또한 조詔를 내려서 정관연간의 예서 기준으로 삼도록 지시하였다. 의봉儀鳳 2년(677)에 다시 조를 내리어 현경 연간에 새로 수정한 예는 대부분이 고례를 본받지 않았으므로, 그 오례는 모두 『주례』에 따라 행사하도록 하였다. 이로부터 예관은 더욱 그 기준으로 준거할 바가 없어졌다."[100]

고종은 상원 3년(676)에 조詔를 내려 정관례에 바탕한 예를 기준으

므로 감제를 제사하는 것은 잘못되었다는 인식이 깔려있다.

100 "上元三年三月, 下詔令依貞觀年禮爲定. 儀鳳二年, 又詔顯慶新修禮多有事不師古, 其五禮並依周禮行事. 自是禮司益無憑準."(『舊唐書』「志 第一」 禮儀 一)

로 삼으라고 하였다. 그리고는 의봉 2년(677)에는 다시 오례는 모두『주
례』에 따라 행사하게 하였다. 결국 고종대의 현경례는 완전히 자리 잡
을 수 없었으며, 정관례는 물론 주례와 같이 사용되었다.

당나라의 교사 제도는 현종 때 다시 정
비된다. 현종 개원 20년(732)에 새로운 예를
개찬하였는데, 이것이『대당개원례大唐開元禮』
이다. 이는 이전의 정현설을 중시한 정관례
와 왕숙설을 중시하는 현경례를 절충 또는
병용하는 경향을 보인다. 이를테면 황제의
사시 교사에서 정현의 육천설을 완전히 부
정하였던 현경례와는 달리 오방제의 존재를
인정한다는 점에서 일부 정관례를 수용하
고 있고, 오방제를 종사의 대상으로 호천상

『대당개원례大唐開元禮』(흠정사고전서본).

제 아래에 둔 것은 결국 왕숙설을 우위에 두고 있다. 그러나 제사 장소
로 왕숙설을 반영하여 원구를 남교보다 중시한 것 등을 고려하면『대
당개원례』는 왕숙설을 보다 많이 반영한 것으로 보인다.[101]

『대당개원례』는 총 150권으로 이루어졌는데, 그 총칙에 해당하는
『서례序禮』가 3권이고 나머지 147권은 오례五禮로 이루어졌다.『서례』에
는 택일擇日, 재계齋戒 등 의례를 행할 때 준비할 것과 제사에서 사용되
는 각종 기물器物, 신위神位, 조두俎豆, 노부鹵簿, 그리고 의복衣服 등에 대

---

101 당나라의 의례서 편찬에 대한 개괄적 논의로는 김정식, 2015; 김정식, 2005; 김지숙, 2003; 김한
신, 2004를 참조하라.

한 내용이 담겨있고, 147권 중 4권부터 78권까지 75권에는 오례 중 우리가 관심을 가지고 있는 제례인 길례吉禮에 대한 내용이 담겨있다.

『대당개원례』와 『구당서』에 의하면, 제사는 크게 대사·중사·소사로 나뉘는데, 황제가 직접 하늘에 올리는 대사는 1년에 4번이다. 바로 동지 원구사(『대당개원례』 권4), 정월 상신 원구 기곡사(『대당개원례』 권6), 맹하 원구 우사(『대당개원례』 권8), 계추 명당 대향(『대당개원례』 권10)이다. 그리고 이 4번의 교사(四時 郊祀)에서 모시는 주신은 이전의 예전에서와는 달리 모두 호천상제이다.[102] 이는 곧 오방제가 호천상제와는 차별화되었음을 말한다. 이는 결국 호천상제가 교사의 중심이며 호천상제가 유일한, 지고적 신격임을 천명한 것이다. 사실 이전의 여러 제사에서는 오방제를 비롯한 여러 신들도 '제帝'의 하나로 여겨져 이런저런 교사에서 주신의 하나로 받들어 제사의 대상이었다. 그러나 개원례를 통해 신의 서열이 정해졌다. 호천상제가 최고신이 되어 모든 교사 제천에서 주신이 되었다. 그리고 오방제는 한 수준 낮춰, 종사從祀로서 제사지냈다.

오방상제는 모든 하늘에 대한 교사에서 종사로서 단 2층에서 제사지냈다.[103] 호천상제를 단상에 모셨다면 오방제는 종사로서 단의 제1등 신좌에 모셨다. 오방제는 천제로 여겨졌으나 호천상제보다는 위격이 낮

---

102 "凡國有, 大祀中祀小祀, 昊天上帝五方上帝皇地祇神州宗廟皆爲大祀. … 冬至, 祀昊天上帝於圜丘, … 正月上辛, 祈穀祀昊天上帝於圜丘, … 孟夏, 雩祀昊天上帝於圜丘, … 季秋大享明堂祀昊天上帝,…"(『大唐開元禮』卷一) "改撰新禮. 祀天一歲有四, 祀地有二. 冬至, 祀昊天上帝於圓丘, … 正月上辛, 祈穀, 祀昊天上帝於圓丘, … 孟夏, 雩昊天上之帝於圓丘, … 季秋, 大享於明堂, 祀昊天上帝, …"(『舊唐書』「志 第一」禮儀 一)

103 김지숙, 2003, 135.

은 존재로 규정된 것이다. 호천상제만이 천天이었지 오방제는 더 이상 천이 아니었다. 오제는 제帝일 뿐이다. 그리하여 우리가 흔히 말하는 '천天'은 곧 호천상제만을 칭하게 되었다.

그렇다고 『대당개원례』에서 오방제의 존재를 무시하느냐 하면 그것은 아니다. 『대당개원례』는 대부분 왕숙설을 따르고 있지만 오방제에 대한 제사 역시 길례 대사로 범주화하고 그 구체적 내용을 밝히고 있는데, 개략적으로 보면 이렇다. 입춘立春에 동교東郊에서 청제青帝에게(『대당개원례』 권12~13), 입하立夏에 남교에서 적제赤帝에게(『대당개원례』 권14~15), 계하季夏에 남교에서 황제黃帝에게(『대당개원례』 권16~17), 입추立秋에 서교에서 백제白帝에게(『대당개원례』 권18~19), 그리고 입동立冬에 북교에서 흑제黑帝에게(『대당개원례』 권20~21) 제사지낸다.

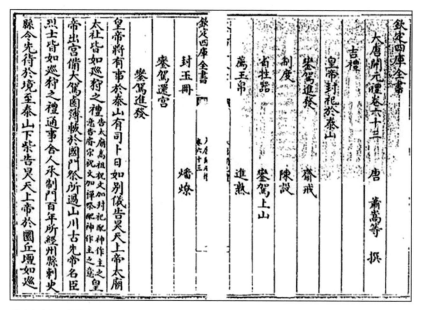

황제의 태산 봉제사封祭祀 차례. 『대당개원례』 「황제봉사어태산皇帝封祀於泰山」(흠정사고전서본).

『대당개원례』에는 황제가 태산에서 봉제사封祭祀를 어떻게 행하는지 별도로 규정하고 있다. 그 순서는 난가진발鑾駕進發-재계齋戒-제도制度-진설陳設-성생기省牲器-난가상산鑾駕上山-전옥백奠玉帛-진숙進熟-봉옥책封玉册-번료燔燎-난가환궁鑾駕還宮이다.[104]

이러한 『대당개원례』는 이후 동북아 예禮 역사에서 배타적 지위를 가졌다. 개원례 편찬 이후 교사에 있어서는 더 이상 주신主神의 변경과 같은 근본적인 변화는 찾아볼 수 없게 되었다. 당 후기에는 개원례에서 벗어난 의례의 시행은 '비례非禮'라고 하는 인식이 형성되기까지 하였다.[105]

당나라의 교사 제도의 변화에서 주목되는 것은 원구 기곡사이다. 당 고조 시기부터 남교는 감제를 제사하였는데, 고종 때 허경종許敬宗 등이 감제가 아닌 기곡으로 할 것을 주장하면서 기곡과 감제가 반복되다가 드디어 개원례에서 원구 기곡사로 확정된 것이다. 이로써 원구라는 제장 형식이 남교라는 제장 방위보다 더 큰 비중을 갖게 되었다. 동지 제천, 정월 기곡, 맹하 우사가 모두 원구를 내세움으로써 이전에 남교에 부여되었던 제천 교사의 중심 성격이 완전히 탈각되었다. 원구가 제천 교사의 중심이 된 것이다.

동지 제천, 정월 기곡, 맹하 우사, 계추 명당에서 주신을 모두 『주례』에 기반을 둔 호천상제로 통일하고[106] 오방제를 모두 종사하였다는 것도 주목할 만하다. 오방제는 천제로서의 성격은 유지하지만 호천상제

---

104 『大唐開元禮』卷六十三「皇帝封祀於泰山」.

105 김한신, 2004, 245.

106 김일권, 2007, 322.

에 비해 위계상 낮고, 또 천이라고 할 수는 없게 되었다.

이러한 당대 예전禮典에 나타난 교사 제천의 주신主神을 정리하면 다음과 같다.

	동지 원구圓丘	정월 맹춘孟春 남교 기곡祈穀	맹하孟夏 남교 우사雩祀	계추季秋 명당 대향大享
무덕령	호천상제	감제感帝	호천상제	오방상제
정관례	호천상제	감제	오천제	오천제
현경례	호천상제		호천상제	호천상제
개원례	호천상제	호천상제	호천상제	호천상제

당대 예전禮典으로 본 교사 제천의 주신主神

2

『대당개원례大唐開元禮』로 본
원구 제천祭天

원구 천제의 주신, 호천상제

당대에 비록 불교나 도교가 발전하고 유교의 기능이 약화되는 면도 있었지만 하늘을 향한 제사는 제도적으로 크게 체계화되었다. 당나라는 건국 직후에는 수나라의 교사 제도를 많이 따랐다. 그러나 당 고조이후 태종, 고종을 거쳐 현종에 이르러서는 교사 제도가 많이 정비되었다. 이는 여러 번의 의례 전장儀禮典章의 편찬으로 나타났다.

이들 의례 전장에 나타난 하늘에 대한 제사는 그 시기나 장소 등에 차이가 있고 제사 대상에도 차이가 있지만 다소 공통적인 것은 지상의 유일한 최고 통치자가 황제이듯이, 천상의 최고신을 호천상제로 여겨 호천상제를 제사한다는 점이다. 우리는 그 중 이전의 두 의례 전장을 통합하여 만들고, 이후 중국은 물론 한국의 의례 제도에도 크게 영향을 미친 『개원례』에 관심을 가질 필요가 있다. 왜냐하면 이후 『개원례』는 모든 의례 제도에 있어서 절대적 가치를 지닌, 마치 경전과도 같은 권위를 가졌기 때문이다.

『개원례』는 하늘에 대한 제사를 어떻게 규정하고 있을까? 『대당개원례』에 나타난 황제의 사시 교사의 내용을 정리하면 이렇다.

	동지 원구	원구 기곡	원구 우사	명당 대향
언제	동지일	정월 상신 일	맹하	계추
어디서	원구	원구	원구	명당
주신	호천상제	호천상제	호천상제	호천상제
종사	오방제	오방제	오방제	오방제
순서	재계齋戒-진설陳設-성생기省牲器-난가출궁鑾駕出宮-전옥백奠玉帛-진숙進熟-난가환궁鑾駕還宮			

『대당개원례』의 사시四時 교사郊祀

『개원례』에 의하면, 하늘에 대한 제사는 동지 원구제를 비롯하여 1년에 네 번 지낸다. 특징적인 것은 제장祭場으로 원구를 중시하였으며, 제사 대상은 『주례』에 기반을 둔 호천상제를 주신으로 일원화하였다는 점이다. 그리고 동지 원구 교사는 천문 역법의 운행과 천지 제사가 일치되어야 한다는 천인감응 사상에서 비롯되었다.

하늘에 대한 제사는 제장에 원구라는 제단을 특별히 쌓고 올렸는데 당대의 원구단은 어떤 모습이었을까? 원구단은 4층의 둥근 단으로 이루어졌다. 각 층의 높이는 8척尺 1촌寸이고 넓이는 맨 아래층이 지름 20장丈이며 위로 올라가며 점차 5장씩 줄어 맨 위층은 지름이 5장이다. 한편 각 층에는 사면에 하늘의 12개 방위를 상징하는 12층의 계단

섬서성 서안西安 섬서사범대학 남쪽에 있는 당나라 때 원구단.
(출처: https://blog.naver.com)

위에서 본 서안 원구단. (출처: https://blog.naver.com)

이 나 있다.[107] 그 모습을 우리는 수·당대의 것으로 여겨지는 중국 서
안의 섬서 사범대학 옆의 서안 천단, 원구단에서 볼 수 있다.

황제의 동지 원구圓丘 친사親祀 차례

원구단에서 천제는 어떤 절차에 따라
치러졌을까? 『대당개원례』를 보자. 황제의
동지 원구 천제는 길례 대사에 속하는데,
『대당개원례』 권4에 실린 황제가 동지에
원구단에서 상제에게 제사를 올리는 과정
을 보면 재계齋戒, 진설陳設, 성생기省牲器, 난

황제의 동지 원구圓丘 친사親祀 차례. 『대당개원례』
「황제동지사원구皇帝冬至祀圓丘」(흠정사고전서본).

---

107 "四成, 而成高八尺一寸, 下成廣二十丈, 而五減之, 至於五
丈, 而十有二陛者, 圓丘也."(『新唐書』「志 第二」 禮樂 二)

가출궁鑾駕出宮, 전옥백奠玉帛, 진숙進熟, 난가환궁鑾駕還宮의 순으로 이루어졌다.[108]

황제의 친사 준비는 천자가 약 두 달 전에 직접 칙勅을 내려 알림으로써 시작된다. 그리고 흔히 제사 약 45일 전에 점복을 통해 날을 택한다. 그러나 동지의 경우 그 날짜가 정해져 있으므로 날을 특별히 받지는 않는다.

제사 며칠 전부터 재계齋戒를 한다. 재계란 제사를 지내기 전에 황제를 비롯한 제사 참여자들이 마음을 가다듬고 음식과 행동을 삼가 부정을 피하는 것을 말한다. 그 기간은 대사大祀인 동지 원구제의 경우 1주일 동안 한다. 제사 7일전 아침 해가 뜨는 시각(해가 돋아 밝아올 무렵, 태위太尉가 관료들을 모아 제사 날짜를 알리고 재계의 서誓를 받는다.[109] 황제는 제사에 앞서서 총 7일간의 재계를 하는데, 이레 가운데 나흘은 황궁의 별전에서 평상시 업무를 보며 근신하는 산재散齋를 행한다. 나머지 사흘 동안은 몸과 마음을 가장 순수하고 청명한 상태로 높여 신을 맞이할 수 있는 상태를 만드는 치재致齋를 행하는데, 사흘 중 이틀은 태극전에서 천막을 치고 행하고 나머지 하루는 제단 옆에 행사를 위해 세운 행궁行宮에서 행한다.

산재 기간 중 황제의 활동은 다소 제한받지만 평상시 업무까지 중

108　동지 원구 황제 친사 절차는 『대당개원례』 권4를 바탕으로, 김상태, 2014, 312; 김지숙, 2004, 256~258을 참조하여 정리하였다.

109　천제를 올리기 이전에 준비하고 참여할 사람들을 모아놓고 행사를 예고하고 다짐하는 글이다. '모월 모일에 원구에서 호천상제에게 제를 올리니 각기 자기 직책에 힘쓴다. 자기가 맡은 바 일을 하지 않으면 나라에서 일정한 벌이 있을 것이라는 다짐이다.

단하지는 않는다. 그러나 치재 기간 동안에는 제사를 엄숙하게 지낼 수 있도록 마음을 안정시키고 가지런히 하기 위해 문상, 병문안, 사형 명령, 형벌 집행, 불결한 일 등 부정 탈 수 있는 일은 보지도 듣지도 않도록 한다. 이는 곧 제사와 관련된 일에만 전력하고 다른 일은 하지 않음을 말한다.

행사 3일 전부터 제장祭場을 준비하는 진설陳設이 이루어진다. 즉 제사 지내는 장소를 정비하고 각종 시설물은 물론, 제사를 지내는데 필요한 각종 제기와 제사 제물, 그리고 다른 기구들을 제단에 준비한다.

먼저 여러 장막을 마련한다. 황제가 행사 시작 전에 임시로 머물 수 있는 천막인 대차大次를 외유外壝 동문 안의 북쪽에 남향으로 설치한다. 뿐만 아니라 제사를 지내는 도중 물러나 기다리는 장막 시설을 비롯하여, 행사 배사관, 문무 시신侍臣, 빈객賓客, 조집사朝集使 등의 위차位次를 정해진 곳에 설치한다. 그리고 제수를 정갈하게 관리하기 위한 시설물(饌幔) 등도 정해진 곳에 설치한다.

제사 이틀 전에는 음악을 비롯한 제사 관련자들의 자리를 그들의 역할에 따라 적재적소에 배치하고 제물을 태울 시단柴壇도 마련한다. 제사 하루 전에는 제사 때 천자의 자리인 어위御位를 단의 동남쪽에 서향으로 배치하고, 제사 후 축문을 불사르는 망료위望燎位를 시단 북쪽에 남향으로 설치하며 문외위門外位도 설치한다. 또한 희생의 우리도 설치하고 큰 술두루미 및 제기 위位를 정하며 어세御洗도 설치한다.

제사 1일 전 포후晡後(申時, 오후 3시부터 5시 사이)에는 단상에 지상신至上神 호천상제의 신좌神座를 북쪽에, 그 오른쪽에는 서향으로 배좌인 고조 신좌를 설치한다. 기타 신좌도 설치한다.

다음은 제수용 제물과 제기 등을 점검(省牲器)한다. 희생을 점검하고 살펴는 날 오후 10각(오후 1시 15분~1시 30분 무렵)부터 군사들은 단에서 2백보 이내 행인 출입을 금한다. 포후 2각에 다양한 제기, 받침대, 씻는 도구, 바구니, 의례와 관련된 기구들은 제단의 할당된 장소에 배치한다. 포후 3각에 검열자들은 제물을 검사하는데, 제기 씻은 것을 살피고, 제사에 쓸 희생물을 살펴보고, 부엌에서 솥과 가마는 깨끗한지, 그리고 부엌의 음식 도구는 청결한지를 검사한다. 제삿날 날이 밝기 전 15각(未明 15각), 즉 제삿날 동트기 전에 희생을 도살하는 재인宰人이 제사에 바칠 희생을 의례용 칼인 난도鸞刀로 갈라서 모혈毛血만 두豆에 담고 나머지는 삶는다. 대사大祀에서 호천상제에게 올리는 희생은 생육 개월 수가 90일되는 송아지를 사용한다.

이것이 준비 과정이라면 다음은 황제의 마차가 궁을 떠나는 과정이다. 출발 전 7각에 북을 한번 쳐 일엄一嚴을 알리고, 미명 5각에 북을 두 번 쳐 재엄再嚴을 알리면 문무관이 위치하고 해당 기관에서 황제가 행차할 때 쓸 큰 수레 의장인 노부鹵簿를 준비한다. 출발 전 2각에 북이 세 번 울려 삼엄三嚴을 알리면 제위諸衛에서는 소속 군사들을 독려하여 궁전 뜨락에 벌려 서게 한다. 황제는 곤룡포와 면류관을 갖추고 나와 어가를 타고 나온다. 황제가 황제의 수레인 옥로玉輅에 오르면 황문시랑이 '난가진발鑾駕進發'이라고 아뢰고 원구단 구역 안에 있는 이궁으로 향한다. 난가가 재궁 남문 밖에 도착한 후 황제는 어가에서 내려 행궁으로 들어가고 군신들도 천막으로 들어간다. 황제는 여기서 치재 마지막 날을 보낸다.

이제 당일의 제사가 행해진다. 이 순서는 먼저 옥과 폐백을 올리는 의식(奠玉帛)으로부터 시작된다. 미명 3각, 동트기 전에 관리들은 각기 옷을 갖추어 입고 술그릇인 준樽과 뢰罍에 내용물을 채우고, 옥폐玉幣를 대광주리인 채반에 담고, 찬饌도 준비한다. 즉 공물貢物을 담고, 다양한 제기에 음식을 차리는 것이다.

이제 매 각刻 별로 제사 관계자부터 내유 안으로 입장하는데, 미명 3각부터 행궁 밖에 제위諸衛 등이 갖추어지기 시작하여 미명 2각에 제사 관계자들이 단 남쪽에 정렬하고 각종 집사자들도 자리에 위치한다. 미명 1각에는 악사들, 무희들, 의례 행사를 주재하는 관리들, 그리고 참관자들도 모두 자리한다. 날이 밝기 직전 미명 1각에 황제는 소형 가마를 타고 행궁에서 나와 제사할 때 잠시 머물 대차大次로 간다. 이때 축판에 어서御署한다. 황제가 서명함으로써 제사를 직접 주재함을 명시하는 것이다.

그리고 어둑 새벽 날이 밝으려 할 때, 즉 동이 트는 시각에 맞추어 황제는 전통적으로 입었던 교사 예복으로 갈아입고 면류관을 쓰고 제장으로 인도된다. 황제는 규圭를 잡고 남쪽 계단을 이용하여 단으로 올라가 호천상제의 신좌에 옥백玉帛을 바치고 배좌인 고조 신좌에도 폐를 바치고 재배하고 내려온다. 호천상제에게는 푸른색의 원형 옥인 창벽蒼璧을 바친다.

이어 음식을 올린다(進熟). 황제가 옥과 폐백을 바칠 때, 담당 관리들은 호천상제에게 바칠 음식을 담을 그릇을 가져와 제단 각층의 정해진 자리로 옮긴다. 희생의 모혈毛血이 담긴 두豆를 올리고, 찬饌도 올린다. 호천상제의 신좌 앞에 놓는 것이다.

이제 황제는 손과 잔을 씻는 곳으로 가서 손과 의례 행사용 술잔인

작爵을 씻는다. 황제가 남쪽 계단으로 제단 위에 오른다. 관리가 국자로 술잔에 술을 뜨고, 황제는 호천상제의 신좌로 인도된다. 황제가 북쪽을 향해서 무릎을 꿇고 술잔을 신좌 앞에 올려놓는다. 태축이 축판을 가지고 와 "유모년세차월삭일자사천자신모維某年歲次月朔日子嗣天子臣某 … " 라는 제문을 읊는다. 배위인 조상의 신령의 신좌 앞에서도 마찬가지로 술잔을 올리고 제문을 읊는데, 이때에는 황제 자신을 배위의 이러이러한 세대의 자손임을 밝히는 "유모년세차월삭일자효증손개원신무황제신모維某年歲次月朔日子孝曾孫開元神武皇帝臣某"를 내용으로 한다.

두 번 절한 후 황제는 다시 호천상제의 신좌로 인도되어 술잔을 건네받는다. 신좌 앞에 무릎 꿇고 황제는 술잔을 바치고, 그 술잔을 살짝 입에 댄다. 황제는 술잔을 제자리에 놓고 부복하고 일어선다. 제사 고기가 담긴 그릇이 안으로 들어와 황제에게 올리고, 황제는 그것을 좌우 사람들에게 나누어준다. 황제는 무릎을 꿇고 술잔을 다시 들어 올려서 술을 주욱 들이킨다. 황제는 부복하고 일어나 두 번 절하고 제단을 내려온다.

그 뒤에 나머지 수행원들이 호천상제와 그에 배위한 조상신들에게 태위가 아헌亞獻을, 광록경이 종헌을 바친다.

이어 황제가 망료위로 안내된다. 즉 제물을 태우는 곳으로 인도된다. 옥과 비단으로 된 봉납물과 축판을 걷고, 희생의 고기와 밥 등을 제기 접시(俎)에 담아 시단으로 가져가 장작 위에 놓고 태운다. 반쯤 태워졌을 무렵 의례가 끝났음을 아뢰면 황제는 대차로 돌아간다. 이로써 교사 의례는 모두 끝난다.

이러한 황제의 동지 원구 제사에서 가장 중요한 절차는 전옥백과

진숙의 순서이다. 이 단계에서 천자는 호천상제의 신하이자 천의 아들, 곧 천자로서 천과의 관계를 확인하고, 천의 대리자로서 지상을 통치함을 확인한다. 그렇게 함으로써 황제의 권위를 높이게 되는 것이다.[110]

끝으로 황실 마차가 궁전으로 돌아간다. 황제는 큰 차양 밑에서 잠시 쉬고, 틈을 보아서 통천관에 강사포로 갈아입는다. 초엄, 이엄 이후 오각 무렵에 삼엄을 알리면 황제는 출궁 때처럼 환궁한다.

---

110 김지숙, 2004, 282.

3

당나라의 태산 봉선제

당 태종의 봉선을 향한 의지

후한 광무제 이후 600년간 사라졌던 봉선제가 다시 정치권에서 논의되기 시작한 것은 수·당 제국이라는 통일 왕조가 들어서면서였다. 진 시황이 첫 통일 왕조를 열었을 때, 한 무제가 흉노 등 주변 여러 민족을 평정하고 통일된 중앙 정부를 세웠을 때, 후한 광무제가 잃어버린 한 왕실을 다시 회복하였을 때, 그들의 공통적 행위의 하나는 태산에서 봉선제를 행했다는 점이다. 그 목적이 정치적이건 종교적이건 간에 이들 이전의 제왕들은 분열의 시대를 끝내고 통일의 시대를 열면 으레 태산에서 하늘에 고하였던 것이다. 이는 당나라 때도 당연지사였다. 수나라 때 한때 논의되었지만 실제 거행되지 않았던 봉선제가 과연 당나라 때는 어떻게 되었을까? 당나라 때 태산에서 하늘에 제사를 올린 봉선 사례는 얼마나 될까?

당 초기에 봉선에 대한 논의가 활발하였다. 고조 때부터 봉선 시행

을 주청한 일이 있었다. 그러나 봉선 논의는 태종
때 더욱 활발하였다. 그 첫 봉선 이야기는 원정
5년이었던 631년 정월에 나왔다. 그 직전 당나라
는 동돌궐東突厥을 공격하여 대파하고 군주인 힐
리가한頡利可汗을 생포하는 대승을 거둔데 이어,
이런 위세에 겁을 먹은 서북방 여러 이민족 추장
으로부터 이세민은 '중원과 이민족을 통틀어 지
배하는 자'를 의미하는 '천가한天可汗'이라는 칭호

당唐 태종太宗. (출처: 『삼재도회』)

를 얻었다. 이를 틈타 신하들이 천하가 통일되고 사이四夷도 스스로를
중국의 신하라고 선언하였으니 봉선을 행하는 것이 적절하다고 주청하
였다. 그러나 태종은 이를 허락하지 않았다.[111]

다음해(정관 6년, 632년) 1월에 관리들이 봉선하기를 다시 상주하
였다. 그러나 당 태종은 봉선을 거행하는 데 관심이 없음을 이렇게 말
한다. '경들은 모두 봉선을 제왕의 성대한 일이라고 생각하지만 짐의
뜻을 그러하지 않다. 만약에 천하가 어질고 편안하며 집집마다 자급하
고 사람마다 풍족하다면 비록 봉선을 하지 않아도 어떠한 해로움이 있
겠는가. 옛날에 진 시황이 봉선을 하였고 한 문제漢文帝는 봉선을 하지
않았는데, 후세에 어찌 문제의 현명함이 시황에 못 미쳤다고 하겠는
가. 또 하늘을 섬기고 땅을 소제하며 제사를 지내는 것에서 왜 반드시
태산 정상에 올라가서 몇 자의 흙을 쌓고 그러한 다음에야 그 정성과

---

111 "계미일에 조집사인 조군와 이효공 등이 표문을 올려서 사이四夷들이 모두 복종하는 것을 가지
고 봉선하기를 청하였는데, 황상은 수조手詔를 내려서 허락하지 않았다. 癸未, 朝集使趙郡王李孝
恭等上表, 以四夷咸服, 請封禪. 上手詔 不許."(『資治通鑑』卷第一百九十四 「唐紀 九」)

공경함이 펼쳐진단 말인가.'112

  그런데 당시 봉선을 주청하는 신하들과 달리 봉선을 반대하는 사람
도 있었다. 바로 위징魏徵(580~643)이다. 그는 홀로 봉선이 불가함을 말
하였다. 봉선을 둘러싼 당 태종과 위징이 나눈 이야기가 남아있다. 이
를 보자.

  태종이 말했다. "공公이 짐朕이 봉선하기를 바라지 않는 것은 내
가 이룬 공功이 높지 않기 때문이요?"
  "높습니다."
  "내 덕德이 두텁지 않아서인가."
  "두텁습니다."
  "중국中國이 안정되지 않아서인가."
  "안정되었습니다."
  "오랑케(四夷)가 아직 복종하지 않아서인가."
  "복종합니다."
  "올해 농사가 풍년이 들지 않아서인가."
  "풍년입니다."
  "상서로운 징조(符瑞)가 아직 이르지 않아서인가."
  "이르렀습니다."
  "그렇다면 왜 봉선할 수 없단 말이오"

---

112 "昔秦始皇封禪, 而漢文帝不封禪, 後世豈以文帝之賢不及始皇邪. 且事天掃地而祭, 何必登泰山
   之巓, 封數尺之土, 然後可以展其誠敬乎!"(『資治通鑑』卷第一百九十四「唐紀 十」)

위징이 말했다. "폐하는 이 여섯 가지를 두루 갖추셨지만 수나라 말기의 큰 혼란한 뒤를 이어받아서 호구戶口가 회복하지 않았고 곳간은 아직 텅 비어 있음에도, 임금의 행차로써 동순東巡하면 (그에 따르는) 천승만기千乘萬騎는 비용을 공급받아야 하지만 이를 감당하기가 쉽지 않습니다. 또 폐하께서 봉선하시면 온 나라가 모두 모여야 하고 멀리서 오는 오랑캐 군장君長들도 모두 호종扈從해야 할 터인데, 지금 이수伊水와 낙수洛水에서부터 동쪽으로 바다와 태산까지는 아직도 연기 나는 잡초만 무성할 뿐이니, 이는 곧 융적戎狄을 우리 뱃속 한가운데로 끌어 들여 그들에게 허약함을 보여주는 것입니다. 더구나 상으로 주는 것이 넉넉하지 않으면 멀리서 온 자들이 바라는 바를 만족시키지 못할 것입니다. 부역을 면제해주는 것을 몇 해 계속하여도 백성들의 노고를 보상하지 못하는데 헛된 명성을 숭상하여 실제적인 해를 받게 되니, 폐하는 장차 어떤 쪽을 택하시겠습니까!"[113]

태종이 높은 공, 덕의 두터움, 나라의 안정, 오랑캐의 복속, 농사 풍년, 길한 징조의 도래 등 여섯 가지를 들며 왜 봉선할 수 없는지를 물었다. 위징은 그러나 그러한 조건이 10년과 같이 상당한 기간 지속되어야만 하며, 특히 막대한 비용을 언급하며 반대하였다. 태종은 끝내 결

---

113 "上曰, 公不欲朕封禪者, 以功未高邪. 曰, 高矣. 德未厚邪. 曰, 厚矣. 中國未安邪. 曰, 安矣. 四夷未服邪. 曰, 服矣. 年穀未豊邪. 曰, 豊矣. 符瑞未至邪. 曰, 至矣. 然則何爲不可封禪. 對曰, 陛下雖有此六者, 然承隋末大亂之後, 戶口未復, 倉廩尚虛, 而車駕東巡, 千乘萬騎, 其供頓勞費, 未易任也. 且陛下封禪, 則萬國咸集, 遠夷君長, 皆當扈從. 今自伊·洛以東至於海·岱, 煙火尚希, 灌莽極目, 此乃引戎狄入腹中, 示之以虛弱也. 況賞賚不貲, 未厭遠人之望. 給複連年, 不償百姓之勞. 崇虛名而受實害, 陛下將焉用之."(『資治通鑑』卷第一百九十四「唐紀 十」)

정을 내리지 못하고 봉선을 없던 일로 했다.

봉선 건의는 632년 12월, 637년 3월에도 계속되었다. 그러자 이번에는 예관禮官에게 양한兩漢 시대 봉선의 의식 절차를 묻기도 하고 나아가 관리를 직접 태산으로 보내 고대에 태산에서 봉선례를 행하였다는 72명 통치자(제후, 가문)들의 봉선 흔적을 찾아보게도 하였다.

일시적으로 좌절되긴 했지만, 637년 당 태종의 관리들이 서둘러서 봉선 의례를 거행하도록 다시 요구하였을 때 당 태종은 이번에는 봉선 의식의 구체적인 형태를 결정하기 위하여 봉선에 관하여 논의할 것을 허락하였다. 봉선에 따른 예의를 상의토록 하고, 이를 토대로 그 절차도 확정했다. 당 태종 치세동안 태산 봉선제가 실제로 행해진 적은 한 번도 없었지만 『구당서』에는 그 규정들이 자세히 기록되어 있다.

정관 15년(641년) 4월에는 다음해에 태산에서 봉선을 거행한다는 선포가 있었다. 당시 당 태종은 그런 중대한 의식을 거행하는 것을 정당화하는 여러 조건들을 열거하였다. 이를테면 혼돈으로부터 질서를 가져왔고 온 천하에 평화를 회복하였으며, 수확도 좋았고 외국이 복종의 표시로 충성을 맹세하여 오기 시작하였다는 것이다. 여기에 하늘로부터 길조까지 나타났다. 예컨대, 만수무강을 상징하는 진기한 자줏빛 식물이 오늘날의 감숙 지방에서 널리 자라고 있다고 그 직전에 전해졌다.

모든 준비를 갖추고 황제는 수도 장안을 출발해 낙양을 향해 출발함으로써 태산으로의 여정을 시작하였다. 그러나 낙양에 이르렀을 때 변괴가 생겼다. 군주의 남궁南宮인 태미궁으로 알려진 별자리를 가로질러 혜성이 나타난 것이다. 당 태종은 이를 황제에 정면으로 대항하는 상서롭지 못한 전조라고 해석하여 결국 봉선 의례를 취소하였다.

당 태종의 봉선 의지는 여기서 끝나지 않았다. 646년 후반에 장손무기長孫無忌가 당 태종에게 봉선을 거행하라고 주청하였다. 그는 당 태종이 자신의 위대한 업적을 하늘에 알려야 하는 다양한 이유를 적은 상소문을 황제에게 올렸다. 그러자 당 태종은 647년 정월에 명년, 즉 648년 중춘仲春에 봉선을 거행하겠다고 발표하였다. 그러나 이마저도 실현되지 못했다. 그 이유는 여러 가지로 볼 수 있다. 이를테면 당 태종이 645년 요동 전쟁 때 걸린 병에서 완전히 회복하지 못하였고 646년에는 그 상태가 더욱 악화되었다는 점, 당시 대규모 궁을 건설하는데 드는 막대한 비용, 그해 8월 하북 지역의 큰 홍수 발생 등이 복합적으로 작용한 것으로 보인다.

649년 5월, 당 태종은 봉선 의지를 온전히 실현하지 못하고 세상을 떠났다. 중국 역사에서 가장 위대한 군주 가운데 한 사람인 당 태종이 그의 업적을 하늘과 땅에 알리는데 이처럼 실패하였다는 것은 어쩌면 아이러니한 일이다.[114]

600여년 만에 부활시킨 당 고종의 봉선 실제

당 태종 때 실현되지 못한 태산에서 상제를 향한 봉선제는 그 뒤를 이은 고종 이치李治에 의해 이루어졌다. 고종의 태산 천제는 실제 어

---

114 태종 때 봉선과 관련한 더 구체적인 논의로는 하워드 J. 웨슬리 지음, 임대희 옮김, 2005, 376~389; 김태식, 2008, 60~72를 참조하라.

떻게 이루어졌을까? 이를 생생하게 밝힐 수 있는 사례가 666년의 태산 봉선제이다. 이는 특히 한반도 3국 사절도 참여한 대규모의 천제로, 아래처럼 기록에도 남아있다.

"대당大唐 인덕麟德 3년(666) 세차 병인 정월 무진 삭朔에, 황제는 원일元日에 환구의 제단에서 예를 갖추어 땔나무를 태워 하늘에 고했고, 2일에 개병산芥兵山 정상에 올라 봉 제사를 지냈으며, 3일에 내려와 사수산社首山에서 선 제사를 지내고, 건봉 원년으로 개원하였다."[115]

이러한 666년 봉선제가 있기 수년 전부터 봉선에 대한 이야기가 있었다. 당 고종이 제위에 오른 지 꼭 10년 후인 659년 6월에 그는 봉선 의식에 관해서 논의하라고 명했다. 그러나 662년 10월까지 토론은 더 이상 진전되지 않았고, 664년 1월이 되어서야 봉선 거행을 위한 공식적인 날짜가 정해졌다. 그러나 봉선 날짜가 공포된 지 겨우 두 달 만에 느닷없이 취소되었다. 『자치통감』은 그 배경을 고구려와 백제에 대한 계속된 군사 원정과 화북 평원의 백성들이 겪는 무거운 군사적인 부담 등에서 찾는다.[116]

664년 7월, 다시 태산 봉선제 날짜가 결정되었다. 『자치통감』에 의하면, 당 고종은 인덕 원년 664년 7월 정미에, 666년 정월에 태산에서 봉

---

115 "大唐麟德三年歲次景, 寅正月戊辰朔, 皇帝以元日備禮於圜丘之壇, 焚柴告天, 二日登封於芥兵之頂, 三日降禪於社首之山, 更爲乾封元年也."(『天地瑞祥志』 「封禪」) 김용천·최현화 역주, 2007, 165~166 참조.

116 하워드 J. 웨슬리 지음, 임대희 옮김, 2005, 391.

선을 거행한다는 조서를 내렸다. 그 준비 과정은 훨씬 이전부터 시작되었다.[117]

고종은 봉선 의례를 위해 665년 2월에 장안을 출발하였고, 윤3월에 동도東都인 낙양에 도착하였다. 봉제사를 지내기 위해 고종은 10월 정묘일에 동도를 출발하여 11월 무자戊子일에 복양濮陽에 이르렀고, 12월 병오丙午일에 제주齊州에 이르러 열흘 간 머물렀다. 그리고 12월 병진일에 태산 아래에 이르렀다.

한편 황제는 태산에서 조금 떨어진 이궁離宮에서 나흘간의 산재散齋, 그리고 봉선제 바로 직전에는 사흘간 치재致齋를 하였다. 물론 다른 참가자들도 마찬가지다. 그리고 666년 첫날, 황제는 의례를 시작하였다. 『구당서』는 당시 고종의 태산 봉선제를 이렇게 기록한다.

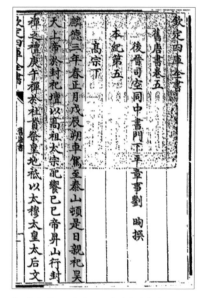

『구당서』의 666년 당 고종의 태산 천제 기록. 『구당서舊唐書』「본기本紀 제오第五」(흠정사고전서본).

> "인덕 3년 춘 정월 무진 초하루에 황제의 수레가 태산 꼭대기에 이르렀다. 이날 친히 봉 제사의 제단에서 호천상제에게 제사지냈다."[118]

---

117 고종의 태산 봉선제에 대한 자세한 내용은 채미하, 2017; 하워드 J. 웨슬러 지음, 임대희 옮김, 2005를 참조하라.

118 "麟德三年春正月戊辰朔, 車駕至泰山頓. 是日親祀昊天上帝於封祀壇."(『舊唐書』「本紀 第五」高宗 下)

황제가 태산에서 호천상제에게 봉제를 올렸다는 것이다. 이날의 기록에 의하면, 666년 정월 초하루에 고종은 태산 남쪽에서 호천상제에게 제사를 지냈고 다음날 태산으로 올라갔다. 3일에는 태산에서 내려와 사수산에서 선禪을 행하였는데, 당 고종이 초헌을 했고 측천무후가 아헌을 하였다. 5일에 조근단에 나아가 신하들에게 조하朝賀를 받고 원봉으로 개원開元하였다. 그리고 19일에 태산을 출발한 황제의 행렬은 4월에 장안으로 돌아왔다.

당 고종의 태산 천제에서 특징적인 점은 주변국들이 여기에 참여할 정도로 그 규모가 대단하였다는 점이다. 665년 10월에 주변국 사절들이 낙양에 모였다. 신라나 백제 및 고구려도 여기에 참여하였다.

"병인일에 황상이 동도를 출발하였는데, … 동쪽으로는 고려에서부터 서쪽으로는 파사波斯(이란 고원)와 오장烏長(인도 서북부)의 여러 나라에 이르기까지 조회朝會하고자 모인 사람은 … "[119]

"8월 임자일에 웅진성에서 동맹하였다. 유인궤劉仁軌는 신라, 백제, 탐라, 왜국의 사신과 바다에 배를 띄우고 서쪽으로 돌아와 마침내 태산에서 제사 지내는 일에 모이게 했다. 고려도 태자 복남福男을 보내 와서 제사를 지내는데 시중들게 하였다."[120]

---

119 "丙寅, 上發東都, … 東自高麗, 西至波斯·烏長諸國朝會者, …"(『資治通鑑』 卷第二百一 「唐紀十七」)

120 "八月壬子, 同盟於熊津城. 劉仁軌以新羅, 百濟·耽羅·倭國使者浮海西還, 會祠泰山. 高麗亦遣太子福男來侍祠."(『資治通鑑』 卷第二百一 「唐紀 十七」)

그 대표적 인물이 신라의 김인문, 고구려의 태자 복남, 의자왕의 아들 부여융扶餘隆이다. 한반도 3국의 참여는『삼국사기』에도 나온다.

"유인궤는 우리의 사신과 백제, 탐라, 왜 등 네 나라 사신을 거느리고 뱃길로 서쪽으로 돌아가 태산의 제사에 참석하였다."[121]

"인문仁問 다시 당에 들어갔다. 건봉乾封 원년에 당 황제를 모시고 태산에 올라 봉선하였다."[122]

"임금이 태자 복남福男(『신당서新唐書』에는 남복男福이라 한다)을 당나라에 파견하여 황제가 지내는 태산 제사에 참가하게 하였다."[123]

한반도에 있는 국가들, 신라의 김인문, 고구려의 태자 복남, 의자왕의 아들 부여융이 태산 천제에 참석하게 된 배경은 무엇인가? 그것은 당나라가 봉선을 알리는 칙령을 통해 도독都督과 자사刺史로 있는 모든 지방 관리들에게 태산 봉선제에 참여하도록 지시하였기 때문이다. 당나라는 663년에 신라를 계림대도독부에, 문무왕을 계림주대도독으로 임명하였다. 660년 여름, 나당 연합군이 백제를 공격하자 백제는 항복했고, 소정방은 임금과 태자 효, 왕자 태·융 및 대신大臣과 장사壯士 88명을 비롯하여 주민 1만2천8백7명을 당나라로 호송하였다. 백제를 멸망시킨 후 당나

---

121 "仁軌領我使者及百濟耽羅倭人四國使, 浮海西還, 以會祠泰山."(『三國史記』「新羅本紀 第六」文武王)

122 "仁問又入唐, 以乾封元年, 扈駕登封泰山."(『三國史記』「列傳 第四」金仁問)

123 "王遣太子福男(新唐書 云男福)入唐, 侍祠泰山."(『三國史記』「高句麗 本紀」寶藏王)

라는 백제에 웅진도독부 등 5개 도독부를 설치했는데, 특히 부여융을 웅진도독으로 삼아 귀국시켰다. 그러므로 신라와 백제는 봉선제에 당연히 참여할 수밖에 없었다. 그런데 복남은 봉선 의례에 참여한 후 귀국하였고, 신라의 김인문은 우효위대장군과 식읍 400호를 받고 당에 머물다가 668년에 돌아왔으며, 부여융은 당에 머물렀다.

당나라는 이 천제를 통해 당 중심의 세계 질서를 확립하고, 당의 천자국임을 만방에 알리려는 의도가 있었던 것으로 보인다. 그 하나로 신라와 백제에 두었던 도독부의 도독주들을 천제에 참석시켜 천제를 통해 천자의 위상과 지배를 보여주려 하였다. 이는 지난날 황제들이 하늘로부터 천명을 받고 자신이 천자임을 보여주려던 모습과 다르지 않다. 이런 맥락에서 보면 당 고종의 천제는 종교적이지만 또한 전형적인 정치적 행위이다.

무측천武則天. (출처: 『삼재도회』)

그 후에도 고종은 여러 번 봉선제를 시도했다. 676년과 679년에도 각각 겨울에 숭산嵩山에서 봉선제를 행하려 했다. 683년 11월에도 준비는 거의 다 했다. 그러나 모두 주변국과의 긴장, 가뭄과 같은 자연 재해 등을 이유로 취소되고 말았다.

한편 중국 역사 중 유일한 여성 황제 무측천武則天도 교사郊祀를 행한 것은 물론, 봉선제를 거행했다. 그녀는 누구인가. 당 왕조를 개국한 세 황제 중 두 황제의 아내이자,[124] 그 후 열일곱 명의 황제들 중 그녀의

---

124 그녀는 13세 때 당 태종의 '재인才人'이 되었다. 재인은 대개 절반은 시녀, 절반은 희첩의 성격을

자손이 아닌 자가 한 사람도 없었던, 그야말로 당 왕조의 국모이자 뿌리라고 해도 과언이 아니다. 그녀는 황후로서 35년간 조정을 장악한 후 황제로 즉위까지 하였다.

무측천은 만세천통萬歲通天 원년(696) 12월에 봉선을 행하였다. 그러나 그것은 태산이 아니라 무주의 수도인 낙양으로부터 가까운 숭산嵩山이었다. 측천무후는 기존의 관례를 깨고 숭산에서 봉선을 거행했다. 그리고 봉선 후에는 백성들로부터 그해 세금을 거두지 않고 9일 동안 연회를 베푸는 등 호천상제를 대행하여 천도를 구현하는 거룩하고 자애로운 모습을 보여주었다.[125]

개원 13년(725), 현종도 태산 원구단에서 호천상제에게 봉례를 올렸다고 하는데, 이때도 신라를 비롯한 주변 여러 나라에서 사절단이 참석하였다고 한다.[126] 당나라는 이를 통해 주변국에 자신들의 위상을 과시하였다.

띤 궁녀였다. 태종의 후궁으로 있던 그녀는 태종이 죽자 감업사感業寺의 비구니가 되었다. 그리고 그곳에서 당 고종 이치李治를 만나 궁정으로 돌아와 신비宸妃로 올라섰고, 약 1년 뒤인 655년에 황후가 되었다.

125 "납월臘月(12월) 무술일에 태후가 신도神都臘(낙양)를 출발하여 갑신일에 신악神岳(숭산)에서 봉하고 천하를 사면하였으며, 연호를 만세등봉萬歲登封으로 바꾸고, 천하 백성들은 금년의 조세를 내지 않도록 하였으며, 대포大酺(연회)를 아흐레 동안 하였다. 月甲戌, 太后發神都. 甲申, 封神嶽. 赦天下, 改元萬歲登封, 天下百姓無出今年租稅, 大酺九日."(『資治通鑑』卷第二百五)

126 "庚寅, 祀昊天上帝於山上封臺之前壇. … 辛卯, 享地祇於社首之泰折壇. … 壬辰, 玄宗御朝覲之帳殿, 大備陳布. 文武百僚, 二王後, 孔子後, 諸方朝集使, 岳牧舉賢良及儒生·文士上賦頌者, 戎狄夷蠻羌胡朝獻之國, 突厥頡利發, 契丹·奚等王, 大食·謝䫻·五天十姓, 昆侖·日本·新羅·靺鞨之侍子及使, 內臣之番, 高麗朝鮮王, 百濟帶方王, 十姓摩阿史那興昔可汗, 三十姓左右賢王, 日南·西竺·鑿齒·雕題·牂柯·烏滸之酋長, 咸在位."(『舊唐書』「志 第三」 禮儀 三)

9장

주희, 하늘·천天의
코페르니쿠스적
인식 전환

理氣上

太極天地上

問太極不是未有天地之先有箇渾成之物是天地萬物之理
總名否曰太極只是天地萬物之理在天地言則天地中有
太極在萬物言則萬物中各有太極未有天地之先畢竟是
先有此理動而生陽亦只是理靜而生陰亦只是理問太極
解何以先動而後靜先用而後體先感而後寂曰在陰陽言
則用在陽而體在陰然動靜無端陰陽無始不可分先後今
只就起處言之畢竟動前又是靜靜前又是動將何者為先
陽前又是陰陰前又是陽惻隱前又是寂感前又是寂
可只道今日動便為始而昨日靜更不說也如鼻息言呼吸

『주자어류』「리기理氣 상上」. (출처: https://image.baidu.com/)

주희, 왜 신유교인가

주희, 신유교를 집대성하다

907년 당나라가 무너진 후 중국은 5대 10국의 분열이라는 50여년의 정치적 혼란기를 거쳤다. 그리고 960년, 후주後周의 조광윤趙匡胤이 진교陳橋에서 정변을 일으켜 공제恭帝를 무너뜨려 후주를 멸망시켰다. 그리고 황제를 칭하며 하남성 개봉을 도읍으로 하여 송宋을 건국하였다. 그가 송나라 태조이다. 이로부터 북방 지역을 금나라에 빼앗겨 양자강 이남으로 건너간 1126년까지 약 167년이 북송 시대, 그 이후가 남송 시대이다.

송대는 황제 중심의 정치 체제, 문신 관료 중심의 행정 체제, 농업 생산력의 증대에 따른 경제 발전 등 여러 가지 특징을 보이지만, 이에 못지않게 주목할 점은 사상적 측면에서의 큰 변화이다. 당에서 송으로 이행하면서 일어난 큰 변화를 '당송 변화'라 한다면, 그 하나가 원시 유교 사상에 불교나 도교와 같은 다른 사상을 응용하여 만들어진 새로운 유교, 즉 신유교의 출현이다. 유교 사상의 파격적인 체질 전환이 바로 그것이다.

그렇다면 왜 송대에 이르러 새로운 유교 사상이 등장하였을까? 그 배경은 먼저 당시 유교가 가지고 있었던 문제에 대한 유교 내의 반성에서 찾을 수 있는데, 그 뿌리는 한·당의 유교 내부에서 잉태되고 있었다.

한·당 시대 유교는 권력 질서를 유지·강화하는 방편으로 이용됨으로써 본래 횡적 윤리(의무 본위의 윤리)였던 오륜 사상은 종적 윤리(상하 관계에 따른 복종의 윤리)로 타락하고 창조 정신이 말살된 채 수성守成 위주로 고착되면서, 전장 제도의 전거 구실에 그치고 말았다. 그리하여 위진남북조 시기를 거쳐 수·당 시대에 이르게 되면 유교는 훈고학과 사장학으로 흘러 도덕적 실천을 외면한 형식주의에 빠진 채로 부패와 사치를 일삼는 앞잡이가 되고 만다. 그 후 불교와 도교가 이러한 유교의 타락 상황을 딛고 올라섬으로써 한나라 말기 이후 유교는 중국 역사와 문화의 지배적인 자리에서 밀려났다.[127]

물론 외래 종교인 불교가 발전하자 그에 대한 반응도 나타났다. 이를테면 역반응으로 유교 내부에서 중국의 고전 문화, 특히 공맹 사상과 같은 고대 유교에 대한 관심이 빠르게 늘어나기 시작했다. 당나라 말기 한유韓愈(768~824)로까지 거슬러 올라가는 이른바 '고문古文' 운동이 바로 그것이다. 이는 당시에 유행하던 운문체인 팔고문八股文을 버리고 유교 경전에 나타나는 산문체를 사용하자는 문화 운동으로, 아름답게 글을 쓰려는 기교를 부리는 수사법을 버리고 제자백가 시대의 간

---

127 김충렬, 1998, 64~65.

146

결하고 소박한 문체를 회복해서 진실한 글을 쓰자는 것이다. 이 고문 운동은 10세기에 이르면 단지 문체만이 아니라 고대 유교의 인문주의 정신과 사상까지 회복하려는 거대한 흐름으로 발전하였다.

이와 더불어 유교 내부에서 불교나 도교를 극복하려는 움직임도 나타났다. 당대까지 유교는 기본적으로 주석에 치우치는 훈고학적 전통을 잇고 있었다. 따라서 그 철학적 깊이 면에서 불교나 도교에 훨씬 뒤져 있었다. 송대 이전의 중국 사상계가 불교나 도교에 의해 주도되었던 것도 이 때문이다. 그런데 송대를 전후하여 유교에 대한 자유롭고 비판적인 재해석 운동이 등장하였다. 즉 이전과 같이 유교 경전 자체의 이해에 치중하는 것이 아니라, 인성론이나 우주론 같은 심오한 철학적 문제를 탐구의 대상으로 삼고자하는 경향이 나타났다.[128]

이러한 경향은 모두 유교의 내재적 문제를 성찰하고, 그리하여 유교 밖의 사상을 수용 및 체계화하여 불교나 도교를 극복하는 새로운 유교의 출현에 저마다 나름의 기능을 하였다. 송대의 신유교, 그것은 유교를 재생시켜 불교와 도교를 사상적으로 극복하고, 유교를 다시 중국 사상의 주류로 끌어올리려는 새로운 유교 사상이다.

물론 유교 외부의 환경도 새로운 유교가 출현하는데 작용할 여지가 있었다. 당시 동아시아에는 대중적 불교였던 선불교가 유행하고 있었는데, 이 선불교를 비판하는 목소리가 점점 커지기 시작했다. 바로 이러한 선불교에 대한 비판 의식은 불교를 유교로 대체하려는 경향으로 발전했다. 그리하여 유교에서는 불교에서 보이던 불성에 대한 깨달음

---

128 박한제 외 지음, 2012, 99.

과 성불이라는 목표 대신에, 현실적이고 세속적인 관심인 인간의 본성이나 정치 질서, 그리고 자연계 사물들에 대한 관심이 싹트기 시작했다.[129] 새로운 유교의 출현은 이런 사상적 환경에 대한 반응의 영향을 받았다.

이러한 당시의 사상적 환경에서 움트기 시작한 유교의 자기 반성을 바탕으로 새로운 유교를 지향하려는 경향은 송대 초기에는 그다지 세력을 갖지 못했다. 그러던 것이 북송 말에 이르자 그런 분위기가 무르익어 갔다. 이러한 흐름의 중심에 있던 대표적인 사람들이 소옹邵雍 (1011~1077), 주돈이周敦頤(1017~1073), 장재張載(1020~1077), 정호程顥 (1032~1085)와 정이程頤(1033~1107) 등이다. 이른바 북송 오자北宋五子라

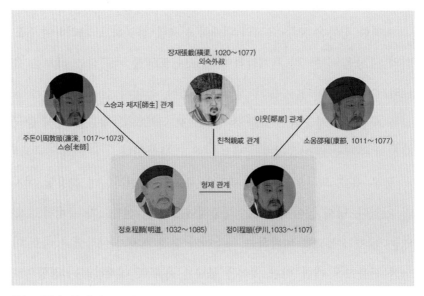

북송 오자北宋五子. (출처: https://image.baidu.com)

129　김우형·이창일 지음, 2006, 35.

주돈이(주렴계周濂溪). (출처: 「삼재도회」)

소강절邵康節. (출처: 「삼재도회」)

하는 이들은, 불교나 도교에 비해 상대적으로 약했던 우주론과 형이상학을 수용하여 유교 사상의 폭과 깊이를 넓히고 심화시켜 나갔다. 『송사』 「도학전道學傳」에 의하면, 우주의 생성에서부터 이 세계, 역사, 인간을 논하는 윤리적 체계의 핵심을 '도道'라고 파악하고, 그 도를 제시하고자 한 사람들의 계보는 이들 북송 오자로 이어진다.[130]

---

130 "천여 년이 지나고 송나라 중엽에 이르러 주돈이가 용릉春陵에서 나와 성현의 전해지지 않았던 학문을 얻어서 〈태극도설〉과 『통서』를 지어 음양오행의 리를 추명推明하고, 하늘에 명命이 있고 사람에게 성性이 있음을 손가락으로 손바닥을 가리키듯 분명하게 말하였다. 장재는 『서명』을 짓고 또한 리일분수理一分殊설을 명백히 말하였는데, 그런 다음에 '도의 근원이 하늘에서 나온다'는 것이 명백해져 의심이 없게 되었다. 송 인종仁宗 명도明道 초년에 정호程顥와 그의 동생 정이程頤가 태어났는데, 성장하면서 주돈이에게 수업을 받았다. 그들은 들은 바를 확대 발전시켜 『대학』·『중용』 두 편을 해설하고 『논어』·『맹자』를 병행하였다. … 송나라가 남쪽으로 쫓겨 내려온 후 신안新安의 주희는 이정二程의 전통을 이어받았으며, 이에 그 학문은 더욱 깊어졌다. 대저 격물치지格物致知를 우선으로 삼고 명선성신明善誠身을 요체로 삼았다. 『시』·『서』·육예 공부와 공맹의 가르침이 진의 분서갱유로 흐트러지고, 한漢의 유학자들에 의해 지리멸렬해졌으며, 위진과 육조 시기에 묻혀버렸으나, 이 때에 이르러 그 모습이 분명하게 드러나고 제자리를 찾게 되었다. 千有餘載, 至宋中葉, 周敦頤出於春陵, 乃得聖賢不傳之學, 作太極圖說通書, 推明陰陽五行之理, 命於天而性於人者, 瞭若指掌. 張載作西銘, 又極言理一分殊之旨, 然後道之大原出於天者, 灼然而無疑焉. 仁宗明道初年, 程顥及弟頤實生. 及長, 受業周氏. 已乃擴大其所聞, 表章大學中庸二

'원회운세元會運世'가 나오는 『황극경세서』(흠정사고전서본).

주돈이(주렴계周濂溪)는 〈태극도설〉을 통해 태극太極이라는 우주의
근원적 실체로부터 음양과 오행이라는 만물을 이루는 기본 원질이 나
오고, 이것이 인간을 포함한 우주의 모든 생물을
만들어 내는 과정을 설명하였다. 소옹(소강절邵康
節)은 수數를 바탕으로 우주의 생성과 전개 과정,
천지 자연의 법칙을 설명하였다. 『황극경세서』를
통해 우주가 129,600년을 주기로 '원회운세元會運
世' 과정을 거치며 순환하는 이치(理)를 밝혔다.
우주가 129,600년을 주기로 탄생과 소멸을 끝없
이 반복한다는 것이다. 장재(장횡거張橫渠)는 우주
만물의 생성과 소멸이라는 과정을 기氣로 설명한
다. 그는 기가 모여서 만물이 생성되고 흩어져서

정호程顥(정명도程明道, 1032~1085).
(출처: 『삼재도회』)

정이程頤(정이천程伊川, 1033~1107).
(출처: 『삼재도회』)

篇, 與語孟並行. … 迄宋南渡, 新安朱熹得程氏正傳, 其學加親切
焉. 大抵以格物致知爲先, 明善誠身爲要. 凡詩書六藝之文, 與夫
孔孟之遺言, 顚錯于秦火, 支離於漢儒, 沉于魏, 晉六朝者, 至是皆
煥然而大明, 秩然而各得其所.(『宋史』「列傳」道學 一) 그러나 주
희는 소옹의 사상은 다소 배제시키는 듯하다. 왜냐하면 소옹은 지
나치게 도교적이고 인仁이나 의義와 같은 유교에서 중요한 주제를
거의 거론하지 않았기 때문이다.

기로 돌아간다고 하여, 우주를 해석하는 근본 개념을 기에서 찾았다.

리학理學 사상 체계의 단초를 연 소옹, 주돈이, 장재 등도 신유교의 기풍을 조성하였지만, 그 기본 뼈대를 만든 것은 정호程顥(정명도程明道. 1032~1085)와 정이程頤(정이천程伊川. 1033~1107) 형제라고 할 수 있다. 이정에 이르러 리와 기와 같은 개념은 신유교의 중심 개념이 된다. 그들은 만물의 근원을 각기 기·리라며 본연의 성을 회복하는 방법에 대하여 주장하였다. 이를테면 정호는 인간은 기를 받아서 태어난 것이므로 본래 선하지만, 후천적 기질인 성으로 말미암아 악이 있게 되므로, 경敬과 성性을 통해서 인仁을 체득하여 본연의 성을 회복해야 한다고 보았다. 이에 비해 정이는 리기론을 주장하면서, 인성에는 본연의 성과 기질의 성이 있어서 선과 악이 있게 되는데, 격물치지格物致知를 통하여 본연의 성을 회복해야 한다고 보았다. 특히 정이는 주자가 주자학을 체계화하는데 큰 후원자 역할을 하였다.

주희朱熹(1130~1200). (출처:「삼재도회」)

이들 북송 오자의 사상은 단순히 공자 사상을 계승·발전시킨 것이 아니다. 기존 유교 사상에 새로운 사상을 더하여 체계화되었기에 새로운 유교 사상이며 유교 사상의 대전환이었다. 그러나 이러한 사상들이 북송 시대에 완전하게 체계를 이룬 것은 아니다. 그것은 남송대 주희朱熹(1130~1200)에 의해 집대성되었다.

석각에 그려진 주희朱熹(1130~1200) 자화상 탁본. (출처: https://image.baidu.com) 주희는 61세였던 1190년에 거울을 보고 자화상을 그렸는데, 그의 16세손인 주옥珠玉이 석각으로 만들었다고 한다. 어릴 때 '칠성아七星兒'라고 불린 것을 뒷받침하듯 오른쪽 눈 옆에 7개의 검은 점(사마귀)이 뚜렷하다.

주희는 이전의 다섯 현인들의 사상을 모아 하나의 의미 있는 체계로 만들었다. 공맹의 유교, 한·당의 유교 사상은 물론, 불교나 도교 및 노장 사상까지 수용·통합하여 완전히 새로운 유교 사상을 체계화하였다. 신유교·성리학·주자학, 그것은 공자 이래로 다져온 유교 사상에 당시 발전하였던 도가나 불교 사상을 접목시켜 형이상학적으로 체계화한 새로운 사상이다. 주희의 신유교 집대성은 유교 개혁을 넘는 일종의 사상 혁명, 종교 혁명이었다. 서구에서 16세기에 루터에 의해 불붙은 종교 개혁이 썩어가는 가톨릭의 개혁을 위해 개신교를 태동시키는 과정이었다면, 신유교의 성립은 인격신으로서의 천·상제를 부정하고 나아가 천을 이치·법칙(理)으로 인식하게 하는 유교 사상, 정신 문화의 대전환 과정이었기 때문이다.

오경五經에서 사서四書로

원시 유교 경전, 오경(육경)

우리는 흔히 진나라 이전의 유교, 공맹의 유교를 선진 유교, 원시 유교라 한다. 이에 비해 송대에 이르러 주희가 당시 불교나 도교 사상을 수용하여 유교를 새롭게 체계화한 주자학, 성리학, 리학을 신유교라 한다. 물론 이 개념을 주희가 처음 사용한 것은 아니다. 송대에는 신유교 개념이 없었다. 신유교Neo-Confucianism는 도학道學을 서양식으로 표기하기 위해 사용된 개념으로, 건륭제 시기에 중국에서 활동한 장 조제프 마리 아미오(Jean-Josepf-Marie Amiot, 錢德明, 1718~1793)라고 하는 예수회원이 중국 역사를 다룬 기록에서 처음으로 사용하였다.[131]

'신유교'에서 '신新'은 기존의 것과는 다르다는 의미가 함축되어 있다. 즉 신유교는 원시 유교와는 다른 유교이며, 주희의 유교 사상은 공

---

131 보다 구체적인 것은 김선희, 2012b, 17의 주 3)을 참조하라.

맹의 유교 사상과 차이가 있음을 말한다. 비록 성리학이 공맹의 도통을 이으며 유교 전통을 세우고자 하였고 공맹의 사상을 발전적으로 계승한 측면도 있지만, 원시 유교와 성리학·주자학 간에는 차이도 있다. 그렇다면 그 차이는 어디에서 찾을 수 있을까?

'신유교'라는 용어에서 '신新'의 의미는 먼저 유교의 신념 체계이자 일상의 행위 규범 역할을 하는 경전 중에서 어떤 경전이 경전으로서 권위를 갖는다고 보는 지를 파악함으로써 알 수 있다.

공자가 유교를 집대성하기 이전, 즉 춘추 시대 이전에는 유교 경전이 없었다. 그러나 그 뿌리가 될 수 있는 가르침은 있었다. 이를테면 상대商代 귀족 자녀들이 배운 예, 악, 서書(문자), 사射(활쏘기), 어御(말타기), 수數(수리 응용) 등 상나라에서는 이미 소위 육예라고 하여 여섯 가지 과목을 가르치고 있었다. 또 『주례』에 보씨保氏라는 관직이 있다. 보씨는 왕을 보좌하며 간언도 하고 도道로써 사람들을 가르치기도 하는 직책이었는데, 귀족 자제들에게 오례五禮, 육악六樂, 오사五射, 오어五馭, 육서六書, 구수九數 등 육예를 가르치는 일을 관장하였다.[132] 주례周禮가 은례殷禮를 계승했다고 보면 은나라에서도 이미 육예를 가르쳤음을 뒷받침한다.

공자는 이전부터 내려오던 여러 가르침이나 사상, 문화에서 중요하다고 여겨지는 내용을 정립하여 제자들에게 가르쳤고, 이후 제자들이

---

132 "보씨保氏는 왕의 나쁜 점을 간하고 공경대부의 아들들을 도와 도道로써 양성하여 육예를 가르치는 일을 관장한다. 첫째는 오례이며 둘째는 육악이며 셋째는 오사며 넷째는 오어이며 다섯째는 육서이며 여섯째는 구수이다. 保氏掌諫王惡, 而養國子以道, 乃敎之六藝. 一曰五禮, 二曰六樂, 三曰五射, 四曰五馭, 五曰六書, 六曰九數."(『周禮』「保氏」)

공자로부터 받은 가르침과 사상을 편찬하여 글로 남겼다. 이러한 공자의 가르침과 그의 제자들로 이어지는 유교 가르침의 정수를 담은 것이 유교 경서이다. 공자의 가르침은 특히 『시』·『서』·『예』·『악』에 담겼는데, 이후 『역』·『춘추』가 더해져 여섯 가지 경서經書(六經)가 성립되었다. 그 중 사라진 『악』을 제외한 다섯 가지 경經이 오경五經이다.

유교 역사에서 경서와 관련하여 일찍이 언급한 것은 순자荀子이다.

"학문은 어디서 시작하고 어디서 끝나는가. 이르기를, 그 방법으로 경經을 외우는 데서 시작하여 예禮를 읽는 데서 끝나고, 그 뜻하는 바는 선비가 되는 것에서 시작하여 성인聖人이 되는 것으로 끝난다고 했다. 진실로 온 힘을 다하여 오랫동안 힘써 노력하면 그런 경지로 들어갈 수 있지만, 학문이란 죽은 뒤에야 비로소 끝나는 것이다. 그러므로 학문의 방법에는 끝이 있지만, 그 뜻은 잠시라도 버릴 수 없다. 학문을 하면 사람이 되고 학문을 버리면 금수와 같아진다. 그런데 『서』는 정치에 관한 일을 기록한 것이고, 『시』는 음악에 맞는 것들을 모아 놓은 것이고, 『예』는 법의 근본이 되며 여러 가지 일에 관한 규정이다. 그래서 학문은 예에 이르러 그치는 것이다. 대체로 이런 경지를 이르러 도와 덕의 극치라 한다. 『예』는 공경을 하며 겉모양을 꾸미는 것을, 『악』은 알맞게 조화시키는 것을, 『시』·『서』는 세상의 많은 것을, 『춘추』는 세밀함을 담았으니 하늘과 땅 사이에 있는 모든 것이 망라되어 있다."[133]

---

133 "學惡乎始, 惡乎終. 曰, 其數則始乎誦經, 終乎讀禮, 其義則始乎爲士, 終乎爲聖人. 眞積力久則

순자는 학문을 하는 방법이나 목적과 관련하여 『시』·『서』·『예』·『악』·『춘추』를 거론하는데, 이것이 오경과 관련한 유가儒家 내부에서 나온 첫 언급인 듯하다. 특징적인 점은 순자가 『역경』에 대해서 언급하지 않았다는 것이다. 오경에 『역경』을 포함하면 곧 육경이 된다.

그런데 육경을 처음 말한 것은 유가가 아닌 장자莊子였다.

> "『시』·『서』·『예』·『악』에 전해지고 있는 것은 추나라와 노나라의 선비, 홀과 긴 허리띠를 맨 벼슬하던 선생들이 잘 밝혀 놓은 것이 많다. 『시』는 뜻을 말했고, 『서』는 세상일(政事)을 기록했고, 『예』는 도덕 행위 규범을 말했고, 『악』은 감정 화합을 말했으며, 『역』은 음양 변화를 말했고, 『춘추』는 명분을 적은 것이다."[134]

이처럼 전국 시대 말기에 장자가 유자들에게는 『시』·『서』·『예』·『악』·『춘추』라는 경서가 있었음을 밝힌 것이다. 오경이나 육경 개념은 전국 시대 말부터 사용되었으나 그것이 유교 경전 체계로 제도화된 것은 그 이후인 한대漢代에 이르러서이다. 특히 오경은 한 무제 때 오경박사제가 실시됨으로써 제도화되더니 당대까지 유교 경전 체계를 대표하는 개념이 되었다. 비록 당대唐代에 구경九經이라는 개념도 있었고 송나

入, 學至乎沒而後止也. 故學數有終, 若其義則不可須臾舍也. 爲之, 人也, 舍之, 禽獸也. 故書者, 政事之紀也, 詩者, 中聲之所止也, 禮者, 法之大分, 類之綱紀也. 故學至乎禮而止矣, 夫是之謂道德之極. 禮之敬文也, 樂之中和也, 詩書之博也, 春秋之微也, 在天地之間者畢矣."(『荀子』「勸學」)

134 "其在於詩書禮樂者, 鄒魯之士, 搢紳先生多能明之. 詩以道志, 書以道事, 禮以道行, 樂以道和, 易以道陰陽, 春秋以道名分."(『莊子』「雜篇」天下) 『장자』 원문과 번역은 안동림 역주, 2010; 오현중 옮김, 2021; 이강수·이권 옮김, 2019를 참조하였다.

라 초기에는 십삼경이라는 개념도 있었지만, 주자학 성립 이전까지의 유교 경전의 중심을 이룬 것은 『시경』·『서경』·『주역』·『예기』·『춘추』로, 이른바 오경이었다.

오경은 공자·맹자·순자로 이어지는 춘추 전국 시대의 원시 유교에서는 물론, 유교를 국가 종교로 삼은 한대와 이후 당나라 때에 이르기까지, 공자로부터 시작되는 유교의 가르침을 가장 잘 담고 있어 가장 중시되고 권위 있는 경전이다.

분서갱유 사건 이후 이들 유교 경전은 거의 사라졌고, 그리하여 경전에 대한 연구는 온전하게 이루어질 수 없었다. 한나라 시대에 유교가 국가 종교가 되었으나 그것이 곧 유교 경전의 완전 복구를 의미하는 것은 아니었다. 오히려 경전을 둘러싸고 고문학파와 금문학파의 논쟁만 키웠고, 그 결과 경전의 자구 해석에 치중하여 경전 본래의 사상을 찾으려는 훈고학訓詁學의 경향이 특징적으로 나타났다. 이후 수나라 당나라 시대를 거치며 유교는 도교나 불교의 강세로 인해 침체하여 경전의 탐구는 기대할 수 없었다. 경학經學이 소홀히 되는 가운데 유교는 사장학詞章學, 즉 문장과 시부詩賦를 중시하는 경향을 나타냈다.

주희의 사서四書(四子) 체계 확립

북송이 열리면서 유교에 큰 변화가 따랐다. 소위 북송 오자들에 의해 리학理學이라는 새로운 유교 사상이 논의되었다. 그들은 유교 형이상학 체계의 바탕을 마련하였다. 주목할 만한 점은 이들의 사상을 집대성한 주희가 오경이 아닌 『대학』·『중용』·『논어』·『맹자』 사서 체계를 확립하였다는 것이다. 사서의 확립, 그것이 의미하는 바는 무엇인가? 곧 오경 위상의 추락이다. 북송 리학 사상을 바탕으로 남송 시대에 주희가 신유교를 집대성하면서부터 오경은 사서에 그 위상을 빼앗겼다. 이는 송대 이후 주로 '사서오경'이라는 유교 경전 체계의 개념이 사용되고, '십삼경'이라는 용어와 훈고학적 주석서들이 거의 통용되지 않았다는 사실에서 알 수 있다.[135] 신유교에서 '신'의 의미는 이러한 오경에서 사서로의 경전의 권위가 이전되고 대체되었다는 뜻을 함축한다.

그렇다면 주희는 왜 오경을 두고 다시 사서를 정하고 이를 오경보다 중시하였을까? 그 배경은 그의 오경에 대한 태도에서 찾을 수 있다.

주희는 오경에 대해 많은 연구를 하였다. 오경을 읽고 토론하거나, 『춘추』를 제외한 네 경서 관련 연구, 이를테면 『시집전詩集傳』·『역학계몽易學啓蒙』·『주역본의周易本義』·『의례경전통해儀禮經傳通解』 등을 내놓거나, 죽기 1년 전에 제자 채침蔡沈(1167~1230)에게 『서집전書集傳』을 지으라고 부탁한 것을 보면, 결코 오경에 대하여 무관심하였거나 무시한 것은 아니다. 그러나 관심의 배경이나 의도는 남달랐다.

주희는 오경에 대한 문헌적 신뢰성에 의문을 가지고 있었다. 진영첩陳榮捷에 의하면 그는 『시경』 서문의 문헌적 신뢰성을 부인하며, 그것은 후대의 필자들이 추가 집필한 것에 불과하다고 보았다. 『서경』 역시 신뢰성 있는 문헌으로 간주하던 전통에 반대하며, 『서경』의 문장 스타일이 고대 사람이 썼다고 보기에는 매우 명료하고 단순하다고 지적하였

---

135   김승혜, 2002, 26.

다. 『예기』와 관련하여서도, 『예기』가 진秦과 한대 학자들이 『의례』를 보다 자세히 설명하기 위해 쓴 문헌이라고 보았다.[136]

　나아가 『춘추』의 세 주석가들이 공자를 만나거나 본 일이 없다며 그들을 신뢰하지 않았다. 『춘추』라는 텍스트 자체의 신뢰성에 의문을 제기하지는 않았지만, 『춘추』를 경전으로 여기지 않았다. 왜였을까? 『춘추』는 당시 실제 사건을 공자가 책자에 기록한 것이라거나,[137] 공자가 다만 2~3백 년의 중요한 일을 갖추어 두려고 하였으므로 역사를 기록한 글[史文]을 취하여서 여기에 써넣었다는 말[138]을 고려하면, 주희가 보기에 『춘추』는 당시의 실제 사건을 기록한 역사서이다. 성인의 마음을 탐색할 수 있는 경經과는 달리, 역사서인 『춘추』는 성인의 마음을 알 수 없다는 이유로 주해하지 않았다.

　주희는 『역경』에 대하여는 의문을 제기하지 않았다. 그렇지만 '역'은 본래 복서를 위해 지어졌'거나 '『역』은 복서를 위한 책'이라는 등의 여러 말로 보아,[139] 『역경』을 점을 치기 위한 책이자 점을 치기 위해 만든 책으로 여겼다.

　이러한 문제 의식을 가졌던 주희가 마침내 칼을 빼들고 한 것은 '사서四書'라는 새로운 경전을 묶어 낸 일이다. 30년에 걸친 사서 관련 연구를 통해 그는 『논어요의論語要義』, 『논맹정의論孟精義』를 비롯하여 『논

136　진영첩 지음, 표정훈 옮김, 2001, 203~204.

137　"春秋只是直載當時之事."(『朱子語類』 卷第八十三 「春秋」 綱領)

138　"想孔子當時只是要備二三百年之事, 故取史文寫在這裏."(『朱子語類』 卷第八十三 「春秋」 綱領)

139　"易本爲卜筮而作. … 蓋易本是卜筮之書. … 易乃是卜筮之書. … 易只是筒卜筮之書. … 易爲卜筮而作. … 易本卜筮作. 易書本原於卜筮."(『朱子語類』 卷第六十六 「易 二」)

어집주論語集註』,『맹자집주孟子集註』,『대학장구大學章句』,『중용장구中庸章句』의 사서장구 집주集註 등 많은 글을 남겼다. 1190년, 주희는 이들을 모아서 하나로 편집하여 합각合刻하였다.『대학』,『논어』,『맹자』,『중용』을 '사자四子'라는 이름으로 하나로 묶어낸 것이다. 이로써 경학사에서 오경과 상대되는 '사서四書'라는 이름이 처음으로 나오고, 유교 경학의 사서 체계가 시작되면서 사서가 유교 경전의 정통적 위상을 차지하였다.

그러나 사서가 주희 이전의 신유학자들 사이에서 그리 중시된 것은 아니다.『맹자』는 송대에 와서 경서로서의 위상을 갖게 되었고,『대학』과『중용』은『예기』의 한 장에 불과하였다.『중용』도 이고李翱(772~841)가『중용』에 기초하여 본래의 성품을 회복해야 한다는 주장을 하기 전까지는 철학적으로 거의 무시되고 있었다.[140] 그러나 주희는 달랐다. 그는 오경이 아닌 사서에 근본적 중요성을 부여했다.

주희는 왜 오경보다 사서에 큰 의미를 부여하며 중시하였을까?『주자어류』에 주희가『사서집주』를 어떻게 여기는지를 알 수 있는 단서가 있다. 이를테면 자신의『논어집주』·『맹자집주』에 대해 이렇게 말하였다.

"한 글자도 덧붙일 수 없고 한 글자도 뺄 수 없다. 한 글자도 더 많지 않고 한 글자도 부족하지 않다. … 저울 위에 놓고 단다고 하더라도 차이가 없으니 높지도 않고 낮지도 않다."[141]

---

140 진영첩 지음, 표정훈 옮김, 2001, 83~84, 205.

141 "添一字不得, 減一字不得. … 不多一箇字, 不少一箇字. … 如秤上秤來無異, 不高些, 不低些."(『朱子語類』卷第十九「論語 一」語孟綱領)

이는 집주集註의 설명이 지극히 정밀하고 간명하며 지극히 정확함을 말한 것이다. 주희는 사서가 공자와 맹자의 말을 잘 담고 있으며, 그들의 가르침을 이해하려면 사서를 공부해야만 한다고 여겼다.

주희는 사서를 확정하면서 사서를 공부하는 방법에 대해서도 말하였다. 먼저 『대학』을 읽어 유교의 대강을 파악하고, 다음으로 『논어』를 읽어 그 근본을 확립하고, 다음으로 『맹자』를 읽어 『논어』의 주제가 발전되어 가는 그 논리를 파악하고, 마지막으로 『중용』을 읽어 고인들의 미묘한 사유 체계를 추구해 들어가야 한다는 것이다.[142] 이는 유교 공부에서 사서 간의 관계, 무엇을 먼저 보아야 할지 그 방법을 밝힌 내용이다. 주희는 경전 읽기의 차례로 『대학』-『논어』-『맹자』-『중용』을 말하였다.

사서를 확립한 주희의 신유교 체계화 과정은 오경 대신에 사서라는 새로운 경전을 품은 유교 역사의 새로운 시작이었다. 이는 곧 주희의 사서와 그에 대한 주희의 해석이 이전까지 중시되던 오경의 자리를 꿰차고 유교에서 절대 권위를 갖게 되었음을 말한다. 그것의 의의는 단순한 오경의 대체 그 훨씬 너머에서 찾아야 한다. 왜냐하면 주희의 사서 주석은 13세기 이후 수백 년 동안 중국뿐만 아니라 한국의 사상사는 물론, 정치나 교육에서도 절대적 영향을 미쳤기 때문이다. 이 사서의 성립이야말로 동북아 정신 문화의 전환을 극적으로 보여준다. 사서의 완성을 통해 주희는 외래 사상인 불교의 정수를 보존하면서도, 공자 이래 동북아 정신 문화의 핵심 사상을 새롭게 해석해서 새로운 이념으로 제시하였다.

---

142 "某要人先讀大學, 以定其規模, 次讀論語, 以立其根本, 次讀孟子, 以觀其發越, 次讀中庸, 以求
古人之微妙處."(『朱子語類』卷第十四「大學 一」綱領)

3

형이상학
우주론 세계를 열다

신유교의 핵심 개념, 리理

　인간, 천지 만물, 우주. 이 모든 것의 생성과 변화는 어떻게 설명될
수 있을까? 지금까지 철학과 종교를 비롯한 많은 분야에서 이러한 의
문에 다양한 견해를 밝혔다. 신유교도 그 중의 하나인데 신유교에서는
리理와 기氣라는 개념을 바탕으로 그에 답한다.

　필자가 보기에 원시 유교의 키워드가 인격적 존재로서의 상제·천
[하늘]이라고 한다면, 신유교에서의 그것은 형이상학적 개념으로서의
리理[태극], 기氣이다. 선진 시대의 유가에서는 리라는 개념을 많이 사
용하지 않았다. 비록 리라는 용어가 『시경』이나 『춘추좌씨전』, 그리고
『국어』 등에 각각 몇 차례씩 나오지만, 그 쓰임은 이치나 법칙이라는
신유교에서의 형이상학적 철학적 의미와는 거리가 멀다. '리' 자는 갑
골문에는 보이지 않으며, 공자나 노자조차도 직접 리를 언급한 적이

없다.[143] 후한 때 사람 허신은 『설문해자』에서 리를 '옥을 가공하다'[144]라는 뜻으로 풀이한다. 이로부터 '다스리다'라는 뜻이 나왔고, 또 리는 '옥석의 결'이라는 뜻도 가지게 되었다.

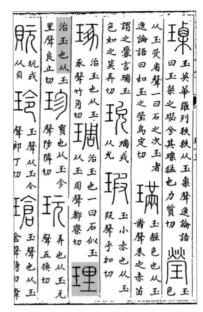

『설문해자說文解字』(흠정사고전서본).

유가에서 리라는 개념이 형이상학적 철학적 범주로 된 것은 11~12세기의 북송 유학자들에 의해서였다. 주희가 신유교를 집대성하기 이전 북송 시대 유가에는 이른바 북송 오자北宋五子를 중심으로 유가의 환골탈태를 위한 용트림 기운이 철철 넘치고 있었다. 주돈이, 소옹, 장재, 정호, 정이 등은 태극, 리, 기, 성性, 정情, 심心 등의 철학적 형이상학적 개념을 동원하여, 천지 만물의 생성과 변화를 밝히는 우주론은 물론, 사람과 사물의 본성을 비롯하여 유가의 윤리를 형이상학적으로 설명하는 심성론과 수양론을 제시하였다. 주희는 이들의 사상을 종합하여 발전시키고 심화하여 형이상학 체계를 정립하였다. 이것이 이른바 신유교, 성리학, 주자학, 리학, 송학이다.

주희가 집대성한 리학 체계, 신유교의 형이상학 및 우주론 체계를 구성하는 대표적인 개념은 리와 기, 태극, 음양·오행 등이다. 주희의 리기론은 리와 기라는 개념을 통해, 인간은 물론 우주 만물의 생성 및 변

---

143 이재석, 2017, 302.

144 "理, 治玉也."(『說文解字』「玉部」)

화를 설명하고자 하는 형이상학이다. 그렇다면 리란 구체적으로 무엇일까? 먼저 주희의 말을 들어보자.

"세상의 모든 일에는 반드시 리가 있다."[145]

"천지가 생기기 이전에는 틀림없이 이치[理] 뿐이었다."[146]

"사물이 있으면 거기에는 반드시 이치가 있다."[147]

"단지 늘 리가 있었기 때문에 오랜 세월 동안 천지가 사물을 만들어 낼 수 있었으니, 리는 언제나 수많은 것들로부터 떠나지 않았다."[148]

이런 주희의 말을 종합하면, 천지 만물에는 반드시 리理, 이치가 있다. 예를 들면 신하가 임금을 섬길 때에는 충성의 이치가 있고, 자식이 부모를 섬길 때는 효성의 도리가 있고, 눈으로 볼 때는 보는 이치가 있고, 귀로 들을 때는 듣는 이치가 있고, 몸을 움직일 때는 공손의 도리가 있고, 말할 때는 미더움의 이치가 있다.[149] 마른 풀이나 나뭇가지는 물론 생명력이 없는 돌이나 기와 조각에도 리는 있다. 리가 없는 것은 아무것도 없다.

---

145 "然而擧天下之事, 莫不有理."(『朱子語類』卷第十三「學 七」力行)

146 "未有天地之先, 畢竟也只是理."(『朱子語類』卷第一「理氣 上」太極天地 上)

147 "才有物, 便有理."(『朱子語類』卷第四「性理 一」人物之性氣質之性)

148 "只是都有此理, 天地生物千萬年, 古今只不離許多物."(『朱子語類』卷第一「理氣 上」太極天地 上)

149 "且臣之事君, 便有忠之理, 子之事父, 便有孝之理, 目之視, 便有明之理, 耳之聽, 便有聰之理, 貌之動, 便有恭之理, 言之發, 便有忠之理."(『朱子語類』卷第十三「學 七」力行)

주희에 의하면 "천지가 생기기 전에는 틀림없이 리(이치)만 있었다."[150] 그리고 "리가 있으면 곧 기氣가 있게 된다."[151] 리가 있고 나서 기가 생기는 것이다. 리는 혼자 독립적으로 있는 것이 아니다. 반드시 기가 있어야만 한다. 왜냐하면 리는 기를 타기 때문이다. "리 또한 별개의 것이 아니라 바로 기 가운데 존재한다. 기가 없으면 리가 붙어있을 곳이 없다."[152]

그렇다면 리와 기란 어떻게 설명될 수 있을까? 사람을 예로 들어보자. 주희에 의하면 사람은 리와 기가 합해져 생겨난다. 사람은 말을 하고 행동하고 움직이고 생각하는 존재이다. 그러면 어떻게 사람은 말을 하고 행동하고 움직이고 생각할 수 있을까? 리란 이처럼 사람이 말을 하고 행동하고 움직이고 생각할 수 있는 원리·이치를 말한다. 그렇게 할 수 있는 데에는 다 이치가 있는데, 그렇게 할 수 있는 이치, 그러한 바의 까닭(所以然)이 바로 리理이다.

이렇게 보면 리는 사물이 있기 전에 이미 존재하며 사물이 생기자마자 그 안에 내재한다. 사물이 없어진다고 리가 사라지는 것도 아니다. 리는 사라지지 않고 영원불멸한다. 사과나무에 꽃이 피고 사과가 열지만 겨울에는 앙상한 가지만 남게 된다. 사과나무가 생기기도 전부터 그런 이치는 있었고, 사과를 수확하는 과정에도 그런 이치는 작동하며, 설사 사과나무가 죽어도 사과나무에 작동되는 원리는 결코 사라

---

150 "未有天地之先, 畢竟也只是理."(『朱子語類』 卷第一 「理氣 上」 太極天地 上)

151 "有是理便有是氣."(『朱子語類』 卷第一 「理氣 上」 太極天地 上)

152 "理又非別爲一物, 卽存乎是氣之中. 無是氣, 則是理亦無掛搭處."(『朱子語類』 卷第一 「理氣 上」 太極天地 上)

지지 않는다. 사과나무를 사과나무이게 하는 것, 그것이 리이다. 리는 사물에 내재하면서 현상 세계의 원인이다.

이러한 리는 형이상形而上의 것이다.[153] 형이상자는 모양도 없고 형체도 없다. 리는 비록 가장 구체적이고 현실적인 것들 안에 존재하고 있지만 보거나 헤아릴 수 없다. 리는 형체 이전에 있는 것으로 형체를 이루는 도道이다. 이른바 리는 천지 만물이 생성되는 원리이다. 만물은 생성되면 물질적 형체를 이루는데 그 본성이 되는 것이 리이다.

이와는 달리 기氣란 사람이 말을 하고 행동하고 움직이고 생각하는 그 자체를 말한다. 현상 세계의 모든 것은 끊임없이 변화하고 운동한다. 그런데 그것이 무엇이든 변화하고 운동하는 데에는 그러한 까닭·원인이 있는데, 이것이 그러한 바의 원리, 즉 리라고 한다면, 변화하고 운동하는 현상, 그러한 바 그 자체가 바로 기이다. 리가 운동하게 하는 원리·원인이라면, 기는 운동하는 그 자체, 곧 형이하形而下의 것이다.

기는 천지 만물을 생성하는 물질적 재료이다. 만물은 생성되면 각각 나름의 물질적 형체를 이루는데 우리가 경험하는 모든 것은 기의 산물이다. 즉 사물事物은 모두 형체를 갖추는데 이것은 기를 품수한 결과이다.

형이하의 기는 리의 실천이다. 기는 사물의 형상은 물론 모든 운동을 실제로 실현한다. 기에서 음양이 나오고 오행으로 발전하여 만사 만물이 생성된다. 천지 만물은 기의 결과물이다. 그러나 그것들을 존재하게 하는 실질적 힘, 주체는 형이상의 리이다. 기의 운동, 그러한 까닭,

---

153 "理形而上者."(『朱子語類』卷第一「理氣 上」太極天地 上)

그 소이연은 리이다. 그러므로 모든 사물은 리의 지배를 받게 된다. 그리고 리의 작용은 이런 기의 형적形跡을 통해 비로소 알 수 있다.

리는 세상의 모든 일, 만사 만물에 내재해 있다. 리가 없으면 만물은 있을 수 없다. 리는 하늘과 땅이 있기 이전에도 있었으며, 리가 있었기에 천지가 사물을 만들어 낼 수 있었다. 그리하여 주희는 이렇게까지 말한다. "천지가 생기기 이전에 틀림없이 리가 먼저 있었다. 움직여서 양의 기를 낳는 것도 리일 뿐이고 고요하여 음의 기를 낳는 것도 리일 뿐이다."[154] "리가 있어 천지가 있게 되었다. 만약 리가 없었다면 천지도 없었을 것이고 사람도 사물도 없었을 것이니, … "[155]

만물은 각기 제각기 리를 가지고 있다. 주희는 "천지 만물을 합하여 말한다면 다만 하나의 리가 있을 뿐이지만, 사람의 경우에는 제각기 하나의 리를 지니고 있다"[156]고 하여, 리가 합하면 하나이지만 인간을 포함한 만사 만물에는 또한 각각의 하나의 리가 내재한다고 본다.

주목할 만한 것은 이러한 리는 별도의 일물—物이 아니라 기氣 가운데 있다는 점이다.[157] 그런 맥락에서 주희는 또한 "세상에는 리 없는 기

---

154 "未有天地之先, 畢竟是先有此理. 動而生陽, 亦只是理, 靜而生陰, 亦只是理."(『朱子語類』卷第一「理氣 上」太極天地 上)

155 "有此理, 便有此天地. 若無此理, 便亦無天地, 無人無物, … "(『朱子語類』卷第一「理氣 上」太極天地 上)

156 "合天地萬物而言, 只是一箇理, 及在人, 則又各自有一箇理."(『朱子語類』卷第一「理氣 上」太極天地 上)

157 "리 또한 별개의 것이 아니라, 바로 기 가운데 존재한다. 기가 없으면 리가 붙어있을 곳이 없다. 理又非別爲一物, 即存乎是氣之中. 無是氣, 則是理亦無掛搭處."(『朱子語類』卷第一「理氣 上」太極天地 上)

도 없고 기 없는 리도 없다. 기로 형체가 이루어지면 리도 거기에 부여된다"[158]고 하였다.

천지 만물은 리와 기가 결합하여 이루어졌다. 모든 존재는 리기의 합으로 존재하는 것이다. 주희는 리는 기와 떨어진 적이 없다고 하였다.[159] 리와 기는 어느 하나 없이 있을 수 없다. 형이상의 리가 구체적인 어떤 물상物象으로 나타나기 위해서는 기라는 질료적 요소와 그 기의 운동은 물론 그것을 조직하는 이치인 리가 합해져야만 한다. 이는 곧 리와 기는 서로 없으면 안 되는 관계, 상호 떨어질 수 없는 관계이다. 이를 주희는 다양하게 표현한다.

"리가 있으면 반드시 기가 있다. 리와 기를 분리해서 논할 수 없다. 모든 것이 리이고 모든 것이 기이다."[160]

"리가 있으면 바로 기가 있다. 기가 있으면 바로 리가 있다."[161]

"기는 리에 의지해서 유행하니 기가 모여서 응결하는 바로 그 속에 리가 있다. … 기가 있으면 리는 곧 그 가운데 있다."[162]

"기가 행하면 곧 리 또한 행한다. 이 둘은 항상 서로 의지하여

---

158 "天下未有無理之氣, 亦未有無氣之理. 氣以成形, 而理亦賦焉."(『朱子語類』 卷第一「理氣 上」太極天地 上)

159 "理未嘗離乎氣."(『朱子語類』 卷第一「理氣 上」太極天地 上)

160 "有是理, 必有是氣. 不可分說. 都是理, 都是氣."(『朱子語類』 卷第三「鬼神」)

161 "纔有此理, 便有此氣. 纔有此氣, 便有此理."(『朱子語類』 卷第六十五「易 一」綱領上之 上)

162 "氣是依傍這理行, 及此氣之聚, 則理亦在焉. … 理便在其中."(『朱子語類』 卷第一「理氣 上」太極天地 上)

떨어진 적이 없다."[163]

주희의 이러한 언급은 리와 기는 분리될 수 없으며 서로 의지하는 관계라는 것이다. '리기불상리理氣不相離'는 바로 이를 말한다. 현실의 천지 만물은 모두 리와 기가 불상리不相離하는 가운데 존재하고 운동한다. 리는 별도의 하나의 물건이 아니라 기 가운데 있다. 그리하여 기가 가면 리도 역시 간다. 기가 없으면 리는 그 어디에도 있을 곳이 없다.

주희는 또한 비록 존재하는 모든 물物은 반드시 리와 기를 갖추고 있지만 리와 기가 서로 섞이지 않는다고 본다. 이를테면 리는 형이상이고 기는 형이하이기 때문에, 즉 둘은 차원이 다르기 때문에 서로 섞일 수 없다. 리와 기의 이런 관계가 '리기불상잡理氣不相雜'이다.

주희는 리기의 선후 관계를 따질 수 없다고 하면서도 소종래所從來를 따진다면 모름지기 리가 있다고 하거나,[164] 형이상과 형이하로 말한다면 선후가 있다고 본다.[165] 그는 그 논리적 선후 관계를 굳이 말해야 한다면 리가 앞선다고 하였다. 형이상의 리가 먼저이고 형이하의 기가 뒤라는 것이다. 천지가 있기 전에는 오직 리만 있었으며, 리가 있음으로써 기가 유행하여 만물을 발육시키고 천지도 생겨났다는 것이다. 리가 기

---

163 "기가 행하면 리도 행한다. 둘이 항상 서로 의지하여 떨어지지 않는다. 氣行則理亦行, 二者常相依而未嘗相離也."(『朱子語類』 卷第九十四「周子之書」太極圖)

164 "리와 기는 본래 선후를 나누어 말할 수 없다. 그러나 꼭 그 근원을 따지고자 한다면, 반드시 리가 먼저 있다고 말해야 한다. 此本無先後之可言. 然必欲推其所從來, 則須說先有是理."(『朱子語類』 卷第一「理氣 上」太極天地 上)

165 "형이상과 형이하로 말한다면 선후가 없겠는가. 自形而上下言, 豈無先後."(『朱子語類』 卷第一「理氣 上」太極天地 上)

의 궁극 원인이다.

주희에게 리는 하나이며 영원하고 변화하지 않는다. 한결 같고 사물의 본질을 이루며 파괴할 수 없는 만물 생성의 이치이다. 즉 리는 만물을 낳는 근본으로, 사물의 보편성과 실재성을 설명하는데 필수적이다. 이로 보면 주희에게 리는 인간을 포함한 우주 만물이 어떤 초월적 절대자의 자의적인 힘에 의해서가 아니라 일정한 법칙·원리에 따라 생멸·변화·운동함을 설명하는 개념이다. 이런 우주 본체인 리는 만물이 생성되기 이전에도 이미 존재하였고 만물이 소멸한 뒤에도 여전히 존재한다. 따라서 리는 곧 시공을 초월하는 실체이게 된다.

주희에게 리는 사물死物, 무위無爲이다

세상의 만사 만물은 어느 것 하나 제멋대로 있는 게 없다. 거기에는 나름의 질서, 있어야 할 모습이 있는 법이다. 그런 질서, 있어야 할 모습을 갖추게 하는 것, 그것이 바로 '리'이다.

리는 기와 상대적으로 다른 여러 가지 특성을 갖는다. 앞에서 말하였듯이 리는 형이상의 것으로 형이하의 기가 작용하는 이치·원리·법칙이다. 리는 형체가 없다.[166] 주희는 리와 기를 비교하여 이렇게도 말한다. "리의 경우는 단지 깨끗하고 텅 빈 넓은 세계로서 형태와 흔적이

---

166 "리가 있으면 곧 기가 유행하여 만물을 길러준다. 리는 형체가 없다. 有此理, 便有此氣流行發育. 理無形體."(『朱子語類』卷第一「理氣 上」太極天地 上)

없고 조작하지 못한다. 기는 점차 변화하여 응결하여 만물을 만들어 낼 수 있다."[167]

천지의 모든 물질적 요소의 존재와 운동의 원리로서의 리에 대한 주희의 가장 특징적인 설명은 "리는 반대로 정의情意도 없고 계탁計度도 없고 조작造作도 없다"[168]는 말이다. 이것은 리가 감정도 없고[無情意], 생각(이성)도 없고[無計度], 행위(운동)도 없다[無造作]는 것이다. 동정動靜으로 말하자면 리는 정적靜的일 뿐 동적이지 않다는 것이다.

여기서 정의나 계탁은 심心의 발동이고 작용이다. 그런데 이 심은 무엇인가? 바로

『주자어류朱子語類』「리기理氣 상上」(흠정사고전서본).

기이다. 정의나 계탁과 조작은 곧 기의 작용이다. 이런 기는 응결하고 조작하여 사물을 만든다. 리는 기가 모여서 응결하는 바로 그 속에 있게 되는데, 이런 리는 어떤가? 리는 기와 같은 작용을 하지 못한다. 리는 감정도 사유도 없고 능동적인 조작력도 없다. 리는 인간적인 감정은 물론, 조작도 없는 추상적인 것이다. 그야말로 리는 운동성이 없는, 무위無爲한 것이다. 결국 주희의 위의 말은 리가 인격적 존재가 아니라는 것이다. 정의, 계탁, 조작은 인격적 존재만이 갖는 특성이다. 그런 특성이 있기 때문에 인격신은 주재 능력을 갖는다.

---

167 "若理, 則只是箇淨潔空闊底世界, 無形迹, 他却不會造作. 氣則能醞釀凝聚生物也."(『朱子語類』卷第一「理氣 上」太極天地 上)

168 "理却無情意, 無計度, 無造作."(『朱子語類』卷第一「理氣 上」太極天地 上)

주희가 보기에 리는 인격적 존재도 아니고 주재성도 없다. 그런데 주재는 인격신과 불가분의 관계가 있다. 인격적 주체에 걸맞은 말이다. 비인격적인 것이 주재할 수는 없다. 주희는 『시』·『서』와 같은 고경에서 흔히 나타나는 인격신의 존재를 부정하고 그런 것은 리가 하는 것으로 보았다. 리, 법칙이 현상 세계를 규정한다는 것이다. 이렇게 보면 주희는 종교의 세계를 형이상학의 세계로 전환시켰다.[169]

이런 맥락에서 보면 형이상의 리는 초경험적인 것으로 비인격적인 것이다. 생명체와 같이 생사가 있는 것도 아니고 물건처럼 다하여 없어지는 것도 아니다. 그러므로 주희의 입장에서 보면 리가 기를 낳는다거나 리가 동정動靜하여 기를 생성한다는 말은 성립할 수 없다. 주희에게 리는 바로 사물死物과도 같다.

그렇다고 리가 존재하지 않느냐. 그건 또 아니다. 왜냐하면 주희는 리를 천지 만물의 존재 근거이자 뿌리로, 리가 있어야 온갖 사물이 있게 된다고 보기 때문이다. 그러므로 리는 비록 경험적으로 알 수 있는 것은 아니지만, 그렇다고 무無로 규정할 수도 없다. 리는 무와 같다고 할 수 있으나 아무것도 없는 무가 아니다. 그리하여 흔히 형이상의 리는 시공을 뛰어넘는 영원한 존재로 여겨지기도 한다. 리는 지각될 수 없는, 다른 어떤 것에도 의존하지 않고 스스로 존재하는, 인위적으로 만들어질 수 없는, 인간의 경험 세계를 넘어선 영원한 불변하는 초시간적이고 초월적인 실체라는 것이다.[170]

169   손영식, 2008, 269~284.
170   장수, 2011, 231~237.

이러한 리는 그 스스로는 활동할 수 없다. 그도 "리는 동정으로 말할 수 없다"[171]고 하였다. 동정의 원리일 수는 있지만 리가 동정의 주체일 수는 없다는 것이다. 퇴계에 의하면, 주희도 '리에 동정이 있기 때문에 기에 동정이 있다'고 하여 동정의 리를 언급하였다.[172] 그러나 주희의 이 말은 리 스스로가 동정한다는 의미가 아니다. 그것은 단지 기를 타고 움직이는 리를 말할 뿐이다. 리는 동정을 가능하게 하는 원리로 실재한다. 주희가 보기에 리는 스스로 동정하지 못한다. 기가 있어야만 한다. 리가 스스로는 활동할 수 없기 때문에 리 자체에는 동정이 없다. 리는 다만 존재할 뿐 활동하지는 않는다. 리는 활동력, 운동성, 능동성이 없는, 기의 내재적 이치·원리일 뿐이다.

그런데 만일 리에 활동성, 운동성이 있다면 리는 어떤 존재일까? 이런 특성을 갖는 리는 주희가 말하는 리와는 다른 실체일 수 있다. 리는 이치·법칙이 아닌, 스스로 활동하는 무엇이 될 여지가 있다. 즉 정의·계탁·조작이 있는, 살아 있는, 활동하는 그 무엇으로 볼 수도 있다. 그러나 주희는 리가 기의 세계를 벗어난 초월적 실체를 인정하는 것처럼 보일 우려 때문에 리에 활동성을 부여하지는 않았다.

그렇지만 기는 리와 다르다. 주희는 "운동과 고요함은 기氣이다"[173]라

---

171 "理不可以動靜言."(『朱子語類』 卷第九十四 「周子之書」 太極圖)

172 "주자는 일찍이 이렇게 말했다. '리에 동정이 있기 때문에 기에 동정이 있는 것이다. 만약 리에 동정이 없다면 기가 어찌 스스로 동정이 있겠는가.'朱子嘗曰, 理有動靜, 故氣有動靜. 若理無動靜, 氣何自而有動靜乎."(『退溪先生文集』 「書」 答李公浩)『퇴계선생문집』 원문과 원문 이미지 및 번역은 한국고전종합DB(https://db.itkc.or.kr)를 참조하고 따랐다.

173 "動靜是氣也."(『朱子語類』 卷第九十四 「周子之書」 太極圖)

고 하여, 운동과 고요함은 그 자체로서 이미 '기'라고 보았다. 즉 기는 리와는 달리 그 자체 활동성, 운동성, 동정성을 가지고 있다. 기는 응결하여 조작할 수 있다. 사물을 생生할 수 있다.

이렇게 보면 리는 생명력이 없고 스스로 동정할 수 없으며 독립자존 할 수가 없어 반드시 다른 무엇에 의존하거나 공존할 수밖에 없다. 리가 의존하는 '다른 무엇', 그것은 바로 '기'이다.

그렇다면 기를 타고 있는 리는 어떤 역할을 하는가. 주희가 보기에 기의 운행 과정에 간여하고 운동 변화를 지속시키는 것은 기氣의 기機에 승乘한 리이다. 리가 기를 주재한다는 것이다. 이를테면 리에 동動하는 리가 있기 때문에 기가 동하여 양陽을 낳고 리에 정靜의 리가 있기 때문에 기가 정하여 음陰을 낳는다. 기가 동하거나 정하다는 것은 동정 가운데 리가 있기 때문이다. 리는 기를 타고 있으며, 동정은 기를 타고 있는 리로 인해 가능하다는 것이다. 리는 무형으로 직접 스스로 동정할 수 없으며 유형인 기는 스스로 동정할 수 있는데, 기가 그렇게 할 수 있게 하는 것은 기를 타고 있는 리인 것이다. 그러므로 기는 운동성 그 자체이지만 이렇게 기를 동정하게 하며 주재자의 역할을 하는 것은 리이다. 그러나 주자학에서 말하는 주재主宰는 만물을 주재하는 인격적 주재자의 행위로서의 주재와는 의미가 다르다. 성리학에서는 인격신을 상정하지 않기 때문에 그런 의미의 주재는 있을 수 없다. 성리학에서 주재는 도덕형이상학 맥락에서의 주재일 뿐이다.

"물었다. 천지의 마음[心], 천지의 리에서 리는 도리이고 마음은 주재한다는 의미가 아닙니까. 답하였다. 마음은 진실로 주재한다는 뜻이다. 그러나 이른바 주재하는 것은 바로 리이니, 마음 밖에 따로 리가 있고 리 바깥에 따로 마음이 있는 것이 아니다."[174]

주희의 이 말에 의하면 우리의 일신—身을 주재하는 것은 마음이다. 그런데 주희는 심기心氣로 하여금 그렇게 주재하도록 하는 데는 더 근원적인 주재자, 주재하는 역할을 하는 것이 있다고 본다. 바로 리理이다. 이를테면 리가 심기로 하여금 일정한 목표를 추구하도록 표준을 제시함으로써 주재함의 역할을 수행한다. 이렇게 보면 주재함의 수행자는 비록 심이지만 실질적인 주재자는 리이다. 결국 천지 만물의 운행을 주재하고 사람으로 하여금 도덕 가치를 창출하도록 주재하는 최종적인 주재자는 리인 것이다. 리는 기에 승하여 기와 함께 동정하는 가운데 주재한다.[175] 여기서 주재자 리는 어떤 인격적 존재가 아니다. 주희에게 주재자, 주재하는 역할을 하는 것은 이치·원리로서의 리일 뿐이다.

리는 곧 태극太極

리는 우주 만물의 궁극적 실재이다. 리는 사물을 초월해 있는 원리·이치로 사물에 앞서서 존재한다. 주희는 이런 리를 형이상의 도道라

---

174 "問, 天地之心, 天地之理. 理是道理, 心是主宰底意否. 曰, 心固是主宰底意, 然所謂主宰者, 即是理也, 不是心外別有箇理, 理外別有箇心."(『朱子語類』 卷第一 「理氣 上」 太極天地 上)

175 김기현, 2019, 176, 192.

고도 하지만,[176] 특히 '태극太極'과 동일시한다. 주희는 "극은 도리가 지극한 것이다. 천지 만물의 리를 총괄한 것이 바로 태극이다"[177]라고 하여, 천지 만물의 리를 합하여 일명一名으로 한 것을 태극이라고 본다. 즉 태극을 천지 만물의 리를 총체적으로 의미하는 것으로 간주한다.

태극을 리로 간주하는 그의 말은 여러 가지다. "태극은 천지 만물의 리일 뿐이다",[178] "태극은 단지 하나의 리라는 글자일 뿐이다",[179] "태극은 리이고 동정은 기이다."[180] 이와 같이 그에게 태극은 음양과 오행의 리일 뿐이다. 태극이라는 것이 따로 있는 것이 아니다.

태극에는 음양·오행의 리가 모두 있다. 곧 음양·오행, 즉 기의 근거인 리이다. 일체의 사물은 기의 구성물이기 때문에 거기에는 모두 근거로서의 리, 곧 태극이 있다. 그러므로 리·태극은 존재하지 않는 것이 아니다.[181]

주희에게 태극은 독립적이거나 텅 빈 물건이 아니다. 태극은 만물에

---

176 "천지 사이에는 리와 기가 있다. 리는 형이상의 도이고 만물을 낳는 근본이다. 天地之間, 有理有氣. 理也者, 形而上之道也, 生物之本也."(『朱子大全』 卷第五十八 「答黃道夫」) 『주자대전』 원문과 번역은 中國哲學書電子化計劃(Chinese Text Project. https://ctext.org); 주자대전 번역연구단 옮김, 2010을 참조하였다.

177 "極是道理之極. 總天地萬物之理, 便是太極."(『朱子語類』 卷第九十四 「周子之書」 太極圖)

178 "태극은 천지 만물의 리일 뿐이다. 천지로 말하면 천지 가운데 태극이 있고, 만물로 말하면 만물 가운데 각기 태극이 있다. 천지가 먼저 있기 전에 필경 이 리理가 먼저 있었다. 太極只是天地萬物之理. 在天地言, 則天地中有太極, 在萬物言, 則萬物中各有太極. 未有天地之先, 畢竟是先有此理."(『朱子語類』 卷第一 「理氣 上」 太極天地 上)

179 "太極只是一箇理字."(『朱子語類』 卷第一 「理氣 上」 太極天地 上)

180 "太極理也, 動靜氣也."(『朱子語類』 卷第九十四 「周子之書」 太極圖)

181 오오하마 아끼라 지음, 임헌규 옮김, 1999, 45~46.

깃들어 있다. 사람을 포함한 만물은 제각각 하나의 태극을 갖추고 있다. 이런 맥락에서 주희는 "태극이 없다면 천지는 생기지 못하였다"[182]고 하였다. 흔히 태극과 음양·오행의 관계를 태극이 시간적 논리적으로 음양·오행에 앞서고, 나아가 초월적으로 여겨 마치 태극이 음양·오행으로부터 독립하여 존재하는 어떤 실체로 간주하기 쉽다. 그러나 그렇지 않다. 태극은 음양과 같은 기에 내재하는 원리·이치일 뿐이다. 태극은 음양과 독립하여 따로 존재하는 실재가 아니다.

주희는 이런 리·태극이 근본적으로는 하나이지만 만사 만물에 다 깃들어 있음을 냇물에 비친 달에 비유하여 이렇게 말했다.

"본래 다만 하나의 태극이 있을 따름이다. 그러나 만물이 저마다 태극을 부여받아, 또 스스로 각자가 자신 안에 전체로서 일 태극을 갖추고 있다. 예컨대, 하늘에 떠 있는 달은 단지 하나뿐이지만 그 빛이 수많은 강과 호수 위를 비추면 결국 수많은 달을 보게 된다. 그렇다고 해서 달이 여러 개로 나뉘어졌다고 할 수는 없는 것과 같다."[183]

주희의 이런 리일분수理—分數 사상은 불교의 영향을 받은 것으로 보인다. 『화엄경』에 "마치 깨끗한 보름달, 모든 물속에 비치어, 그림자 한량없지만, 달의 자체는 둘이 아니듯이"[184]라는 말이 있다. 이 말은 하늘

---

182 "若無太極, 便不翁了天地."(『朱子語類』卷第一「理氣 上」太極天地 上)

183 "本只是一太極, 而萬物各有禀受, 又自各全具一太極爾. 如月在天, 只一而已. 及散在江湖, 則随处而見, 不可謂月已分也."(『朱子語類』卷第九十四「周子之書」理性命)

184 "譬如淨滿月, 普現一切水, 影像雖無量, 本月未曾二."(『大方廣佛華嚴經』「兜率天宮揭讚品」)

에 떠 있는 하나의 달의 모습은 강물의 수만큼 다양하지만, 강물에 비친 달은 하늘에 떠 있는 달의 그림자를 각각 온전하게 반영한 것이지, 결코 하나의 달 모습이 나누어진 것이 아님을 말한다.

하늘의 달과 물에 비친 달 그림자가 동시에 존재하면서 같은 것임을 말하기 위해 불교의 『화엄경』에 나오는 표현을 빌린 이 말은 만사만물에 깃든 이치[理]의 성격을 밝히는데, 특히 '리일분수理一分殊'를 설명하는데 흔히 인용되곤 한다. 주희가 이것을 인용하여 말한 것은 리는 비록 개개의 사물로 보면 각기 다르겠지만, 모든 사물에는 하나의 리 전체가 반영된 리가 있음을 말하고자 했다. 결국 주희가 보기에 '리일분수' 관계는 리일과 분수가 전체와 부분의 관계가 아니다. 부분을 합했을 때 전체가 되는 것이 아니라, 부분도 각각 전체를 반영한 부분이다. 리와 만물, 태극과 만물의 관계는 더없는 온전한 하나(理一)와 크기가 다른 수많은 온전한 다수(分殊)의 차이일 뿐이다.

그렇다면 형이상의 태극은 어떤 특징이 있는가? 이와 관련하여 주희는 태극은 개별적으로 하나의 사물이 되지 않는다고 말한다. 즉 태극은 음양에 나아가서는 음양에 있고, 오행에 나아가서는 오행에 있으며, 만물에 나아가서는 만물에 있다는 것이다.[185] 즉 태극은 독립적 존재가 아니다. 일물一物로 스스로 독립해 있는 것이 아니라, 음양·오행·만물, 곧 기에 내재한다.

주희의 "태극은 하나일 뿐이어서 상대가 없다"[186]는 말도 태극의 특

---

185 "太極非是別爲一物, 即陰陽而在陰陽, 即五行而在五行, 即萬物而在萬物."(『朱子語類』卷第九十四「周子之書」太極圖)

186 "太極只是箇一而無對者."(『朱子語類』卷第一百「邵子之書」)

성을 보여주기에 충분하다. 이 말은 태극이 절대 유일의 것이라는 특징을 보여준다. 태극은 상대, 즉 짝을 여읨[絶]으로써 둘이 아닌 단 하나, 즉 유일하다는 것이다.

태극은 또한 리의 특성에서 말하였듯이, 형이상이라는 특징을 갖는다. "태극은 위치도 없고 형체도 없고 차지하는 자리도 없다"[187]고 한 것은 이러한 태극의 형이상의 성격을 뒷받침한다. 태극은 궁극의 이치이자 만물의 근원으로 공간을 차지하지도 않고 형체도 없다.

나아가 태극은 감각 기관에 의해서 지각될 수도 없다. 무성무취無聲無臭, 즉 귀로 들을 수도 없고 코로 냄새 맡을 수도 없는 형이상의 실재라는 특징을 갖는다. 주희가 기에 비하여 '리는 정의도 계탁도 조작도 없다'고 한 것은, 이러한 리·태극의 형이상적 특성을 구체적으로 설명한 것이다. 이처럼 형이상의 절대 지선의 이치인 태극은 천지라는 세계와 만물이라는 세계 내의 모든 존재물이 생성되게 된 궁극 근원이며, 천지 만물의 존재 원리이다.[188]

그렇다면 태극에도 운동성·동정動靜이 없는가? 주희가 보기에 태극이 동정이라거나 스스로 동정하는 것은 아니다. 태극은 리요 형이상이며 기의 운동에 따라 그 속에 내재할 뿐이기 때문에 태극의 동정은 있을 수 없다. 태극의 동정은 불가능하다. 동정하는 것은 음양·오행 등 기일 뿐이다. 태극은 다만 동정의 리를 갖추고 있다.

동정은 태극이 타는 기機이다. 태극은 형이상이고 동정은 형이하이

---

187 "太極無方所, 無形體, 無地位可頓放."(『朱子語類』卷第九十四「周子之書」太極圖)

188 정상봉, 2012, 262~263.

다. 그러므로 형이상과 형이하가 동일시될 수는 없다. 태극을 동정이라고 할 수 없는 것은 이것으로도 알 수 있다. 그러나 태극은 기, 사물, 운동인 동정의 이치를 내포한다. 이러한 태극이 기를 타면 태극도 동정한다. 태극의 동정이 있음이란 음양·오행의 자연스런 운동과 변화 그 자체가 곧 태극의 동정이라는 것이다. 이는 곧 태극이 스스로 동정할 수는 없음을 의미한다. 태극은 동정의 소이로서 리理의 극치이고 동정하는 음양은 어디까지나 기氣이므로 태극은 운동성, 능동성이 없다. 기만이 그런 특성을 갖는다.

주희에게 이러한 태극은 우주의 본체이다. 흔히 '무극이태극無極而太極'이라고 하면 '무극에서 태극이 나온다. 自無極而爲太極.'고 해석하여, 무극과 태극을 시간적 선후 관계로 보고 무극이 태극에 시간적으로 앞서는 것으로 여기기 쉽다. 이는 태극 이전에 무극이 있었다는 것이다. 이는 나아가 무극이 태극 밖에 별도로 존재하는 것으로 여기게도 한다. 그는 '무극이태극'의 해석에 대해서 '무극이 태극을 낳거나' '무극에서 태극이 나오는 것'으로 해석하는 것은 잘못이라고 본다.

주희가 말하는 무극이 어떤 특징을 갖는지는 육구연陸九淵(1139~1192)에게 학문하는 병통에 대해 언급한 답 글에서 찾아볼 수 있다.

"주자周子께서 무극이라고 한 것은 바로 위치나 모양이 없기 때문이다. 사물이 있기 이전에 있는 것으로 여기지만 사물이 있은 다음에도 있지 않은 적이 없고, 음양의 밖에 있는 것으로 여기지만 음양 속에서 운행하지 않은 적이 없고, 전체를 관통하여 없는 곳이 없는 것으로 여긴다면, 또한 애당초 말할 만한 소리, 냄새, 그림자나 메아리 같은 것은 없다."[189]

위의 '장소와 형상이 없다'고 하거나 '소리·냄새·그림자·메아리가 없다'고 한 것을 통해 우리는 무극이 비존재적인 성격을 띤다는 것을 알 수 있다. 또한 '사물이 존재하기 이전에도 존재하고 사물이 존재한 이후에도 있었다'는 말에서 무극의 초시간성·영원성을 알 수 있다. 나아가 '음양의 밖에도 존재하고 음양의 가운데서도 있지 않은 적이 없다'는 말에서 무극의 초공간성을 엿볼 수 있다. 그리고 '전체를 관통하여 있지 않는 곳이 없다'는 말에서, 무극의 일관성·근원성·완전성을 짐작할 수 있다.[190]

그렇다면 왜 무극이라는 말을 썼을까? 그 이유를 주희는 이렇게 말한다.

"무극을 말하지 않으면 태극이 하나의 사물과 같아져 모든 변화의 근본이 되기에 부족하고, 태극을 말하지 않으면 무극은 공허하고 적막함에 빠져 모든 변화의 근본이 될 수 없다."[191]

만물의 변화와 생성의 근원이 되기 위해서는 '무無'가 되지 않으면 안

---

189 "周子所以謂之無極, 正以其無方所無形狀. 以爲在無物之前, 而未嘗不立於有物之後, 以爲在陰陽之外, 而未嘗不行乎陰陽之中, 以爲通貫全體無乎不在, 則又初無聲臭影響之可言也."(『朱子大全』卷第三十六「答陸子靜」)

190 오오하마 아키라 지음, 임헌규 옮김, 1999, 50.

191 "不言無極, 則太極同於一物而不足爲萬花之根本, 不言太極, 則無極淪於空寂, 而不能爲萬物之根本."(『朱子大全』卷第三十六「答陸子靜」)

된다. 그런 까닭에 무극이라고 한다. 그러나 무극이라고만 하고 태극이라고 말하지 않는다면 무극은 아무 것도 없는 상태[空無]에 빠지고 만다. 이런 아무 것도 없는 상태에서는 그 어떤 것도 생길 수 없다. 이래서는 태극이 만물 변화와 생성의 근원이 될 수 없다. 그런 까닭에 무극과 함께 태극을 말하지 않으면 안 된다. 그래서 '무극이면서 태극이다'라 하였다.

나아가 그는 사람들이 태극을 하나의 형상이 있는 사물, 독립적으로 존재하는 물건으로 오해할까 염려스러워 무극이라는 말을 덧붙여서 '무극이면서 태극이다'라 하였다. 다음이 이를 뒷받침한다.

"'무극이면서 태극이다'라 한 이유는, 사람이 태극을 하나의 형상 있는 물건으로 간주할까 염려하였기 때문이다. 그러기에 무극을 말하면서 그것이 리임을 말한 것일 뿐이다."[192]

주희에게 '무극이태극無極而太極'은 현상계의 구체적인 존재자로부터 독립하여 초월의 세계에 찬란한 빛을 발하며 존재하는 신성한 어떤 것이 아니다. 그것은 단지 '여기에 실재하는 리'일 뿐이다.[193] 주희가 무극 개념을 동원한 것은 결국 태극이 리·이치·원리라는 것을 보다 명확하게 밝히기 위함이다. 바로 태극이 형상이 없고 이치만 있다는 것을 말하려는 맥락이다. 태극이 어떤 사물이 아님을 말하기 위해서이다. "무극이면서 태극이라는 말은 다만 형체는 없으나 이치는 있다는 말이다. 이른바 태

---

192 "無極而太極, 蓋恐人將太極做一箇有形象底物看. 故又說無極, 言只是此理也."(『朱子語類』 卷第九十四 「周子之書」 太極圖)

193 소현성, 2017, 252.

극은 다만 두 기와 오행의 리이고, 별도로 물건이 있어서 태극이 되는 것은 아니다."[194] "주자周子가 말한 '무극이면서 태극이다'라는 말은 태극 위에 별도로 무극이 있다는 것이 아니라, 단지 태극에 물건이 있지 않다는 것일 뿐이다."[195] 태극 밖에 무극이 별도로 있지 않다. 무극은 태극을 초월하여 따로 존재하지 않는다. 무극과 태극은 동일한 존재로 동시에 존재한다. 그러므로 무극과 태극은 시간적 선후도 있을 수 없다.

무극과 태극은 명칭만 다를 뿐 그 실체는 같다. 무극과 태극은 일물一物에 대한 방편상의 지칭에 불과한 것으로, 태극은 실사實詞이고 무극이라는 말은 태극에 관한 허사虛詞라는 것이다.[196]

태극은 모든 리의 포괄자, 리의 총화 혹은 '리 중의 리'로 여겨진다. 이로 보면 태극은 일종의 궁극자의 성격을 보이지만, 역시 하나의 원리이며 인격신적인 초월자는 아니다.[197] 아무 감정도 없는 리·태극은 인격성이 없다.

인격적 주재적 존재로서의 천·상제를 말하고 나아가 인간 도덕론에 무게를 두었던 원시 유교가 '리'와 '기'라는 형이상의 개념을 사용하여 우주 만물을 해명하고자 한 신유교로의 전환, 그것은 유교의 코페르니쿠스적 사상 전환이었다. 이러한 새로운 형이상학과 우주론에 기반한

---

194 "無極而太極, 只是說無形而有理. 所謂太極者, 只二氣五行之理, 非別有物爲太極也."(『朱子語類』卷第九十四「周子之書」太極圖)

195 "周子所謂無極而太極, 非謂太極之上別有無極也. 但言太極非有物耳."(『朱子語類』卷第九十四「周子之書」太極圖)

196 강현, 2010, 272.

197 이동희, 2013, 395.

신유교의 성립은 그야말로 동북아 정신 문화의 전통을 이전과 이후로 구분하게 할 정도로 파격적인 사건이었다. 그렇게 시작된 신유교는 이후 19세기까지 동북아 지식인들의 정신 세계를 지배했다고 해도 과언이 아니다. 신유교가 원시 유교와 큰 차이를 보이고, 그리하여 새로움의 의미를 찾을 수 있는 측면은 이러한 신유교의 형이상학·우주론으로의 전환에서도 찾을 수 있다.

하늘·천은
다름 아닌 이법[理]

주희에게 하늘[天]은 곧 리理[天卽理]

신유교에서 '신'의 의미는 하늘·천을 보는 시각의 변화를 통해서도 찾을 수 있다. 신유교 사상에서 이전의 원시 유교 사상과 확연하게 새로운 점의 하나는 하늘에 대한 관념의 변화이다.

공자 이전 하·은·주 시대만해도 인간은 흔히 천지 만물을 신성시하거나 그에 대한 외경심을 가지고 있었다. 이러한 의식에서 시작된 것이 '신神'적 존재에 대한 의존과 숭배 문화이다. 당시에는 만사 만물을 신적 존재와 관련시켜 우리가 흔히 말하는 샤머니즘, 애니미즘, 토테미즘과 같은 다양한 신을 향한 인식이 있었다. 그러므로 이때는 다신多神적 세계관이 지배적이었다.

인간이 의존하고 숭배하던 신이 다양하지만 상고 시대에도 신들 중 지고신, 최고신으로 여겨지는 신도 있었다. 『환단고기』나 〈갑골문〉, 그리고 『시경』이나 『서경』 등 상고 시대 사람들의 삶의 자취를 담은 자료들에 의하면, 그 많은 신 중 지고신·최고신으로 여겨진 존재는 다양하게 호칭되었다. 그 대표적인 것이 이를테면 상제, 하늘[天], 삼신, 천신 등이다. 여기에 나오는 천(하늘)이나 상제, 나아가 천신은 동일한 존재의 다른 호칭으로, 많은 경우 인격적 존재이며 인간사는 물론 자연 및 신의 세계를 주재하는 존재로 그려진다.

『환단고기』에는 이런 천신이나 상제를 향해 제사를 올린 전통이 다양하게 기록되어 있다. 특히 천제天祭는 하늘·천을 받들고 모시는 의례였다. 삼성조三聖祖 시대에 상제는 삼신三神에 내재된 자연의 이법을 주관하여 천지 만물을 낳고 다스리는 우주의 주재자요 통치자 하늘님으로 여겨졌다.

〈갑골문〉에는 천天이라는 이름의 신적 존재가 나타나지 않는다. 〈갑골문〉의 천은 인간의 머리 위에 있다는 의미에서 '크다[大]', '넓다'는 뜻으로 사용되었다. 인격적 존재로서 천이라는 용어가 등장하지 않지만, 〈갑골문〉에는 지고의 인격적 존재를 가리키는 제帝와 상제上帝라는 용어가 있다. 천과 상제는 완전히 다른 의미였다. 상대商代에 천은 기도의 대상이 아니며 인격적인 신명도 아니었다. 상대에 인격적 존재의 지고신 역할을 한 것은 제帝, 상제上帝였다. 은나라 사람들은 자연의 변화를 포함한 만물의 변화를 주재하고 길흉화복은 물론 인간사의 모든 것 역시 주재하는 상제를 지고의 신으로 여겼다. 결국 주나라 이전에는 비인격적 개념으로서 천과 인격적 존재로서 상제가 구분되었다. 천이라는 개념이 있었지만 거기에 신적 존재라는 의미는 없었던 것이다.

그런데 서주 시대에 들어 천을 보는 시각이 달라졌다. 주나라 초에 천天은 주족의 최고신으로 인격적 존재로 여겨져 숭배되었다. 주周 왕조의 등장과 더불어 숭배 대상이 '상제'에서 '천'으로 바뀌었다. 천은 상제와는 이름만 다를 뿐 그 성격이 거의 같았다.[198] 천은 인격적 존재로 천명을 내려 인간 세상을 주재하며 길흉화복을 주는 지고신이었다. 인간이 하늘에 제사를 올리는 것은 그런 하늘을 받드는 의례였고, 이를 잘 보여주는 자료가 『시경』과 『서경』에 실려 있다.

이런 춘추 시대 이전의 하늘은 인간과 관계에서 갑과 같은 존재였다. 인간은 주체성을 상실한 채 늘 하늘의 명을 기다리고 하늘의 결정에 따르는 존재였을 뿐이다. 공자에 의해 유교 사상이 집대성된 춘추시대 이전까지 동북아 문명에서는 사람들이 천·하늘·상제를 지고의 인격신·최고신으로 여기며 받들고 모시는 상제 문화의 전통이 있었다.

그런데 서주 말에 들어 이러한 전통에 금이 가는 현상이 나타나기 시작했다. 그 가장 노골적인 반응은 하늘에 반기를 드는 현상이었다. 갑을 관계에서 갑의 위치에 있던 하늘에 대해 을의 위치에 있던 사람들이 하늘을 원망하거나 비난하는 일이 다반사로 벌어졌다. 이에 더하여 천명도 고정된 것이 아니라 바뀔 수도 있다는 생각도 하게 되었다. 덕을 쌓으면 천명을 받을 수 있다는 인식이 나타났다. 즉 인간의 삶이 더 이상 초월적 인격적 존재로서 하늘·천에 달려있는 것이 아니라 인간 스스로의 노력이 중요하다는 의식이 형성된 것이다. 이는 곧 신과 인간의 관계에서 신이 아닌 인간을 중심으로 여기는 경향이 나타났음을 의미한다.

---

198 주나라는 상제가 은족의 최고신이라고 여겨 이를 자신들 주족과 차별화하고, 특히 자신들이 은 나라를 정복하고 새로운 나라를 세운 것을 정당화하기 위한 일종의 정치적 이유에서 지고신을 상제에서 천으로 대체하였다.

공자는 이러한 춘추 시대 전후의 사상적 문화적 흐름을 집대성하여 유교라고 하는 사상을 체계화하였다. 그렇다면 공자에게 천은 어떤 존재였을까? 앞의 『논어』 관련 논의에서 살펴보았듯이 공자는 천의 성격을 다양하게 말한다. 그중의 하나가 춘추 시대 이전 하·은·주 시대의 인격적 주재적 존재로서의 천의 모습이다. 그는 군자는 세 가지 두려워해야 할 것이 있다며 그 하나로 천명을 들고 있는데, 이는 천을 인격천으로 보는 전형적 사례이다. 공자가 천을 이처럼 두려워하는 대상, 미워하는 주체, 노하는 존재 등으로 묘사하는 장면에서 천은 많은 경우 인격천이다.

그러나 공자는 이러한 인격천에 대한 숭배를 강조하지는 않았다. 그는 초월적 주재적 인격적 천에 대한 관심보다 인간에 대해 더 관심을 가졌기 때문이다. 그는 서주 말부터 나타난 하늘에 대한 원망과 비판 경향을 반영하여, 즉 시대 상황을 따라 갑질하는 천보다는 인간의 문제에 더 매력을 느꼈다. 그러면서 하늘을 인격천이 아닌 도덕천, 도덕의 주체, 도덕의 근원으로 보기 시작하였다. 공자가 인간과 관련하여 덕을 말하고 다양한 행위 윤리를 말하는 배경에는 이런 도덕천이 자리한다. 그는 천도天道에 근거를 둔 인도人道에 대한 가르침을 폈다. 여기서 우리는 공자가 천 자체보다는 인간에 초점을 두는 모습을 읽을 수 있다. 이러한 경향은 맹자나 순자에게도 이어져 그들에게서 인격천의 모습을 찾기란 쉽지 않다.

이처럼 동북아 문명에서 중국의 경우 진대秦代 이전의 시기, 특히 하·은·서주 시대에는, 비록 그 호칭은 달랐지만 상제, 천, 하늘을 인격적 주재적 초월적 존재로 여기며 그런 하늘에 의존하며 살았던 문화가 뚜렷하였다. 그러나 그러한 상제 문화는 하늘보다 인간에 더 관심을 가졌고 천을 비인격적인 것으로 인식한 공자 이후 급격하게 쇠퇴하기 시작했다.

그러나 천에 대한 인식이 근본적으로 바뀐 것은 송대에 이르러서이다. 이른바 신유교가 성립되면서 하늘·천은 그 성격이 완전히 바뀌었다. 춘추 시대 이전은 물론이고 공자조차도 인격적 존재로 여기던 천·하늘·상제가 주희의 신유교 체계에서 완벽한 변신을 한 것이다.

공자 이전 하·은·주 시대의 사상이나 주희 사상의 뿌리이자 연원인 공자의 사상에도 인격신으로서의 천·하늘이 철저히 부정되는 것은 아닌데, 주희의 신유교에서는 왜 인격신이 사라졌을까? 그것은 그가 천·하늘을 인격천이 아닌 이법천理法天으로 보면서 천·하늘을 보는 관점이 천즉리天卽理의 관념으로, 형이상학의 관점으로 완전히 바뀌었기 때문이다.

주희가 집대성한 신유교·주자학·성리학은 불교와 도교의 우주론과 형이상학을 수용하여 천지 만물의 생성과 변화는 물론, 사물의 본성이나 그 원리, 인간의 윤리 및 도리를 원시 유교와는 다르게 새롭게 밝히고자 하였다. 주희 형이상학의 핵심 개념이 무엇인가? 바로 리理와 기氣이다. 리는 원시 유교 사상에서는 거의 찾을 수 없는 새로운 개념이다. 이를테면 리라는 글자가 선진 시대에 사용되기도 하였으나, 그것이 주자학에서처럼 이치나 원리, 형이상의 도라는 등의 의미로 쓰이지는 않았다. 그런데 주자학에서 리는 인간을 포함한 우주 만물이 어떤 초월적 절대자의 자의적인 힘에 의해서가 아니라 일정한 법칙·원리에 따라 생성·변화함을 설명하는 개념이다. 곧 리는 감정이나 생각도 없고 조작도 없는, 그야말로 만물의 생성과 변화의 이치일 뿐이다.

신유교에서는 천즉리天卽理라 하여 천을 관념적 형이상학적 이치·법칙으로 여긴다. 이른바 하늘을 이법천, 이법적인 하늘로 규정한다. 신유교는 원시 유교에서 신유교 성립 이전, 특히 원시 유가에서 잔존하였던 인격적 존재로서 만물을 주재하는 지고신인 하늘·천을 만물의 보편적 법칙을 의미하는 리理로 대체하였다.[199] 또한 인격적 초월적 존재인 하늘을 폐기하여 유교를 철학화, 형이상학화, 관념화하였다. 주자학의 성립, 그것은 상제를 기저로 하는 원시 유교에서 리기론을 바탕으로 하는 형이상학으로의 전환이었다.

잊힌 상제, 낯선 하늘

하늘은 고대 사상의 단골 주제이다. 그런데 동서양을 막론하고 그 하늘은 흔히 인격신으로 여기는 경우가 많다. 주희 사상의 연원인 공자의 천명 사상이나 그 이전의 원시 유교 사상에서 천이나 상제는 인격신의 모습으로 비춰진다. 『논어』나 『시경』 및 『서경』에 그런 용례가 많다. 그런데 송대에 이르러 그런 인격적 신관이 사라졌다. 이러한 경향은 송대 리학자들에게서 전형적으로 나타났는데, 하늘·상제에 대한 이정二程의 인식이 그 전형이다.

---

199 예를 들면 『서경』 「태서」에 "황천이 진노한다. 皇天震怒."라는 말이 있다. 정이程頤는 이 경우 사람과 같은 존재가 윗자리에 있으면서 진노하는 것이 결코 아니며, 단지 이치가 이와 같다고 하였다. 인격적 존재를 부정하고 천을 이치로 여긴다.

"또 물었다. 천과 상제에 관한 설은 어떻습
니까? 답하였다. 형체로서 말하면 천天이라 하
고, 주재로서 말하면 제帝라 하며, 공용으로서
말하면 귀신鬼神이라 하고, 묘용으로 말하면
신神이라 하며, 성정으로 말하면 건乾이라 한
다."[200]

이 말은 천이나 제, 귀신, 신이라는 말은 모
두 하나의 존재를 여러 측면에서 일컫는 말일 뿐
이라는 것이다. 즉 지극히 높고 유일한 존재인 천
의 성격과 기능의 다양한 측면을 가리키는 것이
다. 김선희에 의하면, 이들의 목표는 제사의 대상
으로서의 상제와 만물의 포괄자로서의 천, 그리
고 이치의 차원을 종합적으로 설명하려는 것이었
다. 정호程顥는 '하늘[天]과 상제는 하나'라고 하
여,[201] 제사의 대상으로서 천과 상제가 같은 것임

『이정전서二程全書』「유서遺書」이천선생
어伊川先生語 팔八 상上(동치구아재총서
본同治求我齋叢書本). 『이정전서』는 명대
말에 정호와 정이의 저작 6종을 모아 서필
달徐必達이 간행하였다.

『이정전서』「유서遺書」명도선생어明道先
生語 사四(동치구아재총서본同治求我齋
叢書本).

---

200 "又曰, 天與上帝之說, 如何. 曰, 以形體言之謂之天, 以主宰言之
謂之帝, 以功用言之謂之鬼神, 以妙用言之謂之神, 以性情言之謂之
乾."(『二程全書』「遺書」伊川先生語 八 上) 정호·정이 저, 최석기·
강도현 역, 2021, 148. 『二程全書』는 정호 정이 두 형제가 저술한 문
집文集, 경설經說, 역전易傳 및 후인들이 수집하여 편찬한 유서遺
書, 외서外書, 수언粹言 등을 모두 수합하여 간행한 책이다.

201 "교사郊祀는 하늘(天)에 배합하고 종사宗祀는 상제上帝에 배합하니, 하늘과 상제는 하나이다.
郊祀配天, 宗廟配上帝, 天與上帝一也."(『二程全書』「遺書」明道先生語 四) 정호·정이 저, 최석기·
강도현 역, 2020, 174.

『이정전서』「유서遺書」 명도선생어明道先生語 일一(동치구아재총서본同治求我齋叢書本).

『이정전서』「유서遺書」 이천선생어伊川先生語 십十(동치구아재총서본同治求我齋叢書本).

을 말하기도 하였다. 그러나 그들의 목표는 천을 우주 만물에 대한 포괄성을 상징적으로 표현하는 것으로 보고, 마지막으로 '리'로 수렴하고자 하였다. 이것은 리理로 우주 전체를 설명하고자 했던 이들의 철학적 목표 아래서는 당연한 시도였다.202 정호가 '하늘을 리'203라 한 것이 이를 잘 말해준다.

주희는 '천은 곧 리이다'라고 하여, 천리를 명확히 규정짓고 있다. 주희에게 리는 천지가 있기 전에 이미 존재하고 있었던 것으로, 시공을 초월한 최고 원리로써 우주 만물의 총체적 근원이며, 만물의 생성과 변화의 동인으로써 궁극적 원리이다. 하늘도 바로 그런 '리'라는 것이다.

『논어』「팔일八佾」의 "하늘에 죄를 지으면 빌 곳이 없다"는 말에 주희는 앞에서도 언급하였듯이, '하늘은 곧 리理이다. 그 존귀함은 상대가 될 것이 없다'라는 주注를 달았다. 주희는 천을 리라고 규정함으로써 종교적인 주재의 뜻을 거부하고

---

202 김선희, 2008, 71.

203 "하늘은 리이고, 신은 만물을 신묘하게 하는 점에서 말한 것이다. 제는 일을 주재하는 것으로서 이름 붙인 것이다. 天者, 理也. 神者, 妙萬物而爲言者也. 帝者, 以主宰事而名."(『二程全書』「遺書」明道先生語 一 師訓) 정호·정이 저, 최석기·강도현 역, 2020, 68. "하늘이라는 것은 자연의 이치이다. 天者, 自然之理也."(『二程全書』「遺書」伊川先生語 十) 정호·정이 저, 최석기·강도현 역, 2021, 157, 231~232.

있다. 그리하여 정주학에서는 더 이상 천에 대한 경외감은 찾아볼 수 없게 되었다. 천을 경외의 대상이 아니라 다만 역리로서의 자연의 이치, 즉 우주론적 원리로 이해되기에 이르렀다.[204]

주희는 제자의 물음에 "단에서 제사하는 까닭에 천이라 하고, 옥屋에서 신기神祇로써 제사하므로 상제라고 한다"[205]고 한 적이 있다. 이 말로 보면 주희는 천을 상제라고도 하였다. 그는 제사하는 방식에 따라 천과 상제를 다르게 호칭하는 것으로 볼 뿐, 천과 상제를 하나로 보는 듯하다. 그러나 주희는 하늘의 인격성을 필요로 하지 않았다. 주희는 오경 등 유가 경전에 누구보다 정통하였고, 나아가 그에 대한 방대한 주석을 달았다. 그러므로 주희는 오경에 나오는 우주 주재자로서 인격신에 대해 누구보다도 잘 알고 있었을 것이다. 그러나 많은 저작에도 불구하고 주희의 저작에는 그런 존재로서 상제라는 개념이 거의 나오지는 않는다. 또 어떤 경우에는 아래처럼 상제, 하늘을 부정하기도 한다.

"물었다. '상제는 백성들에게 선함을 내렸다', '하늘이 장차 사람들에게 큰 임무를 내릴 것이다', '하늘이 백성을 돕기 위해서 임금을 내려주었다', '하늘이 만물을 낳을 때 그 재질에 따라서 베푼다', '선을 행하면 수많은 복을 내리고 악을 행하면 수많은 재앙을 내린다', '하늘이 장차 이 세상에 괴이한 재앙을 내리려고 할 때는 반드시 먼저 비범한 사람을 보내어 대비하게 한다.' 대체로 이런 말들은 저 위

204 김영주, 2006, 42.

205 "爲壇而祭故謂之天, 祭於屋下而神祇祭之, 故謂之帝."(『朱子語類』 卷第八十二 「孝經」)

에 있는 푸른 하늘에 정말 주재자가 있어서 그러한 것입니까. 아니면 하늘에는 본래 마음이 없는데, 단지 그 이치를 근원적으로 따져 보니 그렇다는 것입니까. 답하였다. 이 세 가지는 모두 같은 뜻일 뿐이다. 그것은 단지 이치[理]가 그렇다는 것이다."[206]

"물었다. 운명이 일정하지 않은데, 아마도 그렇게 되도록 부여하는 누군가가 정말로 있는 것은 아닌듯합니다. 다만, 음양의 두 기운이 어지럽게 뒤섞이는 와중에 우연히 마주친 기에 따르기 때문에 각각 일정하지 않습니다. 이것은 다 사람의 힘으로 관여할 수 있는 것이 아니기 때문에 하늘이 명한 것이라

『주자어류朱子語類』「리기理氣 상上」(흠정사고전서본).

『주자어류』「성리性理 일一」(흠정사고전서본).

---

206 "問, 上帝降衷于民. 天將降大任于人. 天佑民, 作之君. 天生物, 因其才而篤. 作善, 降百祥. 作不善, 降百殃. 天將降非常之禍于此世, 必五出非常之人以拟之. 凡此等類, 是蒼蒼在上者眞有主宰如是邪. 抑天无心, 只是推原其理如此. 曰, 此三段只一意. 這箇也只是理如此."(『朱子語類』卷第一「理氣 上」太極天地 上)

고 하는 것이겠지요." 답하였다. 큰 근원에서 흘러나오는 모습이 그런 것 같을 뿐이지 그렇게 되도록 부여하는 누군가가 정말로 있는 것은 아니다. 어찌 누군가가 위에서 그렇게 분부했겠는가! 『시경』과 『서경』에서는 마치 누군가가 위에서 그렇게 한 것처럼 말하였으니, 예를 들어 "상제가 이에 진노하였다"는 것이다. 그러나 이것 역시 리(이치)가 그러할 뿐이다. 세상에는 리보다 높은 것이 없기 때문에 상제라고 이름하였다. '위대한 상제가 아래에 있는 백성에게 떳떳함을 내리셨다'는 표현 가운데, '내리다'에는 곧 '주재한다'는 뜻이 있다."[207]

"지금 또 리로 말하면 필경 형태도 그림자도 없고, 단지 하나의 도리일 뿐이다."[208]

『주자어류』에 나오는 이런 내용은 곧 주희가 상제·하늘을 단지 이치로만 보고 있음을 뒷받침한다. 하늘을 비인격적인 것으로 보는 것이다. 만일 비인격적이게 된다면 하늘은 그 주재적 성격도 상실하게 될 것이다. 비인격적인 것이 무엇을 어떻게 주재할 수 있겠는가! 그는 인격적 존재로서의 상제의 존재를 부정한다. 상제의 인격성을 부정한다. 하늘

---

207 "問, 命之不齊, 恐不是眞有爲之賦予如此. 只是二氣錯綜參差, 隨其所値, 因各不齊. 皆非人力所與, 故謂之天所命否. 曰, 只是從大原中流出來, 模樣似恁地, 不是眞有爲之賦予者. 那得箇人在上面分付這箇. 詩書所說, 便似有箇人在上恁地, 如'帝乃震怒'之類. 然這箇亦只是理如此. 天下莫尊於理, 故以帝名之. '惟皇上帝降衷於下民, 降便有主宰意.'(『朱子語類』 卷第四 「性理 一」 人物之性氣質之性)

208 "今且以理言之, 畢竟卻無形影, 只是這一箇道理."(『朱子語類』 卷第四 「性理 一」 人物之性氣質之性)

위에 인격적 주재자가 있다는 것을 부정한다.

> "푸르디 푸른 것을 하늘[天]이라 한다. 끊임없이 돌아가고 두루 유행하는 것이 곧 하늘이다. 지금 하늘에 죄악을 심판하는 이가 있다고 말하면 절대 안 된다. (그렇다고) 그것을 주재하는 것이 전혀 없다고 말할 수도 없다."[209]

주희는 천을 푸르고 푸른 물질천으로 말하며, 하늘이 쉬지 않고 운행함에는 주재가 있기 때문이라고 본다. 그러나 거기에 어떤 사람이 있어 죄악을 판단하는 것과 같은 그런 인격적 존재가 있는 것은 아니라고 한다. '상제'나 '천'이라는 인격신적 성격을 가진 개념이 『시』·『서』와 같은 원시 유교 경전에 많이 나오고, 『논어』를 보면 공자도 '천'을 그런 맥락으로 여기는 사례도 여럿인데, 주희의 생각은 달랐다. 『시』·『서』에서 마치 누군가가 위에서 그렇게 한 것처럼 말하였는데, 위의 '상제가 진노한다'는 것이 그것이다. 그러나 이것은 다만 리가 그러하다는 것일 뿐이다.

그렇다면 주희는 주재한다는 말에 어떤 의미를 부여하는가? 그 단서를 다음의 말에서 찾을 수 있다.

> "물었다: '주재로 말하면 제帝'라고 하였는데, 누가 주재하는 것입

---

209 "蒼蒼之謂天. 運轉周流不已, 便是那箇. 而今說天有箇人在那裏批判罪惡, 固不可. 說道全無主之者, 又不可."(『朱子語類』 卷第一 「理氣 上」 太極天地 上)

니까? 답하였다: 스스로 주재함이 있는 것이다. 대개 하늘은 지극
히 굳센 양이어서 저절로 그러함이 이와 같고 운행함에 쉼이 없다.
그래서 이처럼 반드시 주재하는 것이 있다."[210]

주재자라는 존재가 있는 것이 아니라 하늘은 스스로 주재함이 있다
고 본다.

주희는 〈태극도설〉을 설명하면서 '상천上天'을 언급하였는데, 이 상천
을 다름 아닌 '蒼蒼者是上天'이라고 함으로써[211] 푸르고 푸른 자연의
하늘로 본다. 역시 천은 자연천이지 인격성은 없다. 그에게 천은 보편의
리로서의 태극일 뿐, 인격의 상제 자리는 상대적으로 거의 없다.[212]

다른 예로 『주역』을 보자. 『주역』에서 상제를 직접 언급하는 내용
은 극소수에 지나지 않는다. 〈화풍정괘火風鼎卦〉 단전彖傳의 "성인이 밥
을 지어 상제께 제사 올린다"[213]는 말과, 〈뇌지예괘雷地豫卦〉 대상전大象傳
의 "성대하게 상제에게 제사를 올린다"[214]는 말 뿐이다. 이들 두 글에서

---

210 "問, 以主宰謂之帝, 孰爲主宰. 曰, 自有主宰, 蓋天是簡至剛至陽之物, 自然如此, 運轉不息. 所以
    如此, 必有爲之主宰者."(『朱子語類』 卷第六十八 「易 四」 乾 上)

211 "물었다. "태극해에서 '하늘의 일은 소리도 냄새도 없다'는 말을 인용하였는데, 이 '하늘의 일'은
    다만 태극일 뿐입니까." 답했다. "푸르고 푸른 것은 하늘이고, 리는 '일(載)'에 있다." 問, 太極解引'上
    天之載, 無聲無臭,' 此'上天之載'只是太極否." 曰, "蒼蒼者是'上天', 理在'載'字上."(『朱子語類』 卷第
    九十四 「周子之書」 太極圖)

212 정순종, 2021, 132~133.

213 "鼎, 象也. 以木巽火, 亨飪也. 聖人亨以享上帝, 而大亨, 以養聖賢."(『周易』 「易經」 火風鼎) 김석진,
    2001, 363.

214 "雷出地奮, 豫, 先王以作樂崇德, 殷薦之上帝, 以配祖考."(『周易』 「易經」 雷地豫) 김석진, 2002,
    454.

제사를 받는 대상, 제사에서 모시는 주신主神은 상제이다. 상제는 전형적으로 인격적 존재로서의 상제, 만물의 주재자 상제를 말한다. 상제는 세상 만사만물을 두루 다스리고 주재하는 지고의 주재신, 인격신이다.

이러한 인격신으로서의 상제적 존재는 『주역』에 2회밖에 안 나오지만 상제의 의미와 동일시할 수 있는 개념이 있다. 바로 제帝이다. 즉 상제라는 말을 사용하지 않고 제라고 하였지만 그 제는 곧 상제와 같은 의미로 쓰인 사례가 있다. 먼저 〈풍뢰익괘風雷益卦〉를 보자. 대상전 육이六二에 "왕이 제에게 제사지내니, 길하다"215는 말이 있다. 여기서 제사 대상으로서의 제는 인격신으로서의 상제 다름 아니다. 왕필王弼도 이 제를 '생물지주生物之主', 즉 물物을 생성하는 주主, 만물을 낳는 주재신으로 본다. 제를 상제와 동일시한다.216

『설괘전說卦傳』도 보자. 그 제5장에 "제가 진방에서 나온다"217는 말이 나온다. 이것은 '제가 해가 뜨는 동쪽 진방에서 나온다'는 의미이다. 즉 해는 동쪽의 진방에서 뜨는데, 제가 이런 진방에서 나와 세상에 밝게 다스린다는 것이다. 세상을 밝게 다스리고 주재하는 존재로서의 제는 곧 상제를 의미하고, 이 상제는 만물을 낳고 다스리는 주재자, 인격적 존재이다.

그러나 이 제帝를 상제와 동일시하지 않거나 인격신으로 보지 않는 경우도 있다. 주희가 바로 그런데, 그는 "제란 리를 위주로 한다",218 "천

---

215 "王用享于帝, 吉."(『周易』「易經」風雷益) 김석진, 2001, 213.

216 방인, 2020, 54.

217 "帝出乎震."(『周易』「說卦傳」) 김석진, 2002, 339.

218 "帝是理爲主."(『朱子語類』卷第一「理氣 上」太極天地 上)

하에 리보다 더 존귀한 것이 없으므로 제라고 부른 것이다"[219]라 하였다. 이는 그가 제를 본래부터 인격적인 존재가 아니라 리를 인격화하여 부르는 이름, 즉 인격화한 것에 지나지 않는 것으로 여긴다는 것이다.[220] 사실 정호程顥도 '하늘을 리'라 하고, '제帝는 일을 주재하는 것으로 붙인 이름'이라고 하지 않았는가.

주희가 제를 리로 간주하는 사례는 '제출호진'에 대한 설명에서도 유추할 수 있는데, '제출호진'에서 '제'를 그는 '천지주재天之主宰'로 풀이하였다.[221] 그런데 여기서 주재가 무엇인가? 그것은 주재자를 말하는 것이 아니다. 천이 만물을 주재한다고 해서 인격적 존재로서의 천이 만물을 주재한다는 뜻이 아니다. 주희나 정이 등에게 천이 온갖 조화를 주재하는 근거는 리일 뿐이다. 즉 천이 만물의 변화를 주재하는 것은 리의 활동일 뿐이라는 것이다. 이는 위에서 밝힌 왕필의 견해, 다산의 견해와도 사뭇 다르다.[222]

이치, 법칙에 지나지 않는 리에 어떻게 인격성을 부여할 수 있겠는가? 비인격적인 것을 어떻게 만물을 생성하고 주재하는 권능을 가진 인격적인 것으로 여길 수 있는가. 리에는 인격성이 깃들 여지가 없다. 리는 인격성의 제와 동일시 될 수 없다.

---

219 "天下莫尊於理, 故以帝名之."(『朱子語類』卷第四「性理 一」人物之性氣質之性)

220 주희는 천이 만물의 변화를 주재하는 것은 리의 활동일 뿐이고, 제帝란 리보다 존귀한 것이 없기 때문에 제라고 하였으며, 제는 주재만화자主宰萬化者인 리를 인격화한 것으로 본다.

221 방인, 2020, 54.

222 다산은 '제출호진帝出乎震'을 "하늘이 만물을 낳을 때 반드시 진震의 덕으로써 한다. 謂天之生物, 必出之以震德也."(『周易四箋』「說卦傳」)라고 풀이하였는데, 천을 상제와 동일시한다.

신유교에서는 인격천, 하늘님 대신에 태극을 도입하여 그것을 또한 리라고 말하며 만물의 주재자로서의 천, 상제를 부정한다. 태극이라는 시원적인 하나의 리를 존재와 가치의 근원으로 본다. 그리고 태극에서 음양을 비롯하여 만물이 나왔다고 여긴다. 이런 맥락에서 보면 리가 곧 세계의 조물자이다.

리는 이치이자 이법이다. 리는 만물의 근원이자 만물을 낳는 이치로 인격성을 갖는 천, 하늘과는 그 성격이 다르다. 주자학이 이전의 유교와 근본적으로 다른 점의 하나는 이렇게 하늘, 천 대신 리理를 만물의 생성과 변화의 근원으로 본다는 것이다. 이렇게 하늘, 천을 천리·섭리라는 이치로 봄으로써 주자학은 종교적 성격이 약화되었다. 성리학에서는 원시 유가와 달리 만유의 존재 근거 내지 궁극적 근원처를 초월적 신앙적 관점이 아니라 보편적 우주 질서의 관점에서 파악함으로써 자연히 궁극자관에 있어 종교적 측면이 약화되었다. 인격적인 신의 관념은 리에 관한 논리 체계로 인해 사라졌다. 철학화되었다. 주자학은 인격적이고 주재적인 측면보다는 부동불변의 궁극 원리 내지 제일 원인이라는 논리적 철학적인 면에 더 관심을 둔다.[223]

주희, 『논어』의 천天을 이법천理法天으로 읽다

주희가 공자가 인격천으로 여기는 것으로 볼 수 있는 천을 그와는

---

223 최문형, 2002, 251~252.

다르게 이법천으로 간주하는 구체적 사례가 있다. 『논어』를 보자.

먼저 「계씨季氏」의 이런 말을 보자.

"군자에게는 세 가지 두려워하는 것이 있으니, 천명을 두려워하고 대인을 두려워하고 성인의 말씀을 두려워한다."[224]

주희는 이에 대하여 이렇게 주석하였다.

"외畏란 엄히 여기고 두려워한다는 뜻이다. 천명이라는 것은 하늘이 부여한 올바른 이치[正理]이다. 이것이 두려워할 만한 것임을 알면 곧 삼가며 두려워하는 것이 스스로 그만둘 수 없어서 부여받은 소중한 것을 잃지 않을 것이다. 대인과 성인의 말씀은 모두 천명을 마땅히 두려워해야 할 바이니, 천명을 두려워할 줄 알면 그것을 두려워하지 않을 수 없는 것이다."[225]

여기서 우리는 주희가 천즉리의 관점에서 주석하고 있음을 알 수 있다. 그는 하늘이 바른 이치를 사람에게 주었다며 그것을 천명이라 하여 천을 이법천으로 해석한다. 천명은 인격적 주재자를 가리키는 것이

---

224 "君子有三畏, 畏天命, 畏大人, 畏聖人之言."(『論語』「季氏」)

225 "畏者, 嚴憚之意也. 天命者, 天所賦之正理也. 知其可畏, 則其戒謹恐懼, 自有不能已者, 而付畀之重, 可以不失矣. 大人聖言, 皆天命所當畏, 知畏天命, 則不得不畏之矣."(『論語集註』「季氏 第十六」) 『논어집주』 원문과 번역은 박헌순 역주, 2010; 성백효 역주, 2001을 참조했다.

아니라 하늘이 부여한 바른 이치, 하늘이 부여한 인간 심성의 바른 이치라는 것이다.

「양화陽貨」에도 공자가 자공과 대화하는 가운데 천이 언급된다. 자공이 "선생님께서 말씀을 하시지 않으면 저희들이 어떻게 선생님의 도를 따라서 전하겠습니까"라 했다. 이에 공자가 "하늘이 무어 말하는 게 있더냐. 사계절이 바뀌고 만물이 태어나지만, 하늘이 무어 말하는 게 있더냐"[226]라 하였다. 이와 관련한 주희의 주석을 보자.

"사시가 운행되고 온갖 만물이 생장하는 것은 천리가 발현하여 유행하는 실체가 아님이 없는데 말을 기다리지 않고도 볼 수가 있는 것이다. 성인의 하나하나의 동작은 오묘한 도와 정밀한 의리의 발현이 아님이 없으니, 이 또한 천天(하늘)일 뿐이다. 어찌 말씀을 기다려야 드러나겠는가."[227]

주희는 여기에서의 천을 천리天理, 하늘의 이치, 하늘의 법칙으로 해석한다. 『시』·『서』와 같은 경전에서는 흔히 우주의 만사를 주재하고 사시의 변화를 주재하는 것이 인격적 존재로서의 천, 하늘, 상제라고 본다. 이에 비해 주희는 그러한 천을 천리라고 하여 이법천의 관점을 갖는다.

「위정爲政」에 나오는 '오십이지천명吾十而知天命'에서의 '천'도 보자. 앞에서 필자는 '지천명'에서 '천'을 주재적 존재, 인격적 존재라고 하였다. 그

---

226 "天何言哉, 四時行焉, 百物生焉, 天何言哉."(『論語』「陽貨」)

227 "四時行, 百物生, 莫非天理發見流行之實, 不待言而可見. 聖人一動一靜, 莫非妙道精義之發, 亦天而已, 豈待言而顯哉."(『論語集註』「陽貨 第十七」)

런데 주희는 '천명은 천도天道가 흘러가 사물에 부여한 것으로, 바로 사물에 당연한 도리의 소이연所以然',228 즉 사물이 당연히 그러하게 되는 까닭(所以當然之故)이라 하였다. 천명은 곧 천의 이법성이라는 것이다. 그는 지천명을 하늘의 도[天道]가 부여한 사물의 당연한 법칙을 아는 것으로 보아 천을 원리[理]로서의 천天으로 본다. 주희에게 천명은 인격적 존재로서의 하늘이 아니라 '만물의 변화에 내재한 이치'로서의 천명, 즉 이법천이다.

『논어』「팔일八佾」의 "하늘에 죄를 지으면 빌 곳이 없다"229에 대한 주석에서도 주희는 하늘을 천즉리의 입장에서 해석한다. 이 천을 상제로 보는 다산과는 달리, 주희는 이 문장에 대한 주석으로 '천을 이치라 하며, 그 존귀함은 상대가 될 것이 없다'230고 하였다. 즉 '획죄어천獲罪於天'에서 천을 리로 간주한다.

천의 이법성을 지향하는 그의 태도는 『논어』「술이述而」에서도 읽을 수 있다. 공자가 천하를 주유하다가 송나라에 이르렀을 때 환퇴가 자신을 해치고자 하자 따르는 사람들이 모두 두려워하였다. 이에 공자가 "하늘이 나에게 덕을 주셨으니 환퇴가 나에게 어찌 하겠는가"231라고 하였다. 곧 공자는 환퇴가 하늘을 어기고 자신을 해칠 수 없을 것이라고 말하였다. 주희는 이와 관련하여 이렇게 주석한다.

---

228 "天命卽天道之流行而賦於物者, 乃事物所以當然之故也."(『論語集註』「爲政 第二」)

229 "獲罪於天, 無所禱也."(『論語』「八佾」)

230 "天卽理也. 其尊無對."(『論語集註』「八佾 第三」)

231 "天生德於予, 桓魋其如予何."(『論語』「述而」)

"공자께서 "하늘이 이미 나에게 이러한 덕을 부여하였으니 환퇴가 나를 어떻게 할 수 있겠는가?"라 하셨는데, 이는 필시 하늘의 뜻을 어기고 자신을 해칠 수 없음을 말씀한 것이다."[232]

주희는 하늘로부터 품부된 공자의 덕이 하늘의 이치에 부합하기 때문에 해를 당하지 않는다고 주석했다. 하늘, 천을 이치라는 관점에서 파악하고 있다.[233]

이러한 천즉리 세계관에는 원시 유교의 인격적 주재적 하늘이 자리할 곳이 없다. 신유교의 '새로운[新]'의 의미는 이런 천에서 비인격적이고 원리적 이념인 리기론으로 전환에서도 찾을 수 있다. 주희에게 이르러 인격신으로서의 천은 사라지고 천은 형이상의 이치, 이법일 뿐이었다.

---

232 "孔子言天旣賦我以如是之德, 則桓魋其奈我何. 言必不能違天害己."(『論語集注』「述而 第七」)

233 임헌규, 2018a, 233.

5

그러나 주희가 인격신 상제를
부정만 한 것은 아니다

주희의 인격신 상제, 그 다양한 단서 엿보기

주희는 하늘을 주로 이치·이법으로 간주한다. 천즉리라는 관점에
서 하늘을 말하는 것이다. 그렇다고 그가 인격적 존재로서의 하늘에
대해 전혀 말하지 않은 것은 아니다. 인격신으로서의 상제를 말하기도
하였다.

주희가 상제를 인격적으로 그리는 내용은 『논어』의 장구章句에 대한
주석을 모아 엮은 『논어집주』에서 찾을 수 있다. 『논어』 「요왈堯曰」에 탕
湯왕이 하나라의 무도한 걸왕을 치면서 글을 지어 제후들에게 선포했
다는 이런 내용이 있다.

"나 소자小子 리履는 검은 희생(玄牡)을 써서 감히 거룩하신 제帝
께 아룁니다. 죄가 있는 자를 제가 감히 용서하지 못하며 제의 신하
를 제가 감히 가리지 못하니 선택은 제의 마음에 달려 있습니다. 내

몸에 죄가 있는 것은 만방의 백성들 때문이 아니며, 만방의 백성들에게 죄가 있는 것은 그 책임이 내 몸에 있는 것입니다."[234]

주희는 이 내용에 대하여 이렇게 주석하였다.

"이것은 『상서』 「탕고湯誥」에 나오는 말을 인용한 것이니, 탕왕이 걸왕을 추방하고 제후들에게 말한 내용이다. 『서』의 글과 대동소이한데, 왈曰자 위에 마땅히 탕자가 있어야 한다. 리履는 탕왕의 이름인 듯하다. 검은 희생을 쓴 것은 하나라가 흑색을 숭상하였으므로 아직 그 예를 바꾸지 않은 것이다. 간簡은 간열簡閱(선발)하는 것이다. 이는 걸왕이 죄가 있으니 내가 감히 용서해줄 수 없으며, 천하의 현인들은 모두 상제의 신하이니 내가 감히 가릴 수 없으며, 선택하는 것이 상제의 마음에 달려 있어 오직 상제의 명에 따름을 말씀한 것이다. 이것은 맨 처음 상제에게 명을 청하여 걸 왕을 칠 때의 말씀을 기술한 내용이다. 또 임금이 죄가 있음은 백성들의 소치가 아니요 백성들의 죄가 있음은 실로 임금이 한 것이라고 말씀하였으니, 자신의 책함을 후하고 남을 책함에 박한 뜻을 볼 수 있다. 이것은 제후들에게 말씀한 내용이다."[235]

---

234 "曰予小子履, 敢用玄牡, 敢昭告于皇皇后帝, 有罪不敢赦, 帝臣不蔽, 簡在帝心. 朕躬有罪, 無以萬方, 萬方有罪, 罪在朕躬."(『論語』 「堯曰」)

235 "此引商書湯誥之辭, 蓋湯旣放桀而告諸侯也. 與書文大同小異, 曰上當有湯字. 履, 蓋湯名. 用玄牡, 夏尚黑, 未變其禮也. 簡, 閱也. 言桀有罪, 己不敢赦, 而天下賢人, 皆上帝之臣. 己不敢蔽, 簡在帝心, 惟帝所命. 此述其初請命而伐桀之辭也. 又言君有罪, 非民所致, 民有罪, 實君所爲, 見其厚於責己薄於責人之意. 此其告諸侯之辭也."(『論語集註』 「堯曰 第二十」)

여기서 가장 주목할 것은 주희가 '제帝'를 '상제上帝'로 본다는 점이다. 그리고 상제가 명을 내리는 존재, 세상사의 주재자적 존재임을 인정한다. 명을 내리고 만사를 주재하는 상제는 인격적 존재이다. 이런 맥락에서 탕왕의 말을 다시 의역하면 상제가 인격적 존재임을 명확하게 보여준다.

"내가 전에 걸을 칠 때 상제에게 말하였다. '나 소자 리履는 검은색 희생을 써서 감히 거룩하신 상제님께 아룁니다. 하나라 걸이 무도하여 죄를 하늘에 얻었기 때문에 반드시 쳐서 그 죄를 밝히고 바르게 하여 감히 놓아두지 않겠습니다. 천하의 어진 사람은 다 상제께서 돌아보시고 명하신 신하이니, 반드시 등용하여 숨겨두지 않겠습니다. 죄 있는 사람과 어진 사람을 가리는 것은 상제의 마음에 있고, 내가 죄 있는 사람을 치고 어진 사람을 쓰는 것이 다 상제의 뜻을 순종할 따름입니다. 어찌 감히 사사로운 뜻을 그 사이에 두겠습니까?' 이제 이미 천자가 되었으니 그 책임이 더욱 무겁습니다. 만일 내 몸에 죄가 있으면 이는 내가 스스로 죄를 지은 것이므로 내가 스스로 상제의 꾸지람을 당할 것이며, 만일 만방의 신민이 죄가 있으면 이는 내가 거느리고 제어함을 잘못하여 그렇게 된 것이므로 그 죄가 내 몸에 있습니다."[236]

주희의 인격신으로서의 상제 인식은 『맹자』에 대한 주석에서도 엿

---

236 유교문화연구소, 2006, 723.

볼 수 있다. 『맹자』에는 다음과 같이 『시경』을 인용한 부분이 있다.

"『시』에 이르기를, 상나라 자손이 그 수가 억에 그치는 것은 아니었지만, 상제가 이미 명령하셨기에 주나라에 복종하였네. 주나라에 복종하였으니 하늘의 명이 일정하지 않아서라네."[237]

이 말에 대해 주희는 『맹자집주』에서 이렇게 주석하였다.

"『시』는 「문왕」 편이다. 맹자께서 이 시의 말씀을 인용하여 문왕의 일을 말씀하셨다. … 상나라의 자손이 많아서 그 수가 비단 10만(억)일 뿐이 아니지만, 상제가 이미 주나라에게 천하를 명하시니, 모든 이 상나라 자손들이 다 주나라에 신하로 복종하였다. 그러한 까닭은 천명이 무상無常하여 덕이 있는 자에게 돌아가기 때문이다."[238]

주희의 이런 주석은 고경에 전형적으로 나타나는 만물을 주재하고 상벌도 내리며 인간사에 개입하는 인격신으로서의 상제를 배제하지 않은 것이다. 주가 은을 무너뜨린 것을 하늘의 뜻, 천명으로 여기는 경향

---

237 "詩云, 商之孫子, 其麗不億, 上帝既命, 侯于周服. 侯服于周, 天命靡常."(『孟子』「離婁 上」) 번역은 김원중 옮김, 2021을 참조하였다.

238 "詩大雅文王之篇. 孟子引此詩之言, 以言文王之事. … 商之孫子衆多, 其數不但十萬而已, 上帝 既命周以天下."(『孟子集註』「離婁章句 上」) 『맹자집주』 원문과 번역은 성백효 역주, 2002a를 참조 하였다.

은 바로 새로운 나라나 도시를 세우는데 상제의 의지가 절대 중요하다고 인식한 은대의 상제 인식과 일맥상통한다. 그러나 주희는 이러한 은대의 상제 인식을 그대로 받아들이지는 않는다. 오히려 '천명은 일정하지 않다, 변한다'는 주대의 하늘에 대한 인식 변화, 하늘에 대한 탈신비화의 경향을 수용하는 듯하다. 천명보다 덕을 중시하는 것은 하늘보다 인간을 중시하는 경향이자 관심의 전환이다. 이후 주희는 하늘을 리로 보고, 리를 이치·법칙이라고 여겼다. 곧 인격신의 완전 해체로 나아갔다. 바로 주자학의 형이상학적 체계화를 통해서.

『주자어류』에 나오는 이런 말도 보자. 예를 들어 주희는 '천지의 마음'(天地之心)을 정의하면서, "마음은 곧 천지가 주재하는 자리이다. 그래서 '천지는 만물을 낳는 것을 마음으로 삼는다'고 하였던 것이다"[239]라고 하였다. 그것은 천 내지 천지에 만물을 낳고 살리는 마음이 있음을 분명하게 인정하는 것이다. 이는 곧 천이 만물을 주재하고 생성하는 의지로서 마음이 있는 실재임을 밝히는 것이다. 나아가 주희는 "천지의 마음은 영명하지 않다고 말할 수 없다. 다만 사람이 생각하는 것과 다르다"[240]고 언급하여, 천의 마음이 영명함을 제시하였다. 이는 곧 천에 대해 지각 능력이 없다고 보는 견해에 반대하는 입장임을 확인하는 것이다.

239　"心便是他箇主宰處. 所以謂天地以生物爲心."(『朱子語類』卷第一「理氣 上」太極天地 上)

240　"天地之心不可道是不靈, 但不如人恁地思慮."(『朱子語類』卷第一「理氣 上」太極天地 上)

『근사록近思錄』, 〈경재잠敬齋箴〉에 보이는 상제

비록 주희가 상제의 존재를 공개적으로 명시화하는데 매우 인색한 것은 사실이지만, 상제의 존재를 부정하기만 한 것은 아니다. 그 흔적은 주희가 친구 여조겸呂祖謙(1137~1181)과 더불어 북송의 선학先學인 주돈이, 정호와 정이, 그리고 장재의 잠언들을 주제별로 분류하여 편찬한 『근사록近思錄』에서 찾을 수 있다.

주자학의 입문서로 성리학의 요점을 정선한 이 책은 14권으로 이루어졌는데, 먼저 '보존하여 기른다'는 뜻의 제4권 「존양存養」을 보자. 여기에는 심성의 수행과 관련한 내용이 있는데, 상제와 관련한 내용이 있다.

"총명함과 밝은 지혜는 모두 이 '경敬'으로부터 나오는 것이며 하늘을 섬기고 상제에게 제사지내는 것도 이에 입각해야 한다."[241]

수행과 관련하여, 한 가지에 전념하고 다른 일에 마음을 빼앗기지 않고 경敬하면 마음이 전일專一하고 고요하여 어둡지 않게 되므로 총명함과 밝은 지혜가 생기며, 이런 경을 미루어 하늘을 섬기고 상제를 제사한다는 것이다. 여기에는 상제의 존재를 시사하고, 하늘·상제를 섬기고 제사하는 대상으로 여기는 모습이 나타난다.[242]

---

241 "聰明睿知, 皆由是出, 以此事天饗帝."(『近思錄』「存養」)『근사록』 원문과 번역은 이범학 역주, 2017을 참조하였다.

242 "경 사상은 상제의 존재를 암암리에 상정해야만 성립하는 의미를 지닌다. 주자학이 우주론적인 형이상학에서 님으로서 상제의 존재를 공식적으로 언급하지 않았다고 해서 그 심리학적인 심성론

그는 상제를 인격신으로 언급한 일도 있다. 주희가 상제를 인격적 존재로 보는 모습은 자신이 지어 서재 벽에 붙여놓고 항상 경계로 삼았던 글로, 경敬 공부 방법론을 담은 다음의 〈경재잠敬齋箴〉243에서 찾을 수 있다. 10장 40구 160자의 운문으로 된 경계의 글(箴)로 이루어진 경재잠도의 첫머리에 이런 말이 나온다.

> "의관을 바로하고 시선을 경건하게 하고 마음을 가라앉혀 그것을 유지해 나감에 마치 상제를 대면하듯 한다."244

〈경재잠敬齋箴〉의 대월상제對越上帝. 『회암선생주문공문집晦庵先生朱文公文集』 「경재잠敬齋箴」(육안도씨구아재소간서본六安涂氏求我齋所刊書本).

여기에는 마음을 닦는 방법, 경敬의 자세, 항상 깨어있는 마음으로 생활하는 방법, 성인이 되는 공부의 첫 길을 밝히는 내용이 담겼는데, 한마디로 말해 상제를 대하듯이 하라는 것이다. 늘 상제가 네 머리 위에 임하고 있듯이 두려워하고 삼가라는 것이다.

의 수행학에서 님으로서 상제 존재가 부재한다고 여겨서는 안 된다. 절대자의 존재를 전제하지 않는 수행의 내면적 형이상학은 성립하지 않는다. 왜냐하면 그런 절대자가 부재한다고 가정하면 모든 수행은 헛된 정열에 지나지 않기 때문이다. 또 그런 존재를 부정한다면 수행의 노력을 할 의향을 불러일으키지도 않는다. 주자학의 종교적 심성론은 마음을 매개로 하여 인간 내면 세계에서 상제와 같은 하늘님의 존재를 체험한다는 것을 뜻한다."(김형효, 2001, 20~21)

243　경재잠은 장식張栻의 주일잠主一箴을 보고 만든 경敬에 대한 글이다. 주희는 휘주 무원에서 아버지의 뜻을 기리며 지은 두 협실에 각각 '경재敬齋'와 '의재義齋'의 이름을 붙였다. 그리고 경재의 벽에 자신이 지은 잠箴을 써 붙이고 날마다 스스로를 경계해 나갔다.

244　"正其衣冠, 尊其瞻視, 潛心以居, 對越上帝."(『晦庵先生朱文公文集』 卷第四十○ 「敬齋箴」)

상제를 늘 가까이 모시고 있는 공경의 자세를 강조하는 이 글에서 우리가 관심을 두어야 할 것은 '대월상제對越上帝'라는 말인데, 이는 상제를 가까이 대한다, 마주한다는 뜻이다. 주희는 상제라는 인격적 주재자를 대하는 경건한 자세를 경 공부로 제시하였다. 『근사록』에서도 찾을 수 있는 '대월상제'는 곧 상제가 인격적 존재임을 암시한다.

주희가 상제를 인격적 존재로 보는 모습은 그의 상소문에서도 엿볼 수 있다. 주희는 영종英宗 즉위 후 황제의 자문 및 유가 경전을 강의하는 벼슬(환장각대제煥章閣待制 겸 시강侍講)을 받아 영종 바로 곁에서 일했다. 그는 65세 때인 1194년에 경연이 끝나고 혼자 남아 면대하면서 네 가지 사안에 대해 진언하였다. 그 내용의 하나가 옛 동궁을 수백 칸으로 수리하여 옮기려 한다는 황제의 조서에 대하여 부당함을 진언하는 것인데, 그 내용에 이런 것이 있다.

'상제진노上帝震怒'. 『송사宋史』 「열전列傳」(흠정 사고전서본).

"신은, 상제가 진노하여 재이가 자주 나타나는데, 두려워하고 수신과 반성을 해야 할 때임을 생각하지 않고 부당하게 이런 큰일을 일으킴으로써 꾸짖는 뜻을 알리고 놀라서 행동으로 옮기게 하려는 상제의 뜻을 어길까 두렵습니다."[245]

245 "臣恐不惟上帝震怒, 災異數出, 正當恐懼修省之時, 不當興此大役, 以拂謹告警動之意."(『朱子封事』卷四「經筵留身面陳四事箚子」;『宋史』卷四百二十九「列傳」第一百八十八道學 三) 주자사상연구회 역, 2011, 300 참조.

주희는 상제가 진노한다는 표현으로 '상제진노上帝震怒'라는 표현을 썼다. 진노하는 주체는 상제이다. 상제가 진노한다는 것은 상제가 인간과 같이 화를 낼 수 있는 존재임을 말한다. 화를 낸다는 것은 감정을 가졌음을 말한다. 이런 상제는 인간처럼 감정을 가진 인격적 존재이다. 주희는 상제가 인격적 존재임을 말하고 있는 것이다.

주희가 상제가 인격적 존재임을 말하는 것은 『시경집전』에서도 볼 수 있다. 『시경』 「탕」에 이런 시가 있다.

"광대하신 상제는 하민下民의 군주이시니 포학한 상제는 그 명에 사벽함이 많도다. 하늘이 뭇 백성을 내시니 그 명이 믿을 수 없음은 처음에는 선하지 않은 이가 없으나 선으로 마치는 이가 적기 때문이니라."246

그런데 주희는 이것을 이렇게 말한다. "이 탕탕한 상제는 바로 하민의 군주인데, 지금 이 포학한 상제가 그 명에 마침내 사벽邪辟함이 많음은 어째서인가. 하늘이 뭇 백성을 내시니, 그 명에 믿을 수 없는 것이 있음은 명을 내린 초기에는 불선이 없으나 대란을 이루어 천명 또한 능히 마치지 못하게 하여, 포학하고 사벽함이 많은 듯한 것이다."247 상

---

246 "蕩蕩上帝, 下民之辟, 疾威上帝, 其命多辟. 天生烝民, 其命匪諶, 靡不有初, 鮮克有終."(『詩經』 「蕩」)

247 "言此蕩蕩之上帝, 乃下民之君也, 今此暴虐之上帝, 其命乃多邪闢者何哉. 蓋天生眾民, 其命有不可信者, 蓋其降命之初, 無有不善, 而人少能以善道自終. 是以致此大亂, 使天命亦罔克終, 如疾威而

제를 하민의 군주라 하고 포학하다는 말까지 한다. 상제는 인격적인 존재로 그려지고 있다.

주희는 상제를 천의 주재자라고 여기는 모습도 보인다. 『시경』에 이런 시가 있다.

"저 숲속을 바라보니 큰 나무 작은 나무로다
백성들이 지금 위태로운데 하늘을 바라봄에 흐릿하도다
이미 안정될 수 있으면 사람을 이기지 못함이 없으리니
위대하신 상제께서 누구를 증오하겠는가"[248]

주희는 이 시에서 상제를 '하늘의 신'[249]이라고 한다. 정자程子가 형체로써 말하면 천이라 하고 주재主宰로써 말하면 제帝라고 한 것에 비추어, 그는 상제가 천을 주재하는 면을 내세워 주재자[250]로 말하는 것으로 해석할 여지를 남겼다. 만일 그럴 경우 주재자로서의 작용, 그것은 비인격적 존재가 할 수는 없다. 주재는 자신의 의지에 따라 하므로 이런 의지를 가진 존재는 인격성을 특성으로 한다. 그러나 주희는 이 시의 끝 부분에 대해 이렇게 설명한다. (이 시는) "상제가 어찌 미워하여

多闢也."(『詩經集傳』「蕩」)

248　"瞻彼中林, 侯薪侯蒸. 民今方殆, 視天夢夢. 既克有定, 靡人弗勝. 有皇上帝, 伊誰云憎."(『詩經』「正月」)

249　"上帝, 天之神也."(『詩經集傳』「正月」)

250　"상제는 천[하늘]의 주재자이다. 上帝, 天之主宰也."(『詩經集傳』文王)

『시경집전詩經集傳』「정월正月」(흠정사고전서본).　　　『시경집전詩經集傳』「문왕文王」(흠정사고전서본).

화를 내리는 바가 있겠는가. 선한 자에게 복을 내리고 음탕한 자에게 화를 내림이 또한 자연의 이치일 뿐'이라고 말한 것이다."[251] 즉 선한 자에게 복을 내리고 음탕한 자에게 화를 내리는 것은 상제가 할 바가 아니라 자연의 이치일 뿐이라는 것이다. 상제·천을 이법적인 것으로 본다.

흔히 주희의 천을 이법으로만 간주하는 경향이 있으나 그가 인격적 존재로서의 하늘·상제를 전혀 말하지 않은 것은 아니다. 필자가 보기에 주희에게도 상고대로부터 내려오던 상제 사상이 이어지고 있다. 그렇다고 이것이 주희 사상의 본령인 것은 아니다. 그에게 천은 여전히 이치요 원리이며 사물死物에 지나지 않는다.

251　"夫天豈有所憎而禍之乎. 福善禍淫, 亦自然之理而也."(『詩經集傳』「正月」)

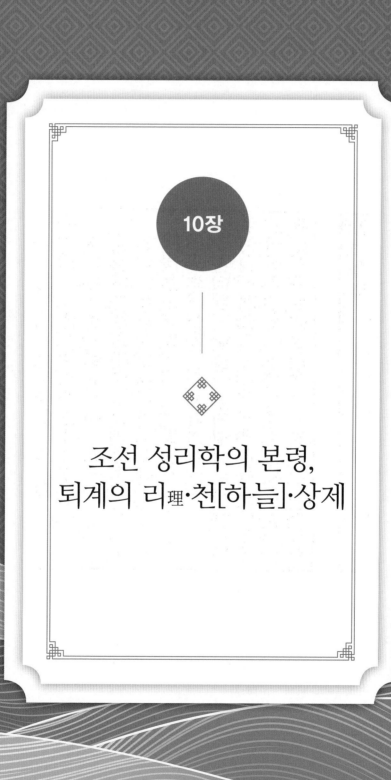

10장

조선 성리학의 본령,
퇴계의 리理·천[하늘]·상제

今曰極有二義恐失周朱兩先生本意也。

太極動而生陽靜而生陰。朱子曰理無情

意無造作既無情意造作則恐不能生陰陽。

若曰能生則是當初本無氣到那太極生出

陰陽然後其氣方有否勉齋曰生陽生陰亦

猶陽生陰生亦莫是惡其造作太甚否。

朱子嘗曰理有動靜故氣有動靜若理無動靜

氣何自而有動靜乎知此則無此疑矣蓋無情

意云本然之體能發能生至妙之用也勉齋

說亦不必如此也何者理自有用故自然而生

陽生陰也。

『퇴계선생문집』「답이공호答李公浩」.

1

'리'는 사물死物이 아닌 활물活物

리가 발하다[理發]

퇴계는 주자학을 계승·발전시킨 조선 주자학의 종사宗師이다. 퇴계는 주희를 스승으로 여기며[252] 그의 유교 사상을 바탕으로 자신의 사상적 지평을 넓혀나갔다. 퇴계는 주희의 사상에 뿌리를 두고 있지만 그렇다고 주희의 사상을 모두 그대로 따르기만 한 것은 아니다. 그 대표적인 차이의 하나가 '리理'를 둘러싼 견해이다.

퇴계는 리기이원론의 입장을 취하지만 리와 기 중 특히 리를 중시한다. 주리론자로서의 퇴계는 리

퇴계退溪 이황李滉(1502~1571). (출처: 한국학중앙연구원)

---

252 "주자는 나의 스승이요, 또한 천하 고금이 종사宗師로 모시는 분이다. 朱子吾所師也, 亦天下古今之所宗師也."(『退溪先生續集』 卷之十六 「答奇明彦」 論四端七情 第二書) 『퇴계선생속집』 원문과 번역은 한국고전종합DB(https://db.itkc.or.kr)를 따랐다.

의 우위성을 강조한다.[253] 그렇다면 퇴계에게 리란 구체적으로 어떤 것일까?

퇴계가 보기에 리를 주희처럼 '무정의無情意, 무계탁無計度, 무조작無造作'한 것으로 보면 리는 단지 죽은 것에 지나지 않는다. 그리하여 퇴계는 리를 재해석한다. 그는 리를 순수한 추상적 개념적 형식적 무위적인 것으로만 보지 않았다. 퇴계는 리가 운동을 주도하는 특성, 활동적인 특성을 갖는 것으로 본다. 리에 동정, 작용성이 있다고 본다. 한마디로 말해 리는 자기원인적으로 작위作爲할 수 있는 특성이 있다. 리는 사물死物이 아니라 활물活物이라는 것이다.

퇴계가 리의 실체성을 보여주기 위해 사용한 주요 개념은 '리발理發', '리동理動', '리자도理自到' 등이다. 퇴계가 사용한 이러한 개념들은 사실 주희의 리에 대한 생각과는 차이가 있다. 그렇다면 퇴계는 왜 주희와는 배치되는 자신의 생각을 밀고나갔을까? 왜 율곡으로 대표되는 서인들의 공격을 감내하면서도 리를 새롭게 보고자 하였을까? 필자는 그것이 퇴계를 퇴계이게 한 점이고, 주희와 비교되는 점이라고 본다.

퇴계의 '리발', '리동', '리자도' 등의 개념은 그것을 사용한 맥락에 있어 차이가 있다. 이를테면 리발은 인간 심성, 심리 현상인 사단칠정四端七情이라는 감정과 관련한 심성론 논의에서 나왔다. 리동은 주렴계의

---

253 "천지간에 리도 있고 기도 있으니, 리가 있게 되면 곧 기가 생기고 기가 있으면 리가 따른다. 리는 기의 장수가 되고 기는 리의 졸개가 되어 마침내 천지의 공을 이룩하니라. 天地之間, 有理有氣, 纔有理, 便有氣賦焉, 纔有氣, 便有理從焉. 理爲氣之帥, 氣爲理之卒, 以遂天地之功."(『退溪先生續集』卷之八「天命圖說」)

'태극생양의太極生兩儀' 우주론 논의에서 언급되었다. 리자도는 격물格物 등을 논하는 인식론 전개 과정에서 나왔다.[254] 이런 리에 대한 퇴계의 언급을 종합해 보면 리는 성리학에서 일반적으로 말하는 리와 그 성격이 다른 면이 있다. 먼저 '리발'을 보자.

리발은 사단과 칠정을 두고 이들 감정이 어떤 것인지, 즉 동질적인가 이질적인가, 그리고 우주론 개념인 리기와 관련시킨다면 어떻게 분속할 것인가를 두고 벌인 논쟁 과정에서 불거진 개념이다. 그 계기는 추만秋巒 정지운鄭之雲(1509~1561)의 〈천명도天命圖〉[255]이다.

이 그림에서 추만은 인간의 감정을 사단과 칠정으로 구분하고 '사단발어리四端發於理 칠정발어기七情發於氣'이라고 써, '사단은 리에서 발하고 칠정은 기에서 발한다'고 하였다. 그런데 추만은 이것을 퇴계에게 보여주며 옳은지 증정證正해 줄 것을 청하였다. 이에 퇴계는 여러 부분을 검토하였는데, 특히 위의 추만의 글은 적절하지 않다고 여겨, '사단리지발四端理之發 칠정기지발七情氣之發. 사단은 리가 발한 것이고 칠정은 기가 발한 것이다'로 수정하였다. 즉 '사단발어리 칠정발어기'라고 한 부분을 퇴계가 '사단리지발 칠정기지발'이라고 고친 것이다. 추만은 이 〈천명도〉를 1553년에 완성하

---

254 "리발은 사덕四德과 사단四端의 관계를 설정한 『맹자집주』에 대한 독해 차원에서, 리동은 태극과 음양의 관계를 설명한 「태극도」와 「태극도설」에 대한 이해 속에서, 리도는 『대학장구』의 격물과 물격物格 해석에 대한 해명 위에서 진행된 퇴계의 리 해석이다."(강경현, 2017b, 119)

255 〈천명도〉는 성리학 이론에 기반을 두고, 우주 자연의 이치와 그 이치가 인간과 사물에 이르는 흐름의 양상을 총체적으로 그린 그림이다. 정지운은 인간의 감정을 사단과 칠정으로 구분하고, 사단에 '발어리發於理', 칠정에 '발어기發於氣'라 썼다.

고봉高峯 기대승奇大升(1527~1572).
(출처: https://blog.naver.com)

였다.[256] 그러나 퇴계가 수정한 부분에 대해 의문이 가라앉지 않았다. 그러자 추만은 주변 사람들에게 의견을 물었다. 그 중의 한 사람이 고봉高峯 기대승奇大升(1527~1572)이다.

고봉은 퇴계가 수정한 것을 보고 의문을 가졌다. 퇴계의 사단칠정에 대한 기본 입장은 사단은 리발, 칠정은 기발로 보아 둘을 별개의 정情으로 구분할 수 있다는 것이었다. 그러나 고봉은 달랐다. 사단은 그럴지라도 칠정은 그럴 수 없다는 것이었다. 이는 고봉이 퇴계의 견해를 비판하는 것이나 다름이 없다.

이후 고봉의 사단칠정에 대한 견해를 전해 들은 퇴계는 고봉에게 편지를 보냈다. 이것이 첫 편지로, 1559년 1월 5일의 일이다. 그 핵심 내용은 고봉의 비판을 계기로 "사단의 발현은 순수한 리이므로 선하지

천명구도天命舊圖. (출처: 『퇴계선생문집』〈천명도설 〉)

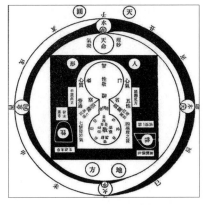

천명신도天命新圖. (출처: 『퇴계선생문집』〈천명도설 天命圖說〉)

---

256 추만이 작성한 원래 것이 〈천명구도天命舊圖〉이고, 퇴계의 의견에 따라 수정한 것이 〈천명신도 天命新圖〉이다.

않음이 없고, 칠정의 발현은 기를 겸했기 때문에 선악이 있다"[257]로 고친다면 병통이 없는지 어떤지를 묻는 것이었다. 이에 고봉이 1559년 3월에 퇴계에게 답신을 보냈는데, 이런 내용이 실려 있다.

"지금 만약 '사단은 리에서 발하기 때문에 선하지 않음이 없고, 칠정은 기에서 발하기 때문에 선·악이 있다'라고 한다면, 이는 리와 기가 갈라져서 두 가지 물건이 되는 것이고 칠정은 성性에서 나오지 않고 사단은 기를 타지 않는 것이 됩니다. 이는 어의語意에 병통이 없을 수 없어 후학인 제가 의심이 없을 수 없습니다."[258]

고봉이 퇴계에게 보낸 답신의 핵심은 '타당치 않은 듯하다', '문제가 있다'는 것이었다. 이렇게 시작된 두 사람간의 논변은 1559년부터 120여 통의 편지를 주고받으며 수년간에 걸쳐 이루어졌다.[259]
고봉의 지적에 퇴계는 다시 편지를 보내 자신의 입장을 피력하였다.

"칠정이 리·기를 겸하는 것은 더 말할 나위 없이 명확합니다. 만

---

257 "四端之發純理, 故無不善, 七情之發兼氣, 故有善惡."(『退溪先生文集』「答奇明彦」附奇明彦非四端七情分理氣辯)

258 "今若以爲四端發於理, 而無不善, 七情發於氣, 而有善惡, 則是理與氣, 判而爲兩物也, 是七情不出於性, 而四端不乘於氣也. 此語意之不能無病, 而後學之不能無疑也."(『高峯全書』「兩先生四七理氣往復書」上篇 高峰上退溪四端七情說)

259 물론 모든 편지가 논변만을 내용으로 한 것은 아니다. 또한 수년 동안 계속된 것도 아니다. 그 핵심 논변은 짧은 기간이었다. 주요 서신 교환은 이렇게 진행되었다. 1559. 1. 5. 퇴계 ⇨ 고봉, 1959. 3. 고봉 ⇨ 퇴계, 1559. 10. 퇴계 ⇨ 고봉, 1560. 8. 고봉 ⇨ 퇴계, 1560. 11. 퇴계 ⇨ 고봉, 1561. 1. 고봉 ⇨ 퇴계, 1562. 퇴계 ⇨ 고봉(미발송).

일 칠정을 사단과 대립시켜 각각 구분되는 것으로 말한다면, 칠정과 기의 관계는 사단과 리의 관계와 같습니다. 그 발하는 것이 각각 혈맥이 있고 그 이름이 다 가리키는 바가 있으므로 주가 되는 바에 따라 분속시킬 수 있는 것입니다. 나도 칠정이 리와 상관없이 외물이 우연히 모여들어 감응하여 움직인다고는 생각지 않습니다. 또 사단이 외물에 감응하여 움직이는 것도 실로 칠정과 다르지 않습니다. 다만 사단은 리가 발함에 기가 따르는 것이고 칠정은 기가 발함에 리가 타는 것입니다."²⁶⁰

퇴계는 사단과 칠정을 서로 다른 감정이라고 구분하며, 사단이라는 도덕 감정은 리理가 발發해서 생겼다는 것을 말하는 가운데 리발理發을 언급하고 있다. 퇴계는 도덕적 감정인 사단과 비도덕적 감정인 칠정이 본질적으로 다른 감정으로, 순선純善한 사단은 리가 발하고 기가 따르는 것이고, 선할 수도 악할 수도 있는 칠정은 기가 발하고 리가 거기에 타는 것으로 보았다.

퇴계가 이렇게 사단과 칠정을 서로 다른 정으로 구분하고 끝까지 칠정을 기발로 본 이유는, 칠정이 비록 리기를 겸하고 있지만 리가 약하고 기가 강하여 불선할 뿐만 아니라 악으로 흐르기 쉽다고 보았기 때문이다. 퇴계가 보기에 리란 본질적으로 지극히 선하고 순수한 선이다.

---

260 "則七情兼理氣, 不待多言而明矣. 若以七情對四端, 而各以其分言之, 七情之於氣, 猶四端之於理也. 其發各有血脈, 其名皆有所指, 故可隨其所主而分屬之耳. 雖滉亦非謂七情不干於理, 外物偶相湊著而感動也. 且四端感物而動, 固不異於七情. 但四則理發而氣隨之, 七則氣發而理乘之耳."(『退溪先生文集』「答奇明彦」論四端七情 第二書 改本)

이에 비해 기는 불선하고 악이다. 그러므로 그는 리가 기와는 공존하기 힘들다고 여겼다. 퇴계는 이렇게 사단과 칠정을 대립시키고 구분한다.

그런데 리와 기를 분리하여 사단을 리로 칠정을 기로 나누는 것은 결과적으로 사단을 칠정보다 높이는 것이므로, 이는 리기불상리理氣不相離 원칙을 무너뜨리는 것이다. 그렇게 되면 칠정을 리로부터 분리시킬 여지가 있다.

그러나 퇴계는 그 연원·근원·유래·발원처(所從來)를 따지면 리기는 다르다고 본다.[261] 사단칠정은 심心의 소종래, 그 기원이 다르다는 것이다. 즉 사단이라는 도덕적 감정은 인의예지의 성性에 그 존재의 근원을 가진 정서인 반면, 칠정이라는 비도덕적 감정, 일반적 감정은 외부 사물에 의해 자극을 받아 그에 반응한 결과로 나온 것(情)으로서 구분된다는 것이다.[262] 사단에서는 리가 주가 된다. 리가 주가 되어 사단이 되는 것이다. 이에 비해 칠정에서는 기가 주가 된다. 즉 기가 주도해서 칠정이 된다. 그러므로 사단은 리의 발현으로 리가 발현하고 기가 리를 따르는 것이며, 칠정은 기의 발현으로 기가 발현하고 리가 기를 타는 것이다.

---

261 "측은惻隱·수오羞惡·사양辭讓·시비是非가 어디에서 발합니까. 인·의·예·지의 성性에서 발합니다. 희·노·애·구·애·오·욕이 어디에서 발합니까. 외물外物이 사람의 형체에 접촉하여 사람의 마음이 움직여 환경에 따라 나오는 것입니다. … 이로 말미암아 본다면 두 가지가 모두 리·기에서 벗어난 것은 아니지만 그 소종래所從來에 근거하여 각각 그 주主로 하는 바와 중요하게 여기는 바를 가리켜 말한다면 어느 것이 리이고 어느 것이 기라고 왜 말하지 못하겠습니까. 惻隱羞惡辭讓是非, 何從而發乎. 發於仁義禮智之性焉爾. 喜怒哀懼愛惡欲, 何從而發乎. 外物觸其形而動於中, 緣境而出焉爾. … 由是觀之, 二者雖曰皆不外乎理氣, 而因其所從來, 各指其所主與所重而言之, 則謂之某爲理, 某爲氣, 何不可之有乎."(『退溪先生文集』 「答奇明彦」 論四端七情 第一書)

262 문석윤, 2001, 169.

나아가 퇴계는 자신의 '사단은 리가 발함에 기가 따르는 것이고, 칠정은 기가 발함에 리가 타는 것'이라는 주장을 『주자어류』를 동원하며 이렇게 정당화한다.

"근래 『주자어류』를 보다가 맹자의 사단을 논한 마지막 조목에서 바로 이 문제를 논한 것을 발견했습니다. 그 설에 이르기를, '사단은 리의 발이요 칠정은 기의 발이다'라고 하였습니다. 옛사람이 "감히 자신을 믿지 말고 그 스승을 믿으라"고 하지 않았습니까. 주자는 나의 스승이요, 또한 천하 고금이 종사宗師로 모시는 분입니다. 이 설을 얻은 뒤에야 드디어 내 소견이 크게 그릇되지 않았음을 믿게 되었습니다."[263]

퇴계는 '사단은 리의 발이요 칠정은 기의 발'[264]이라는 주희의 말을 인용하며, 이는 자신의 생각과 다르지 않다고 판단한다. 이런 스승의 말을 근거로 퇴계는 더욱 자신의 생각이 그릇되지 않았다고 믿게 된다. 나아가 퇴계는 고봉에게, 그러므로 주희의 본설로 대신하고 우리들의 설은 버리는 것이 온당할 것 같은데, 어떻게 생각하는지를 묻기도 한다.[265]

---

263 "近因看朱子語類論孟子四端處末, 一條正論此事. 其說云, 四端是理之發, 七情是氣之發. 古人不云乎, 不敢自信而信其師. 朱子吾所師也, 亦天下古今之所宗師也. 得是說, 然後方信愚見不至於大謬."(『退溪先生文集』「答奇明彦」論四端七情 第二書 改本)

264 리와 기를 사단과 칠정에 분속하는 모습은 주희에게서도 엿볼 수 있다. "사단은 리가 발한 것이고 칠정은 기가 발한 것이다. 四端是理之發, 七情是氣之發."(『朱子語類』 卷第五十三 「孟子 三」公孫丑上之下)

265 "만약 리가 비록 이와 같지만 말하는 사이에 분명치 못하여 오류가 있을 수 있으니, 선유先儒

지금까지 우리는 퇴계가 리발을 어떤 맥락에서 말하였는지 그 배경을 알아보았다. 이제 우리의 관심은 퇴계가 '리가 발한다, 드러난다[理發]'고 한 말의 의미이다. 퇴계에게 리발은 기본적으로 성즉리라는 맥락에서 선한 본성이 드러난다, 성性인 리가 드러나는 것이다.

그렇다면 심성론 논의에서 리발의 리는 무엇인가. 순수한 도덕성을 의미하는 리는 마음의 리, 즉 본성을 의미하고, 이 본성의 발현을 리발로 생각할 수 있지 않을까? 리발은 마음이라는 것이다. 리발은 곧 리가 내 마음을 움직인다고 볼 수 있을 듯하다. 이렇게 보면 사단은 마음의 리에서 나오며, 마음의 작용인 셈이다.[266] 이상은의 말처럼, 퇴계가 무작위한 '리'에 발發의 성격을 부여하여 사실상의 발을 역설한 이면에는, 즉 사단칠정을 통해 리의 발을 강조한 것은 선한 본연지성으로서의 리의 본유本有와 그 자발적인 발현에 대한 자각을 일깨우려는 의도가 있었던 것이 아닌가 한다.[267]

주희는 리를 감정, 생각, 의지적 행위를 갖지 않는 무위無爲적인 것으로 보았는데, 퇴계가 리가 발한다고 한 것은 주희의 리에 대한 견해와 사뭇 다르다. 주희에게 리는 독자적으로 운동할 수 없는 것이다. 그렇다면 퇴계에게 리가 발한다는 것은 어떤 의미일까?

의 구설舊說을 따르는 것만 못하다고 한다면 주자의 본설本說로 대신하고 우리의 설은 버리는 것이 온당한 것으로 생각되는데, 어떠하십니까. 若以爲理雖如此, 名言之際, 眇忽有差, 不若用先儒舊說爲善, 則請以朱子本說代之, 而去吾輩之說, 便爲穩當矣, 如何如何.(『退溪先生文集』「答奇明彦」論四端七情 第二書 改本)

266 이동희, 2004, 119.

267 이상은, 2002, 326.

발發은 여러 가지 뜻이 있는 것으로 보인다. 그 하나로 리발이란 리가 현상으로 드러난다, 발현發現한다는 의미로 볼 수 있다. 그 외에 발동發動, 발생發生, 발용發用한다 등으로도 볼 수 있다. 이런 개념의 공통점은 '발發'이 '운동'의 의미를 함축한다는 것이다. 생명력이 있는 무엇인가를 설명한다는 점이다. 즉 '발'은 '발현한다', '드러난다'는 뜻인데, 발현하고 드러난다는 것은 생명력이 있음, 동정할 수 있음을 말한다. 리발이라고 하면 리가 운동하고 활동하는 기의 주체임을 말하는 것으로 볼 여지가 있다. 리발에서 이러한 리의 운동성을 인정한다는 것은 어떤 의미인가? 그것은 곧 리가 운동성이 있음은 물론 리의 자발성, 리의 동정까지도 인정한다는 것과 같다. 이것은 곧 리가 기의 행위 주체처럼 작용함을 의미한다. 퇴계가 리발을 통해 말하고자 한 것은 리가 직접 의지를 규정할 수 있다는 것, 리가 그 주체임을 말하려는 것이 아니었을까?

리의 이러한 모습, 흔히 말하는 리의 운동성을 잘 보여주는 퇴계의 말을 보자.

"옛사람은 사람이 말을 타고 출입하는 것으로 리가 기를 타고 운행하는 것에 비유하였는데, 참 좋은 비유입니다. 대체로 사람은 말이 아니면 출입하지 못하고 말은 사람이 아니면 길을 잃게 되니, 사람과 말은 서로 따르고 떨어질 수 없는 것입니다. 이것을 가리켜 말하는 자가 혹 꼼꼼하지 않게 가는 것만을 가리켜 말하면 사람과 말이 다 그 가운데 있는 것이니, 사단·칠정을 합하여 말하는 것이 바로 이것입니다. 혹 사람이 가는 것만을 가리켜 말하면 말까지 아울러 말하지 않더라도 말이 가는 것도 그 가운데 있으니 사단이 이것이고, 혹

말이 가는 것만을 가리켜 말하면 사람까지 아울러 말하지 않더라도 사람이 가는 것도 그 가운데 있으니 칠정이 이것입니다."[268]

이 문장은 퇴계가 사단과 칠정, 리와 기간의 관계를 설명하기 위한 말이지만, 리의 운동성을 설명하기에도 좋은 예이다. 이 문장에서 "사람은 말이 아니면 출입하지 못하고 말은 사람이 아니면 궤도를 잃게 되니"를 보자. 앞 문장에서 사람인 리는 형이상학적인 것이므로 스스로 운동할 수 없다. 리는 기를 타야만 운동할 수 있다. 이 경우 리는 주재성이 없다. 그러나 후자의 문장을 보면 사정이 달라진다. "말은 사람이 아니면 궤도를 잃게 되니"라는 말[言]은, 말[馬]·기가 궤도를 잃지 않게 하는 것은 사람·리라는 것이다. 즉 리가 기를 주재하는 것이다. 이 경우 리는 사물死物이 아닌 주재성, 능동성을 지닌 활물活物의 성격을 띤다.[269]

퇴계의 리와 기, 사단과 칠정에 대한 이러한 인식은 리기나 사단칠정은 나누어 보아야 한다는 것이며, 이는 곧 리기불상잡을 강조하는 것과 다르지 않다. 퇴계는 결국 리의 주재성, 리의 운동성, 리의 능동성, 리의 자발성을 강조한다.

---

268 "古人以人乘馬出入, 比理乘氣而行, 正好. 蓋人非馬不出入, 馬非人失軌途, 人馬相須不相離. 人有指說此者, 或泛指而言其行, 則人馬皆在其中, 四七渾淪而言者是也. 或指言人行, 則不須并言馬, 而馬行在其中, 四端是也. 或指言馬行, 則不須并言人, 而人行在其中, 七情是也."(『退溪先生文集』「答奇明彦」論四端七情 第二書 改本)

269 안재호, 2011, 141.

리에는 동정動靜이 있다.

퇴계가 리를 주희와 다르게 인식하는 경향, 리의 운동성을 강조하는 모습은 우주론인 리동理動으로 가면 더 분명해 진다. 리동이라는 개념은 퇴계의 〈태극도설〉과 관련한 언급에서 나왔다. 이것은 그가 기의 모든 작용 이면에는 리가 있으며, 이러한 리는 사물死物이 아니라, 운동성·작용성이 있다는 것을 말하려는 과정에서 나왔다.

사실 리동은 모든 존재와 그들의 운동, 물질적 측면을 말하는 기동氣動이라는 개념에 비하여 이해하기 어려운 면이 있다. 왜냐하면 리는 흔히 기의 움직임, 기의 운동 원리로, 기가 움직일 때 거기에 편승하는 것으로 여겨졌기 때문이다. 즉 리는 스스로 움직일 수 없어 운동 자체가 불가능하기 때문이다.

리동理動이라는 말에서 쟁점은 리가 과연 동動할 수 있는가, 리가 독자적으로 운동할 수 있는가, 또 다른 어떤 것에 의존하지 않고 스스로 동정할 수 있는가의 문제이다. 즉 궁극적 실재란 단지 '존재'일 뿐인가, 아니면 그와 동시에 '작용'의 기능을 갖는가 하는 것이다. 만일 존재일 뿐이고 작용을 하지 않는다면 궁극적 실재는 그 자체로 창조력을 지닌 존재가 될 수 있을지 의문이 들게 된다. 만약 궁극 실재가 창조력을 지니지 않는 것이라 한다면 우주의 생성은 그 본체론적 지위를 상실하게 되고, 따라서 리로서의 인간 본성은 도덕적 수양을 통해 스스로를 실현하기 위해서는 또 다른 어떤 존재에 의해 활동성을 부여받지 않으면 안 된다.[270] 그런데

---

270 장윤수, 2012, 15.

퇴계는 우주 만물의 궁극 근원이자 기의 주재자인 리가 움직인다[動]고 보았다. 리에 능동적인 작용이 있다는 것이다.

'리'는 '기'와 대비할 때는 상대적으로 형상도 없고 운동성도 없는 것이어서 '리'는 의미 없는 것으로 여겨질 우려가 있다. 그런데 '기'의 모든 작용 이면에서는 언제나 '리'가 주재하고 있다는 점을 고려하면, '기'의 모든 작용은 사실상 '리'의 작용이라고 이야기해도 틀린 말은 아니다. 그런 의미에서 '리'는 유작위有作爲와 무작위無作爲, 동動과 정靜을 포괄할 뿐 아니라, 또 한편으로는 그 모든 것을 넘어선 것이다. 이런 맥락에서 본다면 '기'의 작용을 통해 드러나는 현상을 일컬어 '리가 움직인다[理動]'고 해도 무방하다. '리가 움직인다'는 것은 '리'를 '기'와 대비시킬 때 '기'에 비해 '리'를 상대적으로 무기력한 사물死物로 여겨서는 곤란하다는 점을 지적하는 맥락에서 제시된 것이다.[271]

그러나 주희는 리는 활동성이 없다고 본다. 리는 무위적인 것이므로 스스로 운동할 수 없다는 것이다. 주희는 리의 이러한 성격을 말하기 위해 말을 탄 사람에 비유하기도 한다.[272] 즉 사람은 말을 타고 말은 사람을 태우고 간다고 할 때 말이 감으로써 사람이 가게 된다. 즉 리인 사람은 말인 기가 운동함에 따라 기에 올라타 운동하게 된다. 그러므로 리인 사람은 스스로 운동하는 것이 아니라 기인 말이 운동함으로써

---

271 김형찬, 2007, 11.

272 "태극은 리이고 동정은 기이다. 기가 행하면 리도 행한다. 둘이 항상 서로 의지하여 떨어지지 않는다. 태극은 사람에 동정은 말에 비할 수 있다. 말은 사람을 싣고 사람은 말을 타고, 말이 한 번 나가고 한 번 들어오면 사람도 이와 함께 한 번 나가고 한 번 들어온다. 太極理也, 動靜氣也. 氣行則理亦行. 二者常相依而未嘗相離也. 太極猶人, 動靜猶馬. 馬所以載人, 人所以乘馬, 馬之一出一入, 人亦與之一出一入."(『朱子語類』卷第九十四「周子之書」太極圖)

운동한다고 할 수 있다. 결과적으로 보면 리는 스스로 운동할 수 있는 자생의 능력이 없다.

그러나 정자상鄭子上이 '태극은 리인데, 리가 어떻게 동정합니까? 형체가 있으면 동정이 있지만 태극은 형체가 없으니 동정으로 말할 수 없을 것 같습니다'라며 묻자, 주희는 답하는 편지에서 이렇게 말한다. "리에 동정이 있으므로 기에도 동정이 있다. 만약 리에 동정이 없다면 기는 어떻게 해서 동정이 있겠는가."[273] 즉 주희는 리·태극太極의 동정을 인정한다. 그러나 이를테면 '양이 동하고 음이 정한다'는 말은 태극이 동정함을 말한 것이 아니다.[274] 리는 형체도 없고 작용이 없는 무위의 것으로 실재하는 것이 아니다. 리는 이치·원리일 뿐이다. 그러므로 태극이 동정한다는 것은 단지 원리적 이치적으로 그렇다는 것이다.

『주역』에 "한번 음하고 한번 양하는 것이 도이다"[275]라는 말이 있다. 이에 대해서 주희는 일음일양 하는 이치, 음양 운동하는 이치가 바로 도道라고 한다. 즉 그는 일음일양 하는 것, 음양 순환 운동하는 것 그 자체가 기氣라면 일음일양 하는 이치, 음양 순환 운동하는 원리가 바로 도라고 본다. 그런데 이 도가 무엇인가? 주희에게 그것은 태극과 더불어 형이상의 개념으로 리理와 동일시된다. 이런 맥락에서 보면 리·도는

---

273 "理有動靜, 故氣有動靜. 若理無動靜, 氣何自而有動靜乎."(『朱子大全』 卷第五十六 「答鄭子上」)

274 "양은 동하고 음은 정하다는 말은 태극이 동정한다는 것이 아니다. 이는 태극이 이치적으로 동하고 정한다는 것이다. 리는 보이지 않는 것으로 음양이 있은 다음에 그 존재를 알 수 있다. 리는 마치 사람이 말을 타는 것과 같이 음양 위에 타고 있다. 陽動陰靜, 非太極動靜. 只是理有動靜. 理不可見, 因陰陽而後知. 理搭在陰陽上, 如人跨馬相似."(『朱子語類』 卷第九十四 「周子之書」 太極圖)

275 "一陰一陽之謂道."(『周易』 「繫辭 上」)

일음일양·동정動靜·순환 운동의 원리, 이치일 뿐이다. 주희에게 리는 동정하는 이치일 뿐, 운동성·능동성이 없다.

그러나 퇴계는 리를 다르게 본다. 그는 리를 실체로 볼 뿐만 아니라 동動할 수 있다고 본다. 능동성, 운동성이 있다는 것이다. 무위가 아니라는 것이다. 퇴계의 리에 대한 새로운 인식, 리동설은 그의 태극에 대한 언급에서 엿볼 수 있다.

퇴계는 「태극도설」과 관련한 언급에서 태극太極에 동정이 있음을 말한 바 있다. 이달李達·이천기李天機가 퇴계에게 "태극에 동과 정이 있으니 이것은 천명이 유행流行하는 것입니다. … 이치가 주인이 되어서 유행하게 하는 것입니까?"²⁷⁶라고 질의하였다. 그 대답으로 퇴계는 이렇게 말한다.

"태극에 동과 정이 있는 것은 태극이 스스로 동하고 정하는 것이며, 천명이 유행하는 것은 천명이 스스로 유행하는 것이니, 어찌 다시 시키는 자가 있겠습니까. 다만 무극과 음양오행이 오묘하게 합하고 엉기어 만물을 화생化生하는 데서 보면, 마치 주재하고 운용하여 그렇게 되도록 하는 이가 있는 것 같으니, 곧 『서경』의 이른바 '상제께서 백성에게 충衷을 내리셨다'라든가, 정자程子의 이른바 '주재로 말하면 제帝라 한다'는 것이 이것입니다. 대개 리와 기가 합하여 사물을 명하니, 신묘한 운용이 저절로 이와 같을 뿐이지, 천명이 유행

---

276 "太極之有動靜, 是天命之流行. 止理爲之主, 而使之流行歟."(『退溪先生文集』卷之十三「答李達李天機」)

하는 곳에 따로 시키는 자가 있다고 말할 수는 없습니다. 이 리는 지극히 높아서 상대가 없으니, 사물을 명할 뿐 사물에게 명을 받지 않기 때문입니다."[277]

리의 능동성은 태극이 스스로 동하고 정한다는 말에서 잘 드러난다. 여기서 태극에 동과 정이 있다고 하는 것은 태극이 자기동정自己動靜임을 말한다. 동정은 최고 근원인 태극의 우주론적 자기 전개를 가리킨다. 퇴계는 태극이 그 어떤 것에도 의지함이 없이 스스로 그러한 것임을 말하였다.[278] 태극이 스스로 동해 기를 생한다고 할 때 그 태극은 곧 리이므로 리가 동해서 기를 생한다고 할 수 있다. 결국 리는 능동적인 무엇일 수밖에 없다. 이렇게 리가 능동성을 가짐으로써 리는 기에 의존하지 않고 독립적으로 작용할 수 있다. 퇴계는 이러한 리는 지극히 높으며 사물에 명을 내리지만 명을 받지는 않는다고 본다.

퇴계의 리동理動에 대한 언급은 1561년에 정유일鄭惟一(1533~1576. 자는 자중子中)에게 답한 편지에도 잘 나타난다.

"살펴보건대 주자가 일찍이 이르기를 '리에 동정이 있기 때문에 기에도 동정이 있다. 만약 리에 동정이 없다면 기에 어떻게 스스로

277 "太極之有動靜, 太極自動靜也, 天命之流行, 天命之自流行也, 豈復有使之者歟. 但就無極二五
妙合而凝, 化生萬物處看, 若有主宰運用而使其如此者, 卽書所謂惟皇上帝, 降衷于下民, 程子所謂
以主宰謂之帝, 是也. 蓋理氣合而命物, 其神用自如此耳, 不可謂天命流行處亦別有使之者也. 此理
極尊無對, 命物而不命於物故也."(『退溪先生文集』 卷之十三 「答李達李天機」)

278 정상봉, 2013, 56.

동정이 있겠는가'라 하였습니다. 대개 리가 동하면 기가 따라서 생기고, 기가 동하면 리가 따라서 드러나는 것입니다. 주렴계가 '태극이 동하여 양을 낳는다'고 한 것은 리가 동하여 기가 생겨난 것을 뜻하고, 주역에서 '복괘에서 천지의 마음을 본다'고 한 것은 기가 동하여 리가 드러나기 때문에 볼 수 있다고 한 것입니다."[279]

여기서 퇴계의 '리가 동하면 기가 따라서 생기고, 기가 동하면 리가 따라서 드러나는 것', '리가 동하여 기가 생겨난 것'이라는 말에는 모두 리동이 함축되어 있다. 퇴계는 리를 단순한 원리로만 본 것이 아니라, '동動'한다고 본 것이다. 이 문장에서 우리는 리가 활동력이 있고 능동적 성격을 가짐을 짐작할 수 있다.

그러나 이와는 다른 견해도 가능하다. 주희의 이른바 '리에 동정이 있기 때문에 기에도 동정이 있다'는 말은 리 자체의 동정을 의미하는 것이 아니며, 주희의 리는 동정이 없는 무위하다는 것이다.

리가 스스로 이르다[理自到]

퇴계가 리를 활물로 인식하고 리를 능동적 주체로 여기는 가장 뚜렷한 예는 '리자도理自到'이다. 이 설은 그가 『대학』의 '격물格物'에 대한

---

279 "按朱子嘗曰, '理有動靜, 故氣有動靜. 若理無動靜, 氣何自而有動靜乎'. 蓋理動則氣隨而生, 氣動則理隨而顯. 濂溪云, '太極動而生陽', 是言理動而氣生也. 易言, '復其見天地之心', 是言氣動而理顯, 故可見也."(『退溪先生文集』卷之二十五「答鄭子中」別紙)

해석과 관련하여 제기한 것이다. 주자학에서 격물은 모든 사물에 있는 이치를 탐구하는 공부이다. 즉 인식 주체(마음, 心)가 인식 대상(物)에 나아가 그 대상에 내재한 리를 탐구하는 행위이다. 그런데 이러한 격물 공부를 성공적으로 하면 그 결과 대상에 대한 정보가 인식 주체에 들어온다. 즉 물격物格이 이루어진다. 격물의 결과가 물격으로 나타난다는 것이다.

여기서 쟁점은 인식 대상인 리가 과연 인식 주체에게 자신을 스스로 드러내느냐, 즉 리가 자신을 직접 인식 주체에게 알려오느냐의 문제이다. 만일 리가 스스로 다가온다고 인정하면 그것은 인식 대상인 리도 인식 주체에 의존적이 아닌, 그야말로 독립적 존재일 여지가 있다. 리가 스스로 움직일 수 있는 존재임을 인정하게 된다. 그런데 퇴계는 사물事物을 인식할 때 주체와 대상 사이에서 리가 어떤 역할을 하는가를 설명하는 과정에서 인식 주체가 인식 대상에게 제대로 다가간다면, '리자도理自到, 즉 리가 스스로 이른다'고 하였다.[280]

퇴계가 인식론 차원에서 '리도理到(理能自到, 리의 자기 발현)'를 통해 리의 주재성, 리의 역동성에 대하여 말한 것은 그의 인생 말년에서였다. 죽기 20일 전인 1570년 10월, 퇴계는 그간 서신 왕래를 바탕으로 자신의 생각을 정리하여 기대승에게 편지를 보냈는데, 거기에서 이런 말을 한다.

"그러나 또 말하기를 "리에는 반드시 용用이 있는데, 무엇 때문에

---

280 김형찬, 2007, 12.

또 심心의 용을 말할 필요가 있겠는가"라 한 것은 그 용이 비록 사람의 마음을 벗어나지 않지만 그 묘한 작용을 내게 되는 소이는 진실로 리의 발현으로서 사람의 마음이 닿는 곳에 따라 이르지 않는 곳이 없고 다하지 않음이 없다는 것입니다. 다만 내가 격물을 하는 데 지극하지 못함이 있을까를 염려해야지, 리가 스스로 이르지 못할까에 대해서는 걱정할 바가 아닙니다."[281]

그가 한 말 '리가 스스로 이르지 못할 것에 대해서는 걱정할 것은 없다'는 것은 무엇을 의미하는가. 그것은 곧 격물을 하는데 지극히 철저하게 하면 '리가 스스로 이를 수 있다', '리가 인간에게 스스로의 모습을 드러낸다'는 것이다. 만물에는 리가 있는데, 내가 격물을 지극히 하면 리가 스스로 나에게 이르러 알 수 있다는 것이다. 격물, 즉 물리物理를 이해해 나감에 따라 물리는 스스로를 환하게 드러내게 된다. 퇴계는 물리의 극처極處가 마음의 인식 과정에서 자기발현을 한다고 한 것이다.[282] 리 자체가 활동력을 가지고 있다. 퇴계는 리를 보다 분석적으로 접근하여 리가 그야말로 활동성·역동성을 가진, 그 자체 스스로 운동하는 주체로 보았다.

퇴계는 자신이 왜 리의 활동성, 리의 이름[理到]을 주장하는 방향 전환을 하였는지 설명하는데, 먼저 그 자신이 이전에 어떻게 해서 그

281 "然而又曰, 理必有用, 何必又說是心之用乎, 則其用雖不外乎人心, 而其所以爲用之妙, 實是理之發見者, 隨人心所至, 而無所不到, 無所不盡, 但恐吾之格物有未至, 不患理不能自到也."(『退溪先生文集』卷之十八「答奇明彦」別紙)

282 정상봉, 2013, 67.

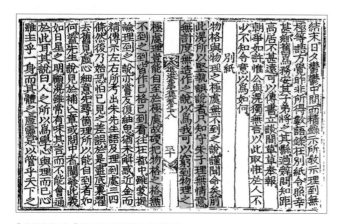
『퇴계선생문집』「답기명언答奇明彦」별지別紙.

런 견해를 가졌었는
지 그의 고백을 들어
보자.

"이전에 내가
잘못된 설을 고집
했던 것은 오로지
리에는 정의도 없

고 계탁도 없고 조작도 없다는 주자의 설만 알고 고수하여, 내가 물
리의 지극한 곳을 탐구하여 그곳에 이를 수 있는 것이지 리가 어찌
스스로 지극한 곳에 이를 수 있는 것이겠는가라고 생각했기 때문입
니다. 그래서 물격物格의 '격'과 무부도無不到의 '도'를 모두 내가 격格
하고 내가 도到하는 것으로 보았었습니다."[283]

즉 이전에는 주희의 생각에 따라 다가가고 이르는 주체를 '나 자신'
으로 보았다는 것이다.

퇴계는 서울에서 기대승으로부터 '리도'에 대한 견해를 듣기도 하였
는데, 그 때도 아무리 생각해봐도 그의 견해에 의문을 던질 수밖에 없
었다. 그런데 퇴계는 기대승이 고증해 놓은 리도에 대한 주희의 언급
서너 조목을 김이정金而精이 전해 주자 이를 보고 비로소 자신이 틀릴

283　"前此滉所以堅執誤說者, 只知守朱子理無情意·無計度·無造作之說, 以爲我可以窮到物理之
　　極處, 理豈能自至於極處. 故硬把物格之格·無不到之到, 皆作己格己到看."(『退溪先生文集』卷之
　　十八「答奇明彦」別紙)

수 있다고 생각하기에 이르렀다. 이른바 퇴계는 기대승이 제공한 주희의 몇 가지 리도에 대한 언급을 보고야 자신의 견해가 잘못일 수 있음을 알았다. 퇴계는 자신의 생각이 바뀐 배경을 이렇게 말한다.

> "지난날 한양에 있을 때 리도理到의 설을 들어 깨우침을 받고, 반복해서 자세히 생각했으나 여전히 의문을 해소하지 못했습니다. 근자에 그대가 주자가 리도에 대해 언급한 서너 가지 조항을 찾은 것을 김이정을 통해 나에게 전하였는데, 그것을 받아본 뒤에야 비로소 나의 견해가 잘못되었던 것이 아닐까 하는 두려운 생각이 들었습니다. 이에 지난날 견해를 다 씻어 버리고 마음을 비워 곰곰이 생각하여 먼저 리가 스스로 이를 수 있는 근거가 무엇인지를 알아보았습니다."284

퇴계는 고봉에게 보내는 편지를 통해 자신의 격물에 대한 태도를 바꾸어 리의 활물성을 깨치고 그로 인해 리도설을 주장하게 되었다.

그러면 퇴계는 기대승이 말한 주희의 어떤 견해를 통해 자신의 태도를 바꾸었을까? 주희는 리도에 대해 무엇을 말하였는가?

> "리에도 반드시 작용이 있는데, 어찌 굳이 마음의 작용이라고만

---

284 "往在都中, 雖蒙提論理到之說, 亦嘗反復紬思, 猶未解惑. 近金而精傳示左右所考出朱先生語及理到處三四條, 然後乃始恐怕己見之差誤. 於是盡底裏濯去舊見, 虛心細意, 先尋箇理所以能自到者如何."(『退溪先生文集』 卷之十八 「答奇明彦」 別紙)

하는가."285

이 말을 근거로 퇴계는 이렇게 말한다.

"어떤 사람이 "작용의 미묘함이란 바로 마음의 작용을 말한 것입니까"라고 물었다. 주자가 이렇게 답했다. "리에도 반드시 작용이 있는데, 어찌 굳이 마음의 작용이라고만 하는가. 마음의 체體는 리를 갖추고 있고, 리는 모든 존재에 갖추어져 있지 않음이 없는 까닭에 어떠한 존재이건 리가 없을 수 없다. 그러나 그 작용은 진실로 사람의 마음을 벗어나지 않는다. 대개 리가 비록 물物에 있다고 하더라도 그 작용은 진실로 마음에 있는 것이다.""286

'리에도 반드시 작용이 있다[理必有用]'고 한 주희 말의 진의가 무엇이든 간에, 퇴계는 주희의 말을 근거로 리를 완전히 새롭게 보게 된다. 퇴계는 당시까지만 해도 주희의 격물에 대한 견해를 따랐다. 그리하여 사물의 이치를 연구함에 있어 인식 주체인 마음과 인식 대상인 리를 상대화하여 주체인 마음의 작용은 인정하였지만 대상인 리의 작용에 대해서는 그렇지 않았다. 즉 인식 대상인 리의 작용을 인정하지 않은 것이다. 그런데 말년에 자신의 이전 생각을 바꾸어 리도 작용할 수

---

285 "理必有用, 何必又說是心之用."(『朱子語類』 卷第十八 「大學五或問 下」)

286 "或問, 用之微妙, 是心之用否. 朱子曰, 理必有用, 何必又說是心之用乎. 心之體, 具乎是理, 理則無所不該, 而無一物之不在, 然其用實不外乎人心. 蓋理雖在物, 而用實在心也."(『退溪先生文集』 卷之十八 「答奇明彦」 別紙)

240

있다고 본 것이다. 리무위설을 따르던 퇴계는 주희의 '리에도 반드시 작용이 있다'는 말을 적극적으로 해석하여 자신의 생각을 바꿨다. 리가 죽은 것이 아니라 생명력을 가졌으며 활동성이 있음을 말하였다.

성리학에서는 대개 리가 동하면 기가 따라서 생겨나고 기가 동하면 리가 따라서 나타난다고 보고, 인간은 그러한 리를 허령虛靈한 마음의 지각 능력으로 해서 알게 된다고 본다. 다시 말해 우리의 마음이 사물의 리를 찾아 궁구하는 능력이 있다는 것이다. 그런데 퇴계는 다른 한편으로 리에도 그 궁구하는 데 따라서 현현되는 성질이 있기 때문에, 리가 스스로 인간에게 드러나고 알려진다고 본다. 따라서 리의 인식은 상대적이고 쌍방적인 것이지, 숨어 있는 리를 인간이 찾기만 해서 되는 식의 일방적인 것이 아니다. 이와 같이 리에도 스스로 현현되는 성질이 있다는 것이 곧 퇴계의 격물(궁리)에 있어서의 '리자도'설이다.[287]

주자학의 입장에서 보면 이렇게 리가 발현한다거나 운동한다, 나아가 스스로 이른다는 퇴계의 주장은 문제가 있다. 왜냐하면 그것은 기본적으로 주자학에서 말하는 리 성격과는 다르기 때문이다. 그것은 리의 능동성을 부정하는 주희의 생각과 다르다.

그러나 퇴계는 리의 능동성을 부정하는 것은 리를 사물死物로 오인하는 것이라 단언하였다. 그리하여 리를 죽은 리, 영향력을 행사하지 못하는 리가 아니라 활동하는 리, 현실에 개입하는 리로 재해석하였다. 바로 이러한 점이 퇴계와 주희의 거리, 퇴계의 독창성, 퇴계학이 성립할 수 있는 배경의 하나일 수 있다. 즉 퇴계를 퇴계이게 한 특징이 바로 리

---

287   윤사순, 1990a, 87~88.

의 활동성·운동성·능동성이다.

리, 그 본연의 체體와 신묘한 용用

퇴계가 리의 운동성, 동적인 면을 좀 더 구체적으로 분명하게 밝히는 것은 그의 리에 대한 체용론적 인식에서 잘 드러난다.[288] 퇴계는 리를 절대 진리로 인식하면서도 '리는 정의가 없고 계탁도 없고 조작도 없다'는 주희의 견해에 구애되어, 리의 능동성을 적극적으로 밝히지 못하였다. 두 사람간의 리를 둘러싼 입장 차이를 극복하고 자신의 리의 능동성에 대한 견해를 명확하게 밝히기 위해 퇴계는 체용론을 도입하였다. 퇴계는 기대승에게 보낸 편지에서 이렇게 말한다.

"여기서 감정도 없고 조작造作도 없다는 것은 리 본연의 체體이고, 상황에 따라 발현하여 이르지 않음이 없다는 것은 리의 지극히 신묘한 용用이라는 것을 알 수 있습니다. 이전에는 다만 본체本體가 작용하지 않는다는 것만 알았지, 신묘한 작용이 드러나 움직일 수 있다는 것은 알지 못했습니다. 그래서 리를 마치 죽은 것처럼 여겼

---

288 퇴계는 리와 기를 체용의 관계로 본다. "대개 리와 기는 본래가 서로 기다려서 체體가 되고 용用이 되어 진실로 리 없는 기가 없고 기 없는 리가 없습니다. 蓋理之與氣, 本相須以爲體, 相待以爲用, 固未有無理之氣, 亦未有無氣之理."(『退溪先生文集』 「答奇明彦」 論四端七情第一書; 論四端七情第二書 改本)

으니, 도道에서 이만저만 벗어난 것이 아니었습니다."[289]

『퇴계선생문집』「답기명언答奇明彦」별지別紙.

퇴계는 전에는 몰랐는데 이제 보니 리에는 체의 측면도 있지만 용의 측면이 있다고 말한다. 즉 무위의 본연의 체와 지신至神한 용이라는 체용 관계로 리를 말한다. 그러면서 퇴계는 리에 감정도 의지도 조작造作도 없는 것은 리의 체(本然之體)이고, 신묘한 작용이 드러나 움직일 수 있는 것은 리의 지묘至妙한 용(至神之用)이라고 본다. 퇴계가 보기에, 주희가 '리에 반드시 용이 있다'고 한 것은 바로 용으로서의 리를 말한 것이다. 퇴계는 리에 체용이라는 두 측면이 있는데, '리무위'는 리의 체를 형용한 것이고 '리필유용理必有用'은 리의 용을 형용한 것이라는 해석을 근거로 하여 리의 운동성을 정당화한다.[290]

리와 기를 체용 관계로 본 것은 물론, 퇴계는 이처럼 리 자체도 본체와 작용(체와 용)의 양면으로 인식하였다. 리를 체로서의 리와 용으로서의 리로 나누어, 본체로서의 리는 활동성이 없지만 작용으로서의 리는 활동성이 있다고 본 것이다. 리를 본연지체로 보면 리는 죽은 개

---

289 "是知無情意造作者, 此理本然之體也, 其隨寓發見而無不到者, 此理至神用也. 向也但有見於本體之無爲, 而不知妙用之能顯行. 殆若認理爲死物, 其去道不亦遠甚矣乎."(『退溪先生文集』卷之十八「答奇明彦」別紙)

290 김상현, 2018, 205.

넘이지만 지신지용至神之用의 맥락에서 보면 사정은 달라진다. 퇴계는 리의 본체와 작용의 구분을 통해 리의 용의 측면에서 리의 능동성을 찾아냈다. 이렇게 리가 스스로 용用을 가지고 있음은 리를 만물의 작용인作用因으로 보는 것이고, 만물의 생성 변화를 주도하는 리의 능동성을 가리킨다.

리의 체용론적 인식은 이공호李公浩에게 보낸 편지(1570년)에도 담겨 있다. 『주역』에 "역에 태극이 있는데, 이것이 양의를 낳았다"[291]는 말이 있다. 이를 바탕으로 주렴계는 〈태극도설〉에서 '태극이 동하여 양을 낳고 정하여 음을 낳는다'고 하였다. 그런데 주희가 '리는 정의도 없고 조작도 없다'고 하였다며, 이공호는 퇴계에게 이런 질문을 한다.

"'태극이 동하여 양을 낳고 정하여 음을 낳는다'고 하지만, 주자는 '리는 정의도 없고 조작도 없다' 하였으므로, 이미 정의도 조작도 없다면 음과 양도 낳지 못할 것 같습니다. 그러나 만약 낳을 수 있다고 한다면 이것은 당초에는 본래 기가 없었으나 태극이 음과 양을 낳은 뒤에 기가 비로소 있게 된 것입니까?"[292]

이공호가 주희의 리에 대한 인식을 고려하면 태극이 음양을 낳을 수 없을 것 같다는 질문을 한 것이다. 사실 이공호는 주희를 말하고 있

---

291 "易有太極, 是生兩儀."(『周易』「繫辭上傳」)

292 "太極動而生陽, 靜而生陰. 朱子曰, 理無情意無造作. 旣無情意造作, 則恐不能生陰陽. 若曰能生, 則是當初本無氣, 到那太極生出陰陽, 然後其氣方有否."(『退溪先生文集』卷之三十九「答李公浩」問目)

지만, 퇴계에게 리를 주희와 다르게 운동성이 있는 것으로 보는 것은 주희의 생각과 다르지 않느냐, 주희의 사상과는 퇴계의 사상이 모순된 다는 것을 지적한 것인지도 모른다. 이에 퇴계는 회신 편지에서 자신의 생각을 이렇게 정당화한다.

"주자가 일찍이 '리에 동정이 있기 때문에 기에 동정이 있다. 만약 리에 동정이 없다면 기에 어떻게 동정이 있겠는가' 하였으니, 이것을 알면 의심이 없어질 것입니다. 무릇 정의情意가 없다고 운운한 것은 본연의 체體이고, 발동할 수 있고 낳을 수 있는 것은 지극히 묘한 용用을 말한 것입니다. … 리가 스스로 용이 있으므로 자연히 양을 낳고 음을 낳는 것입니다."[293]

『퇴계선생문집』「답이공호答李公浩」.

퇴계는 리가 동한다는 것을 밝히며, 자신의 주장과 주희의 주장 간의 간극을 메우기 위해 체용론을 도입한다. 그리하여 리와 기를 체용 관계로 볼 수 있듯이 본체인 리 자체도 체와 용의 두 측면을 가지고 있

---

293 "朱子嘗曰, 理有動靜, 故氣有動靜. 若理無動靜, 氣何自而有動靜乎, 知此則無此疑矣. 蓋無情意 云云, 本然之體, 能發能生, 至妙之用也. … 理自有用, 故自然而生陽生陰也."(『退溪先生文集』卷之 三十九 「答李公浩」問目)

다고 한다. 즉 리에도 작용하지 않는 체와 작용하는 용 두 측면이 다 있다, 즉 리의 체와 리의 용이 있다는 것이다.[294]

이렇게 리를 체용으로 구분하여 볼 때 체로서의 리는 무정의無情意하여 동하거나 발하고 생할 수 없지만, 리의 용의 측면에서 보면 리는 스스로 발동하고 스스로 낳음으로써 능동적인 존재이게 된다.[295] 생명력이 없으면 스스로 발하거나 동하거나 무엇을 낳을 수 없다. 능발능생한다는 것은 곧 리가 활물임을 말한다. 퇴계의 리의 용 속에는 기를 생겨나게 하는 작용의 측면이 있다. 퇴계는 리의 용을 말함으로써 리가 운동성, 능동성을 특징으로 함과 리가 생명력을 갖추었음을 말하였다. 리의 주재성, 리가 마치 활물活物처럼 어떤 마음을 가지고 세상의 변화와 인간 마음의 변화를 주도하는 것처럼 말한 것이다.[296]

주자학에서는 흔히 리가 이치로 간주되기 때문에 스스로 활동할 수 없다고 본다. 주희의 리무위理無爲설이 바로 그것이다. 사실 움직인다는 것은 세계의 존재와 운동의 물질적 측면을 가리키는 기에 대해서만 사용할 수 있는 개념이다. 그런데 퇴계는 이처럼 체용론을 도입하여 리에도 체로서의 리는 작용성·능동성이 없는 무위의 것이지만, 용으로서

---

294 우주 발생론에서 리 안에 용을 인정하는 체용의 문제를 양명수는 이렇게 정리한다. "본체로서의 태극과 리는 세상 현실로서의 기나 음양을 초월한 측면을 가리키고, 작용으로서의 태극이나 리는 세상에 유행하며 다양한 현실에 응해 덕을 실현하는 능동성을 가리킨다. 리는 원래 본체로서 무위인데, 음양을 낳고 선을 실현하는 작용이 있다고 해서 그것을 리의 용이라고 부른다. 하나의 리 안에 작용을 초월한 면과 작용하는 면이 모두 갖추어져 있다."(양명수, 2016, 138)

295 이종우, 2005, 13.

296 양명수, 2015, 71~76; 양명수, 2016, 136~138.

의 리는 활물로 운동성이 있는 것으로 본다.[297]

퇴계의 리기론에서 주희와 차별화할 수 있는 것의 하나는 리의 자발성이다. 주희는 리를 아무런 감정(情)이나 사려(意)도 없고 조작도 하지 않는다고 하였지만, 퇴계는 주희와는 달리 특히 리자도를 통해 리의 능동적 자발성을 주장하였다. 퇴계는 주희가 말한 정의도 조작도 없는 리는 본연지체本然之體, 즉 체로서의 리이고, 리자도의 리는 지신지용至神之用, 즉 용으로서의 리라 하여, 리를 체와 용이라는 관계로 설명한다. '지신'을 어떻게 해석할 것인지에 대한 논란은 있을 수 있으나, 퇴계가 리를 신神의 작용으로 설명하는 모습은 주희와는 큰 차이가 있으며, 특히 리의 종교적 성격을 부인할 수 없을 것 같다.[298]

---

297 "퇴계는 리를 본체[體]와 작용[用]으로 나누고, 본체로서의 리는 비록 감정이나 조작이 없지만 작용으로서의 리는 발현하고 현행顯行하고 자도自到한다고 말한다. 따라서 퇴계가 적어도 이론상에서 '리도설'을 과감하게 주장할 수 있는 계기는 '리의 작용'의 발견에 있다고 할 수 있다."(조성환, 2022, 105)

298 정순종, 2021, 130.

퇴계의 리理, 그 실체

퇴계의 리는 원리·법칙이 아닌 다른 무엇

　퇴계는 사단칠정四端七情의 심성론과 '태극생양의太極生兩儀'에 대한 우주론, 그리고 사물의 이치를 공부하는 격물의 인식론에서 리 자체의 운동성·능동성 여지를 남겼다. 퇴계가 말하는 리의 능동성은 우주론과 인식론으로 확대되면서 리의 초월성이 강조되고 인격화되는 경향을 지니며, 그 중 리가 가장 인격화된 모습을 보이는 것은 인식론에서의 리도라고 할 수 있다. 리발과 리동을 넘어, 퇴계는 '리가 스스로 이른다[理自到]'고 하였다. 바로 이 지점이 주희의 리와 비교되는데, 퇴계가 리를 단순한 이치나 법칙이 아닌, 스스로 이를 수 있는 존재로 봄으로써, 리가 인격신적 존재로 여겨질 여지가 있음을 암시한다. 리발에서는 리가 내 마음을 움직이고, 리동에서는 리가 우주의 생성·변화 운동을 일으킨다면, 리도에서는 리가 내 마음의 움직임에 반응을 보여서 응답하

는 것이기 때문이다.[299]

퇴계의 리에 대한 언급을 보자.

"리는 지극히 존귀하여 상대가 없으며 사물(기의 세계)에 명령
을 내릴 뿐 명을 받지는 않는다."[300]
"리는 물아物我도 없고 내외外內도 없다. 분단分段도 없고 방체方體
도 없다."[301]
"리理 자체에 용用이 있기 때문에 자연히 양을 낳고 음을 낳는다."[302]

이는 곧 리가 유일한 절대자, 현실의 공간성을 벗어난 존재, 만사 만
물을 낳는 근원임을 말하는 것이다. 리는 현상 세계의 어떤 것이 아닌
듯하다.
퇴계는 리가 이치나 법칙이 아닌 다른 무엇으로 볼 수 있는 실마리
를 이렇게 말한다.

"(리는) 지극히 텅 빈 것이면서 지극히 꽉 찬 것이며, 지극히 없는
것이면서 지극히 있는 것이며, 움직이지만 움직임이 없는 것이며, 고
요하지만 고요함이 없는 것으로, 순수하고 깨끗해서 조금도 보태거나

---

299 양명수, 2015, 56, 95~96.

300 "此理極尊無對, 命物而不命於物故也."(『退溪先生文集』 卷之十三 「答李達李天機」)

301 "此理無物我, 無外內, 無分段, 無方體."(『退溪先生文集』 卷之二十四 「答鄭子中」)

302 "理自有用, 故自然而生陽生陰也."(『退溪先生文集』 卷之三十九 「答李公浩」問目)

뺄 것이 없는 그것은 음양오행과 만사 만물의 근본이 되지 음양·오행과 만사 만물에 얽매여 있는 것이 아님을 알게 됩니다. 어찌 이를 기와 뒤섞어 '일체'라 하거나 '일물一物'이라 말할 수 있겠습니까?"[303]

리는 '지극히 허하되 지극히 실하다, 지극히 없는 것 같지만 지극히 있다, 움직이면서 움직임이 없다, 고요하면서 고요함이 없다, 깨끗하고 깨끗한 것으로서 조금도 더하거나 뺄 것이 없다, 만사 만물의 근본으로 초월적이다.' 허虛·실實, 무無·유有, 동動·무동無動, 정靜·무정無靜이라는 서로 반대의 성격도 한 몸에 내포하는 존재, 현실에서는 찾을 수 없는 이러한 리를 도대체 무엇이라 해야 할까?

그런데 『통서』에 이런 말이 있다. "움직일 때 고요함이 없고, 고요할 때 움직임이 없는 것은 물物이다. 움직이지만 움직임이 없고, 고요하지만 고요함이 없는 것은 신神이다."[304] 주돈이는 움직이지만 움직임이 없고, 멈춰 있지만 멈춤이 없는 것을 신神이라 한다. 이러한 견해는 주희도 언급한 바 있다. 『주자어류』에 의하면, 그는 『통서』를 언급하며 역시 "움직이지만 움직임이 없고 멈춰 있지만 멈춤이 없는 것은 신이다"[305]라 하였다. 이렇게 보면 퇴계의 리는 다름 아닌 신이라고 할 수 있을 듯하다.

---

303 "至虛而至實, 至無而至有, 動而無動, 靜而無靜, 潔潔淨淨地, 一毫添不得, 一毫減不得, 能爲陰陽五行萬物萬事之本, 而不囿於陰陽五行萬物萬事之中, 安有雜氣而認爲一體, 看作一物耶."(『退溪先生文集』卷之十六「答奇明彦」別紙)

304 "動而無靜, 靜而無動, 物也. 動而無動, 靜而無靜, 神也."(『性理大全』卷之一「通書」動靜第十六) 『성리대전』원문과 번역은 윤용남 외 역주, 2018을 따랐다.

305 "動而無動, 靜而無靜, 神也."(『朱子語類』卷第五「性理 二」性情心意等名義)

퇴계는 리가 신임은 물론, 순수하고 깨끗해서 조금도 보태거나 뺄 것이 없는, 털끝만큼도 더할 수도 뺄 수도 없는 존재로 봄으로써, 리·신을 완전한 존재로 보기도 한다. 나아가 퇴계는 리가 음양·오행과 만사 만물의 근본으로, 음양·오행과 만사 만물에 얽매여 있는 것이 아니라 하여, 기와 뒤섞여 일체나 일물이 될 수 없는 것으로 본다. 이는 곧 리가 기와는 독립적으로 실재하는 것임을 말한 것이다.[306]

퇴계는 '리동'·'리발'·'리자도'를 통해, 리가 활동하고 리가 드러내고 리가 스스로 다가온다고 하였는데, 이때 리는 어떤 존재임을 말하는 것일까? 리의 용으로 볼 때 리는 스스로 활동할 수 있다고 하였는데, 그렇다면 이때의 리는 생명성이 있음을 말한다. 퇴계는 이런 리를 통해 리의 실체적 성격을 드러내고, 리의 존재적 모습을 말하고자 한 것은 아닐까? 그 실체는 무엇일까?

퇴계의 이런 리는 아래처럼 여러 연구자들에 의해 다양하게 피력되었다.

"퇴계는 리가 현상 세계에 있는 어떤 것과도 다르다고 하였다. … 리는 형상이 없으므로 나눌 수도 없고, 안팎이 없으므로 너와 나의 구별도 없는 존재이다. 이러한 존재에 이름을 붙인다면 '형이상적 일자'가 어울릴 듯하다. '형이상자'는 현상계에 대하여 '무한자'이다. 모양이 없으므로 크기가 없고, 안팎이 없으므로 포괄하지 못할 것이 없다. 일정한 크기가 없이 모든 것을 포괄하는 자는 생성과 소멸이

---

306 안유경, 2020, 87.

있을 수 없다. 생성된다는 것은 존재하지 않던 어떤 사물이 어떤 모양으로 존재하기 시작함으로써 시초를 가진다는 것이므로, 형이상적 일자는 영원자이다. 모든 것을 포괄하니 포괄자이며, 포괄하면서 현상계를 넘어서 있으니, 포괄하며 초월해 있는 '포월자包越者'이다. … 리는 형이상적 일자이지만, 없는 곳이 없이 만물에 다 내재해 있다. 이러한 존재에 이름을 붙인다면 '내재적 초월자'라고 할 수 있을 것이다. … 리는 절대적 존재이기 때문에, 그것은 음양·오행·만사의 뿌리가 되지만 현상 세계에 갇히는 일이 없는, 형이상학의 절대 존재이다. 이러한 절대의 리는 생성되고 소멸되는 기와 동일시되거나 함께 언급될 수 있는 존재가 아니다."307

"퇴계가 말하는 리발은 초월적 느낌의 확실성에 다름 아니며, 그가 다다른 리도理到는 그 느낌의 지속적인 파지(敬)를 통해 예감되는 절대적 존재의 임재臨在라 할 만한 것이다. 이 실존적 확신 아래, 이황은 구도를 뒤트는 무리를 감수하면서까지 리를 주희가 설정한 무기력의 감옥으로부터 끌어냈던 것이다. 이황에게서 절대적인 리는 칸트에게서처럼 인간의 윤리적 행동을 보증하기 위해 요청되거나 주희에게서처럼 선험적 이념으로 설정되는 존재가 아니었다. 그 리는 인간 내부에 생생한 현실로 내 가슴에 살아 있는 힘이라고 증거한다."308

"리는 나와 상관없이 저절로 또는 '능동적'으로 다가오는 것이

---

307 이광호, 2003, 548~551.
308 한형조, 2002, 132. 2018, 434.

아니다. 리는 행위자, 수양론의 맥락에서 보면 수행자의 행위에 대해서 일종의 '반응'을 한다. 이것은 마치 군주가 성경誠敬을 다하면 하늘이 감복하여 비를 내린다거나, 내가 하나님에게 기도를 드리면 하나님이 나에게 길을 제시해준다고 하는 식의, 일종의 초월자와의 교감 관계와 같다. … 그에게 리의 '초월'과 '활동'은 '내 밖에 있는 리가 나에게 다가온다'는 말에서 알 수 있듯이, 정적인 초월이나 마음의 활동이 아니라, '초월적인 리 자체의 활동'이다. 퇴계의 '리도설'에서 드러나는 초월적 존재는 '내 밖'에 엄연히 존재하면서 나와 '교감'하는 인격적 존재이다."[309]

"퇴계는 우주적 원리(리)에 대하여 질서성이나 법칙성만을 의미하지 않는다고 선언하면서, 우주적 원리의 작용을 통해 우주 자연의 생명 현상이 그 양상을 드러낼 수 있음을 암시하고 있다. 이는 '도道는 사물을 낳는 본체이고 기器는 사물을 낳는 재료'이며 퇴계의 언명에서 볼 때, 우주적 원리는 우주 자연의 생명 현상 그 배후에 실존하는 비현상적 실재인 생명력으로 간주하고 있음을 말한다."[310]

"허虛·실實, 무無·유有, 동動·정靜이라는 서로 모순된 양상을 동시에 포괄하는 존재가 현상계에는 존재할 수 없다. 이러한 존재는 현상계를 초월하는 존재이다. 조금도 더할 수도 덜 수도 없는 존재라고 하니 생기는 것도 아니요 없어지는 것도 아닌 영원한 불생불멸의 존재이다. … 남과 나의 구분도 없고 안과 바깥의 구별도 없고 이것과

309 조성환, 2013, 70, 74.

310 최봉근, 2003, 52~53.

저것으로 나눌 수도 없고 방향과 형체도 없는 존재란 어떤 존재일까? 현상계를 넘어서 있는 형이상적 일자라고 볼 수밖에 없다. 이 절대 진리는 지극히 존귀하여 상대가 없으며 사물에 명령을 내리기는 하되 다른 것으로부터 명령을 받지는 않는 절대적 존재이다."311

"리는 추상적인 개념이 아니라 인간 행위의 주재자이며, 우주의 근원자일 뿐만 아니라, 현상계에 자신의 본체를 활발하게 노정시키고 현행顯行시키는 주체적이며 창조적인 능동적 존재인 동시에, 인간이 경존敬尊해야 할 극존무대極尊無對한 존재인 것이다."312

리는 이렇게 여러 가지 모습으로 그려진다. 만물은 물론 인간에게도 내재한 리는 절대적 존재, 형이상의 일자, 포월자, 주재적 존재, 활동적 실체, 신, 극존무대한 존재 등으로 다양하게 묘사된다. 퇴계의 리는 어떤 초월적 실체처럼 보이기도 한다. 어느 정도 인격체처럼 여겨지기도 한다.

리를 상제로 볼 수는 없을까?

퇴계에게 천은 한편으로는 만물을 생성 및 변화시키는 원리, 이치이다. 그러나 다른 한편으로 리는 다른 다양한 모습으로도 그려진다. 위

---

311 이광호, 1996, 49.

312 최영진, 1981, 108.

에서 본 초월적 활동적 인격적 존재, 일자, 포월자, 무한자, 신, 이 모두를 아우를 수 있는 개념은 무엇일까? 이런 특성을 가진 것을 무엇이라 할 수 있을까?

태극太極이 동정하고 천명天命이 유행流行하는 것이 그렇게 되도록 하는 무언가가 시켜서 그렇게 되는지를 묻는 이달李達·이천기李天機의 물음에 대한 답에서 퇴계는, 태극이나 천명이 동정하고 유행하는 것은 그 스스로 동정하고 유행하는 것이지 어떤 의지를 가진 존재가 하는 것이 아니라고 말한다. 태극은 그 어떤 것에도 의지함이 없이 스스로 그러하다는 것이다. 그는 상제와 같은 인격적 존재의 개입을 부정한다. 그러나 만물을 화생化生하는 데서 본다면, 주재하고 운용하여 그렇게 되도록 하는 이가 있는 것 같다고도 한다.

퇴계는 한 때 리를 죽은 것으로 생명력이 없는 것으로 간주하였으나 후에 리가 사리死理가 아닌 활리活理라는 입장을 취하였다. 그러나 그 리가 구체적으로 무엇인지는 말하지 않았다.

성리학자들의 공통 분모의 하나는 리를 천이라 한 점이다. 이는 〈천명도설〉에서 알 수 있듯이 퇴계에게서도 예외가 아니다. 그는 리를 모든 존재의 궁극 원리, 이치라고 여기며 그것을 또한 천이라 한다.

나아가 퇴계는 리를 원시 유교의 인격적 주재자인 상제와도 연결시킨다. 사실 리가 무성무취하다는 맥락에서 보면 상제 역시 그러하고, 리가 능동적 주재자이듯이 상제 역시 만물을 능동적으로 주재한다. 퇴계의 용으로서의 리는 상제와 공통점이 있다.

앞에서 나온 이 말을 보자. "태극에 동과 정이 있는 것은 태극이 스스로 동하고 정하는 것이며, 천명이 유행하는 것은 천명이 스스로 유행하는 것이니, 어찌 다시 시키는 자가 있겠습니까. 다만 무극無極과 음양陰陽 오행五行이 오묘하게 합하고 엉기어 만물을 화생化生하는 데서 보면, 마치 주재하고 운용하여 그렇게 되도록 하는 이가 있는 것 같으니 … "[313] 이 말에 의하면, 만물이 화생하는 것은 어떤 존재의 주재와 운용에 의한 것이다. 그런데 그 존재가 무엇인가. 바로 리이다. 퇴계는 이렇게 리의 주재에 의해 만물이 생겨나는 것을 원시 유교 경전에서 상제가 백성을 내는 것과 같다고 한다. 리는 곧 지극히 높아서 상대가 없으니 지고적 존재로, 사물에게 명령하고 사물로부터 명령을 받지는 않는, 기를 주재하고 기에 명령을 내리는 근원적 존재이다. 리는 우주 만물의 생성·변화 운동을 주관·주재하는 절대적 지위를 갖는 최상의 존재이다. 그런데 퇴계는 이러한 리가 만사 만물에 있으므로 늘 우리 곁을 떠나있지 않으므로 삼갈 수밖에 없다고 본다. 이런 리는 곧 천지 만물을 주재하고 다스리는 상제와 무엇이 다를까![314]

성학십도 10폭 병풍(지본묵서紙本墨書). 국립민속박물관. (출처: https://blog.naver.com)

---

313 "太極之有動靜, 太極自動靜也, 天命之流行, 天命之自流行也, 豈復有使之者歟. 但就無極二五妙合而凝, 化生萬物處看, 若有主宰運用而使其如此者 … "(『退溪先生文集』卷之十三 「答李達李天機」)

314 "퇴계는 리에 두려움의 대상으로서 인격적 존재인 상제와 같은 지위를 부여하는 듯하다. 즉 활

퇴계는 『성학십도』에서 이렇게 말한다.

"무릇 도道란 일상 생활에서 흘러감(流行)에 어디든 편재하고 있으므로, 어느 한 곳에도 리가 없는 곳이 없습니다. 그러니 공부를 쉴 수 있는 곳이 어디에 있겠습니까. 그것은 한시도 멈춘 적이 없으므로, 어느 한 순간도 리가 없는 때가 없었습니다. 그러니 공부를 쉴 수 있는 틈이 어디 있겠습니까. 그래서 자사子思가 "우리는 도道로부터 한 순간도 이탈할 수 없다. 만일 이탈될 수 있다면 그것은 도가 아니다. 그래서 군자는 보이지 않는 것을 삼가고(戒愼) 그 들리지 않는 것을 두려워한다(恐懼)"고 하였다. 또 "보이지 않는 것보

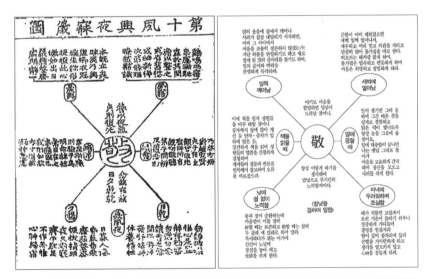

성학십도聖學十圖 제10도 숙흥야매잠도夙興夜寐箴圖.   성학십도聖學十圖 제10도 숙흥야매잠도夙興夜寐箴圖.
(출처: 『퇴계선생문집』)   (출처: 고려대 민족문화연구원 한국사상연구소, 2009, 137)

물로서의 리와 경외의 대상으로서의 상제가 퇴계의 리 속에 병존한다. 결국 리는 곧 상제라는 관계가 성립한다."(안유경, 2020, 89~90)

다 더 장엄한 것이 없고, 희미한 것보다 더 뚜렷한 것이 없다. 그래서 군자는 신독愼獨, 즉 자기에게 알려진 것, 그것을 두렵게 생각한다"고 하였습니다."315

여기서 말하는 '도', '리'는 무엇일까? 도와 리는 서로 다른 것이 아니며 나아가 그것은 초월적 절대자로서의 하늘, 상제와도 다르지 않는 듯하다. 퇴계는 어린 선조에게 수양을 함에 있어 상제를 늘 염두에 두어야 함과 상제에 대한 경외敬畏, 외천畏天을 강조하였다. 이치를 두려워할 수는 없는 일이다. 두려워할 대상은 인격적일 수밖에 없다.

'작용[用]'으로서의 리는 다름 아닌 상제

주자학에서는 현상 세계를 규정하는 것이 리라고 본다. 그리고 이러한 리는 추상적 형이상학적 이치일 뿐 거기에서 인격신의 단서나 인격신의 주재성의 흔적을 보이지 않는다.316 리는 사물死物일 뿐이다. 주희

---

315 "夫道之流行於日用之間, 無所適而不在故, 無一席無理之地, 何地而可輟工夫. 無頃刻之或停故, 無一息無理之時, 何時而不用工夫. 故子思子曰, 道也者, 不可須臾離也. 可離非道也. 是故, 君子戒愼乎其所不睹, 恐懼乎其所不聞. 又曰, 莫見乎隱莫顯乎微, 故君子愼其獨也."(『退溪先生文集』 「進聖學十圖箚」 第十夙興夜寐箴圖)『성학십도』 번역과 원문은 한형조 독해, 2018; 최재목, 2007; 고려대 민족문화연구원 한국사상연구소, 2009를 참조하여 선택 인용 및 수정 보완하였다.

316 "주희는 인격신을 부정하고, 리=법칙이 현상 세계를 규정한다고 본다. 따라서 인격신의 주재를 부정한다. 리가 법칙으로서 현상을 규정한다는 것은 리가 주재하는 것이 아니다. 주재는 감정과 욕망을 가지고 생각하고 판단 및 결단할 수 있는 행위자에게 어울린다. 그런데 리는 어떤가. 리는 행위자가 아니다."(손영식, 2008, 309)

의 리에 대한 사상이 바로 그러하다.

그러나 퇴계는 다소 다른 면이 있다. 그는 천·하늘을 천지 만물, 자연을 생성·변화시키는 원리이자 근거로 여기면서도 다른 한편으로는 여전히 초월적 존재로서의 '상제'를 부각시킨다. 그가 리를 인격적인 것으로 보는 가장 분명한 단서는 앞에서 언급하였듯이 리에 대한 체용론적 인식에서 찾을 수 있다. 그는 리를 형이상학적 '본체'로서의 리와 '작용'으로서의 리로 분별하였다. 그리하여 본체(本然之體)로서의 리는 주희가 말하는 리·태극과 다르지 않다고 여긴다. 리는 무색무취한 그야말로 어떤 인격적 주재적 요소도 함축하지 않은 도덕 원리이자 형이상학적 이치이다. 그런데 퇴계는 존재 근거와 원리를 해명하기 위한 형이상학적 실체인 태극으로는 사회 현실의 문제를 해결할 수 없다는 문제의식에서 리의 다른 측면을 찾아냈다. 그것이 작용(至神之用)으로서의 리이다. 이 용으로서의 리, 작용의 리, 신묘한 리는 무색무취한 것이 아니라, 자체에 스스로 활동성·운동성이 있다. 이를테면 태극에서 음양이 생기는 것은 이 용으로서의 리 때문이다. 그러므로 리를 본체로서만 보는 것은 리의 반쪽만을 보는 것에 지나지 않는다. 그 온전한 모습을 보려면 반드시 체와 짝을 이루는 용, 즉 오묘한 작용을 하는 리의 측면을 고려하여야만 한다.

이러한 오묘한 리는 사물死物, 즉 생명력이 없는 것이 아니다. 퇴계는 용으로서의 리를 통해 리에 생명력을 불어넣었다. 리를 주체적 독립적 존재로 만들었다. 인간에게 큰 영향력을 미칠 수 있는 어떤 존재, 인간 마음에 내재하면서 인간의 행위를 강제 및 감시하는 존재로까지 여겨지게 했다.

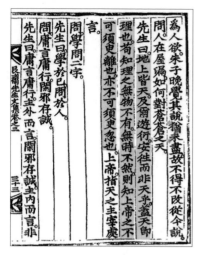

퇴계의 상제 인식. (출처: 『간재선생문집艮齋先生文集』 권지삼卷之三 문목問目 상퇴계선생上退溪先生)

퇴계의 리는 원리·이치를 넘어 인격적 존재, 인격신의 성격으로도 여겨진다. 이러한 모습의 리를 한마디로 말하면 무엇이라 할 수 있을까? 아마도 천, 상제 등으로 지칭할 수 있지 않을까?

어느 날 제자 간재艮齋 이덕홍李德弘(1541~1596)이 퇴계에게 '사람이 으슥한 방구석[屋漏]에 있으면서 어떻게 푸른 하늘을 대할 수 있는지'를 물었다.[317] 이에 퇴계는 이렇게 답한다.

"땅 위는 모두 하늘이다. (『시경』「판」에서) '그대와 함께 노닌다(及爾遊衍)'하니, 어디 간들 하늘이 아니겠는가. 하늘은 곧 리理이다. 리가 없는 물건이 없고 리가 없는 때가 없음을 안다면, 상제上帝를 잠시도 떠날 수 없고 잠시라도 소홀히 할 수 없다는 것을 알 수 있을 것이다."[318]

퇴계는 천즉리라 하여 하늘을 리로 말한다. 그러면서 리가 만물에 편재하므로 하늘은 어디에나 있음을 말한다. 이는 곧 우리가 방구석에

---

317 "問, 人在屋漏, 如何對蒼蒼之天."(『艮齋先生文集』卷之三 問目 上退溪先生)

318 "地上皆天. 及爾遊衍, 安往而非天乎. 蓋天卽理也. 苟知理之無物不有, 無時不然, 則知上帝之不可須臾離也, 亦不可須臾忽也."(『艮齋先生文集』卷之三 問目 上退溪先生) 퇴계 이황 지음, 성호 이익 순암 안정복 역음, 이광호 옮김, 2010, 142~143 참조.

있을 때에도 하늘 역시 있다는 것이다. 그런데 퇴계는 여기서 그치지 않는다. 리를 상제와 다르지 않다고 여긴다.[319]

이 말은 비록 퇴계가 리를 체용의 측면을 말하려는 맥락에서 나온 것이 아니지만 그가 리를 상제와 일치시키는 모습은 리의 체라는 측면에서 보면 리는 형체가 없고 소리도 없고 냄새도 없는 만물의 근원이지만, 용이라는 측면에서 보면 리는 활동성이 있는 활물이고, 그러한 리의 신묘한 작용은 상제의 능력과 다르지 않음을 보여주는 것으로 볼 수 있지 않을까? 즉 퇴계가 리를 상제와 동일한 것으로 본 것은 리의 발용發用이라는 맥락으로 볼 수 있는 것이다.

퇴계의 이러한 리를 상제와 일치시키는 모습에 대해 조경환은 이렇게 말한다. "퇴계는 주자학적인 리기론을 받아들이면서도 그것을 다시 '상제 사상' 쪽으로 끌어당겨, 리가 현실 세계에 침투되어 있는 것은 곧 하늘이 항상 우리와 함께 있는 것을 의미한다고 하는 대월상제의 명제를 도출해내고 있다. 이것은 달리 말하면 리기론의 경천화敬天化이자 경학화敬學化를 의미한다. 즉 리가 다시 '천'이 된 이상, 그것은 단순한 궁구窮究의 대상을 넘어서 섬김의 대상으로까지 나아갈 여지가 열리게 된 것이다."[320]

이렇게 보면 황상희의 말처럼, "퇴계에게 리는 단순한 자연계의 원리적 차원을 넘어서서 종교적인 신성의 근저를 이룬다. 따라서 퇴계의 리존 사상理尊思想은 한갓 리 우위적 사고라고 하는 피상적인 시각에서

---

319   "퇴계는 여기에서 한 걸음 더 나아가서 리를 상제와 일치시켜, '천=리=상제'의 삼자를 본질적으로 동일한 것으로 간주하고 있다."(조성환, 2022, 116)

320   조성환, 2022, 117.

설명되기 어려운 것으로서, 종교적인 차원으로 이해되지 않으면 안 되는 세계이다. 퇴계에게 원리·법칙으로서의 리는 초월적 위치에서 만물에 대해 주재·명령하는 천의 의미를 포괄한다. 퇴계에게 있어서 리는 천이고 상제다."[321] 김형찬도 이런 맥락의 주장을 한다. 즉 "리를 온 우주에 두루 존재하는 천명의 유행流行으로서의 활물임을 리발, 리동, 리자도 등의 명제로 드러내려 했던 이황의 리기론에는 리를 상제로 재해석할 수 있는 가능성 역시 담겨있다."[322]

퇴계가 용으로서의 리를 활동성이 있는 것으로 보고 그것을 상제로까지 연결시켰다면, 왜 그랬을까? 그것은 시대 상황과 관련이 있는 듯하다. 퇴계가 살던 때는 정치적 사회적으로도 격동의 시대였다. 정치적 불안으로 삶과 죽음이 어떻게 될지 누구도 예측하기 어려운 면이 있었다. 오죽하면 퇴계도 정계에 머물지 않고 가능하면 관직을 멀리하고 고향에서 학문하는 것을 지향하였을까. 그가 보기에 당시 현실의 모순을 해결할 뾰족한 길이 없었다. 무언가 사회를 변혁하고 새로운 사회를 지향할 수 있는 길을 모색하기가 그야말로 어려웠다. 특히 존재 근거와 원리를 해명하는 개념인 주자학의 태극이나 리와 같은 추상적 사상이나 논리로는 현실을 반성하고 변혁할 힘에 대한 이론적 해명이 불가능하였다.[323] 이에 퇴계는 리를 주자학의 죽은 리가 아니라, 리에 생명력을 불어넣어 신묘한 작용을 하는, 그리하여 마침내 사람들에게 천명을 내

---

321   황상희, 2015, 62~63.

322   김형찬, 2012, 26~27.

323   강경현, 2017a, 28.

리는 원시 유교의 인격적 주재적인 상제와 같은 역할을 하는 리로 재해석하고자 했던 것은 아니었을까?

퇴계의 이러한 리의 인격적 존재로서 상제 인식은 이후 조선 후기에 상제천 관념이 형성되는 뿌리였다. 퇴계 사상의 계보가 이를 뒷받침한다.[324] 비록 차이는 있으나 퇴계의 상제 사상은 성호는 물론 특히 다산에게 영향을 미치고 이어졌다. 다산은 퇴계의 학문과 덕행을 사모하여 『퇴계집』의 서찰書札을 읽고 그중에 특히 요절要切한 부분을 뽑아 강綱으로 삼고 다음에 부연 설명하여 자신이 경성警省하는 자료로 삼기 위해 책을 만들었는데, 그것이 「도산사숙록陶山私淑錄」이다. 사숙私淑이 무엇인가. 그것은 내가 경모敬慕하는 사람에게 직접 배우지 못하고 단지 그 사람을 본받아 스승으로 삼거나 혹은 그의 저서를 통하여 도道나 학문을 닦는 것을 말한다. 다산의 퇴계를 향한 마음이 그럴 정도였다. 이로

---

324 퇴계는 서애 유성룡, 월천 조목(1524~1606), 학봉 김성일, 한강 정구 등 많은 제자를 두어 조선 후기에 영남 남인 학파와 근기 남인 학파를 형성하는 출발점이다. 그 중 근기 지방에서 퇴계의 학문적 정치적 계승(道脈)을 체제공蔡濟恭은 퇴계-정구-허목-이익으로 이어진다고 하였다.

한편 다산은 스승인 녹암 권철신의 묘지명에서 자신의 중씨仲氏에게서 들었다는 녹암의 말("퇴계 이후로는 하헌의 학이 본말本末이 있고, 하헌 이후로는 성호星湖의 학이 간 성인을 잇고 오는 학자들을 개도開導하였다. 退溪之後, 夏軒之學, 有本有末, 夏軒之後, 星翁之學, 繼往開來."(『與猶堂全書』文集 卷十五 「鹿菴權哲身 墓誌銘」)을 근거로 퇴계의 학통을 퇴계-백호-성호로 이어지는 것으로 보았다. 그리고는 "(성호) 선생이 만년에 한 제자를 얻었으니 그가 바로 녹암 권공이다. … (성호) 선생이 죽은 뒤로는 과연 재주 있고 준수한 후배들이 모두 공(녹암)에게 모여들었다. 及其晚慕, 得一弟子曰鹿菴權公. … 先生旣沒, 後生才俊之輩, 咸以鹿菴爲歸."(『與猶堂全書』『文集』卷十五「鹿菴權哲身 墓誌銘」)는 말을 덧붙이며, 성호학파 내의 신서파 수장이자 자신의 스승인 녹암이 성호를 이은 것으로 본다. 다산이 녹암을 잇는 것은 물론이다.

이 책에서『여유당전서』시·문집 관련 자료의 원문 및 원문 이미지, 그리고 번역은 다산학술문화재단, 2013; 민족문화추진회 편, 1982; 박석무·정해렴 편역주, 2002; 허경진 옮김, 2007; 한국고전종합DB(https://db.itkc.or.kr)의 『여유당전서』, 『다산 시문집』을 참조하여 선택 또는 수정·보완하였다.

짐작컨대 다산은 퇴계에 대한 존경과 영향 받음이 매우 컸다. 이런 맥락에서 보면 다산 사상에서 핵심을 이루는 상제에 대한 사상도 퇴계의 정신을 이은 것으로 볼 수 있다. 천지에 생동하는 도덕적 원리로서의 리에 대한 성찰, 그리고 상제에 대한 경외의 강조, 이 두 가지는 일상 사회에서의 도덕적 삶의 구현을 지향했던 이황의 리기론과 수양론의 핵심이었다. 그리고 다산 정약용의 상제설은 바로 이러한 문제 의식의 계승이다.

퇴계의 가슴에 새겨진 상제

〈천명도설〉, 〈무진육조소戊辰六條疏〉에 담긴 상제

앞에서 언급하였듯이, 정호程顥는 '하늘을 리'라 하였다. 이는 하늘을 이치로 본 것이며, 나아가 리가 곧 최고의 실체라는 것이다. 성리학의 천즉리에서 천은 최고신인 상제·천의 주재를 대신하는 리를 말하며, 그러한 리는 특별한 리, 일리一理인 태극을 말한다. 그리고 특별한 리인 이 태극은 곧 우주 자연의 생성·변화의 궁극적 원인이게 된다. 이러한 '천즉리'의 시각에서 보면 하늘은 자연의 이치나 원리일 뿐, 거기에서 인격성을 찾을 수는 없다. 인격신으로서의 상제에 대한 신앙이 제거되고 반대로 인과의 필연 계열을 믿는 법칙적 사고가 지배하는 것이 '천즉리'의 명제이다. '천즉리', 그것은 초월적 인격신 신앙의 종교적 사고가 원리·법칙을 믿는 이지적 철학적 사고로 전환되어 생긴 명제이다.[325]

---

325 윤사순, 1999, 111~112.

대부분의 성리학자들은 이러한 관점을 갖는다. 그러므로 신유교에서는 인격적 존재로서의 천·상제가 설 자리가 없어지고, 리가 최고의 실체가 되었다. 주희 역시 하늘이 곧 이치인지를 묻는 말에 "그렇다"[326]라고 하였다. 그러면서 그는 "리는 천의 본체"[327]라고 하였다. 여기서 하늘은 푸른 하늘도 인격성을 갖는 하늘도 아니다. 하늘은 원리·법칙으로서의 하늘이다. 즉 우주 만물의 다양한 현상을 작동시키는 원리·이치로서의 하늘일 뿐이다.

주희의 사상은 기본적으로 이러한 비인격적 천관을 전제로 한다. 우주나 인간은 물론 세상의 만사 만물의 현상을 리와 기, 태극, 음양, 오행 등으로 설명하는 성리학에는 인격신의 자리가 없다.

그렇다면 퇴계는 어떠하였는가. 퇴계가 조선 성리학의 '큰 바위 얼굴'이라는 면에서 보면, 그가 말하는 천은 비인격성을 의심할 여지가 없을 듯하다. 이치나 법칙으로서의 하늘일 것이다. 많은 사람들은 퇴계가 하늘에 인격이 있음을 암시하는 천심天心, 천지天志라는 말을 자주 사용하지만, 그가 하늘을 사람처럼 마음을 가지고 있거나 의지를 가진 주재자로 보지 않았다고 여긴다. 즉 퇴계가 말하는 주재지천主宰之天은 자연 또는 태극(리)이라는 것이다.

그러나 반드시 그렇게만 볼 것은 아니다. 왜냐하면 퇴계의 천에는 초월적 주재적 성격을 지닌 상제의 모습도 함축되어 있기 때문이다. 퇴계가 천, 하늘을 상제와 같은 의미로 쓰고 있는 예는 〈천명도설〉, 〈천명

---

326 "問, … 則天卽理也, 命卽性也, 性卽理也, 是如此否. 曰, 然."(『朱子語類』 卷第五 「性理 二」 性情心意等名義)

327 "理者天之體."(『朱子語類』 卷第五 「性理 二」 性情心意等名義)

도〉 관련 언급에서 찾을 수 있다. 여기서 퇴계는 "하늘이 사람에게 명命을 내려 줄 때에",[328] "사람이 하늘의 명을 받을 때에"[329]와 같이 천의 개념을 여러 번 사용하는데, 이때의 천은 이치나 원리와 같은 이법천이 아니다.

퇴계는 『성학십도』에서 주희의 〈경재잠〉에 대하여 '이것이 여러 방면에서 필요한 권고를 담았으므로 공부에 적절한 지침'이라고 말하는데,[330] 그 내용의 일부가 '의관을 바로하고 시선을 경건하게 하고 마음을 가라앉혀 그것을 유지해 나감에 마치 상제를 대면하듯[對越上帝]한다'는 것이다. 경敬의 마음가짐의 한 방법으로 '대월상제'를 말하고 있다. 이는 그가 하늘·천을 상제로 간주하는 예이다.

인격적 주재적 존재로서의 하늘

퇴계는 군주와 관련하여 천에 대한 이야기를 많이 하였다. 퇴계는 만년이었던 1568년 7월에 선조에게 군왕이 경계해야 할 여섯 가지 조목의 상소문을 올렸는데, 그 여섯째에 퇴계가 인식하는 천, 상제의 모습, 하늘에 대한 여러 단서가 담겨있다.

---

328 "天之降命于人也."(『退溪先生續集』卷之八「天命圖說」)

329 "人之受命于天也."(『退溪先生續集』卷之八「天命圖說」)

330 "臣竊謂地頭之說, 於做工好有據依."(『退溪先生文集』卷之七「進聖學十圖箚」第九敬齋箴圖)

"여섯째, 정성껏 수양하고 성찰하여 하늘의 총애를 받으십시오. 신이 듣건대 동중서董仲舒가 무제武帝에게 고하기를, "나라에서 장차 도를 그르치는 잘못이 있으려 하면 하늘이 먼저 재해를 내려 이를 견책하여 고해 주고, 그래도 반성할 줄 모르면 또 괴이한 변고를 내려서 이를 경계하여 두렵게 하고, 그래도 여전히 고칠 줄 모르면 상패傷敗가 이르게 되는 것이니, 이로써 천심이 임금을 사랑하여 그 난을 방지하고자 함을 볼 수 있습니다" 하였으니, 참으로 음미해야 할 말입니다. … 그러나 하늘은 이 마음은 있으나 스스로 베풀지는 못하고, 반드시 가장 신령한 우리 인간들 중에서도 성스럽고 밝고 으뜸으로 어질며 덕이 신神과 인간에 조화될 사람을 특별히 권애하여 임금으로 삼고, 백성들을 맡아 기를 것을 부탁하여 인애의 정치를 행하게 합니다. 이미 명하고 도와주어 사방 백성들을 편안히 다스리게 하고서도 혹시라도 태만하여 소홀해지는 데서 환란이 발생할까 두려워하여, 이에 또 이른바 재이로 견책하고 경계하는 것입니다. 하늘이 임금에게 반복하여 간곡하게 하는 이유는 다름이 아닙니다. 하늘이 이미 인애의 책무란 무거운 임무를 여기에 위임하였으니, 이쪽에서 스스로 인애의 보답에 성실하게 힘써야 하기 때문입니다. 진실로 임금 된 자가 하늘이 자신을 인애하는 이유가 이처럼 공연한 것이 아닌 줄을 알게 되면, 반드시 임금 노릇하기 어렵다는 것을 알 수 있을 것이요, 반드시 천명이 용이하지 않은 것도 알 수 있을 것이요, 높디높은 위에서 날마다 감시하여 털끝만큼이라도 속일 수 없다는 것을 반드시 알 수 있을 것입니다. 이와 같이 할 수 있으면 평소에도 반드시 마음을 다잡고 몸을 신칙하여 공경하고 성실히

해서 상제로부터 밝게 받은 데 대하여 도를 다하지 않을 수 없을 것이며, 재해로 견책을 내려 주시면 반드시 허물을 반성하고 정사를 닦아 근신하고 성실히 하여 천의天意를 감동하게 하도록 더욱 정성을 다할 것입니다. 그렇게 되면 혼란이 오기 전에 잘 다스리고 위기가 오기 전에 보전하여 재앙과 패망 없이 거의 편안할 수 있을 것입니다. 오직 천심을 알지 못하고 그 덕을 삼가지 못하는 자는 일체 이와 반대로 하기 때문에 상제가 진노하여 재앙과 패망을 내립니다. 이는 하늘도 부득이 해서이니, 어찌 매우 두려워해야 할 바가 아니겠습니까."[331]

퇴계는 동중서가 한 무제에게 올린 말을 인용하며, 천의 분노와 경고에 주목하고 있다. 나아가 퇴계는 선조에게 하늘의 마음을 헤아리고 하늘의 사랑에 대해 응답해야한다며 그 방법까지 제시한다. 상제·천은 고대부터 통치자인 제왕과 밀접히 관계되었는데, 퇴계는 이 사고를 계승하여 군왕이 통치를 인정仁政으로 잘하면 하늘은 자연을 통하여 상

---

331 "其六曰, 誠修省, 以承天愛. 臣聞, 董仲舒告武帝之言曰, 國家將有失道之敗, 天乃先出災害, 以譴告之, 不知自省, 又出怪異, 以警懼之, 尙不知變, 而傷敗乃至, 以此見天心之仁愛人君, 而欲止其亂也. 旨哉言乎. … 然天有是心, 而不能以自施, 必就夫最靈之中, 而尤眷其聖哲元良德協于神人者, 爲之君, 付之司牧, 以行其仁愛之政. 旣命之佑之, 而寵綏四方矣, 猶恐其或怠而難生於所忽也, 於是乎又有所謂災異警譴之加焉. 天之於君, 所以反覆丁寧若是者, 無他, 旣以仁愛之責, 委重於此, 自當有仁愛之報惓惓於此也. 誠使爲人君者, 知天之所以仁愛我者如此, 其不徒然也, 則其必能知爲君之難矣, 其必能知天命之不易矣, 其必能知高高在上, 而日監于玆, 不容有毫髮之可欺矣. 能如此則其在平日, 必有以秉心飭躬, 克敬克誠, 以昭受上帝者, 無不盡其道矣, 其遇災譴, 必有以省愆修政, 克愼克實, 以感格天意者. 益能盡其心矣. 夫然則制治于未亂, 保邦于未危, 有平安而無禍敗, 可幾也. 惟其不知天心, 而不愼厥德者, 一切反是, 故帝乃震怒, 而降之禍敗. 非天之所得已也, 其亦可畏之甚也."(『退溪先生文集』卷之六「戊辰六條疏」)

서로운 조짐을 보이지만, 반대로 실정을 할 때에는 천재지변의 재앙을 내려 군왕을 견책한다고 하였다. 이는 곧 퇴계가 동중서가 천이 인간에게 재해를 내린다고 한 말을 수용했음을 보여준다. 곧 퇴계도 하늘이 인간의 행위를 보고 그에 따라 벌을 내린다는 것을 인정하는 것과 다름없다.

여기서 천재지변은 무엇을 상징할까? 그것은 임금이 태만하여 소홀해지는 데서 환난이 발생할까 두려워하여, 이에 또 이른바 재이災異로 견책하고 경계하는 것이다. 퇴계에게 하늘이 내리는 재난이란 다름 아닌 임금이 실정하고 있음을 알려주는 일종의 경계이다. 그것은 하늘이 임금을 사랑하는 마음의 표현이다. 임금이 한 나라를 다스리는 과정에서 치도治道를 잃으면 하늘은 재난을 내려서 임금의 실덕失德을 견책하는 뜻을 알려준다. 그래도 아직 임금이 자신의 허물을 반성할 줄 모르면 이변異變이 일어나게 하여 경고하고 두려워하게 한다. 하늘은 군왕의 통치 행위를 지속적으로 감시하는 것이다. 곧 하늘은 군왕의 나태함에 대하여 재이를 내림으로써 경계하고 나무라기도 한다. 문제는 그럼에도 불구하고 임금이 정신 차리지 못할 경우이다. 임금이 자신의 과오를 고칠 줄 모르면 임금의 지위를 상실하게 하는 천명을 내린다. 그리하여 퇴계는 하늘로부터 재해의 견책을 만나면 더욱 공경하고 정성을 다하여 자신의 허물을 성찰하고 근신함으로써 하늘의 뜻을 감동시켜야 할 것을 역설하였다.[332] 동중서의 재이설을 인용하며 재이를 언급하거나 하늘의 마음을 헤아릴 것도 주장하는 이런 퇴계의 말에서 하늘은 외

---

332 금장태, 2009, 54~55.

재하는 초월적 인격적 주재자의 모습을 보인다.

퇴계는 실제로 상제를 인격적 존재로 언급하기도 했다.

> "오직 천심을 알지 못하고 그 덕을 삼
> 가지 못하는 자는 일체 이와 반대로 하
> 기 때문에 상제가 진노하여 재앙과 패망
> 을 내립니다."333

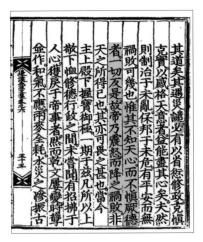

『퇴계선생문집』「무진육조소戊辰六條疏」.

여기서 상제는 진노하고 재앙을 내리는
존재로 그려진다. 이러한 상제는 인격적 존
재일 수밖에 없다.

퇴계가 하늘을 인격적 존재로 인식하는
모습은 다음 말에서도 찾을 수 있다.

> "하늘로부터 아름다운 덕을 받았으므로 사람들은 모두 선善을
> 좋아한다. 그러니 세상의 영재들 가운데 진심으로 배우기를 바라는
> 자가 어찌 적겠는가. 만약 세상의 환난을 저지를 우려가 있다고 해
> 서 꾸짖어 못하게 하면, 이것은 후세의 모범이 되라는 상제의 뜻을
> 배반하는 것이며 세상 사람의 도를 향한 길을 끊어 버리는 것이니,
> 하늘과 성인에게 너무나 큰 죄가 되는 것이다."334

333　"惟其不知天心, 而不愼厥德者, 一切反是, 故帝乃震怒, 而降之禍敗."(『退溪先生文集』卷之六
　　「戊辰六條疏」)

334　"夫降衷秉彝, 人同好善, 天下英材其誠心願學者何限. 若以犯世患之故而一切訶止之, 是違帝

이는 퇴계가 조건중曺楗仲에게 답한 글이다. 여기서 하늘은 의지를 가졌으며, 죄를 판단할 수도 있는 인간과도 같은 존재로 그려지고 있다. 상제는 곧 인격적 존재로 그려진다.

이런 말도 참조하자.

"가만히 생각건대 천지의 큰 덕은 생生이라고 하는 것이니, 무릇 천지에는 온갖 생명이 빼곡히 모여 있어 동물이든 식물이든 크든 작든 간에 다 하늘이 불쌍히 여겨 덮어 주고 아껴줍니다. 하물며 모습이 닮고 가장 신령하여 천지의 핵심이 되는 우리 인간들에 있어서야 더 말할 것이 있겠습니까."[335]

퇴계는 하늘이 만물을 사랑하여 낳고 길러주지만 특히 하늘의 모습을 닮고 하늘의 마음을 받들어 행하는 인간에게 가장 깊은 사랑을 베푸는 존재로 보는데, 이러한 하늘에 대한 인식은 하늘의 인격성을 전제로 한다.

이처럼 퇴계의 하늘은 드높이 저 위에 있으면서 날마다 이 세상을 감독하는 존재, 털끝만큼도 속임을 용납하지 않는 존재, 제대로 정치를 행하지 못했을 때는 분노하고 화를 내는 존재이다. 퇴계는 선조에게 이러한 하늘을 부모를 섬기는 마음에 미루어 섬기고, 하늘을 늘 두려워하며 스스로 수양하고 성찰할 것을 이렇게 강조하였다.

命錫類之意, 絕天下向道之路, 吾之得罪於天與聖門已甚."(『退溪先生文集』卷之十「答曺楗仲」)

335 "竊謂天地之大德曰生, 凡天地之間, 含生之類, 總總林林, 若動若植, 若洪若纖, 皆天所悶覆而仁愛, 而況於吾民之肖象而最靈, 爲天地之心者乎."(『退溪先生文集』卷之六「戊辰六條疏」)

"그런 까닭으로 어리석은 신이 생각
하기에는 임금은 하늘에 대해 마치 자식
이 어버이 대하는 것과 같아야 합니다.
어버이의 마음이 자식에게 화난 일이 있
으면 자식은 두려워하고 수양하고 반성
해서, 화난 일이든 화나지 않은 일이든
불문하고 일마다 정성을 다하고 효도를
다한다면, 어버이는 그 정성과 효성에 기
뻐하여 화났던 일까지 함께 풀려 흔적

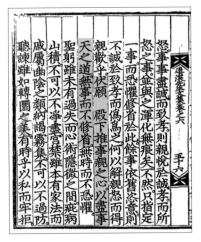

『퇴계선생문집』「무진육조소戊辰六條疏」.

없이 사라져버리는 것입니다. 그렇지 않고 꼭 어느 한 가지 일을 정
하여 이 일에만 두려워하고 수양하고 반성하고 다른 일에는 여전히
방자하다면, 효도를 다하는 데 성실하지 못하고 거짓으로 하게 될
터이니, 어찌 어버이의 노여움을 풀고 기뻐함을 얻을 수가 있겠습니
까. 삼가 바라건대 전하께서는 어버이 섬기는 마음을 미루어 하늘
섬기는 도를 다하시어, 어느 일에나 수양하고 반성하지 아니함이 없
게 하시고, … "336

퇴계는 왕에게 하늘을 부모처럼 여기고 섬기기를 말하고 있다. 주희
에게 천은 이법적인 하늘이지만, 퇴계가 사천의 도를 다하라고 한 하늘

---

336 "故臣愚以爲君之於天. 猶子之於親, 親心有怒於子, 子之恐懼修省, 不問所怒與非怒, 事事盡誠
而致孝, 則親悅於誠孝, 而所怒之事, 竝與之渾化無痕矣. 不然, 只指定一事, 而恐懼修省於此, 餘事
依舊恣意, 則不誠於致孝而僞爲之, 何以解親怒而得親歡乎. 伏願殿下推事親之心, 以盡事天之道,
無事而不修省, … "(『退溪先生文集』卷之六「戊辰六條疏」)

은 인격적인 하늘이다. 퇴계는 천을 리라 파악하면서도 천이 이처럼 상
제로서 인간에게 명령하는 주재자로서의 성격을 분명하게 제시하고 있
다. 명을 내린다는 것은 의지를 가졌다는 것이고, 의지를 가졌다는 것
은 인격성을 갖추고 있음을 말한다. 인격천은 명령을 할 수 있지만 자
연으로서의 하늘, 자연천이라면 명령을 할 수 없다. 자연천이나 이법천
이 무슨 명령을 할 수 있겠는가.[337] 퇴계는 주재적 존재로서 하늘을 인
격적 존재로 그린다. 퇴계의 인격적 존재로서의 상제에 대한 묘사는 고
경의 상제 향기를 풍긴다.[338]

---

337 이상은, 1999, 153.

338 그러나 퇴계의 상제를 인격적 존재로 보는 것과는 다른 견해도 있을 수 있다. 그 하나로 김선희의
　　　견해를 보자. 그에 의하면, 퇴계가 말한 상제가 실제로 인격적 존재가 아니며, 인격적 활동을 하는 것
　　　도 아닐 수 있다. 그가 상제를 인격적 존재로 그리고 있는 것은 단지 도덕적 각성의 토대로서 두려움
　　　을 강조하거나 내면의 경건성을 확보하기 위한 장치라는 것이다. 퇴계에게 상제는 목적에 따라 인격
　　　적으로 표상된 존재일 뿐, 결코 인격적 존재가 아니라는 것이다. 김선희, 2012a, 59~60 참조.

하늘을 향한 삶의 길

수양의 출발점 경敬

리발, 리동, 리도를 통해 리가 활물임을 밝힌 퇴계는, 나아가 하늘·상제에 대한 경외敬畏, 외경畏敬을 강조하였다. 〈무진육조소戊辰六條疏〉의 여섯 가지 방안 중 마지막 항목이나, 『성학십도』의 10개 도설 중 제9도와 제10도는 모두 천·하늘·상제에 대한 존경과 두려움(경외)을 가지고 늘 경계하고 삼가는 공부와 수양을 강조하는 내용을 담고 있다. 퇴계가 보기에 우주 자연의 운행 질서와 사회의 운용 원리는 리기론과 심성론을 통해 체계적으로 학습한다 하더라도, 이를 일상에서 체화하고 실천하려면 천·상제에 대한 경외심이 필수적이라고 여긴 듯하다.

퇴계는 이를 통해 인간이 도덕적 행위를 철저하게 실천할 수 있고 궁극적으로는 유교적 이상 사회를 열 수 있다고 보았다. 그 첫 출발이 바로 하늘·상제를 아는 것이며, 인간의 마음에 내재해 있는 천명을 자각하는 것이다. 그리하여 퇴계는 사물의 이치나 원리를 궁구하는 것도 중요하지만 인간에 내재한 상제, 천, 천명, 하늘을 재발견하기 위한 수행을 강조하였다. 나아가 그는 주재적 인격격 존재로서의 상제에 대해서도 언급하며, 늘 마음을 삼가고 정성을 다하여 하늘을 받들 것도 강조한다. 특히 군주의 하늘 섬김을 부모 자식 간의 효孝에 비유하며 자식이 부모를 섬기듯이, 군주도 하늘을 모셔야 함을 강조한다.

퇴계가 수양을 통해 궁극적으로 추구한 것은 무엇일까? 그것은 마음 수양을 통해 천리와 마음이 하나 된 경지의 인간, 곧 '성인聖人되기'가 아니었을까? 퇴계는 성인되기의 전제로 만사 만물의 이치를 깊이 공부하는 것도 중시했지만 마음 공부(居敬)를 특히 지향하였다. 이러한 퇴계의 마음 공부, 수양, 상제를 대하는 자세의 출발점은 다름 아닌 경敬이다. 퇴계의 학문을 흔히 심학이나 경학으로 말하는 것은 이런 맥락에 기인한 터일 것이다.

그렇다면 경은 지금까지 논의한 천·천명·상제와는 어떤 관계가 있을까? 성리학에서 '경'은 여러 가지로 설명되고 있다. 이를테면 '주일무적主一無適', '정제엄숙整齊嚴肅'이라 하여 마음을 통일하여 흐트러지지 않도록 하고, 몸가짐을 가지런히 하고 마음을 엄숙히 함을 말한다. 퇴계는 경을 병을 치료하는 데 비유하여 '경은 '만병통치의 약, 모든 병에 잘 듣는 약이고,'[339] '경敬이라는 한 글자는 성학聖學의 처음과 끝을 완성하는 방법(所以)'[340]이라며, 그 연장선상에서 이렇게 말한다.

---

339 "譬之治病, 敬是百病之藥."(『退溪先生文集』卷之二十九「答金而精」)

340 "吾聞敬之一字, 聖學之所以成始而成終者也."(『退溪先生文集』卷之七「進聖學十圖箚」第三小學圖)

"이제 착수하여 공부할 곳을 구하려 한다면 마땅히 정부자程夫子의 정제엄숙整齊嚴肅(몸을 단정하게 하고 생각을 엄숙하게 함)을 우선으로 하여 오래도록 게을리 하지 않는다면, 이른바 마음이 곧 한결같아져 그르고 사특한 생각이 범하는 일이 없을 것이라는 말이 나를 속이지 않았다는 것을 체험하게 될 것입니다. 밖으로 엄숙을 유지하고 안으로 마음이 한결 같아지면, 이른바 소위 '마음을 한 곳에 집중하여 다른 생각을 하지 않음(主一無適)과 '마음을 모아 헛된 생각이 침범하는 것을 허용하지 않음'과 '마음이 항상 깨어있는 상태를 유지함(常惺惺)'이 모두 그 가운데 있으므로, 각 조목을 따로 공부할 필요가 없을 것입니다."341

퇴계는 '정제엄숙'이나 '주일무적', '상성성'을 상통하는 경의 개념으로 본다. 경은 산만한 정신을 수습하고 마음을 항상 깨어 있게 하여 마음을 하나에 쏟아 붓는 것, 밖으로 치달으려고 하는 마음을 거두어들여서 외부의 영향에 휩쓸리지 않고 자기 내면적 각성을 유지하는 것이다. 경은 항상 경계하여 깨달으려는 방법으로, 마음을 단속하여 한 가지 잡념도 용납하지 않는 것이다. 경은 이리저리 갈리는 마음의 산란함을 거두어들이고 의식의 도덕적 각성 상태를 유지함을 특징으로 한다.342

퇴계는 이러한 경을 상제를 대하는 자세와 관련시킨다. 경은 본래

---

341 "當以程夫子整齊嚴肅爲先, 久而不懈, 則所謂心便一而無非僻之干者, 可驗其不我欺矣. 外嚴肅而中心一, 則所謂主一無適, 所謂其心收斂不容一物, 所謂常惺惺者, 皆在其中, 不待各條別做一段工夫也."(『退溪先生文集』 卷之二十九 「答金而精」)

342 엄연석, 2016, 253.

상제나 조상신과 같은 신적인 존재를 대하는 자세로서, 일체의 잡념이 없이 그 대상에 대해 경건하게 집중하는 태도를 의미한다. 이런 맥락에서 보면 경은 상제에 대하여 외경하는 마음가짐, 하늘에 대한 경외심이라고도 할 수 있다. 고대 동아시아 사회에서는 천을 상제와 동일시하여 세계를 주재하는 인격적 존재로 간주하는 경향이 있었다. 상제로서의 하늘은 인간의 선악에 대해서 상과 벌을 주관하고 언제나 나 자신을 지켜보는 엄격하고 두려운 존재이다. 이때의 경이라는 개념은 지금의 속된 말로 표현한다면, 엄격하고 부담스럽고 겁나는 그런 존재 앞에서 움츠려들며 벌벌 떨며 '쪼는' 마음·모습을 연상하면 된다.[343]

그런데 퇴계는 경을 행하는 방법, 상제를 대하는 자세에 대해 이렇게 말한다.

> "경을 유지해 나가는 방법은 반드시 마음을 삼가고 엄숙하고 고요하고 전일한 곳에 두고, 배우고 묻고 생각하고 분별할 때에 그런 이치를 궁리하며, 보이지도 들리지도 않는 곳에서는 계구, 즉 경계하고 두려워하기를 더욱 엄숙하고 더욱 공경스럽게 하며, 은미하거나 혼자 있는 곳에서는 성찰, 즉 자신을 되돌아보고 살피기를 더욱더 정밀하게 하는 것입니다."[344]

퇴계는 경의 기본적 방법을 마음을 삼가고 엄숙하고 고요하고 전일

---

343 최재목, 2007, 50~51.

344 "其爲之之法, 必也存此心於齋莊靜一之中, 窮此理於學問思辨之際, 不睹不聞之前, 所以戒懼者愈嚴愈敬, 隱微幽獨之處, 所以省察者愈精愈密."(『退溪先生文集』卷之七「進聖學十圖箚」)

한 곳에 두는 것이라며, 그 방법으로 계구戒懼와 성찰省察을 강조하였다. 그는 리를 활물로 봄으로써 인간의 내면에 내재하는 천명, 하늘이 부여한 본성의 밝음에 대한 확인을 할 수 있었으며, 이러한 생각이 천명의 소재인 마음을 계신공구하는 거경居敬 철학을 확립하게 하였다.[345] 나아가 그는 『성학십도』 제10도 〈숙흥야매잠도夙興夜寐箴圖〉와 제9도 〈경재잠도敬齋箴圖〉를 통해 일상에서, 그리고 상황에 따라 경을 어떻게 실천해야 하는지에 대해서도 말한다.

　문제는 이러한 경을 실천해도 지속적으로 하기가 어렵다는 것이다. 그래서 퇴계가 말한 것이 '상제'이다. 『성학십도』 제9도가 주목할 만한데, 퇴계는 여기에서 주희의 경재잠敬齋箴을 인용하여 〈경재잠도〉를 작

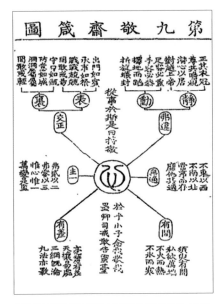

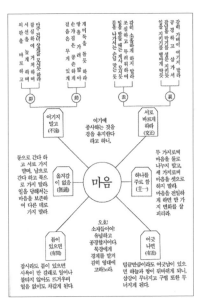

성학십도聖學十圖 제9도 경재잠도敬齋箴圖. (출처: 『퇴계선생문집』)

성학십도 제9도 경재잠도敬齋箴圖. (출처: 고려대 민족문화연구원 한국사상연구소, 2009, 127)

345　이광호, 1996, 54.

성하였다. 앞에서도 언급하였지만, 그 첫머리에 '의관衣冠을 바로하고 시
선을 경건하게 하고 마음을 가라앉혀 그것을 유지해 나감에 마치 상제
上帝를 대면하듯 한다'는 말이 나온다. 퇴계는 경의 외형적 내면적 실천
에 있어 '상제를 마주 대면하듯이[對越上帝]' 하라고 한다. 이는 곧 경
敬 공부를 하려면 먼저 몸과 마음을 바로잡고, 경의 상태를 지속하기
위해서는 상제(하늘님)를 대면하듯 하라는 것이다. 경을 통해 상제의
존재를 의식하고 삼가는 정신으로 그렇게 하라는 것이다.

　　퇴계는 또한 『심경부주心經附註』를 매우 좋아하고 그로부터 많은 영향
을 받은 듯하다. 그는 『심경』을 존중하고 숭상함이 지극하여 이를 사서
와 『근사록』 못지않게 여겼는데, 이 책에 대한 믿음이 얼마나 컸는지 신
명神明처럼 믿었고 어버이처럼 공경하였다고 하였다.[346] 이런 『심경부주』의
시詩 「상제임여장上帝臨女章」에는 『시경』의 '상제께서 너에게 내려와 계시니,
네 마음을 두 가지로 하지 말라', '두 마음을 품지 말고 근심하지 말라.
상제께서 너에게 내려와 계신다'는 두 시구詩句가 나오는데, 이에 대해 이
렇게 말한다. "배우는 자가 평소에 그 말을 읊조리면서 마치 상제가 실제
로 그 위에서 근엄하게 굽어보고 있다고 여긴다면 그로 인하여 간사함을
막고 열렬함(誠)을 간직하는 데 도움이 되는 바가 도리어 크지 않겠는가.
또 의義를 보고도 반드시 행하겠다는 용기가 없거나 혹은 이해관계나 얻
고 잃는 것으로 인해 두 마음을 품는 자도 마땅히 이 말을 음미함으로

---

346 "그 때문에 평소 이 책을 높이고 믿는 것이 사서나 근사록에 뒤지지 않았다. … 허노재許魯齋가
　　일찍이 말하기를, "내가 소학小學을 공경하기를 신명神明같이 하고, 존중하기를 부모같이 한다" 하
　　였는데, 나는 심경心經에 대해 그렇다 하겠다. 故平生尊信此, 亦不在四子近思錄之下矣. … 許魯齋
　　嘗曰, 吾於小學, 敬之如神明, 尊之如父母, 愚於心經亦云."(『退溪先生文集』「雜著」心經後論)

써 스스로 (바른 길을 걷는) 결단을 해야 할 것이다."³⁴⁷ 퇴계는 이 말을 좋아하여 매번 암송하고 음미할 때마다 가슴 깊이 감동을 주고 나약한 마음을 격동시킴을 이기지 못하였다고 고백하기도 했다.³⁴⁸ 이는 그만큼 퇴계는 상제에 대한 믿음이 강하였음을 말한다.

그리고 제10도 끝에서 퇴계는 『중용』 구절을 직접 인용하며 계신공구와 신독의 자세를 강조하면서 맺었다. 이는 퇴계가 천도와 심성에 대한 이론적 설명을 바탕으로 성학을 공부한다 할지라도, 구체적인 수양과 실천의 단계에 들어갔을 때는 언제 어디서나 상제(또는 천명)를 마주하는 듯한 공경과 두려움의 자세가 필수적이라고 생각하였음을 보여준다.³⁴⁹

퇴계가 대월상제의 마음과 자세로 정사를 돌볼 것을 강조한 것은 소실된 경복궁을 재건하고 그에 대한 글을 쓴 내용에도 담겨있다.

"지금 이후로 주상 전하께서는 천의 경계를 매우 두려운 것으로 여기고 백성

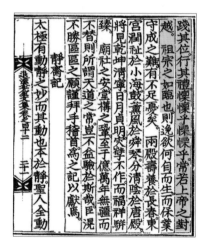

『퇴계선생문집』「경복궁중신기景福宮重新記」.

---

347 "然學者平居, 諷詠其辭, 凜然如上帝之實臨其上, 則所以爲閑邪存誠之助, 顧不大哉. 又見義而無必爲之勇, 或以利害得喪, 二其心者, 亦宜昧此言, 以自決也."(『心經附註』「上帝臨女章」)『심경부주』의 원문과 번역은 성백효 역주, 2002b; 이한우 옮김, 2015를 참조하였다.

348 퇴계가 제자 조목趙穆(1524~1606)에게 보낸 편지에 이런 내용이 있다. "이 구절은 내가 아주 좋아하여 늘 암송하고 음미할 때마다 가슴 깊이 감동을 주고 나약한 마음을 격동시킴을 이기지 못하였다. 愚謂一條, 滉深愛其言, 每誦味之, 不勝其感衷激懦."(『退溪先生文集』 卷之二十三「答趙士敬」)

349 김형찬, 2010a, 76~78.

의 고생을 두 번 시킬 수 없다는 것을 생각하셔야 할 것입니다. 또한 남이 보지 않는 곳에서 덕德과 짝하는 일에 신중하고 궁전 문에서 마음을 바로잡을 것을 깨달으셔야 할 것입니다. 그리하여 그 직위를 실천하고 예禮를 실행하며 두렵고 두려운 마음으로 늘 상제를 대하는 듯하고 조종祖宗께서 옆에 계신 것처럼 하셔야 할 것입니다."[350]

퇴계는 임금에게 천의天意를 감동하게 하고 천의 경고를 두려워하고 또한 상제를 대하듯 조종이 옆에 계신 듯이 하라는 말을 하고 있다. 이는 곧 항상 대월상제對越上帝의 마음으로 정사를 볼 것을 말한 것이다. 퇴계는 여기서 상제를 초월적 인격적 존재로 일종의 감시자, 감독자의 기능을 하는 존재로 그리고 있다.

퇴계는 왜 경의 실천에서 하늘, 상제의 불가피성을 말하였을까? 그 것은 도덕적 행위의 적극적 실천을 위해서이다. 상제에 대한 경을 통해 지속적 경의 실천과 도덕적 행위의 실천이 가능하기 때문이다.

인간은 인의예지의 사단과 같은 순선한 리를 품수 받았다. 전적으로 이에 근거하면 인간은 선한 도덕적 행위를 할 수밖에 없다. 그러나 이러한 리는 또한 기의 작용으로 인해 칠정으로 나타난다. 그러므로 일상의 삶 속에서 인간이 도덕적 행위를 항상 하기란 어렵다. 만일 인간의 행위를 감시하고 있는 그 무엇이 있다면 어떨까? 하늘의 필요성은 여기에 있다. 도덕적 행위의 일상적 실천을 위해서는 늘 경의 자세로 상제·

---

350 "自今以往, 主上殿下思天警之甚可畏, 念民勞之不可再, 謹德隅於屋漏, 喩心正於殿門. 踐其位行其禮, 懍懍乎慄慄乎, 常若上帝之對越, 祖宗之如臨也."(『退溪先生文集』 卷之四十二 「景福宮重新記」)

하늘의 명령을 두려워하며, 천명의 실천을 의무감으로 받아들여야만 한다. 만물을 주재하고 감시하는 하늘이 바로 그렇게 하도록 하는 기능을 한다. 하늘은 인간으로 하여금 순선한 사단을 가지고 도덕적 행위를 강제하고 감시하는 역할을 하는 것이다. 이렇게 보면 강경현의 말처럼, 인간이라면 누구나 견지해야 하는 삶의 태도로서의 공부이자 수양은 리, 하늘, 천, 천명, 상제의 명에 따르는 삶을 이루기 위한 목적 아래 구성된다. 그 공부의 내용은 상제·천에 대한 지속적인 주시와 그에 대한 알아차림, 그리고 알아차린 것을 실천하려는 노력을 핵심으로 한다.[351]

하늘을 섬기는[事天] 출발점, 경천敬天·외천畏天

퇴계는 경敬 공부 중심의 수양론은 물론, 나아가 천에 대한 경외심, 상제에 대한 경외의 자세를 강조한다. 경의 연장선상에서 상제에 대한 경외심을 중시한다. 특히 실천 수양이나 현실 생활에서는 상제에 대한 경외의 자세가 매우 중요하다고 보았다. 이는 경외의 대상으로서의 천을 인정하는 것이기도 하다.

퇴계가 〈무진육조소〉를 바치고 돌아와 임금에게 올린 성학聖學의 핵심을 정리한 『성학십도』에는 경외의 자세가 더욱 분명하게 드러난다. 『성학십도』에는 일상 생활에서 경의 수행을 실천하는 길, 상제를 경외하고 높이는 데로 나아가는 길이 담겨있다.

사실 이렇게 상제에 대한 경외를 강조하는 것은 초월적 절대자로서

---

351 강경현, 2018, 208~209.

의 천(천명, 상제)을 리나 도와 같은 합리적 이치를 의미하는 개념으로 대체해 온 성리학의 일반적 경향과 배치될 수 있다. 절대적 인격신에 대한 의존을 배제하며 우주 자연의 구조와 그 안에서 인간의 위치에 대한 합리적 설명을 추구해온 유교의 전통에 거스르는 것일 뿐만 아니라, 당시 누구보다도 리의 의미를 적극적으로 강조해 온 이황 자신의 이론 체계와도 모순이 된다. 리와 기로써 모든 것을 설명하며 이론 체계의 내적 완결성을 지향해온 리기론의 관점에서 본다면, 경외의 대상으로서의 천은 리기로 구성된 세계 밖의 존재로 이해될 수 있었기 때문이다.

하늘을 경외한다는 것(경천, 외천)은 하늘을 섬기는[事天] 출발점이다. 임금뿐만 아니라 모든 인간이 걸어가야 할 길이다. 퇴계는 하늘과 인간의 관계를 부모와 자식의 가족적 관계로 인식하여, '부모를 섬기는 마음을 미루어 하늘을 섬기는 도리를 온전히 실현할 것이며, 모든 일에 수신·성찰하고 어느 때나 두려워하라'고 하여, 부모에 대한 효도와 하늘에 대한 외경을 같은 마음으로 제시하고 있다. 즉 부모를 섬기는 마음으로 하늘을 섬기는 도리를 온전히 실현할 것이며, 모든 일에 수양 성찰하고, 어느 때나 두려워하라고 가르친다.[352]

퇴계에게 하늘을 섬긴다는 것, 그것은 이처럼 하늘을 경외하는 것이다. 늘 경계하고 삼가며 조심하고 두려워하는 것이다. 남이 보지 못하는 은미한 곳에서도 삼가고 두려워하여 부끄러움이 없는 것이 하늘을 섬기는 방법이다. 퇴계는 상제를 받들기 위해서는 '일상에서 반드시 마음을 붙들고 몸가짐을 단속하여 경과 성을 할 수 있어야 하며, 재이災異로 견책

---

352 금장태, 2012, 263~264.

을 당하면 반드시 허물을 반성하고 정치를 바르게 하여 삼가고 참되게 하여 천의天意를 감격시킬 수 있어야 한다'353고 하여, 항상 성·경을 다하고 진실을 다함으로써 천명을 받들고 천의를 감동시키도록 요구한다.

사실 많은 사람들은 퇴계가 주희의 전통을 계승한 것으로만 알지, 그가 원시 유교적 상제·하늘에 관심을 가졌음을 간과하는 경향이 있다. 그도 그럴 것이 퇴계가 상제를 지향하는 생각을 온전하게 드러낸 것은 그의 인생 말년이었다. 퇴계는 주희처럼 하늘·천·리라는 개념을 썼지만, 그에게 천이나 리는 사물의 법칙이나 원리와 같은 형이상학적 차원에 머물지 않았다. 퇴계에게 천·리는 실체적인 것, 상제와도 같은 것이었다. 이 부분이 퇴계를 퇴계이게 한 점, 주자학과 차별화할 수 있는 퇴계 사상의 특징이다. 퇴계를 다시 읽어야 하는 이유, 그것은 리를 중심으로 리기론을 발전시켰지만, 리를 초월적 존재로서의 하늘·천·상제로도 간주한 퇴계를 재발견하기 위함이다.

그의 상제에 대한 인식은 성리학의 사변적인 궁리에서 부정되었던 상제를 행동적인 면에서 다시 긍정한 것으로 볼 수 있다. 이런 경향은 미수·백호로 이어지고, 성호 이익으로 이어졌다. 이후 다산에 이르러서는 리를 포기하고 대신 기존의 리가 가진 의미와 기능, 그리고 그러한 리에 담긴 이왕의 문제 의식을 상제에 이전시킴으로써, 상제를 중심으로 하는 이론 체계가 재구성되었다. '상제로 돌아가라'는 다산의 궁극적 메시지가 이를 상징적으로 보여준다.

---

353 "其在平日, 必有以秉心飭躬, 克敬克誠, 以昭受上帝者, 無不盡其道矣."(『退溪先生文集』卷之六 「戊辰六條流」)

11장

고학古學에서 하늘을 찾은
미수 허목

人心之善惡治亂之表也。禎祥妖孽治亂之影
也。載籍所記日月薄蝕星辰易次寒暑失節。大
風大雷地震地拆山崩川渴皆人爲感之也尤

『기언記言』에 실린 미수의 「인사직
진언소因辭職進言疏」. 천인 감응
사상을 담고 있다.

1

퇴계 이후 신유교의 지형 변화

17세기 조선 지식인의 내적 분화

여말까지만 해도 신유교는 불교나 도교와 같은 다른 종교 사상과 공존하였다. 그러나 조선의 지배 이념이 된 주자학은 더 이상 지난날의 주자학이 아니었다. 조선 초기부터 지배 집단은 주자학을 중심으로 사회 체계는 물론 사상계를 재편하기 시작했다. 그 일환으로 조선 사회의 사상 체계라는 큰 틀 안에서 비주자학적 또는 반주자학적 요소를 약화시켜 나갔다. 지배 집단은 조선을 주자학의 나라로 나아가게 하기 위한 이념 정지 작업을 하였다.

15세기를 지나 16세기에 들어 사림파가 정치 무대의 중심에 등장하여 주자학을 정치·사회의 실천 이념으로 정착시켜 나가고, 그 심화를 통해 인간과 사회는 물론 자연과 우주를 이해하려는 경향이 짙어갔다. 성리학에 대한 이론적 탐구가 본격화된 것이다. 그것은 한마디로 주자학적 사유 체계가 보편화되어 감을 의미한다. 16세기 이후 사림파가 정계에 진출하면서 조선에서 더욱 지배적이게 된 주자학은 조선 사람들의 행동 이념이자 문화 원리가 되었다.

16세기 말 17세기 초 조선은 그야말로 체제 위기 상황에 처해 있었다. 임진왜란과 정유재란, 병자호란이라는 외부적 요인에 의한 사회적 혼란과 경제적 파괴는 물론 기묘사화 이후 을사사화로 이어지는 정치적 갈등과 불안이라는 내부적 상황이 상승 작용하여 조선 사회는 이전에 경험할 수 없었던 위기를 맞은 것이다. 즉 16세기부터 이미 노정된 사회 내부의 동요와 이념적 혼란, 뒤이은 양란에서의 심각한 사회·경제적 파괴, 왕실 및 지배 계급의 권위의 실추와 전통적 화이론華夷論에 근거한 문화적 자부심의 손상, 명·청 교체로 인한 중화주의 국제 질서의 붕괴, 17세기 이후 현저하게 진전된 조선 사회 내부의 사회·경제적 조건의 질적 변화 등의 요인은 체제 위기를 한층 확대·심화시키고 있었다.

17세기 들어 주자학에 대한 이해를 심화시키며 지식인들은 조선 사회가 직면한 문제에도 관심을 가졌다. 그러나 모두가 하나의 생각, 같은 생각을 가진 것은 아니어서 당시 상황을 읽는 시각은 다양하였다. 같은 유교 지식인들이었지만 그들의 위기 진단과 해결책을 기준으로 보면, 당시 지식인들은 크게 두 부류로 분류할 수 있다. 이른바 당시 위기를 두고 그 원인이 어디에 있는지, 그 해결책이 무엇인지를 서로 상이하게 인식하는 두 진영이 있었다. 그것은 곧 유교 사상계 내 분화된 지형의 반영이자 학풍의 차이, 더 나아가면 두 정치 집단 간의 정치적 가치, 사상적 지향에 따른 결과이다.

그 한 진영은 위기를 주자학과 무관하다고 보며 오히려 주자학을 강화하는 것을 통해 문제를 해결하고자 한다. 그것은 주자학에 근본 문제가 있는 것이 아니라 그 적용과 실제가 문제가 있다고 보아, 주자학적 사상과 그것을 통한 지배를 강화시키고자 하는, 이른바 주자학 개량주의적 입장이다. 여기에 속하는 사람들은 대체로 지배 집단인 노론계의 사람들로 정통 주자학자들이다.

이들은 당시의 위기 상황은 본질적으로 주자학적 세계관의 결함과 오류에서 야기되었기보다는 오히려 그것의 불충분한 또는 잘못된 적용에서 연유하였다는 인식 틀 속에서, 종래 권위가 실추된 주자학적 통치 이데올로기를 한층 교조적으로 강화하는 가운데 기존의 국가·지배 체제를 부분적으로 개량하는 선에서 현실의 위기를 타개해 보려 하였다.

다른 한 진영은 위기의 근본 원인을 조선 사회의 지배 이데올로기인 주자학에서 찾는다. 이른바 위기를 주자학과 관련시키고 그 해결책을 탈주자학에서 찾는다. 그 대표적인 집단이 소론 및 남인, 특히 근기남인 사람들로 이른바 탈주자학자들이다. 이들은 종래 주자학의 경직된 틀을 벗어나고, 나아가 다른 사상에도 개방적 태도를 취하며 현실의 위기를 극복하고자 했다.[354] 그들은 성리학의 전형적인 경전 주해의 방식이나 그런 관점으로부터 벗어난 새로운 관점에서 현실의 문제를 보고자 했다.

조선 후기 유교계의 지식인 구도는 특히 경학을 두고 볼 때, 이처럼 주희를 절대시하는 정통 주자학 지식인과 주희를 상대주의화 하며 고경을 지향하였던 지식인이라는 두 진영으로 나뉘어 있었다.

---

354 이와 관련한 자료로는 정일균, 2009, 292~294, 297, 304~305; 최석기, 2003, 110~115; 최석기, 2000, 184~188을 참조하라.

주희 절대주의

17세기를 거치며 조선 사회에서는 주자학이 절대시되고 주자학적 세계관이 더욱 사변 철학으로 바뀌어갔다. 사실 16세기 중반까지만 해도 『주자대전』이나 『주자어류』 등은 널리 유포되지 않았다. 『성리대전』이 세종 때 들어왔으나 워낙 방대한데다 어렵기 때문에 통달한 학자도 드물었고 본격적으로 읽히지도 않았다. 비록 주자학을 공부한다 해도 그것은 수양론 위주였고, 도덕적 인간을 구현하려는 성학聖學에 더 초점을 두었다. 이는 당시까지만 해도 주자학을 통해 만물의 이치나 원리를 탐구하기보다는 도덕적 인격체를 만드는 실천을 중시하였음을 말한다. 16세기 신유교의 학풍은 성리설의 이론적 전개보다는 수양론에 치중한 것이다.

그런데 16세기 후반을 거치고 17세기로 들어서며 『주자대전』 등이 널리 보급되고 성리학에 대한 이해가 넓어지면서, 특히 1623년 인조반정 이후 서인과 남인의 연합 정권이 들어서면서 사정이 달라졌다. 주자학이 학문의 대종大宗으로 자리 잡고 주희를 절대시하는 풍조, 여타의 사상을 배제하는 주자학 절대주의 경향이 나타났다.

이러한 흐름을 주도했던 대표적인 사람은 우암 송시열(1607~1689)이다. 그의 정치 사상이나 사회 사상 및 경학에 대한 견해는 철저한 주희, 주자학적 사유에 뿌리를 두고 있다. 그 극단적인 모습은 그의 공자-주자-율곡 등으로 이어지는 도통론에 대한 주장이나 주자를 성인으로 받드는 모습, 주자의 설을 절대 존신尊信하는 경향, 그리하여 당시의 체제 위기도 주자학의 강화를 통해 해결하려는 시도로 나타났다.

우암은 주자의 저술을 육경보다 중요한 것으로 간주하였고, 모든 이치는 주자가 다 밝혀놓았기 때문에 사람들이 해야 할 것은 주자서朱子書를 통해 의리만 구하면 된다고 여겼다. 또 주자의 사상을 절대시한 나머지 여타의 사상은 물론 주자의 사상에 대한 어떠한 비판이나 재해석이나 논쟁도 불필요하며, 그러한 것은 모두 이설異說에 지나지 않다며 그 폐해를 우려하였다.[355] 유교 경전에 대한 해석이 다양할 수 있음에도 불구하고 그

우암 송시열(1607~1689). (출처: 국립중앙박물관)

정답은 주희의 해석이었고, 그의 생각에 얼마나 가까운지 였다. 그러므로 경학에서는 다른 어떤 새로운 해석도 의미가 없었다. 유교 경전에 대한 자유로운 해석을 시도하거나, 주자와 주자학의 열렬한 신봉자인 송시열과 맞서고 비판하는 자, 그것은 곧 사문난적斯文亂賊으로 몰려 비극적인 최후를 맞을 수도 있는 위험을 자초하는 일이었다. 우암은 가히 주자 맹신주의자였다.

이러한 흔적은 예송禮訟 논쟁에서도 잘 드러난다. 예송은 예치禮治 사

---

355 "정자程子·주자朱子 이후로 의리義理가 크게 밝아져서 크게는 높고 깊은 천지天地와 미세하게는 잠사蠶絲·우모牛毛(쇠털)에 이르기까지 일일이 다 천명闡明하였으니, 피사詖辭(부정한 언론)와 이설異說이 또한 그칠 수 있게 되었다. 그런데 명나라 이후로 양명陽明(명나라 왕수인王守仁)과 백사白沙(명나라 진헌장陳獻章)의 무리가 붕기하여 각기 자기의 학설을 내놓아 세상을 현혹시키므로, 글은 더욱 많아지고 이치는 더욱 어두워졌으니, 아무리 홍수가 산을 뒤덮는다 할지라도 해害가 이보다 더 크지는 않을 것이다. 然程朱以後義理大明, 大而天地高深, 微而蠶絲牛絲毛, 無不闡發, 則詖辭異說, 亦可以止矣. 而自皇朝以後, 如陽明白沙輩蜂起蠡鳴, 各自眩售, 故書益多而理益晦, 雖洪水懷, 而其害蔑以加矣."(『宋子大全』 卷一百三十八 「澤堂集序」) 『송자대전』의 원문과 번역은 한국고전종합DB(https://db.itkc.or.kr)를 따랐다.

회社會를 건설하기 위한 방법론의 차이로 벌어진 유교의 이념 논쟁이었고, 붕당 정치에서 파생한 정치적 사건이었다. 그것은 유교 사상을 둘러싼 권력 투쟁이자 주자학을 둘러싼 사상적 학문적 견해 차이가 확대된 정치적 갈등이었다.

문제는 조선에서 이런 주희의 사상이 지배 집단의 지도 이념으로 채택됨에 따라 원시 유교 사상에 있었던 상제를 향한 사상과 문화가 배제되고 사라져갔다는 것이다. 리와 기를 통해 모든 존재의 구조와 작용을 설명하는 성리학에는 초월적 인격신이 설 자리가 없었다.

주자학은 이전의 유교와 달리 인격적 존재인 상제 대신 원리·이치인 리를 중시한다. 이는 곧 인격신 개념을 버리고 하늘·천을 섭리로 봄으로써 주자학에서 종교성을 제거하고 철학적 성격을 강화하는 것이다. 기본적으로 하늘·상제를 이법적인 것으로 보기 때문에 하늘·상제가 천신에서 천리·태극으로 바뀐 것이다. 이러한 이법천관에서 하늘은 인격적인 존재가 아니라 자연의 필연적인 이치·추세이며, 동시에 인간이 지켜야 할 원리로 파악될 뿐이다.[356]

반발, 그리고 탈주자학풍

임진왜란(1592~1598)과 병자호란(1636~1637)이라는 외부로부터 밀어닥친 국가 위기 후 조선 사회 지식인들은 성찰의 기회를 맞았다.

---

356 구만옥, 2004a, 364.

그리하여 국가의 지배 이념이자 통치 철학인 주자학이나 주자학으로 사회화된 지식인 집단이 기능적이지 못했다는 반성과 비판이 일어났다. 여기에 당시 기근이나 질병 등으로 민중들이 직면한 사회적 불안까지 더해지자 시대 상황을 진단하고 무언가 큰 변화가 필요하다는 의식도 나타났다. 그 중의 하나가 17세기 초부터 주자학, 주자 중심주의에 반발하며 일어난 소위 탈주자학풍이다. 주자학 일변도의 학문 풍토를 문제 삼으며, 이로부터 벗어나 고학古學, 고경古經에 관심을 가진 지식인들의 사상, 학문의 경향이 바로 그것이다.

그렇다면 탈주자학풍의 지식인들은 어떤 특징을 가졌으며 그들의 공통적 문제 의식은 무엇일까? 탈주자학적 경향은 주자학과 그 학풍에 대한 전반적인 반성에서 출발하고 있기 때문에 유교 경전에 대한 생각은 물론, 당시 사회를 보는 관점이나 해결책 등에 이르기까지 기존의 주자학 지식인들과는 차이를 보인다.

탈주자학자들이 지향한 사상은 고학, 고경에 뿌리를 둔다. 근기 남인들로 대표되는 그들은 종래 주자학의 경직된 인식 틀을 벗어나 다양한 사상에 대해 개방적 태도를 보였다. 이른바 근기近畿 남인南人은 박학주의적 학풍을 보였다. 특히 이들은 유교라면 곧 주자학·성리학이라는 인식을 벗어나, 주희의 경학을 비판하거나 의문시하며 주희와는 다른 목소리와 해석을 시도하고, 사서나 주자가례가 아닌 육경, 고문, 고례古禮에 보다 관심을 갖는 경향이 있었다. 또한 육경과 고문을 중시하면서 원시 유교의 회복을 지향하고 있었다.

그리하여 그들은 이런 사상에 대한 적극적 섭렵과 수용을 통하여 보다 근본적인 현실 개혁의 논리와 방법을 모색하고자 했다. 그 바탕에는 주자학적 세계관, 성리학적 사유로는 더 이상 현실의 문제를 극복하고 위기에 처한 사회 질서를 바로잡기 어렵다는 판단이 있었다. 그런데 정통 주자학자들은 어떤가? 이를테면 그 중심에 있던 우암은 주자를 사상적으로 전혀 '오류가 없는 성인'으로 추앙하는 주자 도통주의의 기치 아래 주자학을 절대시하였다. 그는 주자학 이외의 학설이나 학문에 대해서는 모조리 사문斯文에 대한 이단사설異端邪說로 규정하여 단호하게 배격하는 강경한 입장을 견지하였다.[357] 탈주자학적인 학풍의 남인과 달리, 서인은 이른바 사서와 주희의 주석을 절대시하며 주자존신朱子尊信의 학풍을 보인다. 근기 남인이 주자의 주석을 여러 주석서의 하나로 간주하고 원시 유교를 지향하며 주희의 틀로부터 벗어나고자 하는 것과 대조를 이룬다.

근기 남인은 주희의 사서 해석에 의문을 제기하기도 하고, 주희 주注 중심의 경전 해석을 반대하며 독자적인 주석을 행하고, 사서가 아닌 원시 유교의 육경에 관심을 보였다. 그들의 목소리는 넓은 의미에서 보면 경전 해석의 자율성과 학문의 자유를 부르짖는 것이었다.

이러한 경향에서 탈주자학자들이 보인 가장 특징적인 모습은 천, 하늘에 대한 새로운 인식이다. 그들은 천·하늘을 이법으로 여기는 정통 주자학자들과 달리, 천을 인격적 주재적 천, 즉 상제로 본다. 그들은 무신론적 사상, 리 중심 사상과는 대조적인 유신론적 사상, 천 중심적 사상을 지향한다. 즉 리기론적 틀에 의거한 인식, 리에 대한 관심이 적었다. 그들에게 성리학적 리기론은 주변적이다. 그 대신 인격적 존재로

---

357 정일균, 2009, 293~294.

서의 하늘에 대한 인식을 바탕으로 유교의 종교성을 강조하며 사천事天을 중시한다. 그리하여 잃어버린·잊힌 상제를 재발견하였다. 그들은 시대의 위기 상황을 기존의 주자학을 통해서는 극복할 수 없다는 반성하에, 원시 유교로 돌아가 유신론적 유교의 부활을 지향하였다. 주지주의적 관념성으로는 당시의 현실 모순을 극복하는데 한계가 있음을 알고, 이치이자 법칙으로 여겨지던 추상적인 리 대신에 상제를 앞세워 새로운 세상을 열고자 하였다.

17세기 조선 유교계에서 일어난 정통 주자학과 비교되는 이런 학문 경향을 '탈주자학'이라고 할 때, 그 대표적인 사람으로는 미수 허목을 비롯하여 백호 윤휴, 다산 정약용을 들 수 있다. 이들은 특히 근기 남인에 속하는데, 비록 넓게 보면 지배 집단에 속했지만 당시 우암을 중심으로 하는 서인, 노론들과는 달리 정치적 주변부에 머물던 사람들이었다.

이들의 정치 노선은 어떤 특징을 보이는가? 남인은 개혁의 실질적인 주체는 군주이며 군주의 결단과 신료군의 협찬으로 개혁이 추진될 수 있다고 생각하였다. 왕권 중심의 현실 변혁적 입장을 견지하고 있었다. 그들은 왕권 강화를 통해 방만해진 양반 집권층의 탈법 비리, 병권 장악, 지주제의 확대를 견제함으로써 국가 공법 질서를 정상화하고 농민층의 재생산 기반을 보호할 수 있다고 여겼다. 이에 비해, 서인은 신권臣權 중심이고 현실 유지적인 입장을 견지하고 있었다. 그리하여 이를테면 송시열은 도학과 정치를 일치시켜야만 정치 운영이 정상화될 수 있다고 보고, 그 방법으로서 군주 스스로 유교 도통의 계승자가 되거나 아니면 유능한 현신賢臣을 등용하여 세도世道의 대권을 위임해야한다는 세도 정치론을 주장하였다. 그리고 그 정당성의 근거로서 주자 도통설과 군주성학설君主聖學說을 제기하였다. 이는 전제 왕권을 견제해서 신권을 신장하고 노론 중심의 정치 질서를 확립하려는 것이었다.

탈주자학의 경향을 넘어 17~8세기 조선 사상계의 지평을 넓힌 것은 주자학에 대한 반발로 나온 양명학의 역할 또한 컸다. 양명학은 원나라의 지배 학문이 된 주자학이 시대의 변화에 대응하지 못하고 공리공담에 빠진 채 사회적 기능을 옳게 하지 못하자 주자학을 비판하였다. 이런 양명학은 16세기 중반 무렵에 우리나라에 들어왔으나 주자학자들에 의해 이단으로 낙인찍히면서 공개적인 논의가 금지되어 설 자리를 잃어갔다. 그런 가운데도 양명학은 허균, 최명길, 정제두와 같은 사람들에게 큰 영향을 미쳤다. 그리하여 17세기 후반에서 18세기 초반에 이르러 정제두 등에 의해 조선에서 양명학이 하나의 사상과 학파로 확립되었다.

조선 시대 양명학의 대표적 인물인 정제두鄭齊斗(1649~1736)는 '오늘날 주희를 말하는 사람들은 주희의 성리학을 배우는 것이 아니라 주희를 빌려 왔을 뿐이며, 주희의 권위에 기대어 개인의 욕심을 채우고 있다'며, 당시 주자학자들 대부분이 겉으로는 옳고 그름을 따지면서 윤리 도덕을 말하지만 속으로는 자신의 이익만 챙긴다고 비판하였다.[358]

주자학 이외의 사상을 무조건 배척 탄압함으로써 심한 폐쇄성을 드러냈던 당시 조선 사상 풍토에서 양명학은 비록 주자학을 전면적으로 부정하려는 것이 아니라 주자학과의 절충을 모색하였지만, 주자학의 정통 권위에서 탈피하여 새로운 대안을 모색하려는 하나의 뚜렷한 사상

---

358 한국철학사상연구회, 2007, 228~229.

흐름을 형성하였다.[359] 그런 점에서 양명학은 주자학 독점주의를 파괴하고 조선 사상계의 스펙트럼을 넓힌 사상으로 평가된다.

조선에서 주자학으로부터 해방 경향은 17세기 후반 및 18세기 초, 소위 말하는 실학에서 그 방점을 찍었다. 실학은 17세기 말부터 기존 주자학의 教조주의적 폐쇄성에 반발한 경기도 연천 출신 허목, 서울 출신으로 전라도 부안에 내려가 일생을 야인으로 지낸 유형원柳馨遠(1622~1673), 그리고 허목과 유형원의 영향을 받은 경기도 안산의 이익李瀷(1681~1763) 등으로 대표되는 일군의 학자들에 의해 형성된 학풍이자, 주자학 혁신 운동이며, 새로운 사회 개혁 사상이다.

조선 사상계의 이러한 변화 움직임은 결국 주자학에 대한 반성이자 주자학으로부터 해방을 위한 노력이었다. 그리하여 고학·고경에 대한 새로운 관심이 나타났고, 개혁과 개방이라는 시대가 요청하는 사상이 새로이 형성될 수 있었다. 이름하여 탈주자학 지식인들은 주자학 절대 존신을 비판하며, 육경·원시 유교로 돌아갈 것을 주장하였다. 조선 후기까지 이어지는 이러한 일련의 탈주자학적 경향은 미수, 백호, 성호, 다산 등으로 이어지며, 조선 유교 사상계에 새로운 생명력을 불러일으켰다.

---

359 한국종교연구회, 1998, 208.

2

미수의 육경에 대한 관심

고학古學은 곧 원시 유교의 육경六經

미수眉叟 허목許穆. (출처: 국립중앙박물관)

미수眉叟 허목許穆(1595~1682)이 지향한 학문·사상을 한마디로 말한다면 고학古學이라 할 수 있다. 그는 옛사람의 글을 읽기 좋아하고 마음으로 옛사람을 추모하며 부지런히 공부하였다고 한다. 그렇다면 그가 공부한 고학古學이란 무엇일까? 그것은 하늘의 이치를 체득하고 그것을 실천한 선진 삼대 옛 성인들의 언행을 담은 글을 말한다. 미수는 요·하·은·주 시대를 이상 사회로 보고, 그런 사회를 이끌었던 성인들이 하늘의 뜻을 이어받아 펼친 정치나 사상과 문화를 높이 평가하였다. 그런데 이런 선진 시대 성인들의 글은 어디에 잘 담겨있을까? 원시 유교의 육경이다. 미수는 고학을 공부하는데 있어 『시』, 『서』, 『역』, 『춘추』, 『예』, 『악』 등

소위 원시 유교의 경전인 육경을 중시하였다. 그에게 성현의 가르침이 담긴 글을 공부한다는 것은 바로 원시 유교의 경전인 육경을 공부하는 것이다. 이러한 고학은 더 넓게 보면 원시 유교의 경전은 물론 고례古禮, 고자古字(古篆)[360]까지 아우른다.

미수는 성인들 가르침이나 행적, 그리고 당시의 문화가 고문·육경에 남아있다고 보았다. 그러면서 미수는 고문이나 육경의 글에는 성인의 대법이 들어있고, 성인의 문은 천지의 조화를 닮았다고 평가한다.

"육경六經의 글은 성인이 하늘의 뜻을 이어받아 표준을 세우고 만물의 도리를 이해하여 사업을 성취시켜 주는 글로 천지의 지극한 가르침이다."[361]

"상고 시대의 서적은 전해지는 것이 없고, 우하虞夏 이후로 요사姚姒(순舜 임금과 우禹 임금)의 혼후함과 은주殷周의 광대하고 준엄함은 육경에서 볼 수 있으니, 성인聖人의 글[文]은 곧 천지의 문文이다."[362]

"매양 고인의 문자를 읽을 때마다 지극한 말씀과 간절한 뜻이

---

360 미수는 어릴 적부터 고문 전서古文篆書를 익혔다. "선생이 아이 때부터 팔분八分·고문古文·전서篆書를 익혔는데, 이때에 이르러 체體와 격格이 모두 이루어졌다. 先生自兒時, 習八分古文篆, 至是體格俱成."(『記言』「記言年譜」卷之一 年譜) 『(미수)기언』 원문과 원문 이미지 및 번역은 한국고전종합DB(http://www.itkc.or.kr); 민족문화추진회,1982를 참조하고 따랐다.

361 "六經之文, 聖人繼天立極, 開物成務之文, 爲天地之至敎."(『記言』卷之三「學」答堯典洪範中庸考定之失書)

362 "上古載籍無傳, 虞夏以來, 姚姒之渾渾, 殷周之皥皥噩噩, 可見於六經, 聖人之文, 天地之文."(『記言』卷之五「文學」文學)

그 글에 들어 있어 두드리면 두드릴수록 더욱 드러나 자기도 모르는 사이에 흔연히 기뻐하였습니다. … 전적典籍에 나타나 있는 것이 우·하·은·주 때보다 융성한 때가 없었습니다. 그런 까닭에 육경의 문장에는 성인의 큰 법이 실려 있습니다. … 성인의 글은 천지의 조화를 본뜬 것이니 성인을 어떻게 당적當敵할 수 있겠습니까."363

고문이 수많은 다른 사상가들의 글과 다른 점을 미수는 성인들의 큰 가르침이 담긴 책이라고 인식하였다. 고문에는 천리를 체득하여 그것을 실천하는 사람인 성인들의 언행과 가르침이 담겨있다는 것이다.

그러면 그런 책이 어떤 것인가? 미수가 말하는 고문을 구체적으로 잘 대변하는 글에 이런 말이 있다.

"삼가 다시 생각해 보건대 문장文章 짓는 것은 본래 딴 길이 아니라 이와 같이 찾아보고 이와 같이 체득하여 이와 같이 발한 것이므로, 속에 쌓은 것이 덕행이 되고 밖에 베푼 것이 사업事業이 되며 발發한 것이 문장이 되나니, 『역경』의 기이함, 『시경』의 꽃다움, 『춘추』의 의리義理, 우하虞夏의 글(『서경』의 「우서」와 「하서」)의 엄숙하고 그윽함, 은반殷盤과 주고周誥의 길굴오아佶屈聱牙함 같은 것이 모두 성인과 현인의 손에서 나온 것이 아니겠는가."364

---

363 "每讀古人文字, 至辭切意到, 其文愈皷愈揚, 不覺忻然喜動. … 其見於載籍者, 莫盛於虞夏殷周之際. 故六經之文, 聖人之大法載焉. … 聖人之文, 侔天地造化, 聖人何可當也."(『記言』卷之五「文學」答客子言文學事書)

364 "竊復思之, 文章之作, 本非異道, 如此而求之, 如此而得之, 如此而發之. 故曰蘊之爲德行, 施之

"『시경』은 풍자에 뛰어나고, 『서경』은 정사에 뛰어나며, 예의禮義의 대종大宗에 관해서는 『춘추』만한 것이 없고, 천지의 변화를 연구한 것으로는 『주역』만한 것이 없습니다. 공자는 책을 엮은 가죽끈이 세 번이나 끊어지도록 『주역』을 읽었다고 하니, 공자와 같은 성인이 무슨 연유로 글을 이토록 열심히 읽었겠습니까. 공자가 요순과 문무, 주공의 도를 계승하여 후세에까지 전할 수 있었던 것은 바로 문文을 통해서입니다."[365]

　"생각건대 유자가 종주로 삼을 사람으로는 요순과 공자보다 더한 분이 없고, 이치가 뛰어난 말로는 또 『주역』과 『춘추』, 『시』와 『서』만한 것이 없다."[366]

　고문 공부를 통해 성인들의 도를 얻고자 노력한 미수에게 고문은 곧 육경인 것이다. 이렇게 보면 고문, 고학, 고경이 무엇인지 명확하다. 『시』, 『서』, 『역』, 『춘추』와 같은 육경의 글은 성인이 하늘의 뜻을 이어받은 것으로, 곧 천지의 지극한 가르침, 천지의 문文이다. 미수에게 고문은 곧 주희의 사서 내지 칠서 체제 중심의 경학과 주희의 경전 주석을 통한 유교 이해를 탈피하여, 요·순·공자지학孔子之學을 어느 정도 순수

　　爲事業, 發之爲文章, 如易之奇, 詩之葩, 春秋之義, 虞夏之書, 喞喞咢咢, 殷盤周誥之佶屈赦牙, 皆不
　　出於聖人賢人之手乎."(『記言』卷之五「文學」答朴德一論文學事書)

365　"詩長於風, 書長於政, 禮義之大宗, 莫過於春秋, 窮天地之變, 莫過於易. 孔子讀易, 韋編三絶,
　　以孔子之聖, 何於文若是之勤也. 孔子述堯舜文武周公之道, 以傳於後世者, 文也."(『記言』卷之五
　　「文學」答客子言文學事書)

366　"穆謂儒者之所宗, 莫如堯舜孔子; 其言之理勝, 亦莫如易春秋詩書."(『記言』卷之五「文學」答朴
　　德一論文學事書)

『기언記言』. (출처: 한국학중앙연구원)

하게 간직하고 있다고 여겨지는, 보다 본원적인 유교 경전으로서의 육경 고문을 직접 연구함으로써 수사정맥洙泗正脈367으로 복귀하려는 학문, 즉 육경학인 것이다.368

미수의 이런 육경 지향성은 그의 사상이 오롯이 들어있는 『기언記言』에 대한 말에서 알 수 있다.

"옛사람의 글을 읽기 좋아하며 마음으로 옛사람의 실마리를 추모하여 날마다 부지런히 하였다. 『기언』의 글은 육경六經을 근본으로 삼고 예악禮樂을 참고하고 백가百家의 변론辯論을 널리 통한 것이니, 여기에 분발하여 힘을 다한 지 50년이다."369

"나는 애초에 문장 짓는 것은 배우지 않고 다만 소리 높여 고인의 말을 외우고 날마다 옛사람의 책을 읽었습니다. 세도世道가 낮아지고 풍속이 나빠져 옛 도道를 이제 다시 볼 수 없게 된 것을 홀로 한탄하면서 오직 몸으로 행할 수 있고 마음으로 즐길 수 있는 것

---

367 수사洙泗는 중국 산동성 곡부현에 있던 수수洙水와 사수泗水 두 물줄기를 말한다. 공자가 그 사이에 살면서 이곳에서 제자들을 가르쳤다고 한다. 그리하여 수사학은 이후 공자의 가르침, 공자의 도, 공자 및 유가의 정통 맥을 의미하게 되었다.

368 정일균, 2009, 311.

369 "說讀古人之書, 心追古人之緒, 日亹亹焉. 記言之書, 本之以六經, 參之以禮樂, 通百家之辯, 能發憤肆力且五十年."(『記言』「記言 序」)

은 서책에 있다고 생각하여 인사를 두절하고 세속에 관여하지 않고
는 홀로 좋아하는 바를 즐겼습니다. 그리하여 복희씨 이래 여러 성
인의 책을 소리 내어 외고 곰곰이 생각하여 아침부터 저녁까지 혹
은 밤을 새워 날이 밝도록 부지런히 하고 또 부지런히 하여, 지금까
지 40여 년 동안을 게으름 피우지 않고 처음과 똑같이 독실하게 좋
아하였습니다."[370]

"다만 평소에 고문을 몹시 좋아하여 오랫동안 정신을 전일하게
써서 백발이 다 된 뒤에 터득한 것이 이와 같을 뿐입니다. 나는 행
동이 강직하여 세속의 지름길을 따르지 않고, 문장에 있어서도 고
인에 근접하여 또 후세의 글 다듬는 짓을 답습하기 좋아하지 않습
니다. 이단을 비판하고 허황된 말을 근절하며 부지런히 고인의 유서
遺緒를 찾아 배고픔과 추위도 잊고서 늙어 죽도록 후회하지 않는 사
람으로 이 시대를 통틀어 나 한 사람을 칭하더라도 나는 굳이 사양
하지 않겠습니다."[371]

이는 곧 미수의 생각, 그의 사상의 뿌리가 육경에 바탕 함을 시사하
는 것이다. 미수는 화려한 수식이나 꾸밈 및 기예 등을 멀리하고 순수

---

370 "穆初不學爲文章, 徒嘐嘐然誦說古人, 日讀古人書. 竊自嘆世降俗下, 古道旣不復見於今, 而唯可
　　以行之於身, 而樂之於心者在書, 屛絶人事, 不與世俗相交攝, 獨恣其所好. 伏羲以來, 群聖人之書,
　　口誦心思, 自朝至暮, 或夜而繼日, 孜孜矻矻, 至今餘四十年而不怠, 篤好猶初."(『記言』卷之五「文
　　學」答客子言文學事書)

371 "惟平生篤好古文, 專精積久, 至於白首, 而其所得如此. 穆行事戇直, 不趨世俗蹊徑, 文詞逼古,
　　又不喜蹈襲後世翰墨工程. 詆誹異端, 抑絶浮誇, 尋追古人遺緒, 兀兀忘飢寒, 迨老死而不悔者, 將
　　擧一世而稱我爲一人, 穆不必多讓."(『記言』卷之五「文學」答朴德一論文學事書)

함을 보여주는 하·은·주 시대의 문체가 잘 나타난 육경 고문을 중시하였다. 미수는 주자학, 사서 삼경이 아니라 원시 유교, 고대 육경을 지향하였다. 미수가 이렇게 육경의 고문에 뜻을 두고 그 본지를 얻으려 함으로써 그의 주희에 대한 인식은 서인들과는 크게 달랐다. 뒤에서 구체적으로 밝히겠지만, 미수는 주희를 '주씨朱氏'[372]라 부르기도 했다.

주씨朱氏가 누구인가. 주희를 말한다. 미수는 서인들이 성인으로 여기던 주희를 '주자朱子'라고 존칭하지 않고 '주씨'라고 하였다. '씨'가 비록 존칭으로 쓰이기도 하였고, 또한 상대를 비하하거나 깔본다는 의미를 함축하는 것은 아니지만, 우리 문화에서는 윗사람에게는 쓰기 어렵고 대체로 동료나 아랫사람에게 쓰는 경우가 많다. 그러므로 주자 절대주의 입장을 취하는 우암이 보기에, 미수의 이런 태도는 가히 버르장머리 없고 주자 비하로까지 비춰질 수 있는 것이었다. 나아가 미수는 주희를 주석가의 한 사람으로 여겼다.

미수가 고학을 지향하게 된 배경

미수의 탈주자학 의식의 형성은 조선에 전래된 명나라 고문파의 사상과 관련되었을 여지가 있다. 물론 그가 비록 짧은 기간이었지만 젊었던 20대 초반에 주자학을 자신의 사상적 근간으로 삼았던 한강寒岡 정

---

372 "송나라 때에 정씨程氏·주씨朱氏의 학문이 육경의 깊고 세밀한 뜻을 천명하였다. 宋時程氏朱氏之學, 闡明六經之娛織悉."(『記言』卷之五 「文學」 答朴德一論文學事書); "정주씨程氏朱氏에 이르러서는 그에 따라서 경의 뜻을 밝혔다. 至程朱氏, 因以明之."(『記言』卷之二 「禮」 漢儒祀於學)

구鄭逑(1543~1620)를 스승으로 섬기기도 하였으므로 정구의 영향을 많이 받았을 수 있다. 퇴계와는 다른 정구의 실용적 학문 지향성이 미수에게 영향을 미칠 여지가 있었다. 이러한 경향은 이후 미수를 사숙한 성호 이익으로 계승되었다.[373] 그리하여 조선 후기에 이르러서는 성리학의 관념화·형식화로부터 벗어난, 소위 탈주자학적 경향이 나타나고 실학이라는 모습도 나타났다.

이런 맥락에서 보면 미수는 비록 위로는 퇴계나 정구의 학문 영향을 받았지만, 오히려 그로부터 해방되어 고학을 더 중시하고, 나아가 성호 등의 실학 전개에 큰 영향을 미친 것으로 볼 수 있다.[374] 그러므로 미수의 고학 지향성에 영향을 미친 것은 퇴계나 정구에서 찾을 것이 아니라,[375] 다른 요인에 기인한 것으로 볼 수 있다. 이를테면 미수가 명

373 정구는 영남 중부 지역인 성주에 살면서 동북쪽으로는 안동의 이황, 서남쪽으로는 진주의 조식이라는 두 거유의 문하에서 수학하였다. 그리하여 이황의 리기론과 주자학, 조식의 실용주의적 유교, 실천 유교 사상을 종합하고자 했다. 미수는 퇴계를 계승한 정구 문하뿐 아니라 정구의 제자이자 조카 사위인 여헌 장현광張顯光(1554~1637)의 문하에서도 수학하였다. 특징적인 것은 장현광은 이황의 학설을 묵수하지 않은 채 자신의 성리설을 주장하기도 한 독자성을 지닌 인물이라는 점이다. 장현광은 정구의 학통을 경기도 연천의 미수 허목에게 전해줌으로써 기호 남인 계열의 근기 학파의 성립을 이끌어냈다. 금장태, 2000b, 241 참조.

374 번암 채제공은 성호 이익의 묘지명에서 이렇게 밝힌다. "오도吾道는 원래 계통이 있으니, 퇴계는 우리 동국의 부자夫子(공자)이다. 그 도를 한강寒岡에게 전했고 한강은 그 도를 미수眉叟에게 전했고, 선생(성호)은 미수를 사숙私淑한 분이다. 미수를 배워 퇴계의 도통을 접맥하였으니, … . 吾道自有統緒, 退溪我東夫子也, 以其道而傳之寒岡, 寒岡以其道而傳之眉叟. 先生私淑於眉叟者, 學眉叟而以接夫退溪之緒, … "(『星湖先生全集』附錄 卷之一「墓碣銘」;『樊巖先生集』卷之五十一「墓碣銘」星湖李先生墓碣銘)

375 미수 허목은 퇴계 문하의 여러 사람 중 하나로 성주에서 활동하던 한강 정구鄭逑(1543~1620)로 이어지는 학통을 계승하였다. 정구는 젊은 시절(1563, 21세)에 퇴계를 만나 그의 문하에서 수학하였다. 미수는 아버지가 부임지인 거창에 있을 때 성주에 있던 정구를 찾아가(1615) 스승으로 모셨다. 그러나 사상적으로 미수가 이황의 학설을 언급한 일은 거의 없다. 미수는 이황이 천착했던

나라와 교류 이후 17세기에 조선에서 나타난, 사서四書보다는 고서古書 · 고문古文 · 육경六經을 중시하던 고학 부흥의 움직임, 즉 명대 고학, 진한 고문파秦漢古文派[376]의 영향을 받았을 여지가 있다.

왕세정王世貞(1526~1590). 명나라의 문학가. 명대 후기 고문사古文辭파의 지도자. 격조를 소중히 여기는 의고주의擬古主義를 주장했다. 주요 저서에는 『엄주산인사부고弇州山人四部考』 등이 있다. (출처: https://zh.wikipedia.org)

명나라 때는 고대 제자백가들의 책이 많이 나왔다. 이는 고대의 다양한 사상들이 널리 알려지고, 나아가 그것에 관심을 갖게 하기에 충분했다. 명대의 진한고문파는 선진先秦 · 양한兩漢 시대의 옛글에 담긴 정신을 되찾자는 고문 운동을 전개하였는데, 그들은 초월적 신격의 천 관념을 가지고 있었다. 왕세정王世貞(1526~1590)이 그 대표적 인물이다.

왕세정은 어떤 사상가일까? 그의 사상적 정체성을 단적으로 보여주는 한 가지 예를 보자. 그는 『중용』을 읽고 이렇게 적었다.

"교郊와 사祀의 예禮는 상제를 섬기는 것이다. 이 말에는 깊은 의미가 있다. 주자는 후토后土(토지의 신)를 말하지 않은 것은 글에서 생략한 것(省文)이라 여겼지만, 잘못된 것 같다. 하늘은 상象으로써 하고 땅은 형形으로써 한다. 비록 나뉘어 상하가 되었지만 하늘과

사단칠정론을 비롯하여 리기론, 심성론 등에는 별달리 관심을 기울이지 않았다. 리기 문제를 논한 짧막한 글인 「논리기論理氣」나 심심과 관련해서 리기를 언급한 글인 「심지지각心之知覺」에서 주리적인 관점을 보이기는 하지만, 이를 두고 미수가 리기론자라고 할 수는 없을 듯하다.

376 고문학파와 금문학파의 대립은 한나라 이후 계속되었는데, 고문경전(孔壁古文)을 따르는 것이 전자라면 금문학파는 금문今文을 따르는데, 주자학이 여기에 속한다. 15~16세기 명대에는 주자학에 대항하는 고문파가 문단의 주류를 이루었다. 한영우, 1985, 46 참조.

땅은 각각 하나의 물物일 뿐이고, 그것을 주재
主宰하는 것은 한 분 상제上帝(一上帝)이다. 동
지에 남교南郊에서 제사지내는 그 신神이 이 상
제이다. 하지에 북교北郊에서 제사지내는 그 신
이 이 상제이다."377

이는 그가 『중용』을 독서하고 난 뒤 상제라는
존재를 어떻게 보았는지를 잘 보여주는 기록이
다. 왕세정은 주자학과는 다른, 천지 만물을 주재
하는 주재자로서 인격천, 상제 사상을 내면화하

「독서후讀書後」「독중용讀中庸」(흠정사
고전서본).

고 있다. 주자학 중심의 주문화가 형성된 조선 사상계에 이법으로서의
하늘과는 근본적으로 다른 인격적 존재로서 상제를 부각시킨 왕세정
의 사상은 가히 파격적이었다. 이러한 왕세정의 글은 당시 조선에도 소
개되었는데, 미수는 그의 사상을 접한 것으로 보인다.378 미수는 실제로
왕세정을 언급하기도 했다.

"당나라 때에 한유韓愈와 유종원柳宗元이 나와 서한西漢의 뒤를 계
승하였고, 그 뒤에 소장공蘇長公(蘇軾)이 변화의 묘를 터득하였으나
옛것에는 훨씬 미치지 못하였다. 또 그 뒤 공동崆峒(李夢陽)과 봉주

---

377 "郊社之禮, 所以祀上帝也. 此語有深味. 而朱子以不言后土爲省文, 似失之. 天以象, 地以形, 雖
分而上下, 然各一物耳, 而所以主宰之者一上帝也. 冬至而祀南郊, 其神此上帝也. 夏至而祀北郊, 其
神此上帝也."(王世貞, 『讀書後』卷四「讀中庸」)

378 왕세정의 상제 사상을 조선 시대 탈성리학자들과 연결시키는 자료로는 조성산, 2014a를 참조하라.

鳳州(王世貞)는 혼후함은 한유만 못하고 변화의 묘는 소식만 못하면서 다만 말을 돌려 궤변을 늘어놓을 뿐이었다.”[379]

“문학을 논할 때는 진한秦漢 이후로 태사공太史公(사마천司馬遷), 창려昌黎(한유 韓愈), 봉주鳳洲를 최고의 대가로 여겼으니,”[380]

이렇게 볼 때 미수는 물론 백호 윤휴 역시 이런 명나라 때 일어난 진한 고문학파의 고학 중시 풍토의 영향을 받아 고경과 상제, 하늘에 대해 더욱 관심을 가졌을 여지가 있다.

나아가 무시할 수 없는 것은 그의 가계와 관련한 화담華潭이나 남명南冥의 문인과 같은 북인 학자들의 영향이다.[381] 소북계小北系를 가계로 하는 미수는 북인 정권이 인조반정으로 몰락하자 남인에 편입되었지만 북인 학자들과 교류의 기회가 많았다. 그 하나의 예로 미수는 퇴계와는 다른, 주기론主氣論자였던 화담 서경덕徐敬德(1489~1546)과도 연결 고리가 있다. 미수의 아버지 허교許喬(1567~1632)는 화담의 문인이자 조선 시대 도가道家의 도맥을 이루었던 박지화朴枝華(1513~1592)가 스승이고,[382] 미수 역시 화담의 문인으로 여겨지는 정개청鄭介淸

---

379 “唐時, 韓柳氏出而繼西漢之末, 其後蘇長公得變化, 而不及古遠矣. 又其後崆峒鳳州渾厚不及韓, 變化不及蘇, 特爲環詭.”(『記言』卷之五「文學」文學)

380 “論文學以爲, 秦漢以來, 太史公, 昌黎, 鳳洲最大家.”(『記言』卷之四十「東序」龍洲神道碑)

381 선조 말에 이황과 조식 및 서경덕의 제자들이 중심이 되어 있던 동인은 남인과 북인으로 분리되는데, 이황의 제자들은 주로 남인을, 조식과 서경덕의 제자들은 주로 북인을 이루었다.

382 서경덕, 박지화, 허교 간의 관계를 미수는 아버지의 묘비명에 이렇게 기록하였다. “공公의 휘는 교喬이고, … 젊어서 수암 박지화 선생에게 학업을 배웠다. 선생은 화담 서경덕 선생의 제자이다. 公諱喬, … 少受業於守庵朴枝華先生. 先生, 花潭徐敬德先生之弟子也.”(『記言』卷之四十三「許氏

(1529~1590)의 문집인 『우득록愚得錄』의 서序를 쓴 일이 있다 미수가 근기 남인의 영수領袖로 불려지는 것은 퇴계학파의 주류 남인 학풍과는 달리, 고문·고경·육경을 공부의 근거로 삼는 원시 유교적 고학풍을 중시하여 이후 성호星湖 이익李瀷(1681~1763)에 이르러 하나의 학풍·문호를 이루었기 때문이다.

가계와 관련하여 또 한 가지 주목할 만한 것은 미수의 외할아버지인 백호白湖 임제林悌 (1549~1587)이다. 임제는 조선 지식인들이 동인과 서인으로 나뉘어 싸우는 당쟁의 탁류와 병들어가는 정치판을 보고 벼슬을 버릴 정도로 시대를 성찰하며 탈정치, 탈주자적 의식을 내면화한 사람이다. 또한 그는 임종을 앞두고 자식들에게 "천하의 여러 나라가 제왕을 일컫지 않은 나라가 없었는데, 오직 우리나라만은 끝내 제왕을 일컫

백호白湖 임제林悌(1549~1587). (출처: https://namu.wiki)

지 못하였으니, 이같이 못난 나라에 태어나서 죽는 것이 무엇이 아깝겠느냐! 너희들은 조금도 슬퍼할 것이 없느니라", "내가 죽거든 곡을 하지 마라"[383]고 말했다고 한다. 이로 보면 임제는 자주적 민족 의식이 매우 강하였다. 미수는 이렇게 탈성리학적이고 민족적 자주 의식이 강한 외할아버지의 유전 인자도 가지고 있다.

이렇게 볼 때 미수의 주변에는 기본적으로 탈주자학적 성향을 지닌

先墓碑文」)

383 한국정신문화연구원, 1996, 778.

사람들이 많았다. 이러한 환경 역시 미수가 성리학·주자학보다는 원시유교, 고문, 고경에 관심을 갖게 하는 계기로 작용할 여지가 있다.

치도治道가 사라진 현실

미수는 주로 육경을 좋아하였으나 절대시되던 사서四書, 특히 정주程朱의 장구章句를 언급하거나 주희의 경전 해석을 구체적으로 비판하지는 않았다. 미수가 고학·고경에 많은 관심을 가졌다는 것은 그가 주희나 리기론과 같은 형이상학에 관심이 적었음을 말한다. 실제『기언』에는 「논리기論理氣」를 제외하고는 리기론 관련 글이 거의 없다. 물론 미수도 요순 이래 전수되어 내려온 심법의 내용을 도표로 만든 〈심학도心學圖〉와 〈요순우전수심법도堯舜禹傳授心法圖〉를 1675년 3월에 숙종에게 올린 일도 있다. 그러나 이는 성리학적 사유에 바탕한 것이 아니라 육경의 고학에 근거한 것이었다.

그는 또 경설經說 11편을 지었는데,[384] 이 역시 대부분 육경과 관련한 것이다. 이를테면 「역설易說」, 「춘추설春秋說」, 「시설詩說」, 「서설書說」, 「예설禮說」, 「악설樂說」 등은 육경 관련이고, 「홍범설洪範說」, 「형설刑說」, 「정설政說」, 「시령설時令說」, 「귀신설鬼神說」 등은『서경』과『예기』등을 부연한

---

384 "作經說一十一篇, 雖不備, 然於古人之旨, 其大略可擧矣. 一言易, 易統, 易義, 卦義, 圖書統論爲四篇. 二言春秋. 三言詩. 四言書. 五言洪範. 六言禮, 禮統, 禮志爲二篇. 七言樂, 樂義, 樂術, 樂變, 原樂, 樂通爲五篇. 八言刑. 九言政, 政術, 政制爲二篇. 十言時令. 十一言鬼神. 凡二十篇."(『記言』卷之三十一「經說 序」)

것이다. 곧 대부분 육경지학의 정신을 바탕으로 지었다.[385] 그만큼 주자학의 형이상학이 아닌 원시 유교의 경학, 고경에 관심을 가졌으며, 당시 여러 학자들처럼 사변적인 성리설에 대해서는 거의 주목하지 않았다.

미수는 성인의 가르침을 담은 글이 언젠가부터 단절되었다고 본다.

"자사子思·맹자孟子 이후로는 성인의 도가 전하지 않고, 노장老莊의 허무虛無, 양주楊朱의 위아爲我, 묵자墨子의 겸애兼愛, 장의張儀·소진蘇秦의 종횡縱橫, 신불해申不害·한비韓非의 참핵慘礉(법이 가혹하고 엄함), 관자管子·상앙商鞅의 이利, 손자孫子·오자吳子의 변화술, 추연鄒衍의 괴이함 같은 것은 각자가 도道를 주장하여 높고 긴 것을 다툰 것이라, 이에 문학이 산란散亂하여지고 유학遊學하는 무리들이 질탕迭蕩하고 범람하여 사치한 말과 뛰어난 말에 능한 자들이 교만하게 거들먹거리지 않는 자가 없어 스스로 성인의 정미精微함을 체득했다고 하나, 그 마음을 찾아보면 그렇지도 않은 것이네.

그 뒤로 사마천司馬遷·사마상여司馬相如·양웅揚雄·유향劉向·한유韓愈 같은 무리들은 모두 문장이 더욱 뛰어난 자들이라 할 수 있으나, 모두 성인의 마음은 체득하지 못하였으니 이로부터 도덕과 문장과의 거리가 매우 멀어지게 되었다네. 송宋나라 때에 정씨程氏·주씨朱氏의 학문이 육경六經의 깊고 세밀한 뜻을 천명하였는데, 모두 자세하고 명백하며 간절하게 풀어 놓아 번다하게 늘어놓는 것을 병으로 여기지 않았다네. 이는 주석가의 문체文體가 고문古文과 같지 않아서

---

385 최석기, 2000, 195.

늘어놓고 열어 준 것이 배우는 자로 하여금 분명히 알게 하여 의심
스럽고 분명치 않은 바가 없게 한 것일세. 그렇지 않았더라면 성인
의 사람 가르치는 도가 끝내 점차 없어져서 전하지 않게 되었을 것
이네. 그랬다면 내 비록 매우 부지런히 공부하였으되, 또한 어디로부
터 고문古文의 뜻을 얻었겠는가? 문학을 논하는 자들이 진실로 정주
씨를 배우지 않고서 문장 짓는 것은 유자儒者들의 리理가 승勝한 문
장이 아니며 육경六經의 고문은 한갓 오활하고 진부한 말이라 하고
있다네. 나는 생각건대 유자들의 높이는 바는 요·순·공자만 한 이
가 없고, 그들이 말하는 리승理勝함은 『역경』·『춘추』·『시경』·『서경』
만한 것이 없는데도 오히려 이같이 오활하고 진부하다고 함은, 고문
이 거의 미칠 수 없고 주석가들의 주석한 것이 알기 쉬운 까닭이
아니겠는가. 나는 저것을 버리고 이것을 취하며 이것을 주장하고 저
것을 낮추려는 것이 아니라네. 다만 평생 독실하게 고문을 좋아하
여 정신을 오로지하고 오랫동안 쌓아서 흰머리의 나이에 이르기까
지 그 얻은 바가 이것일세."[386]

---

386 "自子思孟子之後, 聖人之道不傳, 如老莊之虛無, 楊朱之爲我, 墨子之兼愛, 儀秦之從橫, 申韓之
慘礉, 管商之利, 孫吳之變, 鄒子之怪, 各自爲道, 爭高競長. 於是文學散亂, 遊學之徒, 迭蕩泛濫於
侈言逸詞, 其能者, 莫不偓奮驕溢, 自謂得聖人之精微, 而求其心則未也. 其後如司馬遷, 相如, 楊
雄, 劉向, 韓愈之倫, 皆可謂文章之尤著者也, 皆未得聖人之心, 自此道德之與文章, 相去不啻萬里.
宋時程氏, 朱氏之學, 闡明六經之娛纖悉, 委曲明白, 懇懇複繹, 不病於煩蔓, 此註家文體, 自與古文
不同, 其敷陳開發, 使學者了然無所疑晦. 不然, 聖人敎人之道, 竟泯泯無傳, 穆雖甚勤學, 亦何所從
而得古文之旨哉. 後來論文學者, 苟不學程, 朱氏而爲之, 以爲非儒者理勝之文, 六經古文, 徒爲稀
闊之陳言, 穆謂儒者之所宗, 莫如堯舜孔子, 其言之理勝, 亦莫如易, 春秋, 詩, 書, 而猶且云爾者, 豈
古文莫可幾及, 而註家開釋易曉也. 穆非捨彼而取此, 主此而汚彼, 惟平生篤好古文, 專精積久, 至
於白首, 而其所得如此."(『記言』 卷之五 「文學」 答朴德一論文學事書)

314

미수는 자사와 맹자 이후로는 성인의 도가 전해지지 않았고, 양주, 묵자, 한비, 상앙 등 많은 사람들이 도를 말하고 있지만 성인의 도를 담지 못하고 있으며 성인의 마음도 얻지 못하는 것이라고 하였다.

사상가뿐만 아니라 고문이 변하여 문란해졌음에 대해서도 미수는 이렇게 말한다.

"공자 문하에서 문학으로 알려진 사람은 자유子游와 자하子夏였는데, 주나라의 도가 쇠퇴하고 공자가 별세하자 성인의 글이 무너져 노자에게서 변질되고 백가에게서 분산되었으며, 진나라에 와서는 다시 분서焚書로 남은 것이 없게 되었다. 천지의 순후한 기운은 『국어國語』와 『춘추좌전春秋左傳』에서는 그래도 그 간결함과 심오함이 남아 있었으나 합종연횡合從連橫을 위주로 한 『전국책戰國策』에서는 문란해졌다. 태사공太史公이 선진先秦의 고풍을 계승하였는데, 양웅揚雄에 와서는 옛것에 미치지 못하고 기이한 데로 빠졌다. 그러나 양웅이 죽자 고문도 없어졌으며 위진魏晉 시대 이후로는 완전히 사라져 버렸다. 당나라 때에 한유韓愈와 유종원柳宗元이 나와 서한西漢의 뒤를 계승하였고 그 뒤에 소장공蘇長公(소식蘇軾)이 변화의 묘를 터득하였으나 옛것에는 훨씬 미치지 못하였다. … 진한秦漢 이래로 고문이 변하여 문란해졌다가 문란함이 변하여 기이해지고 기이함이 변하여 궤변이 되었다."[387]

---

387 "孔子之門, 稱文學子游子夏, 周道衰, 孔子歿, 聖人之文壞, 貳於老氏, 散於百家, 至秦則又焚滅而無餘. 天地純厚之氣, 至國語, 左氏, 簡娛猶在, 至戰國長短書則亂矣. 太史公繼先秦古氣, 至楊雄氏, 不及古而入於奇. 然楊雄氏死, 古文亡矣, 魏晉氏來, 蕭索盡矣. 唐時, 韓柳氏出而繼西漢之末, 其

미수가 당시 독존적 위치를 차지하고 있던 주희, 성리학을 어떻게 보았는지는 다음과 같은 말에서 단적으로 짐작할 수 있다.

"송나라 때에 정씨程氏와 주씨朱氏의 학문이 육경의 깊은 뜻을 자세히 밝혀 곡진하고 명백하며 정성스레 거듭 풀이하여 번다함을 꺼려 넘치 않았으니, 이것은 주석가의 문체로 본디 고문과는 같지 않습니다."388

나아가 미수는 주희가 한 주석 역시 문제 삼아 주희의 글은 주석가의 문체로 육경의 고문과 같지 않다고까지 하였다.

"고인의 문장을 읽을 때마다 지극한 말씀과 간절한 뜻이 담겨져 그 문장이 더욱 고무되고 더욱 고양된 부분에 이르면 나도 모르는 사이에 기쁘고 감격스러워집니다. 하지만 문장을 아는 분과 마주할 때마다 얼굴이 붉어지고 부끄러워집니다.

복희·신농·황제의 글과 소호·전욱·고신·요·순의 글, 팔괘의 설과 구주九州의 지리서의 글을 이제 다시 볼 수 없음을 홀로 한탄하곤 하였으니, 전적에 나와 있는 것으로는 우·하와 은·주 시대보다 융성한 때가 없었습니다. 그런 까닭에 육경의 문장에는 성인의 큰

後蘇長公得變化, 而不及古遠矣. … 自秦, 漢以降, 古變而亂, 亂變而奇, 奇變而詭."(『記言』卷之五 「文學」文學)

388 "宋時程氏朱氏之學, 闡明六經之娛纖悉, 委曲明白, 懇懇複繹, 不病於煩蔓, 此註家文體, 自與古文不同."(『記言』卷之五 「文學」答朴德一論文學事書)

법이 실려 있습니다. 『시경』은 풍자에 뛰어나고, 『서경』은 정사에 뛰어나며, 예의禮義의 대종大宗에 관해서는 『춘추』만한 것이 없고, 천지의 변화를 연구한 것으로는 『주역』만한 것이 없습니다. 공자는 책을 엮은 가죽 끈이 세 번이나 끊어지도록 『주역』을 읽었다고 하니, 공자와 같은 성인이 무슨 연유로 글을 이토록 열심히 읽었겠습니까. 공자가 요순과 문무, 주공의 도를 계승하여 후세에까지 전할 수 있었던 것은 바로 문文을 통해서입니다. 성인의 글은 천지의 조화를 본뜬 것이니 성인을 어떻게 당적할 수 있겠습니까. 공자 이후로 증자曾子가 『대학』의 십전十傳을 지었고 자사가 『중용』을 지었으며, 맹자는 자사에게 배웠습니다. 동주 말엽에 이단의 말이 떠들썩하고 백가가 어지러이 일어나자, 맹자가 변설로 편벽된 행실을 막고 지나친 말을 물리쳐 주공과 공자를 계승하였으니, 맹자는 순정純正하고도 순정한 분입니다. 천지의 문이 사람에게서는 문장이 되니, 도가 융성하면 문장 또한 융성하고 도가 혼탁해지면 문장 또한 혼탁해집니다.

문장이라는 것은 천지의 문이니, 문장을 하나의 기예라고 말할 수 없습니다. 그러므로 나는 '도덕의 문장'이라는 말은 들었어도 '예악사어서수禮樂射御書數의 문장文章'이라는 말은 듣지 못하였습니다. 저 기억하여 외우고 읽기만 하고 문장에 나타난 말만을 일삼는 작태는 도덕이 상실된 때에 일어나는 문학의 폐단이니, 내가 말하는 문이 아닙니다. 아, 세상에 고인이 없는데, 하물며 고인의 문장이 있겠습니까. 주소註疏가 나오자 고문이 폐해지고 예서隸書가 생겨나자 전서篆書와 주서籀書가 없어졌습니다. 고인의 문장은 소리가 거의 없는 태음太音과 같아서 읽어도 그 의미를 모르는 자가 있으니, 주소는 부득이해서 지어진 것입니다. … 나는 고인의 글을 50년 동안 읽었는데, 말이나 다듬는 후대의 문장에는 눈길 한번 주지 않고 분발하여 성인의 마음을 탐구하였습니다. 그러나 재질이 노둔魯鈍하여 학문은 통달하지 못하고 도는 순정하지 못하여 늙도록 얻은 바가 없지만 그래도 마음은 부지런히 힘써 아직도 그치지 않고 있으니, 이는 허물을 부끄러워하여 잘못을 이루는 꼴이 아니겠습니까. 절실하게 질책하고 깨우쳐 주시니 마땅히 힘써 노력하겠습니다. 깊이깊이 감사드립니다."[389]

미수가 보기에 하은주 삼대의 융성함은 바로 고문인 육경의 다스림 때문이었다. 이러한 맥락에서 보면 (고古)문文은 단순한 일예─藝에 그치는 것이 아니라 '천지지문天地之文'이고 '도道' 그 자체이기도 하였다. 따라서 도가 융성하면 문이 역시 성하고 도가 쇠퇴하면 문 역시 쇠퇴하

---

389 "每讀古人文字, 至辭切意到, 其文愈鼓愈揚, 不覺忻然喜動. 每與知者對, 面赧心愧. 嘗竊嘆三墳五典八索九丘之文, 今不可復見, 其見於載籍者, 莫盛於虞夏殷周之際. 故六經之文, 聖人之大法載焉. 詩長於風, 書長於政, 禮義之大宗, 莫過於春秋, 窮天地之變, 莫過於易. 孔子讀易, 韋編三絶, 以孔子之聖, 何於文若是之勤也. 孔子述堯舜文武周公之道, 以傳於後世者, 文也. 聖人之文, 侔天地造化, 聖人何可當也. 孔子之後, 曾子作十傳, 子思作中庸, 孟子得於子思. 當東周之末世, 異言喧豗百家紛起, 孟子能言, 拒詖行, 放淫詞, 以承周公孔子; 孟子醇乎醇者也. 蓋天地之文, 在人爲文章, 道隆則文亦隆, 道汚則文亦汚. 文者, 天地之文也, 文不可以一藝云也. 故吾聞道德文章, 未聞禮樂射御書數文章. 彼記誦文詞而已者, 道喪德衰, 文學之末弊, 非吾所謂文也. 嗟乎, 世無古人, 況古人之文乎. 註疏起而古文廢, 隷書作而篆籀亡. 古人之文, 如太音之稀闊, 讀而不知其味者有之, 註疏者, 蓋不得已而作也. … 僕讀古人之文五十年, 後世彫琢之文, 未嘗一經於心目, 發憤求聖人之心. 魯鈍, 學不通而道不純, 年老雖無所得, 其心亹亹猶未已, 不幾於恥過而遂非耶. 責諭深切, 當勉之. 深謝深謝."(『記言』卷之五「文學」答客子言文學事)

는 법인데, 후세에 주소註疏가 많이 생김이 따라 고문이 폐하게 되었고, 이에 따라 유가 본래의 '성인의 도'와 '삼대지치'의 실상은 은폐·왜곡되었을 뿐만 아니라, 그 결과 세도와 풍속은 피폐해지고 말았다는 것이다.[390] 미수는 육경에 바탕한 성인의 치도가 진한秦漢 이후 사라졌다며, 당시의 혼란 역시 육경의 치도가 사라짐에 기인한다고 본다.

주자학은 기본적으로 주희의 유교 경전에 대한 주석을 바탕으로 한다. 미수는 이런 주희, 주희의 경전 해석에 의존하지 않았다. 물론 주자학도 기능적인 면이 있다고 보았을 뿐만 아니라 육경을 주석하여 후세에 전한 주희의 공헌을 높이 평가하기도 했다. 그러나 미수는 주소註疏의 문체는 고문과 같지 않다며, 정주程朱의 주석에만 의존하다 보면 요, 순, 공자의 진의를 제대로 파악하기 어려울 수 있음도 지적하였다.

미수는 당시 학문에 대해서도 이렇게 비판한다.

"실천이 진실된 자는 그 말이 간략하면서도 상세하고 안목이 큰 자는 그 행동이 더욱 겸손한 법이오. 요사이 유속流俗의 폐단은 외모, 언어, 동작 이외에 달리 장점이 없으면서도 대번에 '선비의 학문은 응당 이러해야 한다'며 힘써 자랑하여 스스로를 높이고 다투어 서로 길고 짧음을 겨루는 것이니, 성인께서 말씀하신 '선을 밝히고 몸을 성실하게 하는 공부'가 과연 무엇인지를 모르는 것이외다."[391]

---

390 정일균, 2009, 312

391 "踐履實者, 其言約而詳, 其見大者, 其行益謙. 近來流俗之弊, 貌言動作之外, 無他長, 遽以爲儒者之學當如此, 務詡矜自高, 爭相短長, 未知聖人所謂明善誠身之學果何事也."(『記言』記言別集 卷之五「書牘」一 答李之濂養而)

이것은 경서經書에 적힌 글을 외우기나 읽기만 할 뿐 경서 공부를 통해 명선성신明善誠身하지 못하는 당시 학문하는 사람들의 문제점을 지적한 것이다. 즉 경서를 공부하여 일정한 덕성이나 식견을 성취한 바 없이, 그저 구절을 많이 외고 여러 가지 학설을 주워섬기며 그것을 준수하는데 지나치게 집착하여 그것을 학자라는 명예를 취하는 경향을 비판한 것이다. 왜냐하면 미수에게 학문이란 고인의 서적을 통해 성인의 마음을 구하고 성인이 하였던 학문을 통해 순수한 도를 이루는 것이었기 때문이다.[392] 미수는 말이나 다듬는 후대의 문장에는 눈길 한번 주지 않았고 늘 성인의 마음을 탐구하고자 하였다. 그리고 그에게 공부한다는 것, 학문을 한다는 것, 문장을 짓는 것이란 화려한 글을 쓰거나 그러한 문장을 외우는 것이 아니었다. 미수에게 그것은 성현의 말씀을 내 몸에 쌓는 것이자 그 말씀대로 세상에 펴고, 나아가 그것을 글로 표현함이다. 즉 성현의 가르침을 따름을 말한다.

미수는 또 고문을 공부하여 그 마음을 얻고 그 도에 통하는 것을 중시하였지만 특정의 사상이나 특정인만을 존신하거나 배타적인 태도를 갖지 않았다. 그러므로 당시 주자학 독점주의에 빠져버린 경향에 대해 우려한 듯하다. 미수는 주희의 주석을 맹신하고 주자학을 유일한 사상으로 낙인찍은 나머지, 지나치게 배타적이고 폐쇄적으로 된 주자학에 대한 반성과 사상계의 개방을 지향한 듯하다. 이는 그의 주자학으로부터의 해방과 고경에 대한 관심의 발로이다.

육경지학을 추구했던 미수는 문옹文翁(정동직鄭東稷)에게 답하는 글

392　정경주, 2000, 168.

에서, 다음과 같이 형이상학 일변도로 흐르던 주자학의 폐단을 비판하면서 지행知行이 병행되어야만 선학善學이라고 강조하였다.

"근세 학자들의 폐단은 실천은 못하면서 의견만 앞세우는 것인데, 그러다 보니 시간이 갈수록 괴벽하고 과격해져 경박한 풍조가 날로 성하게 되었습니다. 그래서 성실하고 미덥고 도탑고 후덕한 풍속으로 말해 보자면, 옛사람이 조금이라도 실제로 본 것이 있으면 반드시 그만큼 실행하여 지와 행이 전혀 다르지 않았던 것과는 크게 다릅니다. 학문하는 급선무는 먼저 인륜과 일용의 법칙에 부지런히 힘써서 조금이라도 미진함이 없게 하기를 생각한 뒤에야 잘 배웠다고 할 수 있습니다."[393]

미수는 학문이 성명性命의 고원高遠한 이치만 추구하는 것에 대해 우려하였다. 곧 그는 학문이 현실과 동떨어져 현실성·실천성이 없게 되는 것을 바로잡으려 하였고, 그 방안으로 원시 유교의 정신을 되살려 하학인사下學人事로부터 출발해야 함을 강조하였다.[394]

그렇다면 미수는 왜 당시 주자학이 지배적인 상황에서 주자학이 아닌 고학을 지향하였을까? 미수가 보기에 당시 주자학을 공부하는 사람들은 대부분 주희를 대표로 하는 주석가들이 쓴 글을 절대시함으로

---

393 "近世學者之弊, 踐履不足, 先立意見, 轉成矯激, 浮薄日滋. 忠信篤厚之風, 大不如古人有一分實見, 必有一分實行, 知與行不相懸絶. 爲學之務, 先於彝倫日用之則, 勉勉孜孜, 思無一分不盡, 然後可謂善學."(『記言』卷之一「學」答文翁)

394 이대근, 2003, 19~20.

써 고경古經이 전하고자 하는 본지를 있는 그대로 알 수 없었다. 주희가 고문을 주석하여 그 뜻을 후세에 전하려 한 점은 높이 평가할 수 있지만, 그 주석은 고문과 다르다는 것이다. 사서가 이를테면 그렇다.

그리하여 미수는 주석이 아닌 고경의 가르침을 스스로 직접 이해하려 하였고, 그 연장선상에서 고문학파 한유漢儒의 주소注疏를 존중하였다. 그는 원시 유교의 본래 가르침을 직접 이해하려 했지, 주희의 주석에 해당하는 사서의 가르침을 공부하고자 하지는 않았다.

미수가 고학을 지향하며 궁극적으로 추구한 것은 무엇일까? 거기서 무엇을 얻을 수 있기에 미수는 고문을 중시하였을까? 미수는 이렇게 말한다.

"요순의 성대聖代 이후로 주나라와 진나라 교체기에 왕도 정치가 무너지면서 육경의 치도治道가 사라지자, 잘못된 행동과 부정한 학설이 동시에 일어나 사람들의 마음을 빼앗고 대의를 어지럽혀 멸망하는 나라가 연이었다. 이를 기술하여 석란釋亂을 짓는다. 『시』는 삼강오상을 밝혀 국가의 존망을 징험하고 정사政事의 득실을 변별하였으며, 『서』는 선왕들의 일을 기록하였으며, 『예』는 혐의를 분별하고 신분의 등급을 엄중히 하여 인륜의 기강을 바로잡았으며, 『악』은 신과 인간을 어울리게 하고 상하를 조화롭게 하여 만방을 화합시켰으며, 『춘추』는 일통一統을 중시하고 백성의 마음을 안정시켜 선은 포장褒奬하고 악은 징계하였으며, 『역』은 만화萬化의 변화를 말하였다. 『시』의 풍간諷諫, 『서』의 기록, 『예』의 절문節文, 『악』의 조화, 『역』의 변화, 『춘추』의 의리는 성인의 대경대법大經大法이고, 복희씨伏羲氏

의 지극히 순후함과 요순의 공평무사와 우가 이룩한 구공九功과 탕湯·무武의 큰 권도權道는 성인의 대의大義이다. 교화는 『시』·『서』·『예』·『악』보다 바른 것이 없고, 정사는 『춘추』보다 좋은 것이 없으며, 신묘한 변화는 『역』보다 큰 것이 없으니, 태평성대를 이룬 우·하·은·주의 정치는 모두 육경에 의거한 다스림이었다. 치도가 통일된 뒤로는 온 천하가 순종하였으니, 명분이 바르면 예가 서고 예가 서면 백성이 따르고 백성이 따르면 음악이 흥기한다.

유왕幽王과 여왕厲王이 주나라를 망친 뒤로 평왕平王과 환왕桓王이 부흥시키지 못하자, 성인의 교화가 중단되고 육경의 치도가 혼란해졌다. 이에 제후들은 쟁탈에 힘쓰고 이단은 일제히 일어나 저마다 종지宗旨를 만들어 다투어 치도를 주장하였으나, 성인의 도를 혼란시키기는 마찬가지였다. 양주楊朱의 '위아爲我', 묵적墨翟의 '겸애兼愛', 법가法家의 '소은少恩', 명가名家의 '교요繳繞' 등은 모두 세상 사람들의 가치관을 혼란시켜 제자리로 돌아오지 못하게 만들었다. 관중管仲은 지원地員을 지어서 '천하의 부유와 안락'을 주장하였고, 제 환공齊桓公을 도와 오패五伯의 우두머리가 되게 하였다. 그 뒤로 상앙商鞅은 간령墾令에서 20조항의 개간법으로 정전법을 폐지하고 천맥법阡陌法을 시행하여 경작과 전쟁에 힘썼는데, 이는 모두 가혹한 형벌을 사용하여 일을 성사시킨 것이었다. 이 밖에도 지모와 술수를 주장하는 설이 나왔는데 이 때문에 치도가 무너져서 막을 수 없게 되었다.

노담老聃은 도덕과 무명無名을 말하여 허무를 종지로 삼았고, 그 뒤에 장주莊周와 열어구列禦寇가 있었으며, 왕후王詡는 노자를 시조로 하여 패합捭闔과 저희抵巇를 지어서 천하를 어지럽히는 괴수가 되었다. 신불해申不害는 형명刑名을 말하였고, 순경苟卿은 '사람의 본성은 악하므로 예로 바로잡아야 한다'고 하였다. 그 뒤로 한비韓非와 이사李斯가 나왔는데, 이사는 진 시황을 섬길 적에 옛 도를 본받지 않고 법술法術만을 가지고 세상을 다스려 시서를 불사르고 학사學士를 묻어 죽이니, 천하가 마침내 크게 혼란해졌다. 이는 하루아침에 일어난 일이 아니라 원인이 점차적으로 쌓여 왔던 것이다. 사람마다 논의를 달리하고 스승마다 도를 달리하여 성인을 모욕하고 선왕의 도를 끊어지게 한 것이 이때 와서 극에 달하였다.

아! 주나라의 도가 쇠해지고 공자가 제왕의 지위를 얻지 못하자 백가百家들은 성교聖教를 어지럽혀서 다투어 변사辨詐로 속이고 참혹한 형벌로 정도를 혼란시켜 옛 성현의 도와 풍속을 바꾸어 놓았으니, 진·한 이후로 천하에 선한 정치가 없었던 것은 오직 이 때문이었다. 옛날에 성인이 이를 막기 위하여, 명분을 어지럽히고 제도를 함부로 고치며 사술邪術을 가지고 민심을 현혹시키는 자와 그릇된 학문을 배워서 해박한 체하고 사악한 학설을 그럴듯하게 꾸며서 민심을 현혹시키는 자는 모두 사형에 처하였다. 그러나 덕이 쇠퇴한 이때에 와서는 천하에 막을 자가 없게 되었다."[395]

---

[395] "述陶唐以來, 至周秦之際, 王道缺, 六經之治亡矣, 詖行邪說並起, 陷人心亂大義, 亡國隨之, 作釋亂. 詩明三綱五常, 徵存亡, 辨得失, 書記先王之事, 禮別嫌疑, 嚴等威, 正人紀, 樂諧神人, 和上下, 協萬邦, 春秋大一統, 定民志褒善糾惡, 易言萬化之變. 詩之風, 書之記, 禮之節, 樂之和, 易之化, 春秋之義, 聖人之大經也, 伏羲至純厚, 堯舜之大公, 禹之成九功, 湯武之大權, 此聖人之大義也. 教莫正於詩書禮樂, 政莫善於春秋, 神化莫大於易, 虞夏殷周之隆, 皆六經之治也. 治道既一, 天下大順, 名正則禮立, 禮立則民順, 民順則樂興. 幽厲亡周, 平桓不振, 聖人之教廢, 六經之治亂矣. 於是諸侯力爭, 異端並起, 各自爲宗, 爭言治道, 亂聖人, 均也. 楊氏之爲我, 墨氏之兼愛, 法家之少恩, 名家之繳繞, 皆使人亂德而不返. 管氏作地員, 言天下富樂, 相桓公爲五伯首, 其後商君, 以墾令二十;

이 말에 의하면, 우·하·은·주 시기에는 육경을 근본으로 나라를 다스렸기 때문에 평화로웠다. 그러나 이후 주나라와 진나라의 교체기에 나라가 잘 다스려지지 않았고 정치가 쇠락하였는데, 이는 육경의 치도 治道가 사라졌기 때문이다. 물론 제자백가가 일어나 각기 치도를 일컬었으나 오히려 이들은 세상을 더 어지럽게 했다. 급기야 진 시황은 옛 도를 본받지 않고 법으로 세상을 다스리며 고문을 다 없애버렸다. 따라서 성현의 도와 풍속이 바뀌고 진한秦漢 이후로 천하에 선한 정치가 사라지게 되었다. 그때부터 고문이 변하여 어지럽고 기이하며 기괴하게 변하였다.[396]

미수가 보기에 육경에는 성인의 도道가 실려 있는데, 이 육경을 공부함으로써 진한 이래 전해지지 않는 성인의 도를 배울 수 있다. 이를테면 『역』을 통해 사물의 변화를 관찰하는 법을 익힐 수 있다. 『예』를 통해서는 절제를 배우고 『악』을 통해 사물의 조화를 이루는 도리를 배운다. 『시』·『서』를 통해서는 각각 풍風과 올바른 정치의 이상을 배울 수 있다. 그리고 『춘추』를 통해서는 의義를 체득할 수 있다. 미수가 보기에 육경의 학문, 육경의 가르침은 온갖 조화의 변화를 관찰하고 존망存亡

廢井田, 開阡陌, 務耕戰, 濟之以刻深. 又有智謀術數之說, 用潰裂而不可禦. 老聃, 言道德無名, 以虛無爲宗, 其後有莊周, 列禦寇, 王詡者, 祖老氏, 作捭闔抵巇, 爲天下亂首. 申不害, 言刑名, 荀卿言性惡禮矯. 其後有韓非, 李斯, 斯事始皇, 師古而專以法術持世, 焚詩書坑學士, 天下遂大亂. 此非一朝一夕之故, 所由來漸矣. 人異論師異道, 侮聖人滅先王之道, 至此極矣. 嗟乎, 周道衰, 孔子不得位, 百家亂敎, 爭爲譎詭辨詐, 慘刻悖亂, 變古易俗, 自秦, 漢以來, 天下無善治, 職此之由也. 古者聖人爲之防, 有亂名改作, 執左道以疑衆, 學非而博, 順非而澤, 皆決於大辟, 然至於德衰, 天下莫能止也."(『記言』卷之一「學」釋亂)

396 선우미정, 2019, 15.

과 득실得失을 징험하여, 인간의 기강을 바로잡고 신과 인간이 협화協和하고 만방萬邦이 공존하는 이상 사회를 지향한다.[397]

이는 곧 미수가 고경을 바탕으로 바른 정치를 하면 병든 정치와 사회를 바로잡을 수 있다고 보았음을 말한다. 조선 사회를 바로잡아 왕도 정치를 다시 이 땅에서 실현할 수 있는 길이 고문에 있다는 것이다. 미수는 고문에는 성인의 도, 성인의 가르침이 들어있으므로, 이를 실천하면 나라를 다스리는데 큰 도움이 된다고 보았다. 이를 역으로 말하면 당시 천하가 어지러워지게 된 것은 성인의 말씀이 담긴 육경이 무너졌기 때문이다.

그리하여 미수는 실제로 왕(숙종)에게 경설經說을 올려 삼대의 정치, 상고尙古의 왕도를 다시 회복하기를 바랐다. 만일 그러한 성인의 도에 따라 다스리면, 즉 육경에 바탕한 정치를 하면 육경의 치도治道가 잘 실현된 하·은·주와 같은 이상 사회가 열릴 수 있다는 것이었다.

이러한 고문·고서·고경의 '고'를 숭상하는 미수의 상고 정신은 흔히 말하는 복고주의와는 아주 차원을 달리한다. 미수의 상고 정신은 중세에 대한 부정이며 중세에 대한 부정은 동시에 관념화된 당시의 성리학·주자학적 정신 풍토의 부정이다. 주자학적 권위주의가 조선에서 정점에 달한 17세기 당시의 그 권위의 구축에 일생의 전력을 다 바친 우암과는 매우 대조적이다.[398]

---

397   정경주, 2000. 165~166.

398   이우성, 1982, 7.

3

미수의 고학, 그 연장선

고학에 대한 관심, 고례古禮로 이어지다

미수의 고학·고경에 대한 관심은 그의 고례 지향성으로도 이어졌다. 1645년(인조 23년), 인조의 장남 소현세자가 급작스런 죽음을 맞았다. 인조는 적장손인 소현세자의 살아있던 셋째 아들을 제치고 차남인 봉림대군을 세자로 세웠다. 봉림대군은 인조를 이어 1649년 즉위하였는데, 그가 바로 조선의 17대 왕 효종이다.

효종이 왕위에 오를 때 그를 낳은 어머니이자 인조의 첫째 부인인 인열왕후 한씨는 수년 전에 죽었다(1635년 인조 13년). 그러나 인조의 둘째 부인 장렬왕후 조씨는 살아있었다. 장렬왕후는 삼전도의 치욕을 경험한 이듬해인 1638년, 꽃다운 15살에 인조의 계비가 되었고, 1649년 인조가 죽은 후 효종孝宗 2년에 자의慈懿의 존호를 받아 자의대비가 되었다.

그런데 1659년 기해년 5월에 효종이 갑자기 죽어 국상을 치러야 하는데 문제가 생겼다. 효종보다 5살이나 어리고 효종을 낳은 생모인 것은 아니지만 법적으로 보면 엄연한 효종의 어머니인 자의대비가 효종을 위하여 상복을 입어야 하는데 얼마 동안 입어야 할지 분명하지 않았다. 상복은 입는 사람이 죽은 사람과 어떤 관계인지, 즉 혈연이나 신분에 따라 기간이나 종류가 다르다.[399] 당시 상복과 관련한 규정이 여러 곳에 있었는데, 그 전형이 성종 때 완성된 조선 시대 법전 『경국대전』, 왕실을 중심으로 하는 국가 의례에 대한 지침을 담은 전례서典禮書 『국조오례의』, 사가私家·선비의 관혼상제 예법을 규정한 『주자가례』를 비롯하여, 고례의 규정을 기록한 『의례』와 『주례』 및 『예기』 등이다.

　이런 자료에서 자식이 죽었을 경우 부모가 상복을 입는 기간은 차이가 있었다. 이를테면 『경국대전』은 '아들이 죽었을 경우 기년期年'이라고 하고, 『국조오례의』는 '어머니는 아들을 위하여 기년복을 입는다(母爲子服朞)'고 한다. 『주자가례』에서는 '어머니보다 장남이 먼저 죽으면 어머니는 3년복을, 차남부터는 1년복을 입는다'고 한다. 그리고 『예기』에서는 "임금을 위하여 또한 참최 3년의 상복을 입는다"[400]고 한다.

　기해년 효종 국상 때 자의대비가 입어야 할 상복 기간을 두고 서인과 남인이 벌인 복제服制 논쟁을 기해 예송 또는 제1차 예송이라 한다. 효종이 죽자 어머니인 자의대비가 입을 상복은 분명하였다. 그러나 거기에는 변수가 있었는데 바로 종통을 이은 효종의 지위이다. 즉 효종을 장자로 볼 것인가 차자로 볼것인가 이다. 효종은 소현세자가 죽자 차남

399　상복에는 참최斬衰, 자최齊衰, 대공大功, 소공小功, 시마緦麻 등 다섯 가지가 있는데, 그 기간은 3년, 1년, 9개월, 5개월, 3개월이다.

400　"爲君亦斬衰三年."(『禮記』「喪服四制」)

으로서 왕위를 이었다. 효종의 지위는 가족이라는 사적 맥락(적통嫡統·가통家統)에서 보면 자의대비·인조의 둘째 아들(서자庶子, 중자衆子)이라는 위상을 갖는다. 그러나 국가라는 공적 맥락(종통宗統·왕통王統)에서 보면 효종은 인조를 이어 왕위를 계승한 국가 최고 지도자이다. 흔히 맏이인 장자가 죽었을 경우 부모는 3년복을 입고 차자 이하의 경우는 1년복을 입었으나, 효종은 또한 임금이었기 때문에 적통과 종통 중 어디에 무게를 두느냐에 따라 자의대비의 상복은 달라질 수 있었다. 그리하여 당시 자의대비의 상복은 쉽게 결정될 수 없었다. 기해 예송은 1년복을 주장하는 우암과 참최 삼년복을 주장하는 백호로 대표되는 두 집단 간의 논쟁 끝에 조대비의 상복은 1년복으로 결정되었다.

그런데 1년 뒤인 1660년 소상 무렵에 허목이 복제를 바로잡아야 한다며 상소를 올렸다. 이때 미수가 주장한 자의대비 상복은 자최 삼년복齊衰三年服이었다. 미수가 어디에 근거를 두고 이런 주장을 하였을까? 바로 고례古禮이다.

"자최장齊衰章 '장자長子를 위하여'의 전傳에 '어찌하여 삼년복을 입는가? 아버지가 강복降服하지 않은 대상에 대하여 어머니도 감히 강복하지 못한다'고 하였고, 그 소疏에 '아들이 어머니를 위해 자최복을 입으므로 어머니가 아들을 위해 복을 입을 때에 아들이 자기를 위해 입는 복을 넘을 수 없다' 하였습니다."[401]

---

401 "齊衰章, 爲長子, 傳曰, 何以三年也, 父之所不降, 母亦不敢降也, 疏曰, 以子爲母服齊衰, 母爲之不得過於子爲己也."(『記言』卷之四十九「禮 一」大王大妃服制收議)

『의례』「상복」 자최를 보면 자최 3년복을 입는 대상으로 '모위장자母爲長子'라 하여 '어머니가 장자를 위하여 입는다'고 하였고, 전傳에는 "왜 삼년복을 입는가? 아버지가 강복하지 않는 대상에게는 어머니도 감히 강복하지 못하기 때문이다"[402]라 한다. 그리고 '가공언소賈公彦疏'에 따르면,[403] 아버지가 적장자를 위하여 참최 삼년복을 입기 때문에 어머니도 따라서 삼년복을 입는다. 그러나 어머니는 참최복을 입지 않고 자최복으로 입는데, 이것은 아들이 어머니를 위하여 자최복을 입기 때문에 아들이 자신을 위하여 입는 상복보다 무겁게 입을 수 없어서이다. 미수가 3년상을 주장한 것은 대통을 중히 여기기 때문이지만, 그렇다 하더라도 어머니가 자식에게 받은 복상보다 더 높여 자식에게 복상하는 것은 어머니가 신하가 되고 아들이 어머니를 신하로 삼아 대륜이 어지럽게 되기 때문에 자최 삼년을 해야 한다고 했다. 미수는 부모자식간의 인륜을 거스르지 않으면서 전중傳重의 의미를 살리는 복제로 자최 삼년복을 주장한 것이다.[404]

미수는 『주자가례』, 『국조오례의』, 『가례집람家禮輯覽』 등에 근거하여 예설을 주장하는 서인들과 달리, 이처럼 고학의 연장선상에서 『주례』, 『의례』, 『예기』와 같은 고례에 입각한 예설을 주장하였다. 서인들이 신권臣權을 강화하는 예설을 중시하였다면 미수는 고례를 지향하며 군권

---

402 "傳曰, 何以三年也, 父之所不降, 母亦不敢降也."(『儀禮』「喪服」齊衰) 『의례』 원문과 번역은 이상아 외 엮음, 2015; 中國哲學書電子化計劃(Chinese Text Project. https://ctext.org)을 참조하였다.

403 "父爲長子在斬章, 母爲長子在齊衰, 以子爲母服齊衰, 母爲之不得過於子爲己, 故亦齊衰也."(『儀禮』「喪服」齊衰 賈公彦疏)

404 유영희, 2000, 411.

君權을 강화하는 예설을 중시하였다.

이러한 미수의 상소에 이어 윤선도가 또한 상소를 올림으로써 복제 예송은 점차 정치적 파당 간의 갈등으로 비화되었다.

탈주자학적 의식, 국통맥으로 나타나다

미수는 제자백가의 설을 두루 접하였을 뿐만 아니라 그 외 다방면에도 관심을 가졌다. 이를 뒷받침하듯 『기언』에는 문학, 예술, 지리, 역사, 정치, 자연학 등에 대한 내용도 담겨있다. 그리하여 흔히 미수가 박학적 성향을 보인다고 여겨지기도 한다.

미수에게서 또 주목할 점은 그가 주자학에 절대 의존하는 지식인들과는 다른 역사 의식을 가졌다는 것이다. 이를테면 지배 집단의 지식인들이 멀리하거나 무시하였던 역사관, 탈주자학적 역사 의식이 강했다. 그 하나로 미수는 우리 역사를 고조선 이전의 신시神市까지 소급하기도 한다. 이를 뒷받침하는 것이 그의 상고사 관련 책인 『동사東事』이다.

『동사』는 미수가 1667년에 쓴 유일한 역사책인데, 이 역시 고경을 중시함으로써 칠서를 중시하던 주자학자들과 다른 역사관, 탈성리학적 역사 인식을 잘 보여준다. 『동사』는 무엇을 담고 있는가? 거기에는 단군 세가世家를 시작으로 기자 세가, 위만 세가 및 고구려, 신라, 백제 삼국의 세가가 실려 있다. 그러나 고려나 조선의 세가는 빠졌다. 곧 상고사 중심의 역사서인 것이다. 이런 세가와 더불어 『동사』에는 열전列傳이라는 이름으로 부여, 숙신씨, 삼한, 가락, 대가야, 예맥, 말갈(발해), 탁라乇羅(탐라) 등 열 개 나라의 역사가 실려 있으며, 흑치열전黑齒列傳이라 하여 일본도 별도로 다룬다.

미수가 『동사』에서 밝힌 가장 주목할 점은, 비록 많은 경우 『삼국지』, 『한서漢書』, 『후한서』, 『당서唐書』, 『진서晉書』와 같은 중국의 사서나 『삼국사기』를 바탕으로 기술한 흔적이 강하지만, 우리의 상고사인 환국, 배달, 조선으로 이어지는 한 민족의 국통에 대한 다음과 같은 언급이다.

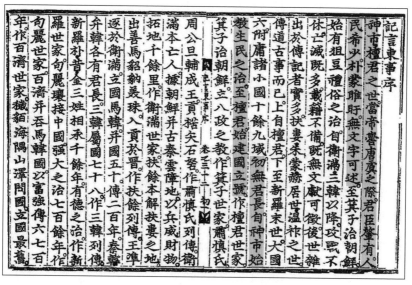

『기언記言』 「동사東事 서序」. 『동사』는 미수가 1667년에 편찬한 기전체紀傳體 형식의 역사서이다.

"신시神市, 단군檀君의 시대는 중국의 제곡帝嚳, 당요唐堯, 우순虞舜 시대에 해당한다. 임금과 신하의 관계가 비로소 생겼으나 백성이 매우 적은 데다 질박하고 순후하여 문자로 기록할 만한 것이 없었다. … 처음에는 군장君長이라는 개념이 없다가 신시 때에 비로소 백성을 다스리는 정치를 가르쳤으며, 단군 때에 와서 나라를 세우고 국호를 정하였다."[405]

"상고上古의 구이九夷가 살던 시대 초기에 환인씨桓因氏가 있었는데, 환인이 신시神市(환웅을 가리킴)를 낳았다. 신시가 처음으로 백성을 다스리는 것을 가르치니 백성들이 그에게 귀의하였다. 환웅桓雄이 단군을 낳으니, 단군이 신단수神檀樹 아래에 거처를 정하고 호號를 단군이라 하고 처음으로 나라의 이름을 조선朝鮮이라 하였다. 조선이란 '동쪽 끝 해가 뜨는 곳'이라는 뜻을 지닌 이름이다."[406]

"환인과 신시의 시대는 상고할 데가 없고, 단군의 치세는 도당陶唐 요堯 25년부터 우虞나라 순 임금과 하夏나라 우 임금을 거쳐 상商

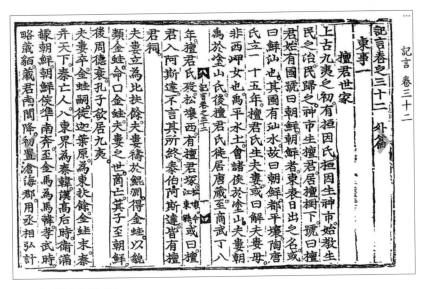

『기언』『동사東事』「단군세가」.

405 "神市檀君之世, 當帝嚳唐虞之際. 君臣肇有, 人民希少, 朴蒙睢旰, 無文字可述. … 初無君長, 自神市始教生民之治, 至檀君, 始建國立號."(『記言』卷之三十二「東事 序」)

406 "上古九夷之初, 有桓因氏, 桓因生神市, 始教生民之治, 民歸之. 神市生檀君, 居檀樹下, 號曰檀君, 始有國號曰朝鮮. 朝鮮者, 東表日出之名."(『記言』卷之三十二「東事 一」檀君世家)

나라 무정武丁 8년에 이르기까지 1,048년이고, 해부루 이후부터 갈사가 망한 왕망의 시대에 이르기까지 또 1,000년이다."[407]

이 기록으로 보면 미수는 비록 그가 환인과 신시의 시대는 상고할 수 없고 또 신시를 환웅으로 말하지만, 우리나라의 국통이 환국에서 배달로 이어졌음을 말하고 있다. 그리고 환웅의 신시를 이어 단군이 나와 조선을 국호로 나라를 열었다고 주장한다.

『여사제강麗史提綱』. 조선 중기 사람 유계兪棨(1607~1664)가 23권 23책으로 엮은 고려의 편년사編年史로 송시열宋時烈의 서序가 실려 있다. (출처: https://blog.naver.com)

이러한 역사관은 지배 집단 내의 주자학적 지식인에게서는 거의 찾을 수 없는 파격적 주장이라 하지 않을 수 없다. 17세기 후반 서인의 대표적 사서史書이자 노론계열에서 추앙하던 역사서로, 유계兪棨(1607~1664)가 지어 1667년에 간행한 『여사제강麗史提綱』[408]은

『동사』와 같은 해에 나왔지만 매우 대비가 된다. 『여사제강』은 상고 문화를 이단으로 간주하여 아예 국사 서술에서 배제했다.[409] 이는 주희의 『자치통감강목資治通鑑綱目』 체재를 모방하여 전적으로 서인의 입장에서 고려사만을 다뤄서 『고려사』의 요약에 가깝다. 왜 고려사만일까? 유계

---

407 "桓因神市之世, 無所攷, 檀君之治, 自陶唐氏二十五年, 歷虞夏氏, 至商武丁八年, 千四十八年, 解夫婁之後, 至曷思亡於莽之世, 亦千年."(『記言』卷之三十二「東事 一」檀君世家)

408 『여사제강』은 번역되었다. 유계 저, 1998을 참조하라.

409 한영우, 1985, 86.

는 존화尊華의 입장을 취하며, 그 이전의 역
사적 기록은 믿을 만한 것이 못 되고, 주자
학적 입장에서 언급할 가치가 없다고 여겼
기 때문이다. 그 연장선상에서 김부식金富軾
의 『삼국사기』는 내용이 허황되고 터무니없
어 믿을 수 없다고 보았다.

이와 달리 미수는 숭명崇明 사대주의적
사고, 존화양이尊華攘夷적 사상에 사로잡혀
우리의 역사를 비주체적으로 보고 신화로
만 여겼던 주자학자들의 역사 의식을 근본
적으로 비판하며, 우리에게도 중국과는 다

『규원사화』. 환인桓因이라는 일대주신一大主神이 천
지를 개창하고, 환웅천왕桓雄天王이 태백산에 내려
와 신정을 베푸는 과정이 서술되어 있다. (출처: 한국
민족문화대백과사전)

른 자주적 역사, 질박하고 순후하게 살아 예속 따위는 없던 이상 국가
가 있었음을 선언하고자 하였던 것이 아니었을까?

미수의 역사 의식이 어떻게 형성되었는지 또는 그가 무엇을 근거로
이렇게 주장하였는지는 알 수 없다. 이러한 역사 의식은 1675년에 북애
노인이 지었다는 『규원사화』 등에서 엿볼 수 있다. 그러나 『동사』는 이
것보다 앞서는 1667년에 지은 것이므로 미수가 이를 참고하였다고 할
수는 없다. 이러한 의식은 정통 주자학자들에게는 눈을 씻고도 찾을
수 없다.

그런데 미수는 왜 주자학자들과는 다른 역사관으로 『동사』를 썼을
까? 주자학적 역사 의식에서는 전혀 언급하지 않는 고조선까지 언급
하고 있을까? 그것은 미수가 우리나라를 중국과는 관련이 없는 독립
된 국통을 가진 나라라고 보았기 때문이다. 당시 주자학으로 사회화된

조선의 주류 지식인들은 중국을 천자국, 조선을 제후국으로 여기는 경향이 강했다. 즉 그들은 중국 중심주의적 세계관으로 사회화되었다. 이런 주류 주자학자들과 달리 미수는 탈주자학적 입장을 바탕으로 그들과는 다른, 제후국이 아닌 천자국으로서 우리 역사를 환국-배달-조선, 환인-환웅-단군으로 이어지는 자주적 국통을 주장한 것이다.

미수 허목의 이런 탈성리학적이고 새로운 학풍은 이후 조선 사회에서 탈성리학 사상과 실학 사상이 형성되는 뿌리였다. 고경에 대한 관심을 통해 조선 사회에서 잃어버린 하늘, 잊힌 상제를 다시 찾는 출발점이었다.

고경古經에서 찾은
천天, 상제上帝

미수가 보는 하늘

　미수 허목이나 백호 윤휴는 넓게 보면 당시 지식인 집단에 속하지만 그들 내부에서 사상적으로 보면 주변인이었다. 남인 대 서인 및 노론, 상제천 대 이법천에서 알 수 있듯이, 그들의 정치적 아이덴티티나 주자학 내에서 천天을 둘러싼 인식에서 그들은 결코 주류가 아니었다.

　미수는 사서 칠서를 중시하는 주자학보다는 고경인 육경을 중심으로 원시 유교에 관심이 많았다. 그의 고경 지향성은 리기론 관련 글보다는 삼대의 이상 사회를 연 성인들의 자취, 성인들의 가르침, 성인들의 깨달음이 담긴 육경 관련 글이 대부분이라는 점에서 명확하게 드러난다. 그렇다면 미수는 이런 육경에 관심을 두면서 육경을 통해 무엇을 알아냈을까? 사서를 통해서는 찾을 수 없는, 그가 고경을 통해 발견한 것은 무엇일까? 그는 왜 삼대의 시대를 이상 사회로 보았을까?

　이에 대한 대답을 한마디로 말하라고 한다면, 필자는 그것은 상제·

하늘이라고 하겠다. 미수가 보기에 고경에는 인격적 주재적 존재로서의 하늘·상제를 바로 알고, 그런 하늘의 가르침을 체득하여 하늘을 공경하며 하늘과 하나 되려던(天人合一) 성인들의 삶과 지혜가 담겨있다. 이러한 하늘의 도를 실현하려는 삶을 산 성인들이 다스리던 삼대를 미수는 이상 사회로 보았다. 그래서 고경을 통해 그런 성인들의 가르침을 얻고자 했다.

미수가 고경에 대한 관심을 통해 발견한 키워드는 천, 상제이다. 앞에서 살펴보았듯이 원시 유교와 육경에는 천, 상제의 모습이 다양하게 드러난다. 경전이 만들어지기 이전 황하 주변에서 살았던 사람들은 하늘을 받드는 문화를 공유했고, 늘 하늘을 높이며 하늘의 가르침을 따르는 삶을 살았다. 그들이 부르던 노래나 삶의 흔적, 문화적 자취를 모아 경전으로 담아낸 『시경』에는 천이 인간은 물론 만물을 낳았을 뿐만 아니라, 다스리고 상벌을 내리며 길흉화복을 내리는 최고신으로 그려져 있다. 『서경』도 마찬가지다. 중국 고대의 정치 사상을 담은 이 경전에는 수많은 정치적 가르침이 담겨있는데 나라를 세우거나 망하는 것, 새로운 도시를 건설하는 것, 풍년과 흉년 등은 물론, 인간사의 모든 것을 인격적 존재로서 하늘과 관련시키고 있다.

이러한 하늘을 접한 미수에게 인격적 천보다 이법적 리를 중시하고 천을 비인격적 리로 간주하는 정통 주자학은, 그야말로 고경의 본지를 왜곡하는 것으로 여겨질 수밖에 없었다. 주자학이 사회적으로 기능적이지 못하고 관념적 논쟁으로만 흐르자, 미수는 이를 비판하며 원시 유교의 본지인 인격적 존재로 만물을 다스리는 하늘·상제를 다시 드러내며 대부분의 성리학자들과는 생각을 달리하는 탈성리학적 입장을 견지하였다.

그렇다면 미수에게 하늘은 어떤 존재이며 천은 어떤 속성을 갖는가? 이를 밝힐 수 있는 단서를 보자.

"하늘의 도는 착한 사람에게는 복을 주고 방탕한 자에게는 화를 내리니, 이에 죄인이 쫓겨나 굴복한다. 『역易』에 이르기를, '울부짖어도 소용없으니 끝내 흉함이 있을 것이다' 하였으니, 이는 소인이 극도로 궁색하여 울부짖어도 소용이 없고 끝내 흉함이 있다는 것이다."[410]

이는 미수가 『서경』에 나오는 '천도복선화음天道福善禍淫'[411]을 인용하며 말한 것이다. 위의 말에 의하면 착한 사람에게 복을 주고 방탕한 자에게 화를 내리는 것은 하늘의 도이다. 그렇다면 그 주체는 인간에게 복을 내리거나 화를 내리는 하늘이다. 하늘은 착한지 방탕한지 판단하여 그에 걸맞은 조치를 취한다. 이렇게 보면 하늘은 자신의 의지에 따라 대상을 평가하고 판단하고, 나아가 상벌을 내린다. 인간사에 관여하면서 인간에게 복을 내릴 수도 있고 벌을 가할 수도 있는 천은 인격적 존재이다. 천은 인간처럼 어떤 의지나 감정을 가지고 대상과 상호작용할 수 있는 존재라는 것이다.

하늘에 대한 미수의 인격적 인식은 임금은 하늘의 경계를 소홀히

---

410 "天道福善禍淫, 罪人黜伏. 易曰, 無號咷終有凶, 小人窮極, 無用號咷, 而終有凶也."(『記言』卷之三十一「經說」政說 一)

411 "天道福善禍淫, 降災于夏, 以彰厥罪."(『書經』「湯誥」)

해서는 안 된다며 한 다음과 같은 말에서도 엿볼 수 있다.

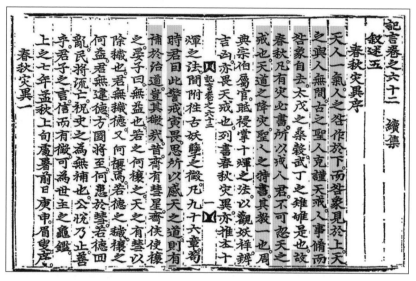

『기언』,「춘추재이春秋災異 서序」.

　　"하늘과 사람은 한 기운으로 이어져 있어서 사람이 아래에서 허물을 지으면 그 재앙의 징조가 위에 나타나니, 하늘과 사람 간에는 간격이 없다. 옛날의 성인은 하늘의 경계를 능히 삼가서 인사人事를 닦음으로 인하여 재앙의 징조가 저절로 소멸되었으니, … 그러므로 『춘추』에 모든 재이를 반드시 기록한 것은 인군人君에게 하늘의 경계를 소홀히 해서는 안 된다는 것을 경계시키기 위해서이다. 천도天道가 재이를 내린 것과 성인이 특별히 기록한 것은 그 가르침이 동일하다. … 만약 임금이 이 경계로 인하여 공경하고 두려워하여 하늘을 감응시킬 도리를 생각한다면 치도治道에 도움 되는 것이 어찌 작겠는가."[412]

412　"天人一氣, 人之咎作於下, 而咎象見於上, 天之與人無間, 古之聖人克謹天戒, 人事脩而咎象自去,

『춘추』는 단순한 노나라 역사책이 아니다. 여기에는 하늘이 내린 온갖 재이가 기록되어 있다. 미수는 공자가 이를 통해 치자로 하여금 하늘의 의지를 알게 하고 늘 하늘을 경계시키고, 나아가 자신의 몸을 닦고 하늘을 감격시킬 방법을 생각하도록 하려는 의도를 가지고 있었다고 본다. 이러한 천은 어떤 존재인가? 재이를 내리기도 하고 감격하는 천은 초월적이고 인격적인 모습을 띤다. 즉 재이를 내리기도 하고 혹은 감동하는 주체인 천은 인격적 존재일 수밖에 없다.[413] 미수는 하늘과 인간을 상호 감응感應하는 관계로 보는데, 그것은 곧 서로 소통함을 의미한다. 감응이란 원인적으로 작용하는 주체가 있고, 그것과 상대하는 곳으로부터 응답을 받는 현상을 말한다. 이 때 원인적 주체가 되는 것은 인간이며, 이러한 인간의 행위와 상대하는 것으로서 천은 인격적인 존재일 수밖에 없다.[414]

하늘의 존재, 어떻게 알 수 있나

그러면 이런 하늘의 존재를 인간을 어떻게 알 수 있을까? 하늘은 자신의 존재를 어떻게 드러내는가? 미수는 천은 자신의 현현顯現을 인

… 故春秋, 凡有災必書, 所以戒人君, 不可忽天之戒也. 天道之降災, 聖人之特書, 其敎一也. … 苟時君因此警戒寅畏, 思所以感天之道, 則有補於治道, 豈其微哉."(『記言』卷之六十二 「敍述 五」 春秋災異序)

413   조성산, 2014a, 177.

414   이경원, 2010, 196.

간의 행위와 관련시킨다. 이를테면 천은 인간이 어떤 일을 잘못하거나 잘하면 그에 대한 반응으로 온갖 현상으로 자신을 드러낸다. 예를 들어 인간이 무언가 잘못된 행위를 하면 하늘은 재이災異나 요얼妖孼 등을 통해 인간에게 자신의 뜻을 일종의 경고 메시지로 보낸다. 이를 뒷받침하는 미수의 말을 들어보자.

"민생이 곤궁한데 기근이 겹쳐 부자父子가 서로 보호하지 못할 지경까지 이르렀고, 천도가 경계警戒를 보여 요얼이 백출하고 천지가 정상을 잃어 음양이 조화를 이루지 못하고 재이로 나타남은, 모두가 사람의 잘못된 일이 그러한 것들을 불러들이는 것입니다."[415]

중요한 것은 이런 천의 의지의 드러남이라고 볼 수 있는 재이는 인간의 행위에 달렸다는 것이다. 인간이 하는 행동을 보고 판단하여 하늘은 자신의 뜻·의지를 다양하게 보여준다. 다양한 재이는 이런 인격성을 지닌 하늘이 자신의 뜻을 반영하여 인간에게 내리는 경고이다. 사람들이 어떤 잘못된 행위를 하게 되면 하늘은 반응을 보이는데, 그것이 자연 재이 등으로 나타난다. 재이나 요얼은 바로 하늘이 인간에게 보내는 징조이다.

---

415 "生民困窮, 飢饉加之, 至父子不相保, 天道示警, 妖孼百出, 天地失常, 陰陽不和, 見於災異者, 無非人事召之也."(『記言』卷之五十一「論事 二」論執政箚)

"하늘이 재앙을 내리느냐 상서를 내리느냐 하는 것은 사람에 달려 있다. 사람의 도리가 문란해지면 그에 대한 응징이 천변天變으로 나타난다. 성인은 그런 점을 두려워한다."[416]

『기언』「경설經說」.

이로 미루어 보면 재이는 단순한 자연 이변이 아니다. 그것은 하늘의 의지 표현이다. 그러므로 인간은 늘 하늘의 뜻이 무엇인지를 파악해야 하고 하늘의 뜻을 실천하는 삶을 살아야만 한다.

미수에게 특징적인 점은 다산이 비판한 동중서류의 천인상감적 사고도 마다하지 않는 것이다. 오히려 그는 천과 인간이 왜 긴밀한 감응 관계에 있는지를 설명하면서, 인간이 오류를 수정하고 천인합일이라는 유교의 이상을 현실에서 구현하기를 기대하였다. 이런 사고방식을 갖게 된 데는 고대 경전에서 기술된 천 개념의 영향도 있었다.[417]

---

416   "天之降災祥在德. 人道亂而讁見於上. 聖人懼焉."(『記言』卷之三十一「經說」政說 一)

417   김형찬, 2009a, 41.

하늘과 인간의 관계

그렇다면 하늘이 인간에게 반응하는 것은 어떻게 해서 가능한가? 하늘은 인간과 어떤 관계이기에 인간에게 자신의 의지를 보여줄 수 있는가? 하늘과 인간을 연결할 수 있는 근거는 무엇인가? 이를 알 수 있는 단서가 여기에 있다.

"하늘과 사람은 일기—氣다. 사람들이 아래에서 잘못을 저지르면 그에 대한 반응이 위에서 나타난다. 이렇게 볼 때 하늘과 사람은 하나이다."[418].

"하늘과 사람은 일체—體이다."[419]

미수의 이 말로 보면 천과 인간은 기를 통해 상호 연결되어 있다. 즉 천과 인간은 같은 하나의 기氣[一氣]로 이루어진 하나의 존재이다. 위의 하늘과 아래의 인간은 서로 분리되지 않고 간극이 없이 일기로 연결되어 있다. 그러므로 아래의 인간에게 어떤 문제가 발생하면 그것은 위의 하늘에 그대로 반영된다. 하늘과 인간은 상호 감응한다. 인간 사회에 문제가 발생하면 하늘에 반영되는 것이다. 그리하여 미수는 이렇게 말한다.

---

418 "天人一氣, 人之咎作於下, 而咎象見於上, 天之與人無間."(『記言』卷之六十二「敍述 五」春秋災異序)

419 "天之與人一也."(『記言』卷之三十一「經說」政說 一)

"사람의 기氣가 바르면 천지의 기가 바르고 사람의 기가 어지러우면 천지의 기가 어지러워진다. 상서祥瑞와 재앙의 조짐은 삿되고 바른 것의 표시이며 다스려짐과 어지러워짐의 징표이니, 사람과 하늘의 기가 서로 감응하고 초래하여 그렇게 된 것이다."[420]

"인심이 좋고 나쁨은 정치의 치란治亂의 겉모습이며 상서로운 일과 요사스러운 재앙은 정치의 치란의 그림자입니다. 사적史籍에 기록된 바로서 해와 달이 서로 먹히고 별자리가 서로 바뀌며 추위와 더위가 계절을 어기거나 큰 바람과 벼락, 지진과 땅이 갈라짐, 산이 무너지고 하천이 마름은 모두 사람이 자아낸 천지의 감응입니다."[421]

하늘과 사람은 하나의 기로 이어져 상호 감응하는 관계이다. 그리하여 자연에 큰 이변이 생기는 것은 인간의 행위에 대한 하늘의 뜻이다. 그러므로 인간은 그런 반응을 경계로 삼아 하늘의 경고를 받아들여 무언가 잘못된 것을 바로잡아야 한다. 그것이 하늘의 뜻을 따르는 길이다. 옛날 왕들은 가뭄·홍수 또는 참변이 발생했을 경우 자신의 정사에 무슨 잘못이 있었는지 반성하는 수성修省을 하거나 반찬 가짓수를 줄이는 감선減膳 등을 했다. 이는 하늘과 인간이 상호 감응하는 것으로 보고 하늘의 뜻을 따르려는 행위의 하나였다. 이처럼 미수는 인간의 도덕 규범과 도덕적 실천의 근거를 천에서 찾았다.

---

420 "人之氣正, 則天地之氣正, 人之氣亂, 則天地之氣亂. 禎祥妖孽, 邪正之表, 治亂之徵, 氣之相感召者然也."(『記言』卷之一「學」天地變化 三)

421 "人心之善惡, 治亂之表也, 禎祥妖孽, 治亂之影也. 載籍所記, 日月薄蝕, 星辰易次, 寒暑失節, 大風大雷, 地震地拆, 山崩川渴, 皆人爲感之也."(『記言』卷之六十四「拾遺」因辭職進言疏)

군왕이 할 일

미수는 천과 인간의 감응 관계를 배경으로 천·하늘을 대신하여 인간 사회를 다스리는 왕의 역할에 주목한다. 그는 하늘이 하늘과 인간 사이의 감응 이치에 따라 반응하듯이, 군왕 역시 하늘의 이치에 따라 사회를 다스리고 통치하는 원칙을 세워야 한다며, 홍범구주洪範九疇의 황극皇極에 주목하여 군왕의 역할은 황극과 같다고 본다.

"제왕이 기준이 되는 법칙을 세우면 오행의 작용이 순조롭고 오사가 가다듬어지며 팔정八政이 이룩되고 오기五紀가 화합된다. 그 뿐 아니라 세상을 어루만지고 사물을 다스려서 위엄과 은혜를 잃지 않게 되며, 귀신도 순응하여 세·월·일·시에 바뀜이 없이 오복과 육극이 유類에 따라 감응될 것이니, 황극이란 구주의 중추이다."[422]

이는 곧 왕이 자의적으로 정사를 이끌고 통치하는 것이 아니라, 구주의 중심을 이루는 황극처럼 중심을 잡고 극極·표준, 원칙과 규범을 세워야 함을 말한다. 그리하여 임금이 나라를 바르게 다스리면 문제가 없지만, 정치를 바르게 하지 못하면 하늘은 재이 등으로 경종의 메시지를 보낸다. 군주가 정치를 잘하면 하늘이 순조로운 일기나 풍년 같은 상서로운 것들을 내려 보내지만, 그렇지 못하면 각종 재이災異를 내려 보내는 것이다.

---

422 "皇建極則五氣順, 五事修, 八政成, 五紀協. 撫世理物, 威福不失, 鬼神不違, 歲月日時無易, 福極類應, 皇極者, 九疇之樞也."(『記言』卷之三十一「經說」洪範說)

"천지간에 바른 기운이 소멸되고 요얼과 괴이한 사물이 나타나는 것이 모두 인사가 지극히 어지러워서 불러들인 것이니 어찌 크게 두렵지 않겠습니까."[423]

"임금은 하늘을 대신하여 만물을 다스려서 만물로 하여금 제자리를 얻도록 하여야 하는 것인데, 신명과 사람 사이에 감응이 조화되는 것은 임금의 덕화에 달려 있다. 예의로써 질서를 유지케 하고 음악으로 감정을 조화시키며 정법으로 고르게 하고 형벌로써 하나같이 하는데, 예가 사특해지면 질서가 파괴되고 음악이 음탕해지면 범법을 하고 정치가 혼란해지면 나라가 망하고 형벌이 남용되면 백성이 흩어진다. 국가의 치란治亂과 흥망은 이 네 가지에 달린 것인데, 사해四海를 보존하지 못하게 되는 것과 천명이 일정하지 않음은 재이와 요얼의 현상으로 볼 수 있으니 이것은 하늘이 보여 주는 뚜렷한 경종이다."[424]

그리하여 미수는 『춘추』에 기록된 재이는 인사에 대한 천의 감응이 명백히 드러났던 사실을 적은 것이고, 군왕이 이를 경계로 삼아 올바른 덕을 펴면 다시 천의 감응으로 재이가 사라질 것으로 보았다. 천과 인의 감응 관계 속에서 천의 이치의 대변자로서 군왕의 역할을 강조한 것이다.

그렇다면 임금이 해야 할 일은 무엇인가? 그 하나로 임금은 천의 의

---

423 "天地之間, 正氣消亡, 妖祥物怪之感, 無非人事極亂而有以致之, 則豈不大可懼也."(『記言』卷之六十四「拾遺」因辭職進言疏)

424 "人君代天理物, 使萬物得所, 神人合應, 在君德. 禮以序之, 樂以和之, 政以齊之, 刑以一之, 禮忒則乖, 樂淫則犯, 政亂則亡, 刑失則散. 有國之治亂興亡, 係此四者, 四海之不保, 天命之靡常, 可見者, 如災異妖孼, 天之示警顯矣."(『記言』卷之六十二「叙述 五」春秋災異跋)

지를 잘 파악하고 하늘을 대신하여 선정善政을 펴야 한다. 그러기 위해서는 앞에서 미수가 말하였듯이 임금의 덕화가 중요하다. 1657년, 미수는 사직하면서 효종에게 다음과 같이 진언하는 소疏를 올렸다.

"옛날 어질고 착한 임금은 모두 요얼이 있을 때 자신을 반성해서 훌륭한 정치를 이룩하여 후세에 칭송을 받았고 하늘의 경계를 소홀히 하고서 흥성한 자는 없습니다. 비록 성철한 임금이 다스린 세상이라고 하더라도 천도天道의 경계 없이 자책하고 반성했다는 말은 후세에 듣지 못했습니다. 오호라. 나라를 망하게 하는 것도 사람에게 달려 있고 나라를 흥성하게 하는 것도 사람에게 달려 있습니다. 신은 삼가 생각건대 근자에 요얼이 많은 것은 하늘이 은근히 성상께서 덕을 닦는 데 더욱 힘써서 끝없는 복록을 이룩하게 하려는 것인지 어찌 알겠습니다. 삼가 바라건대 성명께서는 경계하고 스스로 반성해서 부지런히 노력하여 잠시 동안이나 한 생각도 게으르지 말아서 과거의 요 임금, 탕 임금, 태무, 무정이 훌륭한 명성을 독차지하게 하지 마소서. 백성이 어리석기는 하지만 실없는 형식은 믿지 않고, 천도가 멀다고 하지만 감통感通하는 것은 조금의 오차도 없습니다. 전하께서는 선대의 덕을 따르고 행실을 닦아서 작은 허물도 남기지 마소서. … 덕을 닦는 것은 허물을 고치는 것보다 좋은 방법이 없고, 백성을 보호하는 것은 선한 정치보다 좋은 것이 없습니다."[425]

425 "古之賢聖之君, 皆以妖孼反己, 以隆至治, 後世稱之, 皆未有忽天戒而興者也. 雖聖哲之世, 無天道之警, 自責反己, 不聞於後世. 嗟乎, 亡國在人, 興國在人. 臣竊謂之, 近者妖孼之多, 安知天心殷勤加勉聖德, 以成無彊之休也. 伏願聖明警戒自反, 勉勉孜孜, 無一息一念之豫怠, 毋使堯·湯·太戊,

『기언』「인사직진언소因辭職進言疏」.

임금이 늘 하늘을 두려워하며 덕德을 바탕으로 선정을 펼 것을 말한 것이다. 그렇다면 그에게 덕이란 무엇인가?

"덕德은 얻는 것이니 온갖 선이 마음에 얻어지는 것입니다. 덕은 반드시 한결같이 성실하여 털끝만큼도 사사로움이나 허위가 끼어들지 않아서 일을 행하는 데에 두루 통해야 하니 이는 자신이 몸을 닦고 행실을 단속하는 데에 달려 있습니다. 그렇게 하면 가까이는 작은 집안의 부부간에서부터 멀리는 사방 천 리 밖까지 기뻐하여 진심으로 복종하지 않는 자가 없어서 천도天道가 호응할 것입니다.

武丁, 專美於古昔. 下民雖愚, 不信虛文, 天道雖遠, 感通無間. 殿下率德修行, 不遺小愆. … 修德莫如改過, 保民莫如善政."(『記言』卷之六十四「因辭職進言疏」)

그러나 덕을 밝히는 것은 기미를 살피는 것이 중요하니 만약 기미를 살피지 않으면 덕을 그르치는 허물과 몸을 위태롭게 하는 행동으로 급박해진 재앙을 몸소 겪으면서도 깨닫지 못하는 수가 있고, 계속해서 경계하지 않으면 그 화禍가 커져서 구제하지 못하는 지경에 이르게 되니 매우 두려운 일입니다."[426]

덕을 닦는 일, 그것은 곧 수양이다. 미수는 임금의 계신·경외를 바탕으로 한 수덕修德을 강조한다. 수도란 무엇인가. 하늘과 통하는 길이다. 이는 하늘을 공경하고 섬기는 종교적 마음가짐과 다르지 않다. 이러한 수도는 주희의 수양론이 아니라 요·순·우로 전수된, 고경에 담긴 심법이다.[427]

미수가 주장하는 다른 하나는 예禮이다. 예에 대해 미수는 이렇게 말한다.

"예란 하늘이 내놓은 차서와 등위等位의 법칙으로서 인심을 수습하고 혐의를 판정하며 등위等威를 분명히 하고 귀신을 공경하는 것이 모두 예에서 나옵니다. 이른바 임금은 임금답고 신하는 신하답고 아비는 아비답고 자식은 자식다운 도는 예가 아니면 확립되지 않습

---

426 "德者, 得也, 萬善得於心者也. 德必一於誠實, 無一毫私僞間之, 而流通事爲之際, 在吾修身制
      行. 近而自居室之微, 遠而至於四方千里之外, 無不怡悅誠服而天道應之也. 然明德貴於審幾, 苟
      幾之不審, 敗德之咎, 危身之行, 切近之咎, 有親蹈而不覺者, 綿綿不戒, 至於禍大而不救者, 甚可懼
      也."(『記言』卷之五十二「治道 二」復推言德禮政刑再上箚)

427   차남희, 2006a, 222.

니다. 성인은 예로써 정치의 근간을 삼고 정치로써 법을 행하며 천도를 통하고 인정에 순하며 신의를 돈독히 하고 쟁탈을 제거하여 천하 국가를 바르게 할 수 있으니, 이를 얻는 자는 살고 잃는 자는 죽습니다."[428]

예를 통해 귀신을 섬기고 인간 사이의 모든 도리를 행할 수 있고, 국가·천하를 바로잡을 수 있다는 것이다. 미수에게 경經이 하늘의 이치를 체득하여 글로 남긴 것이라면 예는 천의 이치를 실현하는 길이다.

미수는 여러 예 중 특히 귀신 섬김과 제례의 실천을 강조한다. 그런데 귀신이 어떤 존재인가. "귀신은 사사로움이 없어서 사물의 본체가 되어 빠뜨릴 수가 없으니 부르면 이르고 기원하면 응답하여 정성으로 서로 감응한다. 혼란스러우면 요망한 일이 생기고 요망한 일이 넘쳐나면 재앙을 부르니."[429] 이러한 사물의 본체가 되는 귀신의 최고 존재는 하늘, 천, 상제이다.

하늘·천·상제를 강조하는 미수의 생각은 예도 본질적으로 육경에 바탕한 고례에 근거해야함을 주장한다. 이를 통해 삼대의 이상적 정치 상황, 왕권 중심의 정치가 구현될 수 있다고 본 것이다. 미수의 이런 인격적 존재로서의 하늘에 대한 생각, 고경 중심의 사상은 당시 주류를

---

428 "其二禮者, 天敍天秩之則, 所以收人心, 定嫌疑, 明等威, 儐鬼神, 皆出於禮. 而所謂君君臣臣父父子子之道, 非禮不立. 聖人禮以體政, 政以行法, 達天道, 順人情, 敦信義, 去爭奪, 天下國家可得以正, 而得之者, 失之者死."(『記言』卷之六十四「拾遺」因辭職更申前事疏)

429 "萬物一理, 人心正則鬼神亦正, 人心亂則鬼神亦亂. 亂則興妖, 妖旺則招殃."(『記言』卷之九「鬼神」鬼神之常)

이루었던 정통 주자학자들의 사상과는 크게 다르다. 미수는 주희에 의해 상대적으로 사라진 원시 유교의 하늘·천·상제를 재발견하고, 그에 대한 경외를 통해 새로운 정치를 꿈꿨다. 미수는 예를 천과 인간을 매개하는 수단으로 간주하였고, 궁극적으로는 그러한 예제의 회복을 통해 조선 후기의 사회 모순을 해결하고자 하였다.

12장

주희 상대주의자
백호 윤휴가 찾아 낸 상제

人也者 天地之心鬼神之會也 天地鬼神 其亦若是焉而已 此古之人所以通幽明之故 知

鬼神之情狀者也 古之人皇皇翼翼 怵惕靡寧 凛凛乎若臨之在上 質之在旁 一則曰上帝

二則曰上帝 行一事則曰上帝所命 作不善則曰上帝所禁 夫豈執無徵之說以欺吾心 假

幽昧不可究 以惑天下後世者

讀十月之交雨無正.

『백호전서』「경진일록庚辰日錄」.

1

백호의 주류를 향한 반기

백호, 다른 성리학자들과 무엇이 다른가

17세기 조선 사회는 양란 후유증과 더불어 각종 재해로 인해 크게 혼란하였다. 당시의 위기 상황을 극복하기 위해 지배 집단이었던 서인들이 생각한 처방은 유교 사회 질서의 강화였다. 그들은 절대 규범인 유교의 예禮를 통한 정치로 무너진 국가 질서를 바로잡고자 하였다. 그 출발이 예학에 대한 연구로 나타났고 궁극적으로는 주자학적 질서의 재정비였다. 그 일환으로 『주자가례』를 널리 보급하고 생활화하도록 하기도 하였지만, 가장 특징적인 주자학자들의 움직임은 주희의 절대시였다. 그것은 곧 모든 경전의 해석은 주희의 주석에 절대 의존함으로 나타났고, 그러므로 유교 경전에 대한 주희의 해석 이외의 것은 어떤 것도 용납되지 않았다. 결국 당시 서인들의 생각과 국정 운영 전략 및 경학에 대한 연구는 온통 주희, 주자학, 사서에 사로잡혀 있었기에 조선 사회가 사상적 학문적으로 경직화되고 있었다. 그러한 분위기를 이끈

백호白湖 윤휴尹鑴(1617~1680). (출처:
한국민족문화대백과사전)

대표적인 인물이 송시열이다.

그렇다면 당시에 그런 분위기만 무르익었을까? 아니었다. 각종 문제를 접근하는 완전히 다른 시각도 있었다. 주희 절대주의의 환경과 사서 중심의 경학 연구 경향 속에서도 주희와는 다르게 경전을 해석하고 주희를 재해석하는 정치 세력도 있었다. 그 하나의 예가 서인들의 정책을 비판하는 남인들에게서 나왔는데, 그들은 주희의 성리학적 이념으로부터 벗어난 다른 방법으로 사회 질서를 바로잡고자 하여 주자학이 아닌 원시 유교를 더 중시하였다. 바로 백호白湖 윤휴尹鑴(1617~1680)가 그러하였다.

그는 주희에 대한 절대 의존성, 주자 만능주의를 비판하고,[430] 나아가 고경에 대한 관심을 통해 그동안 주변으로 밀렸던 하늘·상제를 재발견하고, 이를 통해서 사회 질서를 바로잡는 길을 찾았다. 그가 주류 성리학을 하는 사람들과 다른 점은 바로 당시 주류를 이루는 주희, 사서, 리기론에 대한 관심보다 주변적이었던 공맹, 육경, 인격천에 더 관심을 가졌다는 것이다. 미수와 더불어 백호는 당시 사상계의 주변인·한계인이었다.

백호는 당시 주류를 이루던 성리학자들의 사상에 비판적이었다. 우

---

430 백호는 비록 경전 해석에 있어 주희의 틀을 벗어나기도 하였고 주희의 경학 체계를 수정하기도 하였으나, 주희의 모든 사상, 주자학 체계 그 자체를 부정한 것은 아니다. 이를테면 리의 운동성과 관련하여 백호는 리의 운동을 부정한 주희의 입장을 취하고, 리의 운동성을 주장한 퇴계의 견해와는 다른 입장을 취한다.

암을 비롯한 당시 성리학자들은 흔히 리와 기를 통해 세상 모든 존재를 설명하고자 한다. 만물은 리와 기로 이루어져 있는데, 보편적 법칙인 리가 내재하여 본성을 이룬다고 본다. 이는 인간의 경우에도 마찬가지다. 리가 인간에게 내재하게 되면 도덕 법칙이 되므로 성리학에서는 인성 안에 내재한 천리天理를 자각하려는 노력을 중시한다.

조선 주류 주자학자들은 천의 인격성을 제거하여 비인격적인 것으로 간주함으로써 인격적 존재로서의 천을 받들고 모시는 정신 문화를 형성하지 못했다. 또한 인격적 하늘에 대한 외경과 인격적 하늘과 하나되기 위한 수양 문화를 활성화할 수 없었다. 그들은 단지 인간의 마음에 내재되었다고 보는 천리를 깨닫고 체인體認하는 것을 중시하였다.

이러한 경향은 자연히 성리학자들을 형이상학적 논의, 관념적 논쟁에 빠뜨린 것은 물론, 주희 절대주의, 예禮를 둘러싼 형식주의에 사로잡히는 결과를 가져왔다. 조선 성리학자들은 그들이 직면한 현실의 사회 문제 해결, 실천 문제에 상대적으로 큰 관심을 가질 수 없었다.

윤휴는 당시 주자학 일변도의 학풍에 대해 이렇게 말한다.

"삼대 이전에는 세도世道가 예악禮樂에 존재하였고, 삼대 이후에는 세도가 서책에 존재하였다. 따라서 삼대 때의 인재들은 모두가 예악을 수행하는 데에서 나왔는데 후대의 인물들은 모두가 서책을 외우는 데에서 나왔으니, 이것이 바로 세도와 인재가 융성해지고 쇠퇴해지는 것의 매우 큰 관건이 되는 것이다. … 삼대 이전에는 성현들만 있고 호걸이 없었고 삼대 이후에는 호걸만 있고 성현이 없었는데, 오늘날에는 학사學士만 있고 호걸도 없게 되었다. 이것이 바로 왕자王者의 시대가 패자覇者의 시대로 되고 패자의 시대가 이적夷狄의 시대로 된 것이다."431

교조적이고 폐쇄적인 학문 경향에 반기를 든 것이다. 백호는 성인의 가르침을 바탕으로 한 사회적 실천에는 무관심하고 그릇된 공부를 하는 당시 학문 경향을 특히 실천 공부의 지침서인 『효경』과 관련하여도 이렇게 비판한다.

"『효경』은 공자 문하에서 나온 것으로서 육경과 병칭되니 성인의 큰 교훈인 것이다. … 내가 생각하기에 이 경에는 후인들이 함부로 보태고 빼고 한 부분들이 있는 것은 사실이다. 그러나 빛나고 밝기가 해와 별 같은 성인의 말씀은 인간 질서를 유지하고 만세에 교훈을 남기기에 충분한데, 학자들이 공연히 근본을 버리고 겉치레에 힘써 천명을 말하고 심성을 가리키면서 입과 귀에 올리고 지름길로만 가려고 하기 때문에, 이 경은 마치 무용지물인양 거들떠보지도 않아서 도道가 쇠퇴한 것이다. 아! 삼대 이전에는 도가 세상에서 행해졌었는데, 삼대 이후로는 그 도가 경에만 의존하고 있을 뿐이다."432

---

431 "三代以上, 道在禮樂, 三代以下, 道在簡冊. 三代人材, 皆從禮樂修行中來, 後世人物, 皆從簡編誦說中來, 此世道汚隆, 人才盛衰之大幾也. … 三代以上, 有聖賢而無豪傑, 三代以下 有豪傑而無聖賢, 至于今日, 有學士而無豪傑, 此所以王降而伯, 伯降而夷也."(『白湖先生文集』卷之二十四「雜著」漫筆下) 백호 관련 원문과 원문 이미지 및 번역은 한국고전종합DB(http://www.itkc.or.kr)의 『백호선생문집』, 『백호전서』; 오규근 외 역, 1997을 참조하고 따랐다.

432 "孝經出於孔門, 與六經並稱 蓋聖人之大訓也. … 愚謂是經, 固有後人妄加增損者. 然聖賾之昭如日星者, 旣足綱紀人倫, 垂示萬世矣, 而學者棄本鶩外, 乃惟譚天命指心性, 以之膎口耳趨捷徑焉

360

자신은 고도古道를 좋아한다며 『효경』의 가르침을 실천하지 못하는 당시 학문하는 세태를 꼬집었다. 백호는 인간의 심성에 토대를 둔 자연스러운 실천을 도외시하고 개인의 출세나 명예를 추구하는 걸 공부, 예컨대 과거 준비나 사장학에만 치달리는 당시의 일반적 지식인들의 일상적 가치 추구를 비판하였다. 아울러 실제 사회 문제는 등한시하는 학자들의 관념적 경향도 비판하였다.[433] 그 연장선상에서 백호는 과거제 폐지를 주장하였다.

"과거 제도에 있어 그 폐단의 근원은 어디에 있는 것인가? 천하의 학자들로 하여금 시첩試牒을 바쳐 스스로 응시하여 유사有司에게 점수를 받게 하는 데에서 천하 사람이 경쟁하는 길을 터놓아 학자들의 심술心術을 그르치고 예의염치가 어떠한 것인지 모르게 하는 이것이 그 폐단의 첫째이다. 천하의 학자들로 하여금 붓으로 재주를 부리고 말을 만드는 데에 정신을 소모하게 하며, 선왕의 경적經籍에 실린 훈계와 성현의 시서詩書를 표절하는 자료로 삼게 하여 문서가 혼잡스럽고 담론이 혼란스러우며 인심이 날로 상실되고 대도大道가 날로 어두워져, 몸을 닦고 시무時務를 아는 것이 어떠한 일인가를 모르게 하는 것이 그 폐단의 둘째이다. 이러한 일을 잘 하는 자는 진출하고 잘 하지 못하는 자는 물러나게 되며, 합격한 자들은 대부분 홍도鴻都의 악송樂松, 가호賈護와 같은 무리들이고 뛰어난 재주

耳其於是經, 若弁髦焉, 而遂弊之, 是道之衰也. 嗚呼, 三代以上, 斯道行焉, 三代以下, 道存乎經而已."(『白湖全書』卷三十八「雜著」讀書記 孝經章句)

433 안병걸, 1995, 245.

와 기량을 가진 훌륭한 인재들은 늙어 죽을 때까지 수용되지 못했는데, 이것이 그 폐단의 셋째인 것이다. 이 세 가지 폐단은 그야말로 도술에 큰 폐해가 되는 것이고 국가의 고질인 것이니, 이러한 폐단을 막지 않으면 도술이 유행하지 못하는 것으로서 비단 노老·불佛·양楊·묵墨의 폐해만 그러한 것이 아니다."[434]

그는 과거 제도의 문제점을 지적하며 그런 문제만 초래하는 과거 제도의 불필요성을 지적하였다.

그러나 17세기 유교 사상계는 여전히 성리학·주자학이 중심부를 이루고 있었다. 그리고 그 중심에 있었던 사람을 들라면 우암을 꼽을 수 있다. 우암과 백호, 성리학과 탈성리학이 지향한 학문, 사상적 지향성에는 큰 차이가 있는데 주희에 대한 생각이 이를 잘 보여준다. 우암은 주자나 주자학을 절대시하고 추종한 주자 절대주의자였다. 우암이 주자를 존신한 태도는 우암의 다음의 말에 잘 함축되어 있다.

"하늘이 주자를 세상에 낸 것은 진실로 공자의 마음을 낸 것이다. 주자가 나온 이후에는 한 가지 이치도 밝혀지지 않은 것이 없고

---

434 "科擧之制, 其弊源何在. 令天下學者, 投牒自應而售於有司, 開天下分競之門, 壞學者心術, 不識禮義廉恥爲何物, 此其弊一也. 令天下學者, 鬪巧於筆端, 弊精於口頭, 視先王經訓聖賢詩書, 只爲剽竊之資, 文書稠濁, 口舌淆亂, 人心日喪, 大道益晦, 不識修身識務爲何物, 此其弊二也. 能是者進, 不能是者退, 所得者率皆鴻都樂賈之流, 雖有角犀髦彦長才大器, 至老死不收, 此其弊三也. 三弊者, 誠道術之巨蠹, 國家之膏肓也, 不止不行, 不塞不流, 蓋不惟老佛楊墨爲然也."(『白湖先生文集』卷二十四「雜著」漫筆上)

（『송자대전宋子大全』「여혹인與或人」의 원문 영인）

卿及余從基隆基厚亦從之矣飛舟上下吟咏笑
晤其夜宿于黃院之講堂又提起鑴說爭辨尤多大
槩尹之稱鑴幾於聖人如吾輩不足知其精蘊矣吾
則曰吾固不知鑴之精蘊矣尹曰義理天下之公柰以所見評
道亂賊則知之矣若是余曰天生朱子
議朱子註說有何不可而攻之
實生孔子之心也曰朱子以後無一理之不明無一

宋子大全
卷一百二十二
書
三十九

字之或晦何所疑也
或可也柰何敢掃滅朱子中庸
哉且或柰何敢以狗彘之腸敢加議論
日此則高明之過也
高明而尹鑴反復勝耶且以憎賊爲高明則莽卓操
裕皆是高明之過耶且古所謂高明出於尊德性而
加乎道中庸之上矣公所謂高明何其與此相戾耶
尹乃曰高明則吾失言矣此乃輕脫所致也余曰旣
曰亂賊則輕脫之云殊非當律矣大抵春秋之法亂
臣賊子先治其黨與有王者作則公當先鑴伏法矣
如是爭辨者幾於雞鳴活然諸公初昏而寐獨市南
臥而傾聽夜深亦寐矣
宋子大全卷一百二十二

『송자대전宋子大全』「여혹인與或人」.

한 글자도 분명해지지 않은 것이 없다."[435]

　"주자를 믿지 않으면 이것은 오랑캐다."[436]

　"말씀마다 옳은 분은 주자이고 일마다 맞은 분도 주자이다. 만
일 총명하고 슬기로워서 온갖 리를 다 아는 경지에 가까운 사람이
아니면 기필코 이렇지 못할 것이다. 주자를 어찌 성인聖人이 아니라
하겠느냐. 그러므로 이미 주자가 말하고 행한 것은 곧 그대로 행하
였지 일찍이 의심한 바가 없다."[437]

435　"天生朱子, 實生孔子之心也. 自朱子以後, 無一理之不明, 無一字之或晦."(『宋子大全』卷
　　一百二十二「書」與或人)

436　"不信朱子, 則是夷狄之人也."(『宋子大全』卷一百十六「書」答閔定甫 光益辛亥九月十七日 別紙)

437　"言言而皆是者, 朱子也, 事事而皆當者, 朱子也. 若非幾乎聰明睿知萬理俱明者, 必不能若是. 朱
　　子非聖人乎. 故已經乎朱子言行者, 則夫履行之, 而未嘗疑也."(『宋子大全』「附錄」卷十七 語錄 崔愼
　　錄 上)

"말마다 주자를 칭하는 것 역시 나의 한 가지 죄안罪案이다."[438]

"이번 소疏의 주의主意는 오로지 주周(명)나라의 정통을 높이고 주자朱子의 도를 감싸는 데 있었을 뿐이네. 주자의 도가 어찌 동토의 이 보잘것없는 누생陋生(자신을 낮춰서 이르는 말)에 의하여 보존되겠는가마는, 동쪽으로 뻗어 나온 교화敎化가 저들로 인하여 폐색閉塞된 지 이미 오래이므로 그렇게 대처하지 않으면 그대로 없어지고 말 것일세."[439]

우암이 보기에 주자가 나온 이후에는 한 가지 이치도 밝혀지지 않은 것이 없고 한 글자도 분명해지지 않은 것이 없었다. 의문을 제기하고 의심스럽게 여길 것도 하나도 없었다. 주해註解도 완벽하다. 우암에게 주자는 대현大賢을 넘고 성인聖人 이상이었으며 신앙의 대상인 신이었다. 우암의 소임은 마치 주자 지키기인 듯하다. 그가 어릴 때부터 『주자가례』, 『심경』, 『근사록』을 공부하며 성리학적으로 사회화되었으니 주자에 대한 이러한 의식은 당연한지도 모른다. 주자에 대한 우암의 의식은 죽음을 앞두고도 변하지 않았다.

정일균은 우암의 주자에 대한 이러한 의식과 윤휴에 대한 비판은 당시 남인들의 탈주자학적 학풍에 대한 대결 의식을 반영하고 있다고 본다. 즉 이단에 대항하여 정학正學을 수호함으로써 궁극적으로는 당시 쇠미해가던 세도世道를 부지하여 조선의 문화적 정통성을 수호하고, 도

---

438 "言必稱朱子, 亦爲我之一罪案云矣."(『宋子大全』「附錄」卷十六 語錄 朴光一錄)

439 "大抵今疏主意, 專在於尊周統衛朱道而已. 夫朱子之道, 奚待於東表一么麼陋生而存哉, 唯東漸之化則爲彼閉塞已久, 不如此則因而減息矣."(『宋子大全』卷九十六「書」答李同甫)

학의 의리의 정통적 계승자로서의 입지를 확고히 함으로써 노론 도통론을 정립하겠다는 시대적 소명 의식을 실천하는 방편의 일환이기도 하였다는 것이다. 그리하여 우암은 당시 윤휴 등의 탈주자학풍의 유행이 무엇보다 주자의 도가 명확하게 밝혀지지 못한 데서 연유한다는 인식 하에, 주자의 정론定論을 확정하기 위해 주자의 저술을 정리하는 작업을 했다.[440]

이에 비해 백호는 주자학 이전의 원시 유교, 고경의 가르침을 지향하고 실천하려는 경향을 보인 주자 상대주의자였다. 윤휴는 주자의 생각이 만능이 아니라고 보고, 『중용』·『대학』·『효경』 등을 독자적으로 새롭게 해석하거나 장구章句와 주를 재구성 및 수정하는 등 우암과는 정반대의 길로 나아갔다. 심지어 주희를 비판하는 듯한 입장을 보이며 살아있는 권력 우암에게 도전장을 던지기까지 하였다.

윤휴는 주자를 존신하지 않음은 물론, 주자의 주석註釋을 버리고 자기의 학설을 세워 책을 만들었다. 그 전형이 『중용』과 관련해서 낸 책이다. 우암은 자신이 그토록 떠받들었던 주자의 『중용』에 대한 해석과는 달리, 독자적으로 새롭게 해석하고 주를 단 윤휴의 『중용신주中庸新註』에 대해 크게 화를 냈다. 우암에게는 『논어』·『중용』보다 이에 대한 주희의 해석과 설명을 담은 『논어집주』나 『중용집주』가 더 중요한 경전이었다. 그러나 윤휴는 주자학만이 진리를 담은 유일한 학문이라는 당시 학문의 편협성을 비판하며 탈주자학을 지향한다.

윤휴의 주자에 대한 태도는 다음의 기록으로도 간접적이나마 알

---

440 정일균, 2009, 296~298.

수 있다.

　"윤휴는 주자朱子에 대해서 반대하고 거슬려서 장구章句를 마구 뜯어 고쳤으며, 『중용』에 이르러서는 주註를 고친 것이 더욱 많았다. 그리고 항상 스스로 말하기를, '자사子思의 뜻을 주자 혼자만 알고 어찌 나는 혼자 모른다는 말인가' 하였다."441

　"어느 날 시열이 윤휴를 찾아가 만나 '그대는 지금도 주자의 주註를 그르다고 여기는가' 하였다. 윤휴가 발끈해서 '공은 자사子思의 뜻을 주자 혼자서만 알고 나는 모른다고 여기는 것인가' 하였다."442

　이로 보면 백호는 주자 존신주의를 벗어나 누구나 자유로운 경전 해석을 할 수 있음을 평소 말한 것으로 보인다. 그게 부메랑이 될 줄이야 누가 알았을까?

주홍 글씨

　조선 시대 신유교는 송대 도학 사상의 전통을 표방하여 충절과 의리 정신을 강조함으로써 여타의 사상에 대해서는 비판적 경향이 강하

441　"鑴反悖朱子, 毀改章句, 至於中庸, 尤多有改註者. 常自謂, 子思之意, 朱子獨知之, 而我獨不知乎."(『숙종실록』 6권, 숙종 3년 10월 17일 신유 1번째 기사)

442　"一日, 時烈往見鑴曰, 君今猶以朱子註爲非乎. 鑴艴然曰, 公謂子思之意, 朱子獨知, 而我獨不知乎."(『현종개수실록』 3권, 현종 1년 5월 3일 정사 5번째 기사)

였다. 특히 개국 초 정도전은 『불씨잡변』, 『심문천답心問天答』을 통해 불교는 물론이고 노장 사상도 배척하는 태도를 보였다. 그러한 경향은 16세기 이후에는 양명학 비판, 서학 비판 등으로도 이어졌다. 이른바 '이단異端' 논쟁은 조선 사상계 내에서 그치지 않았다. 그런데 이러한 이단과 일맥상통하는 면이 있는 개념이 '사문난적斯文亂賊'이다.

사문난적, 그것은 성현의 학문과 상반된 해괴한 논리를 펼쳐 정도正道를 해치는 도적이라는 뜻이다. 주자학이 지배 이념이었던 조선 시대에 그것은 신유교 반대자, 즉 주자의 사상을 받아들이지 않고 의문시하거나 수정하거나 독자적으로 새롭게 해석함으로써 주자학·신유교를 어지럽히는 것, 또는 그렇게 한 사람을 비난하는 말이다. 사문난적은 흔히 사상적 종교적으로 규정되어 나만 옳고 정통이라고 여겨 상대를 적대시하거나 배척 및 비판하는 도구로 이용되지만, 정치적 집단 갈등과 탄압의 수단이 되기도 한다. 그 예를 우리는 17세기 조선 유교 사상계에서 엿볼 수 있다.

조선 역사상 사문난적으로 낙인찍혀 정치적 탄압을 받은 사람은 얼마나 될까? 손에 꼽을 정도이지만 그 전형이 17세기 중반을 거치며 시대의 문제를 진단하고 해결하려던 정치인들에게서 드러났다. 바로 집권당인 서인의 우암 송시열이 정적이자 사상을 달리하였던 백호 윤휴에 대한 사문난적 낙인이다. 신유교 지식인 및 정치인 내부의 이 갈등의 본질은 넓게 보면 학문의 자유를 둘러싼 갈등으로 볼 수도 있겠지만, 좁게 보면 주자학이냐 탈주자학이냐, 고경 지향이냐 사서 지향이냐, 주자 절대주의냐 주자 상대주의냐의 문제로 단순화시켜볼 수 있다.

송시열과 윤휴는 10살 차이가 난다. 그들이 처음 만난 것은 1637년

충청도 보은 속리산의 복천사(지금의 법주사 복천암) 앞에서였다. 당시 백호는 병자호란을 피하려고 어머니를 모시고 외가인 삼산에 머물고 있었다. 그리고 우암은 남한산성에서 나와 친족을 찾아 속리산으로 갔을 때였다. 그 때가 우암이 31살이고 백호가 21살이었다. 비록 백호의 나이가 어렸지만 명성이 널리 알려져 당시 많은 유현儒賢들도 찾아와 그와 교유하려 하였다. 우암도 그 한 사람이었는데 이 때 처음 만났다. 그리고 두 사람은 학문에 대해서도 논한 듯하다. 왜냐하면 송시열이 송준길에게 보낸 편지에서 이렇게 칭찬하였기 때문이다.

"내가 삼산에 가서 윤휴를 만나보고 3일 동안 그와 학문을 논하였는데, 우리들이 30년 동안 독서한 것은 참으로 가소로운 것이었다."[443]

그 비슷한 맥락의 이런 기록도 있다.

"내가 윤휴를 보았는데, 그의 영명한 자질과 특출한 재능과 탁월한 지식과 박식한 문장은 고금의 유자儒者들 중에도 그와 비교할 만한 사람이 드물 것이다. 우리들이 30년 동안 독서한 것이 모두가 헛된 것이 되었다."[444]

---

443 "吾至三山, 見尹某, 與之論學三日, 吾輩三十年讀書, 誠可笑也."(『白湖全書』「附錄 五」年譜)

444 "吾見尹某, 其英睿之資, 特達之才, 卓越之識, 宏博之文, 古今儒家, 罕有其比. 吾輩三十年讀書, 盡歸於虛地云."(『白湖全書』「附錄 二」行狀 上)

그 정도로 우암은 초기에 윤휴를 높이 그리고 좋게 평가하고 있었다. 그러나 우암은 백호가 무슨 생각을 하고 있었고 무엇을 지향하고 있는지를 파악한 듯하다. 두 사람은 사상적 원천, 세계를 보는 시각, 위기 극복의 정책, 정치적 뿌리 등을 고려하면 결코 하나가 될 수 없었던 모양이다. 생각의 차이, 정치적 차이를 전혀 인정하지 않으려는 17세기 조선 사회에서 정치 사상적으로 영향력을 행사하던 서인의 우두머리 우암 송시열은, 춘추대의를 표방하며 예학을 정명에 입각하여 의리義理를 실현하려 하였다. 그러기 위해 우암은 생각을 달리하는 사람들을 이단으로 배격하여 소위 유가의 정도正道를 지키려 하였다. 이러한 과정은 자연적으로 주자학, 주자를 비판하거나 이에 도전하는 세력을 철저히 배척하게 된다. 때에 따라서는 그런 사람들에게 각종 낙인도 찍었다. 윤휴에게 사문난적이라고 한 것처럼.

우암이 "내가 윤휴를 사문난적으로 배척한 것은 정축년(1637, 인조 15)으로 난리(병자호란) 뒤였다"[445]고 한 것으로 보아, 첫 만남이 곧 사상적 정치적 이별이었던 것으로 보인다.

백호는 어려서부터 고경에 관심을 가졌고 그와 관련한 글도 지었다. 20대 중반(26세)이었던 1642년에 『홍범설』을 짓고, 이어 『주례설』(1643)과 『중용설』(1644)을 완성하였다. 그리하여 그때마다 많은 찬탄을 받았다. 그러나 이를 곱지 않은 눈으로 보는 사람도 있었다. 바로 송시열이었다.

윤휴가 보여준 탈주자적 학문 성향, 주자에 대해 보인 상대주의적 태

445　"余之斥鑴以斯文亂賊者, 在丁丑亂後."(『宋子大全』 卷八十九 「書」 與權致道)

도, 예송 논쟁에서 보인 사상 등을 고려할 때, 그는 확실히 송시열과 대척점에 있었다. 그리하여 우암은 백호에 대해 부정적 비판적이었다. 『송자대전宋子大全』 여기저기에 기록된 우암의 백호에 대한 생각을 보자.

송시열이 46세 때인 1653년(효종 4년) 윤7월에 종질從姪 기후基厚의 집에 간 일이 있다. 이 때 우암이 기후와 나눈 대화가 있다.

"여러해 전에 내가 종질從姪 기후基厚의 집에 갔다가 윤휴가 쓴 『중용』 관련 책을 보고, 이것이 무슨 글이냐고 물었더니 기후가, '친구들이 이 글을 저에게 보내 주면서, 희중希仲이 새로 만든 주석으로 주자의 것보다 나으니 한 번 기록해서 읽어 보라고 했습니다' 하였네. 그래서 내가 그것을 즉시 방바닥에 집어던지면서 말했다. '그 따위 윤휴가 어찌 감히 이럴 수 있단 말이냐. 과연 기록해서 읽으려 하느냐? 너는 이전부터 내가 윤휴를 배척하고 있는 줄 뻔히 알면서 어찌 감히 이런 글을 책상 위에 두느냐.'"446

이로 보면 우암이 송기후를 찾아갔을 때 그가 어떤 책을 읽고 있었다. 우암이 '무슨 책'인지 묻자, 기후가 '윤휴가 『중용』과 관련하여 쓴 책인데, 친구들이 이것을 자기에게 보내 주면서, 희중希仲이 새로 만든 주석으로 그 내용이 이전 사람이 설명하지 못한 것을 담고 있어 내 마음에 썩 들어 손을 떼기 어려울 정도'라고 한 모양이다. 그러자

---

446 "昔年到從姪基厚家, 見尹鑴中庸, 問此何書也, 厚曰, 諸友送此於姪耳. 希仲新註, 勝於朱子, 君亦錄而讀之也云矣. 愚卽擲之於地曰. 何物尹鑴, 敢爾如是爾. 果欲錄而讀之耶. 汝從前慣知吾之斥鑴矣, 汝何敢蓄此於案上乎."(『宋子大全』卷八十四「書」答金景能)

우암이 '그것은 주자의 논의에 어긋나는 것으로서 후학을 그르치게 하는데 왜 읽고 있느냐'라며 책을 방바닥에 던지며 발끈 화를 낸 것으로 보인다.[447]

1653년(효종 4년) 윤7월 21일, 황산서원黃山書院에서 윤선거尹宣擧 등과 모여 윤휴의 일을 논하였는데, 이때도 우암이 윤휴와 관련한 이런 여러 가지를 말을 하였다. 그 장면의 일부로 들어가 보자.

"하늘이 공자를 이어서 주자를 낸 것은 사실 만세의 도통道統을 위함이다. 주자 이후부터 한 이치도 드러나지 않음이 없고 한 글도 밝혀지지 않음이 없는데, 윤휴가 어찌 감히 자기의 소견을 내세워 조금

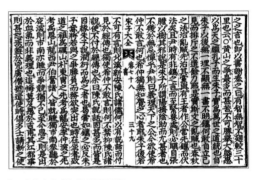

『송자대전』「답한여석答韓汝碩」.

의 여지도 없이 주자를 배척한단 말인가. 이는 사실 사문斯文의 난적亂賊이다."[448]

이로 보면 우암은 윤휴의 학문 태도, 즉 무엇 하나 결점이 없는 주자의 책을 무시하고 감히 「중용설」을 통해 새로운 경전 해석을 한 것을 문제 삼는다. 경직된 주자 추종자였던 우암은 백호를 옹호하는 입장

447 그 책이 『중용설』로 보이는데, 당시에는 이것이 『중용신주』라는 이름으로 알려진 것 같다.

448 "天之繼孔子而生朱子, 實爲萬世之道統也. 自朱子以後, 無一理不顯, 無一書不明, 鑴何敢自立己見, 而排斥之不遺餘力耶, 是實斯文之亂賊也."(『宋子大全』卷七十八「書」答韓汝碩)

이었던 윤선거에게 그와 관계를 끊으라며 질책하고, 사문난적으로 낙인찍어 학문적으로 파문한 것이다.

1657년(정유년, 효종 8년) 겨울, 주자朱子를 믿지 않는 등의 이유로 윤휴를 많이 미워하고 있던 우암이 정만창鄭晚昌과 나누는 대화나, 박광일朴光一이 갑자년(1684, 숙종10) 10월에 가제家弟 광원光元과 함께 회덕懷德 판교촌板橋村에 가서 우암과 나눈 대화에도 우암이 윤휴를 이단으로 낙인찍은 흔적이 있다.

　　""주자의 의논을 따르지 않는 자는 다 이단異端이 됩니까?" "그렇다." "요즈음의 윤휴는 어떠합니까?" "나는 이단이라 생각한다.""[449]

　　"처음에는 윤휴가 총명하고 민첩하였으므로 내가 깊이 혹하였다. 그런데 그 사람은 항상 퇴계·율곡·우계牛溪 등 제현諸賢의 단점을 말하기 좋아하였으므로, 나는 그를 매우 염려하였지만 그 후로 그는 주자를 한층 더 기탄없이 배척하였으니, 이는 사문의 난적亂賊이요 이단 중에도 심한 자이다. 저 양주楊朱와 묵적墨翟은 본래 인仁·의義를 배우다가 잘못된 자이므로 그 해독이 빠르지 않은 편이지만, 윤휴는 공자의 말씀대로 성현의 말씀을 모독하는 자이니 그 해독이 장차 이루 말할 수 없을 것이다. 그래서 내가 그윽이 '바르지 못한 말을 물리치겠다'고 다짐하고 있는 힘을 다하여 배척하는 바이다."[450]

449　"鄭晚昌問, 不從朱子之論者, 皆不免爲異端乎. 先生曰, 然. 晚昌曰, 近來尹鑴何如. 先生曰, 吾以爲異端也."(『宋子大全』「附錄」卷十五 語錄)

450　"當初尹鑴頗聰敏, 故吾果深惑. 而第其人也常喜言退溪栗谷牛溪諸賢之短處, 故吾嘗深憂之, 其後更加一層, 攻斥朱子, 無所忌憚, 是果斯文之亂賊, 而異端之甚者也. 彼楊墨則本是學仁義而差者,

우암이 어떤 사람인가. 그는 주자를 공자 이후의 제1인자로 여기고, 주자의 말과 어긋나는 모든 것은 잡설로 간주한, 이른바 주자 절대주의자이다. 그러니 주자의 권위를 무너뜨리고 주자를 비판하거나 주자의 가르침에 의문을 품는 행위는 그가 용서할 수 없는 일이었다. 당시 그런 맥락에서 가장 거슬리는 존재의 하나가 우암의 눈에는 백호였고 따라서 우암의 백호에 대한 낙인은 그 연장선상에서 취해졌다.

송시열은 1665년 9월에 이이李珥와 성혼成渾의 연보年譜를 감정勘訂하기 위하여 이유태李惟泰·윤선거尹宣擧와 같이 동학사에 모였다. 이때 윤휴 이야기 나왔는데, 우암의 말 중에 이런 부분이 있다.

""나는 사실 윤휴의 정밀함과 깊이는 모르네. 그러나 주자를 공격하는 한 가지 일이 사문난적이 된다는 것은 알고 있네."(송)

"의리는 천하의 공적인 것이네. 그가 자기의 견해로 주자의 주설註說을 평론하는 것이 무엇이 잘못이라고 이와 같이 공박하는가."(윤)

"하늘이 주자를 세상에 낸 것은 진실로 공자를 낸 마음에서 낸 것이네. 주자가 나온 이후에는 한 가지 이치도 밝혀지지 않은 것이 없고 한 글자도 분명해지지 않은 것이 없는데, 무엇이 의심스러워서 그가 감히 개돼지 같은 창자로 의논을 가한단 말인가. 그리고 혹 주자의 글을 지적하여 헤아려 보면서 '이 부분이 의심스럽다'고 말한

故其害不速, 惟尹鑴則孔子所謂侮聖賢之言者, 其害將有不可勝言者. 於是乎吾竊自附於闢邪說, 不遺餘力而觝斥矣."(『宋子大全』「附錄」卷十六 語錄)

정도라면 그럴 수도 있다고 하겠지만, 그가 어떻게 감히 주자의 『중
용』을 쓸어 없애 버리고서 자기의 설로 대신한단 말인가."(송)"451

우암이 계해년(1683)에 조광보趙光甫에게 답한 글도 보자.

"윤휴의 경우는 그 스스로 '내가 마땅히 주자의 의견을 엄폐掩蔽
하겠다' 하고는, 『중용』의 장구章句를 치워 버리고 자기의 설說을 내세
워 하나의 책으로 만들어서 사람들에게 과시할 뿐 아니라, 모든 다른
글의 주해註解도 마디마디 공척攻斥하였으니 (일찍이 그의 이제姨弟 송
규정宋奎禎을 인연하여 그가 읽었던 책을 빌려 보았더니 다 그러하였
네.) 고금 천하에 어찌 이처럼 패려悖戾한 자가 있을 수 있겠는가."452

우암의 백호에 대한 언급은 실록에서도 찾을 수 있다.

"대개 주자가 아니었다면 요·순·주공·공자의 도가 천하 후세에
밝아지지 못했을 것이기 때문입니다. 우리나라는 문충공 정몽주로
부터 주자의 학문을 존신尊信했었고, 조선조에 와서는 유현儒賢이 배

---

451 "吾固不知鑴之精蘊矣. 然其攻朱子一事, 爲斯道亂賊則知之矣. 尹曰義理天下之公, 渠以所見
評議朱子註說, 有何不可. 余曰天生朱子, 實生孔子之心也. 自朱子以後, 無一理之不明, 無一字之或
晦, 有何所疑, 而渠敢以狗彘之腸, 敢加議論哉. 且或就朱子書指摘商量曰, 此處可疑云爾, 則猶或
可也, 渠何敢掃滅朱子中庸, 而以己說代之乎."(『宋子大全』卷一百二十二「書」與或人)

452 "至於尹鑴, 則自謂吾當掩迹朱子, 不獨於中庸掃去章句, 自立己說, 以爲成書, 以誇於人, 其於
諸書註解, 節節攻斥, (嘗因其姨弟宋奎禎, 借見其所讀書則皆然矣.) 古今天下, 寧有如許悖戾者
也."(『宋子大全』卷七十七「書」答趙光甫 別紙)

출되어 존경하며 행하고 익히지 않을 수가 없었는데, 문순공文純公 이황과 문성공文成公 이이에 이르러서는 또한 더 뛰어나게 되었습니다. 불행히도 윤휴尹鑴란 사람이 당초부터 이황·이이의 말을 배척하고 문간공文簡公 성혼成渾은 들어서 말하지 않았으며, 자기의 설을 저술하여 신臣에게 보냈기에 신이 깜짝 놀라며 책망하니, 하늘을 쳐다보고 웃으며 신더러 무엇을 알겠느냐고 했었습니다. 이미 주자의 주설註說을 옳지 않다 하여 반드시 자기의 소견대로 바꾸어 놓았고, 『중용』에 대해서는 장구章句를 없애버리고 자신이 새로 주註를 만들어 그의 무리들에게 주었습니다.

또 그가 종말에는 자신의 말을 저술하여 자신을 공자에게 비하고 염구冉求를 주자로 쳐놓아 그가 시종 패류悖謬한 짓 하기를 이에 이르도록 했으니, 세상의 도의道義에 해가 됨이 심하였습니다. … '윤휴는 곧 사문난적이고,"[453]

우암은 백호를 사문난적, 이단으로 낙인찍었을 뿐만 아니라 윤휴를 극단적으로 지칭하기도 했다.

"선생이 젊었을 때부터 적휴賊鑴가 주자를 믿지 않고 율곡과 우

---

453 "蓋非朱子則堯舜周孔之道, 不明於天下後世也. 我東則自文忠公鄭夢周尊信朱子之學, 以至我朝, 儒賢輩出, 無不欽崇服習, 而至於文純公 李滉, 文成公 李珥, 則又異焉. 不幸有尹鑴者, 初斥滉, 珥之說, 而文簡公成渾則不數也. 著爲成說, 以送於臣, 臣駭然而責之, 則仰天而笑, 謂臣何知. 旣以朱子註說爲不是, 必以己見易之, 至於中庸, 則掃去章句而自爲新註, 以授其徒, 又其未終, 則著說自擬於孔子. 而以冉求處朱子, 其始終悖謬, 至於如此, 其爲世道之害甚矣. … '鑴是斯文之亂賊.'"(『숙종실록』, 숙종 13년 정묘(1687) 2월 4일(임자) 2번째 기사)

계 양현兩賢을 낮추어 본다는 이유로 깊이 미워하였다."454

"이제 주자의 도는 적휴로 인하여 여지없이 어두워지고 파괴되어, 감히 그 도를 빙자해서 만분의 하나라도 사설·폭행을 막을 수 없게 되었으니 아, 한심하기 그지없다."455

"대개 적휴가 퇴계·율곡 등 여러 노선생老先生을 힘써 공격하고 위로 주 부자朱夫子까지 공격하여 방자하게 기탄하는 바가 없이 부자의 주석註釋을 모두 없애고 자기의 학설을 세워 책을 만들어서 그의 무리들에게 보여 주었네."456

우암은 백호를 일컬어 '도적 윤휴'라는 의미의 적휴라 하였다. 우암은 윤휴의 성 대신에 적賊을 붙여 역적 윤휴라 한 것이다.

또한 윤휴를 '거짓말하는 도적'을 의미하는 참적讒賊이라고 칭하기도 했다.

"공은 과연 주자는 고명하지 못하고 윤휴가 도리어 더 우수하다고 보는가. 그리고 참적을 고명해서 그렇다고 한다면, … "457

---

454 "先生自少以, 賊鑴不信朱子而低看栗, 牛兩賢, 深惡之."(『宋子大全』「宋子大全附錄」 卷十五 語錄)

455 "今朱子之道, 因賊鑴而晦剝無餘, 將不敢憑藉其道以拒邪暴之萬一矣, 嗚呼, 可勝寒心哉."(『宋子大全』 卷二百十三 「林將軍慶業傳」)

456 "蓋自賊鑴力攻退, 栗諸老先生, 而上以及於朱夫子, 肆然無所忌憚, 至將盡除夫子註釋, 而自立己說, 遽然爲成書, 以示於衆."(『宋子大全』 卷一百十三 「書」 答朴景初)

457 "公果以朱子爲不能高明, 而尹鑴反復勝耶. 且以僭賊爲高明, … "(『宋子大全』 卷一百二十二 「書」 與或人)

우암의 윤휴에 대해 사용한 호칭은 흑수黑水도 있다.

"흑수대간黑水大奸이 주자를 배척함으로부터 그의 험악한 유파가 매우 넓게 퍼졌으니, 그들이 이런 일이 있다는 것을 들으면 반드시 비웃으며 훼방을 놓을 것이네."[458]

"흑수黑水에게 붙어서 지기志氣를 함께하고 정신을 모아 휴鑴를 공격하는 사람이 있으면 적극적으로 저지했다. 휴의 죄는 다른 것이 아니고 주자를 공격하여 배척한 것이다. 그가 이미 주자를 배척했으니 선비라면 당연히 죽음을 무릅쓰고 배척해야 하는데,"[459]

"아, 근래 사문斯文의 재액災厄이 극심하여, 『주자대전』 문자가 먼저는 흑수黑水에 의해 더럽혀졌으나 세상 사람이 괴이하게 여기지 않고 도리어 따르는 자가 있었다. 대저 세상 사람이 이를 모르기 때문에 좋아하지 않고, 좋아하지 않기 때문에 모두 괴이한 말에 혼동하게 되었다."[460]

우암이 윤휴를 지칭하여 쓴 흑수黑水라는 말 역시 좋은 표현이 아니다. 윤휴는 여강驪江에서 살았는데, 여는 '검다'는 뜻을, 강은 '물'이라는

---

458 "而自黑水大奸攻斥朱子, 其波流甚廣, 聞有此等事, 必笑而沮戱之."(『宋子大全』 卷七十二 「書」 答李擇之 丙寅五月初三日)

459 "奈何棄所學而附於黑水, 志同氣合, 聚精會神, 人若攻鑴, 則必攘臂而折之. 夫鑴罪靡他, 攻斥朱子也. 彼旣攻斥朱子, 則爲士者當苦死斥之可也."(『宋子大全』 卷一百二十八 「書」 寄淳錫)

460 "噫, 比來斯文之厄極矣, 大全文字先爲黑水所汚蠛, 而世人不以爲怪, 而反有信從者. 蓋世人不知故不好, 不好故皆爲異言所汩亂也."(『宋子大全』 卷一百三十九 「朱子大全箚疑 序」)

뜻을 갖는다. 검은 물, 흑수는 결국 검게 더럽히는 오물로 볼 수 있다. 흑수란 결국 윤휴를 깎아 내린 호칭이다.

이처럼 우암은 윤휴를 적휴賊鑴니 참적讒賊이니 흑수黑水니 하며 극단적으로 적대시하고 폄하하고 혹평하였다. 윤휴를 사문난적이라고 배척하였던 송시열은 복제 예송 논쟁을 계기로 다시 한 번 백호를 '주문朱門의 반적叛賊'으로 규정하였다.461

우암은 "『서경』은 사대로 인해 귀해졌고『시경』은 이남 때문에 높아졌는데, 어찌하여 황견객은 미워하고 성내어 용서하지 못하는가"462라는 시를 짓기도 하였다. 우암은 이사李斯가 저지른 분서갱유의 화禍를 윤휴에 견주었는데, 윤휴가 구동狗洞에 살았기 때문에 황견객이라고 하였다. 이로 보면 우암은 분서갱유의 화가 미칠지라도 윤휴를 배척한 일을 후회하지 않는다. 그의 백호에 대한 증오는 죽을 때까지 그치지 않았다.

이러한 몇 가지 사례를 종합해 보면 우암이 윤휴에 대한 사문난적 낙인을 비롯하여 이단, 적휴, 흑수 등으로 말한 것은 윤휴의 주자·주자학에 대한 태도 때문임을 알 수 있다.

---

461 우암이 59세 였던 1665년 9월 초에 동학사에서 윤선거尹宣擧 등과 나눈 대화에 이런 내용이 있다. "선생이 말하기를, 윤선도의 흉악한 소는 실로 윤휴의 사주使嗾를 받아 그의 나머지 의론을 답습한 것이니, 윤선도는 여줄가리고 윤휴는 곧 근본이요, 더구나 윤휴는 곧 주문朱門의 반적叛賊이니, 터럭 하나까지도 죄역罪逆 아닌 것이 없고 지금에 와서는 본색이 다 드러났는데, … . 先生以爲善道凶疏, 實受鑴嗾而襲其餘論, 則善道末也, 鑴乃本也, 況鑴乃朱門叛賊, 一毛一髮, 無非罪逆, 而至今手足盡露, … "(『宋子大全』「附錄」卷五 年譜 四)

462 "書因四代貴, 詩以二南尊, 如何黃犬客, 惡怒不曾原."(『宋子大全』卷二「五言絶句」)

2

윤휴의 탈성리학 배경

백호의 상고주의 지향성

백호가 살던 때(1617~1680, 광해군 9년~숙종 6년)는 임진왜란 (1592~1598)의 후유증, 인조반정(1623), 병자호란(1636~1637)의 발생 등으로 인해, 정치·사회 질서가 그야말로 혼란의 연속이었다. 그러나 당 시의 지배 사상이었던 주자학·성리학은 시대적 위기를 극복할 만한 뾰 족한 방안을 내놓지도 기능적이지도 못하였다. 그럼에도 조선 사회에서 주자학은 새로운 지배 이념으로서 위상을 잃지는 않고 있었다. 이것은 그때까지만 해도 유교 사회 조선에서는 주희, 주자학, 사서가 중시되었 음을 말한다. 그리하여 조선의 지배 집단에서는 누구나 이에 대한 공 부를 할 수밖에 없었다. 특히 과거 시험은 신유교 사상을 주입하고 강 화하는 제도적 장치 역할을 하였다.

물론 백호도 사서나 성리설과 같은 형이상학에 완전 무관심한 것은 아니다. 22살 때(1638년)는 리기심성론理氣心性論에 대한 글인 『사단칠정인심도심설四端七情人心道心說』을 쓰기도 했다. 여기서 백호는 이전 시대에 이황과 기대승의 사단칠정논쟁, 이이와 성혼成渾의 인심도심人心道心 논쟁을 비판하고, 이기심성론에 대한 자신의 견해를 밝히기도 했다.[463] 그러나 이후 성리설과 관련한 다른 글은 거의 없다.

그의 연보에 따르면 20대 후반에 쓴 중요한 글로는 『홍범설』(1642년, 26세), 『주례설』(1643년, 27세), 『중용설』(1644년, 28세) 등이다.[464] 40대부터 『효경』, 『대학』, 『중용』 관련 글을 썼다. 이는 성리설은 백호가 일생 동안 탐구해야 할 대상이 아니었으며, 그의 공부 방향은 20대 후반부터 원시 유교 경전으로 바뀌었음을 뒷받침한다.

행장行狀에 의하면, 그는 20대 초반에 벌써 많은 서책을 섭렵하여 괄목할만한 깨달음을 얻었다. 윤휴는 병자호란 이후 치욕을 씻을 때까지 벼슬길에 나가지 않겠다고 맹세한 후 과거를 포기하고 학문에만 전념하였는데, 선유先儒들이 발명한 것을 참고하고 고금의 치란治亂을 고증함에 있어서 침식寢食을 잊으면서까지 밤낮으로 생각하고 탐구하였다. 그 결과 도道가 고경에 있음을 깨달았다. 백호는 고경에 대한 독서기를 남긴 것은 물론 여러 도해서圖解書도 남겼는데, 그 대부분이 공맹 이전의 유교와 관련된 내용이다.

백호가 사서에 속하는 『중용』과 『대학』에 특히 관심이 있었던 것은

---

463 퇴계의 리승기수설理乘氣隨說과 율곡의 기발리승설氣發理乘說과 달리, 백호는 승기순리설乘氣循理說을 주장한다.

464 그러나 이 글들이 『白湖全書』에는 없다. 그의 글에 대한 기록이 연보와 『백호전서』 간에 불일치되는 것이 많은데, 『홍범경전통의洪範經傳通義』가 『홍범설』, 『독주례讀周禮』가 『주례설』, 『중용신주中庸新註』가 『중용설』로 보인다.

사실이다. 그러나『중용』과『대학』에 대한 특별한 관심은 사서에 대한 관심의 맥락으로 볼 수 없다. 오히려 원시 유교 경전에 대한 관심의 맥락에서 보아야할 듯하다. 왜냐하면『중용』과『대학』은 비록 주희에 의해 사서로 정해졌지만, 본질적으로는 원시 유교 경전의 하나였던『예기』의 일부분이기 때문이다.

원시 유교에 대한 관심은 그가 남긴 독서기를 통해서 알 수 있다. 백호는 어려서부터 원시 유교 경전에 대한 관심이 컸다. 백호 행장에 따르면, 그는 8세에『소학』,『효경』을 모두 통하였고, 15세 때에 육경六經 및 한소韓蘇(한유韓愈와 소식蘇軾) 제가諸家의 문장을 통달하였다.

백호는 주희나 사서의 한계를 넘으려는 맥락에서 육경의 원시 유교 경전에 더 관심을 가졌다. 백호가 특히 더 많은 관심을 가졌던 것은『중용』과『대학』·『예기』·『효경』이었는데, 이와 관련한 여러 주해서를 쓰기도 했다. 그런데 백호는 경전을 보통 사람들과는 다르게 공부하였다. 특히 고경古經, 고본古本 경전, 원시 유교 경전을 공부하며 경전의 편차編次 및 주註를 자신의 생각에 따라 고치거나 새로운 주해를 달기도 하며 공부한 경전에 대한 독서기讀書記를 남겼다. 거기에는 주희의 생각을 거스르거나 주희와 다른 견해가 담겨있어 이른바 탈주자학적 모습이 나타난다.

백호가 탈주자학적 입장을 보이며 주희로부터 벗어나 고경에 관심을 가지며 새로운 주해를 한 이유는 무엇일까?『상서』를 공부하면서 이렇게 밝혔다.

"성인이 육경을 후세에 드리웠는데, 선유가 그 뜻을 발휘하여 창달함에 또한 거의 유감이 없었다. 그러나 수천 년 뒤에 태어나서 수천 년 전의 일을 강토講討함에 또 어찌 능히 후인을 기다릴 것이 없을 수 있겠는가. 대개 천하의 의리는 무궁하니 독서의 여가에 얻는 대로 기록해 두어 전인이 미처 발휘하지 못한 것을 이어서 나의 작은 견문을 엮어 이로써 도를 아는 군자에게 나아가 바로잡는 바탕을 삼으려고 한다."[465]

이는 자신이 왜 독서기를 남겼는지 경전을 공부하는 입장을 밝힌 것이다. 독서기를 통해 우리는 그의 관심사가 어디에 있었는지를 알 수 있을 듯하다.

그는 『중용』 관련 글에서도 탈주자학적 모습을 보인다.

"『중용』이라는 글은 공자 문하의 전도傳道의 글인데 어찌 쉽게 말할 수 있겠는가. 더구나 이락伊洛의 여러 군자들이 이미 발명을 해놓았고 또 회암 주부자晦菴朱夫子가 뒤이어 해석을 붙여 뜻을 남김없이 밝혔으니 거기에 또 무슨 말이 필요하겠는가. … 지금 내가 말을 하는 것이 전인들보다 더 나은 말을 하려는 것이 아니고 말을 하지 않는 것은 또한 전인들이 후인들에게 기대했던 뜻이 아닐 것이다. 이에 나의 소견대로 원문의 서차를 정하고 뜻풀이를 하였으니, 도를 전수한 자사子思의 뜻과 사문斯文을 우익羽翼한 주자의 취지가 천 년

---

465 "聖人垂六經, 先儒發其義而暢之, 殆亦無遺憾矣. 然生於數千載之後, 而講討於數千載之上, 又烏能無待於後之人者. 蓋天下義理無窮也, 讀書之暇隨得隨筆, 因前人未發, 綴我謏聞, 用作就正之地云爾."(『白湖全書』卷四十一「雜著」讀書記 讀尙書)

382

뒤에 더욱 천명되어 혹 후학들에게도 도움이 있을까 하는 마음에서 비록 어리석고 또 참람된 일이지만 감히 회피하지 않았다. 후세의 군자들이 나의 이 같은 마음을 이해해 줄 수 있을는지. 주자의 장구는 이미 그대로 완성된 글이기에 감히 내 소견대로 인용하고 분열하여 취사선택할 수 없었다. 뿐만 아니라 큰 줄거리는 이미 다 거론되었기에 지금은 다만 주자가 미처 드러내지 못한 여운餘韻과 유의遺義를 밝혀 보려는 마음에서 나의 하잘것없는 견해를 대략 수록하여 이름을 「주자장구보록」이라고 하고, 이로써 전현前賢을 조술祖述한 내 뜻을 밝히는 한편 동지들과 함께 토론하고자 한다."466

그러면서 백호는 주희의 장구章句를 전면 검토하여 모두 10장 28절로 새롭게 나누고 자신의 의사에 따라 주해하였다. 이렇게 『중용』에 대한 주자학적 편집을 거스르고 주석을 수정하면서 백호는 우암으로부터 사문난적으로 찍혔다.

또한 『효경』의 문장 순서를 고치고 다시 나눈 주희에 대해서도 이렇게 말한다.

"『효경』의 경1장 이하 문장에 대해서 주자는 후유後儒의 위작이

---

466 "中庸之書, 孔門傳道之書也, 烏可易以言哉. 況伊洛諸君子, 旣發明之, 晦菴朱夫子, 從而訓釋之, 無遺蘊矣. … 言之, 固非以求多于前人, 不言, 又非前人俟後人之意也. 今輒據所見, 第其文引, 其義, 庶幾哉子思傳道之意, 朱子羽翼斯文之旨, 益闡以明於千載之下, 而或者有裨於來學, 雖愚且借, 有不敢避也. 後之君子, 其亦有以識余之心矣乎. 其朱子章句旣有成書, 不敢援引分裂, 有所取舍於其間, 且其宏綱大體, 旣已擧之矣. 今只略錄愚謏聞淺見, 發其餘韻遺義, 名之以朱子章句補錄, 用致余祖述前賢之意, 且欲與同志討論焉."(『白湖全書』卷三十六 「雜著」 讀書記 中庸)

라고 의심하여『효경』편의 순서를 개정하고 오류가 있는 문구를 삭제하고 시비를 상고하여 논하였다. 그러나 지금 살펴보건대 그 중에 진정 후인이 위작으로 보충한 것이 있으니 주희가 삭제한 것이 당연하였다. 그러나 주희가 삭제한 것 외의 문장에 있어서는 경문經文·전문傳文의 뜻이 서로 발명하였고, 처음과 끝의 문장이 서로 연관되며, 또한 기재된 것이 모두가 공자의 말씀인 것으로서 말 내용이 원만하고 문장이 광범하여,『대학』·『중용』과 같은 규모인데다가 윗 장章과 아랫 장의 순서가 연결되는 데에 있어 뜻이 들어 있으니, 결코 후유들이 성인의 말을 가탁할 수 있는 것이 아니다. 따라서 지금 금문·고문을 통합하여 그 중에 좋은 문장을 취택하고 빠진 문구를 수록하며 의심스럽거나 잘못된 것을 고정하여 편의 순서를 정하여 성인이 남기신 훌륭한 훈계와 세상을 다스리는 좋은 규범을 후세에 전하도록 해야 한다. 그리고 함부로 문장의 순서를 바꾸고 문장을 나누어 배우는 사람들이 의심하거나 하찮게 여기는 마음을 터놓을 수 없는 것이다.『춘추』의 의리에 있어 의심스러운 것은 의심스러운 것 그대로 전하고 믿을 만한 것은 믿을 만한 것 그대로 전하는 것이 성인의 도리이며, 이것이 바로 경문을 해석하는 법의 지론至論인 것이다."[467]

---

467 "孝經經一章以下, 朱子疑爲後儒僞竄爲之, 移其篇序, 刪其誤謬, 而考論其是非. 然以今考之, 其間誠不無後人僞補者, 朱子刊之當矣. 然其所刊之外, 經傳互發, 首尾相應, 且所載, 皆聖人之言, 語意圓備, 文字灝噩, 與大學中庸同一規摹, 而編次章第之際, 綽有意義, 決非後儒之所能假托者. 今且宜合今古文, 取其長收其缺, 考其疑謬而因其篇第, 以存聖人之大訓, 垂經世之彝範, 可也. 不容遽有所移易分裂, 以啓學者疑侮之心. 春秋之義, 疑以傳疑, 信以傳信, 聖人之道存, 此實傳經之至論也."(『白湖先生文集』卷之二十四「雜著」漫筆 下)

이것은 그가 지향한 관심사나 공부의 근본 방향과도 무관하지 않은 듯하다. 백호는 뛰어난 인재와 훌륭한 덕을 지닌 사람이 좀처럼 세상에 나오지 않고 말만 우세하고 실제 행동이 사라지는 것을 슬퍼하였다. 그러면서 그는 공부하는 자들이 이면적인 공부는 하지 않고 언어와 문장의 말단에만 정신을 소모시키는 것을 걱정하였다.

백호는 도道가 실천되던 삼대·성현의 시대를 그리워하고 있다. 이는 성현들의 가르침이 담긴 원시 유교 경전에 대한 관심으로 연결되었다. 그리하여 원시 유교 경전을 새롭게 설명한 주희와 그의 주해서인 사서와 형이상학의 성리설 등에는 큰 관심이 없었다.

이렇게 볼 때 백호의 유교에 대한 기본 관심은 사서 중심의 경전들이 아니었다. 육경에 대한 관심이 일관적이었다. 원시 유교에 관심이 있었다. 당시 주자학이 보여주었던 비실천적 형이상학적 철학적 성격을 비판하며 실천지향적이었던 원시 유교의 정신에 대한 그리움으로 가득하였다. 그리하여 주희의 주석에 사로잡히지 않고 육경에 대하여 자신 나름의 편차를 만들고 새로운 해석을 달기도 하였다. 이런 경향은 그가 남긴 도설圖說에서도 찾을 수 있는데, 그 대부분 역시 공자와 그 이전의 유교와 관련한 것이었다. 한마디로 백호는 원시 유교 경전에 바탕을 둔 경학에 관심을 두었다. 이런 경향은 정통 주자학이 지배적인 환경에 비추어 보면 매우 이례적인 모습이었다. 백호의 이런 모습이 이후 그를 사지死地로 몰아갈 줄은 아무도 몰랐다.

그렇다면 백호는 왜 그렇게 고경에 관심을 가졌을까? 그것은 곧 고경이 상제 문화를 복원해주기 때문이었다. 다음의 말이 이를 뒷받침한다.

"『효경』에 부모를 섬기는 도리를 말하였는데, 내칙內則의 내용은 실제로 부모를 섬기는 도리의 절목이고 『중용』은 하늘을 섬기는 도리를 말했는데, 『대학』은 바로 그 조목이다. 부모를 섬기는 도리에 있어 사랑과 공경이 가정에서 시작하여 덕교德教가 온 천하에 법이 되게 되고, 하늘을 섬기는 도리에 있어 일상 생활에 늘 경계하고 근신하여, 끝내는 천지가 제자리를 잡고 만물이 양육되는 경지에 이르게 되는 것이다."⁴⁶⁸

백호는 『효경』과 내칙은 사친事親의 도리와 조목, 『중용』과 『대학』은 사천事天의 도리와 조목을 내용으로 한다고 보았다. 이른바 그의 고경에 대한 궁극의 관심은 결국 사친과 사천으로 볼 수 있다. 그는 이러한 고경에 대한 해석을 통해 조선 성리학에서 거의 배제되고 밀려났던 인격적이고 주재적 존재인 하늘·천·상제를 재발견하여 이를 다시 조선 사상계의 중심으로 이끌려고 했다.

고경에서 찾은 상례喪禮의 근거

백호의 고경 지향성은 예송 논쟁에서도 잘 드러난다. 17세기 후반 조선에서는 효종의 국상(1659년)과 효종 비 인선대비의 상(1674년) 때

---

468 "孝經, 言事親之道, 內則, 實其節文也, 中庸, 言事天之道, 大學, 是其條目也. 事親之道, 愛敬始於事親, 而德教刑於四海, 事天之道, 戒愼本乎日用, 而位育極乎天地."(『白湖先生文集』卷之二十四 「雜著」漫筆 下)

자의대비의 복제 문제를 둘러싸고 두 차례의 큰 예송 논쟁이 벌어졌다. 그 중 기해 예송에서 백호는 효종이 왕위를 계승하였지만 적장자가 아니라는 이유로 기년복期年服을 주장한 우암과는 달리, 고례를 전거典據로 대통을 이은 경우 장자와 차자를 구별할 수 없다며 자의대비의 복제로 참최복斬衰服 삼년을 주장하였다.

당시 국상國喪을 당하면 관련 의례 규정은 대체로 『국조오례의』를 따르는 경향이 있었다. 그런데 효종 상에 인조의 계비繼妃이자 효종의 어머니인 자의대비가 입어야할 상복 규정이 『국조오례의』에는 분명하게 나와 있지 않았다. 문제가 된 것은 인조를 뒤이은 효종이 왕위를 계승하였지만, 인조의 큰 아들인 소현세자의 셋째 아들이 살아있었기 때문에, 효종이 장남이 아닌 서자庶子로 왕위를 이어받은 것이다. 이에 효종의 위상·지위를 고려하여 자의대비가 삼년복 또는 기년복을 입어야 한다고 편을 나누어 논쟁을 벌였다. 이것이 기해己亥 예송禮訟이다. 백호도 여기에 관여하였는데, 그는 『국조오례의』나 『주자가례』가 아니라 고례로 중시되던 『의례儀禮』를 전거로 삼년복을 입는 것이 제왕가帝王家의 법도에 합당하다고 주장하였다.

효종이 죽자 예조가 왕세자에게 대신들이 상의하게 하도록 상소하자 영의정 등은 의논하여 시왕時王의 제도(『대명률』)를 상고한다면 일년복이 맞을 것 같다고 보고했다. 그러자 현종은 이 문제를 양 찬선贊善(송시열·송준길)과 다시 상의하게 하였다. 이에 두 사람은 이미 시왕의 제도로 의논하였으니 감히 다른 말로 의논할 수 없다고 하였다.

백호가 자의대비의 복제와 관련하여 언급하는 상황이나 과정에 대한 기록은 『백호전서』와 『현종실록』, 『현종개수실록』 등에서 찾아볼 수 있다. 여기에 기록된 내용이 모두 일치하는 것은 아니지만 복제 논쟁 과정과 내용을 재구성하면 이렇다.

국상이 나자 처음에 예를 논의하는 자들이 각기 자기 예설을 말하였는데, 왕대비가 삼년복을 입어야 한다고 하기도 하고 혹은 기년복을 입어야 한다고 하기도 했다. 백호도 그 중 한 사람이었는데, 그가 자의대비의 복제에 대하여 처음 언급한 것은 국상의 곡반哭班(국상 때 궁중에 모여 우는 관리의 반열)에 참여한 때로 보인다. 곡하고 난 후 여러 사람들과 길가에 있는 작은 관아에 앉아 있을 때 우암 등이 교관敎官 송규정宋奎禎을 통해 '대행대왕大行大王의 상에 왕대비王大妃의 복제服制를 삼년복으로 해야 할 것인지 기년복으로 해야 할 것인지'를 물어왔다.

이에 백호는 '왕후王侯의 예에 대해서 배우지 못했지만 장자를 위하여 삼년복을 입는 것은 상하가 동일하다고 여긴다'는 답을 보냈다. 그러면서 '예경禮經에 내종內宗과 외종外宗이 임금을 위하여 참최를 입는다는 문구가 있는 것을 보았는데, 오늘의 복제에 있어 유념해야 할 부분'이라고 하였다.

이로 보면 백호는 처음에 장자를 위한 삼년복은 상하 구분이 없다고 하였는데, 백호가 이렇게 삼년복을 주장한 근거는 바로 고례로 존중되던 『의례儀禮』이다. 『의례』 「상복喪服」에 '아버지가 자신의 장자를 위하여 (참최 삼년복을) 입는다(父爲長子)'[469]고 하였고, 가공언賈公彦 소疏에서는 "적처嫡妻 소생을 모두 적자라 부른다. 첫째 아들(장자)이 죽으면

---

469 『儀禮』 「喪服」 齊衰. 이상아 외 엮음, 2015, 62~63.

적처 소생의 둘째 아들을 세워 또한 장자라 부른다"[470]고 하였다. 백호는 이『의례』와 가공언 소를 근거로 장자 참최 삼년복을 주장하였다.[471] 효종이 장자이므로 자의대비가 삼년복을 입는 것이 마땅하다는 것이다.

얼마 지나지 않아 이번에는 우암이 백호에게 직접 편지 한 장을 보냈는데, 이런 내용이 담겨있었다. "편지에 대해서 잘 알았다. 하지만『의례주소』에 삼년복을 입을 수 없는 사종설四種說이 있는데, 오늘날 왕대비의 복제를 기필코 삼년복으로 정하는 데 대해서 나로서는 알지 못하겠다."[472] 우암은 부모가 삼년복을 입지 못하는 네 가지 경우가 있다고 보는데, 적자로서 병 때문에 왕위를 계승하지 못한 경우, 서손庶孫이 뒤를 이었을 경우, 서자庶子가 뒤를 이었을 경우, 적손嫡孫이 뒤를 이었을 경우이다. 그는 효종이 세 번째 경우, 즉 서자가 뒤를 이었을 경우에 해당하므로 삼년복을 입을 수 없다고 한 것이다. 우암은 이 때 서자를 장자가 아닌 모든 아들로 보았다. 그런 맥락에서 보면 효종은 체體이지만 정正이 아닌 경우(體而不正)에 해당한다. 이는 곧 자의대비가 삼년복을 입을 수 없으며 일년복이 옳다는 것이다.

이에 백호는 "제왕 집안은 왕위 계통을 중하게 치는 것이기 때문에 네 종류의 설은 거기에는 해당이 안 될 것 같다"[473]고 답하였다. 즉 백

---

470 "嫡妻所生, 皆名適子. 第一者死也, 則取嫡妻所生第二長子立之, 亦名長子."(『儀禮』「喪服」斬衰 賈公彦疏)

471 이성무, 2000, 268.

472 "所示謹悉然, 禮有四種不得服三年之說, 今日, 王大妃服制, 必爲三年, 未可知也."(『白湖先生文集』卷之二十四「雜著」書宋貳相小說後)

473 "帝王家, 以宗統爲重, 四種之說 恐用不得."(『白湖先生文集』卷之十五「書」答宋英甫)

호는 제왕가에서는 왕통의 계승이 가장 중요하고 효종이 이미 왕통을 계승했으므로 효종을 위한 자의대비의 복제는 참최 삼년복이라는 것이다. 그 뒤 백호는 송시열의 답을 듣지 못했다.

백호는 또한 '내종과 외종이 임금을 위하여 삼년 참최복을 입는다'474는 『예경』(『예기』)을 근거로, 그렇다면 자의대비도 내종에 속하므로 삼년 참최복을 입어야 한다고 주장하기도 했다. 백호는 삼년복에서 나아가 자의대비도 내종에 속하므로 신하가 임금에게 입는 군신복인 참최복을 입어야한다는 입장을 취하였다. 자의대비를 신하로 간주한 것이 특징이다.

백호가 자의대비가 삼년 참최복을 입어야 하는 근거로 삼은 고례에 대한 강조는 그의 대표적 예설인 「전례사의典禮私議」에 잘 나타나 있다.

"『의례』 경문經文에 '임금을 위해 참최복斬衰服을 입는다'는 문구가 있고, 『주례』에도 '모든 신하의 상복은 천왕을 위해서는 참최복을 입는다'고 하였으며, 『의례』에 또 '천자와 제후는 참최복만 있고 자최복齊衰服은 없다'고 하였고, 또 '제후와 오복五服의 친족이 되는 사람은 모두 참최를 입는다'고 하였으며, 『예기』에 또 '외종外宗은 국군國君의 부인夫人을 위해 기년복期年服을 입는 것이니, 이것은 내종內宗과 같은 것이다'고 하였는데, … 『의례주소』에 '둘째 아들을 세웠더라도 장자라 부르고 삼년복을 입는다'는 말이 이미 크게 설파되고

---

474 "爲君亦斬衰三年."(『禮記』「喪服四制」)

매우 분명한 것인데, … "475

　백호는 『주례』를 통해서 역시 고례의 근거를 뒷받침하였는데, 그의 『주례』에 대한 생각은 어떠하였을까? 흔히 『주례』는 미완성된 책이라고 보는 경향이 있다. 그러나 윤휴의 『주례』를 보는 시각은 이렇게 분명하다.

　　"『주례』 한 책에 대하여 혹 주공周公이 미처 완성하지 못한 책이라 하기도 하고 혹 동관冬官의 한 편이 빠졌다고 하기도 한다. 그러나 가만히 그 책을 살펴보건대 … 다만 간편簡編이 주나라 말기에 제후들이 자신들의 참람한 죄를 은폐하기 위하여 경적經籍을 제거하고 진 시황이 전적을 불태워 없애버린 나머지 그 차례가 착란되었을 따름이며, 또한 자못 그 와중에 없어진 간편이 있어 모두 완전하지 못할 뿐이지 그 대체大體는 대략 볼 수 있는 것이다. 성인이 경經을 지어서 후세에 드리움에 어찌 미처 이루지 못함이 있는 것을 용납하였겠는가. 천하의 이치와 왕정의 대법이 또한 어찌 다섯 편 밖에 벗어나는 것이 있겠는가."476

475　"經旣有爲君斬之文, 禮又曰凡喪服爲天王斬, 又曰天子諸侯有斬無齊, 又與諸侯有五屬之親者, 皆服齊, 又曰外宗爲君夫人, 猶內宗也, … 疏家旣有立第二子, 亦名長子, 爲三年之說, 已是大段說破, 十分明白, … "(『白湖先生文集』卷之十五「雜著」典禮私議)

476　"周禮一書, 或以爲周公未成書, 或以爲逸冬官一編, 然竊考其書, … 特簡編, 經周末諸侯去其籍, 及秦燔滅之餘而錯亂耳, , 不盡完耳, 其大體固可見也. 聖人作經垂世, 豈容有未就者. 天下之理, 王政之大, 又豈有出於五編之外者哉."(『白湖全書』卷四十二「雜著」讀書記 讀周禮)

윤휴는 『주례』가 성인이 만든 경서이며, 작자는 주공으로, 미완성이 아니라 다만 주나라 말기와 제후들이 자신의 참람한 죄를 은폐하기 위해 경적을 제거하고, 진 시황이 전적을 불태워 없애 버린 나머지 차례가 착란되고 자못 그 와중에 없어진 간편이 있을 뿐이지 대체는 볼 수 있다고 하였다.[477] 그는 『주례』의 이념을 중시하고 이를 근거로 예 질서를 바로잡으려 하였다.

백호는 『의례』의 삼년 참최복을 입는 대상에서 '임금은 지극히 귀한 존재이기 때문에 임금을 위하여 참최 삼년복을 입는다'[478]는 것을 근거로, 임금을 위하여 모든 신하는 참최복을 입으므로 대왕대비도 역시 마땅히 참최복을 입어야 한다고 하였다. 윤휴는 왕위를 계승한 자는 천명을 받든 지존한 존재로 여겼다. 그리하여 구오지존九五之尊인 천자의 자리에 오른 경우에는 장유적서를 논하지 않고 장자로서의 권위를 인정해야 하며, 종통을 이은 의리를 생각할 때 모후母后라 할지라도 천하와 더불어 참최 삼년복을 입어야 한다고 주장하였다.[479] 즉 왕위를 계승한 자는 지존한 존재이므로 모후뿐만 아니라 천하의 백성들이 모두 똑 같이 참최 삼년복을 입어야한다는 것이다. 백호는 왕자王者에게 중요한 것은 혈연 관

---

477 김인규, 2017, 51.

478 "君. (傳曰) 君至尊也." 이상아 외 역음, 2015, 62~63.

479 "왕조의 예는 본시 일정한 법이 있는 것으로서 왕위에 계셨던 분은 장자·차자, 적자·서자를 막론하고 장長이 되고 군君이 되는 예가 있기 때문에, 내외 친척과 백관 서사들이 모두 참최 삼년斬衰三年을 입어야 하고, 모후母后의 존귀한 체신으로도 종통을 계승한 의리가 있기 때문에 천하의 백성들과 똑같이 복을 입어야 하는데, 이것은 천지의 떳떳한 법이고 고금의 공통된 의리로서 백대의 왕들이 변경시키지 못하는 도리인 것입니다. 但王朝之禮, 自有大經, 旣尊居九五, 則不論長幼嫡庶, 而有爲長爲君之禮, 內外親戚百官庶士, 皆服斬衰三年, 雖母后之尊, 亦以繼統之義, 而與天下同其服, 此天地之常經, 古今之通義, 百王不易之道也."(『白湖先生文集』卷之六「論服制疏」)

계가 아니라 지존의 절대적 존재로서의 지위라고 보았다.[480]

그런데 『현종실록』 1권, 즉위년 5월 5일 기사에는 우암이 이 사종설과 관련하여 삼년은 안 되며 기년이어야 함을 주장하는 배경이 다소 다르게 기록되어 있다. 백호가 삼년 참최복을 주장한다는 소식을 연양부원군 이시백李時白으로부터 전해들은 영의정 정태화가 송시열과 상의하는 과정에서 나온 것으로 기록되어 있다.

우암은 정태화를 만나 백호가 삼년복의 근거를 둔 『의례주소』의 가공언 소疏 기록이 사실임을 인정했다. 그러면서 이렇게 말한다.

> "그러나 그 아래 '중자는 장자와 같이 삼년복이 될 수 없다'는 조항의 소疏에 또 네 가지 종류의 설이 있어 이와 서로 같지 않다. 대개 이 모두가 소의 설이니 어느 것을 취하고 어느 것을 버릴 수 없다."[481]

> "예문에 천자로부터 사대부에 이르기까지 장자가 죽고 차장자가 후계자가 되면 그의 복도 장자와 같은 복을 입는다고 하고서 그 아래에 또 4종의 설이 있는데, 서자庶子가 승중承重한 경우에는 3년을 입지 않는다고 하였습니다. 옛날 예문대로 말하자면 차장자 역시 서자인데, 위아래의 말이 이처럼 서로 모순이 되고 있으며 또 의거해 정정할 만한 선유先儒들의 정론定論도 없어서, 이것은 버리고 저것은 취할 수가 없습니다."[482]

480　이선아, 2001, 111, 114.

481　"然其下庶子不得爲長子三年條疏, 又有四種之說, 與此不同. 蓋均是疏說, 則不可取一, 而捨一矣."(『현종개수실록』 1권, 현종 즉위년 5월 5일 을축 4번째 기사)

482　"禮有之, 自天子以至士夫, 長子死而次適立, 則其服亦與長子同, 而其下又有四種之說, 以爲庶

같은 상황을 다소 다르게 기록하고 있지만 두 기록의 핵심 메시지는 다르지 않다. 우암은 영의정 정태화에게 부모가 삼년복을 입을 수 없는 네 가지 조항(四種說)을 설명하였다. 그 세 번째 조항이 체體이지만 정正이 아닌 경우, 즉 '체이부정體而不正'으로 서자가 뒤를 이었을 경우인데, 우암은 이를 근거로 효종은 체이부정에 해당하며, 그러므로 자의대비는 삼년복을 입어서는 안 되고 일년복을 입어야한다고 주장하였다. 왕위를 계승했어도 장남이 아닌 경우에는 기년복을 입는 것이 옳다는 것이다.

예법이야 그렇다 치고 정태화가 듣기에 왕인 현종의 아버지 효종을 '서자'나 '부정'으로 입에 담는 것은 위험하기 짝이 없었다. 효종을 차남으로 규정하면 효종의 정통성에 금을 내는 것과 다름없었다. 인조의 적자이지만 차자로서 왕위를 계승했다는 점을 계속 노골적으로 드러내면 무슨 일이 벌어질지도 몰랐다. 특히 소현의 막내 아들이 살아있었고 그가 정이부체에 해당한다고 할 수 있으니 누가 감히 이런 논리로 삼년복이 아닌 일년복이 타당하다고 주청할 수 있을지 가히 염려스러웠다.

효종의 정통성 문제로 확대될 여지가 있자 깜짝 놀란 영의정은 손사래를 치며 말을 막고 우암에게 국조 이래로 아들 상에 모두 일년을 입었다고 들었다며, 국제國制(『경국대전』)를 쓰고 싶다고 하였다. 『경국대전』 오복조五服條에는 어머니가 아들을 위해서는 장자·중자 구별 없이 기년복을 입는 것으로 되어 있었다.

그러자 우암도 국제뿐만 아니라 『대명률大明律』 복제 조항, 『상례비요喪

子承重, 則不服三年。 以古禮言之, 次適亦庶子也, 上下之說, 自相矛盾如此, 又無先儒定論, 可据以 爲訂者, 將不可取此而捨彼矣."(『현종실록』 1권, 현종 즉위년 5월 5일 을축 3번째 기사)

『禮備要』[483]에도 장자·차자를 막론하고 모두 기년복을 입게 되었으니 안 될 것도 없다며 동의하였다. 이른바 실제로는 『의례주소』에 근거한 4종설의 하나에 해당되어 자의대비가 삼년복을 할 수 없는 것이었지만, 그렇게 말하는 것은 매우 민감하고 위험한 것이어서, 영의정과 우암은 『대명률』 복제 조항, 국세 조항, 즉 부모가 사식을 위하여는 장자·차자를 막론하고 모두 일년복을 입는다는 규정에 기대어, 자의대비가 기년복을 입도록 입을 모은 것이다. 『경국대전』이 많이 참조한 『주자가례』에도 장자가 죽었을 경우 부모는 삼년복을 입어야 하고 차남 이하는 일년복을 입는 것으로 나와 있다. 정태화는 고례古禮는 비록 잘 알 수 없으나 시왕時王의 제도를 상고하니 기년복이 맞을 것 같다는 보고를 올렸다. 이에 현종도 수락하여 자의대비의 상복은 서인이 주장한 일년복으로 결정되었다.

백호와 우암의 이러한 예론 논쟁에서 우리는 그들이 지향한 학문적 차이를 발견할 수 있다. 백호와 우암의 사상적 차이는 주희를 둘러싼 생각에서 쉽게 알 수 있다. 두 사람이 주장하는 예론의 사상적 학문적 근거가 이를 잘 반영하고 있는데, 백호는 고례를 중시하여 『의례』·『주례』·『예기』 등에서 예의 근거 또는 반론의 근거를 찾으려 하였다. 이에 비해 주자를 절대적으로 존숭한 우암은 예의 근거를 주자나 주자학 사상을 반영한 『주자가례』, 『주자가례』의 규정을 많이 따랐던 『경국대전』에서 찾는 경향이 있다. 논쟁을 거치며 효종을 위하여 자의대비가 입는 상복은 최종적으로 우암 등 서인이 주장한 1년 기년복으로 결정되었는

---

483 조선 광해군 13년(1621)에 신의경申義慶이 『주자가례』를 기본으로 하고 고금의 여러 가례설을 참고하여 서술한 상례에 관한 책이다.

데, 이는 결과적으로 그리고 형식적으로 『주자가례』·『경국대전』에 근거한 예론이 채택되었음을 말한다. 곧 우암 등의 주장이 관철된 것이다.

『주자가례』가 무엇인가. 그것은 기본적으로 고례가 문제가 있다고 판단하여 주희가 새로이 완성한 것이다.[484] 주희의 말을 들어보자.

"고례가 번거롭고 까다로워 후인들이 예에 대하여 날로 성기고 간략하게 되었다. 그럼에도 이제 고례를 쓰려하니 정情과 문채文彩가 서로 어울리지 않을까 두려워 요사이 사람이 행하는 예 중에서 줄이고 고쳐서 절문節文과 제수制數 등위를 맞게 한 것이다."[485]

『주자가례』는 한당 이후 여러 예를 참작하여 시의에 맞게 개편한 생활 의례의 중심이 되는 예서禮書이다. 그러나 이것이 국제國制가 아니므로 가례라 하였다. 중요한 것은 『주자가례』가 곧 고례와는 그 내용이 많이 다르다는 점이다. 그리고 그것은 왕실 예의 중심이었던 『국조오례의』와는 달리, 사가士家에서 중시하던 것이다.

17세기 중엽 조선은 붕당 정치로 인해 파당간 대립이 심화되던 때이다. 우암은 『주자가례』를 근간으로 사대부 중심의 예학을 발달시키면서 이념적으로는 '천하동례天下同禮', '왕사동례王士同禮', 즉 예의 보편적

---

484 주희가 지었는지에 대한 견해는 일치하지 않는다. 그러나 우암은 주자가 직접 지었다고 주장한다. "응씨는 비록 주자가 별세한 후에 『가례』가 나왔다 하여 주희의 저작이 아니라 하였지만, 만일 주자의 솜씨가 아니라면 반드시 이 책을 지을 수 없을 것입니다. 應氏雖以朱子卒後其書始出, 爲非朱子所自述, 而若非朱子手段, 則必不能作是書也."(『宋子大全』 「附錄」 卷十七 語錄 崔愼錄 上)

485 "古禮繁縟, 後人於禮日益疏略. 然居今而欲行古禮, 亦恐情文不相稱, 不若只就今人所行禮中刪修, 令有節文制數等威足矣."(『朱子語類』 卷第八十四 「禮一」)

적용을 주장하였다. 가례家禮는 왕가王家나 사가私家가 한결 같다는 것이다. 왕권이 아주 약하던 이때 예라는 것은 왕이나 사가나 모두 같이 적용되어야 한다고 보았다. 이는 곧 임금이라도 예법을 벗어날 수 없으며, 왕가 예법의 특수성을 인정할 수 없다는 것이다. 그는 사대부가에서 가통을 계승하는 것과 천자가 왕통을 이어서 국가를 전수하는 것은 서로 다를 것이 없다고 보았다. 그리하여 그는 사서의 가례였던 『주자가례』의 보편적 적용을 지향하였다. 왕가에도 사대부의 예를 적용하는 것이 옳다는 것이다. 이러한 천하동례론적 예 인식에는 왕가를 낮추고 사서가의 위상을 높이는 것, 즉 왕권을 낮추고 신권臣權을 높이려는 생각, 사대부의 신권을 왕권과 동일시하려는 의도가 깔려있었다.

이에 비해 백호는 『의례』 등의 내용이 사대부와 제왕가를 구분하여 기술하고 있으므로, 제왕가와 사대부의 예를 구분하여 적용해야 한다고 본다. 그리하여 인조를 이은 임금의 예는 일반 사대부나 서민과 다르다는, 이른바 왕례는 사士례와 다른 특수한 예이며 더 존귀한 것이라고 여겨, '왕자례부동사서王者禮不同士庶' '왕사부동례王士不同禮'를 강조한다. 군주의 경우에는 예의 적용이 달라야 한다는 것이다. 백호는 왕이나 왕실은 사대부나 일반 백성들과는 달리 다른 예법의 원칙에 따라야 한다는 이 논리의 연장선상에서 가공언 소에서 말한 사종설四種說은 사대부가에만 적용되는 것이지 제왕가에는 적용할 수 없다고 보았다.

이러한 맥락에서 보면 서인들은 자의대비와 효종을 가계적 혈연적 사적 관계인 어머니와 아들이라는 관계에 초점을 두고 장자니 서자니 차자니 하면서 상복의 예를 규정하려 하였다. 효종이 비록 왕위를 계승하였을지라도 왕위 계승이 중요한 것이 아니라 그의 본래의 종법적 지위를 고려해야 한다는 것이었다.

이와는 달리 백호는 자의대비와 효종을 신분적 군신적 공적 관계인 임금의 한 신하와 임금이라는 지위에 초점을 두고 상복의 예를 규정하려 하였다. 그리하여 '하늘에 두 개의 태양이 있을 수 없고 백성에게 두 사람의 임금이 있을 수 없다'는 춘추대일통론을 내세워, 어머니인 대비가 아들인 왕의 신하가 될 수 없다고 보는 우암과는 달리, 어머니도 아들의 신하가 될 수 있다고 보고 효종을 임금으로 자의대비를 신하로 간주하였다.[486] 이는 효종이 둘째 아들이지만 왕위를 이었다는 점을 더 중시하는 것이고, 그러므로 왕실의 경우에는 사서土庶와는 예의 적용이 달라야 한다는 것이다. 이러한 왕자의 특수성 강조는 서인들과 달리 왕권 강화 의지를 반영하고 있다. 기해 예송의 전초전인 우암과 백호의 상례를 둘러싼 논쟁 이면에는 신권과 왕권을 둘러싼 정치적 대결 또한 작용하였다.[487]

이후 전개된 예송, 그 본질은 서인과 남인의 학문적 지향, 사상적 지향의 차이가 당론으로 확대되고, 자신들의 당론을 고수하며 당쟁으로 확대 재생산된 정치적 갈등이자 투쟁이었다.

---

486 이원택, 2000, 36.

487 왕권이냐 신권이냐의 논쟁은 왕과 신하라는 관계에서 누가 갑甲이 되느냐의 주도권 다툼이었다. "예송 논쟁에는 왕권(군주의 역할)과 신권의 위상에 대한 정치사상적 차이는 반영되었다. 당시 노론은 군주도 한 사람의 인간에 불과하다는 논지에서 친아들이야 양아들이냐, 실제의 부모냐 부모라고 의제한 것이냐를 따져서 실제 친족 관계에 따른 예법을 따라야 한다고 보았다. 반면 남인과 소론 등은 군주는 보통 사람과는 다른 존재이므로 친족 관계가 아니라 명위에 따라 걸맞은 예법을 따라야 하여 왕권을 중시하려 한다."(함규진, 2015, 200, 204)

3

원시 유교에서 재발견한
하늘·천·상제

고경에서 찾은 천·상제

성리학에서 천·하늘은 무의지적 원리·법칙으로서의 하늘이다. 하늘은 형이상학적 개념으로 인간을 포함한 모든 존재의 궁극 이치로 여겨진다. 남송의 주희는 한·당대의 유교를 대체하는 새로운 유교[신유교]로서 성리학을 집대성하였다. 그는 지난날 유교의 근간이었던 육경을 재해석하고, 나아가 이를 대신하는 새로운 경전으로서 사서를 확정하였다. 특히 리·기·음양·성性과 같은 형이상학적 개념을 도입하여 이른바 주자학 사상 체계를 완성하여 동양 문명의 정신 세계를 새롭게 열었다.

이런 주희의 신유교 사상은 사서, 사서집주는 물론 『주자어류』, 『주자대전』, 『성리대전』 등 주희의 가르침, 주희의 설명, 주희의 의식을 담은 다양한 책들을 통해 송대 이후 동북아 유교 지식인들의 정신 세계를 지배해 나갔다. 그런데 이런 주희의 사상에서 특징적인 것은 천·하늘·상제를 원시 유교나 한·당 유교에서 보는 것과 완전히 다르게 본다는 점이다. 주자학에서는 천즉리·성즉리라 하여 하늘도 형이상의 리, 비인격적인 이치로 간주한다. 천을 성리학의 궁극 존재인 리·태극으로 환원시킨다. 그러므로 이런 주자학에서 고경에 흔히 나오는 인격적 주재적 존재로서의 하늘을 찾기란 쉽지 않다.

17세기 조선 유교계의 사상적 관심 역시 이로부터 벗어나지 않았다. 주희로부터 벗어나는 유교 지식인은 그야말로 주변인으로 간주되었다. 그들 대부분은 원시 유교의 상제나 육경보다, 주희나 사서 및 주자집주와 같은 주희의 사상에 천착하였고, 자신의 인성에 내재한 천리를 자각하고 체인體認하는 공부를 지향하였다.

그런데 17세기 조선에서 이러한 지적 환경으로부터 벗어난 일부 지식인들이 있었는데, 그 중 한 사람이 바로 백호 윤휴이다. 그는 젊은 시절부터 고경에 집착하였고, 그리하여 인격적 주재적 천(하늘)·상제를 재발견하였다. 백호의 탈성리학적 모습, 고학지향적 성격, 원시 유교 지향성을 가장 잘 보여주는 것은 하늘·상제·천 사상이다.

고경에는 하늘을 받들며 모시던 사람들의 삶이 고스란히 담겨있다. 이를테면 『시경』이나 『서경』에는 성인들이 천(하늘)을 근본으로 삼고 하늘의 뜻을 따르는 일상적 모습, 하늘을 경외[畏天]하는 모습이 다양하게 기록되어 있다. 백호는 당시 천을 이법적인 것으로 여긴 정통 주자학자들의 보편적 경향과는 달리, 고경을 통해 거기에 담긴 잊힌 하늘을 다시 찾았다. 백호의 하늘은 주자학에서의 이법천으로서의 하늘과 비인격적인 원리·법칙으로서의 천과는 근본적으로 다르다. 그는 원시 유교에 대한 관심을 바탕으로 잃어버린 인격신 상제를 길고 어두운 역사 터널 속에서 다시 찾아냈다.

民又按陶陳謨一篇所以論知人安民之道
者盡矣而其所謂天叙天秩數言者實萬世心
術之淵源也蓋天者理之所從出道之大原出
乎天也叙者本其生而第之君臣父子長幼夫
婦朋友之倫叙也典者常也孟子所謂父子有

『白湖先生文集卷之二十五』 十八

故君 止 知天 三十九字

天下 止 一也 五十六字

不事親 則悖道反德 不可以修身矣 知人則能友益遠邪 可以尊德輔仁 而進乎事親之道
矣 天者理之所從出也 人倫之道 性情之德 皆天理也 下文達道達德是也 皋陶所謂天叙
有典 蟇子所謂道之大原出乎天也

之虛已 箕子之申戒 其所拳拳 意實有在也已矣 大抵洪範之書 其言簡 其理富 其辭微 其

歎乎此也 天乃錫禹 禹之叙乎此也 欽哉農之協之建之 人之明之念之鬱之威之於是乎篤敬
而惇仁 而欽天以授民時 而執中而用權而齊戒 以神明其德而畏天之威 而迂民之慶而祗
天之罰而若是焉 天命之恒性立矣 民生之大道行矣 是道也本之則天也 序之
者範也 故曰天錫禹洪範九疇彝倫攸叙 聖人之言固已躍如也已哉 通乎此然后 有以知武王

왼쪽부터
『백호선생문집白湖先生文集』「공고직
장도설公孤職掌圖說」.
『백호전서白湖全書』「증용주자장구보
록中庸朱子章句補錄」.
『백호전서白湖全書』「홍범경전통의洪
範經傳通義」.

그렇다면 백호의 하늘에 대한 생각은 무엇일까? 그것을 단적으로
보여주는 이런 말이 있다.

"대개 하늘[天]은 리理가 나온 곳으로, 도의 큰 근원은 하늘에서
나온다."[488]

"하늘의 위엄을 두려워하고 백성의 경사를 맞이하고 하늘의 벌
을 조심하니, 이와 같이 하여 천명의 항성恒性이 서게 되며 민생의

---

488 "蓋天者, 理之所從出, 道之大原, 出乎天也."(『白湖先生文集』卷之二十五「製說」公孤職掌圖說 上)

대도大道가 행하게 된다. 이 도가 근본하는 것은 하늘이다."[489]

"하늘은 리가 나온 곳으로, 인륜의 도와 성정性情의 덕이 모두 하늘의 리이다."[490]

이 말들은 곧 리나 도가 천을 근거로 한다는 것이다. 백호가 보기에 천은 도道나 리理보다 앞서는 더 궁극적 실체이자 그 근원이다. 백호가 우암과는 달리 주희를 상대적으로 보고 주희를 존경하였지만 주희에 매몰되지 않았던 것은 바로 이러한 하늘·천을 둘러싼 생각에서 엿볼 수 있다.

백호의 천天, 그 성격

그렇다면 백호의 상제, 하늘, 천은 어떤 존재일까? 먼저 백호가 하늘을 어떤 존재로 보았는지를 알 수 있는 말을 보자.

"제는 하늘을 뜻한다."[491]

"천과 상제라는 칭호는 원래 호천昊天에 속하고, 원구

白湖全書 卷之四十四 雜著

一三三

唯聖人 爲能饗帝 謂祭之備也 帝之優也 帝天也 孝子爲能饗親

故 孝子 臨尸而不怍 君牽牲 夫人奠盎 君獻尸 夫人薦豆 卿大夫相君 命婦相夫人 齊
齊乎其敬也 愉愉乎其忠也 勿勿諸其欲其饗之也

饗者 鄉也 鄉之然後 能饗焉

色不和曰 作 食盎 設益謂之飲 夫人爲豆 釋曰也 尸 此時社祭牲 陳鼎毛血 君獻尸 獻尸主婦 自東房取豆薦醢 勿勿

『백호전서白湖全書』「내칙 외기內則外記 중中」.

---

489 "而畏天之威, 而迓民之慶, 而祇天之罰, 而若是焉 天命之恒性立矣. 是道也, 本之則天也."(『白湖全書』卷四十一「雜著」讀書記 洪範經傳通義)(『白湖全書』卷四十一「雜著」讀書記 洪範經傳通義)

490 "天者, 理之所從出也. 人倫之道 性情之德 皆天理也."(『白湖全書』卷三十六「雜著」讀書記 中庸)

491 "帝, 天也."(『白湖全書』卷四十四「雜著」讀書記 內則外記 中 祭義 細註)

圓丘·남교南郊·대우大雩·명당明堂은 다 호천에 제사하는 것으로 …"[492]

"체禘는 원구에서 호천에 제사하는 것을 말하고, 남교에서 상제에게 제사하는 것을 교라고 한다."[493]

"'유상제類上帝'는 천(하늘)에 고하는 것이고 '인육종禋六宗'은 땅에 고하는 것이다."[494]

이를 보면 백호는 천·하늘을 상제로 호칭하고, 천·상제는 곧 교사郊祀 대상인 호천상제로 본다. 천과 상제는 동일한 존재의 다른 호칭인 것이다. 백호는 '교郊·사社의 예禮는 상제上帝를 섬기는 예이고, 종묘의 예는 자기 선조에게 제사 모시는 예'라고 한 공자의 말에 동의하여,[495] '천'에 올리는 '교郊·사社' 제사를 상제를 섬기는 예라고 봄으로써, 천을 곧 '상제'라 본다. 고경에는 이러한 상제에게 제사를 드리던 관습이 담겨있다. 특히 교외에서 단을 만들어 상제에게 제사를 올리는 것은 하나의 전통이었다.

백호는 이런 천의 성격을 다양하게 그리고 있다.

---

492 "天與上帝之號元屬昊天, 圓丘·南郊·大雩·明堂, 皆祭昊天而 …"(『白湖全書』 卷三十九 「雜著」 讀書記 孝經外傳 中 小記略 細註)

493 "禘, 謂祭昊天於圜丘也, 祭上帝於南郊曰, 郊."(『白湖全書』 卷四十四 「雜著」 讀書記 內則外記 中 祭義 細註)

494 "類上帝告天也, 禋六宗告地也."(『白湖全書』 卷四十一 「雜著」 讀書記 讀尙書 舜典)

495 "공자가 이르기를, ' … 교郊·사社의 예禮는 상제上帝를 섬기는 예이고, 종묘의 예는 자기 선조에게 제사 모시는 예이다' 하였다. 子曰, … 郊社之禮, 所以事上帝也, 宗廟之禮, 所以祀乎其先也."(『白湖全書』 卷三十六 「雜著」 讀書記 中庸)

"하늘의 도리가 선을 행한 사람에게 복을 내리고 음행을 저지른 사람에게 재앙을 내리는데 있어 …. 선한 자에게 복을 내리고 음란한 자에게 재앙을 내리는 것은 하늘의 바른 이치이다."[496]

"하늘이 재이를 내리는 것은 임금을 인애仁愛하여 가다듬고 분발하게 하려는 것임을 알 수 있습니다."[497]

여기서 하늘은 선악을 판단하여 그런 행위자에게 복을 내리기도 하고 벌을 내리기도하는 존재로 그려진다. 뿐만이 아니다. 백호는 하늘이 노여워하기도 하고 인애하기도 하는 존재로 그리기도 한다. 나아가 하늘은 각종 재이를 초래하기도 한다. 이것은 백호가 천을 인격적 존재로 보고 있음을 뒷받침한다.

"삼가 바라건대 전하께서 마음을 크게 경동하시고 백성들을 매우 걱정하시어 상제를 받드시는 데 있어 선왕先王들이 행한 일에 따라 사직 및 우단雩壇에 직접 나아가시어 소복 차림에 정결한 제물을 차려 놓고 수성修省하시고 회책悔責하시며 정성스러운 제사를 올려 하늘을 감격케 하는 도리를 다하신다면, 엄하게 아래를 살펴보는 하늘이 어찌 감동하여 기뻐하지 않을 리가 있겠습니까."[498]

---

496 "天道福善禍淫. … 福善禍淫, 天之正理.)(『白湖全書』 卷二十七 「雜著」 漫筆 下)

497 "是知天之災異, 所以仁愛人君, 使之警動奮興."(『白湖全書』 卷六 「疏箚」 應旨疏)

498 "伏願, 殿下大驚動於心, 大吁嗟于民, 以對越于在上, 克遵先王故事, 躬詣社稷若雩壇, 縞素蠲潔, 脩省悔責, 以自盡於精裡昭格之道, 則疾盛監下之天, 豈無感動底豫之理."(『白湖先生文集』 卷之六 「辭職仍請親祭祈雨疏」)

『백호선생문집』「사직잉청친제기우소辭職仍請親祭祈雨疏」.

　이는 백호가 사직하면서 임금께서 직접 기우제를 지낼 것을 청한
소疏의 내용인데, 여기서도 하늘은 감격하고 감동하며 기뻐하는 존재로
그려지고 있다. 하늘이 인격적 존재라는 것이다.

　백호에게 천, 하늘, 상제는 더 이상 관념적이거나 철학적 논의의 대
상이 아니다. 늘 자신을 지켜보며 함께 있는 인격적 존재였다. 인간처럼
스스로의 의지를 가질 뿐만 아니라 감정을 표출하며 다른 존재와도 소
통을 할 수 있는 존재이다. 선한 사람에게는 복을 내리지만 악한 자에
게는 재앙을 내리고 천심에 부합하지 못하면 노여움을 보여주는 것은
천이 인격적 존재임을 말한다. 인간처럼 선악을 판단하고 진노하기도
하고 사랑하기도 하며 자신의 의지를 드러내고 감정을 표출하는 존재
는 인격적 존재의 전형이다.

또 다른 예를 보자. 백호는 어느 날 주위가 조용하여 무료 끝에 우연히 계곡谿谷[499] 유고를 들추다가 그 속에서 「조기자부吊箕子賦」라는 것을 발견했는데, 바로 강편수姜編修의 황화운皇華韻에 맞추어 지은 것이었다.[500] 백호도 그것을 읽자 느낌이 생겨 그 시의 운을 따라 시를 지었는데, 그 한 부분에 하늘을 인격적 존재일 뿐만 아니라 저 높이 초월해 있는 초월적 존재로 인식하는 모습이 담겨있다.

"오직 저 높이 계시는 상제님만이
이 하토下土를 굽어 살펴보시겠지

---

499 조선 중기 때 사람인 장유張維(1588~1587)를 말한다. 그의 사유는 성리학적 세계관에 갇혀 있지 않았다. 당시 사상계에서 상대적으로 개방적 입장을 보였다. 『계곡집谿谷集』이 남아있다.

500 계곡谿谷은 조선 시대 문신 장유張維(1587~1638)를 말한다. 당시 중국 사신이 오면 시를 주고받고 하였던 모양이다. 마침 황자皇子 탄생의 조서를 반포하기 위해 한림원翰林院 편수編修 강왈광姜曰廣과 공과工科 급사중給事中 왕몽윤王夢尹이라는 조사詔使가 조선에 왔다. 강이 118운韻에 이르는 〈조기자부吊箕子賦〉라는 시 1편을 내놓자 계곡도 그 운에 맞추어 화답하였다. 그것이 바로 강 편수의 운에 맞추어 지은 기자를 애도하는 부賦인 〈조기자부吊箕子賦〉이다.
    계곡은 자신이 이것을 지은 전후 배경을 이렇게 말한다. "병인년(1626, 인조 4)에 강姜, 왕王 등 두 명의 조사詔使가 우리나라에 왔다. 기성箕城(평양平壤)에 도착해서 강姜이 조기자부吊箕子賦 1편을 내놓았는데, 모두 118운韻의 거작巨作으로, … 자신이 직접 기자箕子의 고도故都를 거쳐 오면서 그의 무덤이 있는 곳과 정전법井田法을 시행했던 유허遺墟를 볼 수 있었을 것이니, 부앙俯仰 간에 일어나는 천고千古의 감회가 있었어야 마땅하다. 그런데 부賦를 보건대, 그저 데면데면하게 기자를 찬양하기만 했을 뿐, 그곳을 지나오면서 눈으로 본 느낌은 전혀 담지 않고 있으니, 이것은 필시 중국에 있을 때 남의 글을 슬쩍 빌려다가 미리 얽어두었던 것이리라고 여겨진다. … 서울에 들어온 뒤에 나에게 차운次韻을 하도록 부탁해 왔다."(『谿谷集』『谿谷漫筆』卷之二「漫筆」出示吊箕子賦一篇余次其韻(조기자부 1편을 보여 준 데에 대해 내가 차운하였다.) 『계곡만필谿谷漫筆』은 그가 평소에 보고 들어왔던 기문·한시·문장 등에 대한 고증과 비평을 모아 1635년에 편찬한 수필 평론집이다. 『황화집皇華集』은 우리나라에 온 중국 사신과 접대관이 화답한 시문을 엮은 책이다. 각 시대에 개별적으로 간행되었던 것을 영조 때(1773년)에 한 질帙로 모아 출판하였다. 『계곡집』, 『계곡만필』 번역문은 한국고전종합DB(https://db.itkc.or.kr)를 따랐다.

   ...

   우리 황조는 하늘의 뜻을 받들었기에

   상제께서도 사랑하시고 돌보셨는데

   세상의 득실은 무상한 것이어서

   상제를 받들고 못 받들기에 달렸다네"[501]

   "이 생애 왜 이리도 막막할까

   허물 된 일 많아도 말해주는 이 없네

   일찍 아버지 여의고 갈팡질팡인데

   뉘 하나 인도해주는 이 없단 말가

   마치 전도자 없는 장님처럼

   넘어지고 자빠질 건 당연하지

   기왕 건너지 못하고 빠질까 봐

   중도에서 길을 바꿔본다네

   하늘의 사랑을 내 잊지 않고서

   충성과 진실을 다해보리라

   한 곳에 전념하고 두 길 걷지 말아야지

   믿고 도우시는 하늘이 위에 있잖은가"[502]

---

501 "惟上帝之高居兮, 覽相觀乎下土. … 惟皇祖之顧天兮, 膺帝眷之錯輔, 豈得失之靡常兮, 承帝事
   之否臧."(『白湖全書』卷一「賦」 吊箕子賦)

502 "曰予生之蹇迍兮, 多悔尤而莫予告. 夙喪怙而靡方兮, 又無良而道之. 猶瞽者之無相兮, 固顚沛而
   傾越. 殆淪胥而不可濟兮, 忽中路而移轍., 亦予益之忠諒. 意專專而勿貳適兮, 式孚佑之在上."(『白
   湖全書』卷一「賦」 夙夜辭)

「조기자부」에 이어, 24세 때 3월에 삼산에서 지은 「숙야사夙夜辭」[503]에서도 하늘은 인격적 초월적 존재로 묘사되었다.

나아가 백호는 임금에게 올리는 소疏에서도 임금으로 하여금 하늘의 상제를 늘 염두에 두고 경계할 것을 진언하였는데, 여기에서도 인격적 상제의 모습을 읽을 수 있다.

『백호선생문집』, 「응지소應旨疏」.

"전하께서는 오늘날에 스스로 경계하시고 크게 진작하시어, 위로 하늘의 노여움을 두려워하시고 아래로 백성들의 어려움을 걱정하시며 항상 두려워하고 공경하는 마음을 가지셔서 하늘의 상제上帝가 위에 계시고 종사宗社의 신령이 곁에 있는 것처럼 하소서."[504]

백호는 임금에게 늘 상제의 존재를 염두에 두고 상제를 의식하며 정사를 펼 것을 간청한다. 그는 나아가 옛 성인들은 상제가 항상 위에서 보고 있다고 여겨 잘못을 저지르지 않았고, 늘 상제를 경계하였음도 밝힌다.

---

503 「숙야사夙夜辭」에는 1640년 3월, 그의 나이 24살 때 자신의 포부를 밝힌 내용이 담겨 있다.

504 "殿下果能於今日, 克自警動, 大加振作, 上畏皇天之威怒, 下憫赤子之顚隮, 凜乎常存祇, 栗欽翼之心, 如皇天上帝臨之在上, 宗社神靈, 質之在傍."(『白湖先生文集』卷之六 「應旨疏」)

"옛사람들은 무언가 늘 아쉽고 불안하고 조심
스럽고 두렵고 불안한 상황에서 상제上帝가 항상
위에서 보고 계시고 곁에서 지켜보고 있는 것처럼
느꼈기 때문에 첫 번째도 상제요 두 번째도 상제였
으며, 일 하나를 해도 상제가 명하신 것으로 알았
고 불선을 하려다가는 상제가 금하는 것이라 여겨
하지 않았다."505

늘 경계하였기에 상제가 아는 것이 두려워 감히
나쁜 생각, 나쁜 마음, 나쁜 행동을 하지 않았다는 것
이다. 인간의 행위를 감시하고 마음조차 읽을 수 있기
에 사람들은 위에서 보고 곁에서 지켜보는 상제를 의
식할 수밖에 없다. 그런 상제는 인격적일 수밖에 없다.
이치·법칙인 리를 사람들이 두려워하지는 않는다.

백호가 본 상제는 인격적일 뿐만 아니라 수많은 신
들 중 가장 높은 신, 지고신, 최고신이다. 백호는『서
경』「순전」을 읽고 "상제를 말한즉 일월日月, 성신星辰,
사시四時, 한서寒暑, 토지신(地祇)이 모두 그 가운데 있
고"506라 하여, 상제가 지고신, 최고적 존재임을 말하였
다. 그가 말하는 하늘 모습은 고경에서 흔히 묘사되었

人也者 天地之心鬼神之會也 天地鬼神 其亦若是焉而已 此古之人所以通幽明之故 知
鬼神之情狀者也 古之人皇皇翼翼 怵惕靡寧 凜凜乎若臨之在上 質之在旁 一則曰上帝
二則曰上帝 行一事則曰上帝所命 作不善則曰上帝所禁 夫豈執無徵之說以欺吾心 假
幽昧不可究 以惑天下後世者
讀十月之交兩無正

『백호전서』「경진일록庚辰日錄」.

505 "古之人皇皇翼翼, 怵惕靡寧, 凜凜乎若臨之在上, 質之在旁, 一則曰上帝, 二則曰上帝, 行一事則
曰上帝所命, 作不善則曰上帝所禁."(『白湖全書』卷三十三「雜著」庚辰日錄)

506 "言上帝則日月星辰四時寒暑地祇, 皆在其中矣."(『白湖全書』卷四十一「雜著」讀書記讀尙書舜典)

던 인격적 초월적 지고적 상제의 모습과 다르지 않다.

하늘의 현현顯現

그렇다면 이런 하늘이 존재한다는 것은 어떻게 알 수 있는가? 인격적 존재로서의 하늘은 자신을 어떻게 드러내는가? 백호는 하늘은 다양한 자연 현상을 통해 자신을 드러낸다고 본다. 백호가 임금에게 올린 소疏에서 그 단서를 찾을 수 있다.

"천리天理와 인사人事가 조화를 이루어 아름다운 상서가 감응되는 일이 있어야 합니다. 그러나 지난번에 하늘의 경계가 대단하여 도성 안에 지진이 일어나고 한낮에 별이 나타났으며 한겨울에 천둥이 들렸습니다. 또 근자에는 무지개가 일월을 관통하였고 혜성이 떨어졌으니 이게 어찌된 일입니까. 하늘이 우리 성상을 인애하는 뜻에서 크게 경동·진작하시어 능하지 못한 것을 증익케 함으로써 이 시대 백성들이 태평성대를 누리게 하려는 것입니까."507

"괴이한 재변이 나타나는 것은 하늘이 경계를 보여 임금을 깨닫게 하려는 것입니다. 옛사람이 이르기를 '태양의 정채精彩를 보고 임금의 심지心志를 알 수 있다'고 하였는데, 지금은 하늘에 무지개가

---

507 "宜其天人協和, 休瑞丕應. 而乃者天戒赫然, 地震都中, 星見正晝, 雷響深冬. 近又虹貫日月, 異星奔沈, 此何景也. 意者天心仁愛我聖上, 使之大驚動大振作, 增益其所不能, 將以斯民斯世允升之大猷耶."(『白湖全書』 卷六 「疏箚」 應旨疏)

뜨고 사방에 짙은 안개가 끼어 태양의 빛이 사라졌습니다. 과거의 일을 가지고 점쳐 보건대 이러한 것은 환관 및 소인들이 참소하고 모함하여 음흉하고 간특한 계모를 꾸미고 병난兵難·역란逆亂·흉악凶惡·급질急疾의 화가 있었던 것입니다. 따라서 신도 이 일을 가지고 보건대 전하께서 정신과 마음을 가다듬고 불안한 자세로 수행하시는 뜻이 애초보다 못하신 것을 알 수 있습니다."508

"지금 하늘이 포악스러워 크게 경계를 내리기를 하늘에 무지개가 뜨고 땅에 지진이 일어나고 바다에 해일이 일고 겨울에 안개가 끼고 사람들이 역질疫疾을 앓으며 정령政令이 여러 곳에서 나오고 민심이 소요스러우니, 이러한 몇 가지는 모두가 난망亂亡의 징조인 것입니다."509

"아약兒弱·물고物故자의 징포는 백성의 고혈을 짜내는 것과 같은 것이고 사람의 피부를 벗겨내는 것과 같은 것으로 그들의 원망과 고통이 상제의 노여움을 일으킬 수 있는 것이고, 한정閑丁을 수색하는 데 있어 침해하고 소동을 피우게 되어 또한 많은 사람의 원망을 사게 될 것이니, 신은 모르겠습니다만 우리 국가가 현재 불행한 시운時運을 만나 하늘이 매우 노여워하고 있는데, 어떻게 다시 이러한

---

508 "怪異之作, 上天所以垂示警戒, 覺惡人主者. 古人云, 視太陽之精彩, 知人主之心志, 今者天投蜺霧四塞而太陽光奪. 以前事占之, 此殆將有戒寺小人讒害陰惡之謀, 兵戎逆亂凶惡急疾之禍. 而臣亦有以是窺殿下勵精動心側身修行之意, 有不如始初者."(『白湖全書』 卷七 「疏箚」 辭職疏)

509 "方今, 天之疾威大戒赫然, 天投蜺, 地動搖, 海麟溢, 冬泄霧, 人大疫, 政令多門, 民政疫騷, 此數者, 皆亂亡之徵也."(『白湖全書』 卷七 「疏箚」 謝下示親製舟水圖說疏)

원망을 감당하고 이 일을 치를 수 있겠습니까."[510]

백호는 지진이 일어나고 대낮에 별이 뜨고 한겨울에 천둥이 치고 무지개가 일월을 관통하고 혜성이 떨어지고 전염병이 돌고 유월에 서리가 내린 것 등, 비상非常한 대이변大異變을 모두 하늘의 의지가 반영되어 나타난 현상으로 본다.

그렇다면 하늘은 왜 자신의 존재를 드러내고 재이를 발생시키거나 노하기도 하는 등 자연에 변화를 초래하는가? 그 원인은 무엇인가? 백호의 상소에서 그 단서를 찾을 수 있다.

"괴이한 재변이 일어나는 것은 하늘이 경계를 내려 보여 임금을 깨닫게 하려는 것입니다."[511]

백호는 천이 다양한 자연 현상, 특히 재이를 보이는 것을 하늘 자신의 현현으로 이해하고, 그 원인을 모두 인간의 그릇된 행위에서 찾는다.[512] 이는 곧 인간이 무엇인가 잘못을 하면 하늘이 그에 반응하여 자신의 의지를 보여준다는 것이다. 백호가 "대체로 하늘은 사람과 감통

---

510 "彼兒弱物故之徵布, 若浚民之膏血, 若剝人之肌膚, 其愁怨苦通, 有足以干上帝之怒, 乃其閑丁搜括之際, 其侵擾騷動, 又足以犯億兆之怨, 臣不知我國家方乘陽九之衰運, 逢上天之癏怒, 其何以復當此怨 毒而閞此事耶."(『白湖全書』卷十一「疏箚」論搜丁箚)

511 "怪異之作, 上天所以垂示警戒, 覺悟人主者."(『白湖全書』卷七「疏箚」辭職疏)

512 이경원, 2010, 213.

하는 이치가 있다"[513]고 한 것이 이를 뒷받침한다. 그는 하늘과 인간을 서로 감응하여 소통하는 관계로 본다. 이는 고경의 천인 감응적 사유를 잇는 것이다.

하늘과 인간을 이렇게 감응의 관계로 보는 사유는 특히 한나라 때 동중서의 사상에서 전형적인데, 이 역시 주자학적 사유와는 차이가 있다. 백호는 이런 천인 감응 관계를 이렇게 여긴다.

"삼가 아뢰건대 인사가 아래에서 잘못되면 천변이 위에서 발생하고 하늘이 진노하면 백성들이 사망하게 되는 것으로서 천리와 인심이 서로 감응하고 변화하는 것은 일정한 이치인 것입니다."[514]

『백호선생문집』 「진소회차사주급소陳所懷且辭周急疏」.

인사人事와 천심天心, 상제上帝와 하민下民은 서로 감응을 하는 관계로 상하가 조화를 이루어야 하는 것이 상리常理인데, 그 부조화의 결과로 천변이 발생한다. 천변재이天變災異를 인사의 어지러움으로 인한 하늘의 경계로 보는 것이다.[515]

---

513 "蓋天人有感通之理."(『白湖全書』卷十一「疏箚」密疏)

514 "伏以, 人事失於下, 則天變作於上, 上帝疾威, 則下民喪亡, 天人之相感, 上下之推盪, 理之常也."(『白湖全書』卷之九「疏箚」陳所懷且辭周急疏)

515 이대근, 2003, 36.

백호는 인간사에서 발생하는 괴이한 변화는 모두 인간의 잘못된 행위에 대한 하늘의 경계, 무언가 인간에게 잘못이 있음을 알리는 징조라고 본다. 그 인간을 대표하는 것이 누구일까? 바로 임금, 만민의 부모이자 한 나라를 맡아 다스리는 군왕이다. 백호는 군왕을 상제·하늘의 뜻을 실천하는 존재, 상제의 의지를 실현하는 존재로 보았다. 그리하여 군왕이 정치를 잘하면 하늘이 그에 상응하는 복을 내리지만 만일 정사를 바르게 하지 못하거나 그리하여 민심을 혼란하게 하면 하늘은 임금에게 경계의 제스처로 화를 내린다.

백호는 하늘이 화를 내리고 노여움을 드러내는 이유를 이렇게 말한다.

"이러한 재변은 오늘날 전하가 정사政事에 시행한 것이 하늘의 뜻에 맞지 아니하여 상제의 노여움을 일으킬 만한 것이 있었기 때문에 이러한 기근飢饉의 재앙을 내려 백성들을 죽게 함으로써 복망覆亡의 화란이 자리잡게 한 것인 듯한데, 어찌 두렵지 않겠습니까."516

곧 임금의 정치적 행위에서 찾는다. 임금의 정치가 천심天心과 일치하지 않기 때문에 하늘이 노여워한다는 것이다. 이렇게 보면 하늘이 보여주는 재이 현상은 자신을 대행하는 군왕으로 하여금 그의 정치적 행위가 하늘의 뜻이나 의지와 부합하지 않음을 깨닫게 하는 신호이다. 인격적 존재로서의 하늘이 스스로의 의지를 드러내는 상징이다. 괴이한 재변

---

516 "殿下之政事施設, 大有不合於天心, 而有足以致上帝之怒者, 故降此飢餓, 斬伐民庶, 以基覆亡
之禍也, 可不懼哉."(『白湖全書』 卷之十一 「疏箚」 辭職兼陳所懷疏)

이 나타나는 것은 하늘이 경계를 보여 임금을 깨닫게 하려는 것이다.

이처럼 백호는 자연 재해와 같은 현상을 단순한 자연 현상으로 본 것이 아니라 동중서처럼 하늘 자신의 의지 표현이라고 여긴다. 하늘의 경고를 받았음에도 바르게 대응하지 못하고 화를 당하여 결국은 나라 조차 망한 역사적 사례를 여러 자료를 통해 들고 있다. 이수伊水와 낙수洛水가 마르자 하夏나라가 망한 것, 삼천三川이 진동하고 주나라가 망한 것, 정월에 대설이 내리고 천둥번개가 일더니 노나라 은공隱公이 종무鍾巫의 화를 당한 것, 북두칠성 쪽에 혜성이 출현하더니 송宋·제齊·진晉의 왕이 난리로 죽은 것 등이 그 예이다.[517]

그렇다면 임금은 하늘의 마음, 하늘의 의지를 어떻게 알 수 있을까? 백호는 임금이 천심을 알려면 민심을 잘 살필 것을 말한다. 천심이 곧 민심이고 민심이 향하는 바가 곧 하늘의 뜻이 있는 곳이라 본다.

"대체로 천리와 인사는 같은 이치가 상하에 통하는 것이므로 민심이 향하는 데에 천의가 존재하는 것입니다. 이리하여 인사를 잘 하면 하늘이 반드시 복을 내리는 것이니, 이것이 바로 옛 성현들이 조심하고 두려워하여 인사를 닦아 천심을 감격시켰던 훌륭한 방법 이었습니다. 따라서 오늘날 하늘에 호응하고 재이를 막는 일에 있어 서도 역시 오로지 민심을 기쁘게 하여 하늘의 노여움을 풀게 하고 방어를 튼튼히 하고 인재를 수용하여 뜻하지 않은 사변에 대비해야

---

517 "歷代之逢天之譴告而不能改行反善, 以罹凶敗之禍, 伊洛竭而夏亡, (事見夏桀紀) 三川震而周 亡, (事見史紀) 魯有月大雨雪震電之異, 而隱公有鍾巫之禍, (事見春秋傳) 星孛于北斗而宋齊晉之 君, 皆死於亂."(『白湖全書』卷之二十九「雜著」公孤職掌圖說 中)

하는 것입니다."[518]

이런 맥락에서 보면 임금의 바른 정치, 제왕이 정치를 바르게 하는 법은 간단하다. 늘 하늘이 보이는 징조를 경계하여야만 한다. 그 이전에 더욱 중요한 것은 하늘이 임금이 하는 정치의 잘잘못을 민심을 통해 파악하므로 민심을 잘 살피는 것이다. 임금이 백성들을 잘 보살피면 그것은 하늘의 뜻과 일치하는 것이므로 하늘로부터 복을 받게 된다. 이것이야말로 상제의 노여움, 재이를 근원적으로 막는 길이다. 민의·천의에 부합하는 것이 곧 재이를 극복하는 길이다. 하늘은 민심을 통해 상벌·재이를 내리므로 임금은 늘 민심을 살피며 하늘을 경계해야 한다. 민심은 하늘의 거울이다.

---

518 "蓋天人一理, 達于上下, 民心之所向, 旣天意之所在也. 人事旣得於下, 天必應之以福, 此從古聖賢 兢兢業業修人事格天心之大猷也. 則今日應天弭災之事, 亦惟務悅民心, 以解天意, 壯禦侮收人材, 以備不虞而已."(『白湖全書』 卷之六 「疏箚」 應旨疏)

하늘 섬기기[事天]

『중용』에서 사천事天의 길을 찾다

주희 이후에는 일리一理, 일자一字도 밝혀지지 않는 것이 없다며 주희를 맹신한 우암은 주희가 주석을 단 『논어집주』, 『중용장구』를 경전으로 삼았다. 당시 조선 경학계는 주희가 주석한 사서를 중심으로 사상을 발전시켜 나갔다. 그리고 그것의 극단적 형태는 주희 절대주의로 나타났다. 그러므로 당시 지식인들이 주희를 비판하고 주희의 사상에 반하는 일을 하기는 어려웠다. 왜냐하면 그것은 곧 주희의 권위를 무너뜨리는 것이었기 때문이다. 이는 극단적으로는 죽음에 이르는 길이었다. 그런데 백호는 그렇게 하였다.

그러나 백호의 의도는 단순한 주희 흔들기가 아니다. 큰 틀에서 보면 그것은 윤휴가 가졌던 유교 경전에 대한 태도, 관점, 그리고 공부 방법과 지향성 등의 차이에 따른 결과이다. 그는 성현의 말을 그대로 받아들이거나 외우는 경향을 벗어나고자 했다. 성현의 가르침일지라도 그것을 다시 생각해보고 울분을 토하고 번민하여 생각을 좌우충돌하는 가운데 새로운 것이 얻어진다고 보았다. 〈독서기〉에 나오는 그의 이런 말을 들어보자.

"성현들이 도를 닦고 언론을 내서 법도를 정립하여 천하 후세에 교훈을 만들어놓았으니, 학자들은 성인의 말을 외우면서 의의를 사색하는데 있어 울분을 토하고 번민하여 생각을 좌우충돌한 다음에 얻어지는 것이다. 이미 얻고 나서 또 반드시 그것을 기록하는 것은, 본디 장차 도를 전하고 말을 기술함으로써 식견과 사려를 조장하고 언행을 통달하게 해서 띠가 생겨서 막히는 폐단이 없게 하려는 것뿐이다. … 천하의 이치가 한 사람의 지혜로 두루 알 수 있는 것이 아니므로 그 얻은 것을 헤아리고 소유한 것을 발휘하여 말을 가려 하고 생각을 깊이 해서 선왕의 도를 밝혀 이것을 천하와 함께 하는 것이 어찌 성현의 마음이며 학자의 일이 아니겠는가."[519]

주희 일변도나 주자학으로부터 해방하려는 모습이 읽혀진다. 그러나 그 진의는 성인의 말일지라도 맹목적으로 따를 것이 아니라 근원적으로 성찰해야 한다는 것이다. 그 연장선상에서 백호는 주희의 가르침에 대해서도 의심하고 의심하며 경전에 대해 자기 나름의 새로운 해석

---

519 "聖賢修道立言, 立規矩準繩, 以爲天下後世教也, 學者誦聖人之言, 思索其意義, 發憤悱, 困心衡慮而得之. 旣得之而又必記之, 固將以傳道述言, 爲長識慮達言行, 勿之有茅塞而已矣. … 然天下之理, 非一人之知所能周也, 則推其得發其有, 擇言深思, 明先王之道, 以與天下共之, 又豈非聖賢之心, 學者之事哉."(『白湖全書』卷之二十四「讀書記 序」)

을 시도하였다.

이러한 백호의 태도는 반주자적인 모습으로 비춰질 수 있었다. 역설적인 것은 백호가 보인 경전을 재해석하는 것, 그리고 주희와 다른 해석을 보이는 점 등을 그는 주희에게서 배웠다는 듯이 말한다.

"옛날 정숙자程叔子가 『중용해中庸解』를 썼다가 자기 마음에 만족스럽지 않다 하여 불태워 버린 일이 있었으니, 옛 분들이 스스로 만족하지 않고 도道에 관하여 말을 가볍게 하지 않았던 것이 이와 같았던 것이다. 이것이 내가 옛 분들께 부끄러운 바이다. 그리고 회옹晦翁도 경서經書를 주석하면서 여러 사람들의 학설을 모아 절충하여 비로소 결론을 지었던 것이다. 그러나 그렇게 하고서도 늘 문인들과 강습을 하고 또 직접 몸으로 체험도 해 보고 하다가, 혹시 설명이 투철하지 못하거나 견해가 아직 미흡하거나 실행이 안 된다고 여겨지는 곳이 있으면, 반드시 다시 수정하고 또 토론을 거쳐 다시 수정하고 임종할 때까지 그렇게 계속하였던 것이다. 그리고 항상 말하기를 '요즘 붕우들과 변론하고 질정하던 차에 나의 전설前說이 온당치 못한 점이 있음을 비로소 알게 됐다'고 하였으니, 이렇게 고친 것이 한두 번이 아니었다. 취선구시取善求是를 위하여 잘못을 고치기를 꺼리지 않음이 또한 이와 같았으니, 바로 이 점이 내가 본받을 바로서 그렇게 하고자 노력하는 것이다."520

---

520 "昔程叔子嘗著中庸解, 旣自以爲不滿意而焚之, 古人之不自滿足, 無輕言道如此. 此是余之有愧于古人者也. 抑晦翁之釋諸經書也, 旣集衆說而折衷之有成說矣. 然猶每與門人講習, 而身體驗之, 或有說未透, 見未到, 行未得處, 又必爲之討論更定, 不住修改, 至于屬纊而未已焉. 常曰比因朋友

윤휴는 주희의 공부 방법을 인상적으로 받아들였고, 그리하여 그 역시 주희의 해석을 재해석하는 것은 물론 스스로 경전 해석도 하며 주희의 주석에 구속되지 않으려고 하였다. 왜냐하면 주희의 해석 역시 경전 본래의 의미를 전달하는 여러 설명 중의 하나로 보았기 때문이다. 그는 주희를 비판하고자 한 것이 아니라 경전의 본래 뜻을 주희와는 다르게 보았고, 그리하여 그 본래의 의미를 나름대로 밝히고자 하였을 뿐이다. 그러나 당시 분위기는 그런 경향을 허용하지 않았다. 사상적으로 당시는 폐쇄적이고 배타적이었다. 그리하여 무슨 일이라도 터질 듯한 징조가 농후하였다. 사문난적 낙인이나 예송 논쟁, 그리고 환국에 이르기까지 말이다.

고경에 주로 관심을 가져 하늘·상제를 인격적이고 초월적인 지고신으로 인식한 백호는 사천事天의 길에 대해 강조한다. 사천, 그것은 하늘을 섬기는 일로, 늘 하늘이 함께한다는 인식하에 하늘에 대해 경외의 마음을 가지는 것이다. 백호는 공자를 언급하며 "경신敬身·성친成親·성신成身과 더불어 사천事天은 인간에 있어 더욱 요긴하고 절실한 교훈이요 성인이 남긴 위대한 가르침"[521]이라고 하였다. 그러면서 "하늘 섬기기를 어버이 섬기듯이 하는 것은 인仁의 지극함"[522]이라 하였다.

辨質, 始覺某前說有未安者, 如是者不一不再. 其取善求是, 不憚遷徙又如此, 此又余之所則效而思勉焉者也."(『白湖全書』 卷之三十六 「雜著」 讀書記 中庸)

521 "而其中敬身成親事天成身之言, 又特爲人道要切之謨, 實聖人之大訓也."(『白湖全書』 卷之三十九 「雜著」 讀書記 孝經外傳 上)

522 "按事親如事天, 敬之至也, 事天如事親, 仁之至也."(『白湖全書』 卷之三十九 「雜著」 讀書記 孝經外傳上 禮記哀公問人道 細註)

백호가 하늘의 실재를 뒷받침하며 하늘을 섬기고 하늘을 두려워하는 자세를 뚜렷하게 보여주는 모습은 그의 『중용』 독서기에서 찾을 수 있다. 그는 고경을 공부하며 여러 면에서 주희와 다른 견해를 피력하였다. 즉 고본을 바탕으로 자신의 생각을 밝히고 고주古註를 중시하였다. 그리하여 주희의 주나 주희의 경전 해석에는 상대적으로 관심이 적었다. 백호가 경전을 새롭게 분장分章하거나 새롭게 해석한 것은 바로 그런 이유에서였다.

백호가 주희와 다른 견해를 밝히며 고경을 새롭게 본 전형은 『중용』이다. 백호는 『중용』을 공부하면서 주희가 성현의 본래 뜻을 전달하는데 다소 미흡한 점이 있다고 여겼으며, 그의 『중용장구』를 공부의 저본으로 삼지 않았다. 또한 『중용』을 주희와는 다르게 33장 체제를 10장 28절로 분장하고 주해註解하였다.

『중용』을 읽고 백호는 여러 독서기 또는 해석서를 남겼다. 그의 독서기인 『중용장구보록』을 통해 우리는 백호의 기본 지향성, 유교 경전 『중용』에 대한 인식 등을 엿볼 수 있다. 백호는 『중용』을 한마디로 말해 하늘을 섬기는 도리를 담은 경전으로 본다. 그는 『효경』의 중요성을 말하는 가운데 『중용』에 대해 이렇게 말한다.

"『중용』은 하늘을 섬기는 도리를 말했는데, … 하늘을 섬기는 도리에 있어 계신 공구하는 마음이 일상 생활에 근본하여 천지가 제자리를 잡고 만물이 길러지는 데에 이르게 된다."[523]

---

523 "中庸事天之道, 事天之道, 戒愼本乎日用, 而位育極乎天地."(『白湖全書』 附錄 二「行狀」 行狀 上)

그에게 『중용』은 곧 잃어버린 상제, 하늘을 다시 섬길 수 있는 길을 담은 경전이었다. 곧 사천의 도를 말한 것이다. 그는 주자학 일변도의 학풍 속에서 주희와는 다른 견해를 피력하면서 인간이 섬기고 두려워하는 인격적 존재로서의 하늘을 재발견하여, 주희가 미처 드러내지 못한 여운餘韻과 유의遺義를 밝혀 보려는 마음에서 자신의 견해를 대략 수록하여 『주자장구보록』을 지었다. 곧 백호는 주희의 설, 주희의 『중용장구』에 얽매이지 않고 고경을 저본으로 『주자장구보록』을 지어 자신의 생각을 밝힌 것이다. 백호의 이런 모습이 주희를 반대하기 위한 반대인 것은 아니다. 『주자장구보록』은 앞 사람인 주희가 말하지 않은 것을 후학으로서 백호 자신이 보충하고자 한 것이다. 그리하여 『주자장구』에 대한 보록補錄이라 하였다.

그렇다고 백호가 주희나 주자학을 완전히 부정하는 입장은 아니었다. 그는 단지 주희도 성현들이 남긴 경전에 대하여 나름의 주를 달고 해석한 한 사람으로 보았을 뿐이다. 그러므로 백호는 주희 역시 성현들의 뜻을 잘못 해석할 수 있고, 또 성현들이 말한 이치나 사상을 온전하게 전할 수는 없기 때문에 후인들도 누구나 주희가 밝히지 못한 성현들의 생각을 밝힐 수 있다고 보았다. 이는 곧 주희의 주석이 절대적인 것일 수 없음을 말한다. 주희의 주에 너무 얽매여서는 안 된다는 말이다.

백호가 본 『중용』의 핵심 내용은 무엇일까? 그는 『중용』을 10장 28절 체재로 재구성하였는데, 그 1장은 『중용』 전체 내용을 요약하고 있으며 2장 이하는 이 총론격인 1장에 대한 부연 설명으로 본다. 그런데 그 1장은 무엇을 말하고 있는가? 1장은 바로 성인이 하늘을 섬기는 도리와 군자가 도를 행하는 일을 담고 있다. 1장에는 사천의 도리, 사천의 방법, 사천의 효과 등 사천지학이 집약적으로 담겨있다는 것이다. 즉 1장의 내용은 '성性이 하늘에서 나오고', '하늘을 두려워하며', '하늘이 시초에 사람으로부터 멀지 않음'과 '사천事天·위기爲己하는 효과'를 말하는 것이라 지적하여, 모든 구절에서 천天의 실재를 확인하고 있다. 그것은 성리학의 리기 개념을 넘어서는 천의 근원성을 각성하고, 『중용』을 '하늘을 섬기고, 하늘을 두려워하는' 사천학事天學으로 일관되게 인식하고 있는 것이다. 그러면서 『중용』의 근본을 한마디로 천명天命이라 제시하고 있다.

1장에서 백호가 밝힌 가장 중요한 내용은 인간이 왜 하늘을 섬겨야하는지 그 이유와 근본 배경에 대한 1절의 설명이다. 여기에서는 천명·솔성·수도에 대하여 말하고 있는데, 백호는 이를 통해 인간이 하늘을 섬겨야만 하는 이유를 말하고 있다. 김유곤에 의하면, 그것은 바로 하늘이 인간의 성性과 도道의 근원이기 때문이다. 인간의 성이란 천의 명으로 주어진 것이고, 인간이 마땅히 가야할 길로서의 도란 천의 명으로 주어진 성을 따르는 것이므로, 인간의 성과 도란 천의 명으로 정해져 있는 것이기 때문에, 인간은 성과 도의 근원인 천을 섬겨야만 하는 숙명적인 존재로 파악한 것이다. 즉 하늘을 섬긴다는 것은 다름 아닌 인간의 본원에 대한 섬김을 의미한다고 본 것이다.[524]

뿐만이 아니다. 앞에서 언급하였듯이, 백호는 『대학』을 『중용』과 표리 관계가 있는 경전으로 보고, 『중용』이 사천지학의 도리를 담고 있다면 『대학』은 사천지학의 조목에 대해 설명한 경전으로 간주한다.

---

524 김유곤, 2013, 21, 32.

백호는 결국 고경을 통해 고경이 사천의 길을 담고 있음을 알았고, 특히 『중용』에서 잃어버렸던 사천의 도를 재발견하였다. 주자학 절대주의자들이 완전 무관심하였던 고경에 대한 관심을 통해 백호는 상제를 재발견하고 상제를 받드는 새로운 상제 문화의 물꼬를 텄다. 사천의 길을 열었다.

사천의 출발점, 외천畏天

외천畏天, 그것은 인격적이고 초월적 존재인 하늘·상제에 대하여 조심하고 삼가고 두려워하는 것이다. 그것은 곧 계신공구戒愼恐懼와 다르지 않다. 계신공구와 신독은 사천의 구체적 방법이다. 『시경』이나 『서경』과 같은 고경에는 이런 하늘의 위엄을 두려워하고 그리하여 공경하는 모습이 담겨있다. 그러므로 어린 시절부터 고경을 접한 백호가 이로부터 외천·경천 사상을 내면화하는 것은 자연스러웠을 것이다. 군자가 하늘, 상제를 섬기는 사천은 바로 외천·경천에서 시작된다.

백호가 상제를 어떻게 인식하고 있었는지는 그가 20대에 쓴 글에 잘 나타난다. 그는 25세 때인 신사년 초겨울에 병중에 서재 벽에다 자경문自警文을 써 붙였는데, 그 한 부분이 이렇다.

"군자가 말하기를 학문은 그만두어서는 안 된다. 배우는 목적이 대개 네 가지가 있는데, 구도求道하는 자라면 마땅히 알아두어야 할 것이다. 첫째가 외천畏天(하늘을 공경하는 것), 둘째가 친민親民(백성을 사랑하는 것), 셋째가 상지尚志(뜻을 고상히 하는 것), 넷째가 취선取善(선을 취하는 것)이다. 옛 분들은 하늘과 땅을 부모로 여겼기에 공경(欽敬)의 마음이 생겼고, …"525

백호는 군자가 배우는 목적은 외천畏天, 친민親民, 상지尚志, 그리고 취선取善 네 가지인데, 그 첫째가 바로 외천이라 하였다. 그는 삶에서 가장 중요한 것은 하늘을 공경하는 것으로 보았다. 그리하여 그는 늘 상제를 의식하는 삶을 살려 했다. 모든 일에서 상제의 명령을 행동의 준거로 삼고자 했다. 늘 하늘을 공경하고 섬기며 사는 삶을 지향했다.

나아가 백호는 인간은 누구나 초월적 존재로서의 상제를 마주하는 듯한 공경과 두려움의 자세, 자신의 좌우에 있는 것처럼 마음 조이고 늘 상제를 염두에 두는 마음을 가지고 살아야 하며, 그런 삶이 옛 성인들에게는 일상적이었음을 강조한다.

"하루 이틀 동안의 잠깐 사이에도 삼가고 두려워해야 할지니, 어느 때이든 삼가고 무슨 일을 하든 조

辛巳孟冬書

君子曰 學不可以已 學蓋有四事焉 求道者宜識之 一曰畏天 二曰親民 三曰尚志 四曰取善 古人以天地爲父母而欽敬生焉 視四海猶一家而仁愛行焉 謂聖人與我同類而糞進道之 勇焉 知天下之義理無窮而恢受善之量焉 此所以能誠心而恭已 博愛而惇孝 任重而致遠 日新而富有 而其功化之成也 實可以叅天地育民物 立人倫之極 盡天下之善者也 是知聰

『백호전서』「신사맹동서辛巳孟冬書」.

---

525 "君子曰, 學不可以已. 學蓋有四事焉, 求道者宜識之, 一曰畏天, 二曰親民, 三曰尚志, 四曰取善. 古人以天地爲父母, 而欽敬生焉, …"(『白湖全書』卷之三十三「雜著」辛巳孟冬書)

심해야 하며, 첫째도 상제를 말하고 둘째도 상제를 말하여 존경하고 공경할지어다. 공경함이 가득하여 하늘과 백성에 이르고, 상제가 좌우에 있는 듯이 해야 하는데, 이것이 요堯·순舜·우禹가 삼가 하늘의 명을 받든 마음이다.-외천畏天-"[526]

백호는 상제를 공경하는 마음, 상제를 높이 받드는 자세를 중시하며, 요堯·순舜·우禹의 하늘을 대하는 마음과 자세가 바로 그러하였다고 한다. 이것이 다름 아닌 외천이라는 것이다. 이렇게 보면 백호는 천을 '만세도술의 연원'이라며, 요·순·우의 '하늘을 두려워하여 계칙戒勅하는 마음'을 강조함으로써, 경전을 통한 고대의 상제 신앙을 계승한 사천학을 제시한다.[527] 그는 결국 저 높이 초월해 있으면서 인간의 마음까지 두루 아는, 인격적 존재로서 만물을 주재하는 최고신 상제를 늘 경외(畏天)할 것을 강조한다. 언제 어디서든 무슨 일을 하건 늘 상제가 위에 임한 것처럼, 옆에서 지켜보고 있는 것처럼, 그리고 모든 일은 상제가 명한 것으로 여겨 늘 두려워하는 마음을 가지라는 것이다. 백호가 보기에 그것이 바로 지난날 성현들의 가르침이고 고경에서 일관되게 강조하는 내용이었다.

나아가 이러한 외천이 군자와 소인의 차이라고 본다. 즉

又曰兢兢業業 一曰二曰 翼翼皇皇惟時惟幾 一則曰上帝 二則曰上帝 欽哉敬哉 洋洋乎達于上下 如在其左右 堯舜禹勅天之心也● 生之育之 與之聚之 教誨覺之 思天下四夫四婦有不與被其澤者 若已推以納之溝中 伊尹之自任以天下之重也 彼何人也 予何人也

『백호전서』『신사맹동서』

---

526 "兢兢業業, 一曰二曰, 翼翼皇皇惟時惟幾, 一則曰上帝, 二則曰上帝, 欽哉敬哉. 洋洋乎達于上下, 如在其左右, 堯舜禹勅天之心也. -畏天-"(『白湖全書』卷三十三「雜著」辛巳孟冬書)

527 금장태, 1998, 243; 금장태, 2003a, 987.

군자는 하늘을 두려워하는 마음이 있어 어떤 상황에 처하여서도 중中에 처하지만, 소인은 천명을 두려워할 줄 모르기 때문에 욕심을 부리기도 하고 함부로 행동한다고 보았다.

> "그를 일러 군자라고 하는데 하늘을 두려워하는 마음을 가지고 있다. 군자는 하늘을 두려워하는 마음을 가지고 있으면서 또 때에 따라서 중中에 처하고, 소인은 천명을 두려워할 줄 모르기 때문에 제멋대로 욕심을 부리고 함부로 행동하는 것이다."[528]

이러한 백호의 천, 상제 그리고 사천이나 외천과 관련한 사상은 그의 고경에 대한 관심에 뿌리를 두고 있으며, 그 상제·하늘·천은 인격적 주재적 초월적 존재로 주자학, 성리학에서 말하는 리법으로서의 하늘 천과는 근본적으로 다르다. 백호에게 하늘은 단순한 형이상학적 존재가 아니었다. 늘 자신의 주변에서 자신을 지켜보고 자신을 깨워주는 살아있는 존재였다.

한 가지 더 주목할 점은 백호는 이런 사천이 일상 생활에서 인륜의 바탕인 '효'의 실천으로부터 시작된다고 여겼다. 이것은 곧 사천이 사친과 결코 무관하지 않음을 말한다. 나를 낳은 부모에 대한 효와 천지부모를 받들고 모심은 다르지 않으며 사천은 사친과 연장선상에 있다는 것이다. 백호가 『효경』을 중시하고 효를 강조한 것은 바로 사천의 맥락,

---

528 "謂之君子, 有畏天之心也. 君子既有畏天之心, 而又能隨時以處中, 小人不知天命之可畏, 所以肆欲而妄行."(『白湖全書』卷之三十六「雜著」讀書記 中庸)

즉 인격천의 권위로 인간의 도덕적 실천을 강화하고자 한 것으로 볼 수 있다. 어버이를 섬기는 사친의 근거가 하늘을 섬기는 사천에 있으며, 사친을 실천함으로써 사친을 하는데 까지 나아갈 수 있다. 인류의 시발인 사친은 곧 사천의 출발점이다. 그 역도 가능하므로 하늘 섬기는 것은 곧 어버이를 섬기는 것과 다를 바 없다. 하늘을 섬기고 두려워함은 부모를 대함에서도 마찬가지이다.

13장

다산의 깨달음,
상제로 돌아가라

所爲當順其時也此之求天猶人之說事各從其主耳若蔡於是則堯

命羲和欽若吳天孔丘卒稟受天不弔無可怪耳〔注〕〇鏞案漢儒

說經支離相訟中無義理如此然猶錄之者哀眞經之亡也周禮大宗

伯禋祀上帝曰吳天上帝吳天乃上帝之正號也天地萬物執非帝有

而日月星辰之運分至啓閉之度尤是天緯之支妙者故命羲和之

官曰敬順上帝恭修厥職也何爲是紛紛也。

〔注〕梅云星四方中星〔注〕辰日月

所會〔注〕鄭以星辰爲一〔注〕蔡云曆紀數之書象觀天之器。

〔注〕星衆星爲經五星爲緯皆是也〇鏞案二十八宿非必爲諸星

之綱領亦不是四方之標識大於此者有北斗關於此者有軒轅特以

赤道周天三百六十度〔注〕〇曠無界限無以指望故取黃道左右之二

十八星以爲日躔幾度之標識所謂角幾度亢幾度者是也又以某星

之昏中察節氣推遷〔注〕則衆星非曆象家所用也。

第二集尙書古訓 卷一　七

「상서고훈尙書古訓」「요전堯典」.

다산 경학의
핵심 코드, 상제

경전 연구(經學)에 나타난 상제의 위상

다산茶山 정약용丁若鏞(1762~1836)의 사상 체계에서 상제는 어떤 위치를 차지하고 어떤 의의를 갖는가. 1822년, 회갑을 맞은 다산은 자신의 묘지명墓誌銘을 스스로 지었다. 거기서 그는 자신의 사상 체계를 이렇게 표현하였다.

다산茶山 정약용丁若鏞(1762~1836).

"육경六經과 사서四書로써 수양하고 일표一表와 이서二書로 천하 국가를 다스리니, 본말을 갖추었다."[530]

---

530 "六經四書, 以之修己, 一表二書, 以之爲天下國家, 所以備本末也."(『與猶堂全書』『文集』卷十六「自撰墓誌銘」(集中本))

자신의 사상은 수기修己(인격 수양)를 위한 육경사서의 경학經學과 치인治人(세상 다스림)을 위한 일표이서의 경세학經世學이 본말을 이룬다는 것이다. 흔히 그의 사상 체계를 경학과 경세학으로 말하는 것은 이에 근거한다.

경학이란 무엇인가? 그것은 경전 연구이다. 즉 경문을 자세하게 해석하는 연구 활동, 경문에 주석을 다는 지적 활동을 말한다. 이것은 유교 사상을 체계화하기 위한 이론적 논리적 작업이라고 할 수 있다. 주희는 『사서집주』를 통해 유교 사상에 대한 자신의 생각, 이해, 해석을 밝혔다. 주자학이 주희의 유교 경전에 대한 주석을 바탕으로 체계화되었다는 맥락에서 보면 주자학도 유교 경학의 하나이다. 그렇듯 다산도 유교 경전에 대한 나름의 이해를 통해 주희와는 또 다른 경학, 상제를 중심으로 하는 탈주자학적 유교 사상을 발전시켰다. 그의 새로운 경학 사상은 기성의 주자학의 문제점을 비판하며, 인간 존재의 궁극 원인이자 삶의 근거인 하늘(天)을 재발견하여 이를 바탕으로 유교 사상을 시대 상황에 걸맞게 새롭게 정립하려는 맥락에서 나왔다. 흔히 그를 경세치용經世致用, 실사구시實事求是, 이용후생利用厚生 등을 지향한다는 실학實學과 관련시키는 것은 이와 무관하지 않다.

다산은 경학과 관련하여 200권이 넘는 많은 저술을 남겼다. 특징적인 것은 자신의 경학 체계를 육경사서라고 하여 사서보다 육경을 강조한다는 점이다.

육경이 무엇인가? 그것은 공자가 자신이 태어나기 이전 약 1,500년 간(서기전 2000~서기전 500)의 전통 문화와 문명을 집대성한 『시』·『서』·『예』·『악』·『역』·『춘추』를 말한다. 공자는 이 육경의 경전 체계를 갖추었다. 그러나 진·한대를 거치며 오경 중심의 경학 체계가 이루어졌고, 송대에 이르러서는 사서 체계가 자리 잡혔다.

조선 사회도 주자학을 수용하면서 주희의 경학 체계를 중시하였다. 그런데 다산은 이에 반기를 든다. 그런 경학 체계를 벗어나 다산은 오히려 육경을 중시하였다. 이는 그의 고경古經에 대한 관심의 발로이다. 이런 움직임은 단순한 일이 아니다. 왜냐하면 그것은 어찌 보면 주희의 경학 체계, 정통 성리학으로부터 탈피하고자 함, 즉 탈성리학적 움직임이었고, 궁극적으로는 공자의 육경 경전 체계를 재건하고 경전의 본래 정신을 찾기 위함으로 볼 수 있기 때문이다.

다산은 당시 경학을 어떻게 보았을까? 이를 짐작할 수 있는 말이 있다.

> "아! 지금 공부하는 사람은 칠서대전七書大全이 있음만을 알고 십삼경주소十三經註疏가 있음을 알지 못한다. 『춘추』와 삼례三禮 등이 천지를 밝게 비추는 것인데도 칠서의 목록에 들어가 있지 않다고 해서 그것들을 폐하고 강론하지 않으며 도외시하고 받아들이지 않는다. 이것은 진실로 우리 유교의 병폐요 이 시대 교화의 급선무이다."531

이는 자신이 추구하는 경학은 송학宋學적인 '칠서'를 넘어 '십삼경'에 있음을 밝힌 것이다. 다산은 정조正祖에게 칠서대전만 중시하는 시대

---

531 "嗟乎. 今之學者, 徒知有七書大全, 不知有十三經注疏. 雖以春秋三禮之照耀天地, 而不列乎七書之目, 則廢之而不講, 外之而不內. 此誠斯文之大患, 世教之急務也."(『與猶堂全書』『文集』卷八「十三經策」)

상황을 이렇게 말하였다.

"성인의 시대는 멀어지고 성인의 말씀은 인멸되어 그 체취와 성예聲譽가 모두 사라졌지만, 혹 그러한 것을 조금이라도 살펴볼 수 있는 것은 오직 성인의 경전뿐입니다. 대저 칠서대전만이 유일하게 세상에 유행된 뒤로, 지금 세상에 태어난 사람들은 어릴 때부터 머리가 셀 때까지 익혀도 50책의 테두리를 벗어나지 못합니다. 책 속의 일점일획이라도 하늘이 만든 것으로 여기고 한 글자 반 구절도 불변의 진리로 간주하여 스스로 총명한 지혜를 막아버리고 감히 따로 생각하고 논의하지 못하게 되었습니다. 그리하여 선대 학자들의 주注와 소疏는 이미 기벽奇癖한 글이 되어버렸고 후대 학자들의 논쟁은 모두 사문난적으로 몰렸습니다."[532]

당시 학문 세계는 온통 폐쇄적인 주자학에서 한 발자국도 벗어나지 못하였던 것이다. 다산은 지난날의 성리학 중심의 세계관을 반성하고 칠서대전에 목을 매는 행태를 벗어나 고경, 고학에 관심을 가져야함을 말하고 있다.

문제는 당시 지성계의 확고한 패러다임이었던 주자학을 어떻게 극복하느냐 였다. 그 방법으로 다산은 원시 유교의 정신 바로 알기, 경전 바로 읽기라는 전략을 택했다. 당시는 지배 이념에 함부로 반기를 들

---

532 "聖遠言湮, 薰聲俱歇, 而其或有一斑之可窺者, 唯聖經耳. 自夫七書大全之單行獨擅, 生斯世者, 童習自粉, 不出乎五十冊圈套之中. 一點半畫, 認爲天造, 隻字片句, 看作鐵案, 自鎖靈明, 不敢思議. 先儒注疏, 已成奇僻, 後儒辯駁, 咸歸亂賊."(『與猶堂全書』『文集』卷八「孟子策」)

수 없었다. 이에 다산이 취한 것은 철저하게 원시 유교 경전에 근거하여 당시 주자학이 고경의 원래 뜻과 견주어 볼 때 무엇이 다르고 어떻게 왜곡되었는지를 객관적으로 밝히는 것이었다. 그리하여 다산은 당시 통용되고 있던 사서삼경, 즉 칠서대전에 『춘추』, 『예』, 『악』 3경을 더하여 육경사서 체계로 유교 경전 체계를 재정비하고, 경전의 원래 정신, 경전의 본지本旨에 충실한 해석을 시도하였다. 그러니 당연히 주희의 해석과는 많이 다를 수밖에 없다.

다산은 경학에 관한 폭넓은 연구를 통해 참위설, 음양오행설, 불교, 도가, 리기론 등에 영향을 받기 이전의 사실 그 자체로서의 고대 문화의 실체를 복원하는데 일차적 관심을 기울였다. 18년 유배 생활 과정에서 그가 이룬 대표적인 경학 결과물, 주석한 책이 바로 『상례사전喪禮四箋』(1804), 『주역사전周易四箋(주역심전周易心箋)』(1804),[533] 『시경강의詩經講義』(1809), 『춘추고징春秋考徵』(1812), 『논어고금주論語古今註』(1813), 『맹자요의孟子要義』(1814), 『대학공의大學公議』(1814), 『중용자잠中庸自箴』(1814), 『중용강의보中庸講義補』(1814), 『심경밀험心經密驗』(1815), 『소학지언小學枝言』(1815), 『악서고존樂書孤存』(1815), 『상서고훈尙書古訓』(1834) 등이다.

그렇다면 다산은 고경에 대한 관심을 통해 무엇을 얻고자 하였을까?

---

533 다산은 『주역사전』 주석 작업을 위해 1803년 11월부터 『주역』을 읽기 시작하였다. 1804년 겨울에 『주역사전』 갑자본이 이루어졌다. 정약전이 『주역사전』 을축본(1805)에 대하여 1805년 3월에 『주역사해서周易四解序』를 썼는데, 이로 보면 『주역사전』의 원래 이름을 『주역사해周易四解』라고 하였을 수도 있다. 몇 번의 수정·보완을 통해 1808년 10월에 최종본인 무진본이 완료되었다. 다산은 「자찬묘지명自撰墓誌銘」(集中本)에서 『주역사전』을 『주역심전』이라고 하기도 했다. 자세한 내용은 조성을, 2016, 563~629; 『與猶堂全書』 『文集』 卷十六 「自撰墓誌銘」(集中本)을 참조하라.

원시 유교에서 무엇을 발견하려고 하였을까? 바로 상제의 재발견이다. 다산은 경학 저술을 통해 주희 중심주의, 주자학에 대한 비판뿐만 아니라 특히 『주역사전』, 『중용자잠』, 『중용강의보』, 『심경밀험』 등을 통해 상제를 향한 마음을 드러냈다. 그의 상제에 대한 의식을 가장 선명하게 볼 수 있는 경학 저술은 『중용강의中庸講義』이다. 이것은 어떤 책인가?

1783년 계묘년(22세) 봄, 다산은 경의經義로 진사가 되어 성균관에 입학하였다. 그런데 다음해에 정조가 초계문신抄啓文臣들에게 『중용』에 관한 질문 70[534]여 가지를 내렸다. 이에 다산은 친구인 이벽李檗 (1754~1786)과 의논도 하고 정리하여 그 답변을 정조에게 올렸는데, 이것이 『중용강의』의 초고이다. 이 초고는 비록 서학에 대한 맛을 보여주었던 이벽의 의견이 반영될 여지도 있지만, 다산이 생각하기에 그 내용 중 이치에 맞지 않거나 동떨어진 생각은 삭제하고 정리하여 쓴, 다산의 첫 경학 관련 글이다. 그로부터 약 30여년 후인 1814년 8월 무렵, 다산은 유배지에서 『중용』을 주석한 『중용자잠』을 완료했고, 9월에는 『중용강의』를 수정·보완하여 『중용강의보』를 완성하였다.[535]

다산의 『중용』 관련 글, 특히 『중용강의』는 그가 주자학의 우산을 벗어나 새로운 경학 패러다임의 세계를 연 출발점이었다. 그는 『중용』 관련 글에서 상제의 존재와 인간의 심성을 해석하면서 인간의 행위를 감시하는 주재자로서 상제와 귀신의 존재에 주목하였다. 다산이 이렇게 상제에 관심을 가진 것은 이벽의 영향이 컸던 것으로 보인다. 그러

---

534 질문 수는 자료에 따라 다소 차이가 있다. 「자찬묘지명自撰墓誌銘」(集中本)에서는 80여 조, 『중용강의보』에서는 70여 조라고 한다.

535 조성을, 2016을 참조하라.

나 다른 한편으로 보면 그의 상제에 대한 관심은 고경의 본래 정신에 대한 관심의 연장선으로도 볼 수 있을 듯하다. 말하자면 고경을 통해 주자학에서 상대적으로 도외시하였던 상제를 재발견한 것이다.

다산의 이러한 인식은 『중용』을 보는 주희의 시각을 비판하는 모습에서 잘 드러난다. 다산에게 『중용』은 어떤 책인가? 그 실마리를 찾아보자.

> "문왕의 조심하는 마음으로 밝게 상제를 섬겼던 일과 『중용』의 경계하고 삼가고 두려워하는 것(戒愼恐懼)은 어찌 밝은 마음으로 상제를 섬기는 학문이 아니겠습니까. … 그러므로 『중용』의 글을 깊이 살피면, 경계하고 삼가고 두려운 마음을 가져야만 비로소 진실한 공부를 할 수 있는 것입니다. 『중용』의 글은 구절마다 모두 천명을 말한 것이며 천명으로 귀결됩니다. 그러므로 도의 본말이 여기에 갖추어져 있습니다. … 『중용』은 도의 근본이자 끝이 되는 것입니다."[536]

다산의 『중용』을 보는 시각은 앞에서 밝혔던 주희와는 크게 다르다. 이는 곧 하늘(천), 성性 등을 리理로 환원시키는 주자학, 주희의 『중용』을 보는 관점을 비판하는 것이며, 나아가 『중용』이 궁극적으로 천명을 줄기로 하여 상제 섬김(昭事上帝)을 본질로 한다고 밝힌 것이다. 즉 『중용』은 처음부터 끝까지 천명으로 일관된 가르침을 담고 있어, 결과

---

536 "文王小心翼翼, 昭事上帝, 中庸之戒愼恐懼, 豈非昭事之學乎. … 故觀乎中庸之書而深察焉. 則戒愼恐懼, 方有眞實之工矣. 夫中庸之書, 節節皆從天命而來, 節節皆歸致於天命. 故道之本末, 於是乎該. … 故中庸爲道之本末也."(『中庸講義補』卷一)

적으로 상제를 섬기는 방법으로 그 본말을 갖춘 책이라는 것이다.

『주역』에 대한 새로운 시각을 통해서도 우리는 다산의 상제에 대한 의식을 엿볼 수 있다. 그의 『주역』 관련 대표적 저술은 『주역사전』이다. 이것은 강진으로 유배된 뒤 1803년부터 『주역』을 집중적으로 연구하고 수차례의 수정을 통해 1808년에 완성되었다. 그는 유배에서 돌아온 뒤에 한나라 이후 나온 『주역』 주석들을 비판적으로 검토하여 『역학서언易學緒言』(1821)도 내놓았다. 그런데 다산은 특히 『주역사전』에 이러한 특별한 의미를 부여하였다.

> "『주역사전』은 내가 하늘의 도움을 받아 쓴 글이다. 결코 사람의 힘으로 소통시킬 수 있거나 사람의 지혜나 생각으로 도달할 수 있는 것이 아니다. 이 책에 마음을 다하여 깊이 생각하여 거기에 담긴 오묘한 뜻을 헤아릴 수 있는 사람이 있다면 그가 바로 나의 자손이고 친구이니, 그런 사람이 천년에 한 번 나오더라도 배 이상 정을 쏟아 애지중지해야 할 것이다."[537]

그는 자신의 저술에 대한 비난을 듣고 개탄하며 만일 천명이 허락하지 않으면 차라리 불에 태워도 좋겠지만, 『주역사전』에 애착을 가져 이것만이라도 전승해가기를 바라기도 했다. 그런데 역이 무엇인지에 대한 그의 생각을 들어보자. 다산은 역에 대해 이렇게 말한다. "역이란 점

---

537 "周易四箋, 是吾得天助之文字. 萬萬非人力可通, 智慮所到. 有能潛心此書, 悉通娛妙者, 卽子孫朋友, 千載一遇, 愛之重之, 當倍常情."(『與猶堂全書』『文集』卷十八「家誡」示二子家誡)

서占筮를 하기 위한 것이다. … 역이란 것은 점치는 것을 중심으로 한 것이다."538 이 역易과 관련한 다산의 핵심 주장은 역이 결코 상제와 무관하지 않다는 것이다. 다산은 역을 통해 상제천에 대한 주희와는 전혀 다른 생각을 피력하였다. 역은 무엇을 위하여 지어졌는가? 그의 『주역』에 대한 관심에는 역의 원래 목적을 바로 알고 그에 걸맞게 해석해야 함을 밝히려는 의도가 담겨있다. 다산에 의하면, 역은 성인이 자연의 질서와 사물의 형상을 표상한 기호 체계로, 성인이 하늘의 명을 청하여 그 뜻에 따르기 위한 것이다.

"『역』은 왜 만들어졌는가. 성인이 하늘의 명을 청하여 그 뜻에 따르기 위한 것이다. … (이는 그 얻은 괘의 길흉吉凶을 점치는 것이다.) 그렇게 살펴서 진실로 길하다면 이에 그 일을 수행하며 말하기를, '하늘이 그것을 하도록 나에게 명하시니 그것을 행할 것이다'라고 하는 것이며, 점괘를 살펴봄에 참으로 불길하다면 전전긍긍하여 감히 그 일을 행하지 않는 것이다. 이것이 역이 만들어진 이유인데, 이는 바로 성인이 하늘의 명을 물어 그 뜻을 따르고

『주역사전周易四箋』「역론易論」.

---

538 "易, 所以筮也. … 易主於筮."(『周易四箋』卷一 「讀易要旨」)

『역학서언易學緒言』「한강백현담고韓康伯玄談考」.

자 함이다."[539]

『주역』이 만들어진 것은 바로 하늘의 뜻, 하늘의 명이 무엇인지를 알아서 그것을 따르기 위함이라는 것이다. 천명이란 게 무엇인가. 다산에게 그것은 다름 아닌 하늘(천)이 내리는 명이다. 천명은 곧 상제천上帝天이 내리는 명령이며, 무조건적으로 따라야 하는 정언定言 명령이다. 천명은 하늘이 나에게 주는 것이다.[540] 결국 『주역』은 소사상제紹事上帝의 점복占卜을 위한 것이며, 상제의 뜻을 알고 상제의 의지를 따르고 상제의 명을 받아들이기 위한 수단인 점占을 위해 만들어졌다는 것이다. 그런데 다산은 "일음일양으로 운동하는 위에 분명히 이를 주재하여 처리하는 하늘(상제)이 있는데, 이제 드디어 일음일양으로써 도체道體의 근본을 삼는 것이 옳겠는가"[541]라 하였다. 이는 곧 만물을 생성·변화의 과정을 주재하고 제작하는 존재는 상제라는 것이다. 그는 『역』은 초월적 주재자인 하늘의 명령(천명)이 무엇인지를 묻고 하늘의 명령을 따르고자 하는 종교적 삶의 요구에 따라 만들어졌다고 본다.

---

539 "易, 何爲而作也. 聖人, 所以請天之命, 而順其旨者也. … (此, 占其吉凶) 玩之誠吉, 於是乎, 作而言曰, '天其命予而行之矣'. 玩之誠不吉, 兢兢然, 莫之敢行. 此, 易之所爲作也, 此, 聖人之所以請天之命, 而順其旨者也."(『周易四箋』卷四「諸卦」易論;『與猶堂全書』『文集』卷十一「易論 二」)

540 방인, 2020, 48.

541 "一陰一陽之上, 明有宰制之天, 而今遂以一陰一陽, 爲道體之本可乎."(『易學緒言』卷二「韓康伯玄談考」)

442

『역』은 하늘을 경외하고 천명을 받드는 방법으로 나왔다는 것이다.

다산의 이러한 『역』을 바라보는 기본 인식에는 상제의 존재에 대한 믿음, 인간이 어떻게 행동해야 하는지 그 방향을 지시하는 상제의 가르침에 대한 믿음이 깔려있다. 바로 이것이야말로 다산의 역에 대한 가장 특징적인 인식이다. 다산이 보기에 『역』은 어떤 거창한 형이상학적 이론이나 윤리적 규범서이기 전에, 긴박한 인간 삶의 실존적 문제와 깊은 관련이 있다. 사람은 누구나 어떤 중요한 결정을 하거나 선택을 해야 할 상황에 처할 수 있다. 문제는 이때 자신의 생각이나 판단 또는 의지로 어떤 결정을 할 수 없을 때가 있다. 사람들은 이때 신적 존재에 그 길을 묻고 싶어 한다. 소위 점을 치는 복서卜筮에 의존하려고 한다. 『주역』은 바로 이러한 복서에 기원을 두고 있다.

흔히 사람들은 점을 치는 행위를 비판적으로 본다. 때로는 미신이니 뭐니 하면서 부정적으로 낙인찍는다. 그러나 다산에 의하면, 점은 비이성적 행위, 술수가 아니다.

　　"점치는 법은 처음에는 천명을 받들어 백성의 삶을 이끌고자 하는데 있었다. 일이 공정하지만 성패를 쉽게 분간할 수 있는 경우는 점을 치지 않는다. 이익이 비록 분명하지만 의리에 맞지 않을 경우에도 점을 치지 않는다. 오직 일을 상고해 보고 공정한 일이지만 그 결과의 성패가 분명하지 않을 때 점을 친다."[542]

542　"卜筮之法, 其始也, 稟天命以前民用也. 事雖正而成敗易分者, 不卜. 利雖明而義理不允者, 不卜. 唯考諸義而雖正, 其成敗利鈍有不明者, 於是乎有占也."(『易學緒言』卷四「卜筮通義」卜筮總義)

"옛사람은 천지신명을 섬김으로써 상제를 섬겼다. (『중용』에서 '교사의 예는 상제를 섬기는 것이다'라고 하였으니 또한 이러한 뜻이다.) 그러므로 복서卜筮하여 하늘의 명령을 듣고자 하였던 것이다. … 오늘날 사람들은 평소에는 신을 섬기지 않다가 오직 일을 당해서만 점을 쳐서 성패를 보고자 하니 이는 하늘을 업신여기고 신을 모독하는 것이다. 내가 역상易象을 주석하고 풀이한 것은 경經을 밝히기 위함이었다. 만약 어떤 사람이 '역례가 이미 밝혀졌으니 점을 칠 수 있을 것이다'라고 말한다면 점의 결과가 맞지 않을 뿐 아니라 죄에 빠지는 것이 적지 않을 것이다. 이것이 내가 가장 두려워하는 바이다."543

이렇게 보면 점은 개인이 어떤 목적을 달성하기 위한 수단으로나 무언가를 얻어내기 위한 목적으로 행하는 것이 아니다. 단순한 호기심이나 이기적 목적으로 치는 것이 아니다. 복서, 점을 치는 행위는 천명을 알기 위한 행위이다. 즉 상제의 뜻이 무엇인지 알기 위해, 상제에게 상제의 뜻을 묻는 행위이자 상제의 명을 받는 행위이다. 복서는 곧 역의 기호 체계를 통해 하늘의 뜻을 묻는 행위이다. 점을 치는 목적은 하늘의 명을 청하여 그에 순종하기 위함이다.

점을 치는 행위는 상제와 상제의 뜻을 받아 내리는 점을 치는 사람 간에 이루어진다. 이러한 행위에서 상제의 존재는 불가피하다. 상제가

---

543 "古人事天地神明, 以事上帝. (中庸曰, '郊社之禮, 所以事上帝', 亦此義.) 故卜筮以聽命. … 今人平居旣不事神, 若唯臨事卜筮, 以探其成敗, 則慢天瀆神, 甚矣. 余疏釋易象, 爲明經也. 若有人謂'易例旣明, 可以行筮', 則不惟占驗不合, 而其陷溺不少. 此余之所大懼也."(『易學緖言』卷四「卜筮通義」表記卜筮之義)

없다면 점을 치는 행위는 성립되지 않는다. 또한 문제는 누구나 점을 통해 상제의 뜻을 알 수 있는 것이 아니라는 것이다. 그래서 다산은 상제에 대한 믿음이 없다면 점을 치지 말아야한다고 본다. 상제의 명령을 따르겠다는 동기에서의 점이 아니라면 복서는 차라리 없애는 편이 낫다고 주장한다.[544]

만일 자신의 의지대로 일을 벌이거나 어떤 일을 행한 후 하늘의 뜻을 살피려고 점을 친다면, 그것은 하늘의 기밀을 엿보고 하늘의 의지를 시험하는 것이니 큰 죄악이다. 이러한 경향은 춘추 시대부터 나타났다. 춘추 시대에 이르러 점은 이미 문란해져 개인의 사적 목적으로 하늘의 뜻을 염탐하는 잡술로 전락되었다.

"춘추 시대에는 이러한 점의 원칙이 이미 문란해져 자신의 운명을 점치는 것은 녹과 지위를 구하기 위한 것에 지나지 않았고 도모하는 일을 점치는 것도 의리에 합당한 것인지의 문제를 분별하지 않았다. 그리하여 천명을 받드는 취지가 드디어 사라지고 하늘의 뜻을 탐하는 생각이 우선하게 되니 백성을 현혹시키는 술수와 교묘하고 지리한 설들이 그 사이에 난무하게 되어 그것이 하늘과 신을 모독하는 잘못임을 깨닫지 못하게 되었다."[545]

---

544 김영우, 2002, 257.

545 "春秋之世, 此法已濫, 卜其身命者, 不出於榮祿位名之慕, 卜其謀議者, 不揆夫義利逆順之辨. 棄命之義遂晦, 而探命之志先躁, 則眩惑妖幻之術, 狡獪支離之說, 得以交亂於其間, 而不自覺, 其陷入於慢天瀆神之咎矣."(『易學緖言』 卷四 「卜筮通義」 卜筮總義)

다산은 복서가 타락하고 그 원래의 정신으로부터 벗어난 것은 춘추 시대부터라고 보았다. 그 이전까지만 해도 복서는 고대인의 신앙적 행위로 중요한 의미를 지니고 있었던 것이다.

다산은 복서가 타락하여 미신이나 사술에 빠져버린 현실 비판을 넘어, 『주역』의 경문에 대해 잘 알지도 못하면서 선천역과 하도·낙서의 역리에 대해 장황하게 논의하는 당시의 사회 현실, 당시의 역학 폐단을 비판하였다. 다산은, 역은 원래 어려운 것이 아니지만 그 독해하는 방법을 잘 알 수 없고, 특히 형이상을 대표하는 의리로 연구되기 때문에 어려운 것일 뿐, 본래는 나라의 일이나 사람들의 삶에 이용하기 위한 실용적인 것이라고 보았다.

이처럼 다산은 복서로서의 역 인식을 통해 『주역』의 신앙 세계를 선명하게 드러낸다. 복서를 통해 인간이 하늘과 만나는 방식을 확인하고 그 만남의 방식에 내포된 절차와 법식을 해명하며 하늘의 뜻을 알아서 인간의 삶에 활용하는 과제를 찾아 가는 것은, 바로 역이 간직하고 있는 종교적 세계를 가장 풍부하게 드러내 주는 부분이다.[546] 세상이 바뀌기를 바라던 다산이 이런 『주역』에 큰 관심을 보이고 주역을 우주 주재자인 상제와 관련시키는 것은 당연할 수밖에 없다.

그 외 『논어』와 관련한 주석에서도 다산은 주자학, 성리학자들에 의해 오랫동안 제거되었던 원시 유교의 상제에 대해 말하고 있다. 특히 그는 상제를 천과 동일시하여, '천은 상제', '하늘을 주재하는 자(주재자)는 상제'라고 하였다.

---

546   금장태, 2007, 254.

몇 가지 예를 들었지만 이것으로 보면 다산의 경학은 본질적으로 상제, 천, 하늘을 재발견한 새로운 주석이다. 상제는 다산 경학 사상의 핵심 코드이다. 다산의 경학이 주자학과 가장 큰 차이를 보이는 것은 상제의 재발견이다. 초월적 인격신 상제에 대한 인식은 다산 사상 체계의 바탕이자 근본이다. 다산의 경학은 진실한 마음으로 하늘을 섬기고 진실한 마음으로 신을 섬길 것을 요구하는 '사천학事天學'적 성격을 지닌 신앙 세계를 열어주고 있다.[547]

국가 경영(經世學)에 비친 상제

다산 사상 체계의 다른 한 축인 경세학은 경학을 기초로 세상과 인간을 다스리는 방법에 대한 가르침을 담고 있다. 경학이 인격 수양과 세상 다스림을 위한 이론적 토대였다면, 경세학은 당시 사회 현실에 대한 문제 의식과 개혁안을 담고 있다. 그의 경세학의 핵심을 한 마디로 표현하면 통치 체제는 물론 경제, 법, 의례 등을 망라한 조선의 총체적 국가 개혁이라고 할 수 있다.[548] 요순 시대의 왕도 정치로서의 왕정王政

---

547   금장태, 2005a, 361~362.

548   다산은 경세經世를 이렇게 설명한다. "경세란 무엇인가? 관제官制·군현지제郡縣之制·전제田制·부역賦役·공시貢市·창저倉儲·군제軍制·과제科制·해세海稅·상세商稅·마정馬政·선법船法·영국지제營國之制(도성을 경영하는 제도) 등을 시용時用에 구애되지 않고 경經을 세우고 기紀를 베풀어 우리의 오랜 나라를 새롭게 하기로 생각하는 것이다. 經世者, 何也. 官制·郡縣之制·田制·賦役·貢市·倉儲·軍制·科制·海稅·商稅·馬政·船法·營國之制, 不拘時用, 立經陳紀, 思以新我之舊邦也."(『與猶堂全書』『文集』卷十六「自撰墓誌銘」(集中本))

의 지향은 물론, 각종 사회 제도를 왕정에 맞게 개혁하려는 것이다. 이런 맥락에서 보면 다산의 궁극적 관심은 경세학을 지향한다.

다산은 자신이 살던 시대의 사회 현실을 성찰하고 무엇을 어떻게 개혁하고 바로잡아야 할지, 그 전제를 상제에서 찾은 듯하다. 그는 당시 병든 사회 질서를 근본적으로 바로잡기 위해서는 상제의 존재를 믿고 바로 알고, 항상 경외하고 두려워하는 마음, 늘 인간을 지켜보고 있다는 자각을 통해 모든 관료나 지식인들이 바른 행동을 해야 함을 강조한다. 물론 군주도 예외가 아니다. 상제에 대한 깨어있는 의식을 요구한다. 이것이 병든 사회를 고칠 수 있는 구체적 개혁의 전제 조건이다. 새로운 사회 질서는 이러한 요건이 충족될 때 가능하다.

다산의 경세학과 관련한 사상에서 상제를 염두에 두고 밝히는 대표적인 사상은 바로 왕권론이다. 당시 왕권은 상대적으로 약하였다. 강력한 군주 정치의 중심에 있는 왕의 모습을 옹호하는 다산의 모습은, 늘 어디에서나 인간을 감시하고 바른 행동을 하게 하는 절대적 힘을 가진 상제 설정과 일맥상통하는 것이 아닐까? 다산은 왕권 강화의 필요성과 그 정당성을 상제를 부활시켜 뒷받침하려 했을지도 모른다.

정조는 끊임없는 당파 싸움 가운데 힘없이 휘둘리는 왕권을 강화하기 위해 초계문신抄啓文臣 제도를 실시하거나 장용위壯勇衛를 설치하기도 했다. 다산의 경학은 초계문신이 된 이후 어쩌면 왕권 강화의 정당성과 그 사상적 실마리를 마련하는 것이었고, 그의 경세학은 이를 바탕으로 사회 개혁 논리를 발견하고 그 실천을 지향하는 것이었다고 한다면 무리일까?

그렇다면 그의 왕권론은 상제와 어떤 관계가 있는가? 그 바탕은 왕이 천天의 일을 대신한다는 인식이다. 다산은 "왕자王者가 관직을 설치하여 직장을 분담시킨 것은 하늘의 일(天工)을 대리하는 것이다"549라고 하여, 왕을 하늘을 대신하여 인간을 다스리는 존재, 인간 세상의 중심으로 본다. 문제는 당시 정치 현실이 이와는 거리가 멀다는 것이다. 왜냐하면 당시 정치 현실은 왕권보다는 신권臣權이 강하였고 정치판은 세도 정치, 파당 정치, 그에 따른 정치적 갈등이 일상적이었기 때문이다. 그러므로 다산은 왕이 바른 정치, 이상적인 정치를 하자면 왕권의 강화, 왕정의 확립이 절대 필요하다고 보았다. 왕정을 회복하고 정치적 안정은 물론, 사회 질서를 바로잡기 위해서는 왕의 권력을 포함한 개혁이 불가피하였다.

그렇다면 왕정王政이란 무엇인가? 다산의 말을 들어보자.

"정政(나라를 다스리는 일)의 뜻은 바로잡는다[正]는 말이다. 똑같은 우리 백성인데, 누구는 토지의 이택利澤을 겸병兼幷하여 부유한 생활을 하고, 누구는 토지의 이택을 받지 못하여 빈한하게 살 것인가. 이 때문에 토지를 개량하고 백성들에게 고루 나누어 주어 그것을 바로잡았으니 이것이 정政이다.

똑같은 우리 백성인데, 누구는 풍요로운 땅이 많아서 남는 곡식을 버릴 정도이고 또 누구는 척박한 땅도 없어서 모자라는 곡식을 걱정만 해야 할 것인가. 때문에 주거舟車를 만들고 권량權量의 규격을 세워 그 고장에서 나는 것을 딴 곳으로 옮기고 있고 없는 것을 서

---

549 "王者設官分職, 代理天工."(『經世遺表』卷一「春官禮曹 第三」弘文館)

로 통하게 하는 것으로 바로잡았으니 이것이 정이다.

똑같은 우리 백성인데, 누구는 강대한 세력을 가지고 제멋대로 삼켜서 커지고 누구는 연약한 위치에서 자꾸 빼앗기다가 멸망해 갈 것인가. 때문에 군대를 조직하고 죄 있는 자를 성토하여 멸망의 위기에 있는 자를 구제하고 세대가 끊긴 자는 이어가게 하는 것으로 바로잡았으니 이것이 정이다.

똑같은 우리 백성인데, 누구는 상대를 업신여기고 불량하고 악독하면서도 육신이 멀쩡하게 지내고 누구는 온순하고 부지런하고 정직하고 착하면서도 복을 제대로 받지 못하는가. 때문에 형벌로 징계하고 상으로 권장하여 죄와 공을 가리는 것으로 바로잡았으니 이것이 또한 정이다.

똑같은 우리 백성인데, 누구는 멍청하면서도 높은 지위를 차지하여 악을 전파하고 있고 누구는 어질면서도 아랫자리에 눌려 있어 그 덕德이 빛을 못 보게 할 것인가. 때문에 붕당을 없애고 공도公道를 넓혀 어진 사람을 기용하고 불초한 자를 몰아내는 것으로 바로잡았으니 이것이 정이다.

밭도랑을 준설하고 수리 시설을 함으로써 장마와 가뭄에 대비하고, 소나무 … 밤나무 등을 심어서 궁실宮室도 짓고 관곽棺槨도 만들고 또 곡식 대신 먹기도 하고 소·염소·당나귀·말·닭·돼지·개 등을 길러 군대와 농민을 먹이기도 하고 노인들 봉양도 한다. 우인虞人(산림 소택山林沼澤을 맡은 벼슬)은 시기를 가려 산림에 들어가서 짐승과 새들을 사냥함으로써 해독을 멀리하기도 하고 또 고기와 가죽을 제공하기도 하며 공인工人도 계절따라 산림에 들어가서 금·은·

구리·철과 단사丹砂·보옥寶玉을 캐다가 재원을 확보하기도 하고 또 모든 쓰임에 공급도 하며 의사는 병리를 연구하고 약성藥性을 감별하여 역려疫癘와 요찰夭札을 미연에 방지하게 하는 것이 바로 왕정王政인 것이다."[550]

"왕정이 사라지면 백성들이 곤궁하기 마련이고 백성이 곤궁하면 나라가 가난해지고 나라가 가난해지면 부렴賦斂(조세 제도)이 번거롭고 부렴이 번거로우면 인심이 이산되고 인심이 이산되면 천명天命도 가버린다. 그러므로 급히 서둘러야 할 것이 정이다."[551]

다산에게 왕정은 곧 백성의 안녕과 혜택을 위하는 길이었다.

다산은 그러한 새로운 정치를 위한 근거를 성인이 천하를 다스리는 큰 법칙이자 성왕聖王들이 나라를 다스렸던 도道, 보편적 통치 원리인 홍범구주洪範九疇의 황극皇極 사상에서 찾았다. 다산은 하

七稽疑	四五紀	一五行
克 晢 霽 驛 雨 / 悔 貞	曆 星辰 日 月 歲 / 數	土 金 木 火 水 / 稼穡 從革 曲直 炎上 潤下
八庶政	**五皇極**	**二五事**
風 寒 燠 暘 雨 / 聖 哲 謀 乂 肅 / 蒙 念 徵 舒 俊		思 聽 視 言 貌 / 睿 聰 明 從 恭 / 聖 謀 哲 乂 肅
九福極	**六三德**	**三八政**
考終命 攸好德 康寧 富 壽 / 弱 惡 疾 憂 貧 短折 凶	柔克 剛克 正直 / 燮友 玉食 作威 作福	師 賓 司寇 司徒 司空 司 祀 貨 食 / 寇 徒 空

『尚書古訓』「洪範」.

---

550 "政也者, 正也. 均吾民也, 何使之並地之利而富厚, 何使之阻地之澤而貧薄. 爲之計地與民而均分焉, 以正之, 謂之政. 均吾民也, 何使之積土之所豐而棄其餘, 何使之闕土之所嗇而憂其匱. 爲之作舟車謹權量, 遷其貨得, 通其有無, 以正之, 謂之政. 均吾民也, 何使之强而恣其呑以大, 何使之弱而被其削以減, 爲之張皇徒旅, 聲罪致討, 存亡繼絕, 以正之, 謂之政. 均吾民也, 何使之欺凌頑惡而安其四體, 何使之恭勤忠善而福不加及, 爲之刑以懲, 爲之賞以獎, 別罪功以正之, 謂之政. 均吾民也, 何使之愚而處高位, 以播其惡, 何使之賢而詘於下, 以翳其德, 爲之祛朋黨恢公道, 進賢退不肖以正之, 謂之政."(『與猶堂全書』『文集』卷十「原政」)

551 "王政廢而百姓困, 百姓困而國貧, 國貧而賦斂煩, 賦斂煩而人心離, 人心離而天命去. 故所急在政也."(『與猶堂全書』『文集』卷十「原政」)

늘을 대신하는 지상의 왕권이 절대 강해야 하고, 군주를 정점으로 하는 정치의 확립을 정당화하는 이념을 왕의 위상·역할을 대변하는 황극 사상에서 찾은 것이다.

홍범구주란 무엇인가? 홍범이란 큰 범주라는 의미이다. 그러므로 홍범구주는 9개 조항의 큰 법이라는 뜻으로 천하를 다스리는 아홉 가지 대법大法, 통치 원리, 통치 범주를 말한다. 홍범구주는 천하·국가를 다스리는 아홉 가지 범주[552]의 통치 요체를 담은 텍스트이자 나라를 다스리는 치국治國의 도道, 천하를 바로잡는 경세經世의 도道를 담은 군주의 통치 지침이라 할 수 있다.

홍범구주는 『서경』 「홍범洪範」에 나오는데, 그 기원에 대해 이렇게 말한다.

"13년째 되는 해에 왕이 기자箕子를 방문하였다. … 기자가 다음과 같이 말하였다. '내가 들으니 옛날 곤鯀(우왕의 아버지)이 홍수를 막으면서 오행의 질서를 어지럽게 하자 상제가 진노하여 홍범구주를 내려주지 않으시니 사람으로서 지켜야 할 떳떳한 도리(彝倫)가 무너지게 되었습니다. 곤이 귀양 가 죽고 우왕이 뒤이어 일어나자

552　홍범구주洪範九疇의 구주는 천지의 5가지 운행 이치(五行), 공경히 행해야 하는 다섯 가지 일(敬用五事), 농사를 지을 때 행하는 여덟 가지 정사(農用八政), 조화롭게 써야 하는 다섯 가지 규율(協用五紀), 바르게 세워야 하는 군주의 법칙 및 왕의 표준(建用皇極), 치국에 임해 군주와 신하 및 백성이 각각 실천해야 할 세 가지 덕(乂用三德), 의문을 잘 살펴 명백히 밝힘(明用稽疑), 통치가 제대로 이루어지고 있는지가 재해 등 감응론적으로 드러나는 것, 즉 여러 징험(念用庶徵), 그리고 복극은 길러 사용하는 다섯 가지 복과 여섯 가지 곤궁을 징계하는 향용오복嚮用五福 위용육극威用六極이다.

하늘이 우왕에게 홍범구주를 내려주시니 이륜이 펴지게 되었다.'"[553]

「홍범」에서 기자는 홍범구주가 우禹에게 내려졌다고 하였다. 하늘이 우왕에게 홍범구주를 내렸다는 것이다. 이런 맥락은 "우왕이 홍수를 다스림에 하늘이 낙서를 내려주므로 이것을 본받아 진열하니 홍범이 이것이다"[554]라 한 『한서』에서도 읽을 수 있다.

그러나 그 기원을 다르게 볼 여지도 있다. 왜냐하면 『사기』에는 이런 기록도 있기 때문이다.

"무왕은 은殷을 점령한 2년 후에 기자箕子에게 은이 망한 까닭을 물었다. 기자는 차마 은의 죄악을 낱낱이 말하지 못했으나 나라가 존재하고 멸망하는 마땅한 이치를 고했다. 무왕 역시 난처하여 일부러 화제를 돌려서 천도天道에 대해서 물었다."[555]

이를 근거로 흔히 홍범구주는 무왕武王이 은나라를 이기고 기자를 찾아가 천도天道, 통치의 원리를 묻자 이에 기자가 무왕에게 구류九類를 아뢴 것이라고 말한다.

그러나 중국 남송 시대 사람 채침蔡沈(1167~1230)은 홍범이 우왕에

---

553 "惟十有三祀, 王訪于箕子. … 箕子乃言曰, 我聞在昔, 鯀堙洪水, 汨陳其五行, 帝乃震怒, 不畀洪範九疇, 彝倫攸斁. 鯀則殛死, 禹乃嗣興, 天乃錫禹洪範九疇, 彝倫攸敍."(『書經』 「洪範」)

554 "禹治洪水, 賜雒書, 法而陳之, 洪範是也."(『漢書』 「五行志」 五行志 上)

555 "武王已克殷, 後二年, 問箕子殷所以亡. 箕子不忍言殷惡, 以存亡國宜告. 武王亦醜, 故問以天道."(『史記』 「周本紀」)

게서 나왔는데, 기자가 미루어 넓히고 더 보탠 것으로 본다.[556] 즉 우왕 때 하늘이 내린 대법(홍범)이 있었는데, 그 후에 주나라 무왕이 기자에게 천도를 묻자 그 대법을 바탕으로 기자가 무왕에게 설명하였다는 것이다.

여기서 중요한 것은 누가 받았느냐보다 그것을 내린 주체이다. 위의 인용문을 보면, 그 주체는 상제이다. 홍범구주는 하늘·상제가 우에게 내린 것이고, 기자가 부연敷衍, 증익增益한 것으로 보인다. "우는 뒤이어 등용되어 마침내 천하를 얻어 황극을 세우고 구주를 받았다. 이것이 하늘이 우에게 홍범구주를 내려주었다는 구절의 뜻이다. 어찌 서書가 하늘에서 내려왔겠는가. 다만 우가 하늘의 명을 받아, 이 황극의 지위에 앉아 지혜를 운용하고 법을 만들고 구주의 규범을 세워서 왕이 황극을 세우고 다스림을 내는 큰 법으로 삼았다. 이 또한 하늘이 그의 마음을 열어준 것이니, 하늘이 주었다고 할 수 있다."[557] 이런 맥락에서 다산 역시 홍범구주는 하늘이 우 임금에게 내린 것이라고 본다. 즉 하늘이 우에게 황극의 지위와 권한을 준 것으로 이해한 것이다. 그는 이를 좀 더 구체적으로 우가 천하를 얻어 황극의 지위에 있으면서 지혜를 써서 법을 세우고 구주九疇를 처음으로 만들어 그것을 통할하여 거느린 것으로 설명한다. 그 법을 세우고 다스리는 대법도 하늘이 그 지

556 "짐작컨대 홍범은 우왕에게서 나왔는데, 기자가 미루어 부연하고 증익하여 …. 意洪範, 發之於 禹, 箕子推衍益 …."(『書經集傳』「洪範」)

557 "禹能嗣興, 遂得天下, 建皇極而領九疇. 是天乃錫禹洪範九疇也. 豈有書自天降來乎. 特禹受天 之命, 宅此皇極之位, 運智設法, 創立九疇洪範, 以爲王者建極出治之大法. 斯亦天啓其衷, 可云天 錫之也."(『尙書古訓』卷四「洪範」)

혜를 열어주었을 것이므로 '하늘이 주었다'고 할 수 있다.[558]

그 기원에 대한 또 다른 견해는 『환단고기』에서 찾을 수 있다. 앞에서 우리는 황하가 범람하여 홍수가 빈번하게 일어나자 순 임금이 보낸 우禹에게 고조선의 부루 태자가 오행치수법五行治水法이 적힌 금간옥첩金簡玉牒을 전하고, 그 비법으로 물길을 터주어 홍수를 해결할 수 있었음을 보았다. 그런데 『환단고기』에는 이와 관련한 이런 기록도 있다.

"또 오행치수법과 『황제중경黃帝中經』이 부루 태자(2세 단군)에게서 나와 우虞 사공司空에게 전해졌는데, 후에 기자箕子가 은나라 주왕에게 진술한 홍범구주洪範九疇 또한 『황제중경』과 오행치수설이다. 대저 그 학문은 본래 배달 신시 시대의 구정법邱井法과 균전법均田法에서 전해 내려온 법이다."[559]

"우나라 순 임금이 보낸 우禹가 회계산에 가서 조선의 가르침을 받을 때, 자하紫虛 선인을 통해 창수蒼

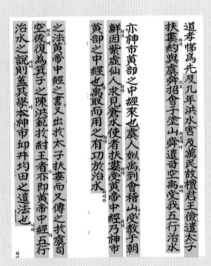

왼쪽부터
『환단고기』「태백일사太白逸史」「신시본기神市本紀」
(배달의숙본).
『환단고기』「태백일사」「소도경전본훈蘇塗經典本訓」
(배달의숙본).
『환단고기』「태백일사」「삼한관경본기三韓管境本紀」
(배달의숙본).

---

558 소진형, 2016, 29~30.

559 "且其五行治水之法, 黃帝中經之書, 又出於太子扶婁, 而又傳之於虞司空. 後復爲箕子之陳洪範
    於紂王者, 亦卽黃帝中經五行治水之說, 則蓋其學, 本神市邱井均田之遺法也."(『太白逸史』「神市本
    紀)

水 사자인 부루 태자를 찾아뵙고 『황제중경黃帝中經』을 전수 받으니, 바로 배달의 『황부중경』이다. 우가 이것을 가지고 가서 치수하는 데 활용하여 공덕을 세웠다."560

"9년 동안 홍수가 일어나 그 재앙이 만민에게 미치므로 단군왕 검께서 태자 부루를 보내어 우나라 순 임금과 약속하게 하시고, 도 산塗山 회의를 소집하셨다. 순 임금이 사공司空 우禹를 보내서 우리의 오행치수법을 받아 치수에 성공하게 되었다."561

이에 의하면 오행치수법이 적힌 금간옥첩을 고조선의 2세 단군이 순 임금이 보낸 우에게 전했고, 우는 여기에 적힌 비법을 통해 해결할 수 없을 것만 같았던 홍수 문제를 마침내 해결하였다. 그런데 오행치수 법의 내용이 적힌 금간옥첩이 무엇이냐 하면 바로 홍범구주라는 것이 다.562 홍범구주의 사상 연원은 단군 왕검의 맏아들 부루 태자가 도산 에서 순 임금이 보낸 우禹에게 전해준 치수治水 방법이 담긴 금간옥첩에 서 찾을 수 있다는 것이다.563 그렇다면 『서경』에서 말하는 「홍범구주」 란 무엇일까? 그것은 그 후에 은殷나라가 망할 무렵에 은나라의 성인 기자箕子가 오행 원리를 요약한 것으로, 이것이 주周나라 무왕에게 전해

---

560 "虞人姒禹到會稽山, 受敎于朝鮮, 因紫虛仙人, 求見蒼水使者扶婁, 受黃帝中經, 乃神市黃部之
     中經也. 禹取而用之, 有功於治水."(『太白逸史』「蘇塗經典本訓」)

561 "及九年洪水, 害及萬民故, 檀君王儉遣太子扶婁, 約與虞舜, 招會于塗山, 舜遣司空禹, 受我五行
     治水之法, 而功乃成也."(『太白逸史』「三韓管境本紀」番韓世家 上)

562 양재학, 2020, 25, 217.

563 안경전 역주, 2016a, 410.

진 것이라고 한다.[564] 이렇듯 『환단고기』는 홍범구주가 중국에서 기원한 것이 아니라 고조선에서 기원하였음을 밝힌다.

그런데 이 홍범구주의 중심을 차지하는 것이 무엇인가. 바로 다섯 번째 황극皇極이다. 황극이란 무엇인가? 『상서』 「홍범」을 보자.

"다섯째, 황극은 임금이 극極을 세움이니 이 오복五福을 거두어 서 여러 백성들에게 펴면 여러 백성들도 당신의 극極을 잘 지키는 것으로 당신에게 극極을 되돌려 줄 것입니다."[565]

「홍범」의 핵심은 황극이고 황극의 핵심은 건극建極이다. '황'은 임금, 군왕, 주권자, 최고 통치 권력을 말하고, '극'은 지극至極의 뜻으로 치국의 표준, 최고 준칙을 말한다. '건'은 '세움', '세워서 바꾸지 않는 것'이다. 그러므로 '황건기유극皇建其有極'이란 임금이 지극至極·표준을 세움을 뜻한다. 그런데 「홍범」에서는 임금이 극을 세우는 길, 황극에 대해 이렇게 말한다.

"한쪽으로 치우치지 말고 기울어지지도 말고 왕의 의義를 따르며, 사사로운 감정으로 좋아하지 말고 왕의 도道를 따르며, 사사로운 감정으로 미워하지 말고 왕의 길을 따르라. 치우침이 없고 편당함이 없으면 왕도가 평탄해지고, 편당함이 없고 한쪽으로 기울지 않으면

왕도가 분명해지며, 정도를 거스르지 않고 한쪽으로 기울지 않으면 왕도가 바르고 곧게 된다. (임금이) 올바른 도리로 만민을 극으로 모으면, (아랫사람은) 그 명에 순종하여 황극에 귀의할 것이다."[566]

불공평, 부정이 없고, 사사롭게 좋아하지 않고, 붕당을 만들지 않고, 정도에 어긋나지 않음을 말한다. 탕탕蕩蕩, 평평平平, 정직正直은 왕이 극을 세움의 결과이고, 이는 곧 왕도 정치의 실현 다름 아니다. 즉 홍범은 왕도 정치를 지향하는 듯하다.

채침은 "극은 북극의 극과 같으니, 지극하다는 뜻이고 표준의 이름이니, 가운데에 서 있으면 사방에서 취하여 바로 잡는다"[567]라고 하여, 극을 임금이 중앙에서 수립하여 사방이 이에서 올바름과 준칙을 취하여 각각 의리의 당연함을 다하도록 하는 지극한 인륜적 표준으로 본다.

백호 윤휴도 황국에 대하여 언급한 적이 있는데,[568] 그는 황극이 세

---

566 "無偏無陂, 遵王之義, 無有作好, 遵王之道, 無有作惡, 遵王之路. 無偏無黨, 王道蕩蕩, 無黨無偏, 王道平平, 無反無側, 王道正直. 會其有極, 歸其有極."(『書經』「洪範」)

567 "極猶北極之極, 至極之義, 標準之名, 中立而四方之所取正焉者也."(『書經集傳』「洪範」)

568 "그리하여 내가 일신一身에 법이 되고 조민兆民에 법이 되게 하는 것이 수연粹然히 편벽됨이 없고 편당함도 없는 평평탕탕平平蕩蕩한 극치에 나아가 천하 사해의 가운데 서서 천지 사시가 변할 수 없으며 성명性命 기부肌膚를 바꿀 수 없는 것과 같이 된다. 이에 천하의 사람들이 스스로 둘러서 바라보고 모여서 돌아가고 위엄을 느끼면서 사랑하고 본뜨고 따라 하여, 마치 하늘의 별들이 북신北辰을 향하고 물이 바다로 모이는 것과 같아, 작상爵賞으로 권하고 부월斧鉞로 다스리기를 기다릴 것이 없이 절로 신령함을 보존하고 지나는 곳에 교화되어 고무시킴에 응하고 편안하게 함에 이르되, … . 使吾之作則於一身而爲法於兆民者, 粹然造乎平平蕩蕩之極, 而卓然立乎天下四海之中, 而如天地四時之不可變, 如性命肌膚之不可易. 於是乎天下之人, 自將環而望之, 會而歸之, 威而愛之, 則而象之, 如星之拱北如水之赴海, 有不暇乎爵賞之勸, 斧鉞之威而存神過化, 動和綏來, …"(『白湖全書』卷四十一「雜著」讀書記 洪範經傳通義)

워진다는 것을 사시가 변할 수 없고 성명性命과 기부肌膚를 바꿀 수 없는 것에 비유하며, 그렇게 왕의 치국의 표준이 바로 서면 모든 질서가 바로잡히고 확정되어 일정하게 유지된다고 보았다. 즉 사람들이 스스로 이에 위엄을 느끼고 따라 하게 된다는 것이다. 이는 마치 하늘의 별들이 북신北辰을 향하고 물이 바다로 모이는 것과 같아, 무슨 벼슬이나 상을 주어 하도록 권하거나 강제(힘)로 다스리지 않아도 모든 질서가 저절로 바로잡히고 국가 역시 자연스럽게 돌아가게 된다는 것이다.[569]

다산은 왕도 정치를 지향하고 왕권 강화를 정당화하기 위한 경학적 근거를 「홍범」에서 찾았는데, 황극에 대해 이렇게 설명한다.

"극極이라는 글자는 본래 옥극屋極에서 나왔다. 아주 오랜 옛날에 지붕은 고깔 모양으로 지었는데, 그 중앙의 뾰족하게 돌출한 부분을 옥극屋極이라 하였다. 북극北極은 하늘의 중추中樞이다. 하늘의 중심이기 때문에 북극이라고 하는데, 또한 옥극의 뜻이다. … 황극이 구주九疇의 중심에 있는 것이 공전公田이 아홉 개의 밭 중앙에 있는 것과 같아서 사방과 사유의 중심이 된다. 그래서 '건기유극建其有極(그것을 세워 극이 있다)'이라고 한 것이다."[570]

다산은 극이라는 개념은 옥극에서 유래하였으며, 거기에는 중앙이

---

569 소진형, 2020, 43~44.

570 "極之爲字, 本起於屋極. 太古之時, 屋如笠形屋如 笠形, 其中央突起者, 謂之屋極. 北極者, 天樞也. 爲天之中心, 故名曰北極, 亦屋極之義也. … 皇極居九疇之中, 如公田在九畎之中, 爲四方四維之攸極. 故曰建其有極也."(『尙書古訓』卷四 「洪範」)

정전제. (출처: https://blog.naver.com)

라는 의미가 있다고 본다. 다산은 중앙이라는 의미를 정전제井田制에서 찾는다. 정전제는 토지 왕유 사상을 바탕으로 하는 조세 제도로, 8호의 농가가 9개 덩어리로 나누어진('정井'자 형) 땅의 한 부분(1/9)을 각각 경작하고(私田), 이에 대한 대가·세금으로 8호가 같이 중앙에 위치한 왕의 소유인 땅 왕토王土(公田)를 경작해주는 제도이다. 즉 정전제는 토지를 중앙에 위치한 왕 소유의 1구와 이를 둘러싸고 있는 8구 등 아홉 개로 나누고, 사전 8구를 경작하는 농가가 각각 1구를 직접 경작하면서 중앙에 있는 공전 1구를 공동으로 경작하여 그 결과물을 왕에게 세금 형식으로 내는 조세 제도이다. 다산은 종래의 상수학적 및 낙서洛書적 이해[571]를 부정하고, 이러한 구주疇를 아홉 개로 나눈 토지 구역(田區)으로 보는 새로운 주장을 하였다. 다산은 정전제에서 공전公田이 아홉 개의 밭 중앙에 있는 것처럼, 황극은 〈홍범구주도〉에서 9주의 중심을 이룬다며 이렇게 말한다.

---

[571] 복희씨 때에 등에 그림을 진 용마龍馬가 하수河水에서 나왔다. 복희씨가 이것을 보고 천지자연의 이치를 1에서 10까지의 수數로써 알아내고 괘卦를 그었는데, 이것이 하도河圖이다. 그리고 하나라 우왕 때는 등에 그림이 그려진 거북이가 나왔는데, 우가 이를 보고 1부터 9까지의 수를 알아내고 괘를 그었는데, 이것이 낙서洛書이다. 공자가 "하수에서 하도가 나오고 낙수에서 낙서가 나왔다. 河出圖, 洛出書."(『周易』「繫辭上傳」)고 한 것은 이를 두고 한 말이다. 낙서는 중앙의 5황극, 5토土를 중심으로 하여 1에서 9까지 분열하는 상을 나타내는데, 흔히 이런 낙서는 홍범의 근원으로 여겨졌다. 『서경』의 홍범구주는 이 낙서에 의하여 만들어졌다는 것이다. 다산 이전의 〈홍범구주도〉에서 구주는 각기 방위와 오행에 배속되어 있었다. 주희도 그러하였다.

"홍범의 위차位次에서 오황극이 가장 높으니, 먼저 황극을 세운
뒤에야 서열을 정할 수 있다."[572]

황극은 정전제의 가장 중심을 이루는 공전처럼 구주에서 중앙에
배치되어 있다. 곧 홍범구주도는 황극을 중심으로 황극이 주체가 되어
나머지 자연의 운행 원리인 천도天道와 인간 사회의 질서 원리인 인도人
道, 자연 질서와 인간 질서를 구성하는 8주를 총괄하는 구조이다. 이전
에는 왜 황극이 중앙에 있고 가장 중요한지가 불분명하였다. 그런데 다
산이 그에 대한 답을 제시한다. "황극이 구주의 중앙에 위치하는 것은
정전제에서 공전公田이 구주의 중앙에 위치하여 사방四方·사유四維의 극
이 되는 것과 같다."[573] 이는 궁극적으로 구주 중 중앙의 황극이 가장
먼저 바로 서야 나머지 8주도 바로 선다는 것이다. 그리하여 다산은 구
주 중 황극이 가장 존귀하고 중심이라고 본다. 이는 현실적으로는 곧
임금, 왕, 최고 권력의 위상을 말하는 것이다. 황극이 홍범에서 가장 존
귀하고 높듯이 왕은 인간의 생사는 물론 화복에 영향을 미치는 가장
높은 절대적 권력을 갖는다. 그러니 왕권이 바로서야 함을 말한다. 그렇
다고 왕이 그 권력을 배타적 독점적으로 갖는 것은 아니다. 그 권력은
백성, 국가, 사회의 이익을 위한 것이다.

다산은 『주례』의 '관작官爵을 설치하고 직분을 나누는 것'을 근거

---

572 "洪範之位, 五皇極最尊, 先建皇極而後, 班次可定."(『尙書古訓』卷四「洪範」)
573 "皇極居九疇之中, 如公田在九畎之中, 爲四方四維之攸極."(『尙書古訓』卷四「洪範」)

로,[574] 군주가 극을 세운다는 것이 '설관분직設官分職'을 뜻하는 것으로 본다.[575] '관작官爵을 설치하고 직분을 나누어 백성의 극으로 삼는다고 한 것이 바로 황건기극皇建其極'이라는 것이다. 결국 건극이란 군주를 중심으로 하는 통치 체계, 관제, 지배 구조의 정비를 말한다. 이는 곧 군주를 중심으로 하는 일원적 관료 체계를 만드는 것 다름 아니다. 왕·군주를 중심으로 하는 정치 질서를 확립한다는 것이다.

군왕이 황극을 중심으로 극을 세우고[576] 왕도를 실천하면 하늘은 오복五福[577]을 내린다. 나아가 백성이 군왕의 가르침을 따르면 역시 하늘은 백성으로 하여금 오복을 누리게 한다. 물론 그렇지 않으면 하늘은 육극六極[578]을 내린다. 극을 바로 세우면 복을 그 대가로 주는 것이다.

군주, 왕은 어떤 존재인가? 전통적으로는 상제의 대리자, 천자라 하였다. 상제를 대리하여 나라를 다스리는 지상의 최고 존재이다. 그런데 위의 군왕의 권한을 보면 상제가 떠오른다. 다산은 군왕을 상제를 연상

---

574 "왕이 제국을 세워서 동서남북의 방위를 분별하고 천자와 군신간의 지위를 바르게 하여 도시를 정비하고 읍이나 리里를 구획하고 관직을 설치하고 직분을 나누어 모든 백성이 지켜야 할 도덕을 만든다. 惟王建國, 辨方正位, 體國經野, 設官分職, 以爲民極."(『周禮』「天官冢宰」)

575 "設官分職, 以爲民極, 正是皇建其極."(『尙書古訓』卷四「洪範」)

576 그 하나의 예를 홍범에서 보자. "무릇 백성들이 사당私黨을 조직하는 일이 없고 관리들이 패거리를 결성하는 일이 없는 것은 오직 임금이 극을 세우기 때문이다. 凡厥庶民, 無有淫朋, 人無有比德, 惟皇作極."(『書經』「洪範」)

577 "오복은 첫째는 수壽이고 둘째는 부富이고 셋째는 강녕康寧이며 넷째는 덕을 좋아함이며 다섯째는 명대로 사는 것이다. 五福, 一曰壽, 二曰富, 三曰康寧, 四曰攸好德, 五曰考終命."(『書經』「洪範」)

578 "육극은 첫째는 흉凶함(제대로 죽지 못함)과 단절斷折(夭折)이요 둘째는 질병이요 셋째는 우환이요 넷째는 가난이요 다섯째는 악함이며 여섯째는 연약함이다. 六極, 一曰凶短折, 二曰疾, 三曰憂, 四曰貧, 五曰惡, 六曰弱."(『書經』「洪範」)

시키게 하고 군왕의 권력이 상제로부터 나온 것임을 밝히려 한다. 이렇게 되면 왕의 말은 곧 상제의 가르침이다.[579] 군주는 상제를 통해 권위나 권력의 정당성을 확보한다. 상제가 왕권의 초월성, 왕권의 절대성을 보증한다. 다산은 강력한 왕권의 근거를 상제와 연계시킨다. 이런 맥락에서 보면 홍범구주는 상제上帝-군주君主-신하의 위계, 즉 황극을 중심으로 하는 엄격한 상하 위계 질서를 함축한다. 다산은 황제가 상제를 대신하는 류의 절대 왕권의 강화, 상대적으로 신권의 약화를 지향하는 듯하다.

다산은 이러한 정치의 이상과 왕권이 실현된 전형적인 시대를 요순 시대로 본다. 요순 시대에 그러한 강력한 왕권을 바탕으로 하는 정치가 펼쳐져 온 나라가 하나가 될 수 있었다. 다산은 이런 시대를 이상적인 왕정王政이라고 본 듯하다.

그렇다면 다산은 황극론을 통해 무엇을 말하고자 하는가? 결론적으로 말하면 그는 황극론을 통해 왕정王政을 지향하였다. 즉 다산은 왕정이 행해지기 위해 군주에게 상제를 배경으로 하는 강력한 왕권이 필요함을 말하였다. 다산이 보기에 이것은 시대적 요청이었다. 붕당朋黨 정치 때부터 발생하던 격렬한 당쟁은 탕평蕩平기에서 조차 지속되어서 정치적 안정성과 국가 발전을 억제하였다. 다산을 비롯한 많은 유학자들은 그 원인을 왕권王權이 약하고 신하臣下의 세력, 즉 신권臣權이 상대적으로 강하기 때문이라고 보았다. 이런 정치 지형에서는 합리적 정치

---

579 "임금이 극의 이치로 부연敷衍한 말이 바로 떳떳한 이치이고 가르침이니, 이는 상제가 가르쳐주신 것이다. 皇極之敷言, 是彝是訓, 于帝其訓."(『書經』「洪範」)

질서가 유지될 수 없다. 왕권과 신권의 대립, 신하 집단 간의 대결 구조는 정치적 파행의 여지가 훨씬 커진다. 이렇게 되면 국가 정치 질서가 흔들릴 여지가 많다. 다산은 이러한 문제를 해결하기 위해 황극론에서 이론적인 근거를 찾아 왕권 강화를 지향하려 하였다.

김성윤에 의하면, 다산이 절대 왕정을 이상화하면서 왕권에 강한 권위를 부여하고자 한 것은 곧 공공성의 구현 형태로서의 국가에 의한 제일적齊—的 지배를 강화하고자 하는 의도였다. 그리고 상제를 대신하여 통치하는 국왕의 절대성, 국왕 통치의 정당성을 상제에게서 찾았다. 다산은 왕권을 국가 권력의 공공성을 보유할 유일한 주체로 상정하여 이에 절대성을 부여함으로써 붕당이나 가문 등의 제반 사적인 지배 체제를 혁신적으로 척결하고자 했다.[580]

그렇다고 다산이 일방적으로 왕권 강화만을 주장한 것은 아니다. 그는 상제에 의해 왕위를 물려받은 군주라고 해도 천명을 내린 하늘과 백성을 삼가고 두려워해야 함을 강조했고, 군주를 상징하는 오황극 위에 있는 천(상제)의 영역을 함께 강조하면서 왕권 견제를 위한 논리적 장치를 마련하려고 고심했다.[581]

다산의 이러한 강한 군주론, 황극 정치론은 제도 개혁을 통한 국가 기강의 강화를 주장한 정조의 정치적 견해와 많이 비슷하다. 황극이 세워지면 왕도가 창성한다는 정조의 인식은 다산의 황극 정치와 그 궤를 같이한다. 정조가 왕권을 강화하기 위해 이러한 황극 사상에 관심

580   김성윤, 2001, 42.
581   백민정, 2010, 462.

을 가졌던 것은 공공연한 사실이다.

정조가 당시의 당쟁과 관련하여 편찬하게 한 『황극편皇極編』은 단순한 당쟁 역사서일까? 왕의 위상, 왕의 권력과 관련한 메시지와는 무관할까? 여기에는 파당을 만들어 자신들의 사적 이익을 위해 싸우는 무리들을 극極을 세워 바로잡아야 한다는, 그리하여 왕권 강화의 정당성, 불가피성을 말하는 메시지가 함축된 것일지도 모른다. 즉 정치적 의도가 있을 수 있다.[582] 정조의 총애를 받던 다산 역시 황극 사상을 통해 왕권 강화를 지향한 듯하다. 다산의

『황극편皇極編』. 당쟁 관련 내용을 편찬하도록 한 정조의 지시에 따라 필사한 편년체 역사서. 국립중앙도서관 소장. (출처: 한국민족문화대백과

황극 사상이 담긴 『상서고훈』이 비록 정조 사후 나왔지만, 다산은 정조의 뜻, 당대의 정치적 상황을 잘 파악하고 있었으므로, 황극 사상을 통해 왕권 강화를 후원한 듯하다. 그렇다고 다산이 정조와 정치적 견해가 모두 같았다는 것은 아니다. 특히 다산은 자신이 처한 시대의 어려움이 그 시대의 문제점을 넘어 '삼대 이후' 동양 정치·경제·사회 체제

---

582 정조는 황극론皇極論의 이론적 근거를 정립하며 신하의 권력을 절대화하고 왕권을 약화시키려는 노론의 입장에 대처하기 위해 「홍범」에 특별한 관심을 가졌다.

의 근본 모순에서 비롯되었다고 고찰했다. 다산은 단지 개인 권력의 강화를 추구하는 듯했던 정조를 위한 군주권 강화라는 정치 개혁을 주장한 것이 아니다.[583]

그렇다면 강력한 왕권에 기반한 정치는 어떻게 가능하며 왕정을 실현할 참 왕권은 어떻게 창출할 수 있을까? 다산은 현실적으로 새로운 왕권의 혁명적 창출보다는 변법變法을 통해서 중흥을 꾀하는 길, 즉 법제를 고쳐 점진적인 방법으로 왕정을 창출해 나가는 길로 들어서는 것이 최선이라는 인식을 피력하였다. 이른바 우선 법을 개혁하여 왕권을 강화하고 그 강화된 왕권을 통하여 왕정 실현의 길로 나아갈 수 있다는 것이다. 그러므로 왕정 실현은 법제를 개혁하는 일로부터 시작하여야 한다.[584]

다산은 이러한 바탕 위에서 정치 구조나 경제 제도는 물론 법률과 행정 체계, 생산 기술과 군사 제도에 이르기까지, 개혁 방법론은 물론 그 방향까지 제시하였다. 이러한 경세학을 대표하는 저술이 바로 『경세유표』, 『목민심서』, 『흠흠신서』 등이다.

다산의 시대 인식과 개혁의 방향을 잘 담고 있는 하나는 『목민심

583　"다산이나 정조는 군주권을 강화하고 군주가 명실상부하게 왕국을 통치하게 한다거나, 군주와 백성 사이의 중간자적 존재인 신료 집단이나 양반의 역할을 축소하고 '하나의 군주, 만백성'의 '일군만민一君萬民'적 체제를 구축한다거나, 신료 집단이 출신을 따르지 않고 선발, 객관적인 평가를 거쳐 승진 또는 징계되며, 봉건적 특권 신분으로 군림하지 않는다거나, 백성은 직접 정치에 참여하지는 못하지만 자신의 입장을 정부에 표시할 수 있다는 등의 정치적 요건·구상을 공유하고 있었다."(함규진, 2015, 192~193) 다산은 정책적으로는 정조의 방식에 반기를 들기도 했다. 정조는 초계문신 제도, 규장각, 장용위 제도 등을 통해 기존의 신료 집단을 우회하여 자신의 친위 세력을 구축하려 하였는데, 다산은 이에 대해 비판하기도 했다. 함규진, 2015, 194~195, 202 참조.

584　김태영, 2011, 232~233.

서』이다. 당시 조선은 관리들의 말세적 부패와 횡포, 과중한 수취로 인해서 민民 일반의 생존이 위기에 놓인 상황이었다. 말하자면 긴급히 치료를 요하는 중환자라고나 할까? 다산의 『목민심서』는 중환자에 대한 처방에 준하는, 막 죽어가는 백성을 살리려는 구민救民의 절실한 의도로 쓰인 것이다. 그것은 마치 종합 검진을 하듯 '민'이 처한 현실, 정치·경제·사회적 환경과 그 역사적 배경, 봉건 국가의 통치 하부 말단에 이르기까지 구조적 모순의 양상을 총체적으로 치밀하게 통찰하여, 무엇을 어떻게 수술하고 치료하여야 하는지 그 현실적인 종합 처방을 담고 있다. 곧 제도 개혁의 불가피성, 그리고 그 구체적 방안을 제시한다.

『흠흠신서』는 한마디로 형옥刑獄에 관한 법정서法政書이다. 지방관들이 사람의 생명을 어떻게 다루어야 하는지, 그 삼가고 삼가야[欽欽] 할 점을 담고 있다.

"오직 하늘만이 사람을 살리기도 하고 죽이기도 하니 사람 목숨은 하늘에 달려있다. 그런데 지방관이 또 그 중간에서 선량한 사람은 편히 살게 해 주고, 죄 있는 사람은 잡다 죽이는 것이니, 이는 하늘의 권한을 드러내 보이는 것일 뿐이다. 사람이 하늘의 권한을 대신 쥐고서 삼가고 두려워할 줄 몰라 털끝만한 일도 세밀히 분석해서 처리하지 않고서 소홀히 하고 흐릿하게 하여, 살려야 되는 사람을 죽이기도 하고, 죽여야 할 사람을 살리기도 한다. 그러면서도 오히려 태연히 편안하게 지낸다. 더구나 부정한 방법으로 재물을 얻고 여자에게 미혹되기도 하면서, 백성들의 비참하게 절규하는 소리를 듣고도 그것을 구휼할 줄 모르니, 이는 매우 큰 죄악이 된다."[585]

사람이 하늘을 대신해서 형벌을 내릴 때 함부로 해서는 안 되며 신중하고 조심스럽게 처리할 것을 강조한다.

경세서의 대표적인 책이 『경세유표』이다. 이것은 군주가 무엇을 해야 하는지 그 바람직한 상을 밝힐 뿐만 아니라, 사회 질서를 개혁하고 새로운 세상을 열, 국가 개혁의 구상을 담은 사회 개혁의 설계도이다. 그 서문에는 이를 뒷받침하고 이 책의 의도를 밝히는 이런 내용이 있다.

"임진왜란이 있은 이후로는 온갖 법도가 타락하고 모든 일이 어수선하였다. 군문軍門을 자꾸 증설하여 국가 재정이 탕진되고 전제田制가 문란해져서 부세賦稅의 징수가 편중되었다. 재물이 생산되는 근원은 힘껏 막고 재물이 소비되는 길은 마음대로 터놓았다. 그리고는 오직 관서官署 혁파하고 관원 줄이는 것을 구급救急하는 방법으로 삼았다. 그래서 이익되는 것은 되(升)나 말(斗)만큼이라면 손해되는 것은 산더미 같았다. 모든 관직이 구비되지 않아서 정사正士(정규 관원)에게 녹봉이 없고 탐욕하는 풍습이 크게 일어나서 백성들이 고통을 받았다. 그윽이 생각건대 대개 털끝만큼 작은 일이라도 병폐 아닌 것이 없으니 지금이라도 고치지 않으면 반드시 나라가 망

---

585 "惟天生人而又死之, 人命繫乎天. 迺司牧又以其間, 安其善良而生之, 執有辜者而死之, 是顯見天權耳. 人代操天權, 罔知兢畏, 不剖豪折芒, 迺溫迺昏. 或生而致死之, 亦死而致生之."(『欽欽新書』「欽欽新書 序」) 원문과 번역은 한국고전번역원, 한국고전종합DB(https://db.itkc.or.kr); 박석무·정해렴 역주, 1999를 참조하였다.

한 다음이라야 그칠 것이다. 이것이 어찌 충신과 지사가 팔짱 끼고
방관할 수 있는 것이겠는가."[586]

다산의 개혁 의지와 그 방향을 짐작할만하다. 다산은 『주례』를 이
상적 모델로 삼아 조선의 정치 제도는 물론, 왕조의 총체적 개혁안을
제시하였다. 이렇게 볼 때 그가 새롭게 해석한 경학은 대부분 고경을
대상으로 한 것이다. 그러므로 결국 다산도 고경으로 돌아가 그 참뜻
을 바로 알고, 거기에 담긴 상제를 바로 세워 병든 사회를 바로잡으려
고 하였다. 다산의 경학은 반개혁적 이데올로기인 주자학이 정착시킨
완고한 패러다임을 청산하고 패러다임의 전환을 위한 이념적 모색의
일환이며,[587] 그 주요 내용은 상제에 대한 경외를 중심으로 한다. 그의
수많은 경세학 관련 저서는 바로 상제를 축으로 정치, 사회, 법, 의례
등 온갖 사회 제도를 개혁하는 청사진으로 제시된 것이다.

다산 사상에서 상제란 곧 '다산의 경세학經世學', 특히 그의 정치론
政治論 및 일련의 제도 개혁론을 성립시키고 추동하는 필수불가결의 인
자因子이다. 이럴 경우 다산 사상의 본령은 결국 상제·하늘이라고 할
수 있다. 그에게 상제는 그가 살았던 조선 후기의 사회적 양상, 무엇보
다 위군자僞君子와 가도학假道學이 횡행하는 현실에서 계신공구戒愼恐懼하

---

586 "壬辰倭寇以後, 百度隳壞, 庶事搶攘. 軍門累增, 國用蕩竭. 田疇紊亂, 賦斂偏辟. 生財之源, 盡力
    杜塞, 費財之竇, 隨意穿鑿. 於是唯以革署減員, 爲救急之方. 所益者升斗, 而所損者丘陵. 百官不備,
    正士無祿. 貪風大作, 生民憔悴. 竊嘗思之, 蓋一毛一髮, 無非病耳, 及今不改, 其必亡國而後已. 斯
    豈忠臣志士所能袖手而傍觀者哉."(『經世遺表』卷一「邦禮艸本引」)

587 박흥기, 2008, 104.

는 도덕적 진정성을 이끌어내기 위한 '새로운 윤리학'의 모색이란 맥락에서 '문화적 기획'이자, 동시에 세도勢道 정치政治로 대표되는 정치적 난맥상을 근본적으로 개혁하기 위한 경세학적 기본 관심, 즉 상제를 중심으로 한 초월적 질서와 군주를 정점으로 한 인륜적 질서 간의 상응 관계를 새롭게 정립함으로써 '천권天權의 대행'으로서의 유교 정치의 본질과 정신을 재구성하고자 했던 맥락에서 '정치적 기획'을 함축하는 근본 개념이라 할 수 있다.[588] 인격신으로서의 상제는 다산 사상의 핵심이다.

그러므로 다산의 사상에서 상제를 빼면 그야말로 앙꼬 없는 찐빵, 오아시스 없는 사막 꼴이다. 공자가 예악이 붕괴되는 현실을 개탄하면서 주나라의 예를 회복하는 것을 자신의 이상으로 여겼듯이, 다산도 병든 시대 상황을 극복하여 새로운 사회 제도의 청사진을 모색하고자 했다. 다산은 그러한 개혁의 경학적 기반을 다지기 위해 주자학을 여러모로 비판하며, 고경에 대한 새로운 주석 및 재해석을 시도하였다. 그리고 그 중심에 영명주재의 하늘, 인격적 존재인 상제를 설정하였다. 다산은 주자학에서 변방으로 버려진 인격신, 주재신인 상제에게 새로운 생명력을 불어넣었다. 잃어버린 상제 문화사의 간극을 매우는 이정표를 마련하였다.

---

588 정일균, 2018, 104~105.

다산의 상제는
어떤 존재인가

상제와 천天은 동일한 존재의 다른 호칭

『시경』·『서경』에 의하면, 상제와 천은 초인간적인 믿음의 대상이다. 천지 만물의 근원이자 이를 주재하는 초월적 존재이다. 상제는 인간 밖에서 인간의 모든 일에 관여하는 지고신至高神으로 인격적 존재로 그려진다.

유교 역사에서 이런 상제·천의 성격이 급격하게 바뀌어 형이상학화된 것은 송대宋代에 이르러서였다. 이른바 불교와 도교의 형이상학을 수용하여 철학화된 성리학·주자학이 성립되면서 상제나 천을 보는 시각이 대전환하였다. 송대 성리학자들은 당시 불교나 도교와 차별화를 위해 우주, 인간, 천지 만물의 생성과 변화를 설명하는 개념으로 이전의 인격적 천을 대체하는 새로운 개념으로 리理를 채택하였다.

주자학에서 리는 시공을 초월한 최고 원리로서 우주 만물의 총체적 근원이며 만물의 생성과 변화의 동인으로써 궁극적 원리이다. 그것은 철저하게 자연의 이치, 즉 우주의 이법, 우주의 원리이다. 이로써 천은 더 이상 원시 유교가 가졌던 인격신적 성격을 갖지 못하게 되었다. 성리학은 '천즉리天卽理'라 하여 천을 리理 또는 태극으로 규정하였다. 천을 천지의 변화와 만물이 화생하는 이법으로 전환시킨 것이다. 천을 우주의 궁극적 원리로 봄으로써 주자학에서는 원시 유교에서 천지 만물의 주재자였던 천·상제에 대한 경외의 필요성이 사라졌다. 천·상제는 이제 종교적 인식의 대상이 아니었다. 이것은 고경에 나타난 천·상제로부터 크게 일탈한 것이다. 다산은 "요사이 사람들은 성인이 되려고 해도 성인이 될 수 없는 데에는 세 가지 단서가 있다. 첫째는 하늘을 리理로 인식하기 때문"[589]이라고 하여 하늘을 이치로 여김을 비판한다.

성리학은 또 '성즉리性卽理'라 하여 인간을 비롯한 만물은 하늘로부터 부여받은 본성이 있는데, 이 본성을 만물에 내재된 이치와 본질적으로 동일시한다. 천과 리가 동일시되고 본성이 리와 동일시됨으로써, 주자학에서 천리와 천도의 개념은 고대 유교의 천·상제 개념을 불식시켰다. 원시 유교를 사상적으로 새롭게 체계화한 주자학에 와서, 절대적 궁극자가 종교적 차원이 아닌 철학적 차원의 태극 내지 리라고 규정됨으로써 궁극적 존재의 인격적 모습, 종교적 모습은 거의 사라졌다.

다산은 자연으로서의 하늘, 물리적인 하늘은 물론 일월성신日月星辰, 산천초목山川草木과 같은 사물事物에 대해 제사를 올리거나 섬기는 것에 대해서도 이렇게 비판한다.

---

589 "今人欲成聖而不能者, 厥有三端. 一認天爲理, … "(『心經密驗』「心性總義」 周子學聖說) 정약용 저, 이광호 외 역, 2016, 557 참조.

"우리 사람은 만물 중에서 가장 영靈한 존재이다. 저 높은 하늘과 후박한 땅, 일월성신日月星辰, 산천초목 모두가 사람의 물物이 아님이 없다. 천天은 우리의 집이고, 땅은 우리의 식량이다. 일월성신은 우리를 밝혀 주는 존재이다. 산천초목은 우리를 길러 주는 것이다. 이것들은 모두 유기유질有氣有質하며 무정무령無情無靈하니 우리가 어찌 섬길 수 있는 것이겠는가?[590]

"그러나 위에 있는 하늘과 아래의 누런 땅은 모두 정情이 없는 사물이다. 일월성신과 함께 공통적으로 기질氣質로 만들어진다. 천지는 아무런 주체적 영혼이 없다."[591]

"내가 생각하기에 제사를 드리는 대상은 그 주된 바로 삼아야 한다. 그 주된 바가 태양이면 '제일祭日'이라고 하지 '제천祭天'이라고 하지 않는다. 『시경』에서 문왕이 삼가고 조심하여 하늘을 밝게 섬기므로 '소사상제昭事上帝'한다고 하였지 '소사태양昭事太陽'이라고 말하는 것은 들어 보지 못했다. … 오늘날 천은 무위無爲한 것이라 하고 모두 태양을 주인으로 삼으니, 천하의 모든 백성들이 모두 영靈 없는 물物에 머리를 조아리고 허리를 굽히니 이것이 어찌 선왕의 법이겠는가. 『주례』에서 일월성신에 제사지내고 산림천택에 제사지내는 것은 모두 이 사물들을 맡고 있는 밝은 신들에 대해 제사 지내는

---

590 "吾人者, 萬物之靈. 彼穹天厚地, 日月星辰, 山川草木, 無一而非吾人之物. 天吾屋也, 地吾食也, 日月星辰, 吾所明也. 山川草木, 吾所養也. 彼皆有氣有質, 無情無靈, 豈吾人所能事哉."(『春秋考徵』一「吉禮」郊 九)

591 "然上蒼下黃, 都是無情之物. 與日月山川, 均爲氣質之所成. 了無靈識之自用."(『春秋考徵』一「吉禮」郊 四)

것이지 그 유형한 물을 신神이라고 하는 것은 아니다. 그런데 오늘날 제천祭天한다고 하면서 주향主享은 태양에, 배향配享은 달에 두고 천은 무지하다고 하여 기도를 드리지 않으니 패란됨이 말로 다 할 수 없다. 다 추연鄒衍과 여불위呂不韋 등의 탓이다."[592]

다산은 저 푸른 하늘이나 해나 별과 같은 자연물을 섬기거나 제사하는 것을 잘못된 일이라고 지적하며 비판한다. 그 이유는 거기에는 아무런 정情도 영靈도 없기 때문이다.

그렇다면 다산은 하늘, 천, 상제를 어떤 관계로 보는가? 상제와 천은 같은 존재일까? 아니면 다른 존재일까? 결론부터 말한다면 그는 하늘·천을 상제와 같은 존재로 본다. 즉 하늘, 천을 정과 영이 있는 인격적 상제로 본다. 다산은 상제를 천과 동일시한다.

다산이 보기에 천과 상제는 동일한 존재의 다른 호칭이다. 다산의 하늘 사상에서 가장 특징적인 점은 천을 상제와 동일시한다는 것이다. 천은 곧 상제라는 것이다. 이는 인격성이 없는 형이상학의 리의 주재의 측면을 상제라고 하는 성리학의 입장과는 크게 다르다. 다산에게 상제는 리의 한 측면이 아니다. 그가 천을 상제라고 말한 것은 여러 자료에 나타난다.

---

592 "祭之所嚮, 在於所主. 所主是日則是祭日也, 何謂祭天. 詩云維此文王, 小心翼翼, 昭事上帝, 未聞其昭事太陽也. … 指之爲帝也. 今也謂天無爲, 見集說, 以日爲主, 擧天下黔首之民, 而稽首屈躬於無靈之物, 豈先王之法哉. 周禮祭日月星辰, 祭山林川澤, 皆所以祭明神之司是物者, 非以彼有形之物, 指之爲神也. 今也名曰祭天, 而主之以有形之日, 配之以有形之月, 謂天無知, 不可祈嚮, 非大悖乎, 其祭闇祭陽, 仍是赤白黑之邪說, 此等誕妄, 皆起於鄒衍呂不韋之等."(『春秋考徵』一「吉禮」郊 三)

與猶堂全書

第二集 論語古今註 卷一

五十一

射中者得與於祭不中者不得與於祭○曾子問曰小功可以與於
祭乎孔子曰天子諸侯之喪斬衰者不與祭犬夫齊衰者與祭曾子
問曰有喪服可以與於祭乎曰緦不祭又何助於人是則自祭日主
祭助祭曰與其文不同今乃曰孔子不自親祭使攝者爲之醜矣
獲曰上舉古經傳之文下引孔子之言以證之與色斯舉章一例○駁
曰非也

王孫賈問曰與其媚於奧寧媚於竈何謂也子曰不然獲罪於天無所禱
也
孔子曰王孫賈衛大夫 補曰權臣也治軍旅 ○朱子曰媚親
順也 ○補曰奧室西南隅 主婦之所在也
之竈爨女之所在也又老婦之神謂之奧 夏月之祀謂
爨謂竈神之名以諂竈者外借祭神之名以喻飲食
之權在於爨女而不在主婦寧媚竈下而得食也○朱子曰喻自結於君
曰非也

古者以關寺爲近臣何得喩寄者乎其義非也
是國君今乃曰以寄者所居飮食所由言之乎況奧既寄者所居則其所喩明
豈可但以寄近臣必有權柄何所讓於執政乎然且
日非也孔子拒之日獲罪於天無所禱也則媚奧媚竈明是禱神之說
竈以喩執政
孔子奧內也以喩近臣
之竈爨月之祀謂夏
爲之金正日華收談爲之水正日玄冥修及熙爲之土正日后土句能
公祀爲貴神祀稷五祀是舉木正日句芒爲之火正日祝融蓐
古者以關寺爲近臣何得喩寄者乎其義非也
遊求媚則獲罪於天天之所怒非衆神之所能顧故無所禱也
不如阿陷權臣也買衛之權臣故以此諷孔子○補曰天謂上帝也枉

[質疑]五祀者五行之神也春秋傳蔡墨之言曰五行之官封爲上

爲之九祀二十古之五祀本無門竈中霤之土正日后土句能
大宗伯以社稷五祀列于地示則天子亦五祀之名祭法已具禮五祀自天子

吳天上帝及五帝明矣○鏞案人主之稱或稱曰國或稱曰大王或稱
曰乘輿非於大王之外別有國主別有乘輿之君也上帝或稱天或稱
昊天猶人主之或稱國或稱乘輿豈可隨立一帝唯意所欲乎陳氏之

造化天地神人萬物之顥而宰制安養之者也謂帝爲天猶謂王爲國
非以彼蒼蒼有形之天指之爲上帝也故郊旅之事辛于上帝至若禮
天地四方者是於上帝之外致禮乎天神者天神者天神有司天者有司地者

張子曰有太虛有天之名由氣化有道之名合虛與氣有性之名合性
與知覺有心之名 鏞案天之
宰爲上帝其謂之天者猶國君之稱國不敢斥言之意也彼蒼蒼有
形之天在吾人不過爲屋宇辨像其品級不過與土地水火平爲一等

『논어고금주論語古今註』「팔일八佾 중中」.

왼쪽부터
「맹자요의孟子要義」「진심盡心 제칠第七」.
「춘추고징」「선유논변지이先儒論辨之異」.
「춘추고징」「선유논변지이先儒論辨之異」.

"천은 상제를 말한다. 도를 굽혀 아첨을 구하면 하늘에 죄를 얻게 되는 것이다. 하늘이 노여워하면 여러 신들이 복을 줄 수 없기에 '빌 곳이 없다'고 한 것이다."[593]

"하늘을 주재主宰하는 자(주재자)는 상제이다. 이를 일러 천이라 말하는 것은 국군國君(나랏님, 임금)을 단지 국國(나라)이라 칭하는 것과 같으니, 이것은 감히 이름을 직접 부르지 않는다는 의미이다."[594]

"상제를 하늘이라 이르는 것은 마치 왕을 나라[國]라 하는 것과 같다. 저 푸르고 형체를 갖춘 하늘을 가리켜 상제라 하는 것은 아니다."[595]

천과 상제는 하나라는 것이다. 그렇다면 다산이 천을 상제라고 한 이유는 무엇일까? 왜 천을 상제라고 부를 수 있다는 것인가? 다산의 말을 들어보자.

"상제를 혹은 천이라 칭하고 혹은 호천昊天이라고 칭하는 것은 마치 왕을 국國이라고도 하고 혹은 승여乘輿라고도 부르는 것과 같은 이치다."[596]

---

593 "天, 謂上帝也. 枉道求媚, 則獲罪於天. 天之所怒, 非衆神之所能福. 故無所禱也."(『論語古今註』卷一 「八佾 中」)

594 "天之主宰, 爲上帝. 其謂之天者, 猶國君之稱國, 不敢斥言之意也."(『孟子要義』卷二 「盡心 第七」)

595 "謂帝爲天, 猶謂王爲國, 非以彼蒼蒼有形之天, 指之爲上帝也."(『春秋考徵』四 「凶禮」 先儒論辨之異)

596 "上帝或稱天, 或稱昊天, 猶人主之或稱國, 或稱乘輿."(『春秋考徵』四 「凶禮」 先儒論辨之異)

476

상제와 하늘·천을 동일시할 수 있는 것은 임금을 일컬을 때 나라 이름을 호칭하는 것과 같은 이치라는 것이다. 즉 한나라의 임금을 존중하여 직접 가리켜 말하지 못하고 그냥 나랏님, 국가, 조가朝家로 호칭하는 것과 같이 주재자 상제도 마찬가지로 직접 지칭하지 않고 다스리는 공간으로서 천이라고 할 수 있다는 것이다. 이는 또한 한 나라의 왕이 하나이듯이 상제 역시 최고의, 지고의, 유일무이한 존재임을 말하는 것이기도 하다.

이런 것도 천을 상제라고 부를 수 있는 비슷한 보기이다.

"척리戚里(임금의 외척)와 근습近習(임금의 총애를 받는 신하)들이 모두 딴 마음을 먹고 있어 국가가 고립되어 위태롭게 되었을 때 국가를 보호한 것은 유독 홍국영 한 사람이 있을 뿐이다."[597]

정조의 이 말에서 '국가'는 바로 정조 자신을 지칭한다. 국가가 정조와 동일시된다. 이렇게 보면 천과 상제는 별개의 존재가 아니라 동일한 존재로 그 부르는 명칭만 다를 뿐이다.

다산은 천을 상제와는 별개의 존재로 간주하는 견해를 비판한다.

"『효경』에 의하면 '교외에서 후직后稷에게 제사하되 천과 짝하고 종묘에서 문왕에게 제사하되 상제와 짝한다'고 하여, 천과 상제를 두 개

---

597 『정조실록』 1권, 정조 즉위년 6월 23일 임술 1번째 기사.

13장 다산의 깨달음, 상제로 돌아가라   477

로 구분 지으니 이러한 문장은 위서緯書에 근본하고 있는 것이다."598

그렇다면 천을 주재하는 인격적 존재를 천(하늘)이라고 부를 수도 있고 상제(제)라고도 부를 수 있다면, 그 주재자를 천이라고 할 때와 상제라고 부를 때 그 차이는 없는가? 있다면 어떤 차이가 있을까? 다산의 이 말에서 상대적 차이를 알 수 있다.

"천(하늘)은 존귀하나 제는 친밀하며, 천은 넓지만 제는 전일하니, 천은 혼칭渾稱이고 제는 특칭特稱이다."599

천이 주재자를 높이는 이름이라면 제는 주재자를 친밀하게 여기는 이름이며, 천이 주재자에 관한 것을 두루 칭하는 것이라면 제는 주재자만을 가리켜 말하는 것이라는 의미이다. 그런 의미에서 다산은 천을 '혼칭', 제를 '특칭'이라고 하였다.

한편 다산은 천을 오제五帝와 동일시하지는 않는다. 그는 오히려 천과 오제를 동일시하는 것을 비판한다. 다산은 천과 오제를 같은 것으로 보는 배경을 정현鄭玄 등의 잘못된 설에 현혹되고 고경古經을 잘못 이해하였기 때문이라고 본다. 그러면서 음양오행설陰陽五行說에 따라 오제에 대한 제사를 주장하고 참위설讖緯說에 따라 천신天神과 성왕聖王을 일종의 혈연 관계로 설명하는 감생제설感生帝說을 내세웠던 후한 시대

---

598 "孝經曰, '郊祀后稷以配天, 宗祀文王以配上帝', 忽以天與上帝, 分之爲二, 此文本之緯書."(『中庸自箴』 卷三)

599 "天尊而帝親, 天博而帝專. 天是渾稱, 帝是特稱."(『春秋考徵』 四 「凶禮」 鄭氏六天之辨)

정현鄭玄류의 논리는 운위할 가치조차 없다고 보았는데, 바로 이런 말에서 알 수 있다.

"교제郊祭는 상제를 제사하는 것이니 오방五方의 상제를 제사하는 것은 한유漢儒가 진秦나라 사람의 오류를 답습한 것이다."[600]

"호천상제는 유일무이한데, 정현 등이 망한 진나라의 오제五帝의 사설을 끌어들이고 위서緯書의 감생感生의 요언을 도입하여 교제郊祭에 창제蒼帝를 별도로 만들고 동지 제사를 별도로 만들어 상제를 제사지내면서 '천왕대제天皇大帝'라고 하였으니 패란됨이 심하다."[601]

"상제의 몸은 형상이 없고 소리도 없으므로 보아도 보이지 않고 들어도 들리지 않는데, 이제 자미紫微라는 하나의 별을 천황대제天皇大帝라 하고 태미太微라는 다섯 개의 별들로 다섯 방향의 천제[五方天帝]로 삼는다면, 영명함이 없고 형체만 있는 물체를 추존推尊하여 제帝로 삼는 것이 대여섯 군데에 이른다. 그리하여 호천상제의 유일무이한 지위는 이미 민멸하여 나타나지 않았다. 죄가 여기에 이르렀으니 어찌 용서할 수 있겠는가. 이처럼 요상망측한 일은 사람이 할 일이 아니다."[602]

---

600 "郊祭上帝, 其祭五方上帝者, 漢儒襲秦人之謬也."(『與猶堂全書』『文集』卷十六「自撰墓誌銘」(集中本))

601 "昊天上帝, 唯一無二, 鄭玄襲亡秦五帝之邪說, 信緯書感生之妖言, 乃以啓蟄之郊, 歸之於蒼帝, 別剏冬至之祭, 以祀上帝, 而自立祝號曰天皇大帝, 不亦悖乎. 萬物一本, 鄭玄二之六之, 儒云乎哉."(『春秋考徵』一「吉禮」郊 三)

602 "上帝之體, 無形無聲, 視之而弗見, 聽之而弗聞, 今乃以紫微一星, 爲天皇大帝, 太微五星, 爲五方天帝, 則無靈有形之物, 推尊爲帝, 至五至六. 而昊天上帝, 唯一無二之位, 已泯晦而不章矣. 罪至於

다산은 정현 등이 참위설에 따라서 황천과 상제를 별개의 것으로
보거나 오행설에 따라 상제와 함께 오제五帝를 인정하는 육천설六天說을
비판한다. 『춘추고징』에서 다산은 특히 정현 등의 주소가들이 오제五帝
를 오방신五方神으로서의 물신物神을 의미하는 것으로 잘못 주석한 것을
지적한 것은 물론, 정현의 학설을 참위讖緯로까지 규정하고 비판한다.

다산은 천자가 교외에서 하늘에 제사하는 것이 교제인데, 이때의
제사 대상은 상제이다. 그는 진한秦漢의 학자들은 이를 오방대제五方天帝
에게 제사한 것이라고 하여 선왕先王의 법法을 제대로 제시하지 못한 잘
못을 저질렀다고 비판한다. 다산은 『춘추고징』에서 교제郊祭를 다루면
서 유일무이唯一無二한 인격신人格神으로서의 상제를 제향하는 것임을 밝
히는 데 가장 많은 지면을 할애하였다. 이는 그가 천신天神, 지시地示, 인
귀人鬼의 존재를 모두 인격을 갖는 존재로 설명하고자 함이다. 그리고
이러한 위계 질서를 세워 제사하는 주체를 확실히 하는 것은 고제古制
로서의 예禮와 법法을 회복하고자 하는 것이었다.603

다산은 상제를 일컫는 호칭이 여럿이라고 본다. 호천昊天, 황천皇天,
민천旻天, 창천蒼天 등이 바로 그것이다. 다산은 『주례』를 근거로 상제의
이런 여러 호칭 가운데, 호천상제의 '호천'이 상제의 정호正號, 즉 정식
호칭, 바른 호칭이라고 밝힌다.

『주례』「대종백」에는 오직 호천상제 한 가지 호칭만 있다. 황천상

此, 何以赦矣. 此殆鬼怪, 非人爲也."(『春秋考徵』四「凶禮」鄭氏六天之辨)
603 전성건, 2017, 465; 금장태, 2009, 149~154.

제가 곧 호천상제이다. 나누어 둘이라고 여기는 것은 극히 좁은 소견이다."[604]

"호천昊天이 상제의 정식 호칭[正號]이다."[605]

상제의 바른 호칭은 호천이다. 천은 상제가 머무는 곳이지만 하늘에 계시면서 주재하는 존재, 곧 상제를 가리키는 호칭이다. 천과 상제는 동일한 존재의 다른 이름인 것이다.

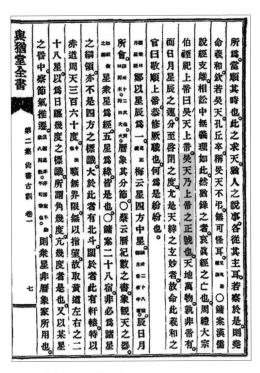

「상서고훈尙書古訓」「요전堯典 상上」.

신령스러운 지각과 밝은 지혜(靈明)를 가진 감시자

다산이 말하는 상제는 어떤 존재일까? 상제는 어떤 신격神格, 어떤 속성, 어떤 특징을 지녔을까? 그 결론부터 말하면, 상제는 영명성과 주재성을 특징으로 하는 인격적 존재로 모든 신들 중 으뜸인 지고신이다.

이런 상제를 뒷받침하는 다산의 말이 많은데 아래를 보자.

---

604 "周禮大宗伯, 唯有昊天上帝一號. 皇天上帝卽昊天上帝. 分而爲二, 已極訝陋."(『春秋考徵』四「凶禮」鄭氏六天之辨)

605 "昊天乃上帝之正號也."(『尙書古訓』卷一「堯典」)

"하늘과 땅을 아울러 말했으나 유독 천명天命만을 말한 것을, 신은 이렇게 생각합니다. 고명배천高明配天이라고 할 때의 천은 저 푸르고 푸른 형체 있는 하늘을 말하고, 유천오목維天於穆에서의 천은 영명靈明하고 주재主宰하는 하늘을 말한 것입니다."[606]

이는 다산은 29세 때인 1790년에 초계문신으로 정조의 물음에 써낸 대책문對策文의 일부이다. 이로 보면 다산의 하늘은 두 가지로 말할 수 있다. 그 하나는 푸르고 푸른 형체가 있는 하늘이다. 곧 자연으로서의 천을 말한다. 고명배천高明配天은 자연 현상으로서 하늘, 땅과 대비되는 하늘, 푸르고 높은 하늘을 말한다. 그것은 우리가 감각으로 파악할 수 있는 형체적인 것으로 청명하고 음양 두 기운으로 가득한 광대한 창공을 말한다. 이러한 하늘은 비인격적이다.

다산은 상제가 푸르고 푸른 자연, 물리적 유형의 하늘, 관념으로서의 리가 아니라며, 영명주재의 속성을 갖는 인격적 존재로 영명성과 주재성을 속성으로 한다고 본다. 천명을 내리는 주체는 바로 이러한 하늘이다.

그렇다면 영명靈明이란 무엇일까? '영명', 그것은 선악을 판단하는 일종의 뛰어난 지각 능력과 밝은 지혜, 도덕적 선악 판단을 위한 밝은 지혜를 의미한다.[607] 그러므로 하늘이 영명靈明한 존재라는 것은 하늘이 도덕적 선악 판단을 위한 밝은 지혜, 그런 능력을 갖춘 신령스러운 존

---

606 "竝言天地而獨言天命者, 臣以爲高明配天之天, 是蒼蒼有形之天, 維天於穆之天, 是靈明主宰之天."(『與猶堂全書』『文集』卷八「中庸策」)

607 유권종, 1990, 105; 김영주, 2006, 82.

재라는 것이다. 영명한 상제는 사람의 마음속조차 꿰뚫어 안다. 아무리 숨기려 해도 상제에게는 숨길 수 없다. 이런 속성은 자연에는 없는 오직 인격적 존재만이 가질 수 있는 특성이다. 즉 상제는 인격성을 띤다. 위의 인용문에서 '유천오목維天於穆'에서의 천이 바로 그렇다. 이런 천은 주자학의 이기본적 맥락에서 말하는 천과는 근본적으로 차이가 있다.[608]

그런데 다산은 인간이 하늘로부터 영명성을 받았다고 본다. 다른 생명체와는 달리 인간은 잉태가 이루어지면 하늘이 자신을 닮은 밝은 지혜를 부여한다는 것이다. 이렇게 천은 영명하고 인간에게도 영명성을 부여하였으므로 사람의 마음[人心]을 직통하여 감시할 수 있다. 하늘은 인심에 대하여 감시자 기능을 하는 것이다. 그러므로 영명은 인간이 도덕적 행위를 할 수 있는 근거가 된다. 인간의 그런 영명은 어디에서 나왔는가? 바로 하늘이다. 이러한 영명성을 통한 상제의 인격성 강조는 하늘에 인격성을 부여하지 않는 주자학, 신유교와 비교되는 점이다.

만물을 자신의 의지에 따라 두루 주재하는 주재자

상제는 또한 주재성을 속성으로 하는 존재이다. 무슨 일이든 그것을

---

608 성리학에서는 리·천리를 중심으로 그 유행流行하는 면을 천도天道, 품부의 면을 천명天命, 주재主宰의 면을 상제上帝라고 한다. 다산은 성리학에서와 같이 천도, 천명 등을 리로서의 천과 동실이명同實異名의 관계로 파악하는 방식을 지양한다. 즉 천과 천도를 똑같이 보아서는 안 된다는 것이다. 이를테면 천도는 천의 도이므로 천 자체의 존재와 의미를 명확히 구분해야 한다는 것이 다산의 생각이다. 유권종, 1990, 100 참조.

잘 하기 위해서는 일을 맡아 처리하는 존재가 필요하다. 큰일이건 작은 일이건 주재하는 주체가 없다면 일이 제대로 이루어지기 힘든다. 다산은 『맹자요의』에서 한 집안의 어른과 한 고을의 우두머리를 예로 들어 설명하면서, 어른이 지혜로워야 집안과 고을이 제대로 다스려진다고 하며, 그것은 천지간의 일도 마찬가지라고 한다. 천지 만물이 얼핏 보기에는 무질서하거나 저절로 굴러가는 것 같지만 거기에도 만물을 주재하는, 만물을 두루 다스리는 존재가 있다. 주재란 바로 만물을 중심이 되어 맡아 자신의 뜻대로 의지적으로 다스리는 것을 말한다. 그런 일을 맡아서 하는 존재가 주재자이다. 상제가 바로 주재자인 것이다. 상제는 자연, 우주 만물, 모든 생명, 모든 신들을 다스리고 감독하는 주재적 권능을 지녔다. 그러기에 주재자는 이를테면 인간의 선악 행위에 대해 판단하고 그에 따른 상벌을 내리기도 하는 등 모든 다스림을 자신의 뜻대로 한다. 주재라는 것은 인격적 존재만이 가질 수 있는 특성이다.

물론 주자학에서도 주재라는 말을 쓴다. "주재主宰하는 측면에서 말하면 상제가 되고 본성과 감정의 관점에서 말하면 건乾이 된다"[609]는 정자程子의 말을 들며, 주희도 상제를 주재자로 보기도 했다. 그러나 이때의 주재는 형이상학적 차원에서의 주재성을 말하는 것이다. 주희는 자신이 말하는 리理가 모종의 '인격'으로 연상되는 것을 극히 경계했다. 그는 리 혹은 태극이 하늘에 거소居所를 정하고 세상을 심판하는 인격으로 연상되지 않도록 자주 주의를 주었다. "푸르디푸른 것을 하늘이라 말한다. 끊임없이 빙글빙글 돌면서 두루 유행하는 것이 바로 그것이

---

609 "以主宰謂之帝, 以性情謂之乾."(『朱子語類』卷第一「理氣 上」太極天地 上)

다. 그런데 지금처럼 하늘에 죄악을 심판하는 이가 있다고 말하면 절대로 안 되며, 주재하는 것이 전혀 없다고 해서도 안 된다"[610]는 말이 이를 잘 보여준다.[611] 그 때의 주재란 어떤 의지적 인격적 존재가 만물을 두루 다스린다는 뜻이 아니다.

상제의 주재성은 성리학에서 천을 리로 파악해서 규정하는 리의 주재성과는 성격을 달리한다. 리에 의한 주재와 영명한 인격신 상제의 주재는 주재의 방법이 전혀 다르게 나타난다. 리에 의한 주재일 경우, 즉 천을 리로 볼 경우 그것은 당위적인 도덕 법칙으로 드러난다. 그러나 천을 영명한 신으로 볼 때 신은 인간에게 내려와 살피고 화복을 주관하며, 모든 행동 과정에서 인간에게 경고하거나 명령을 내리게 된다.[612] 성리학에서는 '천즉리'라 하여 하늘을 이치로 여기며, 궁극적 실재인 리가 인간을 포함한 만물 안에 다 같이 내재한다고 본다. 그러나 다산은 성리학의 천, 즉 리는 단순히 우주 운행의 법칙일 뿐이며, 주재성을 지니지 못하기 때문에 궁극적 실재가 될 수 없다고 본다.

"무릇 천하에 영靈이 없는 물物이란 주재자가 될 수 없다. … 그런데 하물며 텅 비어 아득한 태허의 한 리理를 천지 만물을 주재하는 근본으로 삼는다면 천지간의 일이 이루어질 수 있겠는가."[613]

610　"蒼蒼之謂天. 運轉周流不已, 便是那箇. 而今說天有箇人在那裏批判罪惡, 固不可, 說道全無主之者, 又不可."(『朱子語類』 卷第一 「理氣 上」 太極天地 上)

611　한형조, 2008a, 247~248.

612　금장태·한종만·손봉호, 1986, 45.

613　"凡天下無靈之物, 不能爲主宰. … 況以空空蕩蕩之太虛一理, 爲天地萬物主宰根本, 天地間事,

"일월과 성신이 운행하여 사시가 어긋나지 않고 풍뢰風雷와 우로雨露가 베풀어져 온갖 만물이 번성해 나가는 것을 또한 묵묵히 스스로 주재하고 있을 뿐이다. 만일 이것을 리의 드러남으로 말한다면 리는 본래 지각이 없으므로 말하고자 해도 말할 수가 있겠는가?"[614]

다산은 성리학에서 말하는 보편 법칙으로서의 리는 상제와 같은 인격적 주재성을 지닐 수 없다고 본다. 왜냐하면 인식 능력, 지각 작용이 없는 리는 주재성을 가질 수 없기 때문이다. 영靈이 없는 물건은 주재가 될 수 없기 때문이다. 리는 일종의 도덕적 당위 규범으로서의 의미를 지닐 뿐 인간의 행위를 강제할 수 없다. 그런 리를 사람들은 삼가고 두려워하고 조심하지는 않을 것이기 때문이다.

다산은 천지 자연이 질서를 유지하며 운행하는 것은 모두 상제가 주재하고 있기 때문으로 본다. 해와 달·별이 돌고 사시가 어김이 없고, 바람·서리·비·이슬이 내려서 만물이 번성하는 것은 이 또한 (하늘의) 묵묵한 주재에 의한 것이다. 다산은 자연 세계의 운행 주체로서 상제의 주재성을 말하고 있다. 천지의 운행이 조화롭게 펼쳐지는 것은 의지를 지닌 상제의 주재에 기인한다는 것이다. 천지 자연이 질서를 유지하며 운행하는 것은 그 자체의 내재적인 보편 원리에 의한 것이 아니다. 그것은 초월적 주재자의 힘으로 이루어진다. 자연이 질서 있게 운행하는 것은 바로 상제가 말없이 주재하고 있기 때문이며, 천지의 질서와 생명

其有濟乎?"(『孟子要義』 卷二 「盡心 第七」)

614 "日月星辰之運而四時不錯, 風雷雨露之施而百物以蕃, 亦默自主宰而已. 若但以理之發見而言之, 則理本無知, 雖欲言語得乎."(『論語古今注』 卷九 「陽貨 下」)

유지는 주재자의 주재성에 의한 것이다.

다산의 영명주재의 천은 우리가 경험할 수 없지만 이 세계 밖에 초월적으로 존재하며 영명, 즉 대단히 지적인 능력을 갖춘 그런 하늘이다. 다산은 이 영명주재의 하늘이 '형이나 질을 가지지 않는 무형의 영적 존재', '보아도 보이지 않는 존재', '들이도 들리지 않는 존재', '소리도 냄새도 없는 존재' 등으로 다양하게 말한다.

"볼 수 없는 것은 무엇인가? 하늘의 형체이다. 들을 수 없는 것은 무엇일까? 하늘의 소리다. 어떻게 그렇다는 것을 아는가. 경經에 '귀신의 덕은 성대하다. 보려 해도 보이지 않고 들으려 해도 들리지 않지만, 만물의 근간이 되어 그 어느 만물이든 없는 데가 없다. 천하 사람들로 하여금 몸과 마음을 가다듬고 깨끗이 하여 제사를 받들게 하니, 넘실넘실 그 위에 계신 듯하고 그 좌우에 계신 듯하니라'고 하니, 보이지 않고 들을 수 없는 것은 천이 아니고 무엇이겠는가."[615]

"상천의 일이란 전혀 형질이 없으며 아울러 냄새와 소리마저 없으니, 그 미미함은 지극한 것이다. 소리와 냄새는 형질이 없는 것이므로 지극한 무형을 말하면서 무성무취에 이른 것이다."[616]

---

615 "所不睹者, 何也. 天之體也. 所不聞者, 何也. 天之聲也. 何以知其然也. 經曰, '鬼神之爲德, 其盛矣乎. 視之而弗見, 聽之而弗聞, 體物而不可遺, 使天下之人, 齊明承祭, 洋洋乎如在其上, 如在其左右.' 不睹不聞者, 非天而何."(『中庸自箴』卷一)

616 "若上天之載, 都無形質, 並無聲臭, 其微極矣, 聲臭空於形質, 故極言無形, 而至謂之無聲無臭."(『中庸自箴』卷三)

인간으로 하여금 상제천의 존재에 대해 보다 큰 두려움을 불러일으키고, 나아가 윤리적 실천력을 강화시키는데 있어서 인격적 주재성은 무엇보다 필요한 천의 속성이다. 다산이 성리학적 전통과 달리하는 것으로서 이러한 인격적 주재천에 대한 강조는 그의 사상의 중요한 특징이다.[617]

상제가 영명성과 주재성을 속성으로 한다는 다산의 말은 상제가 결국 인격성을 속성으로 할 수밖에 없음이기도 하다. 상제가 지각 작용을 하고 사랑과 분노와 같은 감정도 지닌 존재, 상벌을 내리고 선악을 구별하는 존재라면, 상제는 인격적 존재일 수밖에 없다. 다산은 상제가 인간에게 상벌이나 복과 화를 주는 존재, 분노할 수 있는 존재임을 고경에 대한 주석에서 다양하게 말한다.

"천도는 인간의 선에 상을 주고 악에 벌을 준다."[618]

"천은 벌로써 인간에게 징계한다."[619]

"천은 나태함을 싫어하여 그런 사람에게 반드시 복을 주지 않는다."[620]

"선으로 향하게 하고 악을 하지 않게 하는 것이 진실로 천명이고, 매일 감시하여 선에 대하여 복을 주고 악에 대하여 화를 주는

617 이경원, 1998, 56.

618 "天道賞善而罰淫."(『梅氏書平』六「湯誥」)

619 "天罰戒之."(『尙書古訓』卷七「呂刑」)

620 "天厭懶怠, 必不予福."(『與猶堂全書』『文集』卷十八「爲尹輪卿贈言」)

것이 또한 천명이다.[621]

　"도를 굽혀 아첨하면 하늘에 죄를 얻게 된다."[622]

　상제는 덕德을 좋아하고 악惡을 부끄럽게 여기는 '기호嗜好'로서의 성性을 인간에게 부여하여 그로 하여금 '악을 벗어나 선善으로 향하도록 하는 존재'이자, 무엇보다 나날이 인간의 선과 악을 살피고 어느 때 어느 곳이건 가리지 않고 항상 감시함으로써 천명을 따르는 선한 자에게는 상서로운 복을 내리는 반면, 이를 태만히 하고 어기는 음탕한 자에게는 재앙과 화禍를 내리는, 따라서 '지극히 공정하여 사사로운 마음이 없는 존재'이기도 하다.[623]

　물론 다산의 상제가 초월적 인격적 존재가 아니라는 견해도 있다.[624] 그럼에도 불구하고 다산의 상제에 대한 상대적 강조는 초월적이며 인격적 존재로서 상제이다. 다산에게 상제는 인격적 존재로서 인간의 도덕적 행위의 근거이다. 다산의 하늘의 인격성 강조는 천에 인격적 의미를

621　"使之向善違惡, 固天命也, 日監在玆, 以之福善禍淫, 亦天命也."(『論語古今注』卷八「季氏 中」)

622　"枉道求媚, 則獲罪於天."(『論語古今注』卷一「八佾 中」)

623　정일균, 2018, 102.

624　"다산의 상제를 인간과 만물을 주재하는 외적 초월적 존재인 인격천이라기 보다는 윤리적 경외의 대상으로서의 도덕 법칙적 천으로 보기도 한다. 즉 수신修身 공부라는 면에서 보면 상제는 초월적 외재적 존재로 여기지 않을 수 있다."(임부연, 2018, 15) 이른바 "정약용의 상제는 단순한 외재적 감시자가 아니라, 나의 내면에서 나를 사로잡고 나의 행위를 강제하는 직접적인 영향력을 갖는 존재, 나의 내면에서 나를 선으로 이끌고 가는 실질적인 동력으로 작동하는 존재"라는 것이다.(백민정, 2007a, 225, 228) 다산은 천을 초월적인 존재로 인식하지만 다른 한편으로는 "인간에게 부여해 준 천명에 의해 인간 안에 내재할 수 있는 존재, 천명으로서 인간의 마음속에 내재하고 있는 존재로 본다는 것이다."(김영주, 2006, 90, 96) "인간 밖에 따로 설정된 절대 존재가 아니라 도심道心으로 드러나는 엄정한 윤리적 감시자이다."(박광철, 2019, 140)

부여하지 않았던 성리학과 대비되는 점이다. 이것은 주자학의 천이나 상제에 대한 천즉리적 인식이 초래하는 사회적 무기능을 극복하기 위한 유신론적 유교, 원시 유교의 상제에 대한 지향성을 명확하게 보여준다. 이를 잘 보여주는 것이, 주희가 『논어』에 나오는 천이 어떤 존재인지를 밝힌데[625] 대한 다산의 비판이다. 『논어고금주』 속으로 들어가 보자.

먼저 「계씨季氏」 편을 보자. 공자는 군자에게는 세 가지 두려워하는 것이 있다며, 그 중의 하나로 천명天命을 말하였다. 그런데 이 천명을 주희는 천즉리의 관점에서 주석하였다. 그는 하늘이 바른 이치를 사람에게 주었다며 그것을 천명이라 하여 천을 이법천으로 해석한다. 천명은 하늘이 부여한 바른 이치라는 것이다.

그런데 다산은 주희의 이런 해석을 이렇게 비판한다.

"주자가 성性을 리라고 하였기 때문에 드디어 천명을 리라고 하게 된 것이다. 그러나 심성에 부여하여 사람으로 하여금 선을 향하고 악을 버리는 것이 본디 천명이고, 날마다 살펴보아 선한 이에게 복을 주고 음탕한 이에게 재앙을 주는 것도 또한 천명이다. 『시』·『서』에서 말한 천명을 어찌 통틀어서 본심의 바른 이치라 할 수 있겠는가."[626]

다산은 천을 단순히 리로 볼 수 없다며 '천은 곧 리[天卽理]'라는 말에 의문을 제기한다. 그러면서 천명이 선한 이에게 복을 주고 음탕한

---

625 주희가 『논어』에 나오는 천天을 어떻게 보는지는 이 책 IX장 4절을 참조하라.

626 "朱子以性爲理, 故遂以天命爲理也. 雖然, 賦於心性, 使之向善違惡, 固天命也. 日監在玆, 以之福善禍淫, 亦天命也. 詩書所言天命, 豈可槩之曰本心之正理乎."(『論語古今註』 卷八 「季氏」)

이에게 재앙을 준다며, 천을 복과 화를 내리는 인격천으로 간주한다.

「위정」 편에는 '나이 50에 비로소 천명을 알았다'는 공자의 말이 나온다. 주희는 『논어집주』에서 '지천명'을 하늘의 도[天道]가 부여한 사물의 당연한 법칙을 아는 것으로 보아,[627] 천을 역시 이법으로서의 천으로 본다. 그러나 다산은 "지천명은 상제의 명령에 순응하여 어려울 때나 순조로울 때나 서로 다르지 않은 것(마음 상태)을 말한다"[628]고 하여 천을 상제로 보며, 천명을 하늘이 부여한 명, 곧 상제가 내리는 명으로 본다. 그러므로 그에게 지천명이란 언제 어떤 상태에서나 인격신 상제가 내리는 명령을 따른다는 것, 곧 순명順命을 뜻한다.

『논어』 「팔일八佾」의 '하늘에 죄를 지으면 빌 곳이 없다'는 주석에서도 주희는 하늘을 천즉리의 입장에서 해석한다. 그는 천은 곧 이치라 하고 그 존귀함은 상대가 될 것이 없다며 천을 리로 간주한다. 다산은 '하늘에 죄를 지으면 빌 곳이 없다'와 관련한 주석에서 이렇게 말한다.

> "천은 상제를 말한다. 도를 굽혀 아첨을 구하면 하늘에 죄를 얻게 되는 것이다. 하늘이 노여워하면 여러 신들이 복을 줄 수 없기에 '빌 곳이 없다'고 한 것이다."[629]

---

627 "천명은 천도天道가 유행流行하여 사물에 부여한 것이니, 바로 사물에 당연한 도리道理의 소이연所以然이다. 天命, 卽天道之流行而賦於物者, 乃事物所以當然之故也."(『論語集註』 「爲政」)

628 "知天命, 謂順帝之則, 窮通不貳也."(『論語古今註』 卷一 「爲政 第二」)

629 "天, 謂上帝也. 枉道求媚, 則獲罪於天. 天之所怒, 非衆神之所能福, 故無所禱也."(『論語古今註』 卷一 「八佾 中」)

다산은 천을 성을 낼 수 있고 복도 내리기도 하는 상제로 보며, 결과적으로 주희의 이법천을 부정하며 하늘을 인격성을 띠는 존재로 말한다.

「옹야雍也」에는 공자가 "천염지天厭之, 천염지天厭之"라고 하는 말이 나온다. 이와 관련한 주석에서 주희는 '염厭'을 '버리고 끊음'이라 풀이한다.[630] 그런데 다산은 "염"을 '싫어하다'는 말과 같다며 이렇게 주석한다.

"염은 싫어한다(惡)는 말과 같다. 공자가 남자를 만난 것은 필시 골육의 은혜를 온전히 하고 사직을 이롭게 하기 위한 이유가 있었기 때문에 "만일 내가 만나지 않는다면 틀림없이 하늘이 싫어할 것이다"라 하였으니, '하늘이 싫어할 것이다'를 거듭 말한 것은 반드시 그러함을 밝힌 것이다. … 여기서 이른바 '天厭之(하늘이 싫어할 것이다)'라고 한 것은, 공자가 이미 이 나라에 살면서 직접 눈으로 나라가 어지러워 장차 망하려고 하는 것을 보고도 결코 한마디 말로나마 이를 구원하는 말이 없다면 인인仁人으로서 차마 할 바가 아니기 때문에, 하늘이 반드시 이를 싫어할 것임을 말한 것이다."[631]

다산은 천을 무엇을 싫어하고 좋아할 수 있는 감정을 지닌 존재로

---

630 "염厭은 버리고 끊는 것이다. 厭棄絶也."(『論語集註』「雍也」)

631 "厭, 猶惡也. 孔子之見南子, 必有以全其骨肉之恩而利其社稷者, 故曰予若不見, 天必厭之矣. 重言之者, 明其必然. … 其所云天厭之者, 以孔子旣居是邦, 目見其亂亡將至, 不肯一言以援救之, 則非仁人之所忍爲, 而天必厭之也."(『論語古今註』卷三「雍也 下」)

본다. 이러한 존재는 인간과도 같은 인격성을 특징으로 할 수밖에 없다. 천을 인격적인 상제로 인식하는 것이다.

몇 가지 예를 통해 알 수 있듯이, 다산은 공자가 말하는 천을 천즉리라는 맥락에서 리(이법)로 주석하는 주희의 설명을 부정하며, 천을 인격적 존재로서 상제로 재해석한다.

천지 만물을 조화造化·재제宰制·안양安養하는 지고신

다산은 이런 상제를 인간을 포함한 천지 만물을 조화造化하고 재제宰制하고 안양安養하는 존재라고 하였다.

> "상제는 누구인가. 이 분은 하늘·땅·귀신·사람 밖에 있으면서 하늘·땅·귀신·사람·만물을 조화造化하고 그것을 재제宰制 안양安養하는 분이다."[632]

「춘추고징春秋考徵」「선유논변지이先儒論辨之異」.

상제는 천지나 귀신 및 인간을 초월해 있으면서 그 모든 것을 조화, 재제, 안양하

---

632 "上帝者何. 是於天地神人之外, 造化天地神人萬物之類, 而宰制安養之者也."(『春秋考徵』四 「凶禮」先儒論辨之異) 이는 『천주실의』 상권 수편首篇에 나오는 제목, '論天主始制天地萬物而主宰安養之'와 유사하다.

는 주체라는 것이다. 다산은 상제를 초월적 존재로, 인간은 물론 신의 세계를 대상으로 천지 만물을 기르고 양성하며, 주재하는 존재, 즉 안양하고 재제하는 인격적 존재로 본다. 그러면서 자연 현상은 물론 만물을 주재하는 존재로 본다. 그러나 더 주목할 만한 점은 상제가 천지 만물의 주재자일 뿐만 아니라 조화주라는 것이다.

조화造化란 무엇일까? 다산이 말하는 조화가 무엇인지를 잘 밝혀주는 말이 있다.

> "무릇 유형의 것이 무형의 것으로부터 나오는 것을 일러 조화라고 말한다. 지금 태역太易을 만물을 낳는 근본으로 여긴다면 가능하겠는가? 왕필王弼은 "제帝라는 것은 만물을 낳는 주인이다"라 했다. 참위파의 학설은 기술할 만한 것이 못된다."[633]

다산은 무형의 것으로부터 유형의 것이 나오는 것을 조화라 한다. 이를 더 구체적으로 보면 조화造化에서 조造는 무에서 유로의 창조를, 화化는 유에서 유로의 변화·생성을 의미한다고 볼 수 있다. 그런데 중요한 것은 '무형의 것으로부터 유형의 것이 나온다'는 말이 아무 생성 변화의 기미도 없는 무극無極에서 태극-음양-오행으로 분화되어 만물이 생성된다는 의미가 아니라는 점이다. 무극에서 태극으로 생성과 변화를 반복하면서 일률일려一律一呂하는 우주의 운동을 조화로 본 것이 아

---

633 "夫謂有形生於無形者, 造化之謂也. 今以太易爲生物之本, 可乎. 王弼云, 帝者, 生物之主. 緯家之說, 不足述也."(『易學緖言』卷一)

니다. 다산은 '만물을 낳는 주체가 제帝'라는 왕필王弼의 말에 기대어, 바로 상제가 무형의 존재임을 밝힌 것이다. 즉 상제가 유형의 만물을 낳는 무형의 주체라는 것이다. 이렇게 보면 결국 다산이 말하는 조화란 유형의 만물은 무형인 상제로부터 생성됨을 말한다. 상제가 곧 조화주이다. 조화주로서 상제, 그것은 상제가 만물의 생성과 변화의 뿌리, 근본, 주체, 원인임을 말한다.[634] 상제가 조화·재제·안양하는 존재라는 말에는 상제가 조화주인 것은 물론 조물주, 창조주라는 의미도 함축되어 있다.

다산의 조화 개념은 주희가 말하는 '천지의 조화'에서의 조화와는 다르다. 왜냐하면 "천지의 조화는 음양오행의 운행이다",[635] "천지 사이의 조화의 경우 본래 양으로 자라면 태어나고 음으로 감소하면 죽는다"[636]는 말에서 알 수 있듯이, 주희에게 조화는 기氣의 작용이기 때문이다. 그러므로 일월성신과 바람, 뇌우는 신의 조화가 아니라 모두 기의 작용인 조화의 결과이다. 주희는 조화를 기의 작용, 기의 활동으로 보고 그 변화와 생성을 조화로 본 것이다.

조화의 문제에서 다산이 분명하게 밝혀주는 것은 상제의 조화 범위가 가장 광대한데서부터 가장 미세한데 이르기까지 모든 현상 세계를 포함한다는 점이다. 그는 극대에서 극소까지 가장 넓은 현상과 가장 미세한 현상이 모두 상제가 조화하는 범위요 조화하는 자취라며, 그것은

---

634 백민정, 2007a, 85, 175~176, 225.

635 "天地造化, 陰陽五行之運."(『朱子語類』 卷第二十八 「論語 十」 公冶長 上)

636 "以至於天地間造化, 固是陽長則生, 陰消則死."(『朱子語類』 卷第十八 「大學五或問 下」)

천이 광대하고 신묘하여 무소불능한 전능성을 보여주는 것으로 파악한다.

"상천의 일이란 광대하고 신묘하여 능히 못할게 없는데 왜 하늘을 더 높일 수 없고, 왜 땅을 더 넓힐 수 없으며, 왜 해와 달은 항시 밝지 못하고, 사계절은 어찌하여 항상 조화를 이루게 할 수 없을까. 조화의 오묘함을 생각하고 조화의 자취를 살펴보면, 하늘도 오히려 사람들에게 유감을 안겨준 바 있다. 그러나 유감을 안겨줬다는 것으로 하늘과 땅을 진실로 왜소하게 여길 수는 없다. 조화의 광대함은 여기서 그치지 않음을 말한다."[637]

즉 상제의 조화는 사계절이나 해와 달의 운행과 같은 자연의 변화 모두를 아우름은 물론 이를 뛰어 넘는다. 그리하여 다산은 만물이 상제의 조화에 의해 이루어진 것이므로 조화를 떠나서 만물이 존재할 수 없음을 물속의 물고기에 비유한다. 물고기가 물속에 있으면서 헤엄치고 호흡하는 물을 떠날 수 없는 것과 같다고 한다.[638] 상제의 조화의 범위를 벗어날 수 없는 천지 만물은 상제의 주재아래 놓이게 된다.[639]

---

637 "上天之載, 廣大神妙, 無所不能, 天何不加廓乎, 地何不加闊乎, 日月何不常明乎, 四時何不常和乎. 想造化之妙, 而觀造化之迹, 則人猶有所憾矣. 有所憾者, 非眞以天地爲小也. 謂造化之廣大, 宜不止此."(『中庸自箴』卷二)

638 "만물은 하늘의 조화 속에 있다. 이는 마치 물고기가 물속에서 헤엄치고 호흡하며 물을 떠나지 못하는 것과 같다. 萬物在上天造化之中, 如魚在水中, 游泳呼吸, 不能離水."(『中庸自箴』卷二)

639 금장태·한종만·손봉호, 1986, 46~47.

다산은 이런 상제를 세상의 수많은 신들 중 가장 높은 존재, 즉 최고신, 지고신으로 간주한다. 세상에는 수많은 신들이 있다. 상제, 일월, 성신, 풍사, 우사 등의 하늘 귀신(천신), 사직, 오악五嶽, 산림, 천택川澤 등 땅 귀신(地示), 선왕, 선공, 선비先妣 등 인귀가 그것이다. 다산은 천신들을 '본래 형질이 없는 것으로서 상제를 보좌하는 신하'로 본다. 상제가 모든 것을 혼자 다스리지는 않는다. 상제는 이들 신하들에게 명령을 내려 세상을 다스린다. 상제는 신하인 천신들에게 일을 맡긴다. 그들은 모두 상제의 명을 받는다. 상제는 모든 신들을 주재한다. 다산은 상제가 천지의 모든 귀신 중 지극히 높고 위대한 존재임을 이렇게 말한다.

"신이 생각하건대 천지의 귀신들이 빽빽하게 늘어서 있지만 그 가운데 지극히 높고 위대한 존재는 바로 상제입니다."[640]

"위대한 상제는 형도 없고 질도 없으나 매일 우리를 굽어보시고 천지를 통어하시니 만물의 조상[萬物之祖]이요 백신百神의 우두머리이다. 환하고 밝게 위에서 임하시는 까닭에 성인은 이에 조심조심 하늘을 밝게 섬기는 것이다."[641]

다산은 천지귀신은 천지에 널려있는데, 그 중에서도 지극히 크고 지극히 높은 것을 상제라고 본다. 상제는 모든 신들 중 최고의 신이다. 상제는 지위나 능력 면에서 여타의 신들보다 상위의 존재로, 가장 높은

---

640 "天地鬼神, 昭布森列, 而其至尊至大者, 上帝是已."(『中庸講義補』卷一)

641 "惟其皇皇上帝, 無形無質, 日監在玆, 統御天地, 爲萬物之祖, 爲百神之宗. 赫赫明明, 臨之在上, 故聖人於此, 小心昭事, 此郊祭之所由起也."(『春秋考徵』一「吉禮」郊 四)

존재다. 상제는 '만물의 조상', '백신百神의 종宗'이다.

여기서 상제가 매일 우리를 굽어보고 천지를 통어한다는 것은 상제가 늘, 모든 순간 임한다는 것이다. 상제가 항상 우리에게 임해 있으니 그 누가 자신이나 타인을 속이거나 그릇된 행위, 나쁜 마음을 가질 수 있겠는가. '만물의 조상'이요 '백신百神의 우두머리'인 상제는 성리학에서 말하는 궁극자, 즉 태극과는 다른 성격의 존재이다.

그는 또한 상제를 유일무이한 존재, 지존의 존재로 본다.

"황천상제는 지극한 하나로서 둘이 없으며, 지극히 높아서 짝이 없다."[642]

"호천상제는 유일무이한 것이다."[643]

다산은 상제가 유일무이한 존재, 유일하고 지존의 존재라고 보았다. 그러면서 정현의 소위 감생설의 허구를 지적하였다. 즉 다산은 주례의 오제五帝는 모두 옛날의 성제聖帝였는데, 정현 이후 인제人帝를 모두 천제天

---

642 "皇天上帝, 至一而無二, 至尊而無匹."(『尙書古訓』 卷六 「君奭」) 다산에게 황천상제와 호천상제는 상제를 칭하는 다른 호칭일 뿐 서로 다른 대상을 지칭하는 것이 아니다. "황천상제와 호천상제는 상제의 아름다운 칭호(즉 존호尊號)이다. 황천이라고도 하고 호천이라고도 하고 민천이라고도 하는 것은 지존인 제왕을 국가라고 하거나 조가라고 하거나 승여라고 하는 것과 같은 것으로, 가리키는 대상이 다른 것이 아니다. 황천상제는 오직 하나일 뿐 둘이 될 수 없고 지극히 존귀하여 필적할 것이 없다. 皇天上帝 · 昊天上帝, 本是上帝之徽稱. 或稱皇天, 或稱昊天, 或稱旻天, 如帝王至尊, 或稱國家, 或稱朝家, 或稱乘輿, 非其所指各殊也. 皇天上帝, 至一而無二, 至尊而無匹."(『尙書古訓』 卷六 「君奭」)

643 "昊天上帝唯一無二."(『春秋考徵』 一 「吉禮」 郊 三)

帝로 만든 잘못이 있다[644]고 봄으로써, 상제의 유일무이성을 주장하였다. 상제는 유·무형의 모든 존재를 자신의 주재主宰 하에 포섭·장악하는 지극히 존귀하고 지극히 위대한 절대적 권능의 '유일자唯一者'라는 것이다.

다산은 당시 사회에 만연된 상제에 대한 무지, 귀신에 대한 잘못된 인식이 문제라고 하였다.

"요즈음 사람들은 하늘을 리라 하고 귀신을 공용功用이라고 하고 조화의 자취라 하고, … 그러므로 어두운 곳에서 마음을 속이고, … 이 모두가 귀신설에 대하여 명백하지 못한 까닭이다."[645]

"귀신은 리와 기를 통해서 말할 수 없습니다. … 요즘 사람들은 귀신이란 있는 것인가 없는 것인가를 의심하여 아득한 곳으로 버려진 까닭에 인주人主의 경외하는 공부와 학자의 신독의 뜻이 모두 진실하지 못하게 되어버린 것입니다. 암실에서나 혼자 있을 적에 비록 하지 못할 짓이 없이 다하더라도 끝끝내 알려지지 않으리라고 생각할 것이니, 그들이 장차 공연스레 두려운 마음을 가지겠습니까. 이는 반드시 그렇게 될 수 없는 이치인 것입니다."[646]

---

644 "皆古之聖帝, 非靈威仰赤熛怒之等, 鄭玄以降, 皆以人帝誣作天帝."(『春秋考徵』一「吉禮」郊 五)

645 "今人以天爲理, 以鬼神爲功用, 爲造化之迹, … 暗室欺心, … 皆於鬼神之說, 有所不明故也."(『中庸講義補』卷一)

646 "鬼神不可以理氣言也. … 今人於此, 疑之於有無之間, 置之於杳茫之地, 故人主敬畏之工, 學者愼獨之義, 皆歸於不誠. 夫暗室獨處, 雖使無所不爲, 畢竟無所發覺, 其將徒然畏怯乎. 此必無之理也."(『中庸講義補』卷一)

그는 귀신은 리나 기로 말할 수 없다고 말한다. 나아가 아래처럼 상제도 귀신의 하나로 귀신 중 가장 높은 존재라고 한다. 그리고 귀신의 덕과 관련하여서도 말한다.

"상제의 체體는 형체도 없고 형질도 없으니 귀신과 같은 덕을 지니고 있으므로 귀신이라 일컫는다. 그것이 감응하여 굽어보는 점으로 말하기 때문에 귀신이라 하는 것이다."647

"천지의 귀신들이 빽빽하게 늘어서 있지만 그 가운데 지극히 높고 위대한 존재는 바로 상제입니다."648

귀신이란 바로 신이요 신명과 같은 존재를 가리킨다. 그리하여 다산은 귀신을 리기나, 기의 굴신屈伸 왕래往來의 이치로 보는 주자학을 비판한다. 다산에 의하면 상제는 귀신의 하나이다.

다산은 교제郊祭는 바로 이러한 상제를 섬기는 예라는 것을 이렇게 밝힌다.

"위의 푸른 하늘과 아래의 누런 땅은 모두 정情이 없다. 해·달·산·강과 같이 기질로 이루어져 모두 영식靈識의 독자적 작용이 없다. 성인이 이치를 밝힘에 어찌 그것들을 아비로 섬기고 어미로 모시는 이치가 있겠는가. 오직 황황상제만이 형체도 없고 바탕도 없으

---

647 "上帝之體, 無形無質, 與鬼神同德, 故曰鬼神也. 以其感格臨照而言之, 故謂之鬼神."(『中庸自箴』卷二)

648 "天地鬼神, 昭布森列. 而其至尊至大者, 上帝是已."(『中庸講義補』卷一)

면서 날마다 여기에 임하여 세상을 다스리고 만물의 조상, 수많은 신들의 우두머리로서 우뚝하고 환하게 저 높이 임해 있다. 이에 성인은 정성스러운 마음으로 상제를 밝게 섬겼으니 이것이 교제郊祭가 생겨난 유래이다."[649]

다산이 보기에 교제는 곧 만물의 조상이자 백신의 우두머리인 상제에게 올리는 제사에서 유래하였고, 상제 섬김을 본질로 한다. 『중용』에 '교사郊社의 예는 상제를 섬기는 것'이라는 말이 있다. 다산은 하늘에 지내는 교郊와 땅에 지내는 사社 제사의 예禮는 궁극적으로 상제를 섬기는 것이고 상제를 섬기는 방법이라고 본다.[650]

---

649 "然上蒼下黃, 都是無情之物. 與日月山川, 均爲氣質之所成, 了無靈識之自用. 聖人明理, 豈有父事母事之理. 惟其皇皇上帝, 無形無質, 日監在茲, 統御天地, 爲萬物之祖, 爲百神之宗, 赫赫明明, 臨之在上. 故聖人於此, 小心昭事, 此郊祭之所由起也."(『春秋考徵』一「吉禮」郊 四)

650 "상하신시上下神示는 모두 상제의 명령을 받아 만물을 보호하는 것이므로 왕은 이를 제사로 받들어 보답하는 것이다. 이는 하늘을 섬기는 것이 아님이 없다. 그러므로 교사례郊社禮는 상제를 섬기는 것이라 말한다. 上下神示, 皆受帝命, 保佑萬物, 而王者祭而報之. 無非所以事天. 故曰郊社之禮, 所以事上帝."(『中庸講義補』卷一) "그리하여 『중용』에서 하늘에 올리는 교郊, 땅에 올리는 사社 제사 의례는 이른바 상제를 섬기는 것이라 하였다. 故中庸曰郊社之禮, 所以事上帝也."(『春秋考徵』二「吉禮」社 一)

3

다산의 상제 사상,
어떻게 형성되었나

천주교와의 만남

다산의 상제관이 어떻게 형성되었는지 밝히기란 쉽지 않다. 지금까지의 많은 연구들 간의 의견 불일치가 이를 잘 말해준다. 그럼에도 불구하고 다산의 '상제' 사상의 형성 배경을 찾아본다면 두 가지 측면에 관심을 가져볼 필요가 있다. 그 하나는 천주교와의 관련성 여부이다.

주자학으로 대변되는 전통적 가치를 비판하던 조선 후기 지식인들 중에는 남인 계열의 사람들이 많았다. 그들은 주자학으로 사회화된 사람들이지만 정치적으로는 주변인이었다. 그들은 서양의 과학 기술은 물론 천주교에 대한 관심도 남달랐다. 마테오 리치(Matteo Ricci, 利瑪竇, 1552~1610)가 쓴 『천주실의』가 들어와 조선에서도 많은 사람들에 의해 읽혀지는 가운데, 그들은 천주교에 대한 관심도 많았다. 그것은 다산도 마찬가지였다. 그는 한 때 천주교 책을 본 모양이다.[651] 이런 맥락에서 보면 다산의 상제 사상은 천주교로부터 영향을 받을 여지가 있었다.

다산이 천주교 사상을 처음 접한 것은 1784년 4월(갑진년 여름)이었다. 고향 마재에서 큰 형수(정약현의 처) 기제사를 지내고 배를 타고 돌아오는 길에, 두미협(현 팔당댐이 있는 협곡) 부근 배 안에서 큰 형님의 처남이자 큰 형수 동생인 이벽(1754~1786)을 통해서였다. 당시 이벽은 천주교에 흠뻑 빠져있었는데, 다산은 그로부터 천지 조화의 시작, 육신과 영혼의 생사에 대한 이치 등에 대해 들었다. 이 때 다산은 정신이 어리둥절하여 마치 하한河漢(은하수)이 끝이 없는 것 같았으며 너무나 충격적이었다고 고백하였다.

> "갑진년 4월 15일에 맏형수의 기제忌祭를 지내고 나서 우리 형제와 이덕조李德操가 한배를 타고 물길을 따라 내려올 적에, 배 안에서 덕조에게 천지 조화의 시작과 육신과 영혼의 생사에 대한 이치를 듣고는 정신이 어리둥절하여 마치 하한河漢이 끝이 없는 것 같았다."[652]

호기심이 발동한 다산은 서울로 돌아와 이벽의 집으로 가서 『천주

---

651 "신은 이른바 서양 사설邪說(천주교)에 대하여 일찍이 그 책을 보았습니다. 그러나 책을 본 것이 어찌 바로 죄가 되겠습니까. 말을 박절하게 할 수 없어 책을 보았다고 했지, 진실로 책만 보고 말았다면 어찌 바로 죄가 되겠습니까. 臣於所謂西洋邪說, 嘗觀其書矣. 然觀書豈遽罪哉, 辭不迫切, 謂之觀書, 苟唯觀書而止, 則豈遽罪哉."(『與猶堂全書』『文集』卷九「辨謗辭同副承旨疏」)

652 "甲辰四月之望, 旣祭丘嫂之忌, 余兄弟與李德操, 同舟順流, 舟中聞天地造化之始, 形神生死之理, 惝怳驚疑, 若河漢之無極."(『與猶堂全書』『文集』卷十六「先仲氏墓誌銘」)

실의』와 『칠극』653 등 몇 권의 교리서를 빌려 읽었다.

　『천주실의』가 무엇인가? 그것은 리기 철학을 비판하며 보유론적 입장에서 천주교 교리를 소개한 책이다. 마테오 리치는 중국의 지식인들에게 천주교를 전파하기 위해 서양의 천주를 중국의 상제와 동일시하고 송대 주자학과는 엄격히 차별화하면서도 초기 유교 경전과는 긴밀한 일치점을 역설하는 입장을 취하였다. 쉽게 말하면 중국 사람들에게 익숙한 유교 경전에 나오는 상제를 천주교의 천주와 같다고 포장하여 천주교를 효율적으로 전파시키고자 한 것이다. 주희의 원시 유교 경전에 대한 관념적 해석으로부터 해방되고자 했던 젊은 다산이, 『천주실의』나 천주교를 거부감 없이 쉽게 받아들일 여지가 있었다.

　「선중씨묘지명先仲氏墓誌銘」에서 다산은 『실의』와 『칠극』 등을 읽고 마음이 혼연히 서교에 쏠렸으나, 그 때는 제사 지내지 않는다는 말이 없었다고 하였다. 다산은 정미년(1787) 이후 4~5년 동안 서학에 자못 마음을 기울였다. 그러나 신해년(1791년) 이래로 국가에서 엄하게 금지하여 마침내 생각을 아주 끊어버렸다. 다산에 대한 천주교 관련설이 끊임없이 이어지는 가운데, 정조는 그를 동부승지同副承旨에 임명(1797년)하였다. 그러자 반대파들의 의심과 비난은 더하기만 했다. 이에 다산은 정조에게 비방을 변명하고 동부승지를 사양하는 「변방사동부승지소辨謗辭同副承旨疏」라는 상소문을 올렸는데, 여기서 다산은 자신도 서학서를

653　1599년에 중국에 온 스페인 출신의 예수회 신부인 '디에고 데 빤또하'(P. Diadace de Pantoja, 龐迪我, 1571~1618)가 한문으로 쓴 수양서修養書로, 칠죄종七罪宗을 극복하여 극기를 완성해야 된다는 내용을 주제로 하고 있다. 칠죄종은 교만, 질투, 인색, 분노, 탐욕, 음란, 게으름 등으로 모든 죄의 근원이 되는 사악邪惡을 뜻한다.

읽고 거기에 빠지기도 했다고 고백한 바 있다.[654]

　다산의 상제 사상이 천주교의 영향을 받았음을 뒷받침할 수 있는 다른 근거는, 이벽을 포함하여 그의 주변은 천주교 인물들로 넘쳐났다는 점을 들 수 있다. 우선 그의 바로 위 형인 셋째 형 정약종(1760~1801)은 철서한 천주교노로 신유사옥 때 목숨을 잃었다. 다산이 특히 좋아했던 둘째 형 정약전(1758~1816)은 처음에 서교의 설을 듣고 매우 좋아했으나 중간에 생각을 바꾸었다. 신해년 겨울부터 나라에서 더욱 서교를 엄금하자 그는 서교와 결별하였다. 그러나 신유사옥 때 신지도로 유배되었다.

　조선 초기 천주교 공동체를 이끈 핵심 인물이 이벽, 이승훈(1756~1801) 등인데, 이들은 모두 다산과 인척 관계이자 친구였다. 이벽은 누구인가? 그는 큰 형님의 처남이자 큰 형수 동생이며, 형님뻘 되는 친구로, 다산에게 천주교를 처음으로 전한 사람이다. 특히 다산이 서울에 살면서 줄곧 상종한 인물이 이벽이다.

　우리나라 최초의 천주교 신도인 이승훈은 누구인가. 다산 누님의 남편이다. 그는 이벽의 권유로 1783년 겨울 북경에 파견된 외교사절의 일원이었던 아버지를 따라 북경으로 가 프랑스 신부 그라몽(Jean~Joseph de Grammont, 梁棟材)으로부터 세례를 받고 천주교 서

---

654 "상상上庠하여(성균관에 들어가 공부할 때) 이벽李蘗을 따라 노닐면서 서교西教의 교리를 듣고 서교의 서적을 보았다. 정미년(1787, 정조 11) 이후 4~5년 동안 자못 마음을 기울였는데, 신해년(1791, 정조 15) 이래로 국가의 금령이 엄하여 마침내 생각을 아주 끊어버렸다. 旣上庠, 從李蘗游, 聞西教見西書. 丁未以後四五年, 頗傾心焉, 辛亥以來, 邦禁嚴遂絶意."(『與猶堂全書』『文集』卷十六「自撰墓誌銘」(壙中本))

적을 들여왔다. 그는 돌아와 이벽에게 요한이란 이름으로 세례를 주었다고 한다.

교회의 가르침에 따라 제사를 폐하고 신주를 불태운 진산 사건(1791년)의 중심 인물인 윤지충(1759~1791)은 다산의 외사촌으로, 다산의 형제들로부터 전교를 받아 천주교도가 된 인물이다.

조선 정부의 천주교 탄압 실정을 북경 교회에 보고하고 신앙의 자유를 얻기 위해 서양 군대를 끌어들여 조선 정부를 위협할 것을 요청하다 발각된 백서帛書사건(1801년)의 황사영(1775~1801)은 누구인가? 그는 다산의 큰 형 정약현의 사위이자, 다산의 조카 사위이고 이벽의 생질이다.

다산이 속한 성호학파 내 신서파를 이끌던 두 기둥의 하나인 권철신(1736~1801) 또한 천주교도였다.[655] 권철신은 다산의 둘째 형 정약전의 스승으로 다산에게도 학문적으로 깊은 영향을 미쳤다. 당시 신앙 집회에 참석한 권일신(?~1791)은 권철신의 아우다.

여기에 더하여 다산의 상제 사상에는 마테오 리치가 『천주실의』에서 말한 내용과 유사한 점도 보인다. 이를 테면 리를 사물의 주재자가 될 수 없다고 하거나 주자학의 리를 비판한 점, 천지 만물을 화생하고 그것을 주재하고 안양하는 존재로서 천주의 인격적 성격 등에 대해서는 두 사람의 견해가 거의 같다. 더욱이 마테오 리치는 서양의 천주가 중국말로 상제라고 하였다. 상제는 천주와 단지 이름만 다를 뿐이라고

---

655   두 기둥의 다른 하나인 이가환(1742~1801)은 이승훈의 외삼촌으로 다산과 교유하였다. 그가 천주교도였다는 주장도 있으나 아니라는 주장도 있다.

하였다. 이러한 여러 가지를 고려하면 다산의 상제 사상은 알게 모르게 천주교로부터 영향을 받았을 가능성이 충분하다.

하지만 이것은 부분적으로만 타당하다. 여전히 논란이 되지만, 그는 천주교도가 아닐 가능성이 상대적으로 더 크다. 왜냐하면 다른 많은 자료는 다산이 오히려 천주교와는 무관하고, 그러므로 상제 관념이 천주교로부터 직접적 영향을 받아 형성된 것이 아닐 수 있음을 보여주기 때문이다. 위에서 언급한 신해년(1791) 이래로 나라의 금지령이 엄중하여 마침내 생각을 끊어버렸다는 말, 자신이 한 때 천주교에 관심을 가졌다가 벗어나게 된 경위와 사임 요청을 정조에게 올린 「변방사동부승지소」라는 상소, 일명 자명소自明疏의 내용을 보자. 한형조는 그 골자를 이렇게 요약한다.

"나는 서학서를 읽고 거기 깊이 빠졌다. 그것이 파멸의 길인 줄 모르고, 진정한 도를 발견했다고 착각했다. 그 때 나는 젊었다. 사리 분간이 아직 분명치 않은 때 아닌가. 그리고 그 당시 서학서들은 유행이었다. 천문·역학·농경·수리에 관한 신기한 정보들을 많이 담고 있었기 때문이다. 다들 치기에서 똑똑하고 박식하다는 소리를 들으려고 그 책에 몰두했다. 과학기술뿐만 아니라 다른 측면에서도 혹했는데, 삶과 죽음 이후의 약속, 엄격한 종교적 수련 등은 또 다른 형태의 유교인 줄 알았다. 그런데 나중 이런 것들이 정작 과거시험에는 별 도움이 되지 않는다는 것을 알았고, 알곡과 쭉정이를 가리지 않고 무조건 몰두하는 것은 대단히 위험하다는 것을 알았다. 그리고 조상 제사를 폐하라는 얘기에 이르러 나는 깜짝 놀랐다. 내가 몰두하던 시절에는 그런 파천황의 반인륜적 교설은 없었다. 내 뼈 속에는 한기가 돌았다. 1791년 윤지충이 제사를 폐하고 신주神主를 불태워 버린 사건은 이 모든 사태를 선명히 해주었다. 거기서 말하는 사후의 약속 등은 불교의 혹세무민이었고, 거기서 말하는 자기 컨트롤은 도교의 신선 같은 엉터리였다. 그 이후 나는 서학과 손을 끊었고, 거기 물든 사람들을 적으로 돌렸다. 요컨대, 젊었을 때 한때 거기에 물든 적은 있으나 8~9년 전 무렵 나는 그것과 완전히 절연했다."656

금정역 찰방으로 좌천되어 천주교도들을 계몽시켜 제사를 지내게 종용한 점은 어떻게 이해해야 할까? "이때 호서湖西 지방 대부분이 점점 사학邪學에 물들어가고 있었는데, 충주가 가장 심했으므로 특별히 가환을 그곳의 수령으로 삼고, 또 정약용을 금정 찰방金井察訪으로 삼은 뒤 각각 속죄하는 실효를 거두도록 한 것이었다."657

「변방사동부승지소」에는 이런 기록도 있다. "신이 부임한 지방은 곧 사설邪說이 그르친 지방으로서, 어리석은 백성이 현혹되어 진실로 돌이킬 줄 모르는 무리가 많았습니다. 그러므로 신이 관찰사에게 나아가 의논하여, 수색해서 체포할 방법을 강구하여 그 숨은 자를 적발하고 화복禍福의 의리를 일깨워주어, 그들이 의심하고 겁내는 것을 효유曉諭하고, 척사斥邪하는 계禊를 만들어서 그들에게 제사를 권하고, 사교를 민

656 한형조, 2004a, 288~289.

657 『정조실록』 43권, 정조 19년 7월 25일 갑술 2번째 기사.

는 여자를 잡아다가 그들에게 혼인을 하도록 하고, 다시 일향一鄕의 착한 선비를 구해서 서로 더불어 질의하고 논란하여 성현의 글을 강론하게 하였습니다."⁶⁵⁸

중씨仲氏(정약전)와 계씨季氏(정약용)가 서학을 함께 하지 않는 것이 한스럽다고 한 정약종의 편지는 어떻게 보아야 할까? 1801년 초에 천주교도 검거 사건이 있었는데 다산의 셋째 형 정약종도 잡혔다. 그는 짐을 압수당했는데 그중에는 여러 편지도 있었다. 그 하나가 어떤 천주교도가 정약종에게 보낸 것인데, 거기에 "너의 아우가 알지 못하게 하라"는 말이 있고, 정약종의 글 속에는 "형제와 함께 서학을 익힐 수 없으니 나의 죄가 아님이 없다"는 말이 있었다고 한다.⁶⁵⁹ 결국 정약종은 처형이 확정되었지만, 약전과 약용은 천주교도로 활동하지는 않았다는 판결을 받았고 죽음이 아닌 유배의 길을 떠나게 되었는데, 다산은 장기현(현 경북 포항 장기)으로 유배되었다.

이와 관련한 기록이 다산 자신이 쓴 「선중씨묘지명先仲氏墓誌銘」에는 이렇게 기록되어 있다. "옥의獄議 판결문에, '정약전이 처음에는 서교에 빠졌으나 종당에는 뉘우친 것이 약용과 같고, 지난 을묘년 있었던 흉비凶秘한 일은 저가 전해들은 데 불과할 뿐 참견한 흔적이 없으며, 또 약종이 어떤 이에게 보낸 편지에 중씨仲氏와 계씨季氏가 서학을 함께 하지

---

658 "而況其所莅地方, 卽邪說詿誤之鄕, 愚氓之迷不知反者, 寔繁其徒. 故臣就議按道之臣, 講搜捕之方, 而發其隱匿, 諭禍福之義, 而曉其疑怯, 設斥邪之禊, 而勸其祭祀, 執守邪之女, 而成其婚嫁, 復求一鄕之善士, 而相與質疑送難, 以講聖賢之書."(『與猶堂全書』『文集』卷九「辨謗辭同副承旨疏」)

659 금장태, 2005a, 161.

않는 것이 한스럽다고 하였으니, 약전이 뉘우치고 깨달은 것은 의심할 것 없을 듯하다' 하고, 또, '처음에는 비록 미혹되고 빠졌으나 중간에는 잘못을 고치고 뉘우쳤다는 사실을 증거할 수 있는 문적文籍이 있으니, 차율次律을 시행하라'하고, 공을 신지도로, 나를 장기현으로 유배시켰다."660

그 외에 천주교에서 금지한 조상 제사에 대한 제례나 상례에 관한 글을 많이 쓴 점 등은 어떻게 이해해야 할까? 천주교도였다면 조상 제사나 상례와 관련한 글을 썼을까?

다산이 20대 젊은 시절 몇 년 동안 천주교에 관심을 가졌고 『천주실의』 등 관련 책도 읽었음은 사실인 것 같다. 하기야 이미 선조 말년부터 서학 관련 책이 들어와 명경석유名卿碩儒들 치고 보지 않은 사람이 없었을 정도였으니,661 다산도 읽어보았을 것이다. 그리고 다산에게 『천주실의』에서 첫 눈에 들어온 것은 상제의 존재였고, 상제가 고경에서의 상제와 유사하다는 것을 발견하였을 것이다. 그러나 그의 말대로 다산은 제사를 거부하는 것 등을 알고 천주교를 등졌다.

흔히 다산의 상제 사상은 벗 이벽과 『천주실의』로부터 영향을 받

---

660 "獄議曰, 丁若銓始溺終悔, 與若鏞一般, 而乙卯年間凶祕之事, 不過渠之傳聞, 未見參涉之跡, 且若鍾抵人書, 輒稱仲季之恨不同學, 若銓之悔悟, 似無可疑, 而始溺廣訛之罪, 有難全貸. 又曰始雖迷溺, 中間改悔之跡, 明有可據之文跡, 次律施行, 遂配薪智島, 鏞配長鬐縣."(『與猶堂全書』『文集』卷十五「先仲氏墓誌銘」)

661 "서양의 글이 선조 말년부터 이미 우리 나라에 들어와서 명경석유名卿碩儒들이 보지 않은 사람이 없었다. 西洋書, 自宣廟末年, 已來于東, 名卿碩儒, 無人不見."(『順菴先生文集』卷之十七「天學考」)『순암선생문집』원문과 번역은 한국고전번역원, 한국고전종합DB(https://db.itkc.or.kr)를 따랐다.

은 결과로 본다. 그러나 위의 사항을 고려한다면 비록 이벽과 논의가 있었고 『천주실의』도 읽고 천주교에 빠지기도 하였으나, 천주교 사상이 그의 상제 사상 형성에 결정적으로 작용하였다거나, 다산의 상제가 천주교의 천주와 같다고 단정하는 것은 너무 일방적인 것 같다. 그렇다고 천주교 천주 관념이 다산에게 아무런 영향을 미치지 못했다는 것은 아니다. 다산의 천주교와의 만남이 다산으로 하여금 상제 관념을 더욱 체계화하고 발전시키는 계기였지만, 그것은 상제 관념 형성의 두 번째 또는 세 번째 요인일 뿐이라는 것이다. 왜냐하면 다산은 『천주실의』가 아니더라도 또 천주교를 접하기 이전부터 인격적 상제 관념, 주재적 상제 관념을 형성하고 있었을 여지가 있기 때문이다. 바로 원시 유교를 통해서 말이다.

원시 유교에 대한 관심과 탈주자학적 경향의 시대 정신

다산의 상제 사상 형성에 영향을 미친 배경 요인은 그가 어릴 때부터 관심을 가졌던 원시 유교의 정신이나 고경에 대한 관심, 나아가 당시의 탈주자학 경향에서도 찾을 수 있다. 즉 17~18세기 조선의 시대정신을 반영한 것으로 볼 수도 있다. 다산의 상제 사상과 상제 재발견, 그의 기존 사회에 대한 비판, 성리학에 대한 비판은 당시의 주변부 지식인들이 보인 학풍과 무관하지 않다. 병들어 가는 사회를 보면서 그 원인을 찾고 그 대안이 무엇인지를 고민한 다산은 그 열쇠를 탈성리학풍의 경향을 보인 사람들, 근기 남인의 지적 전통에서 찾았을 여지가 있다.

다산은 왜 경전에 대한 새로운 해석을 지향하였을까? 왜 주희와는 또 다른 경전 해석을 시도하였을까? 그것은 한 마디로 원시 유교의 본래 사상, 공자의 정신을 바로 찾기 위함이었다. 원시 고경의 세계가 함유하고 있는 사실과 사상을 본래의 면모 그 자체로 온전하게 드러내고자 함이었다. 선진 시대의 경전 자체의 본래 의미를 바로 파악하기 위해서였다.[662] 그리하여 다산은 엄청난 고경 주해를 시도하였다. 그 결과의 하나로 다산은 상제를 재발견하였으며, 나아가 상제를 통해 병든 사회를 개혁하고자 했다.

다산은 주자학, 송학을 진정한 수사학洙泗學으로 보지 않았다. 다산이 보기에 그것은 공자의 정신을 많이 왜곡하고 있었다. 경전의 원래 뜻은 한대漢代 이래 참위설과 송학의 사변적 관념에 의해 겹겹이 가려지고 왜곡되었다. 사실 성리학은 원시 유가의 사상을 뿌리로 하고 있지만 주희 등에 의해 새롭게 체계화된 사상이다. 신유교는 공자 본래의 정신과 많은 부분이 어긋난다. 그래서 다산은 주자학적 경전 해석이 낳은 왜곡된 세계관을 벗어나, 원시 고경의 원초적 모습, 경전 본래 정신을 다시 찾고, 궁극적으로는 이를 바탕으로 자신의 시대 현실을 개혁하고자 했다.[663]

그렇다면 다산의 경학에 대한 관심, 원시 고경 사상에 대한 관심, 공자에 대한 지향은 언제부터 시작되었을까? 그 단서는 그의 어린 시절로 거슬러 올라가 추적해 볼 수 있다. 다산의 경학 연구는 말년까지

---

662 "다산의 주석 태도에는 그의 강렬한 이념적 지향이 놓여 있었다. 원시 고경의 세계를 자기 시대에 계승하자는 것이 그것이다. 요·순·주공·공자의 세계가 자기 시대에 새롭게 구현되기를 희구하는 열망으로 그토록 고경의 문맥 그 자체를 드러내기에 몰두했던 것이다."(이동환, 2005, 353)

663 금장태, 2005a, 353.

지속되었지만 경학에 뜻을 두게 된 것은 젊을 때부터라고 볼 수 있다. 그는 1782년 21살 때 「술지述志」라는 시 두 편을 지었다. 그 한 구절이 이렇다.

"힘을 다해 공맹의 도로 돌아가고 두 번 다시 시속을 묻지 않았네."[664]

우리는 여기서 다산의 의지, 속마음을 읽을 수 있다. 당시 그는 정통 주자학을 표방하고 있던 지식인들과는 다른 생각을 하고 있었다. 주희가 아닌 공자의 가르침으로 돌아가야 한다는 생각을 하고 있었다. 이것은 자신이 앞으로 무엇을 어떻게 하고 어떤 삶을 살 것인지를 스스로 다짐하는 의지를 담고 있다. 어려서부터 그는 주자학 대신에 원시 유교로 돌아가야 한다고 생각했던 모양이다. 유교의 근본인 수사학으로 돌아가야 한다고 본 것이다. 젊은 시절에 벌써 주자학적 경전 해석의 문제점을 인식하고 원시 유교로 돌아가야 한다는 생각을 품고 있었다. 이 때 벌써 공자와 사상적 차이를 보이는 주희의 관념 철학을 혁파하고 경전 바로 읽기의 필요성을 절감한 것이다. 그의 새로운 경학에 대한 관심, 그리고 그 방향의 설정은 이렇게 일찍 갖추어졌다.

그러나 과연 다산의 궁극적 목표가 원시 유교로 돌아가자는 것이었

---

664 "戮力返洙泗, 不復問時宜."(『與猶堂全書』『詩集』卷一「述志 二首」)『시집』의 원문과 번역은 한국고전종합DB(https://db.itkc.or.kr); 다산학술문화재단(http://tasan.or.kr), 정본 DB; 다산학술문화재단, 2013; 민족문화추진회 편, 1982; 박석무·정해렴 편역주, 2002; 허경진 옮김, 2007을 참조하였다.

을까? 단순한 공자 정신의 회복이었을까? 그것은 아니다. 왜냐하면 다산은 당시 사회에서 있으나마나한 주자학, 오히려 사회에 역기능적인 성리학에 대한 비판을 정당화하기 위한 일종의 합리적 근거를 원시 유교에서 찾고자 하였기 때문이다. 즉 그에게 원시 유교는 자신의 주장과 사상에 대한 정당성을 뒷받침해줄 수 있는 든든한 틀이었다. 여기에 기댐으로써 다산은 혹시나 있을지 모르는 이단적 시비, 정학正學에 대한 반역자라는 낙인으로부터 스스로를 보호할 수 있는 장치를 마련하였다.

이처럼 다산은 천주교를 접하기 이전에 벌써 성리학, 성리학 지식인, 성리학이 지배하는 사회 질서에 대한 비판 의식을 형성하고 있었다. 그 궁극은 상제를 주변화한 성리학 대신, 공자의 정신에 기대어 관념적인 성리학을 극복하고 궁극적으로는 원시 유교의 상제를 복원하려는 의지로 볼 수 있다.

다산의 공자와 하늘에 대한 생각은 다음의 글을 통해서도 엿볼 수 있다.

"하늘의 밝음을 이어받아 재난을 물리치고 천명만을 따라야 영세토록 걱정이 없게 된다. … 수많은 잡설들이 다투어 떠들어댔으니 공자만은 잘못되지 않았으니 공자만을 의지해야 나에게 허물이 없을 것을 알 수 있다."[665]

---

665 "乃紹天明, 用辟災難, 唯命是遵, 永世無患. … 萬喙爭鳴, 唯孔不謬, 唯孔是依, 諒余無咎."(『與猶堂全書』『文集』卷十二「奉和朱文公易五贊」述旨)

다산의 상제관이나 주자학에 대한 비판적 태도, 나아가 탈주자학적 의식은 앞장에서 논의한 미수 허목이나 백호 윤휴 등이 보인 성리학에 대한 비판 의식 의식과 무관하지 않다. 그들은 고경을 중시하였는데, 특히 백호의 경우 성리학자들이 보인 주희 절대주의적 학문 태도와 주희의 주석을 비판하여 우암 송시열로부터 사분난적으로 낙인찍히기도 했다. 이들은 주자학 이전의 원시 유교로 돌아가 고경, 고문, 고례古禮, 고전古篆 등에 관심을 두었고, 현실 문제 해결의 방안도 여기에서 찾으려 하였다. 이런 탈주자학적 학풍은 실학자들로 이어졌는데, 이들은 경학은 물론 정치경제학, 과학 기술 등에도 큰 관심을 가졌다.

다산의 경전 해석의 자세 내지 방향에 결정적 영향을 미친 사람은 성호星湖 이익李瀷(1681~1763)이다. 다산이 신미년(1811) 겨울, 적소에서 중형仲兄에게 보낸 편지에서 이렇게 썼다.

　"성옹(이익을 말함)의 저작은 거의 1백 권에 가깝습니다. 스스로 생각해보면 우리들이 천지의 광대함과 일월의 광명함을 알 수 있게 된 것은 모두 이 어른의 힘이었습니다."[666]

이는 자신이 성호星湖 이익李瀷(1681~1763)의 학문 세계, 그의 세계관으로부터 영향을 받았음을 고백한 것이기도 하다. 성호의 사숙私淑으로 치경治經의 기본 자세를 배운 다산은 또한 백호 윤휴와 녹암 권철

666　"星翁文字, 殆近百卷. 自念吾輩能識天地之大日月之明, 皆此翁之力."(『與猶堂全書』『文集』卷二十「上仲氏」)

신의 경전 해석을 일정하게 접했을 것으로 보인다. 다산의 경전의 주자학적 해석에 대한 비판은 백호-성호-녹암-다산으로 이어졌으며, 특히 '천'에 대한 인격적 해석은 백호로부터 전승되었다고 할 수 있다.[667]

다산은 앞선 세대의 탈성리학적 사유, 원시 유교의 인격신 상제 사상을 발전적으로 계승·결합함으로써 새로운 경학 세계관을 형성할 수 있었다. 성호학의 후계자들과 교유하면서 성호의 사상을 배우고 성리학을 새롭게 볼 수 있는 눈과 마음을 키웠다. 다산의 상제관 형성은 이들 남인 계열로 이어지는 조선의 지성사적 흐름, 언제나 주류 바깥에 있던 새로운 지식인들과 깊은 연관이 있다.

다산의 상제 사상 형성과 관련하여 많은 상이한 견해가 있지만 필자의 견해는 이렇다. '다산은 서학의 영향을 받기 전에 이미 원시 유교의 경전을 통해 상제를 접하고 있었다. 다산의 상제 사상은 이들에 대한 재인식을 통해 상제의 본래 모습을 밝히려는 과정과 17세기 탈성리학의 입장을 취한 지식인들의 영향의 상승 작용으로 형성되었다. 그렇다고 『천주실의』 등을 통한 천주교와의 만남이 인격적 존재, 주재적 존재로서의 상제의 모습을 강화하는데 일조하지 않았다고 할 수 없다. 그러나 그의 상제관 형성의 본체는 주희 절대주의에 빠진 조선 주자학의 대안을 찾는 과정에서 갖게 된 고경에 대한 관심에서 찾아야 할듯하다.

그는 평생 고경을 옆에 두고 그것을 주희의 시각이 아닌 자신의 가슴으로 새롭게 해석하고자 했다. 비록 다산의 상제가 고경의 상제와 완전 일치한다고 할 수 없으나 그가 평생 마음에서 놓치지 않았던 것은

---

667 이동환, 2005, 380~383.

상제였다. 그리하여 긴 20년 가까이 되는 유배 생활을 하는 가운데도 고경의 새로운 주석을 통해 늘 상제와 함께 하였다. 이를테면 『중용강의보』와 『심경밀험』에서는 상제를 대하는 가장 중요한 개념으로 신독愼獨을 제시하고 그 이유를 서술하였으며, 『중용자잠』에서는 원시 유교의 입장에서 상제의 의미를 상세히 서술하였고, 『주역사전(周易心箋)』에서는 이법천과 자연천에서 구별된 상제를 경외하는 이유와 예제에 대하여 고증과 자신의 해석을 제시하였다.[668]

---

668 박광철, 2019, 125.

4

왜 상제인가

다산이 상제를 자신의 사상 체계에서 중심으로 삼은 것은 그의 경세학과 관련이 있다. 다산의 궁극적 관심사는 조선의 총체적 국가 개혁이다. 그리고 그 길을 다산은 상제에서 찾았다. 그렇다면 왜 다산은 당시 사회가 개혁되어야 한다고 보았을까? 그의 시대 상황을 읽는 눈은 어떤 것이었을까? 다산은 조선이 어떤 상황에 처해있었기에 개혁을 말하고 상제를 내세웠을까? 경학이 사회 변혁의 이론적 배경이고 경세학이 변혁의 구체적 내용이라면, 당시 사회가 어떤 상황이었기에 다산은 그토록 변혁을 강조하고 대안까지 제시하였을까? 다산의 눈과 입으로 당시 시대 상황을 들여다볼 필요가 있다.

1762년부터 1836년까지, 영조 시대부터 정조, 순조, 헌종 시대까지. 이것은 한 자연인 다산 정약용이 살았던 때이다. 그가 살았던 시대는 나라 안팎의 요인으로 인해 조선이라는 몸이 큰 병(사회병)이 들어 방방곡곡에서 신음소리가 그치지 않던 때다. 지배 계급의 비도덕성, 경제 착취, 계급 억압, 보복 정치, 공작 정치, 종교 갈등, 자연 재해, 그리고 이로 인한 사회 혼란과 분열이 일상적으로 표출되고 있었다. 여기에 서학이라는 변수까지 더해졌으니 그야말로 대 혼란의 시대였다.

그리하여 무엇 하나 제대로 굴러가는 것이 없었다. 정치도 경제도 종교도. 사회를 구성하는 모든 영역이 균형을 상실하여 썩어 무너지고 있었다. 조선 사회를 관통하던 체제의 동맥이 경화되고 그 말초 신경인 민중들이 죽어가고 있었으니, 조선 사회는 큰 병이 든 상황이었다.

다산은 자신이 살던 시대의 사람들이 살아가는 비참한 삶의 모습을 수많은 글로 생생하게 사실적으로 전했다. 그것은 병든 사회 현실에 대한 진단이자 고발이다. 당시의 세상 돌아가는 모습, 병든 사회의 모습이 어떠하였는지, 그 단면에 대한 글을 통해 시대의 실상을 들여다보자.

일상화된 가렴주구苛斂誅求

어떤 시대에나 힘 있는 자들의 부정부패는 있게 마련이다. 권력과 황금 주변에는 항상 누린내가 나는 법이다. 역사가 그것을 말해준다. 그런 맥락에서 보면 조선 후기도 예외가 아니었다. 가렴주구! 썩은 관리들의 부정부패와 그들의 민중 잔혹 실상은 국가 재정의 3대 근간인 전정田政, 군정軍政, 환곡還穀이라는 삼정의 문란에서 잘 드러난다.

전정은 토질에 따라 부과하는 토지세를 말한다. 그런데 이것의 문제는 토지세 부과 대상인 토질 구분이 매우 자의적이라는 것이었다. 그래서 힘 있는 자들의 토질은 척박하여 낮은 등급으로 힘없는 자들의 토질은 높은 등급으로 의도적으로 왜곡되었고, 그 방법도 교묘하였다.

영·정조대에는 세금 부과에서 제외된 토지(隱結)가 1/2이었다. 이 줄어든 수입은 모두 농민들에게 강제로 부과되었다. 결과적으로 농민만 과중한 세금을 부담하였고 정부 창고는 늘 텅텅 비었으니, 부패 관리들의 착복과 착취가 어떠했겠는가.

다산은 전정에 대해 이렇게 한탄한다. 『경세유표』의 내용이다.

"오늘날 국가에 가장 긴급한 것은 전정이다. 오랜 시일을 전야田野에 살면서 전정의 문란함을 직접 보고, 진실로 눈물을 흘리고 싶을 때가 많았다. … 고을 아전과 저리邸吏(서울이나 감영에 머물면서 지방관의 사무를 연락하고 대행하던 서리)가 틈을 타서 이利를 노린다. 그리하여 하천이 되어버린 것, 유사流沙가 덮여진 것, 예전부터 묵었거나 근래에 묵혀진 것 따위와 떠돌이·비렁뱅이·홀아비·과부·고아, 자식 없는 늙은이와 가난하고 병든 자에게 피부와 골수를 다 긁어낸다. … 위로는 나라를 가난하게 하고 아래로는 백성을 벗겨내어 그 중간에서 살찌는 자는 탐학한 관원과 간활奸猾한 아전들이니 어찌 분통하지 않은가."[669]

군정도 다를 바 없었다. 군정은 15~60세의 병역 의무자가 연 베 2필을 내는 군포 징수 제도이다. 문제는 탐관오리들이 이를 악용하여 민중을 등쳐먹었다는 것이다. 당시 군정에 의한 민중 착취 및 그 참상을 보여주는 시의 하나가 계해년(1803) 가을에 다산이 강진에서 직접

---

669 민족문화추진회 편, 1997, 115~117.

목격한 것을 지은, 「애절양哀絶陽」이다. 그 일부가 이렇다.

"갈밭 마을 젊은 아낙네 울음소리 서럽구나

현문縣門 향해 울부짖다 하늘 보고 호소하네

쌈터에 간 지아비 못 돌아올 수 있다지만

자고로 남자가 거시기 자른 건 들어 보지 못했네

시아버지 장례 이미 치르고 갓난아인 배냇물도 마르지 않았는데

삼대 이름이 다 군적에 올랐다네

가서 억울함을 아무리 호소해도 호랑이 같은 문지기 버티어 섰고

이정里正은 호통치며 남은 마굿간 소마저 끌고 갔다네

남편이 문득 칼 갈아 방으로 들어간 뒤 방에는 붉은 피가 흥건

하구나

…

부자들은 일 년 내내 풍류나 즐기면서

쌀 한 톨 베 한 치 바치지 않으니

다 같은 백성인데 왜 그리도 차별일까"[670]

이미 죽어 탈상을 한 시아버지와 이제 갓 태어난 아기까지 군적에 올려 군포를 징수하고, 유일하게 남은 소까지 끌고 가는 것을 보고 울분을 호소할 길 없던 남편! 자신의 거시기를 잘라 자식 낳은 것을 통탄

---

670 "蘆田少婦哭聲長, 哭向縣門號穹蒼, 夫征不復尙可有, 自古未聞男絶陽, 舅喪已縞兒未澡, 三代名
簽在軍保, 薄言往愬虎守閽, 里正咆哮牛去皁, 磨刀入房血滿席, 自恨生兒遭窘厄, … 豪家終歲奏管
弦, 粒米寸帛無所捐, 均吾赤子何厚薄."(『與猶堂全書』『詩集』卷四「哀絶陽」)

해한다. 그 아내가 피가 뚝뚝 떨어지는 거시기를 들고 관가에 가 피를 토하며 호소하고자 하였지만 문지기가 막아버린다. 음양의 이치는 하늘이 품부한 것으로 부부가 정을 나누면 아이를 낳기 마련인데, 낳자마자 군보軍保에 올려져서 그 부모가 천지의 낳고 기르는 이치를 원망할 정도니, 나라의 무질서가 갈 때까지 갔음을 통탄할 수밖에 없다.[671]

다산은 『목민심서』에서 당시의 군정 실상도 이렇게 생생하게 전한다.

"요즈음 피폐한 마을의 가난한 집에서는 아기를 낳기가 무섭게 홍첩紅帖(도장을 찍은 전령傳令)이 내려온다. 음양의 이치는 하늘이 준 것이니 교접이 없을 수 없고, 교접하면 아이를 낳게 되고, 낳으면 반드시 병적兵籍에 올려놓으니, 이 땅의 부모 된 자로 하여금 천지가 만물을 낳는 이치를 원망하게 하고 집집마다 탄식하고 울부짖게 하니, 나라의 무법함이 어찌 여기까지 이르렀단 말인가. 심한 경우에는 배가 불룩한 것만 보아도 이름을 짓고 딸을 아들로 바꾸기도 하고, 그 보다 더 심한 경우에는 강아지 이름을 군안軍案에 올리기도

---

671 다산은 이 시를 지은 배경을 이렇게 말한다. "이 시는 가경嘉慶(청나라 인종仁宗의 연호) 계해년(1803, 순조3) 가을에 강진에 있을 때 지은 것이다. 그때 노전蘆田에 사는 백성이 아이를 낳은 지 사흘 만에 군보에 들어가고 이정이 소를 빼앗아갔다. 백성이 칼을 뽑아 양경陽莖을 스스로 자르면서 '내가 이것 때문에 이러한 곤욕을 받는다'고 하였다. 그 아내는 피가 뚝뚝 떨어지는 양경을 가지고 관아에 나아가 울부짖으며 호소하였으나 문지기가 막아버렸다고 한다. 내가 이 말을 듣고 이 시를 지은 것이다. 백성을 다스리는 자가 백성들의 실정은 걱정하지 않고 속례俗例만 따르므로, 그 당시 어떤 독살스러운 백성이 이와 같이 끔찍한 일을 저질렀다. 이 참으로 불행한 일이라 어찌 두렵지 않겠는가. 此嘉慶癸亥秋, 余在康津作也. 時蘆田民, 有兒生三日入於軍保, 里正奪牛. 民拔刀自割其陽莖曰, 我以此物之故, 受此困厄. 其妻持其莖, 詣官門, 血猶淋淋, 且哭且訴, 閽者拒之. 余聞而作此詩. 爲民牧者, 不恤民情, 但循俗例, 時有悍毒之民, 作如是變. 不幸甚矣, 可不懼哉."(『牧民心書』卷八 「兵典六條」 簽丁) 다산연구회 역주, 1993, 116 참조.

하는데, 이는 사람의 이름이 아니라 지정한 대상이 진짜 개이다. 또 절구의 이름에 관첩官帖을 발급하기도 하는데, 이 또한 사람의 이름이 아니라 지정한 대상이 진짜 절구이다."[672]

소위 갓난아이에게 군포를 거두거나, 이미 죽은 사람에게 징수하거나, 인징隣徵·족징族徵을 하고도 부족하여 강아지나 절구까지 동원해서 세금을 짜내는 일이 자행되고 있었던 것이다. 백성을 착취하는 부패한 국가와 관리에 대해 자신의 생명력을 상징하는 거시기를 절단하는 방식으로 저항할 수밖에 없는 비참한 민중의 현실을 보여준다.

지방 수령이나 아전들이 불법·탈법으로 농민들의 재산을 착취하는 모습은 당시 환곡 제도를 통해서도 파악할 수 있다. 환곡은 원래 봄에 곡식을 빌려주고 가을에 수확한 뒤 이자를 붙여 받는 빈민 구제 제도이다. 그런데 이것이 가혹한 민중 수탈의 수단으로 많이 이용되었다. 예를 들면 관리들이 강제로 관청의 곡식을 민중들에게 꾸어주고 높은 이자로 거두어들이는 고리대로 이용되었다. 위민 제도가 아니라 민폐의 근원이 된 것이다. 환곡을 갚지 못하면 관리들이 휘두르는 채찍에 살점이 떨어지고 집안 물건은 물론 송아지까지 끌어가기도 한다. 이를 갚기 위해 자식을 팔기도 한다.

「하일대주夏日對酒」(1804)는 환곡과 관련한 시대 참상을 담고 있다.

  "봄철에 벌레 먹은 곡식 한 말 받고

672　다산연구회, 1993, 113

가을에 온전한 쌀 두 말을 갚는데

하물며 벌레 먹은 곡식을 돈으로 갚으라니

온전한 쌀 팔아 돈으로 낼 수밖에

남은 이익은 교활한 관리만 살찌워

환관 하나가 밭이 천 두락이고

가난한 백성에게 돌아가는 건 괴로움이고

긁어가고 벗겨가고 걸핏하면 매질이라

가마솥 작은 솥 모두 다 가져갔기에

자식이 팔려가고 송아지마저 끌려가네

군량미 비축한다 말도 말게나

그 말은 교묘하게 둘러맞추는 말일 뿐

섣달그믐 가까우면 곳간 문 닫아걸고

새 봄도 되기 전에 곳간에 쌓은 곡식 바닥나니

쌓아 둔 것은 겨우 몇 달 뿐이요

그 나머진 일 년 내내 비어 있는 꼴이지"673

『목민심서』에는 당시 환곡과 관련한 이런 기록도 있다.

"환자(還上, 還穀)는 … 백성의 뼈를 깎는 병폐가 되었으니 백성
이 죽고 나라가 망함은 바로 눈앞에 닥친 일이다. … 쌀 한 톨도 백

---

673 "春糶受一斗, 秋糴二斗全, 況以錢代蠱, 豈非賣糶錢, 贏餘肥奸猾, 一宦千頃田, 楚毒歸圭蓽, 割
剝紛箠鞭, 銼鍋旣盡出, 孥粥犢亦牽, 休言備軍儲, 此語徒譸諓, 封庫逼歲除, 傾困在春前, 庤稼僅數
月, 通歲常枵然."(『與猶堂全書』『詩集』卷五「夏日對酒」)

성은 일찍이 가루조차 보지 못했는데 거저 가져다 바치는 쌀이랑 조가 해마다 천이나 만이나 되니, 이것은 부렴賦斂이지 어찌 진대賑貸라 하겠으며, 이것은 강탈이지 어찌 부렴이라 할 수 있겠는가?"674

「엽호행獵虎行」(1808)은 당시 이런 관리들의 횡포에 대한 민중들의 반응을 상징적으로 노래하고 있다. 그 내용을 보면 백성들의 호랑이 피해를 막아 준다고 호랑이 잡으려 사냥 나온 현관縣官을 비롯한 부하들에게 닭 삶고 돼지 잡고 방아 찧어 술대접하느라 온 동네가 야단법석이다. 호피를 탐낸 관리들의 호랑이 사냥이 시도 때도 없다. 오히려 관리들의 호랑이 사냥 행차는 호랑이 보다 더 큰 피해를 준다. 그러니 누가 호랑이 피해가 있다고 관가에 알렸느냐며 원망하는 소리가 나온다. 밤낮을 가리지 않고 수탈하는 관리들을 못 오게 차라리 호랑이를 문 앞에 세워두고 오는 관리를 막는 것이 좋을 듯하다. 이 정도면 가히 썩은 관리들의 부정부패 행태를 짐작하고도 남을 듯하다.

이처럼 지방 수령이나 토호와 서리들의 부정부패로 인한 삼정의 문란은 민중들의 삶의 의지를 꺾고 비탄에 빠지게 하였으니, 그것은 곧 죽임과 다름없었다. 그러니 고향을 버리고서라도 관리들의 착취와 횡포로부터 해방을 시도한 자들이 부지기수였음은 짐작하고도 남을 듯하다. 『목민심서』는 일선 관료들이 현장에서 무엇을 어떻게 해야 할 지를 밝히고 있는데, 항상 인간을 보고 감시하는 상제가 무서운 줄 모르고 날뛰며 온갖 악행과 부정을 자행하는 관리들의 부정부패, 사회병을

---

674 다산연구회, 1993, 8~10.

고치기 위한 길을 안내한다.

참담한 민중들의 삶

당시 민중들의 삶은 실제 어떠했을까? 다산은 1794년 33세 때 암행어사로 경기도 북부지역인 적성(현 파주군 적성면) 지역에 파견되었다. 1794년에 쓴 글인 「봉지염찰도적성촌사작奉旨廉察到積城村舍作」에 암행어사로 나갔을 때 흉년이 든 적성 시골 마을에서 본 궁핍한 민중들의 참담한 실정이 담겨있다.

"시냇가 찌그러진 집 뚝배기와 흡사하네
북풍에 이엉 걷혀 서까래만 앙상해라
아궁이는 묵은 재에 눈까지 덮여 차디차고
숭숭 뚫린 벽으로는 별빛마저 비쳐드네
집 안에 있는 물건들이야 썰렁하기 짝이 없고
모조리 다 팔아도 일여덟 푼 안 되겠네
삽살개 꼬리 같은 조 이삭 세 줄기에다
닭 창자같이 비틀어진 고추 한 꿰미 놓여 있다
깨진 항아리 새는 곳은 헝겊으로 때운 데다
내려앉은 시렁일랑 새끼줄로 얽었구나
놋수저 이미 이장에게 빼앗기고
엊그젠 옆집 부자가 무쇠 솥 빼앗아갔네

닳아빠진 무명이불 겨우 한 채 뿐이라서

부부유별 따지는 것도 이 집엔 가당찮네

어린놈 해진 옷은 어깨 팔뚝 다 나왔고

날 때부터 바지 버선은 걸쳐 보지도 못했다네

큰 아이 다섯 살 때부터 기병으로 이름 올랐고

세 살 난 작은 놈도 군적에 올라 있어

두 아들 군포로 오백 푼 물고 나니

빨리 죽기나 바랄 뿐이지 옷이 다 무엇이랴

…

땅이나 녹아야 들 냉이 싹 날 테고

이웃집 술 익어야 지게미라도 얻어먹지

지난 봄에 꾸어다 먹은 환자 쌀이 닷 말인데

금년도 이 꼴이니 무슨 수로 산단 말인가

나졸 놈들 들이닥칠까 겁날 뿐이지

관가 곤장 맞는 것쯤은 걱정도 않네"[675]

　　당시 가난한 농촌 사람들은 지붕도 벽도 허물어진 움막 같은 곳에서 살아간다. 살림살이는 말할 것 없고 옷가지 하나 성한 것이 없다. 먹

---

675 "臨溪破屋如瓷鉢, 北風捲茅簷齾齾, 舊灰和雪竈口冷, 壞壁透星篩眼豁, 室中所有太蕭條, 變賣不抵錢七八, 尨尾三條山粟穎, 雞心一串番椒辣, 破甖布糊敲穿漏, 庋架索縛防墮脫, 銅匙舊遭里正攘, 鐵鍋新被鄰豪奪, 靑綿敝衾只一領, 夫婦有別論非達, 兒穉穿襦露肩肘, 生來不著袴與襪, 大兒五歲騎兵簽, 小兒三歲軍官括, 兩兒歲貢錢五百, 願渠速死況衣褐, … 野薺苗沈待地融, 村篘糟出須酒醱, 餉米前春食五斗, 此事今年定未活, 只怕邏卒到門扉, 不愁縣閣受笞撻."(『與猶堂全書』『詩集』卷二「奉旨廉察到積城村舍作」)

거리가 걱정이고 앞으로 살아갈 일을 생각하니 캄캄하기만 하다. 다산은 이러한 민중들의 삶은 자연 재해도 한 원인이겠지만, 그 보다 썩어빠진 지방 관리, 즉 수령과 아전들의 탐욕과 착취, 삼정의 문란에 기인한다고 고발하고 있다.

암행 길에서 돌아온 다음 「기민시飢民詩」라는 시도 지었다.

" …

고을 사또 어진 정사 행하고
사재 털어 구제해 준다는 말에
엉금엉금 관아문 걸어들어가
입 쳐들고 죽가마 앞으로 간다
개돼지도 버리어 마다할 것을
…

많고 많은 백성들 태어났건만
고생하여 야윈 몸 병까지 들어
메마른 산 송장이 쓰러져 있고
거리마다 만나느니 유랑민들뿐
…

부모 자식 부양도 제대로 못해
고난에 빠진 이 몸 천륜도 몰라
상농군도 마침내 거지가 되어
서투른 말솜씨로 구걸하는데
가난한 집 들르면 되레 하소연

부잣집 모르는 척 반기지 않네

새 아니라 벌레도 쪼지 못하고

고기 아니라 물만 먹지도 못해

얼굴은 부어올라 부황 들었고

머리털 흐트러져 삼발 같구나

…

고관집엔 술 고기 많기도 한데

이름난 기생 맞아 풍악을 울려

태평 세월 만난 듯 한껏 즐기고

…

하늘에서 쌀비가 아니 내리면

무슨 수로 이 흉년 구한단 말인가"[676]

당시 흉년으로 굶주림을 면치 못하던 농민들의 처참한 실상을 적나라하게 드러내고 있다. 굶주린 백성들을 구제한다고 관청에서 흉년 대책으로 끓여주는 죽이 짐승도 못 먹을 정도지만 백성들은 이것도 달게 먹는다. 그것마저 안 되어 거리에는 구걸하는 자들이 넘쳐난다. 가난에 흉년까지 더하니 민중들에게는 죽으라는 소리나 다름없다. 그러나 가진 자들은 이들과 대조적이다. 그들의 집에는 술과 고기가 넘치고 기생

676　" … 縣官行仁政, 賑恤云捐私, 行行至縣門, 喁喁就湯麋, 狗彘棄不顧, … 林林生蒸民, 憔悴含瘡痍, 槁莩弱不振, 道塗逢流離, … 骨肉且莫保, 迫厄傷天彝, 上農爲丐子, 叩門拙言辭, 貧家反訴哀, 富家故自遲, 非鳥莫啄蟲, 非魚莫泳池, 顏色慘浮黃, 鬒髮如亂絲, … 朱門多酒肉, 絲管邀名姬, 熙熙太平象, … 不有天雨粟, 何以救歲飢."(『與猶堂全書』『詩集』卷二「飢民詩」)

들을 맞이해 풍악까지 울린다.

인재뿐 아니라 이때는 자연 재해도 심했다. 18세기 말부터 19세기 초반 조선에서는 기우제를 올리는 것이 연중 큰 행사였다. 『정조실록』과 『순조실록』에 의하면, 당시에는 매월 수차례씩 기우제를 지냈다. 다산이 초당에 있던 기사년(1809) 48세 때에도 크게 가물었다. 그전 겨울부터 봄을 거쳐 입추가 되도록 가물어 붉은 땅이 천리나 되었고 들에는 푸른 풀 한포기 없었다. 6월 초가 되자 유랑민들이 길을 메우기 시작했다. 6월까지만 해도 나라에서는 그해 아홉 번째 기우제를 지냈다. 흉년으로 인해 사람들이 굶어 죽어 그 시체가 산과 들에 널려 있었다.

그 밖에 「발묘拔苗」(1810)도 가뭄이 들었을 때 농촌 실정을 담고 있다. 어린 자식 기르듯이 모를 애지중지하며 길렀으나 가뭄으로 인해 타 죽자 이를 뽑아내며 통곡하고 하소연하는 모습이 온 들에 메아리쳤다. 얼마나 억울했는지, 아낙은 아들 하나를 제물로 바쳐서라도 비 한번 쏟아지게 했으면 좋겠다고 간절히 바란다.

가뭄의 실상을 담은 「채호采蒿」(1810) 역시 흉년을 슬퍼한 노래다. 가을도 되기 전에 식량이 모두 떨어져 백성들은 굶주리는데, 들에는 풀 한포기 없고 아낙네들은 다북쑥을 캐 죽을 쑤어서 끼니를 대신하는 것을 보고 쓴 것이다.

피 튀기는 편 가르기 싸움

조선 후기는 또한 파당 정치가 그 극에 달하여 사회적 분열이 가속화되고 있었다. 사림파가 정치판에서 권력을 확장해가면서 시작된 정치 세력간의 이합 집산, 당파의 형성과 분열은 17세기 후반 18세기 전반에 이르러 극에 달했다. 불과 수십 년 사이에 특히 남인과 서인, 노론과 소론은 수차례의 권력 투쟁을 통해 환국과 재환국, 폐출과 복위를 반복하였다. 사대부들에 의한 정치 과정은 끝없는 정치적 보복과 복수극의 되풀이였다.

다산의 시대에 이르러서도 노골적인 권력 투쟁, 피 튀기는 암투는 여전하였다. 파당 간 보복과 도륙의 정치적 대립은 영조가 자식인 사도세자를 뒤주에 가둬 죽일 수밖에 없는 상황까지 초래하였다. 비록 영조가 왕권을 강화하고 탕평책을 통해 권력 투쟁을 조정하려 하였으나, 수십 년간 지속된 반대파 죽이기를 통한 권력 독점의 문제가 하루아침에 해결될 수 있는 것은 아니었다. 더 극단적인 정치적 복수극은 정조 때 일어났다. 대궐에 암살자들이 난입하여 국왕을 살해하려는 시도까지 있었다.

군신 간에 의義와 예禮가 사라진지도 오래되었다. 왕에 대한 충성심은 더 이상 없었다. 왕은 한나라의 왕이 아니라 한 당파에 속한 우두머리에 지나지 않았다. 신하가 왕을 죽이려고 하고 왕 알기를 뭐 알듯이 하였으니 왕의 권위가 추락할 데로 추락하였다. 당쟁이 임금을 부정하는 상황까지 이른 것이다. 국가 기강이 갈 데까지 갔다. 왕의 나라가 아니라 신하의 나라였다. 군약신강君弱臣强은 조선이 안고 있던 비극이었다.

이 모두의 이면에는 파당의 이해 관계가 작용하고 있다. 파당을 토대로 한 정치적 네트워크가 삶의 모든 영역에 일상적으로 작동하고 있었다. 정조와 노론, 시파와 벽파, 노론과 남인. 그들의 관계는 정적 관계였다. 사대부, 성리학 지식인들의 사회 역사 의식도 자신들이 속한 파당적 관점, 사적 이해 관계에 따라 결정되었다. 파당이 밥줄이요 생명줄이요 사상의 뿌리였다. 이런 경향으로 인해 주자학적 세계관은 더욱 배타성을 강화해나갔고, 어떤 하나의 쟁점이 부각되면 정치적 배타주의로 발전하는 것이 일쑤였다. 그런 가운데 예의 형식성은 붕당적 결합, 즉 족族적 결합 내지 파당적 지배권의 획득이라는 정치적 분쟁을 강화하였고, 예론의 심화는 학파·분파간의 첨예한 정치적 대립을 초래하였다. 끼리끼리 결합하는 경향으로 인해 다른 당파와는 혼인도 하지 않았다. 이후 세도 정치의 시작은 사회적 분열, 정치적 갈등의 골을 더욱 깊게만 하였다. 분열과 대립의 역사는 지워지지 않는 뚜렷한 상처와 원한만 낳았다.

다산은 당시 성리학자들의 붕당에 뿌리를 둔 사대부 정치가 사회적 갈등과 분화를 조장하고 있음을 이렇게 통탄하고 있다.

"지금 성리학을 하는 사람들은 리니 기니 성이니 정이니 체니 용이니 하는가 하면, 본연이니 기질이니 리발이니 기발이니 이발이니 미발이니 단지單指니 겸지兼指니 … 하면서 줄기와 가지와 잎새가 수천수만으로 갈라져 있다. 이렇게 터럭 끝까지 세밀히 분석하면서 서로 자기의 주장이 옳다고 성내고 큰소리치며 남의 주장을 배척하는가 하면, 세상에 입을 다물고 묵묵히 마음 가다듬기에만 몰두하기도 한다. 그런 끝에 대단한 것을 깨달은 것처럼 목에 핏대를 세우면서 스스로 천하의 고묘한 이치를 다 터득한 양 떠들기도 한다. 그러나 한쪽에는 맞지만 다른 한쪽에는 틀리고 아래는 맞지만 위가 틀리기 일쑤다. 그렇건만 저마다 하나의 주장을 내세우고 집집마다 보루를 구축하니, 한 세대가 끝나도록 시비를 판별할 수가 없음은 물론이고 대대로 전해가면서도 서로의 원망을 풀 수가 없게 된다. 그리하여 자기 파당에 들어오는 자는 존대하고 나간 자는 천시하며, 의견을 같이 하는 사람은 떠받들고 달리하는 사람은 공격한다. 이러면서 자기 생각과 주장만이 절대로 옳다고 여기고 있으니 이 어찌 모자라는 짓이 아니겠는가?"[677]

다산의 시대는 분당과 이로 인한 당파간의 대립이 끝없이 계속되었다. 장기에서 귀양하면서 지난 200년 동안의 당쟁 역사를 되돌아 본 다산은 당파 싸움과 관련한 여러 시를 썼다.

"당파 싸움 오래도록 끝나지 않아
그거 참으로 통곡할 일이로세
낙당洛黨 촉당蜀黨 후예들은 소식도 없고
지씨智氏 보씨補氏 살붙이들만 가리고 있다네
싸움 등살에 양심마저 다 흐려져
티끌만 마음에 걸려도 막 죽인다

---

677 "今之爲性理之學者, 曰理曰氣曰性曰情曰體曰用, 曰本然氣質, 理發氣發, 已發未發, 單指兼指, … 千條萬葉. 毫分縷析, 交嗔互嚷, 冥心默硏. 盛氣赤頸, 自以爲極天下之高妙, 而東振西觸, 捉尾脫頭. 門立一幟, 家築一壘, 畢世而不能決其訟, 傳世而不能解其怨. 入者主之, 出者奴之, 同者戴之, 殊者伐之. 竊自以爲所據者極正, 豈不疎哉."(『與猶堂全書』『文集』卷十一「五學論」卷一)

순한 양들 쨱소리 못하고 죽어도

승냥이와 범은 눈알을 부라리고

높은 자는 뒤에서 조종을 하며

낮은 자는 칼과 살촉을 간다네"[678]

당시 정치적 갈등으로서 당쟁에 대한 심정을 「견흥遣興」(1801)라는 시를 통해 이렇게도 표현하였다.

"제각기 제가 옳다 아옹다옹 싸우는 꼴

객창에 누워 생각하니 눈물이 절로 솟네

산과 물은 고작해야 삼천리가 한정인데

비바람 일으키며 이백 년을 싸우다니

길을 잃고 슬퍼했던 영웅호걸 몇 명이며

밭을 두고 다투는 형제 어느 때나 철이 들까

저 은하수 퍼내려서 말끔히 씻어낼 수 있다면

밝은 햇살 밝은 빛이 온누리에 비치련만"[679]

삼천리도 안 되는 작은 나라에서 피 흘리며 다투며 이백 년이나 되었는데, 언제 싸움질을 그칠지 그쳤으면 좋겠다는 간절한 심정을 담고

---

678 "薰禍久未已, 此事堪痛哭, 未聞洛蜀裔, 遂別智輔族, 爭氣翳天良, 纖芥恣殺戮, 羔羊死不號, 豺虎尙怒目, 尊者運機牙, 卑者礪鋒鏃."(『與猶堂全書』『詩集』卷四「古詩」)

679 "蠻觸紛紛各一偏, 客窓深念淚汪然, 山河擁塞三千里, 風雨交爭二百年, 無限英雄悲失路, 幾時兄弟恥爭田, 若將萬斛銀潢洗, 瑞日舒光照八埏."(『與猶堂全書』『詩集』卷四「遣興」)

있다.

다산은 『고시古詩』 한 수에서 당시 정치인들이 현실 개혁에 무능하고 공리공담에만 빠진 모습도 비판한다.

"노수(공자의 이름)가 도를 강론하면서도

그 절반이 왕도정치에 관한 것이며

회옹이 누차 올린 바른 상소도

그 내용은 모두 조정 당면 문제였지

지금 선비들은 공리공담만 좋아하고

실제 정치에는 빙탄처럼 용납하지 못하니

감히 못 나가고 깊이 들어앉았지

나갔다간 남의 노리갯감 되니까

그리하여 거칠고 경박한 사람들이

발 벗고 나서 국사 맡게 만든다네"[680]

뿐만이 아니다. 당시는 부모와 자식 간 윤리도덕도 사라졌다. 정치적 견해 차이는 부자 관계를 원수 관계로 만들었다. 아버지가 아들을 죽이기까지 하였다. 영조가 그랬다. 아버지(사도세자)가 뒤주에 갇히던 날, 아버지를 살려달라며 애원하던 손자(정조)의 울부짖음도 냉혹한 정치 현실에서는 영조의 마음을 돌리지 못했다. 이제 정치 마당에는 오

---

680 "魯叟講斯道, 王政居其半, 晦翁屢抗章, 所論皆廟算, 今儒喜談理, 政術若氷炭, 深居不敢出, 一出爲人玩, 遂令浮薄人, 凌厲任公幹."(『與猶堂全書』『詩集』卷四「古詩」)

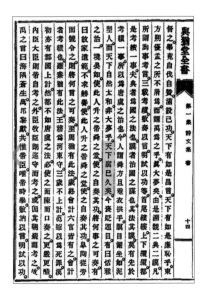

「여유당전서與猶堂全書」「문집文集」「상중씨上仲氏」.

「여유당전서與猶堂全書」「문집文集」「방례초본邦禮艸本 서序」.

직 나, 우리 파, 우리 당만이 있을 뿐이었다. 상대는 오직 적이며, 증오의 대상, 제거의 대상일 뿐이다. 이러한 파행적 정치 구조에서는 공존의 관계가 형성되지 못한다. 거기에는 오직 풀 수 없는 원한과 아물지 않는 상처만 남을 뿐이었다.

이처럼 조선 후기 사회는 원한만 쌓은 채 총체적으로 위기를 맞이하고 있었다. 흔히 영·정조 시대가 그나마 왕조 중흥과 개혁의 시대라고 하지만, 안으로는 체제가 썩어가는 흔적이 여기저기서 나타나고 있었다. 한마디로 사회 체계가 구조적 모순을 보이며, 분열과 상극이 일상적으로 드러났다. 상극의 시대, 분열의 시대, 갈등의 시대였다.

이런 당시 사회를 다산은 "세상이 썩은 지는 이미 오래되었다",[681] "일찍이 생각건대 대개 털오라기 하나만큼 조그마한 것이라도 병들지 않은 것이 없으니 지금이라도 고치지 않으면 반드시 나라가 망한 다음이라야 그칠 것이다"[682]라며, '병든 사회'로 진단한

---

681 "天下腐已久矣."(『與猶堂全書』『文集』卷二十「上仲氏」)

682 "竊嘗思之, 蓋一毛一髮, 無非病耳, 及今不改, 其必亡國而後已."(『與猶堂全書』『文集』卷十二「邦禮艸本序」)

다. 사람도 병들고 사회도 병든 시대 다산의 눈에 비친 조선 사회에 대한 이러한 진단은 그야말로 암울했다. 이것은 당시를 "마치 큰 병이 든 사람이 진원眞元이 이미 허약하여 혈맥이 막혀버려서 혹이 불거지게 된 것과 같은 꼴이다. … 증세에 대처할 약제를 알지 못하고 손을 댈 방법을 모르고 있는"[683] 상황으로 본 정조의 시대 인식과도 통한다. 여기에 서학西學이라는 변수까지 더해졌으니 그야말로 대 혼란의 시대였다.

우리는 앞에서 이런 병든 사회의 구체적 단면을 사람들의 일상적 삶과 그 과정에서 나타나는 다양한 사회 현실 등을 통해 생생하게 살펴보았다. 관리들의 부정부패와 착취, 민중들의 가난과 궁핍, 정치 세력 간 끊임없는 보복과 대립, 그리고 분열은 모두 당시 사회가 병들어 있음을 보여준다. 위의 여러 시에서 알 수 있듯이, 다산이 살았던 18세기 후반부터 19세기 초반은 조선 사회가 그 내적 모순을 심화시키고 있었다. 기득권 유지하기 위한 지배 집단 내부의 파당적 암투, 그리고 관료들의 부정부패와 민중들에 대한 수탈과 착취 등으로 인한 민중들의 삶은 그야말로 막다른 골목으로 몰려가고 있었다.

이런 상황에서 다산은 시를 비롯한 각종 저술을 통해 조선 사회가 직면한 당시의 모순을 고발하고 비판하였다. 그러나 그는 단순한 고발·비판이나 위기를 진단하는데 그치지 않았다. 그의 의식은 경세학 관련 저술로 이어졌다. 『경세유표』, 『목민심서』, 『흠흠신서』가 바로 그것이다. 여기에는 당시 무엇이 문제이고 어떻게 개혁되어야 하는지 그 길이 담겨있다. 그의 개혁안은 행정 기구의 개편을 비롯하여 관제·토지 제도·

---

683 『정조실록』 5권, 정조 2년 6월 4일 임진 1번째 기사.

부세 제도 등 모든 제도의 개혁, 병든 정치 체제의 개혁, 법률 체계의 개혁 등을 망라한 국가의 실질적이고 총체적인 개혁을 지향한다.

주자학, 조선의 고질적 병만 키우다

그렇다면 시대 상황이 그러함에도 불구하고 지배 집단은 무엇을 하고 있었으며 그들의 지배 사상인 주자학은 어떻게 대처하였는가.

16세기 이후 조선에서는 주자학이 통치 이념으로 자리 잡았다. 그것은 이법천관을 바탕으로 천즉리天卽理를 강조하면서 리기론 탐구에 철저하였다. 그런 가운데 임진왜란과 병자호란을 거친 조선은 17세기에 이르러 사회적 기반이 송두리째 무너졌다. 특히 평소 오랑캐라고 무시하던 청에게 굴욕적으로 패배한 것은 더없는 충격이었다. 이에 따라 조선에서는 여러 가지 변화의 조짐이 나타났다. 청을 문화적 오랑캐로 간주하여 새로운 사상이나 문물을 수용하지 않으려는 배타적 태도가 형성되었다. 민족 감정으로 나타난 이러한 배청 의식은 청조의 문물을 적극 수입하려는 태도를 억제하고, 송·명대의 성리학만 고수하는 경향을 낳았다.

뿐만이 아니다. 당파 간에 분열·갈등이 고조되면서 지식인 집단에서는 주희의 경전 해석만을 절대시하고 그 나머지는 모두 이단으로 낙인찍는 경향이 무르익어갔다. 그러다 보니 주희는 항상 저 드높은 곳에서 천리를 설파하는 근엄한 표정으로만 각인되어 갔다. 한마디로 유교 경전에 대한 주희의 해석이 절대시되고 그것은 함부로 재해석될 수 없었다.

이러한 주자학의 정통성에 대한 강화는 지배 이념을 교조화하고 주자학적 체계를 유일무이한 이념으로 강화하였으며 사회 질서를 폐쇄적으로 만들어 갔다. 그 결과 성리학 체계는 이제 이전의 참신한 기풍을 잃어갔고 조선 사회는 점점 더 획일화되었다. 형식주의와 현학적 이론에 치우쳐 보수적 권위주의에 사로잡혀 갔다. 그리하여 17세기 이후의 조선 성리학은 현실 대응에 둔감한 채 경화된 모습을 감추지 못함으로써 공리공론의 지탄을 받기에 이르렀다.

조선 사회에서 정치와 결합된 성리학은 그 순기능에도 불구하고 많은 문제를 야기하였다. 다산의 눈에 비친 문제점은 무엇일까?

먼저 다산은 성리학이 지배하고 있던 조선 사회가 공허한 이치 논쟁에 빠져있는 현실을 문제시하였다. 그에게 자못 학學이란 현실성이 있어야 했다. 현실의 문제를 해결하려는 실천적 사명을 다해야 하였다. 그러나 당시 성리학은 그렇지 못했다. 성리학은 근본적으로 인성의 수양과 이상적 사회 질서의 구현을 위한 실천적 가치였다. 그러나 당시 성리학 지식인, 신유교 담지자, 문화적 엘리트였던 사대부들은 현실을 망각한 채 공허한 관념의 세계에서, 리理니 기氣니 본성이니 감정이니 체體니 용用이니 하면서 편을 갈라 사변적 논쟁으로 세월을 보냈다. 더구나 붕당까지 만들어 싸우는데 몰두하였다.

다산은 당시 성리학의 비현실성, 민생은 뒷전으로 한 채 공허한 담론이나 사변적인 말놀음에만 힘을 쏟고 있는 현실을 비판하였다.

"옛날 학자들은 인간의 본성은 하늘에 근본하고 사물의 이치가 하늘에서 나오고 인륜이 달도達道라는 것을 알아, 효제孝弟와 충신忠信을 천리를 봉행하는 근본으로 삼고 예악과 형정刑政을 다스리는 도구로 삼고 성의와 정심正心을 하늘과 사람이 접할 수 있는 관건으로 삼았다. … 지금 성리학을 하는 사람들은 리니 기니 성이니 정이니 체니 용이니 하는가 하면, 본연이니 기질이니 리발이니 기발이니 이발이니 미발이니 단지單指니 겸지兼指니 하면서 … 가지와 잎이 수천수만으로 갈라져 있다. 이렇게 터럭 끝까지 세밀히 분석하면서 서로 자기의 주장이 옳다고 성내고 큰소리치며 남의 주장을 배척하는가 하면, 세상에 입을 다물고 묵묵히 마음 가다듬기에만 몰두하기도 한다. 그런 끝에 대단한 것을 깨달은 것처럼 목에 핏대를 세우면서 스스로 천하의 고묘한 이치를 다 터득한 양 떠들기도 한다."684

"오늘날 사람들은 '성性' 자를 추존하여 마치 하늘처럼 큰 물건으로 떠받들고, 태극·음양설과 혼합하고, 본연과 기질의 이치로 뒤섞어, 아득히 그윽하고 멀며, 종잡을 수 없이 과장하면서, 스스로가 천·인에 대하여 자세히 분석하여 밝히지 못했던 비밀이라도 궁구한 듯이 여기고 있으나, 끝내는 나날이 쓰고 늘 행하는 법도에는 아무런 도움이 되지 못하니, 이 또한 무슨 이로움이 있겠는가."685

---

684 "古之爲學者, 知性之本乎天, 知理之出乎天, 知人倫之爲達道, 以孝弟忠信爲事天之本, 以禮樂刑政爲治人之具, 以誠意正心, 爲天人之樞紐. … 今之爲性理之學者, 曰理曰氣曰性曰情曰體曰用, 曰本然氣質, 理發氣發, 已發未發, 單指兼指, … 千條萬葉. 毫分縷析, 交嗔互嚷, 冥心默研. 盛氣赤頸, 自以爲極天下之高妙"(『與猶堂全書』『文集』卷十一「五學論 一」)

685 "今人推尊性字, 奉之爲天樣大物, 混之以太極陰陽之說, 雜之以本然氣質之論, 眇芒幽遠, 恍忽夸誕, 自以爲毫分縷析, 窮天人不發之秘, 而卒之無補於日用常行之則, 亦何益之有矣."(『心經密驗』「心性總義」) 정약용 저, 이광호 외 역, 2016, 463 참조.

다산은 주자학을 사람들의 일상적 삶에서 도덕적 행위를 하게 하는 등의 실적적 이념으로 기능하지 못하고, 형이상학적 개념을 두고 공허한 목소리만 높이는 비실천적 비현실적 사상이라고 비판한다. 위기에 처하고 병든 사회 상황을 바로잡지 못하고, 그런 상황임에도 불구하고 탁상공론의 논쟁만하니 주자학은 인간의 일상적 윤리적 행위에 아무런 도움도 되지 않는다는 것이다.

사실 17~18세기 조선 사회에는 많은 논쟁이 있었다. 리理와 기氣에 대한 논쟁, 인간과 사물의 본성이 같은지 다른지에 대한 논쟁 등은 대체로 민생의 삶을 위한 고민, 사회적 정의나 실천과는 거리가 멀다. 그것은 나와 너, 우리와 그들, 소위 편 가르기를 바탕으로 한 정치적 갈등과 무관하지 않았다.

예송禮訟 논쟁도 마찬가지이다. 당시 관념적 형이상학적 사상인 성리학을 강화하려는 움직임은 성리학 이념을 사회적으로 실천하는 방법이자 일상적 삶에서 구체적 행동 양식·절차·과정을 규정하는 예禮에 대한 지나친 관심으로 이어졌다. 그리하여 국가와 왕실의 권위와 신성성을 확보하기 위한 의례, 사회 통치를 위한 의례, 사대부 계층을 중심으로 한 가족 공동 의례, 향촌의 풍속을 교화하기 위한 지역 공동체적 규범으로서 향약 등이 정비되었다. 종법이 강화되고 주자가례가 보다 철저하게 시행되고 지방 서원을 중심으로 주례의 보급이 널리 이루어진 것은 모두 그 일환이었다. 성리학 사회 체계를 강화하기 위한 과정이었다.

이런 와중에 예를 둘러싼 논쟁은 특히 학문을 넘어 정치적 성격을 가져 학파·분파별로 첨예한 대립을 야기하였다. 왕이나 왕비가 죽으면 상복을 어떤 범위까지 얼마동안 입어야 하는지는 현실의 문제였다. 그런데 그 형식을 두고 정치권에서는 자신들의 이해 관계에 따라 다른 입장을 취하며 극단적 대립을 벌였다. 마침내 죽음을 부르기도 했다. 그것은 논쟁을 위한 논쟁, 대립을 위한 논쟁에 지나지 않았다. 이런 류의 싸움이 당시 당쟁의 핵심적 이슈였다.

이러한 예학의 형식주의와 명분론에 사로잡혀 있던 성리학이 과연 당시 사회 구원에 기능적일 수 있었을까? 천만의 말씀. 정치·경제·사회적으로 위기에 빠진 조선 사회를 구원할 어떠한 힘도 없었다. 성리학은 점점 교조화 되어 갈 뿐 위기 극복의 지침, 안내자가 되지 못했다. 당면 사회 문제의 해결, 사회 개혁에 소극적이었다. 성리학은 오히려 사회의 경직성만 강화했다. 그것은 주자학을 디딤돌로 삼은 조선 사회가 안고 있던 숙명이자 한계였다.

다산은 당시 성리학이 공리공담에 치우치고 사변적 탐구에 빠짐으로써 현실 인식과 대응에 실패하였다고 본다. 사변적인 주제로 시시콜콜 분석하고 싸우다보니 생산적 결과를 낳을 수 없었다는 것이다. 현실과 분리된 학문을 구축하면서 자기 만족에 빠져있던 셈이다. 더욱이 자기가 속한 붕당에 기초해서 견해가 다른 사람을 마치 원수를 대하듯이 대대로 원망하고 공격하는 풍토, 이른바 패거리 정치 문화만 강화해 갔다. 무엇이 민생을 위한 정치인가 하는 관점이 아니라 누가 우리 편인가 누가 우리 편이 아닌가 하는 관점이 중시되었다. 사회든 집단이든 그것이 병들어가는 출발은 예나 지금이나 바로 여기서 시작된다.

다산은 성리학자들의 비합리적인 내성적 수양의 현실 풍토도 문제시하였다. 성리학에서는 하늘의 근원적 성격을 보편적인 우주적 원리로 인식한다. 그리고 사람은 누구나 보편적 원리로서의 (하늘이 부여한) 리인 본연의 성과 기질의 성을 타고 난다고 본다. 이것은 사람이 하늘을 자신의 내면에 본성으로 간직하고 있다는 것이다. 그러므로 인간은 하늘이 부여한 본성을 실현함으로써 하늘과 하나 됨, 즉 천인 합일의 이상을 실현할 수 있는 손재이다. 문제는 하늘이 준 본연의 성은 본래 선하지만, 기질의 성은 그 맑음과 탁함, 밝음과 어두움 등에 차이가 있다는 것이다. 사람이 선하거나 악함의 차이는 이 기질의 차이에 기인한다. 그러므로 성리학에서 수양의 핵심은 기질의 성으로 인한 사욕을 제거하고 본연의 성을 찾는 것이다. 이는 욕망의 제거, 마음의 평온, 명성이나 이익에 대한 생각 억제하기, 희로애락의 감정 억제 등을 통해 기질의 성을 변화시킴으로써 가능하다. 하늘이 부여한 본성을 제대로 밝히기 위한 방법은 바로 수양이다. 성인·군자가 되는 길은 이 수양에 달려있다.

이처럼 성리학 수양론에서는 인간의 보편적 본성을 도덕성의 원천이자 기준으로 간주한다. 그래서 모든 기질적이고 신체적인 욕망을 억제하며 감정의 발현을 통제하는 내성적이고 정적인 수양 방법을 중시하였다.[686] 이러한 성리학적 수양에서는 현상적인 경험의 영역을 넘어서 인간 내면의 깊은 본질적 상태에 치중할 수밖에 없다. 마음 공부, 마음 정화, 내면 성찰에만 몰입할 수밖에 없다.

다산은 이런 인간 내면을 지향하는 당시 성리학의 수양론을 문제시한다. 인간 내면에 도덕적 실체가 선천적으로 부여되었다는 신념을 거

---

686 금장태, 2001a, 132.

부한다. 성리학의 내성적 관조에 대해 다산은 본성의 낱알이 주렁주렁
하며 마치 복숭아씨나 살구 씨가 숨어있는 것과 같은 것인지 반문한
다. 마음이라는 공간에 본성이 씨앗처럼 존재하여 함양을 통해 자란다
는 말인가? 본성을 하나의 실체로 여기고 거기에 관심을 경주하는 내
성적 태도를 다산은 비판하였다.

성리학 수양론은 외부 사물이나 타인과 맺는 관계에 집중하기보다
는 자기 내면의 본성에 궁극적 관심을 기울인다. 이러한 내면 지향성은
어떤 결과를 초래할까?

"행사行事를 버리고 인륜을 떠나서 심心의 지어지선止於至善을 구
한다는 것은 옛 성인의 본래의 법이 아니다. … 인륜을 스스로 극진
히 하는 것이 지어지선이 아니겠는가. 만일 인륜에 의거하지 않고
단지 뜻만 취해서 성誠하는 것을 구하고 단지 마음만을 취해서 정正
함을 구한다면 이는 드넓고 황홀하여 걷잡을 수 없게 될 것이니 좌
선坐禪의 병폐로 돌아가지 않을 사람이 적을 것이다."687

이는 결국 주자학자들의 내성적 수양이 좌선의 병폐를 가져오고, 신
비주의로 귀결됨을 지적한 것이다.

다산은 주희가 미발未發의 때에 본성을 함양하라고 한 공부에 대해
거부한다. 왜냐하면 그것은 불교의 좌선처럼 깊은 내면의 상태를 관조

---

687 "除行事去人倫, 而求心之止於至善, 非先聖之本法也. … 人倫之所自盡, 非卽至善乎 若不據人
倫, 單取此意求所以誠之, 單取此心求所以正之, 則混漾恍惚, 沒摸沒捉, 其不歸於坐禪之病者鮮
矣."(『大學公議』卷一「在止於至善」)

하는 것으로 나아가기 마련이기 때문이다. 선불교 선사들이 면벽참선面壁參禪하면서 내면에 갇히는 공부와 다를 바 없다고 보았기 때문이다. 성리학에서 강조하는 수양론의 태도인 성경誠敬도 이와 다를 바 없다. 성리학의 성경이란 무엇인가? 그것은 인간의 마음을 순수하게 하고 집중시켜 관심이 흩어짐이 없게 하는 자세 아닌가? 이런 수양 공부로 과연 병든 사회 질서를 바로잡을 수 있을까? 그런 동기를 발생시킬 수 있을까?

사실 주자학은 불교나 도교의 영향을 많이 받았다. 불교는 본래 자아나 신 같은 형이상학적 실체의 존재를 부정한다. 주자학이 등장했을 때는 불교의 선종·선불교가 매우 성행했다. 선종은 불경에 대한 주석과 이론 해석에 편중된 교종을 비판하고 불교 고유의 실천적 수양인 선정禪定을 강조한다. 선종은 참선을 통해 자기 마음속을 관조함으로써 그 안에 불성을 깨달아야 한다는 입장이다. 선종에 의하면, 불법의 진리는 언어와 문자로 알려질 수 없다. 마음으로 전해질 뿐이다. 붓다의 깨우친 진리가 불경 공부를 통해서만 알 수 있는 것이 아니라는 것이다. 그럼 뭐냐? 깨달음과 해탈은 자기 마음을 관조해 불성을 자각함으로써 비로소 가능하다는 것이다.

주자학자들은 이런 선종을 비판하기도 하였지만, 선종의 이런 마음에 대한 강조로부터 자유롭지 못했다. 선종의 영향을 벗어날 수 없었다. 예를 들면 마음의 본성을 기르는 거경居敬 함양은 참선과 유사하며, 마음의 성찰도 선 수행의 하나인 관심법觀心法으로부터 영향을 받았다. 그들은 불교적 사유 방식이나 수양론을 비판하고 극복하고자 했음에도 불구하고 불교적 색채를 결코 버리지 못하였다. 마음과 본성을 두고 벌였던 당시의 수많은 논쟁은 사회의 문제 해결에 도움이 되기는커녕 공론空論에 지나지 않았다. 바로 이러한 행위의 사회적 의미 때문에 다산은 주희의 사상을 비판하였다.

성리학의 수양론과 관련한 다산의 비판 핵심은 성리학적 수양론은 아무리 해도 상제를 공경하거나 상제를 두려워하는 태도를 형성하기 어렵다는 것이다. 성리학에서 천天은 사람의 마음속에 들어오면 성性이 된다. 그래서 천은 천리라는 이법으로만 남는다. 이러한 천에서는 인격성을 찾기 어렵다. 천은 주재성을 갖지 못한다. 천은 숭배의 대상이 되지 못한다. 성리학에서 수양은 자기 지향성, 내면 지향성에 지나지 않는다.

다산은 또한 성리학적 가르침의 실천적 어려움을 지적하였다. 이는 당시 성리학이 본질적으로 매우 추상적 형이상학적이어서 보통 사람들이 접근하기 어려운 것은 물론, 지배 이념임에도 불구하고 특정 행동을 유도하고 지도하는 기능을 하지 못하였다는 것이다. 다산은 성리학의 리 개념은 그 속성 자체가 구체적이지 못하고 관념적 추상적이기 때문에 인간의 구체적 현실과는 거리가 있다고 보았다. 이를테면 천즉리 천리관은 천을 모든 존재를 구성하고 연결해주는 보이지 않는 원리로 규정하여 공소공론의 추상적인 논의의 대상으로 만들었다. 궁극적 실재의 주재성을 사실상 부정한다.

리 중심 사상은 인성론에도 영향을 미쳐 인간의 '성性' 역시 '리'로 간주한다. 이럴 경우 성리학의 수양론 또한 사변적 담론으로 흐를 수밖에 없다. 실천보다는 사변을 중시하게 한 결과, 원시 유교의 현실적 실천이라는 본질적인 의미에서 멀어지게 되었다. 성리학은 현실에서 실천하는 인간을 강조하거나 지향하도록 하지 못했던 것이다.[688] 신유학자들이 지향하는바 마음을 통제하여 맑고 밝고 적막하게 느끼는 고귀한 신적 경지를 획득할 수 있지만, 그것을 통해서는 현실 사회를 재구조화할 수 있는 행위 유형, 곧 외형적 결과를 야기하는 합리적 행위를 촉발시킬 수는 없다. 이것은 옛 성인들의 본래적인 법이 아니다.[689]

성리학은 리를 너무 높이 떠받들다 보니 인륜에서 멀어지고 일상생활에서 실천과도 멀어졌다. 당시 조선 사회가 큰 위기에 처했음에도 불구하고 성리학자들은 실천을 통한 사회 개혁을 추진할 수 없었다. 오히려 소모적인 윤리 논쟁, 탁상공론에 빠지고 마음 닦고 수양하는데 집중했다. 민생에 대해서는 아랑곳하지 않았다. 그러니 어찌 사회를 바로잡을 수 있었겠는가. 리 중심의 성리학은 그런 행위를 촉발할 수 있는 동기를 촉진할 수 없었다. 이것은 궁극적으로 주자학이 상제를 리로 대치하여 상제를 제거해버렸기 때문이다. 고대 유교 경전에도 나와있는 인격적 주재자로서 상제를 제거시킨 것에 기인한다. 성리학에서는 인간이 모시고 받들고 경외하여야 할 신적 존재를 배제한다. 그러므로 다산이 보기에 성리학적 가르침으로는 천하를 구원할 수도 사회를 구원할 수도 없다.

다산의 이러한 비판은 성리학이 현실 분석과 대응에 실패함으로써 사회적 실천과는 멀어졌음을 말한다. 그것은 나아가 주자학적 가르침의 비사회적 성향, 세계 도피적 모습, 개인 구원 지향성을 비판하는 것

---

688 김영주, 2006, 45.

689 차성환, 2002, 87.

이기도 하다.

상제여야만 하는 이유

　앞에서 필자는 다산 사상, 당시 사회 개혁의 키워드를 상제라고 하
였다. 그렇다면 왜 꼭 상제여야만 하는가? 상제가 불가피한 이유는 무
엇인가? 결론부터 말하면 다산이 보기에 상제는 인간으로 하여금 도
덕적 행위, 사회적 행위를 실천하게 함으로써 병든 사회를 바로잡을 수
있는 원천이기 때문이다.

　주자학 관점에서 볼 때 인간이 추구해야할 이상적 삶은 어떤 것이
어야 할까? 그 대답의 하나가 인간 누구에게나 태어날 때 주어지는 본
연의 성, 천리의 덕에 따르는 삶을 사는 것이라고 할 수 있다. 인간이
해야 할 가장 중요한 일은 본연의 성을 잘 닦고 드러나게 하는 일이다.
그러나 누구나가 그런 삶을 성공적으로 살 수 있는 것은 아니다. 그러
므로 소인도 있고 대인도 있게 된다.

　그러면 본연의 성을 어떻게 하면 잘 드러낼 수 있는가? 기질의 성은
어떻게 다스릴 수 있는가? 그것은 바로 마음을 잘 닦는 것에 달려있다.
마음을 잘 닦는다는 것, 그것은 인간 내면의 마음·심리를 잘 다스린다
는 것이다. 하늘이 부여한 본성이 잘 드러날 수 있는 심리적 환경을 만
드는 것이다. 그리하여 당시 이미 보수적인 체제 유지 이념이 되어버린
신유교의 세계관에 머물러 있던 지식인들은 윤리 도덕 차원에서 제기
되는 문제의 실마리를 인성 가운데서 찾으려 하였다. 본연지성 또는 기

질지성 운운하며 인성에 대한 다분히 신비주의적인 귀결로 이어지는 논의가 그것이다. 그러나 그것은 성공적인 경우에도 외형적인 결과를 지향하는 인간의 합리적인 도덕적 행동을 강력하게 지원하고 보증하는 것과는 거리가 멀다. 그것은 내면적인 심리적인 차원에만 머무르는 경향이 있다.[690]

그런데 사람이 이런 마음 다스림, 심리적 차원에만 매몰되면 문제가 있다. 왜냐하면 그것은 특정의 심리 상태에만 머무는 것일 뿐, 어떤 사회적 행위 사회적 실천과는 거리가 멀기 때문이다. 즉 마음의 다스림에만 머물게 되면 외형적 결과를 드러내는 타인 지향적 행위를 발전시키기 어렵기 때문이다. 사회에 대한 무관심을 초래할 수 있기 때문이다. 이러한 결과는 사회에 대한 비판 의식이나 변화 지향적 사고를 형성하기 어렵게 한다. 그리하여 현실 사회에 어떤 문제나 모순이 있더라도 그것을 해결하거나 변화시키려는 의지를 갖게 하기 어렵다. 오히려 그 모든 문제의 원인을 본질적으로 자신이나 인간의 마음에 있어서의 문제로 환원시켜 마음을 더욱 정화할 것을 강조한다. 결국 사회 변동에 소극적이게 만들 수 있다.

이런 맥락에서 보면 당시의 조선 사대부를 중심으로 하는 지배층이 파국으로 치닫고 있는 현실 개혁에 무관심한 채 하늘 무서운 줄 모르고 비인간적 비윤리적 행위에 빠질 수밖에 없었던 것은 당연하였는지 모른다. 당시 사람들은 사회 의식이 마비되고 사회적 모순을 해결하기 위한 적극적인 실천적 행위 동기를 형성하기 어려웠다. 이런 의미에서

---

690 차성환, 2002, 69~70.

주자학 윤리는 사람들이 그것을 아무리 철저하게 준수하고자 해도, 세상을 거부하고 멀리하거나 긴장 관계를 유지하도록 하는 그 어떤 동기도 부여하지 못한다. 오히려 긴장을 최소화하는 방향으로 작용한다.[691] 성리학 사상, 성리학 윤리로 사회화된 조선 후기 지배층 사람들은 원시유가 본연의 윤리적 실천, 즉 수기치인의 실천적 인간상을 그려낼 수 없었다.

이러한 배경을 유교 사상과 관련시켜 단적으로 말하면, 형이상학적이고 애증도 희로喜怒도 없고 형체도 이름도 없는 주자학의 핵심 최고 주제의 하나인 '리'로서는 실천을 위한, 실천을 향한 어떤 사회적 행위도 이끌어낼 수 없다. 곧 리로서는 올바른 도가 되기 어렵다.

> "리는 어떠한 것인가. 리는 애증도 없고 희로도 없으며 텅 비고 막막하여 이름도 없고 형체도 없으니 우리가 이것으로부터 성을 품부 받았다고 한다면 바른 도가 되기는 어려울 것이다."[692]

그렇다고 인의예지와 같은 윤리적 덕목이 병든 조선 사회, 병든 조선 사람들의 행위를 바로잡아 새로운 역사 질서를 열어나갈 수 있을까? 다산이 보기에는 '아니올시다'였다. 그는 오히려 주자학적 인의예지 인식을 비판한다. 그는 하늘에서 이 네 가지 인성을 부여해주었다고 한다면 이는 실상이 아니라며, 인간은 하늘로부터 받은 영명스러운 마음

---

691 차성환, 2002, 193~196.

692 "夫理者何物. 理無愛憎, 理無喜怒, 空空漠漠, 無名無體, 而謂吾人稟於此而受性, 亦難乎其爲道矣."(『孟子要義』卷二「盡心 第七」)

으로 인해 인을, 의를, 예를, 지를 할 수 있다고 본다. 즉 다산에게 그것은 오히려 윤리적 행위 이후에 귀결되는 것이다.

"인의예지라는 이름은 본래 우리 인간의 행사行事에 의해서 생겨난 것이지, 아울러 마음속에 잠재된 오묘한 이치인 것이 아니다. 사람이 하늘에서 받은 것이라고는 단지 이 영명스러운 마음뿐이다. 이것으로 인을, 의를, 예를, 지를 할 수도 있다. 만일 상천에서 인의예지라는 이 네 개를 인성의 가운데에 부여해주었다고 말한다면 이는 그 실상이 아니다."[693]

다산은 상제라는 절대자 앞에서 느끼게 되는 인간의 두려움과 경외를 바탕으로 인간의 현실적 생활이 규제되어야 할 필요성을 강조했다. 다산은 리 대신에 상제를 동원하여 상제에 대한 외경심과 도덕적 실천의 추동력으로 활용하고자 했다. 항상 상제의 존재를 의식하고 삼가고 두려워하는 계신공구戒愼恐懼는 누가 가르치거나 명령해서 두려워하는 것과는 다르다. 그것은 자연스럽게 저절로 생기는 삼감이며 두려워함이다. 다산이 보기에 인간을 바로잡을 수 있는 것은 상제만이 할 수 있다.

그가 보기에 수양을 하고자 하는 사람들이 귀신의 존재와 이치를 깊이 체득하면 결코 자신을 속이거나 비도덕적 반사회적 행위를 할 수 없다. 더구나 상제가 늘 자신과 함께하고 있다는 것을 알면 그 누가 일

---

693 "仁義禮智之名, 本起於吾人行事, 並非在心之玄理. 人之受天, 只此靈明. 可仁可義可禮可智則有之矣. 若云上天以仁義禮智四顆, 賦之於人性之中, 則非其實矣."(『中庸講義補』卷一)

탈 행위를 할 수 있겠는가?

"사람이 태어나면 욕심이 없을 수 없다. 그 욕심을 채우기 위해 방자하고 편벽되고 사악하고 사치스러운 못된 짓을 하지 않는 게 없다. 그러나 백성이 감히 내놓고 이를 범하지 못하는 것은 계신하기 때문이며 공구하기 때문이다. 누구를 조심하는 것일까. 위에 관장이 있어 법을 집행하기 때문이다. 누구를 두려워하는 것일까. 위에 군왕이 있어 형벌로 다스리기 때문이다. 참으로 그 위에 군왕과 관장이 없음을 안다면 그 누가 방자하고 편벽되고 사악하고 사치스러운 못된 짓을 하지 않을 자가 있겠는가. 남들이 보지 않는 어두운 방에서 제 양심을 속여가면서 사악하고 허망한 생각을 하기도 하고 간음과 도둑질을 일삼을지라도 그 이튿날 의관을 반듯이 갖추고 단정히 앉아 있으면 그의 용모는 순수하여 한 점의 하자도 없는 군자로 보일 것이다. 관장도 그를 알 수 없고 군왕도 그를 살필 수 없기에 일평생 속임수로 행세하면서 당대의 아름다운 명성을 잃지 않고 가장 나쁜 짓을 하면서도 후세의 숭앙을 받는 이들이 세상에는 즐비하다. … 밤길에 묘지를 지나가는 자가 두려워하지 않으려 해도 절로 두려움을 느끼는 것은 그곳에 도깨비와 요괴가 있음을 알기 때문이다. 어두운 밤에 산 속 숲 사이를 지나가는 자가 두려워하지 않으려 해도 절로 두려움을 느끼는 것은 그곳에 호랑이와 표범 등의 맹수가 있음을 알기 때문이다. 군자가 남들이 보지 않는 어두운 방에 있으면서도 조심하고 두려운 마음에 감히 나쁜 짓을 하지 못하는 것은 그곳에 상제가 그를 굽어보고 있음을 알기

때문이다."⁶⁹⁴

　　일반 백성들은 엄한 법이 있고 위로 엄한 군주가 있다는 사실을 알면 결코 함부로 악행을 저지르지 못한다. 한 순간의 실수로 죽임을 당할 수 있기 때문이다. 그러나 권세를 누리는 사람들의 경우는 어떠한가? 힘이나 쓰는 자리에 있는 사람들은 어떤가? 비록 그들도 국법의 준엄함을 알고 군주가 버티고 있음을 알지만 남들이 알아차리지 못하는 방식으로 온갖 악행을 저지를 수 있다. 오히려 배우고 공부한 학자라는 사람들이 군주 앞에서 겉으로는 군자인 척 유세를 부리지만 실상은 더 큰 악을 자행하고 있음을 다산은 말하고 있다. 따라서 겉으로 보아서는 결코 죄악을 단죄하기 어려운 권세가들과 지식인들을 향해, 다산은 어느 때든 그들의 죄상을 내려다보고 감시하는 상제의 권능을 강조하였던 것이다. 어찌 보면 이것은 군주를 전혀 두려워하지 않고 오히려 군주 위에 군림하던 당시 권력자들에게, 그들 자신보다 더 무서운 존재가 이 세상에 있다는 것을 강조하려던 의도의 산물일 수 있다.⁶⁹⁵

　　다산에 의하면, 상제는 우리의 내면에서 벌어지는 윤리적 갈등을

694　"民之生也, 不能無慾. 循其慾而充之, 放辟邪侈, 無不爲已. 然民不敢顯然犯之者, 以戒愼也, 以恐懼也. 孰戒愼也. 上有官執法也. 孰恐懼也. 上有君能誅殛之也. 苟知其上無君長, 其誰不爲放辟邪侈者乎. 夫暗室欺心, 爲邪思妄念, 爲奸淫, 爲竊盜, 厥明日正其衣冠, 端坐修容, 粹然無瑕君子也. 官長莫之知, 君王莫之察, 終身行詐而不失當世之美名, 索性造惡而能受後世之宗仰者, 天下蓋比比矣. … 暮行墟墓者, 不期恐而自恐, 知其有魅魍也. 夜行山林者, 不期懼而自懼, 知其有虎豹也. 君子處暗室之中, 戰戰栗栗, 不敢爲惡, 知其有上帝臨女也."(『中庸自箴』卷一)

695　백민정, 2007a, 90~91.

매번 목격하고, 우리로 하여금 자신의 명령을 따르도록 강제한다. 『중용』의 계신공구戒愼恐懼라는 두려움의 공부는, 바로 이런 상제의 강림과 그의 엄격한 감시로 인해 가능하다. 두려워하고 삼갈 줄 아는 신독 공부가 절실하려면 이처럼 섬기고 공경할 수 있는 분명한 공경의 대상이 존재해야 한다.[696]

다산이 보기에 객관적으로 존재하면서 인간의 행위를 실질적으로 감시 및 규제할 수 있는 존재는 관념적이고 추상적인 리가 아니라 바로 상제이다. 다산이 이토록 상제를 부각시키고자 한 배경은 이 상제를 통해 인간의 실천적 행위를 이끌어 내고, 특히 상제가 인간의 행위를 감시함으로써 당시의 양반 지배층에 만연한 도덕 불감증, 관료들의 비도덕적 행위를 바로잡을 수 있다고 보았기 때문이다. 다산은 위엄·권위를 가진 상제에 대한 두려움을 통해 사람들이 바른 생활을 하도록 유도할 수 있다고 보았다.

이처럼 다산은 옛 경전의 바른 해석을 통해 천하를 구제할 수 있는 새로운 인간 행위의 동기 체계를 찾고자 하였다. 그는 내면 성찰의 방법이 아니라 하늘의 감시 아래서 두려움을 각성하는 그런 종교적 조건을 중시하였다. 상제는 인간을 늘 감시 감독하여 일탈 행위를 하지 못하게 하는 외적 구속력을 갖는다. 그러므로 상제의 존재를 알고 의식하는 사람들에게 상제는 사회적 윤리나 도덕에 맞게 행동하도록 하게 하는 강력한 힘으로 작용한다. 늘 나의 행동은 물론 내 생각, 내 마음까지 알고 있는 상제를 속이고 그 누가 죄를 짓는 행동을 할 수 있겠는

696　백민정, 2007a, 221~227.

가. 상제를 속이고 상제를 무시한 채 나쁜 행동을 하면 그 대가를 받게 되는데 어찌 반사회적 행동을 할 수 있겠는가. 상제의 존재를 깨달음으로써 자발적으로 도덕적 행위, 사회적 선善을 실천하고, 그로 인해 궁극적으로 사회 질서를 바로잡을 수 있다고 본 것이다.

상세는 인간으로 하여금 선한 행위를 하게 할 수 있는 강력한 힘이다. 사회 질서를 유지하게 할 수 있는 더 없는 힘이다. 다산에게 상제는 현실의 불합리하거나 모순된 사회 제도나 사회 구조를 개혁하고 비도덕적인 인간의 행위를 바로잡을 수 있는 절대적 근거이다.

다산은 원시 유교 사상(상제)을 내면화한 옛사람들과 성리학 사상(리)으로 사회화된 당시 사람들의 삶을 이렇게 비교 설명 및 비판한다.

"옛적 사람들은 진실한 마음으로 하늘을 섬기고 진실한 마음으로 신神을 섬겼다. 한 번 움직이고 한 번 멈추는 사이에 일어나는 생각에도 싹이 진실한가, 거짓인가, 선한가, 악한가를 경계하여 '날마다 이곳을 살피고 계신다'고 생각하였다. 그리하여 경계하고 삼가며 두려워하여 홀로 있을 때를 삼가는 공적이 참으로 독실하여 하늘의 덕에 이를 수 있었다. 요사이 사람들은 하늘을 리理라 하고 귀신을 공적을 이루는 작용(功用)이라고 하고 조화造化의 자취라 하고 음양의 타고난 능력이라 하여, 그들의 마음속에 알고 있는 바란 아득하기만 하여 한결같이 지각이 없는 사람과 똑 같다. 그러므로 어두운 곳에서 마음을 속이고 방자히 거리낌이 없으며 종신토록 도를 배우고 있으나 요순堯舜의 경지로 들어갈 수 없는 노릇이다. 이 모두가 귀신에 관한 설명에 대하여 밝지 못한 까닭이다."[697]

이 말의 핵심은 상제를 전제로 하는 삶의 필요성이다. 다산은 성리
학적 리기론이 지니는 관념적 허구성, 즉 당시 사람들이 천리를 늘 말하
면서도 실제로는 마음을 속이고 방자한 태도를 지니는 것에 대해 비판
한다. 동시에 인간의 도덕 실천을 감시하는 인격신적인 상제를 설정함으
로써 당시의 이른바 가군자假君子들이 내세우는 허위 의식을 드러내고자
한다. 이를 통해 다산은 실심사천實心事天·사신事神을 강조한다. 또한 관념
적 허구의 극복을 위하여 인격신적인 상제를 제시하는데, 이는 원시 유
교의 소박한 도덕 실천 의식을 돌이키자는 뜻으로 볼 수 있다.[698]

원시 유교와 성리학의 가장 핵심적 차이는 그런 사상으로 사회화된
사람들이 상제나 귀신을 어떻게 보는지에 있다. 원시 유교 경전에 바탕
을 둔 옛사람들의 삶은 상제 내지 귀신을 계신공구하면서 그것을 진실
된 마음으로 받드는 삶이었다. 그러나 성리학의 가르침을 바탕으로 살
아가던 다산 시대의 사람들의 삶은 옛사람들과 크게 달랐다. 그들에게
상제는 없었다. 왜냐하면 그들은 주로 하늘을 리라고 하거나 귀신을 공
적을 이루는 작용 또는 천지 만물을 만든 자취 정도로 인식할 뿐이기
때문이다. 다산이 보기에 주자학은 원시 유교 본연의 상제를 제거하거

697 "古人實心事天, 實心事神. 一動一靜, 一念之萌, 或誠或僞, 或善或惡, 戒之曰日監在玆. 故其戒
      愼恐懼愼獨之切眞切篤, 實以達天德. 今人以天爲理, 以鬼神爲功用, 爲造化之迹, 爲二氣之良能, 心
      之知之, 杳杳冥冥, 一似無知覺者然. 暗室欺心, 肆無忌憚, 終身學道, 而不可與入堯舜之域. 皆於鬼
      神之說, 有所不明故也."(『中庸講義補』卷一)

698 이해영, 1991, 207.

나 왜곡시키고 있었다.

　사변적 담론을 강조하고 그런 가르침으로 내면화된 사람들의 관심은 현실과 동떨어진다. 다산이 당시 세상 돌아가는 모습을 통해 성리학 사회의 문제를 고발한 것은 바로 아무런 사회적 기능도 못하는 주자학 윤리의 문제점을 제기하고 비판하고자 함이었다.

　이처럼 다산은 원시 유교 경전에 대한 재인식을 통해 주희의 세계관 안에서 파악된 리와는 그 성격이 다른, 인격신 상제를 내세웠다. 주희의 사상에서 인간이 경배하고 예배를 드릴 신적 대상은 부차적일 뿐이었다. 다산은 주희를 비판하며 상제를 인간이 받들고 섬겨야 할 전능의 인격적 존재로 간주하고, 그럼으로써 도덕적 행위의 실천이 가능하다고 보았다. 상제는 텅 빈 태허太虛의 일리一理가 천지 만물의 주재와 근본이 된다는 주자학의 막연한 설명과는 사람들에게 와 닿는 차원이 다르다.

병든 사회,
어떻게 바로잡을 것인가

실체 없는 리理, 그것으로는 안 된다

다산 사상의 특징 중 하나는 유교 경전에 대한 주희의 주석을 대체적으로 비판하는 경향이다. 주희는 천지의 운행과 만물의 생성·변화를 지배하는 주재主宰인 리理에 편향된 관심을 보였다. 사실 리 또는 태극은 성리학의 근본 개념이다. 성리학에서는 리를 기와 연관시키면서 우주의 생성부터 인간에 이르기까지 만사 만물의 근본 바탕, 원리로 이해한다. 태극太極은 만물의 궁극 원리이자 유일·절대의 존재로 간주된다. 주희는 천즉리니 성즉리니 하면서 고경에 나타나지 않는 새로운 유교 사상을 발전시켰다. 이것은 이전의 공자를 중심으로 한 유교와 크게 다르다. 그것은 주희 등에 의해 형이상학적으로 재편된 사상 체계이다. 그래서 우리는 이것을 흔히 신유교라고 한다.

그런데 다산은 바로 이런 새로운 유교에 일침을 가한다. 그는 주희를 중심으로 하는 신유학자들이 고경의 근본 사상을 왜곡시켰다고 비판한다. 그리고는 그들이 배제하지는 않았지만 주변화하고 멀리했던 주재자 상제에 대해 오히려 높은 관심을 보였다.

이런 맥락에서 보면 다산은 당시 사회의 병이 주자학, 더 구체적으로는 주자학자들이 궁극적으로 주재인 리 자체를 세계의 중심인 것으로 인식하면서 시작되었나고 보는 섯 같다. 병은 근본적으로 리에 대한 잘못된 인식에서 시작되었다는 것이다. 다산의 상제를 이해하기 위해서는 그가 극복 대상으로 삼은 주자학의 리理에 대한 비판, 주자학의 형이상학에 대한 비판부터 알 필요가 있다. 그의 상제론은 그런 바탕위에서 성립하였기 때문이다.

그렇다면 다산은 리를 어떻게 보고 있는가? 왜 리가 문제인가?

다산에 의하면 먼저 리理는 경전에 그 근거가 없다. 원시 유교에서는 성리학의 중심 개념인 리의 근거를 찾을 수 없다는 것이다. 다산은 '리가 본디 옥이나 돌의 맥락(결)'이라고 하였다. 그는 성리학의 중심 개념인 리가 궁극적 존재가 아님을 말하기 위해 『회남자』, 『한서』, 『당서』, 『중용』, 『악기』, 『역경』, 『맹자』, 『시경』, 『예기』 등에서 리의 다양한 쓰임을 추적하였다. 그 결과 리는 모두 맥리, 치리, 법리라는 가차假借의 글자임을 밝혔다. 리는 원래 옥이나 돌과 같은 물체에 있는 결이며, 그 결을 잘 알아야 잘 다듬을 수 있기 때문에 '다스린다'는 뜻이 파생되었을 뿐이라는 것이다. 그러므로 리는 맥리, 법리, 치리의 의미 이상이 아니다. 리는 우주적 차원의 생성 문제에 관여하는 존재가 아니라 일상 생활에서 보이는 이치이다. 리는 원리·법칙적인 것에 지나지 않는다는 것이다.

리의 의미를 이렇게 밝힌 다산은 리理의 주재성도 비판한다. 리의 주재 능력을 부인하였다. 주자학이 형이상학적 실체이자 만물의 근원으로 떠받드는 리가 사실은 궁극적 실재가 될 수 없다는 것이다. 리를 옥이나 돌과 같은 물체에 있는 결로 볼 경우, 리는 독립적 실체가 아니라 독립적인 사물에 의존하는 속성에 불과하다. 이 의존적인 것이 스스로 존재하는 독립적 사물보다 존재론적으로 우월한 위상을 가질 수 있을까? 다산이 보기에 리는 스스로 존재하는 것이 아니라, 다른 것에 의지하는 속성을 갖는다. 바로 기에 의존한다. 반면 기는 스스로 존재하는 것, 즉 자립자이다. 다산이 보기에 리는 자립자인 기에 붙어있는 의존자이고 한 속성일 뿐이므로 리가 기를 주재할 수 없다. 리는 기에 종속된 것이며 기보다 나중에 성립한다. 리가 기보다 먼저 존재할 수 없다. 동시에 생성될 수도 없다. 이 점은 주희와 대조적이다. 주희는 리가 기보다 먼저이고 리는 천지가 생성되기 이전부터 있었다고 하였다.

다산은 리발理發을 부인한다. 리는 독립적 존재가 아니므로 먼저 발할 수 없다. 모든 사물에는 발하기 전에 그에 관한 법칙은 있으나 실지로 발함에 있어서는 반드시 기가 앞선다는 것이다. 풀한 포기, 나무 한 그루, 꽃이 피고 새가 날고 하는 것은 기가 발하고 거기에 리理가 얹히는 데에서 이루어진다. 리는 기에 명령하거나 기를 주재하는 것이 아니라 반대로 기에 의존한다. 리는 기의 속성 내지 결과적 작용 법칙으로서만 의미를 갖는다.

다산이 보기에 리는 아무런 감정을 느끼지 못하는 무감각한 존재, 아무런 형체도 없는 무형이다.

"대저 리란 어떤 것인가. 리에는 사랑도 미움도 없고 기쁨도 노여움도 없으며, 텅 비어있고 막막한 상태로서 이름도 형체도 없는데 '우리 인간이 이로부터 품부되어 성을 받았다'고 한다면 도道가 되기에 곤란할 것이다."[699]

다산에 의하면, 무릇 주재자는 지각 능력을 지녀야 한다. 그런데 리에는 천하 만물들을 지배하는데 필요한 지각이 없다. 리에는 또한 주재자에게는 필수적인 영靈이 있어야 하는데 그런 것도 없다. 그런 리가 어찌 지각 능력을 갖춘 생명체보다 우월할 수 있겠는가.

"태극도상의 둥근 동그라미는 육경에 보이지 않는다. 이것은 영이 있는 물건인가, 아니면 아무런 지각도 없는 물건인가, 텅 비어 아득하여 사랑할 수 없는 것인가. 무릇 천하의 영이 없는 물건은 주재자가 될 수 없다. 그러므로 한 집안의 가장이 사리에 어둡고 어리석어 지혜롭지 못하면 집안의 만사가 다스려지지 않고, 한 고을의 어른이 어둡고 어리석어 지혜롭지 못하면 그 고을의 만사가 다스려지지 않는다. 그런데 하물며 텅 비어 아득한 태허의 한 리理를 천지 만물을 주재하는 근본으로 삼는다면 천지간의 일이 이루어질 수 있겠는가."[700]

---

699 "夫理者何物. 理無愛憎, 理無喜怒. 空空漠漠, 無名無體, 而謂'吾人稟於此而受性', 亦難乎其爲道矣."(『孟子要義』卷二「盡心 第七」)

700 "太極圖上一圓圈, 不見六經, 是有靈之物乎, 抑無知之物乎, 將空空蕩蕩, 不可思議乎. 凡天下無靈之物, 不能爲主宰. 故一家之長, 昏愚不慧, 則家中萬事不理, 一縣之長, 昏愚不慧, 則縣中萬事不理. 況以空蕩蕩之太虛一理, 爲天地萬物主宰根本, 天地間事, 其有濟乎."(『孟子要義』卷二「盡心 第七」)

「맹자요의孟子要義」「진심盡心 제칠第七」.

감정도 지각도 영명함도 없는 리가 인간과 동물을 주재할 수는 없다. 텅 비어 있는 불가사의한 존재는 천지 만물의 주재자가 될 수 없는 것이다. 다산은 기의 속성에 지나지 않는 리를 온갖 사물의 근본으로 내세우는 성리학의 설명은 터무니없는 조작이라고 본다.

그는 나아가 태극을 비판하며 인간이 인을 실천하는 길을 이렇게 말한다.

"소리도 없고 냄새도 없어서 무극無極과 같으니, 신이 생각하건대 소리도 냄새도 없다는 것은 저 하늘의 말도 움직임도 없는 공화功化를 표현한 것이요, 무극과 태극은 한 덩어리의 원기元氣가 아무 것도 없는 데서 형성된 것을 말한 것에 불과합니다."701

701 "無聲無臭之同於無極者, 臣以爲無聲無臭, 是形容上天不言不動之功化也. 無極太極, 不過以一

562

"그러나 두려워하고 삼가서 상제를 밝게 섬기면 인仁을 할 수 있다. 태극을 헛되이 높여서 리를 하늘로 삼으면 인을 할 수 없다. 그러므로 하늘만 섬기는 것으로 귀결된다."[702]

다산은 리의 주재에 대한 비판을 바탕으로 천의 주재성을 강조한다. 사물을 주재할 수 있는 것은 영명한 존재인 천이라는 것이다. 즉 천을 '한 가족의 장, 한 고을의 장'으로 비유하면서 초월적 주재자는 밝은 지혜를 지닌 존재이어야 함을 강조하였다. 이를 통해 다산은 만물을 주재하고 다스리는 하늘은 엄정한 윤리적 감찰자여야 함을 부각시키고자 했다.[703]

다산은 리의 인격성도 비판하였다. 무형인 리는 유형인 기의 존재에 의존한다. 이런 리는 비인격적 존재일 뿐이라는 것이다. 인격적 존재는 사랑, 기쁨, 미움 등 감정을 지닌 인격체다. 이런 존재는 인간이 경계하고 삼가서 무서워하고 두려워할 수 있는 존재다. 그러나 리는 그런 존재가 아니다. 리는 인격적 실체가 아니며 감성과 지각 능력도 없는 무형에 지나지 않는다. 그러니 이런 리가 인간에게 특정 행위를 하게 하거나 그런 동기를 유발할 리는 없다.

다산은 또한 모든 존재의 근원이자 원천이 되는 '천'을 보편적 원리인 '리'로 규정하고 있는 성리학의 '천'에 대하여 비판했다. 성리학에서

團元氣, 從無物中凝成之謂也."(『與猶堂全書』『文集』卷八「中庸策」)

702 "然恐懼戒愼, 昭事上帝則可以爲仁, 虛尊太極, 以理爲天則不可以爲仁, 歸事天而已."(『與猶堂全書』『文集』卷十六「自撰墓誌銘」(集中本))

703 김영주, 2006, 51.

천즉리라면 천이 인간의 모든 것을 살피고 선악에 따라 상벌을 주는데, 리는 그런 기능을 하지 못한다는 것이다. 그리하여 다산은 사람들의 행위에 어떤 영향력도 행사할 수 없는 성리학의 리를 비판한다.

"리란 본래 지각도 없고 위엄도 없는 것인데, 어찌 이를 경계하고 삼가며 어찌 이를 두려워하고 무서워할 것인가."[704]

추상적 형이상학적인 리는 어느 누구도 두려워할 만한 것이 아니라는 것이다. 천을 리로 보아서는 실천적 행위를 도출할 수 없다. 리는 인간의 행위를 감시하거나 감독하여 선한 행위로 나아가게 할 수 있는 외적 강제력을 갖지 못한다. 다산은 특히 아무런 감응도 없는 형이상학적인 리를 근간으로 한 이론 체계로는 사람들로부터 자발적인 도덕적 삶의 실천을 이끌어낼 수 없다고 보았다. 그리하여 아무런 인격성이 없는 리나 태극을 비판하며, 그 자리를 세상 만사를 주재하는 인격적 지고적 존재인 상제로 대체하였다. 그는 당시의 주류적 가치, 지배적 코드로부터 벗어나 살던 지적 한계인이었다. 그는 성리학이 천에 대해 지녔던 입장과는 달리 인격적 존재로서의 천, 원시 유교 경전에 담긴 상제에 대한 확고한 믿음이 있었다.

지금까지 살펴보았듯이 다산은 당시의 사회병 원인을 주희의 주석에 바탕한 성리학이 주재자 상제를 버리고 주재인 리를 세계의 중심으로 잘못 삼으면서 시작되었다고 보았다. 주자학에서는 리를 만물의 근

---

704 "理本無知, 亦無威能, 何所戒而愼之, 何所恐而懼之乎."(『中庸自箴』卷一)

본으로 간주하는데, 이렇게 근본을 잘못 인식함으로써 궁극적으로 인간은 물론 사회가 병이 들 수밖에 없었다는 것이다. 그리하여 그는 원시 유교의 상제를 다시 드러내어 고경의 근본 메시지를 바로 밝히고 거기에 담긴 상제를 통해 세상을 바로잡고자 하였다.

세상을 구하는 길, 상제로 돌아가라

사람들은 몸에 이상이 있으면 누구나 병원을 찾는다. 가벼운 감기야 사물탕 한 첩만으로도 회복될 수 있지만 큰 병은 어림도 없다. 수술을 해야 한다. 그렇다면 사람들이 부대끼며 살아가는 사회가 깊이 병들었다면 어떻게 해야 할까? 강아지나 고양이가 아프면 동물 병원으로 데려가 치료라도 하겠지만, 병든 사회를 고치는 병원은 없으니 어떻게 하여야 할까? 당시 세상을 병든 것으로 진단한 다산은 병든 사회를 고칠 수 있는 아주 특별한 처방을 내렸다. 병든 사회를 치유하고 바로잡는 길, 다산이 보기에 그것은 단순한 의식의 전환, 도덕의 강조, 세속적 규범의 강화로는 불가능하였다. 성리학적 가르침으로 해결될 문제도 아니었다.

신유학자들은 리(태극, 천)를 세계 과정 안에 보편적으로 내재하는 일종의 원리 로 본다. 문제는 이런 리는 사람들이 객관적으로 분명하게 인식하고 자신의 행동을 감찰하고 지도하는 대상으로 삼기에는 부족하다. 다산이 보기에 사회 질서를 바로세우기 위해서는 사람들로 하여금 근본적으로 도덕적 행위를 강제적으로 실천할 수 있게 하는 그 무엇이 필요하였다. 즉 인간으로 하여금 누구나 언제 어디서나 도덕적 의식은 물론 그런 태도를 형성하고 그런 행동을 강력하게 실천하고 스스로 일탈 행위를 규제할 수 있는 무엇인가가 있어야만 했다. 그런 존재가 반드시 사회 질서를 바로잡는 것은 아닐지라도, 적어도 다산이 보기에 당시의 사회병, 관리들의 일상화된 부정부패나 사회적 모순을 바로잡기 위해서는 그런 행위를 감시하고 방지하게 할 수 있는 절대적 존재가 필요하였다. 병든 사회를 고치고 사회 질서를 바로잡기 위해서는 그런 행위를 근원적으로 하지 못하게 할 수 있는 강력한 구속력을 갖는 존재가 있어야 했다. 신적 존재의 필요성은 바로 여기서 나온다.

그러나 성리학적 가르침에는 그런 것이 없다. 사람이 어디가 아프면 거기에 맞게 적절한 처방을 해야 한다. 걸맞은 처방이 내려질 때 병은 고쳐질 수 있다. 그러나 당시 병든 사회에 대한 주자학의 처방은 기존의 처방을 강화하는 것에 지나지 않았다. 시대의 병을 진찰은 하였으나 그 처방은 주자학, 주자학적 질서의 강화였다. 그것은 죽은 처방전이었다. 사회에 생명력을 불어넣을 수 없었다.

다산은 옛 성인들의 학술에 세상을 구제할 수 있는 진실한 근거가 있다고 보았다. 그리하여 그는 원시 유교의 경전, 옛날의 학문에서 천하를 구제할 수 있는 새로운 인간 행위의 동기 체계(세계관)를 찾았다.[705]

"옛날의 학문은 일을 행하는데 힘쓰고 일을 행하는 것으로 마음을 다스렸는데, 오늘날의 학문은 마음을 기르는데 힘쓰고 마음

---

705 차성환, 2002, 86~98.

을 기르다가 일까지 그만두게 된다. 홀로 제 자신만 선하게 하고자 하는 사람은 오늘날의 학문 방법도 좋겠지만, 천하를 아울러 구제하고자 하는 사람이라면 옛날 학문의 방법이어야 할 것이다."[706]

이는 성리학의 형이상학적 경전 해석과 마음 수양을 벗어나 선진 시대의 경전 정신으로 돌아가야 한다는 것이다. 신유교가 아닌 원시 유교에 천하를 구원할 수 있는 길이 있다는 것이다. 그리하여 다산은 영명성이 없는 리를 비판하며 영명성과 주재성을 특징으로 하는 상제의 역할에 주목하였다. 그는 인격성이 없는 리·태극에 대한 관심보다 세상 만사를 주재하고 질서와 조화를 부여하는 인격적 존재인 상제의 역할이 중요하다고 보았다. 다산은 인간들로 하여금 도덕적이며 올바른 삶을 살도록 하기 위해서는 선한 삶에 당위성을 부여하고 일탈을 감시하며 행위의 결과에 정확히 상응하는 상벌을 내리는 전지전능한 어떤 존재가 필요하다고 보았다.[707] 인간의 도덕적 타락을 막고 보다 인간으로 하여금 선한 행위를 지향하게 하기 위해서는, 보이지 않는 마음까지도 속속들이 알 수 있는, 인간의 모든 행위를 통제할 수 있는 절대적 존재가 요청된다는 것이다. 다산은 그것이 상제라고 보았다.

다산은 성리학의 전통에서 지나칠 정도로 확장된 리 개념의 의미를 축소시키고, 지각도 위엄도 없는 리 대신 상제에 주목하였다. 그리하여 동맥 경화 상태의 사회를 고치고 사회 질서를 바로잡기 위해서 다산이

---

706 "古學用力在行事, 而以行事爲治心, 今學用力在養心, 而以養心至廢事故也. 欲獨善其身者, 今學亦好, 欲兼濟天下者, 古學乃可."(『孟子要義』「告子」)

707 박홍기, 2008, 196.

내린 것이 '상제로 돌아가라'는 아주 특별한 처방이다. 다산의 주장은 한마디로 말해서 실체 없는 리로는 사회 질서를 바로잡거나 개혁이 불가능하므로, '상제로 돌아가라'는 것이었다. 이런 맥락에서 보면 다산은 주자학적 우주론의 중심 사상인 리기론을 해체하고 상제 모심을 근본으로 하는 소사상제紹事上帝의 가르침(學)을 정립했다고 평가된다.

다산이 보기에 성리학 사회는 유가 본연의 정신을 망각할 뿐이다. 나아가 공리공론에 치우친 논쟁은 원시 유가 본래의 모습을 왜곡하는 것이다. 다산은 육경에서 보이지 않는 리기론과 같은 공리공론으로 시간만 낭비하는 갑론을박을 그만두고 전통적 경전의 본의를 되찾고 재정립하고자 했다. 원시 유교의 천관을 이어받아 송대 성리학의 왜곡됨을 바로잡고 경전 내용의 진실성을 회복시키고자 하였다. 경전의 원의에서 드러나는 유교의 이상과 당시의 성리학 사이에서 갈등하던 다산은 리기론이 가지는 무의미한 논쟁의 폐단을 지적하면서, 이러한 공소성으로부터 벗어나 경전의 원의에 기반한 원시 유교의 재건을 지향하였다.[708] 상제론적 유교의 필요성을 역설하였다.

다산이 원시 유가의 상제에 관심을 두고 상제로 돌아가라고 한 것은 양난兩亂으로 인하여 피폐해진 민생은 아랑곳하지 않고 당쟁만을 일삼는 시대 상황을 보면서, 성리학적 인간형은 더 이상 인륜을 실천할 수 없다는 자기 반성에 도달한 결과이다. 그는 당시의 사변적인 성리학적 경향을 탈피하기 위해서는 원시 유교의 주재적 천관을 되살리는 것이 무엇보다 중요하다고 보았다.

---

708 김영주, 2006, 52~53.

다산은 성리학에서 비인격적인 이법·이치로 전환시켰던 하늘·천을 고경에 그려진 인격적 주재자인 상제, 천, 하늘 그 본래의 모습으로 바로잡았다. 물론 다산의 상제가 고경의 상제나 천관 완전 일치하는 것은 아니지만, 그는 당시의 사회 모순을 바로잡기 위해 상제를 바로 알고 상제를 늘 두려워하고 삼가는 자세를 강조한다.

이렇게 볼 때 다산이 당시 사회를 병든 사회로 진단하고 위기에 처한 사회를 구할 수 있는 유일한 방법은 왜곡된 상제를 바로 알고 '상제로 돌아가는 것'이었다. 유교가 원래 가지고 있던 초월적 인격신을 회복해야 한다는 것이다. 그의 이러한 주장은 당시 병든 사회에 대한 파격적 진단을 바탕으로 병을 고치기 위한 파격적 처방이었다. 기존의 세계관을 주도하던 성리학이라는 가치관이 만물을 주재하는 상제를 버림으로써 불가피하게 사회가 총체적으로 병들게 되자 상제론적 유신론적 유교만이 도덕적 위기 상황을 해결하고 시대의 난황을 돌파할 수 있는 길이라고 생각했다. 초월자에 대한 신앙의 차원에 이르러야 자기를 구원하고 세계를 변화시킬 원동력이 생길 수 있다고 본 것이다.[709] 다산의 상제 재발견, 그리고 상제로 돌아가라는 메시지는 무너져가는 조선을 구하기 위한 실천적 요청에서 비롯되었다.

---

709 김선희, 2008, 276~277.

상제, 도심道心으로 은밀하게 주재하다

그렇다면 상제는 어떻게 인간으로 하여금 도덕적 행위를 지향하게 하여 궁극적으로 병든 사회 병든 인간을 바로잡고 사회 질서를 회복하게 할 수 있는가? 상제는 인간에게 어떻게 그렇게 작용할 수 있을까?

본성, 성질이라는 말에서 성이란 어떤 사물이 그런 사물이게 해주는 속성을 말한다. 그런데 성리학에서는 성즉리性卽理라 하여 인간의 본성을 이법적인 것으로 본다. 이를테면 인의예지의 본성은 인간을 인간이게 하는, 인간의 내면에 미리 주어진 원리이다.

그러나 다산은 이를 비판하며 그것은 선천적으로 인간 내면, 마음에 주어진 것이 아니라 후천적으로 노력하여 실현하는 윤리적 덕목이라고 말한다.[710] 그러면서 다산은 성을 그저 어떤 것을 좋아하는 경향성, 기호嗜好로 간주한다. 다산에 의하면 이러한 기호로서의 성은 두 가지로 나눌 수 있는데, 영지靈知의 기호와 형구形軀(육체)의 기호이다.[711]

---

[710] "인의예지라는 이름은 일을 행한 후에 이루어지는 것이다. 그러므로 사람을 사랑한 뒤에 그것을 인이라 하니, 사람을 사랑하기 전에는 인이라는 이름이 성립하지 않는다. … 인이란 사람의 공부 (노력)에서 이루어지는 것이지, 태어날 때 처음에 하늘이 한 알의 인 덩이를 만들어 사람 마음속에 꽂아 넣은 것이 아니다. 극기복례를 할 때 어찌 사람의 많은 노력이 필요하지 않겠는가. 仁義禮智之名, 成於行事之後. 故愛人而後謂之仁, 愛人之先, 仁之名未立也. … 明仁之爲物, 成於人功, 非賦生之初, 天造一顆仁塊, 插于人心也. 克己復禮之時, 豈不費許多人力乎."(『孟子要義』「公孫丑」)

[711] "성性이란 기호嗜好이다. 형구形軀의 기호도 있고 영지靈知의 기호도 있는데, 모두 성이다. 그러므로 『서경』「소고召誥」에 '성을 절제하라' 하였고, 『예기』「왕제王制」에 '백성의 성을 절제케 한다' 하였고, 『맹자』에는 '마음을 격동시키고 성을 참는다, 또 이목耳目과 구체口體의 기욕嗜欲은 성性이다'라 하였는데, 이것은 형체의 기호이다. 하늘이 부여한 것이 성性이라는 성性과 천도天道·성선性善·진성盡性의 성性은 곧 영지靈知의 기호이다. 性者, 嗜好也. 有形軀之嗜, 有靈知之嗜, 均謂之性. 故召誥曰節性, 王制曰節民性, 孟子曰動心忍性, 又以耳目口體之嗜爲性, 此形軀之嗜好也. 天

전자가 하늘이 부여한 마음의 기호로 인간의 도덕적 기호라면 후자는
신체에 따른 생리적 기호이다.

다산은 인간의 특징을 하늘로부터 영명한 마음을 부여받은 것으로
본다.

> "(하늘이) 천하 만백성이 제각기 배태한 그 처음에 영명스러운
> 마음을 부여하여 만물을 초월해서 만물을 향유하고 있다. … 사람
> 이 하늘에서 받은 것이라고는 단지 이 영명스런 마음뿐이다."712

이를 통해 알 수 있는 것은 인간은 하늘로부터 하늘이 지닌 영명이
라는 속성, 영명스런 마음을 받았다는 것이다. 인간에게는 하늘의 영명
이 내재함을 말한다. 상제가 인간에게 그저 어떤 것을 좋아하는 기호
를 부여하였는데, 다산은 이것을 본성, 성이라 한다.

그런데 이 영지의 기호, 영명성을 부여받은 인간은 어떤 특성을 갖
는가?

> "대개 사람의 배태가 형성되면 하늘은 거기에 영명하되 형체가
> 없는 본체를 부여하는데, 그것은 선을 좋아하고(樂善) 악을 미워하

命之性, 性與天道·性善·盡性之性, 此靈知之嗜好也."(『與猶堂全書』『文集』卷十六「自撰墓誌銘」
(集中本)) "성이란 글자의 본래 뜻에 근거하여 말하면, 성은 마음의 기호이다. 然據性字本義而言
之, 則性者心之所嗜好也."(『中庸自箴』卷一)

712 "天下萬民, 各於胚胎之初, 賦此靈明, 超越萬類, 享用萬物. … 人之受天, 只此靈明."(『中庸講義
補』卷一)

며 덕을 좋아하고 더러움을 부끄럽게 여기니, 그러기에 이를 성性이
라 하며 성선性善이라 말한다."[713]

인간은 다른 존재들과는 달리 상제로부터 영명성을 부여받아 특히
선善을 좋아하고 악을 미워한다는 것이다. 이를테면 선악을 택해야 할
상황에서 인간은 스스로 선을 택할 가능성이 높다. 인간은 선을 기뻐
하고 악을 미워하며 덕을 좋아하고 더러운 것을 부끄러워한다. 이는 상
제의 영명성이 인간에 내재함으로써 인간은 호선好善, 택선擇善의 도덕
적 자각 능력을 갖게 된 결과이다. 이로 보면 인간이 하늘로부터 받은
영명스런 마음, 성性은 선善하다. 그리하여 인간은 도덕적 행위, 선을 지
향할 수 있다. 인간의 본성은 도덕적으로 선하다. 그게 본성이고, 천명
으로서의 성이다. 그 근거가 바로 하늘, 상제에서 나왔다. 인간의 도덕
적 행위의 근거가 바로 상제이다.

상제는 인간에게 도덕적 선이라는 본성만 부여하고 손을 놓느냐. 아
니다. 상제는 인간으로 하여금 도덕적으로 선한 행동을 하도록 감시할
뿐만 아니라 명령하기도 한다. 이는 상제가 영명을 매개로 인간의 모든
것을 알기 때문이다.

"하늘의 영명靈明은 사람의 마음과 바로 통하여 드러나지 않지만
살피지 않는 게 없고 아무리 미세한 것일지라도 밝게 비추지 못함

---

713 "蓋人之胚胎旣成, 天則賦之以靈明無形之體, 而其爲物也, 樂善而惡惡, 好德而恥汚, 斯之謂性
也, 斯之謂性善也."(『中庸自箴』 卷一)

이 없다."[714]

인간은 하늘로부터 하늘의 영명성을 받아 내려 마음속에 간직한 존재이다. 다산은 인간이 하늘과 그리고 상제가 인간과 소통할 수 있는 것은 하늘의 영명이 인간의 마음에 직접 통해있기 때문으로 본다. 하늘은 인간에게만 부여한 자신이 가진 신령스러운 지각과 밝은 지혜를 통해 인간의 모든 것을 알 수 있다. 사람의 마음속에서 일어나는 작은 무엇하나도 놓치지 않는다. 상제는 만사 만물을 꿰뚫고 인간의 마음까지도 바로 훤히 들여다볼 수 있다. 상제는 감각적 인식으로는 파악되지 않지만 영명한 지각으로 인간의 은밀한 모든 사고와 행위를 지켜보고 살필 수 있고 인간의 마음도 꿰뚫어 볼 수 있는 것이다. 모든 사람들의 행위를 굽어보고 감시할 수 있는 것은 물론, 인간의 마음 내면에서 발생하는 선악의 작디작은 것도 놓치지 않고 파악할 수 있다.[715]

영지靈知의 기호는 상제가 인간에게만 부여한 것으로 선을 좋아하고 악을 미워하는 경향성이다. 그러므로 이는 도덕적 기호라고 할 수 있다. 그런데 인간은 이러한 도덕적 기호만 가진 것이 아니다. 다른 존재들처럼 인간은 육체적 존재이기 때문에 그에 따른 육체적 감각적 기호도 갖는다. 그러므로 인간은 자신의 욕구나 이해 관계에 따라 악행을 하거나 비도덕적 반사회적 행위를 택할 여지도 있다. 감각적 육체적인 것을 좋아하는 성(형구形軀의 기호)도 있어 이를 택할 경우 악을 행

---

714 "天之靈明, 直通人心, 無隱不察, 無微不燭."(『中庸自箴』卷一)

715 김영일, 2003, 157.

할 수도 있다. 인간이 선을 택할지 악을 택할지는 인간 스스로의 선택에 달렸다. 이른바 인간의 자유 의지, 자주지권에 따라 결정된다.

그렇다고 상제가 손을 놓고 아무 것도 하지 않을까? 아니다. 상제는 인간으로 하여금 도덕적 선을 따르라고 늘 명령하고 감시한다. 상제는 본질적 속성을 같이 하는 인간의 마음과 직접적 소통을 통해 지속적인 명령을 내린다. 곧 상제가 인간의 마음에 천명天命을 내린다. 그렇다면 천명은 어떻게 오는가. 그것은 말로 이어지는 것이 아니다. 상제의 명령은 자신의 내면에서 나온다. 하늘이 부여한 인간에 내재한 마음을 도심道心이라고 하는데, 천명은 도심에서 일어나는 영적 감응으로 나타난다. 인간의 내면에서 나오는 이 도심의 소리가 곧 천명, 상제의 명령이다.[716] 상제는 사람의 마음에서 도심으로 은미하게 드러나 윤리로써 주재한다. 상제는 인간과 직통하는 영명성을 통해서 인간에게 강림하여 살펴보고, 도심道心을 통하여 경고한다. 상제의 주재는 은미하여 드러나지 않기 때문에 인간의 감각으로는 확인할 수 없지만 인간에게 주어진 영명성을 통하여 인간을 주재한다. 이는 인간에게 도덕적 선악 판단 능력을 부여해줌과 동시에 이를 실천하는 사명감을 심어줌으로써 인간으로 하여금 윤리적 실천 행위에 대한 당위성을 부여한 것으로 이해할 수 있다.[717] 그러므로 인간에게 중요한 것은 상제의 명령을 알아차리는 것이다.

---

716 다산은 "도심과 천명은 두 가지로 나누어볼 수 없다. 道心與天命, 不可分作雨段看."(『中庸自箴』卷一)고 하여, 도심과 천명을 같은 것으로 본다. 자신의 마음에서 울리는 도심의 소리는 바로 상제의 명령[天命]이다.

717 김영주, 2006, 89.

이런 도심, 상제의 천명이 우리 자신에게 내재한다면 인간은 이것을 어떻게 받아들일까? 만일 인간이 상제가 굽어 내려다봄을 믿지 않는다면 삼갈까? 그렇지 않을 수 있다. 그러나 반대로 상제가 이를테면 방안을 굽어보며 날마다 살피고 인간의 마음을 감시하고 있음을 사람들이 정말로 안다면 어떨까? 아마도 아무리 대담한 사람일지라도 경계하여 삼가고 두려워하지 않을 수 없을 것이다. 상제는 바로 두려움의 대상이게 된다. 늘 나의 마음을 읽고 감시하기 때문에 인간은 상제를 의식할 수밖에 없다.

다산은 왜 이런 감시자 역할을 하는 상제, 삼가고 두려워하지 않을 수 없는 상제를 불가피하다고 여겼는가. 그것은 상제의 위상을 말하거나 상제와 인간의 관계를 말하기 위함이 아니다. 인간의 나약함을 말하려던 것은 더욱 아니다. 이는 당시 권력을 가졌거나 높은 자리에 있는 사람들로 하여금 실질적인 도덕적 선의 실천을 강력하게 요청하기 위함이다. 임금을 두려워하지 않는 권세를 부리는 사람들이나 남몰래 부정부패를 저지르는 관리들에게 자신들은 모르지만 그 모든 것을 다 알고 있고 감시하는 상제의 존재를 밝힘으로써, 상제를 두려워하지 않을 수 없고 그리하여 더 이상 부정부패나 반사회적 행동을 하지 못하게 하여, 궁극적으로는 도덕적 행위를 유도하기 위함이다.

다산은 상제가 때로는 상벌을 내리고 때로는 악을 선으로 이끌며 시시각각 인간의 삶에 개입하여 올바른 행위를 하게하고, 군주가 바른 정치를 할 수 있게 하는 배경을 이렇게 말한다.

"하늘이 생명을 부여한 처음에 이 (천)명이 있었고, 또 살아가는 동안에 시시각각으로 줄곧 이 (천)명은 지속되어지는 것이다. 하늘은 차근차근 말로 타이르지 않음은 그처럼 못해서가 아니다. 하늘의 목구멍과 혀는 도심에 깃들어 있으니, 도심이 경고하는 바가 곧 황천이 명하여 경계한 것이다. 남은 듣지 못할지라도 자신만은 홀로 나의 도심의 경고를 또렷이 들을 수 있으니, 이보다 자상한 것은 없고 이보다 더 준엄한 것도 없다. 명하는 듯 가르치는 듯 깨우쳐 주니, 어찌 그저 차근차근 타일어주는 데에 그칠 정도이겠는가."[718]

도심은 상제의 명령이다. 그러므로 도심을 따른다는 것은 곧 상제의 명령을 따르는 것이고 도심의 경고는 곧 하늘의 경고이다. 천명은 시시각각으로 전달된다. 인간은 늘 마음속에서 분명하게 들리는 천명을 들으려고 해야 한다. 상제의 명령에 항상 귀를 기울여야 한다.

하늘은 자신의 목소리를 도심을 통해 전달한다. 결국 본성이 발현된 도심은 하늘의 경고를 표현한 것이다. 그리고 그것은 남들이 함께 들을 수 없고 자신만이 들을 수 있다. 가장 은밀한 내면의 목소리이기 때문에 귀라는 감각기관을 통해 들을 수 있는 대상적 목소리도 아니다. 그것을 듣기 위해서 주체는 살펴서 들으려는 노력을 해야 한다. 그러면 하늘의 목소리는 단지 타이르듯 전해지는 목소리가 아니라 가장 상세하고 지엄하게 들린다. 예를 들어 일이 선하지 않을 때 발생하는 부끄러워하는 도심이나, 행동이 선하지 않을 때 발생하는 후회하는 도

---

718 "天於賦生之初, 有此命, 又於生居之日, 時時刻刻, 續有此命. 天不能諄諄然命之, 非不能也. 天之喉舌, 寄在道心, 道心之所儆告, 皇天之所命戒也. 人所不聞而獨諦聽, 莫詳莫嚴, 如詔如誨, 奚但諄諄已乎."(『中庸自箴』卷一)

심은 모두 인간의 유한한 개체에서 현상하는 마음이지만 사실상 천명이다.[719] 그러므로 인간은 혼자 있을 때나 타인과 같이 있을 때나 언제나 자신의 내면에서 들리는 도심의 소리에 귀를 기울이고, 타인은 모르지만 자신만이 홀로 아는 일일지라도 삼가기를 다해야 한다. 천명, 도심에 귀를 기울일 경우 인간은 나쁜 짓은 물론 나쁜 생각도 하지 못하게 된다. 따라서 일탈 행위를 막을 수 있다. 왜냐하면 상제가 마음을 통해 항상 우리를 훤히 지켜보기 때문이다. 상제가 사람의 마음을 꿰뚫어보고 행동을 살핌을 느끼게 되면 인간은 늘 상제를 경계하고 조심하지 않을 수 없다.

이는 자연적으로 인간으로 하여금 도덕적 행위를 지향하게 한다. 영명한 상제가 나를 지켜보고 있다는 것을 알면 누구나 늘 자신을 뒤돌아보게 하고 주변을 살피게 되어 차마 나쁜 짓을 하지 못하게 된다. 이것은 곧 상제가 인간으로 하여금 도덕적 행위, 선한 행위를 하도록 유도하게 하는 기능을 함을 말한다. 스스로 자신의 행위를 통제하여 바른 행위를 하게 된다. 즉 자기를 지켜보는 상제라는 존재가 인간으로 하여금 도덕적 사고와 행위를 하게 하는 중요 기제가 되는 것이다. 여기서 상제의 임감臨監이 자리한다. 즉 감각적 인식으로 파악되지는 않지만, 인간의 도심으로 내려와 그 영명한 지각으로 우리의 은밀한 모든 사고와 행위를 지켜보는 존재가 상제이다. 그것을 아는 자는 두려움으로 악을 행하지 못한다.

다산에게 상제는 언제나 인간의 일상을 살피는 감시자이다. 인간은

---

719 임부연, 2004, 112.

늘 자신을 감시하는 상제의 존재를 염두에 둠으로써 악을 저지르거나 나쁜 마음조차 품지 못한다. 상제는 인간이 어디에서 무엇을 하든지 파악하기 때문에 나쁜 짓을 할 수 없게 한다.

이와 같이 감각적 인식의 너머에 존재하는 상제가 임하여 감시하고 있음에 대한 앎과 믿음은 사람이 악한 일을 저지르지 못하고 선을 실천할 수 있게 하는 필수 요건이다. 여기서 상제의 윤리적 기능, 도덕적 판단과 실천의 근거가 나온다. 상제는 인간이 도덕적 행위를 실천하게 하는 원천이자 동력이다.

주목할 만한 점은 다산의 상제는 감시자로서의 기능을 하지만 그렇다고 재이災異와 같은 것을 내려 경고를 하거나 벌을 주는 존재인 것은 아니라는 것이다. 다산은 동중서 류의 하늘, 즉 하늘과 인간의 상호 관계를 바탕으로 재이가 인사人事에 의해 발생한다는 견해를 비판한다. 사실 이러한 사유는 한대 이후 그리고 조선 시대에도 정치권에서 흔했다. 임금이 정치를 잘못하면 하늘이 각종 재이 현상을 야기하고, 임금은 이를 하늘의 뜻으로 여겨 바른 정치를 하도록 힘써야한다고 여겼다. 그러나 다산은 "하늘이 나에게 경고하는 것은 우레나 바람으로 하는 것이 아니라 은밀히 그의 마음에서 간절하게 경계의 말을 일러 주는 것이다"[720]라며 이를 비판한다. 그는 마음속에서 나오는 천명에 귀 기울여야함을 주장한다. 상제가 인간의 도심을 통해 전하는 메시지, 자신의 마음에서 울리는 도심의 소리를 들으려고 해야 한다.

상제는 이렇게 사람의 마음에서 도심으로 은미하게 드러나 윤리로

---

720 "天之儆告我者, 不以雷不以風, 密密從自己心上, 丁寧告戒."(『中庸自箴』卷一)

써 주재한다. 이렇게 인간의 마음과 행위를 감시하여 선한 행위를 하도록 유도하는 것이 인간에 대한 상제의 주재 방식의 하나이다. 그리하여 상제는 인간의 선악에 대하여 윤리적 보상을 한다. 이를테면 악행에 대해서 하늘은 벌을 준다. 슬픔, 괴로움, 부끄러움, 기쁨, 자랑스러움 등은 본성이 발현된 도심이자 천명의 표출이다. 이런 맥락에서 보면 다산의 영명주재자로서의 상제는 인간이 스스로 자신을 규율하는 윤리적 자율성의 근원이자 원인으로서 윤리적 주재자이다.[721]

수신의 근본, 하늘을 앎[知天]

인간이 도덕적 행위를 실천할 수 있는 궁극의 길, 방법은 무엇인가? 다산은 자신이 살던 조선 사회가 앓고 있던 병을 고치고 새로운 사회로 거듭나기 위해, '상제로 돌아가라'는 역사적 종교적 처방을 내렸다. 당시 성리학적 지식으로 사회화된 지배층은 피폐해진 민생은 아랑곳하지 않고 파당을 지어 대대로 서로 싸우는 일에 몰두하였다. 그리고 지방의 일선 관리들은 온갖 부정부패나 착취를 일삼고 있었다. 그리하여 민중들의 삶은 하루하루가 그야말로 사는 게 사는 것이 아니었다. 이러한 조선 사회의 내적 모순이 깊어지는 가운데, 다산이 내놓은 '상제로 돌아가라'는 처방은 성리학적 가르침으로는 사회 질서를 바로잡을 수 없다는 진단에서 나온 파격적 처방이다.

---

721 김영주, 2006, 166.

'상제로 돌아가라'는 메시지에는 잃어버린 상제를 재발견하여 상제의 존재를 의식하고 상제를 바로 알고 경외함으로써 인간이 도덕적 사회적 행위를 하게 되어, 궁극적으로는 무너진 사회 질서, 병든 사회를 바로잡을 수 있다는 메시지가 담겨있다. 늘 상제를 두려워하고 상제가 도심을 통해 보내는 천명에 귀 기울여야만 하는데 어느 누가 감히 비도덕적 반사회적 일탈 행위를 할 수 있겠는가.

그러나 오늘날과 마찬가지로 다산이 살던 당시에도 세상 사람들은 상제를 잘 몰랐다. 다산은 성리학적 지식인들인 양반 사대부들이 하늘을 감정도 형체도 없는 리理, 태극太極, 도道 등 극히 추상적 개념으로만 이해하는 것을 비판하고, 당시 사회가 '썩어 문드러진' 이유를 상제를 잊고 상제를 모르기 때문이라고 보았다. 다산은 신을 비인격적 원리 형태로 보았던 당시 지배적 세계관, 성리학적 세계관을 비판하며 그와는 근본적으로 다른, 인격적이며 영명주재적 존재인 상제를 중심으로 하는 유신론적 세계관을 제시하였다.

다산에게 인간이 도덕적 행위를 실천하고 바람직한 사회적 행위를 하기 위한 일상적인 길(道)이 무엇인지를 물었다면 그는 어떻게 대답하였을까? 상제를 상정한 수양 공부라고 하면 어느 정도 가까운 답은 아닐까? 만약 그렇다면 그가 말하는 수양은 구체적으로 어떤 것일까?

성리학에서는 인간의 보편적 본성을 도덕성의 원천이자 기준으로 확립함으로써 내성적內省的이고 정적靜的인 수양 방법을 중시한다. 이를테면 몸가짐을 가지런히 하고 마음을 엄숙하게 함(整齊嚴肅), 마음을 한 곳에 집중하여 잡념을 버림(主一無適), 마음이 항상 또렷하게 깨어 있게 함(常惺惺), 그리고 마음을 모아 헛된 생각이 일어나지 않게 함

(其心收斂 不容一物) 등이 그 방법의 예이다.

　그렇다면 다산도 성리학자들처럼 이런 류의 내면적 성찰을 지향할까? 천만의 말씀. 다산이 중시한 것은 인격신 상제를 내세운 유신론적 수양이다. 다산의 수양론은 인간의 마음을 주목하고 그 능동적 실천의 중요성을 강조한다. 여기서 다산은 인간이 도덕성을 실현하는데 있어서 내면적 성찰 방법이 아닌, 하늘·상제의 감시 아래서 두려움을 각성하는 대중의 정감적 조건을 중시하였다. 따라서 천명의 인식과 경외를 통한 사천事天이 다산 수양론의 기본 구조를 이룬다.[722] 그는 자신의 마음을 투철하게 반성하고 늘 상제가 만물을 살피므로 조심하고 또 조심하며 천명을 들으려는 자세를 중시한다. 이는 밤이나 낮, 아침이나 저녁, 혼자 있을 때나 여럿이 있을 때를 따지지 않는다. 이렇게 늘 상제를 두려워하고 시시각각으로 내리는 상제의 명령을 들으려하는 것은 상제를 모시는 것이며 상제를 섬기는 것과 다르지 않다.

　다산은 "하늘을 아는 것이 수신의 근본이다. … 천도天道를 안 뒤에야 자신의 성性을 알며 자신의 성을 안 뒤에야 어버이를 섬기고 몸을 닦을 수 있다",[723] "하늘을 앎(知天)은 신독의 근본이다"[724]라 하여, 상제를 바로 아는 것을 수양의 근본이라고 본다. 다산은 감각적으로 파악할 수는 없지만 모든 존재를 주재하는 하늘에 대한 믿음이 전제되어

722　금장태, 2000a, 2.

723　"知天爲修身之本. … 知人者, 知人之所以爲人也. 知天道, 然後認己性, 認己性, 然後可以事親而修身."(『中庸講義補』卷一)

724　"知天爲愼獨之本."(『中庸自箴』卷二)

야 신독할 수 있다고 본다.[725] 지천은 상제의 의지를 인간이 겸허하게 받아들이기 위한 선행 조건이다. 다산에게 수양의 선행 조건은 상제의 존재를 전제로, 상제를 바로 아는 것이다.

여기서 안다는 것은 넓게 보면 상제의 존재를 아는 것이다. 그러나 더 구체적으로 보면 상제가 어떤 존재인지를 아는 것이다. 이를테면 상제가 영명성·인격성을 띤, 초월적 절대자로 우주 만물의 주재자이며, 그러므로 기만할 수 없고 늘 두려워하고 조심하여야할 존재임을 아는 것이다. 계신공구戒愼恐懼의 자세로 신독愼獨 공부를 해야 할 때 염두에 두어야 할, 인간이 속일 수도 기만할 수도 없는 존재임을 아는 것이다.

하늘을 안다는 것, 그것은 하늘의 지고한 천명을 받드는 것이며 천명을 부여하는 상제 유일자의 의지를 따르는 전제 조건이다.[726] 바로 영명주재의 하늘, 인격신인 상제에 대한 인식, 나아가 상제의 존재에 대한 믿음이 있어야만 진정한 수신이 가능하다. 그러므로 수양을 하려는 자는 누구나 먼저 상제를 알아야만 한다. 그가 정조의 질문에 "도를 닦는 자는 하늘을 알지 않을 수 없습니다"[727]라고 한 것은 이러한 이유에서이다.

725   임부연, 2004, 103.

726   오종일, 2000, 320.

727   "修道者, 不可以不知天."(『中庸講義補』卷一)

계신공구戒愼恐懼의 신독愼獨, 그 전제는 상제

　주자학에서는 천을 대부분 만물의 존재 근원, 원리로 해석한다. 그러나 다산은 천을 상제와 동일시하며 상제는 인격성, 주재성, 영명성을 지닌 지고신으로 여긴다. 다산은 이러한 상제를 섬기고 경험할 수 있는 길을 제천과 같은 의례와 수양이라고 본다. 중요한 수양의 방법이 바로 계신공구戒愼恐懼요, 신독愼獨이다. 그런데 주자학의 계신공구와 신독이란 무엇인가?

　주자학은 수양의 방식으로 마음의 본체 영역, 곧 보이지도 들리지도 않는 미발未發 영역에서는 계신공구의 자세를, 숨어있고 희미한 듯하지만 훤히 드러나는 현상적인 마음의 영역 곧 이발已發 영역에서는 신독의 자세를 말한다. 특히 신독은 철저히 의식 이후의 수양으로, 곧 자기만 아는 내면의 현상적인 마음이 발동하는 바로 그 지점에서 그 마음이 어디에 기원했는지 조심스럽게 살펴서 리理의 준칙에 어긋나지 않도록 삼가는 수양으로 정립되었다. 주자에게 신독이란 위기지학爲己之學을 하는 군자가 철저히 자기 책임 하에서 홀로일 때에 삼가 조심하여, 마음의 기미가 일어날 때 인욕이 싹트는 것을 막아 도를 떠나지 않는 것을 말한다.728

　이런 주자학의 수양론에서 특징적인 점은 궁극적인 어떤 존재를 대상으로 하여 그 앞에서 삼가거나 두려워하는 것이 아니다. 주희의 수양론은 마음과 본성, 본성과 천명의 일원적 관계를 전제하고 있지만, 마

728　임헌규, 2020, 255.

음이 본성이나 천명을 대상화하여 그 앞에서 삼가거나 그것을 두려워하는 것이 아니다.[729] 다산은 이런 주자학의 미발 수양론을 "미발 이전의 기상氣象만을 되돌아보는 것이 장차 어디에 도움이 되겠는가"[730]라며 비판한다. 그것은 곧 수양 공부는 공허하게 내면만 들여다 볼 것이 아니라, 늘 구체적인 외부와 관련하여 이루어져야 한다는 것이다. 한마디로 말해 리기를 바탕으로 윤리 도덕을 가르치는 주자학적 가르침으로는 신독과 계신공구가 온전하게 이루어지기 어렵고 도덕적 실천으로 나아가기는 더욱 어렵다. 상제를 전제로 하는 계신공구와 신독이라야 윤리관 도덕관이 확립되고 그 실천이 가능하다는 것이다.

그리하여 그 연장선상에서 다산은 주자학자들이 두려워하고 삼가야할 대상도 없이 지각도 위엄도 없는 리를 대상으로 하는 수행 공부를 이렇게 비판한다.

"군자가 남들이 보지 않는 어두운 방에 있으면서도 조심하고 두려운 마음에 감히 나쁜 짓을 하지 못하는 것은 그곳에 상제가 그를 굽어보고 있음을 알기 때문이다. 이제 명命, 성性, 도道, 교教를 모두 하나의 이치(一理)로 귀결시킨다면, 리는 본래 지각도 위엄도 없는 것인데 어떻게 이를 경계하고 삼갈 것이며 어떻게 이를 겁내고 두려워하겠는가."[731]

---

729 전병욱, 2012, 68.

730 "反觀其未發前氣象, 將何補矣."(『大學公議』「大學公議 一」)

731 "君子處暗室之中, 戰戰栗栗, 不敢爲惡, 知其有上帝臨女也. 今以命·性·道·教, 悉歸之於一理, 則理本無知, 亦無威能, 何所戒而愼之, 何所恐而懼之乎."(『中庸自箴』卷一)

다산은 주자학의 리를 통한 수신은 인간의 행위를 바로잡는데 실질적 효과가 없음을 지적하고 있다. 사람들이 리를 어떻게 삼가거나 두려워할 수 있겠느냐는 것이다.

그렇다면 다산에게 있어 신독과 계신공구란 무엇이고 그 특징적인 점은 무엇인가. 앞에서 언급하였듯이 주자학에서는 마음의 영역을 미발未發과 이발已發로 구분하며 각각 계신공구와 신독이라는 수양을 말한다. 그러나 다산은 수양을 미발이나 이발에 관계없이 적용된다고 여긴다. 다산은 신독을 자기만이 홀로 아는 일에 삼가기를 극진히 한다는 것으로 본다. 이것은 혼자 거처하는 은밀한 곳, 즉 어떤 공간에서 삼가는 것을 극진하게 한다는 말이 아니다. 홀로 있을 때 옷깃을 여미고 반듯이 앉아 몸가짐을 가지런히 하는 그런 류가 아니다. 그에게 신독이란 자신만 홀로 아는 일에 삼가기를 극진히 하는 것으로 자신의 내면에서 들려오는 도심의 소리, 천명을 따르려고 삼가기를 다하는 수양이다. 다산에게 신독은 곧 영명한 상제(하늘)를 전제로 한다. 상제의 존재를 전제로 하지 않으면 신독은 불가능하다. 홀로 삼감은 있을 수 없는 일이다.

다산이 보기에 당시 사람들은 신독을 잘못 이해하고 있었다. 그리하여 다산은 이렇게 반문한다.

"원래 신독이라는 것은 자기만이 혼로 아는 일에 신중을 다하는 것이지, 혼자 있는 곳에서 신중을 다하는 것을 말하는 것이 아니다. … 요즈음 사람들은 '신독' 두 글자를 인식하는 것이 원래 분명하지 않기 때문에 어두운 방에 있을 때 때로 옷깃을 가지런히 하고 단정하게 앉아 있을 수 있었다고 해도, 매번 다른 사람과 교제하는 곳에서는 그에게 비루한 거짓과 모함을 하고서도, 남들이 알지 못한다거나 하늘이 듣지 못한다고 말하니, 이른바 '신독'이라는 것이 어찌 이와 같은 것이겠는가."732

다산에 의하면 신독은 남들과 함께 있느냐 없느냐에 달려있는 것이 아니다. 신독은 자신의 내면에서 허물과 과오를 꾸짖는 목소리, 즉 양심의 발현에 귀를 기울이는 공부이다. 그리하여 자신의 지난날 행위를 되돌아보게 하고 철저한 자기반성을 하게 한다. 우리는 철저한 자기반성 속에서 육체적 욕망과 사회적 탐욕에 의해 가려졌던 도심道心, 즉 도심으로 현현된 상제의 명령을 들을 수 있게 된다. 신독은 곧 초월적인 하늘을 받드는 자세이자 천명으로 내리는 하늘의 명령을 들으려는 태도이다. 다산은 이러한 상제를 전제로 하는 신독이라야 진정한 인간의 도덕적 행위, 인륜의 실천이 가능하다고 본다. 다산에게 있어 두려워하고 삼가는 공부인 신독은 상제라는 분명한 공경 대상을 전제로 한다.733

다산이 보기에 사람이 신독의 태도를 자연스레 형성할 수 있는 것은 상제처럼 인간의 마음조차 읽을 수 있고 감시하고 상벌을 내리는

---

732 "原來愼獨云者, 謂致愼乎己所獨知之事, 非謂致愼乎己所獨處之地也. … 今人認愼獨二字, 原不淸楚, 故其在暗室, 或能整襟危坐, 而每到與人相接之處, 施之以鄙詐險詖, 謂人罔覺, 謂天罔聞, 所謂愼獨, 豈如是乎."(『心經密驗』「心性總義」) 정약용 저, 이광호 외 역, 2016, 483 참조.

733 다산이 "신독 공부는 귀신이 아니라면 두려운 마음을 지닐 수 없다. 愼獨之功, 非鬼神無所畏."(『中庸講義補』 卷一)고 한 것도 같은 맥락이다. 다산에게 상제는 신들 중의 지고신, 최고신이다.

절대적 존재가 있음을 알 때이다. 상제가 인간의 도덕 윤리 형성에 영향을 미치는 것이다. 그에게 상제는 무슨 내세의 구원을 받거나 기복을 목적으로 한 것이 아니라 특히 수양·수기修己와 불가분의 관계가 있다. 상제 앞에 홀로 있는 신독은 털끝만큼의 거짓도 있을 수 없다. 신독은 하늘에 대한 경외심을 바탕으로 자신의 마음을 투철하게 반성함으로써 천명인 도심의 소리를 들으려는 수양이므로, 천명의 목소리를 듣기 위해 경건하고 삼가는 자세를 유지한다면, 우리 마음은 지극히 공평하고 정당해질 것이다.[734]

계신공구는 또 어떤가? 주희는 계신공구의 대상을 무엇으로 보는가. 『중용』에 "군자는 보이지 않는 곳에서도 경계하고 삼가야 하고 들리지 않는 곳에서도 두려워한다"[735]는 말이 있다. 이로 보면 주희에게 계신공구의 대상은 하늘, 상제가 아니다. 성리학에서 이렇게 상제를 제거하였으니 무엇을 두려워하고 무서워해야 할 것인가. 리를 세계의 궁극적 존재로 이해하면 신독할 수 없다. 다산은 성리학이 가진 문제점의 하나를 바로 신독, 계신공구의 태도와 그 실천의 어려움으로 본다.

계신공구는 늘 경계하고 삼가며 조심하고 두려워함이다. 다산이 보기에 계신공구는 하늘이 인격적 존재라는 깨달음이 있을 때 가능하다. 계신공구의 궁극적 대상은 하늘, 상제인 것이다. 그러므로 계신공구는 상제를 경외하며 나쁜 생각을 하거나 잘못된 행동을 하지 않도록 늘 하늘을 삼가고 두려워하고 조심하는 것이다. 어디에 있으나 하늘, 상제

734 백민정, 2007a, 342~344.

735 "君子戒慎乎其所不睹, 恐懼乎其所不聞."(『中庸章句』一章)

를 염두에 두어야만 한다. 하늘을 의식하여 행동거지를 바르게 하고 조심해야만 한다.

이렇게 보면 계신공구의 자세로 공부하는 신독은 하늘에 대한 섬김이 전제되어야 한다. 이것이 다산 수양론의 특징이다. 다산에게 수양의 진정한 효과는 상제의 지속적인 감시와 관여를 통해 확보될 수 있다. 상제가 아닌 리로는 거짓 공경과 거짓 두려움만 있을 뿐이다. 신과 같은 어떤 대상 없이 내면의 도덕적 원리를 깨닫는 종류의 마음 공부로는 진정한 계신공구, 신독이 어렵다.

다산에게 계신공구는 보이지 않는 존재, 들리지 않는 존재인 상제라는 명확한 대상을 가진 것으로 묘사된다. 그렇다고 계신공구가 상제에 대해 가지는 막연한 두려운 느낌을 말하는 것은 아니다. 그것은 자신의 마음이 상제의 명령을 어기게 될까 삼가고 두려워하는 마음이다.[736] 초월적 하늘에 대한 신념을 바탕으로 두려워하는 정감적 수양이다.[737]

이처럼 다산에게 수양, 마음 공부는 인격적 상제를 전제로 한다. 나를 굽어보고 감독하는 상제의 존재를 믿지 않는다면 신독 공부를 할 수 없다. 당시 사회가 병들고 사람들이 신독 공부를 바르게 할 수 없었던 것은 바로 도심에 강림하여 감독하는 인격적 존재로서의 상제를 몰랐기 때문이다. 다산은 고대 성인들은 상제와 실제 감통하는 경험을 하였다고 이렇게 말한다.

---

736 전병욱, 2012, 72.

737 임부연, 2004, 107.

"주공이 '격우황천格于皇天'이라 하였는데, '격우상제格于上帝'라고 한 것은 자기 생각으로 판단해서 헛되이 높인 말이 아니다. 당시 신하들은 반드시 정성이 상천上天과 감통하는 실제 경험이 있었고, 하늘이 깨우쳐주는 뜻을 분명히 받았고(상제가 문왕에 이르길과 같은 것), 아직 드러나지 않은 일을 훤히 알거나(『중용』에서 지극히 성실한 도는 닥쳐올 일을 미리 안다고 한 것), 혹은 제사를 지내면 정성이 통하거나 점을 치면 응답이 있어서 반드시 하늘과 감통하는 분명한 경험이 있은 뒤에야 '격천格天'이라는 말을 썼는데, 지금 사람들이 빈말로 추켜세우는 것과는 달랐다."[738]

다산은 상제가 직접 나에게 강림하여 감독하는 경험을 상징적 비유적 표현이 아니라 실증적 경험이었다고 말한다. '격천格天'은 천명을 받은 천자의 행위 하나하나가 바로 저 하늘, 황천皇天, 상제와 직접 감통함을 말하는데, '격우황천格于皇天'이나 '격우상제格于上帝'가 그저 빈말이 아니라는 것이다.[739] 내가 지극 정성을 다하면 리가 스스로 이르고 제사 때 성의를 다하면 신명이 감통하듯이, 일상의 삶 가운데 늘 상제의 손길과 눈길을 느끼고 의식하며 살면 하늘과 감통하는 것이다. 그래서 옛사람들은 늘 상제가 위에서 내려다보고 곁에서 지켜보고 있다고 여겼다.

---

738 "周公之云格于皇天, 格于上帝, 非意度虛尊之言. 當時諸臣, 必有孚格上天之實驗, 或明承啓牖之旨 (如帝謂文王), 或灼知未顯之事(『中庸』云, 至誠之道, 可以前知), 或祭祀有孚, 或卜筮有假, 必有格天之明驗, 然後許之曰格天, 非如今世之人, 空言推奬也."(『尙書古訓』卷六「君奭」)

1423 백민정, 2022, 155~157.

'상제로 돌아가라'는 다산의 메시지에는 바로 영명적 존재로서의 상제를 바로 알아 늘 삼가 조심하는 경건한 마음과 태도를 가짐으로써, 궁극적으로는 관리들의 착취와 부정부패 등의 폐단을 야기한 정치 환경을 비롯한 모든 사회 제도의 근본적 개혁을 통한 사회 질서도 회복시킬 수 있다는 의미가 함축되어 있다. 다산이 상제를 말하면서 두려운 감시자로서의 인격성을 부각시키는 배경에는 인간의 종교적 외경심을 통하여 현실에서의 윤리적 실천을 강화하고자 하는 면이 있다. 천을 하나의 리로 이해하고 그 보편적 법칙성에 대한 자각을 토대로 이루어지는 인간의 행위는 강제성을 띨 수 없는데 비해 인격성을 지니는 영명주재의 상제는 반대로 강력한 강제성을 지닐 수 있다.[740] 다산에게 상제는 신앙 대상으로서나 리기론에 바탕한 형이상학적 논의 대상으로서의 상제가 아니라, 인간으로 하여금 도덕적 선의 실천을 통해 궁극적으로는 병든 조선 사회를 근본적으로 개혁할 수 있는 중요한 타자이다.

---

740   이경원, 1998, 67.

에필로그

다산, 그 이후의 상제

동북아 사람들은 문명 발생 초기부터 하늘·천·상제를 지향하고 그 가르침에 따르는 삶을 살았다. 『환단고기』나 홍산 문화, 『시』·『서』나 〈갑골문〉 등에는 동북아에서 처음으로 문명을 연 사람들의 하늘을 향한 삶의 흔적이 다양하게 담겨 있다.

환국·배달·조선으로 이어지는 한국 역사와 요·순에 이어 하夏·은殷·주周로 이어지는 중국 역사는 모두 비록 그 호칭은 천, 천신, 상제, 삼신, 삼신상제, 삼신일체상제三神一體上帝 등으로 달랐지만, 같은 존재인 상제를 향한 다양한 의례를 실천하며 받들고 모시는 삶을 살았음을 보여준다. 하늘, 상제는 흔히 인격적 존재로 천지 만물을 주재하고 통치하는 지고신으로 간주되었다.

하늘에 대한 인식은 시간이 흐름에 따라 바뀌었다. 중국 역사에서 은대殷代에 전형적인 인격신 상제는 주대周代를 거치며 천天으로 대체되고, 춘추 시대에 들어서면서 인격신 천을 중심으로 하는 신 중심주의적 사상이 쇠퇴하였다. 특히 서주 말부터는 하늘을 원망하고 비난하는 분위기가 형성되더니, 공자에 의해 인간 중심주의적 사상, 인본주의가 싹트면서 상제·하늘은 서서히 역사의 뒤안길로 밀려나기 시작했다. 그러나 이러한 공자를 비판하며 전국 시대에는 묵자가 나타나 은대의 인격신 상제를 재건하였고, 진·한·당대를 거치면서 황제들이 태산에서 하늘에 제사를 올리고 받들며 천제天祭 전통이 이어졌다.

그러나 송대에 이르러 상황은 급변하였다. 불교와 도교 사상을 수용하여 성리학이 체계화되면서 유교는 일대 변신을 하였는데, 신유교는 인격적 존재로서 만물을 주재하는 지고신으로서의 하늘·상제의 모습을 간직하였던 원시 유교의 모습을 거의 버렸다. 주자학에서는 하늘을 우주의 근원적 원리, 만물의 보편적 법칙을 의미하는 리理로 대체하고, 천즉리天卽理라 하여 하늘을 관념적 추상적인 이치·법칙으로 여김으로써 원시 유교의 특징적인 인격적 초월적 존재인 상제·하늘의 모습을 폐기하였다. 물론 주희가 하늘·천을 그런 맥락에서 말하기도 하였으나 그것은 주자학에서 주변적인 것일 뿐이다.

우리 역사에서도 마찬가지다. 삼성조三聖祖 시대에 삼신상제는 세상 일을 다스리는 통치자로 사람들의 기도에 반응하고 감정을 지닌, 인격적 존재로 여겨졌다. 상제는 삼신의 조화와 삼신에 내재된 자연의 이법을 주관하여 천지만물을 다스리는 우주의 주재자요 통치자 하늘님이다. 상제는 삼신과 하나 되어 천상의 호천금궐에서 온 우주를 다스리는 하늘님이다. 이 하늘님을 동방 조선의 사람들은 아득한 옛날부터 삼신상제, 삼신하느님, 상제라 불렀는데, 이러한 상제를 향한 천제 전통은 수천 년 간 유지되었다. 동방 조선은 상제를 받들어온 인류 제사 문화의 본고향이었다.[741]

---

741 "삼신三神은 곧 일신一神이요 우주의 조화성신造化聖神이니라. 삼신께서 천지만물을 낳으시니라. 이 삼신과 하나 되어 천상의 호천금궐昊天金闕에서 온 우주를 다스리시는 하느님을 동방의 땅에 살아온 조선의 백성들은 아득한 예로부터 삼신상제三神上帝, 삼신하느님, 상제님이라 불러 왔

그러나 이러한 한민족의 상제 문화 전통도 환국, 배달, 조선의 삼성조 시대를 지난 후 열국 시대 이래 크게 변화하였다. 특히 고려 말에 들여온 주자학이 새로운 왕조 조선의 지배 이념으로 채택되면서 사정이 많이 달라졌다. 육경보다 사서를 중시하고 공자보다 주희를 중시하는 조선 사회에서 천은 상제가 아니라 리理로 간주됨으로써 고경에 보이던 상제 모습은 잊혀져갔다. 심지어 천제는 천자국의 전유물이므로 제후국인 조선에서는 거행하면 안 된다는 주장도 강하였다. 그러면서 주자학 지식인들은 사회 변화에 능동적으로 대처하지 못한 채 점차 유교 사상을 교조화 하고 주희를 절대시하는 경향을 낳았다. 이러한 사상적 환경에서는 우주 주재자, 지고의 인격적 존재인 상제가 드러날 수 없었다. 그 결과 주자학 만능주의의 조선에서 상제 문화는 거의 빛을 잃었다.

　　이런 와중에 조선 후기에 이르러 주자학을 비판하며 고경에 관심을 가진 일군의 지식인들이 등장하였다. 그들은 주희 중심의 경전 해석을 반대하고 주자학적 사유 체계에 의문을 제기하며 주자학의 절대성을 무너뜨릴 작은 단초를 마련하였다. 그들은 주자학적 정통이 확립된 시기에 그런 틀을 벗어나 고대 경전, 육경으로 돌아가려는 고학적 학풍을 일으켰다. 이러한 일군의 학자들을 탈주자학 지식인이라 한다면, 그 대표적인 인물은 미수 허목, 백호 윤휴, 그리고 다산 정약용 등이다. 이들은 공통적으로 고경을 중시하고 고경의 핵심인 상제를 재발견하였

나니, 상제는 온 우주의 주재자요 통치자 하느님이니라. 동방의 조선은 본래 신교의 종주국으로 상제님과 천지신명을 함께 받들어 온, 인류 제사 문화의 본고향이니라."(『도전』 1:2~6)

다. 탈성리학적 지식인들의 주요 담론은 상제, 천, 하늘이었다. 그들은 나아가 리를 중심으로 하는 관념적 철학적 논쟁보다 상제에 관심을 두었고, 당시 사회질서 개혁에 큰 관심을 가졌다. 특히 다산 정약용이 그 전형이다.

경주 용담정 아래에 세워진 수운 동상.

1933년에 고희동 화백이 그린 수운 최제우(1824~1864) 초상화. (출처: 동학혁명 기념관 소장)

상제 문화 빅 히스토리의 맥락에서 보면 상제를 보는 시각과 그 성격, 나아가 왜 상제를 말하는지는 사람들에 따라 의견이 분분하다. 다산도 상제의 불가피성을 주장하였지만 그의 경우 당시 병든 사회를 바로잡고 개혁하려는 맥락에서 상제에 주목하는 경향이 있다. 그는 상제를 대중의 곁으로 또 대중을 상제의 곁으로 이끌지는 못했다. 다산의 상제 사상은 매우 실천적 성격을 지향하지만 종교 공동체 형성으로까지 발전하지 않았다. 이는 그가 상제를 재발견하고 상제로 돌아가라고 한 것이 사람들로 하여금 상제를 신앙하게 하려는 목적이 아니었음을 말한다. 그에게 상제는 도덕적 행위의 감시자로 기능하여 인간의 의식과 행위를 변화시켜 궁극적으로는 조선을 총체적으로 개혁하기 위한 키워드였다. 그러므로 다산에게 상제는 종교적이라기보다는 정치적 사회적 필요성에 의한 소환이었다.

필자의 상제 이야기는 여기서 끝난다. 그러나 우리 역사에서 상제 담론은 여기서 끝나지 않는다. 조선 후기 상제 문화 빅 히스토리, 그 사상적 메시지는 '상제로 돌아가라'는 다산의 가르침 이후 획기적으로 바뀐다. 바로 도道를 중심으로 하는 공동체가 형성되고 천·상제를 신앙하는 대중적 삶이 열리기 시작했기 때문이다. 19세기 후반 '너는 상제를 알지 못하느냐', '나는 옥황상제니라'는 선언으로 수운水雲 최제우崔濟愚(1824~1864)가 창도한 동학東學과 증산甑山 강일순姜一淳(1871~1909)의 증산도甑山道가 바로 그것이다.

이들의 가르침은 지금 이 시대에도 한국 정신 문화, 한국 도道 판의 중심을 이루고 있다. 그러므로 상제 이야기는 아직 끝나지 않았다. 그것은 지금도, 그리고 미래에로 이어질 담론이다. 동북아 문명의 정신 문화사, 상제 문화사에서 새 시대를 연 이들에 대한 연구는 차후 주제로 삼는다.

참고문헌 (2)

1. 원전류

『(미수眉叟)기언記言』

『간재선생문집 艮齋先生文集』

『고봉전서高峯全書』

『구당서舊唐書』

『근사록近思錄』

『논어論語』

『논어집주論語集註』

『대당개원례大唐開元禮』

『독서후讀書後』

『맹자집주孟子集註』

『백호선생문집白湖先生文集』

『백호전서白湖全書』

『사기史記』

『삼국사기三國史記』

『삼재도회三才圖會』

『서경書經』

『서경집전書經集傳』

『설문해자說文解字』

『성리대전性理大全』

『성호선생전집星湖先生全集』

『송사宋史』

『송자대전宋子大全』

『숙종실록』

『시경詩經』

『시경집전詩經集傳』

『신당서新唐書』

『심경부주心經附註』

『여유당전서與猶堂全書』

『의례儀禮』

『이자수어李子粹語』

『장자莊子』

『정조실록』

『주례周禮』

『주역周易』

『주자대전朱子大全』

『주자어류朱子語類』

『증산도甑山道 도전道典』

『춘추좌전春秋左傳』

『퇴계선생문집退溪先生文集』   『현종개수실록』

『퇴계선생속집退溪先生續集』   『현종실록』

『한서漢書』

2. 단행본 및 논문류

강경현, 2017a, 「천명天命에 대한 조선 유학의 주목과 퇴계 해석의 철학사적 의의」, 영남퇴계학연구원, 『퇴계학논집』 20호.

강경현, 2017b, 「퇴계 이황의 리理에 대한 해석의 갈래-"리동理動·리발理發·리도理到" 이해를 중심으로-」, 한림대학교 태동고전연구소, 『태동고전연구』 제39집.

강경현, 2018, 「퇴계 이황의 수양론-"천명天命"을 중심으로-」, 한국국학진흥원, 『안동학』 17집.

강현, 2010, 「주자학에서 태극에 관한 소고」, 원광대 종교문제연구소, 『한국종교』 34집.

고려대 민족문화연구원 한국사상연구소, 2009, 『역주와 해설 성학십도』, 예문서원.

구만옥, 2004a, 『조선후기 과학사상사 연구』 I, 혜안.

금곡치金谷治 외 지음, 조성을 옮김, 1988, 『중국사상사』, 이론과실천.

금장태, 1998, 「백호 윤휴의 성리설과 경학」, 서울대학교 인문학연구원, 『인문논총』 제39집.

금장태, 2000a, 「다산 수양론의 과제와 방법」, 한국종교학연구회, 『종교학연구』 19권.

금장태, 2000b, 『유교의 사상과 의례』, 예문서원.

금장태, 2001a, 『다산 실학 탐구』, 소학사.

금장태, 2003a, 「다산의 사천학과 서학 수용」, 서울대학교 철학사상연구소, 『철학사상』 16.

금장태, 2005a, 『실천적 이론가 정약용』, 이끌리오.

금장태, 2007, 『조선 유학의 주역 사상』, 예문서원.

금장태, 2009, 『귀신과 제사-유교의 종교적 세계』, 제이앤씨.

금장태, 2012, 『퇴계 평전-인간의 길을 밝혀준 스승-』, 지식과 교양.

금장태·한종만·손봉호, 1986, 「다산의 천 개념과 천인 관계론」, 한국철학회, 『철학』 제25집.

김기현, 2019, 「신유학의 형이상학 전환-이체기용理體氣用에서 이승기기理乘氣機에로-」, 동양철학연구회, 『동양철학연구』 제97집.

김동민, 2004, 「동중서 춘추학의 천인감응론에 대한 고찰-상서재이설祥瑞災異說을 중심으로-」, 동양철학연구회, 『동양철학연구』 제36집.

김동민, 2006, 「공양학과 곡량학의 대립을 통해 본 한대 춘추학의 성격」, 한국철학사연구회, 『한국철학논집』 제18집.

김동민, 2014, 『춘추 논쟁』, 글항아리.

김상래, 2017, 「동중서의 천인합일설과 그 윤리적 함의」, 사단법인 퇴계학 부산연구원, 『퇴계학논총』 제30집.

김상현, 2018, 「이황은 왜 '리자도理自到'를 말했는가?-주희 격물론의 수용과 변용-」, 영남퇴계학연구원, 『퇴계학논집』 23호.

김석진, 2001, 『대산 주역 강의』 2, 한길사.

김선희, 2008, 「중세 기독교적 세계관의 유교적 변용에 관한 연구」, 이화여자대학교 대학원 박사학위 논문.

김선희, 2012a, 「라이프니츠의 신, 정약용의 상제」, 서울대학교 철학사상연구소, 『철학사상』 제46호.

김선희, 2012b, 『마테오리치, 주희, 그리고 정약용-천주실의와 동아시아 유학의 지평-』, 심산.

김성윤, 2001, 「다산 정약용의 홍범설 연구」, 역사학회, 『역사학보』 170.

김승혜, 2002, 『유교의 뿌리를 찾아서』, 지식의 풍경.

김영우, 2002, 「다산의 복서역卜筮易 연구」, 한국실학학회, 『한국실학연구』 4.

김영일, 2003, 『정약용의 상제사상』, 경인문화사.

김영주, 2006, 「다산 정약용의 상제천관에 관한 연구」, 동국대학교 대학원 박사학위 논문.

김용천·최현화 역주, 2007, 『천지서상지-당 제국의 국가제사와 의례-』, 예문서원.

김우형·이창일 지음, 2006, 『새로운 유학을 꿈꾸다』, 살림.

김원중 옮김, 맹자 지음, 2021, 『맹자』, 휴머니스트.

김유곤, 2013, 「『중용』과 『대학』 해석에 나타난 윤휴의 사천지학事天之學의 구조와 성격」, 동양철학연구회, 『동양철학연구』 제76집.

김인규, 2017, 「백호 윤휴의 『주례』 이해와 정치관-「독주례讀周禮」와 「만필漫筆」을 중심으로-」, 한서대학교 동양고전연구소, 『동방학』 제37집.

김일권, 2007, 『동양 천문사상, 인간의 역사』, 예문서원.

김정식, 2015, 「당 현종조 국가의례서의 편찬과 그 특징」, 한서대학교 동양고전연구소, 『동방학』 제33집.

김지숙, 2003, 「당 고종기 남교사南郊祀 주신主神의 변화와 정치」, 위진수당사학회, 『위진수당사연구』 제10집.

김지숙, 2004, 「당대 남교사의 황제 친사와 그 정치적 효과」, 중국고중세사학회, 『중국고중세사연구』 제12집.

김충열, 1998, 『한국 유학사』 1, 예문서원.

김태식, 2008, 「당 태종~고종대의 봉선 정국과 신라 진덕왕의 '태평송'」, 신라사학회, 『신라사학보』 13.

김태영, 2011, 「『경세유표』에 드러난 다산 경세론의 역사적 성격」, 퇴계학연구원, 『퇴계학보』 제129집.

김한신, 2004, 「당대의 교사郊祀 제도-제도의 확립과 쇠퇴를 중심으로-」, 중국고중세사학회, 『중국고대사연구』 제11집.

김형찬, 2007, 「내성외왕內聖外王을 향한 두 가지 길-퇴계 철학에서의 리와 상제를 중심으로-」, 고려대학교 철학연구소, 『철학연구』 제34집.

김형찬, 2009a, 「경외에서 감응으로-허미수의 퇴계학 계승에 관한 고찰-」, 한국철학회, 『철학』 제98집.

김형찬, 2010a, 「조선 유학의 리 개념에 나타난 종교적 성격 연구-퇴계의 리발에서 다산의 상제까지-」, 고려대학교 철학연구소, 『철학연구』 제39집.

김형찬, 2012, 「근기 실학의 학문 연원과 퇴계학의 학문 정신-이익과 정약용의 퇴계학 계승을 중심으로-」, 한국국학진흥원, 『국학연구』 제21집.

김형효, 2001, 「오늘날의 주자학 읽기」, 려정덕黎靖德 편, 이주행 외 역, 2001, 『주자어류』 1~13권, 소나무.

남기현 해역解譯, 동중서 저, 2005, 『춘추번로』, 자유문고.

다산연구회 역주, 1993, 『역주 목민심서』 IV, 창작과비평사.

다산학술문화재단, 2013, 『(정본) 여유당전서』 1~13, 사암.

레이 황 지음, 권중달 옮김, 2001, 『허드슨 강변에서 중국사를 이야기하다』, 푸른 역사.

문석윤, 2001, 「퇴계에서 리발理發과 리동理動, 리도理到의 의미에 대하여-리理의 능동성 문제-」, 퇴계학연구원, 『퇴계학보』 제110집.

민족문화추진회 편, 정약용 저, 1982, 『국역 다산시문집』 I~X.

민족문화추진회, 1982, 『국역 미수기언』 1~5.

박광철, 2019, 「다산 상제관의 경세론적 해석」, 한국유교학회, 『유교사상문화연구』 제76집.

박석무·정해렴 편역주, 정약용 저, 2002, 『다산 시 정선』 상·하, 현대실학사

박종천, 2013, 「『춘추고징』 해제」, 다산학술문화재단, 『춘추고징』(정본 여유당전서 14), 사암.

박한제 외 지음, 2012, 『아틀라스 중국사』, 사계절.

박헌순 역주, 2010, 『논어집주』 1~2, 한길사.

박홍기, 2008, 『다산 정약용과 아담 스미스』, 백산서당.

방인, 2020, 『다산 정약용의 『역학서언』, 『주역』의 해석사를 다시 쓰다』, 예문
　　서원.

백민정, 2007a, 『정약용의 철학』, 이학사.

백민정, 2010, 「정조의 사대부 인식과 정치철학적 입장 연구」, 한국실학학회,
　　『한국실학연구』 20.

백민정, 2022, 「상제上帝와 심心 개념으로 비교한 정약용과 최제우의 사유」,
　　한국고전번역원, 『민족문화』 제61집.

선우미정, 2019, 「경설經說을 통해 본 미수 허목의 예악론」, 동양철학연구회,
　　『동양철학연구』 제99집.

성백효 역주, 2001, 『논어집주』, 전통문화연구회.

성백효 역주, 2002a, 『맹자집주』, 전통문화연구회.

성백효 역주, 2002b, 『역주 심경부주』, 전통문화연구회.

소여蘇輿 지음, 허호구·윤재환·정동화 옮김, 2016, 『역주 춘추번로의증春秋繁
　　露義證』, 소명출판.

소현성, 2017, 「주자의 『태극해의太極解義』 일고-그 세계관을 중심으로-」, 충남
　　대학교 유학연구소, 『유학연구』 제39집.

손영식, 2008, 『성리학의 형이상학 도론』, 울산대학교 출판부.

신정근, 2004, 『동중서: 중화주의의 개막』, 태학사.

신정근 옮김, 동중서 저, 2006, 『동중서의 춘추번로. 춘추-역사 해석학』, 태학사.

신정근, 2004b, 『사람다움의 발견』, 이학사.

안동림 역주, 2010, 『장자』, 현암사.

안병걸, 1995, 「백호 윤휴의 경학과 사회정치관」, 성균관대학교 대동문화연구
　　원, 『제5회 동양학 국제학술회의 논문집』.

안승석, 2015, 「동중서 정치사상에 관한 연구」, 대구한의대학교 대학원 박사학위 논문.

안유경, 2020, 「조선 중·후기 종교적 천관天觀의 전개 양상: 퇴계, 다산, 수운, 증산을 중심으로」, 대진대학교 대순사상학술원, 『대순사상논총』 제36집.

안재호, 2011, 「퇴계 "리발"설 재론-'리의 능동성' 의심과 부정에 대한 반성-」, 한국유교학회, 『유교사상문화연구』 제45집.

양명수, 2015, 「퇴계 사상에서 리의 능동성 의미」, 퇴계학연구원, 『퇴계학보』 제138집.

양명수, 2016, 『퇴계 사상의 신학적 이해』, 이화여자대학교 출판부.

양재학, 2020, 『단군왕검의 국가통치법, 홍범사상』, 상생출판.

엄연석, 2016, 「퇴계의 중층적 천관天觀으로 보는 경敬의 주재성」, 영남퇴계학연구원, 『퇴계학논집』 19호.

오규근 외 역, 윤휴 저, 1997, 『국역 백호전서』 I~XII, 민족문화추진회.

오오하마 아끼라 지음, 임헌규 옮김, 1997, 『주자의 철학』, 인간사랑.

오종일, 2000, 「다산의 대학 중용관」, 한국한문교육학회, 『한문교육연구』 제14호.

오현중 옮김, 장자 지음, 2021, 『장자』 잡편, 홍익출판사.

유계 저, 세종대왕기념사업회 고전국역편집위원회 역, 1998, 『국역 여사제강』 1~4, 세종대왕기념사업회.

유교문화연구소 옮김, 2006, 『논어』, 성균관대학교 출판부.

유권종, 1990, 「다산의 천관」, 윤사순 편, 1990, 『정약용』, 고려대학교 출판부.

유영희, 2000, 「탈성리학의 변주-미수 허목과 백호 윤휴를 중심으로-」, 고려대학교 민족문화연구원, 『민족문화연구』 제33호.

윤사순 편, 1990, 『정약용』, 고려대학교 출판부.

윤용남 외 역주, 2018, 『완역 성리대전』 1-태극도·통서·서명-, 학고방.

이강수·이권 옮김, 장자 지음, 2019, 『장자』 잡편, 길.

이경원, 1998, 「한국 근대 천 사상 연구-인격천관을 중심으로-」, 성균관대학교 대학원 박사학위 논문.

이경원, 2010, 『한국의 종교사상』, 도서출판 문사철.

이광호, 1996, 「이퇴계 철학이 정다산의 경학사상 형성에 미친 영향에 관한 고찰」, 퇴계학연구원, 『퇴계학보』 제90집.

이광호, 2003, 「상제관을 중심으로 본 유교와 기독교의 만남」, 한국유교학회, 『유교사상문화연구』 제19집.

이대근, 2003, 「조선 후기 근기 남인의 서학 수용에 관한 연구-천주관을 중심으로-」, 성균관대학교 대학원 박사학위 논문.

이동환, 2005, 「다산사상에서의 '상제' 도입의 경로에 대한 서설적 고찰」, 예문동양사상연구원·박홍식 편저, 2005, 『다산 정약용』, 예문서원.

이동희, 2004, 「화이트헤드의 형이상학적 신관에서 본 퇴계의 독특한 리 관념, '존리설尊理說'」, 퇴계학연구원, 『퇴계학보』 제116집.

이동희, 2013, 『주자학 신연구』, 도서출판 사철.

이범학 역주, 주자·여조겸 편, 2017, 『근사록』, 서울대학교 출판부.

이상아 외 엮음, 2015, 『국역 의례』 상례 편, 한국인문고전연구소.

이상은, 1999, 『퇴계의 생애와 학문』, 예문서원.

이상은, 2002, 「사칠논변과 대설·인설의 의의」, 예문동양사상연구원·윤사순 편저, 『퇴계 이황』, 예문서원.

이선아, 2001, 『윤휴의 정치사상 연구』, 전북대학교 대학원 박사학위 논문.

이성무, 2000, 『조선시대 당쟁사』 1, 동방미디어.

이세원, 2016, 「『춘추번로』에 나타난 '천' 사상 연구」, 경기대학교 예술대학원 석사학위 논문.

이연승, 2007, 「동중서-음양의 조절론자」, 성균관대학교 대동문화연구원, 『대동문화연구』 제58집.

이우성, 1982, 「(미수기언) 해제」, 재단법인 민족문화추진회, 1882, 『국역 미수기언』 1.

이원택, 2000, 「기해 복제 논쟁과 그 이념적 지향」, 한국정치학회, 『한국정치학회보』 34집 4호.

이재석, 2017, 『주희, 만세의 종사가 되다』, 상생출판.

이종우, 2005, 「퇴계 이황의 리와 상제의 관계에 대한 연구」, 한국철학회, 『철학』 제82집.

이한우 옮김, 진덕수·정민정 지음, 2015, 『심경부주』, 해냄.

이해영, 1991, 「정약용의 중용 해석에 관한 연구」 1, 안동대학교 퇴계학 연구소, 『퇴계학』 제3집.

임부연, 2004, 「정약용의 수양론 연구」, 서울대학교 대학원 박사학위 논문.

임부연, 2018, 「정약용이 발견한 '천명天命'과 '교제交際'」, 다산학술문화재단, 『다산학』 32호.

임헌규, 2018a, 「논어의 공자 천 개념에 대한 일 고찰-고·신주古·新注와 대비한 다산 정약용의 주석의 특징-」, 동양고전학회, 『동양고전연구』 제74호.

임헌규, 2020, 『주자의 사서학과 다산 정약용의 비판』, 파라아카데미.

장수, 2011, 「주희 리기 개념의 체험주의적 해석」, 동양철학연구회, 『동양철학연구』 제68집.

장윤수, 2012, 「퇴계 철학에 있어서 리의 능동성 이론과 그 연원」, 경북대학교 퇴계연구소, 『퇴계학과 유교문화』 제51호.

저우스펀 지음, 김영수 옮김, 2006, 『사진과 그림으로 보는 중국사 강의』, 돌베개.

전병욱, 2012, 「주자와 다산의 미발설과 수양론적 특징」, 고려대학교 철학연구소, 『철학연구』 제46집.

전성건, 2017, 「다산의 『춘추』 의례와 『춘추고징』의 위상」, 고려대학교 민족문화연구원, 『민족문화연구』 제77호.

전형일, 2014, 「동중서의 음양론 연구」, 원광대학교 대학원 박사학위 논문.

정경주, 2000, 「미수 허목의 학문관과 육경학의 의미」, 문창어문학회, 『문창어문논집』 제37집.

정병섭 역, 진호 편, 2015, 『역주 예기집설대전』 교특생 2, 학고방.

정상봉, 2012, 「주자 형이상학의 심층 구조-태극에 대한 이해-」, 한국철학사연구회, 『한국철학논집』 제33집.

정상봉, 2013, 「퇴계의 주자 철학에 대한 이해와 그 특색-리의 동정·발發·도到를 중심으로-」, 한국철학사연구회, 『한국철학논집』 제37집.

정순종, 2021, 「조선 유학에 계승된 단군 신화의 '하늘 관념'과 '신선 사상' 탐색-천명도를 중심으로 본 한국 철학의 정체성-」, 단국대학교 동양학연구원, 『동양학』 제82집.

정약용 저, 이광호 외 역, 2016, 『대학공의·대학강의·소학지언·심경밀험』, 사암.

정일균, 2009, 「조선후기 유교 사상계의 동향: 주자학과 그 대항 담론」, 연세대학교 강진다산실학연구원, 『다산과 현대』 제2호.

정일균, 2018, 「다산 정약용의 '천天' 개념에 대한 재고찰」, 다산학술문화재단, 『다산학』 32호.

정일동, 2008, 「『춘추번로』에서의 천인상관론」, 중국사학회, 『중국사연구』 제54권.

정한균, 1999, 「동중서 재이설의 신앙적 형태 연구」, 한국종교사학회, 『한국종교사연구』 제7집.

정한균, 2003, 『동중서 천학』, 법인문화사.

정해왕, 2013, 「동중서의 천인감응설과 그 정치성」, 영산대학교 동양문화연구원, 『동양문화연구』 제16집.

정호·정이 저, 최석기·강도현 역, 2020, 『역주 이정전서』 2, 전통문화연구회.

정호·정이 저, 최석기·강도현 역, 2021, 『역주 이정전서』 3, 전통문화연구회.

조성산, 2014a, 「16~17세기 북인 학풍의 변화와 사천학으로의 전환」, 조선시대사학회, 『조선시대사학보』 71.

조성을, 2016, 『연보로 보는 다산 정약용』, 지식산업사.

조성환, 2013, 「천학天學에서 천교教로-퇴계에서 동학으로, 천관天觀의 전환-」, 서강대학교 대학원 박사학위 논문.

조성환, 2022, 『키워드로 읽는 한국철학』, 도서출판 모시는 사람들.

조원일, 2020, 『고대 중국의 천인관계론』, 전남대학교 출판문화원.

주자대전 번역연구단 옮김, 주희 지음, 2010, 『주자대전』 1~13, 전남대학교 철학연구교육센터·대구한의대학교 국제문화연구소.

주자사상연구회 역, 2011, 『주자봉사朱子封事』, 혜안.

진영첩 지음, 표정훈 옮김, 2001, 『진영첩의 주자 강의』, 푸른역사.

차남희, 2006a, 「천天 개념의 변화와 17세기 주자학적 질서의 균열-허목과 윤휴의 천天 개념을 중심으로-」, 한국사회사학회, 『사회와 역사』 70권.

차성환, 2002, 『글로벌 시대 정약용 세계관의 가능성과 한계』, 집문당.

채미하, 2017, 「666년 고구려의 당 봉선 의례 참여와 그 의미」, 동북아역사재단, 『동북아역사논총』 56호.

최문형, 2002, 『동양에도 신은 있는가』, 백산서당.

최봉근, 2003, 「퇴계 철학에서 리理의 생명성에 관한 연구-우주 자연의 전일적 생명성을 중심으로-」, 동양철학연구회, 『동양철학연구』 제35집.

최석기, 2000, 「근기 실학자들의 경세적 경학과 그 의미-조선 중기 이후 경학관의 전개 양상과 근기 남인계의 경학적 특징-」, 성균관대학교 대동문화연구원, 『대동문화연구』 제37집.

최석기, 2003, 「17~18세기 학술 동향과 성호 이익의 경학」, 경상대학교 남명학연구소, 『남명학 연구』 16권.

최영진, 1981, 「퇴계에 있어서 리의 능동성에 관한 논리적 접근」, 유정동 박사 회갑기념논총 간행위원회, 1981, 『현담 유정동 박사 화갑기념논총』.

최재목, 2007, 『쉽게 읽는 퇴계의 성학십도』, 예문서원.

퇴계 이황 지음, 성호 이익 순암 안정복 역음, 이광호 옮김, 2010, 『이자수어李子粹語』, 예문서원.

하워드 J. 웨슬리 지음, 임대희 옮김, 2005, 『비단같고 주옥같은 정치-의례와 상징으로 본 당대 정치사-』, 고즈윈.

한국정신문화연구원, 1996, 『한국민족문화대백과사전』 18.

한국종교연구회, 1998, 『한국 종교문화사 강의』, 청년사.

한국철학사상연구회, 2007, 『한국 철학 스케치』 1, 풀빛.

한동석, 2001, 『우주 변화의 원리』, 대원출판.

한영우, 1985, 「허목의 고학과 역사 인식-동사東事를 중심으로-」, 일지사, 『한국학보』 제40권 제3호.

한형조 독해, 퇴계 이황 편집, 2018, 『성학십도, 자기 구원의 가이드 맵』, 한국학중앙연구원 출판부.

한형조, 2002, 『주희에서 정약용으로-조선 유학의 철학적 패러다임 연구-』, 세계사.

한형조, 2004a, 「리뷰: 하버드에서의 다산학 국제학술대회」, 다산학술문화재단, 『다산학』 5호.

한형조, 2008a, 『왜 조선유학인가』, 문학동네.

함규진, 2015, 『정약용, 조선의 르네상스를 꿈꾸다』, 한길사.

허경진 옮김, 2007, 『다산 정약용 시선』, 평민사.

홍승현, 2021, 「중국 고대 재이설의 기원과 성립」, 고려대학교 역사연구소, 『사총』 102.

황상희, 2015, 「퇴계의 천관을 중심으로 한 성리설 연구」, 성균관대학교 대학원 박사학위 논문.

[읽어볼 자료]

가타오카 류, 2017, 「공시적 관점에서 본 이퇴계의 '리발理發'·'리동理動'·'리도理到'」, 영남퇴계학연구원, 『퇴계학논집』 21호.

강경현, 2012, 「퇴계 이황의 「천명도天命圖」에 대한 분석-천명권을 중심으로-」, 퇴계학연구원, 『퇴계학보』 제131집.

강경현, 2015, 「퇴계 이황의 '리발理發'과 '리자도理自到'에 대한 연속적 이해」, 서강대학교 철학연구소, 『철학논집』 제40집.

강경현, 2022, 『퇴계 이황의 리理 철학-지선至善 실현과 자기완성-』, 혜안.

강경훈, 2015, 「천 관념의 내용과 변천-유학의 역사 속에서 하늘을 증명하기-」, 성균관대학교 대학원 석사학위 논문.

강병수, 2007, 「조선 후기 성호학파의 단군조선 인식-『성호사설』·『동사강목』 기사를 중심으로-」, 국제뇌교육종합대학원 국학연구원, 『선도문화』 제2권.

강봉수, 2015, 「묵자의 유가 비판에 관한 논고」, 제주대학교 교육과학연구소, 『교육과학연구』 제17권 제1호.

강요섭, 1996, 「공자의 천관에 관한 연구-주재성과 내재성을 중심으로-」, 수원 가톨릭대학교 대학원 석사학위 논문.

강희복, 2009, 「퇴계사상의 종교적 성격과 언어의 문제」, 국제언어인문학회, 『인문언어』 제11권 2호.

경석현, 2018, 「조선 후기 재이론災異論의 변화-이론 체계와 정치적 기능을 중심으로-」, 경희대학교 대학원 박사학위 논문.

고남식, 1999, 「선천 천관天觀과 상제의 초월성-상제의 신도神道, 삼계대권三界大權과 관련하여-」, 대진대학교 대순사상학술원, 『대순사상논총』 제8집.

고남식, 2000, 「상제上帝 초월성에 대한 외경심의 양상」, 대진대학교 대순사상학술원, 『대순사상논총』 제10집.

고승환, 2019, 「정약용의 철학에서 인간사에 개입하는 '상제' 분석-개인 윤리와 정치 영역과 관련해서-」, 동양철학연구회, 『동양철학연구』 제98집.

고승환, 2020, 「정약용의 상제론(神論) 연구에 대한 이율배반 검토-상제에 이르는 두 가지 길-」, 한국종교학회, 『종교연구』 제80집 3호,

고영진, 1994, 「17세기 후반 근기 남인학자의 사상-윤휴·허적·허목을 중심으로-」, 한국역사연구회, 『역사와 현실』 13.

고재석, 2002, 「공자의 천관에 관한 연구」, 성균관대학교 대학원 석사학위 논문.

고재욱, 2011, 「하은주夏殷周 시기의 사회사상 연구」, 한국중국학회, 『중국학보』 제64집.

고효순, 2018, 「『논어』의 '명命'에 대한 주요 주석 검토」, 한국사상문화학회, 『한국사상과문화』 제92집.

공봉진, 2009, 「고대 중국의 "화하족"과 "동이족" 기억 만들기」, 국민대학교 사회과학연구소, 『사회과학연구』 제22집 1호.

공영립, 1978, 「공자 천 사상의 종교성에 관한 문제」, 한국중국학회, 『중국학보』 제19집.

구만옥. 2004b, 「조선전기 주자학적 자연관의 형성과 전개-이법천관의 자연학적 의미를 중심으로-」, 한국사상사학회, 『한국사상사학』 제23집.

궈팡郭方 편저, 김영경 옮김, 2012, 『역사가 기억하는 인류의 문명』, 꾸벅.

권영화, 2018, 「천인합일에서 천과 인간의 관계 지향성 연구-도덕으로서의 리理의 조건에 관한 고찰-」, 한국동서철학회, 『동서철학연구』 제89호.

권진호, 2000, 「미수 허목의 상고정신과 산문세계」, 성균관대학교 대학원 박사학위 논문.

금장태, 1990, 「퇴계의 천 개념과 천인관계론」, 동아대학교 석당전통문화원, 『석당논총』 16집.

금장태, 1995, 「유교의 천·상제관」, 한국사목연구소, 1995, 『신관의 토착화』, 한국 천주교 중앙협의회.

금장태, 2000c, 「다산 경학의 탈주자학적 세계관」, 다산학술문화재단, 『다산학』 창간호.

금장태, 2001b, 『퇴계의 삶과 철학』, 서울대학교 출판부.

금장태, 2003b, 『조선 후기 유교와 서학-교류와 갈등-』, 서울대학교 출판부.

금장태, 2005b, 「다산의 논어 해석에서 천명과 인격의 실현」, 서울대학교 종교문제연구소, 『종교와 문화』 제11호.

금장태, 2006, 「『주역사전周易四箋』과 정약용의 역易 해석 방법」, 서울대학교 동아문화연구소, 『동아문화』 제44집.

김경일, 2013, 『갑골문·청동문·죽간으로 밝혀낸 유교 탄생의 비밀』, 바다출판사.

김경탁, 1992, 「하느님 관념 발달사」, 고려대학교 민족문화연구소 편, 『한국문화사대계』 X-종교철학사(상), 고려대학교 민족문화연구소 출판부.

김근숙, 2019, 「다산 상제관의 유교적 영성 연구」, 성균관대학교 대학원 석사학위 논문.

김기현, 2007, 「퇴계의 경敬 사상: 외경畏敬의 삶의 정신」, 퇴계학연구원, 『퇴계학보』 제122집.

김길환 외 역, 1979, 『국역 동사』, 박영사.

김남기, 2017, 『정약용 선생의 선물』, 저녁바람.

김능근, 1988, 『유교의 천 사상』, 숭실대학교 출판부.

김동민, 2017, 「춘추사전속전春秋四傳續傳의 탈성리학적 『춘추』 이해」, 한국철학사연구회, 『한국철학논집』 제52집.

김만일, 2006, 「조선 17~18세기 상서尙書 해석의 새로운 경향-윤휴, 박세당, 이익을 중심으로-」, 고려대학교 대학원 박사학위 논문.

김명하, 1995, 「중국 선진4가의 정치사상에 관한 연구-천 사상의 전개 과정을 중심으로-」, 경북대학교 대학원 박사학위 논문.

김문식 외, 2011, 『왕실의 천지 제사』, 돌베개.

김문식, 2004, 「조선후기 경학관의 변화」, 조선시대사학회, 『조선시대사학보』 29.

김미소, 2016, 「주자의 주재主宰는 거대한 지향인가, 자의적인 실력 행사인가」, 고려대학교 철학연구소, 『철학연구』 제53집.

김민정, 2002, 「정약용에서의 천과 실천적 인간의 문제」, 이화여자대학교 대학원 석사학위 논문.

김병현, 2005, 「미수 허목의 학문관과 성리설 연구를 위한 시론」, 한국철학사연구회, 『한국철학논집』 제17집.

김봉건, 1991, 「동중서 천인감응사상의 연구」, 동아대학교 대학원 박사학위 논문.

김산해, 2022, 최초의 여신 인안나, (주)휴머니스트출판그룹.

김상범, 2019, 『당송시대의 신앙과 사회』, 신서원.

김상일, 1975, 「정다산의 인격신관에 대한 연원적 고찰」, 대한기독교서회, 『기독교사상』 19(7).

김상태, 2014, 「려말선초 제천례의 의례적 분석-명대와의 비교를 중심으로-」, 한국 역사민속학회, 『역사민속학』 제45호.

김상현, 2013, 「이황 철학의 리 이론에 대한 비판적 연구-리발·리동·리도설을 중심으로-」, 경북대학교 대학원 박사학위 논문.

김석근, 2022, 「'천주'와 '상제'-다산 정약용에서의 천주교와 유교 그리고 정치적 사유」, 원광대학교 원불교사상연구원, 『원불교사상과 종교문화』 제94집.

김선민, 2009, 「『예기』 예운 편에 나타난 예와 천의 관계」, 중국고중세사학회, 『중국고중세연구』 제21집.

김선희, 2009, 「천학의 지평과 지향」, 한국철학사상연구회, 『시대와 철학』 제20권 4호.

김선희, 2010, 「천天, 상제上帝, 리理: 조선 유학과 『천주실의』」, 한국실학학회, 『한국실학연구』 20.

김성기, 2015, 「동아시아 문명의 기원에 있어서 동이 문화의 지위」, 성균관대학교 유교문화연구소, 『유교사상문화연구』 제60집.

김성기, 2021, 「한민족의 기원과 형성 과정에 대한 재인식」, 동양철학연구회, 『동양철학연구』 제105집.

김성실, 2015, 「신유학 개념은 타당한가?-신유학 개념의 비판적 분석을 통한 유학의 '새로움'에 대한 고찰-」, 조선대학교 인문학연구소, 『인문학연구』 제

49집.

김성실, 2017a, 「유가의 이단 논의는 배척의 논리인가?-유가의 이단 논의에 대한 일 고찰-」, 경북대학교 영남문화 연구원, 『영남학』 61권.

김성실, 2017b, 「퇴계 인성론의 토대로서 리발理發에 관한 일고찰」, 영남퇴계학 연구원, 『퇴계학논집』 21호.

김성재, 2011, 「전래문헌에 나타난 주대周代의 천명天命」, 단국대학교 대학원 박사학위 논문.

김성재, 2020, 「선진시대 중국 첨명사상의 변화」(Ⅰ), 고조선단군학회, 『고조선단군학』 제43호.

김성희, 2012, 「『논어』에 나타난 하늘[天] 개념과 공자의 종교성」, 동양철학연구회, 『동양철학연구』 제69집.

김세종, 2018, 「지식사회화의 단면 고찰-묵자 사상의 자각과 반성을 중심으로-」, 동양철학연구회, 『동양철학연구』 제96집.

김승혜, 1995, 「한국인의 하느님 개념-개념 정의와 삼교 교섭의 관점에서-」, 서강대학교 비교사상연구원, 『종교신학연구』 8(1).

김아네스, 2019, 『고려의 국가 제사와 왕실 의례』, 경인문화사.

김연주, 2011, 「선진 시기 산동성 지역 '동이東夷'에 관한 연구」, 이화여자대학교 대학원 박사학위 논문.

김영식, 1994, 「이황의 리기관理氣觀과 신유학 전통상에서의 그 위치」, 퇴계학 연구원, 『퇴계학보』 제81집.

김영일, 2000, 「다산의 상제사상 연구-그의 『중용』 해석을 중심으로-」, 건국대학교 대학원 박사학위 논문.

김영주, 2011, 「공자와 노자의 천·귀신·도 개념과 그 사회사상적 의미」, 동양사회사상학회, 『사회사상과 문화』 제24집.

김영호, 2017, 「『시경』의 천天 속성과 시편詩篇의 신神 속성 비교 연구-종교철학적 관점으로-」, 원광대학교 원불교사상연구원, 『원불교사상과 종교문화』 제71집.

김용천 역주, 2013, 『의례 역주』 6(상복), 세창출판사.

김용희, 2022, 「정신역동이론을 통해 본 공자사상 연구-『논어』의 천天과 예禮를 중심으로-」, 성균관대학교 대학원 박사학위 논문.

김인술, 2015, 「한민족 제천 의례와 국조사전國朝祀典의 통시적 연구」, 원광대학교 대학원 박사학위 논문.

김일권, 2003, 「진한대의 교사제도와 국가 제천의례 변천 과정」, 중국사학회, 『중국사연구』 제24집.

김일권, 2004, 「한 무제의 태일 제천과 황로 우주론」, 중국사학회, 『중국사연구』 제32집.

김재진, 2005, 「퇴계와 다산의 천 사상 연구-한국 신학을 위하여-」, 이화여자대학교 대학원 석사학위 논문.

김재홍, 2011, 「주역의 종교성에 관한 소고」, 동양철학연구회, 『동양철학연구』 제65집.

김정설, 2009, 『풍류정신』, 영남대학교 출판부.

김정식, 2005, 「당 현종조 『예기』 「월령」의 개정과 그 성격」, 동양사학회, 『동양사학연구』 제93집.

김종현, 2001, 「갑골문에 나타난 상대의 제사 형태 연구」, 중앙대학교 대학원 석사학위 논문.

김준석, 2003, 『조선후기 정치사상사 연구』, 지식산업사.

김중섭 외 옮김, 2015, 『다산의 사서학』, 너머북스.

김지현, 2005, 「일자와 천제: 태일의 심볼리즘」, 한국종교문화연구소, 『종교문화비평』 7.

김철웅, 2002, 「고려 국가제사의 체제와 그 특징」, 한국사연구회, 『한국사연구』 118.

김치완, 2006, 「천 상제론과 이기론을 중심으로 본 다산 인간관의 기초」, 대동철학회, 『대동철학』 제34집.

김치완, 2012a, 「다산 정약용의 소사상제昭事上帝 관념 연구」, 한국인물사연 구소, 『한국인물사연구』 제17호.

김치완, 2012b, 「다산의 상제관과 서학의 상제관」, 한국교회사연구소, 『교회사 연구』 제39집.

김태식, 2005, 「당 고종 봉선대전, 그 예행 의식으로서의 취리산 회맹」, 경기대 학교박물관 고고학연구실 편, 2005, 『한국 고대 문화연구: 벽산 이근수교 수 회갑기념 박물관논총』, 백산자료원.

김태은, 2021, 「중국 고대에 있어서의 천天 관념과 의학사상의 형성-천天의 다 의성과 천인天人의 관계에 대한 본말의 치법治法-」, 한국의철학회, 『의철학 연구』 32권.

김한상, 2009, 「주희의 리理 우위 철학이 갖는 형이상학적 특색에 관한 연구」, 서울대학교 대학원 박사학위 논문.

김현수, 2005, 「윤휴의 예론 형성과 그 배경」, 한국철학사연구회, 『한국철학논 집』 제17집.

김현수, 2008, 「백호 윤휴의 예교사상 연구」, 동양철학연구회, 『동양철학연구』 제54집.

김현우 외, 2017, 「민족종교에 나타난 한국 정신문화의 원류」, 한국철학사연구 회, 『한국철학논집』 제52집.

김형찬, 2005, 「완결된 질서로서의 리理와 미완성 세계의 상제-기정진과 정약 용을 중심으로-」, 고려대학교 철학연구소, 『철학연구』 제30집.

김형찬, 2009b, 「합리적 이해와 경건한 섬김-백호 윤휴의 퇴계학 계승에 관한 고찰-」, 퇴계학연구원, 『퇴계학보』 제125집.

김형찬, 2010b, 「천 개념의 이해와 사事 물物의 합리적 해석: 윤휴와 정약용의 천관과 격물설을 중심으로」, 한국동양철학회, 『동양철학』 제34집.

김형찬, 2014, 「퇴계의 서원관書院觀에 대한 철학적 해명」, 퇴계학연구원, 『퇴 계학보』 제136집.

김형찬, 2020, 「퇴계의 양명학 비판과 조선유학의 성립」, 퇴계학연구원, 『퇴계학 보』 제148집

김형효, 2000, 『원효에서 다산까지』, 청계.

김혜숙, 2006, 「미수 허목 시적詩的 정회情懷에 대한 일고-상고上古 희구希求의 좌절과 자족적 안착」, 한국한시학회, 『한국한시작가연구』 10.

김호, 2022, 「요순 정치의 회복, 다산 정약용의 홍범洪範론」, 인하대학교 한국학 연구소, 『한국학연구』 제65집.

김호덕, 2006, 「이병헌의 천 관념 연구-천학天學을 중심으로-」, 서울대학교 종교문제연구소, 『종교와 문화』 제34호.

김희숙, 2011, 「다산 정약용의 인간관과 사회개혁론 연구-수기修己와 치인治人과의 연속성을 중심으로-」, 경희대학교 대학원 박사학위 논문.

김희정, 1994, 「동중서의 천 사상-천天·기氣·인人의 관계를 중심으로-」, 서강대학교 대학원 석사학위 논문.

남상호, 2007, 「주희의 리일분수理一分殊의 방법」, 한국동서철학회, 『동서철학연구』 제44호.

남정우, 2016, 「다산 정약용의 상제관과 그리스도교 신관의 연관성 고찰-다산정약용의 중용 주해中庸註解와 마테오 리치의 천주실의天主實義를 중심으로-」, 대전가톨릭대학교 대학원 석사학위 논문.

남청, 2009, 「철학자들의 신」, 한국동서철학회, 『동서철학연구』 제54호.

단학회 연구부 엮음, 1998, 『환단고기』, 코리언북스.

데이비드 크리스천 외 지음, 이한음 옮김, 2022, 『빅 히스토리-우주와 지구, 인간을 하나로 잇는 새로운 역사-』, 웅진지식하우스.

도변渡邊 의호義浩, 2010, 「후한後漢 '유교 국가儒敎國家'의 성립」, 중국고중세사학회, 『중국고중세사연구』 제24집.

류예 지음, 고예지 옮김, 2008, 『헬로우, 묵자』, 미래사.

류원상, 2017, 「제1기 갑골복사를 통해 본 다신숭배 연구-제의祭儀와 신위神威를 중심으로-」, 숭실대학교 대학원 석사학위 논문.

류태건, 2002, 「이황과 이이의 우주론과 인성론 비교 정리」, 21세기 정치학회, 『21세기 정치학회보』 제12집 1호.

르엉 미 번, 2019, 「정약용의 『상서尙書』「홍범洪範」 편 이해」, 다산학술문화재
　　단, 『다산학』 34호.

리쉐친李學勤 지음, 이유표 옮김, 2019, 『의고시대를 걸어 나오며: 중국 고대 문
　　명의 기원에 대한 탐색』, 글항아리.

마르티나 도이힐러 지음, 이훈상 옮김, 2005, 『한국 사회의 유교적 변환』, 아카넷.

마종락, 2004, 「고려 후기 성리학 수용의 역사적 의의」, 한국중세사학회, 『한국
　　중세사연구』 제17호.

모종삼 저, 김병채 외 역, 2011, 『모종삼 교수의 중국철학 강의』, 예문서원.

미수연구회 편, 1993, 『미수 허목의 학문과 사상』, 미수연구회.

민족문화추진회 편, 이익성 옮김, 정약용 저, 1997, 『경세유표』 I~Ⅲ, 창작과비평사.

민족문화추진회, 1996~1997, 『국역 백호전서』 I~Ⅹ.

민홍석, 2013a, 「묵자 철학의 핵심처는 어디인가」, 한국양명학회, 『양명학』 제
　　34호.

민홍석, 2013b, 「묵자의 이상사회론」, 충남대학교 인문과학연구소, 『인문학연
　　구』 90호.

박규태, 2016, 「퇴계와 다산의 종교적 욕망-칸트와 라캉을 지도地圖 삼아-」,
　　영남퇴계학연구원, 『퇴계학논집』 18호.

박동인, 2010, 「동중서 유술독존儒術獨尊의 정치철학적 의미」, 고려대학교 대
　　학원 박사학위 논문.

박미라, 2000, 「중국 제천 의례에 있어서 시간-공간의 상징적 구조 연구」, 한국
　　도교문화학회, 『도교문화연구』 14집.

박미라, 2002, 「제천 의례祭天儀禮의 형식에 적용된 주역의 괘론卦論 연구」,
　　한국도교문화학회, 『도교문화연구』 16집.

박미라·이범직, 1998, 『중국 제천 의례 연구-교사 의례에 나타난 상제와 천의
　　이중적 천신관을 중심으로-』, 거산출판사.

박석무·정해렴 역주, 정약용 저, 1999, 『역주 흠흠신서』 1~3, 현대실학사.

박성규, 2004, 「주자 철학에서의 귀신론」, 서울대학교 대학원 박사학위 논문.

박성기, 1982, 「중국 천 사상 소고: 그 인격성을 중심으로」, 『고신대학 논문집』 제4집.

박성배, 1984, 「퇴계사상의 종교적 성격」, 퇴계학연구원, 『퇴계학보』 제44집.

박성우·문치웅, 2020a, 「고대 문헌에 나타난 '천강天降'의 의미 고찰」, 중국어문연구회, 『중국어문논총』 제101집.

박성우·문치웅, 2020b, 「출토자료를 통해 본 '천天'의 본의本義와 변천 연구」, 중국어문연구회, 『중국어문논총』 제97집.

박성우·문치웅, 2022, 「오행 이론으로 본 오제五帝의 기원과 형성」, 동양고전학회, 『동양고전연구』 제87집.

박언진, 2019, 「묵자 겸애교리의 두 수준 공리주의 연구」, 한국윤리학회, 『윤리연구』 제125호.

박종목, 2013, 「다산 사회개혁론의 철학적 기반」, 한국법철학회, 『법철학연구』 제16권 제3호.

박종천, 2009, 「정약용의 신관에 대한 종교사적 해석」, 서울대학교 종교문제연구소 편, 2009, 『유교와 종교학』, 서울대학교 출판부.

박주열, 2017, 「17세기 조선의 탈주자학적 문예비평 의식 연구-허목, 윤휴, 박세당을 중심으로-」, 성균관대학교 대학원 박사학위 논문.

박진아, 2009, 「미수 허목의 황극설에 관한 연구」, 고려대학교 대학원 석사학위 논문.

박진우, 2022, 「묵자 철학의 핵심은 천지天志인 의義다」, 영남대학교 민족문화연구원, 『민족문화연구』 제81집.

박찬호, 2020, 「다산 정약용의 천명관 연구」, 동양한문학회, 『동양한문학연구』 제57집.

박창규, 2002, 「미수의 경학사상에 관한 연구」, 공주대학교 대학원 석사학위 논문.

박태옥, 1991, 「묵자 천 사상에 관한 연구」, 대전대학교 대학원 석사학위 논문.

방경훈, 2016, 「주자의 리理에 관한 철학적 탐구」, 성균관대학교 대학원 박사학위 논문.

방인 외, 2008, 「다산역에 나타나는 상제와 미래적 전망」, 연세대학교 강진다산실학연구원, 『다산과 현대』 창간호.

방호범, 2004, 『유학과 정약용의 철학』, 한국학술정보(주).

배병대, 2021, 「유교의 종교적 변용 연구-성호학파의 상제관을 중심으로-」, 한국동서철학회, 『동서철학연구』 제101호.

배옥영, 2002, 「주대 상제의식의 형성과 전개」, 범한철학회, 『범한철학』 제27집.

배옥영, 2003, 「주대의 상제의식과 천명사상」, 전남대학교 대학원 박사학위 논문.

배옥영, 2005, 『주대의 상제의식과 유학사상』, 상생출판.

백민정, 2007b, 「정약용 철학의 형성과 체계에 관한 연구-주자학과 서학에 대한 비판적 수용 과정을 중심으로-」, 연세대학교 대학원 박사학위 논문.

백민정, 2012, 「마테오 리치와 다산 정약용 철학의 거리」, 한국교회사연구소, 『교회사연구』 제39집.

빈동철, 2019, 「공자, 그의 문화적 정체성과 유가 전통을 찾아서」, 동양철학연구회, 『동양철학연구』 제100집.

사마광 지음, 권중달 옮김, 2009, 『자치통감』, 도서출판 삼화.

서대원, 2016, 「묵자 종교사상 고찰-계상繼商과 관련하여-」, 고려대학교 민족문화연구원, 『민족문화연구』 제70호.

서영교, 2015, 「건봉 원년乾封元年(666) 봉선封禪 문제와 당唐의 대고구려 정책」, 대구사학회, 『대구사학』 제120집.

서영이, 2011, 「초월에서 초월로: 정약용의 상제」, 한국실학학회, 『한국실학연구』 22.

서정화, 2016, 「은주대殷周代 상제 관념과 주대周代 체禘 의례의 관련성 및 그 변화 양상-선진시기 종묘宗廟 의례에 대한 궁구 과정에서-」, 성균관대학교 대동문화연구원, 『대동문화연구』 제95집.

석승진, 2022, 「미수 허목의 존군尊君 의식 고」, 한국철학사연구회, 『한국철학 논집』 제72집.

성정홍, 2022, 「묵가사상의 천에 관한 연구-묵가사상의 변천과 묵가의 윤리 체계를 중심으로-」, 성균관대학교 대학원 박사학위 논문.

소진형, 2020, 「17세기 황극皇極 해석과 왕권론 비교 연구: 윤휴와 박세채의 황극에 대한 이론적 해석을 중심으로」, 서울대학교 한국정치연구소, 『한국 정치 연구』 제29집 제1호.

손동완, 1992, 「묵가의 사회사상-겸애론의 해석을 중심으로-」, 중국철학회, 『중국철학』 3권.

손세제, 1990, 「천 중심적 세계관 형성과 그 변화」, 한국인문사회과학회, 『현상 과 인식』 14권 1·2호(통권 49호).

손세제, 1992, 「천도관의 변천에 관한 연구-진한기秦漢期를 중심으로-」, 서울 대학교 대학원 박사학위 논문.

손양, 2020, 「퇴계의 이발설理發說 재검토-현대의 해석과 관련하여-」, 서울대 학교 대학원 박사학위 논문.

손이양 교주, 이상하 책임 역, 2018~2019, 『묵자간고』 1-2, 전통문화연구회.

손흥철, 2002, 「천인합일의 성리학적 특성과 의미」, 한국동서철학회, 『동서철 학 연구』 제23호.

손흥철, 2012, 「우암 송시열의 예송의 특징과 의미」, 충남대학교 유학연구소, 『유학연구』 제26집.

송기식, 1992, 「묵자의 종교연구」, 서울신학대학교 기독교신학연구소, 『신학과 선교』 17권.

송기호, 2010, 「공직윤리 정립을 위한 다산 상제천의 현대적 적용」, 한국윤리학 회, 『윤리연구』 제77호.

송영배 역주, 2022, 『장자』, 비봉출판사.

송영배, 1993, 「17세기 마테오 리치의 중국 전교와 유교관」, 서울대학교 철학사 상연구소, 『철학사상』 제3권.

송영배, 2012, 『중국사회사상사』, 사회평론.

송의원, 2007, 「다산 정약용의 천 개념 연구-『천주실의』와 『중용강의보』를 중심으로-」, 백석대학교 기독교전문대학원 석사학위 논문.

송재소, 1986, 『다산시 연구』, 창작과 비평사.

송정희, 1977, 「공자의 천天에 관한 연구」, 한국중국학회, 『중국학보』 제18집.

송창기, 1984, 「천론-선진 제자諸子사상을 중심으로-」, 국민대학교 어문학연구소, 『어문학논총』 제3집.

수징난 지음, 김태완 옮김, 2015, 『주자 평전』 하, 역사비평사.

신동준 옮김, 좌구명 지음, 2012, 『춘추좌전』 상권, 을유문화사.

신동준, 2005, 『중국 문명의 기원』, 인간사랑.

신영자, 2011, 『갑골문의 비밀』, 문출판사.

신용하, 2018, 『고조선 문명의 사회사』, 지식산업사.

실시학사 경학연구회 편역, 2002, 『다산의 경학 세계』, 한길사.

심순옥, 2020, 「다산 실학의 성립과 상제관 연구」, 성균관대학교 대학원 박사학위 논문.

심재훈, 1989, 「이리두二里頭·언사상성偃師商城·정주상성鄭州商城과 하夏·상商의 관계」, 동양사학회, 『동양사학연구』 제29집.

안병걸, 1991a, 「17세기 조선조 유학의 경전 해석에 관한 연구: 『중용』 해석을 둘러싼 주자학파와 반주자적 해석간의 갈등을 중심으로」, 성균관대학교 대학원 박사학위 논문..

안병걸, 1991b, 「백호 윤휴의 실천적 중용관」 II, 안동대 퇴계학연구소, 『퇴계학』 제3집.

안병걸, 1993, 「중용 해석과 17세기 조선조 유학에 관한 연구」, 한국유교학회, 『유교사상문화연구』 제5집.

안병걸, 2008, 「미수 허목과 영남학파」, 경북대학교 퇴계연구소, 『퇴계학과 한국문화』 제33집.

안신원, 2017, 「중국의 문명과 국가기원론에 대한 고고학적 고찰-고고학과 역사학의 관계를 중심으로-」, 한국고대학회, 『선사와 고대』 제52호.

안영상, 2001, 「성호·다산의 우주 천문설과 상제관」, 고려대학교 민족문화연구원, 『민족문화연구』 제34호.

안종수, 2010, 「마테오 리치의 리기관理氣觀」, 새한철학회, 『철학논총』 제60집.

앤터니 페나 지음, 황보영조 옮김, 2013, 『인류의 발자국-지구 환경과 문명의 역사-』, 삼천리.

양명수, 2009, 「『천주실의』의 천주天主와 성리학의 리理의 차이-아퀴나스의 목적인과 능동인의 관계를 중심으로-」, 서울대학교 철학사상연구소, 『철학사상』 제34권.

양승무, 1995, 「주자학과 퇴계학의 동이同異-주자와 퇴계의 이학理學 사상을 중심 으로-」, 퇴계학연구원, 『퇴계학보』 제87집.

엄국화, 2018, 「다산의 '소사상제昭事上帝'와 기독교 윤리에 관한 고찰」, 한국기 독교사회윤리학회, 『기독교사회윤리』 제42집.

엄연석, 2005, 「퇴계의 『중용』 해석과 그 특징」, 경북대학교 퇴계연구소, 『퇴계학과 한국문화』 제36호

예문동양사상연구원·박홍식 편저, 2005, 『다산 정약용』, 예문서원.

오규영, 1990, 「묵자의 천 사상: 『논어』의 천 사상과의 비교 고찰」, 서강대학교 대학원 석사학위 논문.

오이환, 2015, 『중국 고대의 천과 그 제사』, 도서출판문사철.

오인, 1985, 「『중용』의 천 사상에 관한 고찰」, 성균관대학교 대학원 석사학위 논문.

오재환, 2014, 「『천주실의』의 상제와 정다산의 상제관」, 한국사상문화학회, 『한국사상과 문화』 제75집.

오종일, 1998, 「실학사상과 현대정신-실학의 상제와 서구 유일신의 접근-」, 한국공자학회, 『공자학』 제3호.

오청식, 2015, 「동중서의 천인감응설과 음양오행에 관한 연구」, 원광대학교 원

불교사상연구원,『원불교사상과 종교문화』제66집.

오하마 아키라 지음, 이형성 옮김, 1999,『범주로 보는 주자학』, 예문서원.

와덕충 저, 조성을 역, 1996,『중국종교사』, 한울.

왕기王圻·왕사의王思義 편집, 1985,『삼재도회三才圖會』상·중·하, 상해 고적 출판사.

왕치심 지음, 정진완 옮김, 2013,『중국 종교사상사 대강』, 한국 메시아운동사 연구소.

우실하, 2018,『고조선 문명의 기원과 요하 문명』, 지식산업사.

원재린, 2002,『조선후기 성호학파의 학풍 연구』, 혜안.

원중호, 2018,「중국 요령성 우하량 적석총 변천 과정 연구」, 인하대학교 대학 원 박사학위 논문.

웨난岳南 지음, 심규호 외 옮김, 2005,『하상주 단대공정』1, 일빛.

윌리엄 캐스터, 1991,「상제에 관한 정약용과 마테오 릿치의 비교 연구」, 서울대 학교 대학원 석사학위 논문.

유명종, 1979,「윤백호와 정다산」, 대한철학회,『철학연구』제27집.

유문상, 2017,『공자뎐, 논어는 이것이다』, 살림터.

유승종, 1997,「선진 유가의 천 사상 연구-공자의 천관을 중심으로-」, 동국대학 교 대학원 박사학위 논문.

유승종, 1998,「중국 고대 천관의 연구」, 한국공자학회,『공자학』제3호.

유영희, 1993,「백호 윤휴 사상 연구」, 고려대학교 대학원 박사학위 논문.

유영희, 1996,「새로운 경전 해석의 등장」, 한국사사연구회, 1996,『조선유학의 학파들』, 예문서원.

유인희, 1985,「주희의 역사철학」, 한국철학사연구회,『한국철학논집』제23집.

유정동, 2014,『퇴계의 삶과 성리학』, 성균관대학교 출판부.

유종선, 1997,「조선 후기 천 논쟁의 정치사상」, 한국정치학회,『한국정치학회보』31집 3호.

유초하, 1990, 「정약용의 우주론」, 고려대학교 대학원 박사학위 논문.

유초하, 1994, 『한국사상사의 인식』. 한길사.

유초하, 2007, 「정약용 철학의 상제 개념에 관한 이견들과 그에 담긴 오해들」, 한국철학사연구회, 『한국철학논집』 제20집.

유초하, 2009, 「정약용 철학의 태극과 상제-상제 개념에 담긴 존재론적 함의를 중심으로-」, 충북대학교 인문학연구소, 『인문학지』 제39집.

유탁일, 1995, 「미수 허목의 저술 간행 고攷」, 동아대학교 석당전통문화원, 『석당논총』 21집.

윤내현 외, 2012, 『고조선의 강역을 밝힌다』, 지식산업사.

윤내현, 1974, 「갑골문을 통해본 은 왕조의 숭신사상과 왕권 변천」, 단국대학교 대학원 석사학위 논문.

윤내현, 1978, 『상商 왕조사의 연구』, 경인문화사.

윤무학, 2004, 「묵가墨家의 역사 의식-유가儒家 비판을 중심으로-」, 동양철학연구회, 『동양철학연구』 제36집.

윤사순, 2000, 「퇴계 천 개념의 다의성에 대한 검토」, 퇴계학연구원, 『퇴계학보』 제107·108합집.

윤사순, 1990b, 『한국의 성리학과 실학』, 열음사.

윤사순, 1991, 「퇴계에서의 종교적 경향」, 퇴계학연구원, 『퇴계학보』 제72집.

윤사순, 1999, 「성리학 사고의 명제적 검토-사상의 변용을 중심으로-」, 안동대학교 퇴계학 연구소, 『퇴계학』 제10집.

윤사순, 2012, 「다산 정약용의 탈성리학적 실학의 대성」, 한국공자학회, 『공자학』 제22호.

윤상수, 1995, 「동중서 철학에서 천도와 천의의 성격과 의의에 대한 고찰」, 연세대학교 대학원 석사학위 논문.

윤순남, 2018, 「다산 정약용의 신독공부론 연구-종교적 영성을 중심으로-」, 성균관대학교 대학원 석사학위 논문.

윤재환, 2013, 「근기남인 학통의 전개와 성호학의 형성」, 온지학회, 『온지논총』 제36집.

윤천근, 2010, 「한국인의 운명적 하늘관」, 한국동서철학회, 『동서철학연구』 제 58호.

윤천근, 2015, 「퇴계 이황의 "감성철학"-하늘 관념을 중심으로-」, 퇴계학연구원, 『퇴계학보』 제138집.

이경원, 2000, 「미수 허목의 천관」, 한국종교학회, 『종교연구』 제20집.

이경원, 2002, 「백호 윤휴의 사천 의식과 수양론 연구」, 한국종교학회, 『종교연구』 제28집.

이계석, 2019, 「묵자의 이상사회론 연구-선진 유가의 대동사회론과 비교를 중심으로-」, 충남대학교 대학원 박사학위 논문.

이관호, 2014a, 「퇴계 이황의 신관 및 상제관」, 한국기독교회사학회, 『교회사학』 제13권 제1호.

이관호, 2014b, 「퇴계 이황의 천즉리天則理와 스피노자의 실체일원론實體一元論 비교」, 퇴계학연구원, 『퇴계학보』 제135집.

이관호, 2014c, 「퇴계, 율곡, 다산의 천天 범주 비교-천의 인격성과 초월성을 중심으로-」, 한신대학교 종교와문화연구소, 『종교문화연구』 제22집.

이관호, 2016, 「퇴계 이황의 '천' 사상 연구-리학理學과의 관련성을 중심으로-」, 연세대학교 대학원 박사학위 논문.

이대근, 2002, 「우리민족 고유의 하느님 신앙과 그리스도교-고대 신화에 대한 분석을 중심으로-」, 신학과사상학회, 『신학과사상』 제40호.

이대근, 2008a, 「(조선후기 천주교 수용의 주체인) 근기 남인의 천관天觀 연구」, 한국가톨릭신학학회, 『가톨릭신학』 13.

이대근, 2008b, 「『중용』 주석을 통해서 본 다산의 수양론-'신독'을 중심으로-」, 대전가톨릭대학교, 『복음과 문화』 제12집.

이대근, 2014, 『한국 종교사상사』, 가톨릭출판사.

이대근, 2016, 「공자의 인격적 천관에 대한 연구」, 대전가톨릭대학교, 『복음과 문화』 제20집.

이대근, 2017, 「『시경』·『서경』의 인격적 천관天觀 연구」, 광주가톨릭대학교 신학연구소, 『신학전망』 196.

이대근, 2018, 「순자와 주자의 천관天觀에 관한 연구」, 대전가톨릭대학교, 『복음과문화』 제23집.

이덕일, 2011, 『윤휴와 침묵의 제국』, 다산초당.

이덕일, 2016, 『송시열과 그들의 나라』, 김영사.

이동인, 2000, 「17세기 허목의 고학과 춘추재이론」, 서울대학교 대학원 석사학위 논문.

이동환, 1996, 「다산사상에 있어서의 '상제' 문제」, 한국고전번역원, 『민족문화』 제19집.

이동희 역, 1982, 「17세기 후반 조선에 있어서의 정통과 이단」, 고려대학교 민족문화연구원, 『민족문화연구』 제8호.

이문규, 2000, 『고대 중국인이 바라본 하늘의 세계』, 문학과지성사.

이문상, 2018, 「선진유가 '천 사상' 연구」, 성균관대학교 대학원 석사학위 논문.

이병욱, 2016, 『한권으로 만나는 인도』, 너울북.

이상은, 1997, 「퇴계 사상의 결정체-천명도설-」, 경북대학교 퇴계연구소, 『퇴계학 연구논총』 제1권.

이상은, 2019, 「동중서, 유가 독존의 시대를 열다」, 한국공업화학회, 『공업화학 전망』 22권.

이상익, 1995, 「주자 리기론의 이중 구조」, 한국철학회, 『철학』 제44집.

이상익, 2007, 「퇴계 성리학과 퇴계학의 본령」, 퇴계학연구원, 『퇴계학 보』 제121집.

이상익, 2018, 「퇴계 성리학의 보편성과 특수성」, 퇴계학연구원, 『퇴계학보』 제144집.

이상훈, 2005, 「17세기 조선 유학 속의 독자적 사상 전개-백호 윤휴의 사상 성향과 경전 해석을 중심으로-」, 대동철학회, 『대동철학』 제32집.

이선아, 1998, 「백호 윤휴에 대한 사문난적설 검토」, 조선시대사학회, 『조선시대 사학보』 6.

이선아, 2002, 「기해 복제논쟁과 윤휴의 예설禮說」, 전북사학회, 『전북사학』 제25집.

이선아, 2008, 『윤휴의 학문세계와 정치사상』, 한국학술정보.

이선아, 2014, 「17세기 윤휴의 사천 의식과 상고적 시대 인식」, 한국사학사학회, 『한국사학사학보』 29.

이성구, 2004, 「진한시대 태산관의 변화-진시황 각석과 『회남자』의 태산 기사에 대한 비교 분석-」, 울산대학교 사학회, 『울산사학』 제11집.

이성미, 2012, 『하늘제사의 유래』, 대원사, 이성미콜렉션.

이성제, 2019, 「당 고종의 태산 봉선과 고구려의 대응을 둘러싼 몇 가지 문제」, 고구려발해학회, 『고구려발해연구』 제64집.

이성춘, 1991, 「다산 정약용의 천 사상 연구」, 원광대학교 대학원 박사학위 논문.

이성춘, 1992, 「묵자의 천 사상」, 범한철학회, 『범한철학』 제7집.

이세현, 1993, 「시원 유가의 천 사상에 관한 연구」, 성균관대학교 대학원 석사학위 논문.

이수웅 역주, 2017, 『역주 천주실의』 상권, 세종대왕기념사업회.

이숙희, 2002, 「영명주재천-정약용의 천관에 대한 신학적 성찰-」, 서강대학교 신학대학원 석사학위 논문.

이숙희, 2012, 「'영체'와 '행사'에서 본 정약용의 종교적 의식 연구-버나드 로너간의 인지이론 관점에서-」, 서강대학교 대학원 박사학위 논문.

이숙희, 2018, 「정약용의 영성-천관의 두 측면」, 다산학술문화재단, 『다산학』 32호.

이승경, 2021, 「다산 정약용의 역학易學에 대한 연구-전통 역학에 대한 독창적 해석을 중심으로-」, 대구한의대학교 대학원 박사학위 논문.

이승율, 2022, 「공자와 묵자의 갈등관」, 율곡학회, 『율곡학연구』 제50집.

이영배, 2011, 「'하늘'의 얼굴, 그 내재성과 역동성」, 비교민속학회, 『비교민속학』 제44집.

이영호, 2000, 「『독서기·대학』을 통해 본 백호 윤휴의 경학사상」, 한국한문학회, 『한국한문학연구』 제25집.

이욱, 1999, 「조선시대 유교의 신관」, 한신대학교 종교와문화연구소, 『종교문화연구』 제1집.

이욱, 2002, 「조선전기 유교 국가의 성립과 국가 제사의 변화」, 한국사연구회, 『한국사연구』 118.

이욱, 2010, 「조선 및 한국 근대의 제천 문화」, 국제뇌교육종합대학원 국학연구원, 『선도문화』 제8권.

이운호, 2017, 「윤휴의 「홍범」 읽기와 그 특징」, 동양철학연구회, 『동양철학연구』 제92집.

이원태, 2009, 「고려 팔관회의 종교적 성격과 의미」, 한국도교문화학회, 『도교문화연구』 30집.

이은호, 2019, 「미수 허목의 상서관尙書觀-난亂에서 치治로의 지향-」, 충남대학교 유학연구소, 『유학연구』 제47집.

이재호, 2012, 「미수 허목의 성리학적 수양론 이해」, 퇴계학연구원, 『퇴계학보』 제131집.

이정선, 2015, 「선진시대 천 사상의 전환 과정」, 아시아문화학술원, 『인문사회21』 제6권 제4호.

이종우, 2013, 「정약용의 상제와 심心의 관계-인간의 자주지권自主之權과 천天의 분노와 상선벌악賞善罰惡의 관계를 중심으로-」, 한서대학교 동양고전연구소, 『동방학』 제26집.

이종우, 2015, 「정약용과 정약종 사상에서 천·천주의 인간에 대한 분노와 상벌-『천주실의』와 관련하여-」, 성균관대학교 인문학연구원, 『인문과학』 제56집.

이진경, 2016, 「근기남인의 도가사상 연구」, 충남대학교 유학연구소, 『유학연구』 제36집.

이택용, 2014, 『중국 고대의 운명론』, 문사철.

이희환, 2007, 「현종대의 기해 예송」, 호남사학회, 『역사학연구』 제29집.

인성펑 지음, 김양수 옮김, 2003, 『신권의 일천 년-상주 시대-』, 시공사.

임계유 주편, 금장태·안유경 역, 2011, 『유교는 종교인가』 1·2, 지식과 교양.

임부연, 2007, 『실학에게 길을 묻다-정약용&최한기-』, 김영사.

임부연, 2019, 「다산 정약용의 '천리天理' 관념」, 고려대학교 민족문화연구원, 『민족문화연구』 제84호.

임재규, 2019, 「백호 윤휴의 『독서기·중용』에 나타난 '외천'과 '공구'의 종교적 함의-루돌프 옷토(Rudolf Otto)의 '위압성(majestas)'과 '두려움(tremendum)'과의 관련성을 중심으로-」, 한국실학학회, 『한국실학연구』 37.

임정현, 2016, 「『천주실의』에 나타난 하느님 이름의 신관 연구-데우스Deus와 천天·상제上帝의 융합 과정을 중심으로-」, 대전가톨릭대학교 대학원 석사학위 논문.

임채우, 2010, 「『규원사화』에 보이는 천제天祭의 형식」, 한국동양철학회, 『동양철학』 제34집.

임헌규, 2018b, 「논어의 인仁에 대한 다산의 정의와 해석-주자와 비교를 통하여-」, 한서대학교 동양고전연구소, 『동방학』 제38집.

임효선, 2005, 「정치 신앙으로서의 한대漢代 유학」, 한국사상문화학회, 『한국 사 상과 문화』 제29집.

장동우, 1995, 「주자학적 패러다임의 반성과 해체 과정으로서 실학-자연학과 인간학의 분리를 중심으로-」, 한림대학교 태동고전연구소, 『태동고전연구』 제12집.

장세호, 2013, 「미수 허목의 예송관」, 한국사상문화학회, 『한국사상과 문화』 제 66집.

장세호, 2015, 「백호 윤휴의 기해 예송관」, 한국사상문화학회, 『한국사상과 문화』 제76집.

장승구, 2001, 『정약용과 실천의 철학』, 서광사.

장승희, 2006, 「백호 윤휴 철학의 인간학적 이해」, 동양철학연구회, 『동양철학 연구』 제48집.

장영란, 2020, 「동서양 고대 신화와 철학의 '천天' 개념의 기원과 특징」, 한국동 서철학회, 『동서철학연구』 제96호.

장영백, 1992, 「고대 중국의 '천' 사상 초탐初探」(一), 중국어문학연구회, 『중국 어문학논집』 제4호.

장영백, 1993, 「고대 중국의 '천' 사상 초탐初探」(二), 중국어문학연구회, 『중국 어문학논집』 제5호.

장영백, 1994, 「고대 중국인의 천관 연구」, 연세대학교 대학원 박사학위 논문.

장인용, 2016, 『주나라와 조선 (이상국가 주나라를 꿈꾼 조선의 혁명)』, 창해.

전국역사교사모임 지음, 2011, 『살아있는 세계사 교과서-문명과 문명의 대 화-』, Humanist.

전병욱, 2012, 「퇴계 철학에서 '리도理到'의 문제」, 한국동양철학회, 『동양철학』 제38집.

전성건, 2011, 「다산 사천학의 외연과 실천성」, 한국실학학회, 『한국실학연구』 21.

정경희, 2007, 「한국 선도의 "삼신하느님"」, 한국도교문화학회, 『도교문화연구』 26집.

정광옥, 2017, 「『논어』의 천관 연구」, 조선대학교 대학원 석사학위 논문.

정도원, 2005, 「퇴계 리철학의 주자학적 근거와 특징에 대하여-체용體用과 리 존理尊의 의미를 중심으로-」, 한국사상사학회, 『한국사상사학』 제24집.

정병표, 2005, 「다산 상제천 사상 형성의 배경 연구」, 경상대학교 대학원 석사학위 논문.

정순우, 2006, 「다산에 있어서의 천과 상제」, 다산학술문화재단, 『다산학』 9호.

정순우, 2011, 「다산 교육론의 두 과녁: 성인聖人과 상제上帝」, 다산학술문화
　　재단, 『다산학』 18호.

정애란, 2003, 「상주商周 시대 천제관天帝觀에 나타난 신권정치의 성격」, 중국
　　학 연구회, 『중국학연구』 제24집.

정재서, 2012, 「신화학인가? 고고학인가?-중국 문명 기원론에 대한 재검토-」,
　　영남중국어문학회, 『중국어문학』 제61집.

정찬학, 2006, 「오제 신화의 형성과 한대의 수용 양상 연구」, 연세대학교 대학
　　원 박사학위 논문.

정해왕, 2017, 「한조漢朝 통치 이념의 형성과 동중서 사상의 의미-사상사적 상
　　호 연관성과 종교성에 주목하여-」, 대한철학회, 『철학연구』 제142집.

정호훈, 1994, 「백호 윤휴의 현실 인식과 군권강화론」, 연세대학교 사학회연구
　　회, 『학림』 제16집.

정호훈, 2001, 「17세기 북인계 남인학자의 정치사상」, 연세대학교 대학원 박사
　　학위 논문.

조남욱, 2012, 「유가 '인'의 본래 의미와 실천론」, 한국유교학회, 『유교사상문화
　　연구』 제47집.

조성산, 2004, 「송시열의 성리학 이해와 현실관」, 고려사학회, 『한국사학보』 제
　　17호.

조성산, 2009, 「18세기 후반~19세기 전반 주자학적 지식체계의 균열과 그 의
　　미」, 역사교육연구회, 『역사교육』 110.

조성산, 2020, 「18세기 중후반~19세기 조선 주자학 지식인들의 천天 인식과
　　서 학西學 대응」, 한국사연구회, 『한국사연구』 191.

조성을, 2004, 「조선 후기 성리학 해체의 제양상」, 한국국한진흥원, 『국학연구』
　　제5집.

조성환, 2012, 「바깥에서 보는 퇴계의 하늘 섬김 사상」, 영남퇴계학연구원, 『퇴

계학논집』10호.

조원일, 2017, 「묵자 천지론의 정치사상 연구」, 한국중국문화학회, 『중국학논 총』 제54호.

조은영, 2012, 「다산사상 형성의 이론적 배경과 체계에 대한 연구-천관, 인성 물성론, 미발론을 중심으로-」, 성균관대학교 대학원 박사학위 논문.

차광준, 2012, 「상제사상을 중심으로 본 다산 정약용 철학의 철학사적 의미」, 부산가톨릭대학교 대학원 석사학위 논문.

차남희, 2006b, 「정약용에 의한 천天 개념의 변화와 18세기 주자학적 질서의 비판」, 한국사회역사학회, 『담론 201』 9(1).

차영익, 2020, 「미수 허목의 시경관 연구」, 한림대학교 태동고전연구소, 『태동 고전연구』 제48집.

천대웅, 2007, 「공자의 천관-계승과 창신創新-」, 부산가톨릭대학교 대학원 석 사 학위 논문.

첸 카이 통 지음, 오진탁 외 옮김, 2009, 『고대 중국 속의 하나님』, 순출판사.

최동석, 2022, 「묵자의 하늘의 뜻[天志]과 보편적인 사랑[兼愛]의 상관관계 연 구」, 대구가톨릭대학교 가톨릭사상연구소, 『가톨릭사상』 제60호.

최동희, 1996, 「중국문화에서의 상제와 천天」, 대진대학교 대순사상학술원, 『대 순사상논총』 제2집.

최명희, 2020, 「갑골문의 최고신격 표상에 대한 한국선도적 해석」, 동북아고대 역사학회, 『동북아고대역사』 제3권.

최문형, 1997, 「중국고대의 신개념에 관한 연구-그 의인성과 합리화를 중심으 로-」, 성균관대학교 대학원 박사학위 논문.

최문형, 2001, 「묵자 천 개념의 권위화와 종교성의 의미: 공자사상의 극복과 초 월의 관점에서」, 한국종교학회, 『종교연구』 제22집.

최문형, 2003a, 「유가 신관의 종교교육학적 지평」, 한국종교교육학회, 『종교교 육학연구』 제16권.

최문형, 2003b, 「한국과 중국의 상고시대 문화교섭에 관한 고찰」, 고조선단군학회, 『고조선단군학』 제9호.

최민자, 2017, 『빅 히스토리-생명의 거대사, 빅뱅에서 현재까지-』, 모시는사람.

최석기, 1998, 「백호 윤휴의 경학관」, 경상대학교 남명학연구소, 『남명학연구』 제8집.

최석기, 2019, 「백호 윤휴의 『중용』해석과 그 의미」, 우리한문학회, 『한문학보』 제40집.

최영선, 2008, 「『중용』의 천 사상 연구」, 대구가톨릭대학교 대학원 박사학위 논문.

최영진, 2007, 『퇴계 이황-사단칠정론·성학십도·무진육조소-』, 살림.

최영진, 2009, 「18~19세기 조선성리학의 심학화 경향에 대한 고찰」, 부산대학 교 한국민족문화연구소, 『한국민족문화』 33.

최정락, 2013, 「다산 정약용의 상제사상 연구」, 연세대학교 대학원 석사학위 논문.

최정묵, 2014, 「다산의 상제에 대한 인식과 인간 이해」, 새한철학회, 『철학논총』 제75집.

최정호·이태원 공편, 1997, 『하늘과 한국인의 삶』, 나남출판.

최진덕, 2009, 「다산학의 상제귀신론과 그 인간학적 의미-주자학의 음양귀신 론과 의 한 비교-」, 서울대학교 철학사상연구소, 『철학사상』 제33권.

최치봉, 2014, 「대순사상의 태극에 관한 연구」, 대순사상학술원, 『대순사상논 총』 제23집.

캐스터 윌리엄, 1991, 「상제에 관한 정약용과 마태오 리치의 비교 연구」, 서울대 학교 대학원, 석사학위 논문.

케이 로빈스 저, 강승일 옮김, 2008, 『이집트의 예술』, 민음사. 2008

크리스토퍼 로이드 저, 윤길순 옮김, 2011, 『지구 위의 모든 역사』, 김영사.

탁양현, 2018, 『다산 정약용의 철학사상, 다산철학』, 퍼플.

탁양현, 2019, 『주자 철학: 조선왕조 통치이데올로기 주희 주자학』, e퍼플.

하영삼, 1997, 「갑골문에 나타난 천인관계-인간중심적 사유-」, 중국어문학연구회, 『중국어문학』 제30집.

하지영, 2016, 「주자 철학에서 '주재'의 의미」, 고려대학교 대학원 석사학위 논문.

하한솔, 2017, 「수기치인의 관점에서 본 정약용의 인에 관한 연구-『논어고금주』를 중심으로-」, 부산대학교 대학원 석사학위 논문.

한국사목연구소, 1995, 한국천주교중앙협의회, 『신관의 토착화』.

한국철학사 연구회, 2002, 『한국 실학사상사』, 도서출판 다운샘.

한국학중앙연구원, 2008, 『한국민족문화대백과사전』.

한성구, 2020, 『원시유교』, 살림.

한영우, 1989, 「17세기 중엽 남인 허목의 고학과 역사인식」, 한영우, 1989, 『조선 후기 사학사 연구』, 일조각.

한용진, 2000, 「하느님 관념 용어 변천에 관한 한일 비교 연구」, 안암교육학회, 『한국교육학연구』 제6권 제2호.

한우근, 1961a, 「백호 윤휴 연구」(一), 역사학회, 『역사학보』 제15집.

한우근, 1961b, 「백호 윤휴 연구」(二), 역사학회, 『역사학보』 제16집.

한우근, 1962, 「백호 윤휴 연구」(三), 역사학회, 『역사학보』 제19집.

한자경, 2008, 『한국철학의 맥』, 이화여자대학교 출판부.

한형조, 2004b, 「조선 유학의 지형도-조선 유학사의 전개와 리기 개념의 지형 변화」, 예문동양사상연구원, 『오늘의 동양사상』 제11호.

한형조, 2008b, 『조선유학의 거장들』, 문학동네.

한형주, 2000, 「조선 초기 국가제례 연구」, 고려대학교 대학원 박사학위 논문.

허벽, 2007, 「『중용』의 천 사상 연구」, 성균관대학교 대학원 석사학위 논문.

허찬, 2001, 「허미수의 삶과 가르침」, 미수연구회.

허호익, 2011, 「최치원의 '난랑비서'의 해석의 여러 쟁점: 풍류의 현묘지도玄妙之道와 천지인 묘합의 삼재지도三才之道」, 한국조직신학회, 『한국조직신학논총』 31권.

홍승현, 2009, 「전한초 국가의례의 제정과 성격-봉선·명당·군국묘郡國廟에 대한 검토를 중심으로-」, 동양사학회, 『동양사학연구』 제108집.

홍지혁, 2019, 「우하량 유적을 통해 본 홍산문화의 제사체계 형성과 변화」, 경희대학교 대학원 석사학위 논문.

황갑연, 2007, 「송명리학과 원시유가-발전적 계승과 남겨진 과제-」, 동양철학연구회, 『동양철학연구』 제50집.

황병기, 2003, 「『주역』에 대한 다산의 반신비화 관점과 품명사상의 연구」, 한국사상사학회, 『한국사상사학』 제21집.

황병기, 2022, 「주역의 종교성이 갖는 현대적 의미-다산 역학의 종교학적 해석을 중심으로-」, 동양철학연구회, 『동양철학연구』 제112집.

황상희, 2014, 「퇴계의 천관 연구」, 동양고전학회, 『동양고전연구』 제56집.

황상희, 2017a, 「퇴계사상의 종교성에 관하여」, 퇴계학연구원, 『퇴계학보』 제141집.

황상희, 2017b, 「퇴계에서의 상제와 리도설理到說에 관하여」, 영남퇴계학연구원, 『퇴계학논집』 21호.

황상희, 2018, 「퇴계에서 수운까지의 상제관을 통해본 도덕적 인간 이해」, 2018년도 한국종교교육학회 춘계 학술대회.

황성규, 2017, 「묵자의 「천지天志」, 「명귀明鬼」 및 「비명非命」편 분석을 통한 천인天人 관계 고찰」, 한국철학사연구회, 『한국철학논집』 제53집.

황의동, 1987, 「퇴계철학의 리에 관한 고찰」, 청주대 인문과학연구소, 『인문과학논집』 제6집.

황인옥, 2023, 「탈주자학을 꿈꾼 학자들의 『중용』 장절체계에 관한 연구-윤휴의 『중용』 주석을 중심으로-」, 한국유교학회, 『유교사상문화연구』 제91집.

황종렬, 2004, 「마테오 리치의 천: 상제관에 대한 동아시아의 응답」, 서강대학교 종교학연구소, 『한국종교연구』 제6집.

황준연 외 역주, 2009, 『역주 예송 논쟁 2-기해·갑인예송(남인계)과 『조선왕조실록을 중심으로-』, 학고방.

찾아보기